西村清和

イメージの修辞学

［新装版］

ことばと形象の交叉

三元社

イメージの修辞学　ことばと形象の交叉

第III部　「物語る絵」のナラトロジー

第六章　「物語る絵」の叙法

第七章　近代絵画における語りの視点　290

第IV部　小説と挿絵　317

第八章　近代小説と挿絵　318

第九章　明治期小説の「改良」と挿絵　361

序

「イメージ」ということばには、おおよそ三つぐらいの意味があるだろう。ひとつは心のなかに浮かんだイメージ、つまり想像力による心的イメージである。ふたつめは画像や映像のイメージ、つまり絵画や写真や映画に見られる物理的ないし視覚的イメージである。さいごに、おそらく日常的にはもっとも頻繁に使われる用法で、「子どもが大人についてもつイメージ」というばあいである。これはたぶん最初の心的イメージとつながっているが、連想や共示や好悪といったある種主観的な意味づけをその内実としている。本書『イメージの修辞学――ことばと形象の交叉』があつかうのは、第一と第二の意味でのイメージ、したがって心的イメージと視覚的イメージである。副題にいう「形象」とは、上のような意味での「イメージ」に対して一般に用いられる日本語訳である。

「ことばと形象」つまり「ことばとイメージ」の交叉をめぐる議論の伝統は、シモニデス（BC.556-468）の「詩は語る絵、絵は沈黙せる詩」やホラティウス（BC.65-8）の「詩は絵のごとく」といった格言、またダ・ヴィンチのいわゆる姉妹芸術にかんするパラゴーネ（優劣比較論）やレッシングの『ラオコーン』に見られるように、古くてながい。さまざまな視覚メディアがあらたな文化環境となりつつある現代にとって、この古典的な問題は再考を要するだろう。本書は、表現行為やこれを受けとる美的経験において、ことばとイメージの関係が問われるような個々の事例をとりあげ、そこにひそむ問題をさまざまな観点から論じようとするものである。ことばの表現とそれが読者・聴衆に果たす説得の効果にかかわる学科は、古来修辞学である。一九六〇年代以降、この修辞学の伝統は、あらたにナラトロジー（物語論）や受容美学に引きつがれてきた。しかし、ことばと連関するイメージの領域では、映画理論に相当の成果が見られ、美術においてもニュー・アートヒストリーの動きはあるものの、現代の修辞学という観点から見て、なお論ずべき課題は多い。本書がことばのメディアとはことなったイメージのメディアによる表現とその美的効果の問題をあつかおうとするとき、それは心的イメージや図像の修辞学となるだろう。

本書は四部にわかれている。第Ⅰ部「ことばとイメージ」は、ことばとイメージをめぐる原理的な問題をあつかう。第一章は、小説を読むとは、そのつどことばの意味するところを読者が想像力を動員して、いわば心のなかのスクリーンに思い描いたイメージを投影して、あたかも映画を見るように読みすすめることかどうかを論じる。そのためには、そもそもことばの意味とはなにか、またことばを理解するとはイメージすることかという、心的イメージや意味論についての原理的な考察を必要とする。第二章は、文彩のなかでもとりわけ生き生きとしたイメージにかかわると考えられてきた隠喩をとりあげ、ことばの隠喩とおなじ現象が画像や映像においても可能かを、さまざまな事例をあげつつ論じる。第三章は、ヨーロッパにふるくからある詩と絵画の優劣比較論としてのパラゴーネの問題を、なぜひとはことばによる物語に満足せず、それを画像ないし映像で見たがるのかという原理的な問題としてとりあげ、これを、ことばと画像における「読む」経験と「見る」経験のちがいを論じることで明らかにする。

第Ⅱ部「小説の映画化」（第四、五章）では、ことばとイメージ（映像）の関係を、小説の映画化という問題を切り口にして論じる。その際とりあげるのは、ひとつはナラトロジーが問題にする叙法としての語りの「視点」の分析である。小説における語りの視点を新たに整理した上で、これがどこまで、またどのように映画の語りに適用されるかを論じる。もうひとつの問題は小説と映画、つまりことばと映像における「描写」のやり方のちがいである。

第Ⅲ部「「物語る絵」のナラトロジー」は、ことばによる物語の叙法との対比で、画像による語りのモードを分析する。第六章は、西洋の中世から近代（十八世紀）にいたる歴史画、つまり「物語る絵」のなかに、ナラトロジーのいう「語りの視点」のいくつかのパターンを見いだし、物語る絵のナラトロジー分析のための概念装置を構築する試みである。それは同時に、これら物語る絵についてのことばによる記述（エクフラシス）の歴史的変化や、聖なる物語や叙事詩から近代の小説の物語への変化、また絵に対してこれをテクストとして「読む」態度からこれを美的に「見る」近代的な態度への変化を概観することにもなるだろう。第七章は、第六章で抽出したナラトロジー分析の概念装置を用いて、十九世紀の絵画における語りのあたらしさを、十九世紀の小説の語りとの対比で確認する。

第Ⅳ部「小説と挿絵」の第八章は、第Ⅲ部で確認できた物語る絵の語りの変化を、とりわけことばによる物語との緊密な関係に立つ挿絵の歴史の概略を十九世紀までたどることで、あらためて確認する試みである。第九章は、十九世紀後半に日本にはいってきた西洋近代小説とその挿絵がどのような経緯を経て、それ以前の江戸の戯作とその挿絵にとって代わり、日本人の美的感性として定着するにいたったかを、近代小説そのものの受容と定着に対応させるかたちで解明する試みである。西洋から移入された近代小説と挿絵が、その内面のリアリズムという特質にかんして日本人にも理解されるようになるのは、おおむね明治三十年代であるということがあきらかになるだろう。

第Ⅰ部

ことばとイメージ

第一章　読書とイメージ

1　観念とイメージ

イメージ化の読み

読者として詩や小説を読むとは、どのような経験をいうのだろうか。ひとはしばしば、ことばが描写するものやできごと、人物の相貌やその行為をイメージして、これをいわば「心の目」によって見るのだというふうに説明してきた。その根底には、ことばの「意味」を絵画と類比的に理解された一種の「画像（picture）」、心的あるいは言語的イメージとらえ、ことばの理解を、それぞれの語に固有のイメージを想起するある心的過程とする伝統的な考え方がある。

こんにちでもたとえば、語や文の意味をそれが指示する対象の「図式」とするインガルデンは、非感覚的、抽象的な「純粋に概念的な図式」を提示する論文のようなものは別にしても、とりわけ文学作品の読みにとっては、ことばが提示する「図式的形像（Schematisches Gebilde）」を読者が一定の側面ないし位相において「現勢化（Aktualisierung）」し、これを具体的な像として「直観化」し「視覚化（Zurschaustellung）」することは決定的だという。[1] インガルデンを批判的に継承するイーザーにしても、読書行為において生じるのは、感覚と概念とのあいだの「*metaxu* あるいは中間項」としてのイメージである。「虚構テクストを読むばあいに、われわれはつねにイメージ形成（Vorstellungen bilden）をおこなわざるをえない。なぜなら、テクストの〈図式化された位相（Ansichten）〉は想像的な対象が生みだされるべき前提条件についての知識しかわれわれにあたえないからである」。[2] 読書過程にあっては、イメージ形成によって生みだされる想像上の対象が、時間軸上をつぎつぎに前後関係をとって連続する。読書が生みだすイメージの連鎖にあって、個々の想像上の対象はこれにつづく対象とむすびつけられることで、イメージ連鎖のなかでそれ自身の位置を獲得し、その十全な意味が確証される。それゆえ「読書経験はしばしば、多少ともはっきりとしたイメージの流れをともなっている」[3]。

もっと身近なところでは、たとえば有定稔雄『イメージ化の読み』のような立場がある。かれは、わが国の学習指導要領（一九七六年）には小学生に対する指導事項として「場面、情景を想像しながら読む」ことがうたわれているとして、想像力と創造力を育成するためのイメージ化の読みの意義について、具体例をあげて論じている。それは「心の中に、頭の中に、まぶたのうらに、あたかも鏡に映るような映像をえがきだしながら文章を読む」[4]ことである。たとえば椋鳩十作『片耳の大シカ』の冒頭の一節——「屋久島は鹿児島県に属し、五百平方キロメートルの太平洋上の一孤島でありますが、千メートル以上の山が三十いくつもならび立ち、いまだかつて人間がふみこんだことのない谷が、至る所に残っています」——から屋久島のイメージを描きだすと、つぎのようになるという。

この場合、子供達はまず始めに屋久島の位置を想像するであろう。すなわち、「鹿児島県に属し」「太平洋上の一孤島」ということから、九州の沖の海に縄の如く点々と連なって浮かぶ南西諸島の島々を思い浮かべ、そのなかでも九州本島にほど近い屋久島を思いえがくであろう。おそらく日本列島の地図がイメージとして浮かび、太平洋上の一孤島の屋久島が、その地図の中に位置づけられるにちがいない。そして、屋久島の位置が明らかにされた次には、「五百平方キロメートル」とある屋久島の面積が想像の対象となる。ひとくちに五百平方キロとあるが、数学的には、たて二十キロ、よこ二十五キロメートルの長方形がイメージ化され、五百平方キロという面積がたいへんな広さの島であることにおどろきの目を見張ることであろう。次は、屋久島内部の様子である。……イメージに浮かぶことは、千メートルを越す高山、その山なみ、底知れない深い谷、人跡未踏のジャングル、うっそうとした森林、くろぐろとそそり立つ大スギ、十抱えもそれ以上もあるであろう屋久スギの大木、老木等であろう。[5]

あるいは民話『はやとり』の冒頭の一節――「むかし、あるところに、一本のくすのきがありました。どんな力がこの木にあったのでしょう。昼も夜も、ぐんぐんのびていきました」――では、子どもたちは「「むかし、あるところに」とあるのだから、それぞれ自由に、大昔の様子を想像し、クスノキの大木のもとでの人々の生活場面までイメージとしてえがき出すことであろう」という。だが、はたしてどうだろうか。子どもたちは、そしておそらくはわれわれも、これらの一節をふつうに読むとき、「大昔のようす」やクスノキが「みるみるうちに高くのびていく」さまを想い描くだろうか。

イメージ化の読みに反対する立場も、もちろんある。一九一〇年代にエズラ・パウンドらを中心におこったイマジズムの運動の理論的支柱となったT・E・ヒュームの、詩は「視覚的・具体的な言語」であり読者にたえず「具象のものを見失わせまい」[6]とするべきだという主張に対して、I・A・リチャーズは、死に瀕したハムレットの「ぼくのことを少しでも大切に思ってくれるなら、いましばらくこの世から解き放たれる幸せを諦め、現世の苦しみに耐え生きながらえて、ぼくの物語を伝えて欲しい」[7]ということばは、われわれになにも見せるわけではないし、そもそも舞台には見るべき役者がすでにいるではないかと反論する。じっさいには「毎日、多くの教師たちが、詩の鑑賞の時間に、視覚化（visualization）が注意の散逸をもたらすのみでなんの利益もないのに、子ども（や大人）たちに視覚化させようと、がまんづよい努力をしている」[8]というのである。

近代認識論における「イメージ」

イメージを、われわれの感覚をつうじて心のなかの蝋板の上に刻印された印象と見る考え方は、すでにプラトンやアリストテレスにも見られるが、[9]近代において語の意味つまり観念をそのような感覚印象としてのイメージとしたのは、十七、八世紀のイギリス経験論や連合説である。ホッブズにとって、対象がわれわれに最初に現象するのは、物質としての対象がわれわれの感覚諸器官を圧迫することでわれわれの内部に生じる「イメージ」ないし「表象(fancy)」としてであり、それゆえ「感官知覚(sense)」とは根源的な表象である。「意図的につくられた記号(voluntary sign)」としての語の理解とは、語をきいてわれわれが想像力によってそのもとの感覚であるイメージをもつことである。[10] ロックにとっても「感覚(sensation)」とは「外部対象がわれわれの感官におこなう印銘(impressions)」であり、心がこの感覚によってえられた観念を内省において受けとめるとき、それが「内省の観念(ideas of reflection)」である。内省とは「われわれ自身の心の作用についての知覚」であり、それゆえこの内省を「内部感官知覚(internal sense)」と呼んでもよい。要するに、「観念をもつということと知覚(*perceptions*)とはおなじこと」であり、それゆえ「観念は、心のなかの現実の知覚」[11] 以外のものではない。記憶とは、心に刻印されたのち消えてしまった観念を「想像力(phantasy)」を介してふたたび知覚し再生することであり、「記憶はいわば観念の貯蔵庫」である。

感官をつうじて「単純で混じりけなしにはいってくる」ものについては、人間は「明晰判明な知覚」をもつが、このように「心が受動的にうけとるだけの観念」をロックは「単純観念(simple idea)」と呼ぶ。単純観念につけられた名前はひとつの単純知覚を代理するだけだから、それは定義以前のものとして、われわれの経験にもとづくいっさいの確実な「知識の材料」である。一方で人間の知性は、ひとたび単純観念をうけとり蓄えると、これを材料として多種多様に反復し、比較し、合一する力をもち、こうしてあたらしい「複雑観念(complex idea)」を好きなだけつくることができる。こうしてつくられた複雑観念をあらわす名前はより抽象的で一般的だが、いくつかの単純観念ないし単純知覚の合成からなる。したがって、いずれにしてもことばの意味とは「話し手の心のなかにある観念」であり、それはつまり「この観念を生むに適した対象それ自身が現実に感官を感触した(affect)かのような」[12] ものである。こうしてロックは、われわれ人間の認識の経験論的確実性を、「観念＝イメージ」を介したことばと現実との直接的で経験的な照応関係によって確保する。

近代認識論におけるイメージのこの位置づけは、詩や文芸に対するあたらしい見かたに影響をあたえた。レイ・フレイザーによれば、それは古典的修辞学・論理学の伝統から近代科学と経験論にもとづいて現実をより忠実に記述し描写しようとする傾向への変化である。近代以前に「イメージ(imago)」という語はたんに「模像」以上の意味はもたず、詩学において重要視されたのは修辞上の「文彩（figure）」であった。詩はなによりも、説得と効果のためにことばを造形する詩人の意匠の卓抜さにおいて評価された。だが十七世紀になると修辞は人工的で真実をまげるものとして忌避され、あらたに観念という認識上の身分をあたえられた「イメージ」が「文彩」にとってかわる。その結果、こんどはそれまで文彩と呼ばれてきたものも「image」ないし「imagery」と呼ばれるようになる。[13] じっさい、「語がむすびつけられる観念は、それが単純観念なら明晰判明でなければならない。また複雑観念なら、確定されていなければならない。すなわち心に定着した単純観念の正確な集合」でなければならないとするロックにとっても、ことばの誤用とはまずは語を「明晰判明な観念なしに用いることであり、さらにいっそう悪いのは、そもそもなにも表意するもののない記号を用いること」であるが、「修辞の術が案出したいっさいの人工的で比喩的なことばの利用は、ただまちがった観念をほのめかし、情緒を動かし、これによって判断をあやまらせるだけであり、したがってじつは完全な欺瞞なのである」。[14]

詩と絵画のパラゴーネ

ロックに代表される経験論の側からの古典的修辞学に対する批判は、ホラティウス以来の修辞学的格言である「詩は絵のごとく（ut pictura poesis）」の原則に変更をせまることになる。サイモン・アルダーソンによれば、知覚とイメージにもとづく認識論は古典的修辞学における詩の絵画に対する優位をおびやかすが、この脅威に対する詩人の側の反動として、詩のことばのイメージ性ないし絵画性を強調することであらためて伝統的な詩の優位を維持しようとする言説が、十七世紀末から十八世紀にかけて目立つようになる。[15] のちに第三章でも見るように、「詩は絵のごとく」という格言は、がんらい描かれた対象を眼前に彷彿させることばの力を称揚することで、機械的技芸である絵画に対する自由学芸としての詩の優位を主張するものであった。ルネサンス以降、アルベルティやダ・ヴィンチに代表されるように、画家たちが自分たちの技芸の正当な身分を主張するようになっても、それはなお、詩と絵画とを比較しその優劣を論じる「パラゴーネ（paragone）」の伝統の内部で、まずは絵画も詩とおなじ主題、つまり「歴史＝物語」とそれがつたえる宗教的・道徳的な意味内容を描くことができるというしかたで、詩の学芸の地位にみずからをひきあげようとするものであった。それゆえ絵画論も、詩学や修辞学をモデルに構築された。ところが十七世紀になると、こうしたパラゴーネに変化が生じてくる。それはつまり、絵画論の詩学や修辞学からの自立であり、絵画が描く主題やその宗教的・道徳的意味内容に対する伝統的な関心に対して、絵画という視覚メディアの固有性に人びとがよせるあらたな関心への注目である。そしてその代表的な理論家は、たとえばド・ピールである。

ド・ピールは文字通り「詩は絵画よりも好ましいか」というタイトルをもつエッセイで、「わたしの意図は、絵画が詩に対して絶対的に優位を占めるということを主張することにあるのではない。これらふたつの技芸（deux arts）が足並みそろえて歩んできたこと、またそのいずれもがおなじ名誉に値することをわたしはこれまでけっして疑ったことはなかった」とことわり、また「絵画の目的は、詩の目的と同様、それらの模倣が真実であるように見えるという点でひとを驚嘆させることにある」として、アリストテレスやホラティウスといった賢人たちがいかに古典的な修辞学の内部で絵画の術をも賞賛してきたかということに言及している。その上でしかしかれは、「しかもひとは、絵画に詩を上まわる多くの利点を帰すことができるだろう」[16]というのである。詩人のことばが国によってことなるのに対して、絵画の言語はすべての人びとに理解可能である、というのがその理由のひとつである。かれはさらに、詩はその目的と効果を継起的にしか達せられないのに対して、絵画は一気にものを見せることができるという。なるほど詩はその脈絡のうちにかず多くのエピソードや情況の細部を描くことができるのに対して、絵画は、たとえタブローの連続でいくつかのできごとを見せることができるにしても「その原因や連関を見せることはけっしてできない」という点で、詩に劣ってはいる。だが絵画は「もっとも鋭敏で、もっともよくわれわれを感動させ、われわれの情念を動かすことのできる感覚」つまり視覚をつうじて経験されるのであり、この点で詩にまさる。

詩人の主たる目的は、人々の品性と行動とを模倣することである。絵画が対象とするのも、これとおなじである。だが絵画ははるかに広範なやり方で、これに達する。というのも絵画は神をその全能において、つまり目に見えるものを創造するという点において模倣するのだということをなんぴとも否定できないからである。なるほど詩人はかれが語ることばによってこうしたものの描写（description）をなすことはできる。しかしことばはけっしてものそのものと見なされることはないだろう。一方絵画は、わずかばかりの色彩によって、まるで無からのように、地上にあるもの、水上にあるもの、そして空にあるもののすべてをあまりにみごとに形づくり再現するので、われわれはそれらが真実そのものであるかのように信じこむのである。じっさい絵画の本質は、われわれの目を魅了して、われわれを驚かすことにある。[17]

アルダーソンがいうように、ここにはたしかに、詩をモデルとする伝統的なパラゴーネとはことなって、絵画をそのメディアに固有の形式上の、したがって美的な「特性、とりわけその色がもつ特質、そのイリュージョニズム、その視覚という基質」[18]によって規定し評価しようとするあたらしい立場が鮮明に主張されている。

詩の絵画的描写

ド・ピールの絵画論は当時ひろく読まれて影響をあたえたが、イギリスにおけるそのような影響を示すものとして、たとえば肖像画家でもあったジョナサン・リチャードソンがいる。

ことばは想像力に対して絵を描くが、そのさいひとはだれも、自分に対してものごとを形づくるのに、かれ一流のやり方をする。それゆえ言語はあまりにも不完全である。われわれがいかなる名前ももたないような無数の色や形態があり、またそれらを名指すものとして一般に同意されたいかなる単語ももたないような観念（Ideas）が無限にある。これに対して画家は、これらの事物についてのかれの観念をはっきりと、あいまいさなしにつたえることができる。かれがいうことを万人が、かれがうったえる感覚のうちに理解する。それゆえこれこそは、普遍的な言語である。[19]

リチャードソンがここで「観念」というのはもちろん、ロック的なイメージのことである。ロックにとって観念はほんらい、そのことばを用いる「話し手の心のなかにある観念」、つまりは個々人がそのつど知覚した個物のイメージである。だが他者への伝達と知識の進歩のために、われわれは個々人が心にもつ個物の観念から特殊性を抽象することで一般的観念を得て、これを「一般的名辞（general terms）」によって名指す。それゆえ一般的観念の記号であり「恣意的な」記号であるかぎりでは、ロックにとっても、ことばが表示する一般的イメージと絵画における個別イメージとはことなるはずである。これらの言説は、アルダーソンがいうように、たしかに古典的修辞学の内部における詩の優位をおびやかすものであったろうし、これに対する詩人の側の反動として、ことばやその観念もまた生き生きとしたイメージをつたえるという点で絵画に劣るものではないという主張がでてくるのは、自然なことだといえるだろう。[20] こうしていまや、自然や現実のリアルで生き生きとした描写、視覚的イメージに満ちた絵画的な詩が流行となり、「描写詩（descriptive poetry）」あるいは「絵画詩」といわれるジャンルが成立する。

たとえば詩人チャールズ・ギルドンは一七一八年に出版された『完全なる詩法』で、「哲学者ならば無味乾燥なことばによって、詩人のように魂を襲い浸み込みとりこにするということがない記述（description）しかそれについてあたえない、その当のものについて、詩人はそのイメージを心の前に置くことで、一枚の完璧な絵画をあたえる」[21] という。また詩人にしてオクスフォードの教授ジョゼフ・トラップは、「ことばは想念（thoughts）にかかわり、そして想念は事物のイメージである」とした上で、詩と絵画に共通するものは「描写（description）」であり、「詩は一般に考えられているよりもずっと描写を本質としている」として、その理由をつぎのようにいう。

事物や場所や人物についてのながいそしておきまりの描写以外にも、ふつうの読者には気づかれないにしても、数え切れないくらい多くの描写が詩のうちにはあり、それは詩のほんの一節、ときには一語のうちにもふくまれている。想念の美の全体はこれらの描写にかかっており、またまさにそれが描写であるということ、つまりなんであれ生き生きとしたイメージを心に印銘する（impress）という理由で、それはわれわれにすばらしく感銘をあたえるのである。正しい判断によって選択されているばあいに、隠喩表現がその美とその優雅さを発揮するのは、まさにこのことによる。隠喩とはすべて、みじかい描写なのだ。[22]

詩人にしてオクスフォードの教授であるトーマス・ウォートンにとってミルトンの『失楽園』は、その古典的修辞において壮麗で堂々としておりすでに評価も高いにしても、その描写は「不自然で大げさである」。かれはミルトンをスイスの描写詩の詩人フレッチャーと比較して、ミルトンには「空想（fancy）」とそれがもたらす「けばけばしい絵画」はあるが「想像力」とそれがもたらす「観念（idea）」が欠けているのに対して、フレッチャーの詩句があたえる「イメージは、すべて単純でリアルであり、適切かつ厳密なしかたで自然である」[23]という。ウォートンが描写にもとめるのは、想像力が描く「自然の絵画」であり「真実から由来する絶対的な卓越さ」、つまりは絵画的描写のリアリティーである。ポープが、詩のことばがもつ絵画的機能として、視覚的な「イメージの描写」とならんで「韻律法——音のうちに描写されるべき事物を表現すること」[24]をあげるのも、またドライデンが「単語、措辞（expressions）、比喩や文彩、韻律法、またこれとはちがった音の優美さ、たとえば声の抑揚（cadences）といったもののすべて、ひとつの思念を表現するさまざまな言い回し、そして措辞を構成する要素たるかぎりの他の多くの事柄」[25]は絵画における陰影をともなった「彩色（colouring）」に対応するものだというのも、絵画とイメージの経験論の側からの圧力に対する詩人の側の反動と理解することもできよう。

フランスにおいても、すでに一六八八年の時点でベルナール・ラミーは、「ひとが詩人をつうじて心に想い描きたいと望んでいることがらについて、想像のなかでその可感的な絵画をつくる詩人こそ、ひとをよろこばせる。これが、その主たる目的がひとをよろこばせることにある詩人がもっぱらこうした表現を用いる理由である。そしてまた、事物を可感的に表現する隠喩が詩人の文体にかくもひんぱんに見られるのも、おなじ理由による」[26]という。デュボスは「心の生き生きとした動き（une affection vive）」つまり「感情（des sentiments）」を表現するには凝った文彩よりはもっとも簡潔なことばによるのがよいとするが、物語（récits）や描写など感情以外のものについては、「詩の本性と真実らしさがゆるすかぎり、われわれの想像力のなかでタブローを形づくるイメージによって再現されるのがのぞましい」[27]といい、またそうした詩的文彩は「詩句のなかで描写された諸対象をきわめてみごとに描く（peignent）ので、われわれがそれらを理解するや、われわれの想像力は、調和のとれたひとまとまりの文章がつぎつぎと語られるのに応じて、つぎつぎと形づくられるタブローにたえまなく満たされていく」[28]という。この心のなかのイメージを

「タブロー」とするコンセプトは、のちに見るように（第六章）、ディドロによっても前提されているものである。またドイツでは、モーゼス・メンデルスゾーンが「感性的表現」を「美しい術（美術、schöne Künste）」と美しい学（文学、schöne Wissenschaften）」とに区分し、「詩芸術（Dichtkunst）は完全で感性的な談話（Rede）である」というバウムガルテンの説明を引きつつ、つぎのようにいう。

談話を感性的なものにする手立ては、記号によって意味されたものを、たんなる記号がそうするよりもはっきりと感覚（empfinden）させるような表現を選択することにある。これによって朗読は生き生きと目に見えるものとなり、記号によって意味された対象もわれわれの諸感覚に対して、いわば直接提示されることになる。こうした一般的な規則によって、詩的イメージや比喩や描写の価値は、そしてまた個々の詩語の価値さえも判定されなければならない。[29]

こうした考えかたは、十九世紀になっても見られる。文筆家フランシス・ウェイは、「ほとんどすべての文彩は、かくされた描写である。すべてのアレゴリー、隠喩さえも、みじかい描写なのだ。描写の仕方を知らないものは書くことはできない。詩的想像力は、イメージの多彩さによって示される。描写することは、絵を描くこと（peindre）であり、絵を描くことはイメージを形作ることである」[30]といい、またオーギュスト・バロンも、「アレゴリー、比喩、そして隠喩でさえも、ほとんどの文彩はただ、多かれすくなかれ拡張された意味において描写にすぎない」[31]という。もちろんこうした傾向に対しては、当初から批判もあった。さきに見たジョナサン・リチャードソンは、丘の上や高い位置から眺望される風景の詩的描写に対して、つぎのように非難している。

ことばによって田舎の眺めを描写するとは、なんと退屈なことだろうか（たとえばグリニッチの丘から）、またそこからわれわれが受けとらなければならないものはいかに不完全な観念（Idea）であることか。絵画はこうしたものごとを直接に、そして正確に見せてくれる。どんなことばも、あなたがこれまで会ったこともないひとの顔やその人となりについての観念をあたえることはできない。しかし絵画は、それを効果的におこなうのだ。[32]
そして、描写詩のような傾向に対して根本的な批判を浴びせたのは、バークである。

バーク

バークはロックの言語論を意識しつつ、ことばを人間、木、馬などの「集成語（aggregate words）」と、これら馬や人間といった合成体を構成する要素としての赤、青、丸、四角、暑い、寒いなどを示す「単純抽象（simple abstract）」と、最後に前二者の単語や、それらのあいだに成立するさまざまな関係の恣意的な結合によって形成された美徳、名誉、信念といった「合成抽象（compound abstract）」という三種類に区別する。おおざっぱにいって単純抽象はロックのいう単純観念に、集成語は単純抽象の合成によってえられ名前で呼ばれる実体のような複雑観念に、また合成抽象は様相や関係にかかわる複雑観念にあたる。注意しなければならないのは、ロックにとってはそのつどひとつの単純知覚をあらわす単純観念こそが、感覚から直接にえられる現実経験としていっさいの確実で明晰な知識の源泉であり、どれほど抽象的な複雑観念といえども、その認識上の効力はあくまでもこれを合成するいくつかの単純観念の経験的明証性にもとづいているということである。こうしてロックは個々の具体的な単純知覚ないし「観念＝イメージ」を積みあげていく一種の経験の原子論の立場に立つ。これに対して、バークにとってそれぞれのことばが表示する観念を心がおぼえこむ順序は、集成語、単純抽象、合成抽象の順である。バークにとっては、人間や木や馬といった個々の実体にかかわる一般名詞こそが最初にわれわれがおぼえこむ観念でありことばなのであって、これらの実体がさまざまにもつ単純な諸感覚特性つまりロックのいう単純知覚は、具体的な事物経験をばらばらに解体することでえられるものとして、すでに論理的抽象の産物である。それゆえロックとは逆に、バークにとって音としての語とその意味についての最初の経験は単純観念ではなく集成語の学習による。われわれは子どものときから集成語がある特定の事物やできごとに「使用」され「適用」されるのをくりかえし聞いており、その結果「われわれは即座に習慣からそれがどういう事物に属しているかを知る」[33]ようになる。それゆえ語の意味ないし観念の正しさは、感官が受けとる単純知覚やその心のなかの印銘であるイメージの明証性にあるわけではない。

もっともバークも同時代人として、近代経験論の「観念＝イメージ」説を共有し、たとえきわめて貧弱で不十分とはいえ、ことばが「画像（picture）」ないし「イメージ」を喚起することは認める。にもかかわらず、語のもっとも一般的な効果は個々の事物の画像をつくることにはないし、じっさいにも日常会話や読書において「このような画像は二十回に一回もつくられた」ことはないとバークはいう。たとえばつぎのような文章を読んでみるがよい。

ドナウ川はドイツ中央部の多湿な山岳地帯に発源し、この地域で方々へむきを変えつつ幾多の公国領を潅漑したのちに、オーストリアに転じ、ウィーンの岸壁を洗いつつ、こんどはハンガリーにはいる。この地ではサーヴ川とドラーヴ川が合流し豊かな水量となってキリスト教圏をはなれ、タタール地方に接する夷狄の国々を貫流したのちに、いくつも枝わかれした河口から黒海に注ぎ入る。[34]

これは、有定があげている屋久島の描写とまったく同種の描写といってよいだろう。だがバークは、はたしてここにあげられている山岳、川、都市、海等のなんらかのイメージをわれわれはみずからに刻印するだろうかと問う。じっさいには、ことばはつぎつぎと急激に流れ去るから、われわれがことばを聞きつつ同時にその画像を再現することは不可能である。語がなんらイメージを喚起することがなくとも、子供のころからの習慣で、この語とそれが適用される事物とのつながりは即座に知られ、それゆえこの語から、それが指示する事物を現実に目にしたときに受けたのと「おなじ効果（effect）」を受けとることによって、ひとはその語の意味を理解することができる。かりに画像が再現されるばあいでも、たいていはそのために「想像力のとくべつな努力」が、「意志のある働き」が必要だ、というのである。

こうしてバークは、ことばが視知覚とくらべれば貧弱であいまいな画像を喚起することを認めつつも、「詩が発揮する効果はそれが可感的なイメージを生みだす力にはまったく依存しない」[35]として、ロックとは逆に、詩の力をイメージの描写を介することなくもっぱら雄弁術が聞き手の心にもたらすべき効果としての情念（passions）や情動

(affection) に見る修辞学の伝統に立つ。ミルトンが堕天使たちの暗い旅路の道行きを描写したつぎのような一節――「彼らはなおも暗く陰惨な　谷間をいくつも渡り、多くの鬼哭啾々たる場所を、多くの氷雪に　とざされた山々を、多くの燃えさかる火の山々を、いや、岩、洞窟、湖、沼、沢、岩窟の数々を、死の影を、通っていった」(『失楽園』第二巻 617-620)[36]――では、ことばによる描写は、個々の対象についてのきわめて貧弱で不十分な観念しかあたえないにもかかわらず、むしろそのことによってきわめて高い崇高感をひきおこす。

> 観念を明晰ならしめることと、その観念が想像力にうったえかける (*affecting*) ようにすることとは、別のことがらである。もしもわたしが宮殿、寺院、風景をスケッチするならば、わたしはこれらの対象についてのきわめて明晰な観念を提示することになる。しかしそのとき(もちろんそこに発揮される模倣の効果には無視しえぬものがあるが)わたしの絵がひとの心を打つ (affect) としても、それはせいぜい現実にある宮殿、寺院、風景がひとの心を打つのとおなじであるにすぎない。他方で、わたしがあたえることのできるもっとも生き生きして溌剌たる言語描写は、この種の対象についてのきわめてあいまいで不完全な観念しか喚起しないが、しかしそのときわたしはこの描写によって、どんなにすぐれた絵画によるよりもさらにいっそう強力な情緒 (*emotion*) を呼びおこすことができる。[37]

絵画がめざすのは事物の模倣であり、詩は精密な描写という点ではとうてい絵画に太刀打ちできないが、しかし詩の本務は模倣よりも共感 (sympathy) に、事物それ自体の明晰な観念を現前させることよりも「これらの事物が語り手やそれ以外のひとびとの心におよぼした効果をはっきり示す」ことにある。それゆえ描写詩といわれるものも、絵画的な詩というよりは、「主として代用によって、つまり慣習上現実とおなじ効果をもつ音声という手段をつうじて作用する」ものである。こうしてバークは、当時の絵画的描写詩の流行をするどく批判するのみならず、ひとは修辞学のように明晰判明な観念なしにことばをもちいてはならないとするロックにも、するどく対立する。

レッシング

バークのこの主張に対しては当時根強い批判があったが、[38]一方でレッシングのように、バークに刺激されて「詩的絵画（poetische Gemälde）」[39]を批判するものもいた。レッシングも、ことばが想像力にうったえてある種のイメージを喚起することは認めつつ、しかし「詩人の筆は、とくに視覚にうったえるためのものではないのだから、そのつどの筆の運びにおいてこの感覚を考慮にいれる必要はすこしもない」[40]という。かれの批判の矛先は、同時代の批評家の多くが絵画と詩のあいだには差異はまったく存在しないと考えて、そこからつじつまの合わない結論を引きだしていること、またその結果として「詩においては描写癖を、絵画においてはアレゴリー癖をもたらした」ことにある。レッシングが詩の絵画的描写を批判する理由はふたつあるが、それらはいずれも、ド・ピールの主張と重なるものである。ひとつは、たとえことばがイメージを喚起したとしても、それは絵画が提供するあざやかな感覚印象にくらべて細部が不確かで微弱であり、したがってことばによってじっさいの絵画を生みだそうとしても、それはそもそも不可能だという点である。もうひとつの理由は、空間的に同時に存在する事物を細部にわたって描写する絵画の手法が、言語表現の継起性と矛盾するという点にある。空間における対象の知覚に際して、われわれはその各部分を観察し、それからこれら諸部分の結合を、最後に全体を観察する。われわれの視覚はこういう種々の作業を驚くべき速さでやってしまうので、われわれはそれがひとつの作業であるように思いこむ。だが、「目ならばいちどきに見渡してしまうものを、詩人はひどくゆっくりと、ひとつひとつかぞえながら、われわれにわたしてよこす」。われわれが最後の語句を読むときには、すでに最初のことばをわすれているということもしばしばである。したがって絵画のように空間的に並存する細部をことこまかに描写しようとしても、それは「もっぱら読者の悟性をたよりに、ただ明瞭な、できるだけ完全な概念をめざす」散文家や道学者流の詩人の描写ではあっても、ほんらいの詩人がのぞむように、「われわれの内によびおこす観念（Ideen）をたいそう生彩あるものにすることで……われわれが当の対象の感覚的印象をじっさいに感じているように信じこむ」ような「幻惑（Täuschung）」をあたえはしない。レッシングが当時の描写詩のなかでは傑作といってよいものとしてあげるフォン・ハラーの『アルプス』の一節――「光うず巻く、リンドウの花の輝く黄金は、茎の上に高々と、灰色の王衣をまとってそびえ立つ。深い緑を織りまぜた葉のつややかな白さは、濡れたダイヤモンドの五彩のきらめきを放射する。」——にしても、リンドウの部分部分を、トラップが「みじかい描写」とする濃密な隠喩や擬人法をも織りこんでことこまかに描写しているが、しかし「この詩の描写（poetische Schilderei）は、線と色とが画布上に表現しうるものとはくらべようもないほど劣っている」とレッシングはいい、この詩の一語一語にものそのものの姿を見るなどとはとうていいえないという。

「物体の美は、いちどきに見わたすことのできるさまざまな部分がひとつに調和した結果生じる」ものであり、それゆえ絵画のみがこれを模倣することができる。これに対して「美の諸要素を継起的にしか示すことのできない詩人は、物体の美を、美として描写することをまったく断念する」[41]。この口、この鼻、この目がいっしょになってどんなイメージをあたえるかを思い描くことは、「人間の想像力をこえる」ものである。それゆえ詩人は、描写によってはあらわしきれないようなものは、それがあたえる「効果（Wirkung）」によってわれわれにそれをわからせる。たとえばホメーロスがヘレネの美しさを「いかさまトロイエーの人と脛当よろしいアカイア人とが、長い年月　苦難を嘗めてきたというのも、これほどの女人のためには無理とはいえない、　おそろしいほどその顔だちが　常磐にいます女神らに似かようている」（『イーリアス』第三書 156-158）[42]と描写するとき、かれは「ヘレネの美についての、美術がこの点でなしうるいっさいをはるかに越える概念を、われわれにあたえることを知っている」[43]。詩人は、ヘレネの美をことこまかに描写するかわりに、じっさいに美しい女を見るときにおこるほのかな胸のときめきやあこがれ、好意や愛情や歓喜を描くのである。じっさい読者は、いったん詩人の描く主人公に好意をもってしまうと、その高貴な性質に夢中になって、その肉体の姿などはまるで考えないか、考えるにしてもその人物に、美しいとはいえないばあいでもごくふつうの姿をあたえるものだ、とレッシングはいう。ウェルギリウスの描くラオコーンは絶叫するが、それを読みながら、絶叫するには大きく口を開く必要があるとか、そんなに大きく口を開くのは醜悪だとか考えるものはいないだろう。こうしてレッシングは、メディアのことなりに応じた詩と絵画それぞれに固有の描写方式や技巧があることを主張する。

2　知覚とイメージ

言語的イメージをめぐるこれらの議論を見たうえで、あらためて小説を読む経験がどのようなものであるかを問うとき、われわれはまず、これがふたつのことなった問いからなる複合的な問題であることを理解するべきである。ひとつは、はたしてことばの意味とは心的イメージか、ことばを理解することとイメージを想起することは、おたがいにどのような関係にあるのかという問題である。もうひとつは、一般に想像とは心のうちなる知覚か、心的イメージは絵画的画像かという問題である。

ウィトゲンシュタイン

ことばを理解するとはイメージを想起する心的過程かという問題については、われわれはウィトゲンシュタインの執拗な探求をあてにすることができる。かれは「語の意味とはなにか」と問い、こうした問いに対する哲学的困惑の大きな源のひとつは、「名詞があればそれに対応する事物をさがさずにはすまない」[44]という強迫観念にあるという。たしかに語の意味を学習するもっとも一般的なやり方は、ひとがあるものを指さして「リンゴ」というのを聞くことで、ある対象と「リンゴ」という語とのあいだのむすびつきを習得することである。この訓練が原因となって、「リンゴ」という語とリンゴの記憶イメージとの連合という心理的機構が成立することもあるだろう。その結果ひとは、ことばを理解するとは、こうしたイメージを心のなかにもつことだと考えてしまう。これに対してウィトゲンシュタインは、「ひとが命題にそくしてなにごとかを想像することなど、命題にしたがってスケッチを描くことと同様、命題の理解にとってすこしも本質的なことではない」[45]という。たしかにことばの習得には、生理・心理学上の先行条件としてイメージをもつことがあるとしても、こうして習得されたことばの使用や理解がつねにイメージをともなうわけではない。ことばの意味とは、心的イメージや描かれた画像のように「なにか記号とならんで存在している対象」ではない。それは一定の言語体系におけることばの使用の文法であり、思考とは一定の言語共同体内部で規則にしたがって記号を操作するはたらきである。「赤い花を摘んでこい」と命じられたとき、ひとは頭のなかに赤い花のイメージをもちながらさがしにいき、そのイメージをあれこれの花と見くらべるかもしれない。たしかにそういうさがし方もある。だがこういうやりかたが唯一不可欠なものではないし、またふつうのやりかたでもない。ふつうはまわりを見まわし、その花のところへ歩みよって、それをなにかとくらべたりしないで、それを摘みとるのではないか。じっさい「赤い花を想像せよ」と命じられたとき、まずこの文の理解として「赤い花」を思い浮かべ、ついでこのイメージを見本として、もうひとつの赤い花を想像するなどということはナンセンスである。「赤い花を想像せよ」は、「赤い花を摘んでこい」や「赤い花を描け」と同様、一定の行動をとるべく命じる文であり、想像は摘むことや描くことと同様、ことばの使用や意味の理解とはべつの行動なのである。われわれの陥りやすいあやまりは、ことばの使用や思考には「たがいにある意味では密接につながりあったあらゆる種類のイメージや経験が、同時にわれわれの心のなかに現在していなければならない」と考えることである。リチャード・ローティもいうようにここには、対象の「印象＝イメージ」をもつことは、ことばを理解すること、つまり「知る」ことの生理・心理学上の因果的な先行条件にすぎないのに、それ自身知ることなのだとする混同がある。だが文や命題といった「知識の諸要素」は「生理学的諸条件」とはことなった次元、言語体系に特有の「論理空間」[46]の内部に位置づけられる。

ことばの意味は心的イメージではなく、ことばの理解にイメージ想起という心的過程がときに付随することがあるとしても、それが不可欠というわけではないというウィトゲンシュタインの主張は、大筋でバークの主張と符合している。それにしても、ことばの理解にときにイメージが付随することがあるという事実は、なにを意味しているのだろうか。それはたんに気まぐれに、あるいは「想像せよ」という命令に応じて「意志的に」生じる付帯現象として、ことばの理解にはまったく関与しないのだろうか。これに答えるためにはまず、イメージとはなにか、それは知覚や絵画的画像とどうちがうのかを考えてみる必要がある。ただしここでは、主として視覚的な心的イメージについて考えることにする。

イメージと知識

十九世紀末から第一次大戦までのあいだイメージは、イギリス経験論を受けついだ連合主義の心理学によって研究されたが、大戦後の行動主義の影響下でイメージは研究対象としてはほとんど排除された。イメージがふたたび認知心理学のテーマとなるのは、一九六〇年代以降のことである。[47] 現代の認知心理学者にしても、心的イメージが文字どおりの絵画や写真であるとは考えない。それにもかかわらずかれらはしばしば、イメージは「視知覚に似ている」とし、あるいは「疑似絵画的（quasi-pictorial）」であると考える。そこからかれらは、知覚から知識がみちびかれるように、イメージからもある種の知識はみちびかれると主張するのである。[48] たとえばロジャー・シェパードの有名な「心的イメージの回転」にかんする実験にもとづいて、かれらは、知覚をつうじてえられた記憶イメージを心のなかで回転したときに、それがどのように変形して見えるかをわれわれはあらたな経験として知ることができるという。だがこのような実験で用いられるのはほとんどのばあい単純な幾何学的図形であり、その際われわれは、これが回転するのに応じてそのかたちが変化するさまをじっさいに心のなかで見ているというよりは、四五度とか九十度回転せよといったそのつどあたえられる条件にしたがって、推論によってそのつどこの図形のイメージを頭のなかで再構成していると解釈するべきではないか。じっさいわれわれはもっと複雑なかたち、たとえば友人の顔が横向きになったり逆さになったりしたときにどう見えるかについて、じっさいに知覚することなく、イメージのなかではじめて経験することなどほとんどできないだろう。アランがいうように、かつて写真でなんどか見てよく覚えているパルテノン神殿の列柱が、さて何本あったかを心のなかのイメージで数えてみることなどできるわけがない。[49] サルトルが、想像のなかで友人ピエールにシルクハットをかぶせてみることはできるが、ピエールの顔にシルクハットがもたらすあらたな効果はイメージとしてけっして見ることはできないといい、そこに知覚とくらべてのイメージの「本質的な貧困性」[50] を見るのも、こうした経験にもとづいている。

ギルバート・ライルも、イメージを「想い描く（picture）、思い浮かべる（visualize）」というのは適切で有用な概念であるが、しかしそれは「イメージを見ること」、そこになんらかの類似像を知覚することではないという。青い事物やノックの音をイメージするためには、ひとは、青い事物がいかに見え、ノックの音がいかにひびくかについて、それ以前に知覚をつうじて習得している必要がある。頭のなかで旋律を奏でるということは、「その旋律がどのように展開するかという知識をわれわれが利用する常套的な方法の一つである」。[51] それゆえそれは、習得された知識にもとづいて、つぎにどの音がひびくかを予想しつつ聞き慣れた旋律に聴きいり、これを追う過程にたとえるべきであって、このばあいでもわれわれはなんらか現実の楽音の幻影とでもいうべきものをじっさいに聞いているわけではない。友人の顔を想い描くことは、わたしがその顔を知っていることによってはじめて可能であるような能力のひとつであり、その顔が「どのように見えるはずであるかということにかんする知識の利用法のほんの一例にすぎない」。その顔をことばで記述することは、これとはことなるもうひとつの知識の利用法であり、眼前にいるひとの顔をひと目で認知するのも、また別の能力である。要するにイメージすることは、「思考する」という語のひとつの意味において、あるものが「どのように見えるはずであるかということを思考すること」[52]だというのが、ライルの主張の眼目である。そしてこれは、「イメージを抱くとは、心と称される何かのうちに物質からできていないある種の画像を所有することにはならない」[53]とするネルソン・グッドマンの主張とも非常に近いものである。グッドマンにとっても、視覚イメージは見ることはできないし、聴覚イメージは音を立てない。「心のなかの画像」といういいかたはナンセンスであり、そのような意味では「心的イメージは存在しない」といわざるをえない。しかも心的イメージの経験はわれわれにある以上、問題は「心的イメージについて有意味に語る」ことである。グッドマンによれば、わたしが馬のイメージを抱いているとは、それにもとづいてわたしが馬をことばで記述したり絵に描いたり、馬についてのあやまった記述や画像を批判したり修正したりできること、そのように「一定の技能(スキル)をもちそれを行使すること」[54]である。

たしかにわれわれは、イメージのなかで昨日会った友人の顔を思い浮かべられるように感じている。だがじっさいにその顔をはっきりと見るためには、その特徴を、つまりはそれが「どのように見えるはずであるか」をことばで記述して画家に似顔絵を描いてもらうか、あるいは画家の手技をもっているばあいには自分であらためて画用紙にスケッチしてみるか、モンタージュ写真用のパーツを組みあわせてみるか、いずれにせよ画像を目のまえにおいて見るほかはないだろう。頭のなかで旋律を奏でるというばあいも、じっさいにその音を聞くためには、それが「どのようにひびくはずであるか」についての知識にしたがって自分で声にだしてみるか、楽器で音をとるほかはない。しばしばわれわれは、頭のなかでひびいていると感じているお気に入りの曲を声にだしてみようとしてもうまくいかないことを経験するが、それはその曲の細部の音程についての知識があやふやなためである。それでもわれわれがその曲をよく知っていると感じ、ときにはオーケストラのように複雑な音の集積すら頭のなかで聴きとっていると感じることがあるのは、じっさいにはその曲を聴いたときに、それがわたしにあたえた効果や印象や雰囲気の記憶によるというべきだろう。したがって、イメージがある点で「われわれがそれ以前に見たりきいたりしたものとある種のしかたにおいてむすびついている」[55]としても、それは顔や画像の知覚とはまったくことなった能力だというライルの主張は正しいものと思われる。しかしそれではいったいイメージは過去の知覚とどのように関係しているのか、そもそも知覚とはことなったイメージの特性とはなにかという点については、ライルもグッドマンもこれ以上述べてはいない。

イメージと知覚

あるものをイメージすることが、それが「どのように見えるはずであるかを思考する」ことだとして、これが知覚と決定的にちがうのは、それが厳密な意味で図を浮かびあがらせる地、つまりは知覚領野をもたないという点にある。われわれの目は一瞬のうちにすべてを見わたすということはなく、そのつど対象の一部に焦点を当てながら、部分から部分へと断続的に移動するすばやく反射的な動き、いわゆるサッケードをくりかえす。また、われわれの目はそのつどひとつの部分に焦点をあわせながら、つねに同時にその周辺部分をも視界にとらえている。こうして目は多方向の動きによって視界全体を走査し、その結果えられる一連の部分知覚を記憶のうちに保持し統合することで、対象をいま直接にあたえられていない他の側面をもふくむ全体的なものとして把握する。要するに視知覚は、そのつどの焦点部分のみならず、それをふくむ全体的な領野、つまりは図を支える地をも視野にいれている。ところでこの知覚領野とは、わたし自身もその内部の特定の位置に立ってそこから見わたしているわたしのまわりの世界地平である。それは個々の対象がその内部に一定の位置をえ、わたし自身や他の対象との関係において知覚される背景であり、コンテクストである。だがエドワード・ケイシーもいうように、イメージはこうした知覚領野に正確に対応するようなものを、つまり個々の対象が、そしてわたし自身もその内部に一定の位置を占める地平という、知覚の恒常的な支えをもたない。[56]それは焦点のみで周辺の地平をもたないために、知覚のように多次元の位相をもつことができず、それゆえそれはほぼ正面向きで、奥行きをほとんど示さない。それはまた他の事物、他のイメージとの関係で定立される全体地平内部における位置ももたない。サルトルもいうように、イメージは「空間のひろがりのなかに位置づけられていない」[57]。わたしがいま焦点を当ててイメージしているリンゴは、ふつうのばあい、机の上にあるのか果物かごのなかにあるのか不明である。

イメージはまた、意識の持続のなかで過去志向と未来志向によって構造化されるような時間地平ももたない。知覚領野においては、いったんわたしの現在の視界から消えたものも、自分の立つ位置を変え、あるいは別の視点をとることで、わたしはこれをなお全体地平の内部に、たとえばわたしの背後あるいは過去に存続するものとして了解し、必要に応じてそれへと目をもどすといったことができる。だが、イメージにおいてはそのようなことはおこらない。イメージにおいて視点が変わるということは、あらたな焦点のもとで、あらたにイメージするということである。イメージは不意に出現し、焦点の移動につれて、不意に霧消する。そのようなイメージは、暗闇のなかからそのつどスポットライトをあてられた部分だけが間欠的に浮かびあがるのに似ている。インガルデンが、イメージにおいてはわれわれはそのつど現勢化されたひとつの側面が完全に消滅し、しかるのちふたたび別の側面が突如ひらめくというような「脈拍的な体験のしかた」[58]をもつというのも、このような事態をいいあてている。ケイシーもいうように、「あるものを別様にイメージすることは、べつのものをイメージすることである」[59]。それゆえ、小説を読むなかでイメージされた「風景は、エピソードのあいだ中そこにあるといわれることはできない。それが持続してあるというのはただ推定によるものでしかなく、小説家がくりかえし措定することにかかっている」[60]。いったん消えたイメージを想起するには、わたしはもういちど最初からイメージするしかないのである。

この点では、イメージ化におけるそのつどの焦点移動を、現実の視知覚における目のサッケードのシミュレーションと考えるクリストファー・コリンズは、まちがっている。かれはたとえばイマジズムの影響のもと、意図的に絵画的・写真的な描写を企てた詩人ウィリアム・カルロス・ウィリアムズの「赤い手押し車（A red wheel barrow）」という詩を例にあげている。

so much depends　　　　たくさんのものを

upon　その上にのっけて
a red wheel　一台の赤い
barrow　手押し車、
glazed with rain　雨の滴
water　できらきらと
besides the white　そばには白い
chickens　ニワトリたち

コリンズは、これを読むものは「その上に（upon）」とか「そばには（besides）」といった前置詞にみちびかれて、ひとつの全体的な視野としての想像空間の内部で、積まれた荷物から手押し車へ、ついで手押し車からニワトリたちへと順次眼を移動させるという。また、この焦点移動によってあらたにとらえられる「ニワトリたち」は複数であるから、読者は各自が適当と考える一定数のニワトリをそこに見いだし、こうしてそれらが手押し車のまわりをうろつくのを「なめらかに追う目の動き」のシミュレーションをもつともいう。[61]だが、イメージ化にそんなことはおこらない。前置詞はここでは来るべきものへと視線をみちびく未来志向ではなく、手押し車とニワトリたちというふたつのイメージ相互の関係を指示するにすぎない。手押し車からニワトリに焦点を移したとしても、そこに目が追うべき知覚対象としての特定の数のニワトリがいるのを発見するわけではなく、われわれはただ、自分が経験から知っている一群のニワトリに特有の動きをあらたにイメージするだけである。

　心的イメージはまた、絵画のようにその細部がすべて描かれ規定された画像ではない。じっさいある人物をまず身体全体の外観からイメージし、つぎにもっと精密にその人物の顔や手や髪といった細部に焦点をあてて思い浮かべようとしても、われわれが手にするのは全体的印象か、細部の部分的イメージかのいずれかであって、けっして細部が描きこまれた一枚の完全な肖像画ではありえない。またダニエル・デネットのいうように、「木製の義肢をもつ背の高い男」をイメージするとき、われわれはかならずしもかれの髪の色や着ている服や、帽子をかぶっているかいないかといった細部にかかわる必要はない。虎をイメージするとき、あるいはさきのウィリアムズの詩を読むとき、われわれはその虎が何本の縞をもっているか、ニワトリが何羽いるかまでイメージすることはない。そうした細部は、いまわれわれが関与しているイメージ作用においては、最初から念頭にはない。これに対して、われわれがそのような男や虎やニワトリの絵を描くときには、われわれはその男の髪や服や、また帽子をかぶっているかどうかをきめなければならないだろうし、虎の縞模様やニワトリは特定の数であるだろう。[62]なるほどネッド・ブロックが反論するように、[63]丸を描いて頭とし、その下に棒線だけで胴体と手足をつけた略画を描くことはできるし、ジェリー・フォーダーがいうように、[64]虎の写真にしてもブレて縞が何本あるかはっきりいえないばあいもあるだろう。だが略画ならひとは慣習にしたがって、意図的にこの男の服や靴を省略しているのであって、もともと念頭にはないというのとはちがうし、この略画を見るひとにしても、この男がはだかやはだしであるとは考えない。写真の虎にしても、ブレた縞はそこにそれとして明示されている。

要するにイメージには地平がないということは、イメージは知覚の対象ではなく、わたしは知覚主体として特定の位置に立って世界地平に対して身構えてはいないということ、したがって一定の情況に身をおくというようにして、これらのイメージとかかわってはいないということである。イメージするというわたしのふるまいは、かつてわたしがわたしに特有の視点と情況のもとで遭遇し関与した対象やできごとについてのわたしの知識にかんして、そのつどあらたな関心に応じた特定の側面ないし位相に焦点をあてるというようにして、それがどのように見えるはずであるかを再構築することである。

3　意味とイメージ

心的イメージが視覚に似ているにしても知覚ではなく、知識の利用法の一種だとして、それは知識のもうひとつの利用法、つまりことばの意味やその理解にどのように関与するのか。この問題についても、現代の認知心理学は一定の成果を得ているようである。たとえばミシェル・ドゥニは、イメージはたんにわれわれの知識全体の一部分に対応するにすぎず、イメージなしでも言語理解は可能であり、それゆえイメージは言語理解の手段とはいえないが、一方である場面を具体的に描写する文のように、とくに文がイメージ形成に適しているばあいには、イメージは理解を容易にし支える「媒体（support）」[65]として役立つという。イメージはまた、これら具象的な文の意味の記憶にも役立つ。たとえば被験者に文が呈示されたあとで絵が呈示され、絵が文の意味に対応しているかどうかをこたえさせる実験では、課題は言語情報をイメージのかたちでコード化するようつよく要求するのであり、また被験者のほうでも「記憶負荷を軽減できる認知方略」[66]としてイメージ化をおこなう、という。

意味の規格型と素性

そのようにイメージがときにことばの理解や記憶に寄与するとして、それではあらためて、ことばの意味とイメージとの関係とはどのようなものだろうか。ウィトゲンシュタインと同様に、「語の意味はひと組の意味論的規則である」とするヒラリー・パットナムは、ことばの「意味」を「観念＝イメージ」とするあの根強い伝統が依拠する前提、つまりことばの意味とは結局はそれが指示する対象だとする前提に対して、これは意味論としては見込みのないものとした上で、「意味と同一視される対象をとりだすことによって「意味」を定義するのではなく……意味を記述するための標準形（normal form）（あるいはむしろ、標準形のタイプ）を定めることによって「意味」を定義する」[67]ことを提案する。意味記述の標準形のなかでもふつうの人間にとってとくに重要なのは、パットナムが「規格型（stereotype）」と呼ぶものである。規格型とは、「Xはなにに見え、なにのように行動し、なんであるかにかんする慣習的……観念」[68]である。ひとが「牛」という語がなにを意味しているかを知っていると考えられるためには、かれが帰属する言語共同体によって牛がもつとされている一定の規格にはまった諸特徴、たとえば「四本の脚」「角」「従順」「草食動物」といったことについて知っていることが要求される。われわれとしてはなおこれに、牛が個々人の経験においてふつうあたえるとみなされる一定の感情的効果、たとえば「おとなしい」とかあるいは逆に「怖い」とかをくわえてもよいだろう。ある語を知っていると見なされるために必要とされる最低レベルは、そのひとが帰属する文化と話題につよく依存している。インドなら、「聖なる動物」というのも「牛」の規格型のひとつである。日本語の話し手は植物学者のようにニレの木をブナの木から区別できることはふつう要求されないが、それでも「ニレ」ないし「ブナ」という語は修得しているものと見なされる。わたしが「ニレ」と呼ぶ木がほんとうにニレであってブナではないかどうかは、言語社会における一部の特別な話し手、つまり専門家が知っていればよいことであり、どの言語社会も「言語的分業」をもつのである。

ドゥニが単語の意味について、それは「その単語により指示された概念を定義づけるいくつかの素性に対応する（この素性の集合は、その対象自体の諸特性の集合に対応する）より「小さい」基本的意味単位に分割可能である」[69]といい、したがって「馬」という概念は「四本の脚」「たてがみ」「いななき」「背中に乗る」「人間の友達」といったいくつかの素性に分析可能であるというとき、ドゥニのいう「素性（traits）」はパットナムの「規格型」とほぼ対応しているといえるだろう。おそらくはまたバークが「単純抽象」と呼んだものも、これに対応している。重要なのは、語の意味が「分化した素性の集合」だとして、話し手がこの語を用いるときにはつねにこれらの素性のすべてが想定され意識されているわけではなく、ふつうはそのつどいくつかの素性が「文脈の性質と状況の特殊な諸制約の性質にしたがって、選択的に限定されて活用される」[70]という事実である。のどが渇いて「ああ、水が飲みたい」とひとがいうとき、この文脈で「水」とは「渇きをいやす」「冷たい」「液体」といった素性はつよく意識されるにしても、「汚れを落とす」「重い」「湯になる」「H_2O」といった素性は、かりに当人に知られていても意識化されることなく潜在的なままにとどまる。

それゆえ、ことばの理解にときに心的イメージが付随し役立つことがあるとしても、ドゥニがいうように、ひとが対象について知っている特性のすべてがイメージされるのではなく、一定の関心や課題、文脈に応じてもっとも適切なひとつかふたつの素性に焦点があわされ、それがイメージとして「現働化（actualiser）」される。たとえば、あるしかたで「アップルパイを切る」ことが問題文にふくまれるような算数を解く小学生にとって、この文は問題を解くためには「想像せよ」と教唆しており、それにしたがってかれがイメージするとしても、そのイメージは、アップルパイの色合いや溶けた砂糖の光沢といった細部をもたない抽象的な円形となるだろう。というのもこうした細部は、当面の課題にとってはノイズでしかなく、その想起は課題遂行にむしろ不利となるからである。[71] W・ミッチェルは心的イメージがどのようなものであるかについてははっきりとはいわないのだが、それでもこれを「幾何学的図式」のようなもの、現実の絵画とくらべれば図式的な「絵文字」に近いものと示唆している。[72] だが、アップルパイのイメージがいつもこのような幾何学的図式だというわけではなく、それが円形としてイメージされるのは、ある特定の文脈においてである。アップルパイを食べたいと願うときには、その色合いや溶けた砂糖の光沢がイメージされるだろう。ケンタウロスのような、これまで見たこともないものを指示する未知の単語がでてきたとき、それがどのようなものであるかについて、ふつうひとは、われわれがすでに知っているものの組みあわせを記述することによって、したがって「下半身は馬で、胸から上は人間の動物」というようにしてこれを教えようとする。その際われわれはたいていのばあい、これらの馬や人間といった類概念のそれぞれに特徴的ないくつかの素性からなるプロトタイプをイメージし組みあわせることで、なんとかケンタウロスがどのように見えるはずであるかについて、全体的なイメージを得ようとするだろう。ある語について、知っているかぎりの意味素性を意識化することが要請されるばあいもある。たとえば日本語を知らない外国人に、日本語の単語「桃」がなにを意味しているかを教えるばあい、相手が、それが英語の「peach」にあたると気がつくまで、知っているかぎりの素性を数えあげる必要があるだろう。しかし、ふつうの会話ではそういうことはおきない。もちろん、幼児にはじめて「モモ」という語を教えるばあいには、目の前にある桃を指でさし示しつつ、「モモ」という語を発語して、この語がその桃を指示することを理解させる。だが、いったん語と対象の指示関係が構築されれば、幼児はこの「モモ」という語のより十全な意味を、その語が使われるそのつどことなった文脈で現働化されている意味素性を順次理解しふやしていくというやり方で習得していく。それゆえ語の「指示」とは別に、語の「意味」の学習とは、そのつどの文脈における語の「使用」のこうした規則についての学習をいうのである。

イメージ価と「概念的」ペグ」

ドゥニによれば、語の意味をなす素性のいずれもが特定の文脈さえあたえられればイメージ形成に寄与するというわけでもない。「四本の脚」「たてがみ」「はやく走る」などの形象的意味素性は視覚イメージの形成に寄与し、「いななき」は聴覚イメージの形成に寄与するが、他の素性、たとえば「従順」のような抽象語は、ふつう知覚経験と直接むすびついて学ばれるのではなく、むしろ一定の文脈のなかで定義によって学ばれるから、具体的なイメージ形成に寄与することはない。具象語でも、一般に比較的総称的な単語（たとえば建物、工具）のほうが、おなじカテゴリーに属する特定的な単語（たとえば教会、のこぎり）よりイメージを喚起しにくい。もっとも工具という語にしても、それが「工具は技術に役立つ」という抽象的文脈にあらわれるときより、「工具で木を切る」という具体的文脈にあらわれるときのほうが、イメージが生起する可能性はたかい。形容詞や動詞についても、たとえば「赤い」や「走る」といった比較的具象的なものと、「危険な」や「推論する」といったより抽象的なものとでは、イメージ形成に寄与する値、つまり「イメージ価（image value）」にちがいがある。もっとも形容詞や動詞がイメージ形成に寄与するばあいでも、それ単独でというよりは、それらが修飾しあるいは述定する名詞の素性としてである。かりに「とがった」という形容詞を単独でイメージせよといわれたとすれば、われわれはこの素性をもつなんらかの事物のイメージをよりどころにするだろう。ただしそのばあいでも、たいていはピンやナイフといったはっきりとしたものとしてではなく、これらの事物のまさにとがったその部分だけに焦点をあわせてイメージするのである。「白い馬がギャロップで駆ける」という文をイメージ化するときも、ひとはこの文の個々の単語、形容詞（白い）や名詞（馬）や動詞（ギャロップで駆ける）に対して、それぞれに単独のイメージを順番に思い浮かべたりはしない。むしろ文のイメージ形成は、「馬」というイメージ価の高い具象名詞を中心に組織され、「馬」は「白い」や「ギャロップで駆ける」といった素性につよく焦点があてられるかたちでイメージされる。[73]

　これと関連して興味深いのは、おなじく認知心理学者アラン・ペイヴィオが、ふたつの単語をくみあわせた対連合学習の実験にかんして提唱した「概念的－ペグ仮説」[74]である。たとえば「英雄的－探偵（Heroic-Detective）」「英雄的－運命（Heroic-Destiny）」のような、ひとつの形容詞とふたつの抽象度においてことなった名詞を組み合わせた対が示され、これを記憶するように指示されるとき、ひとは前者の組み合わせの方をよりよく記憶している。その理由はペイヴィオによれば、「運命」より「探偵」といった具象名詞の方が、それが喚起するイメージによって覚えやすく、この語につなぎ止められた他の語を想起する媒体となりうるからである。ひとは、よりイメージ価の高い具象名詞をいわば「ペグ（とめ釘、Peg）」として、これに形容詞やより抽象度の高い名詞をつなぎ止めるというようにして記憶するというのである。もっともこれに似た説はすでにシモニデスの「場面法」、またキケロやクィンティリアヌスの修辞学における演説の記憶法として、ふるくから知られているものである。

このようにイメージ形成はドゥニのいうように、相当量の情報を総合的に提供するという点でことばによる記述より経済的であり、それゆえ記憶負荷を軽減できる認知方式として、文脈によってはことばの理解や記憶に寄与することができるといえるだろう。

4　読書とイメージ

それにしてもバークがいうように、小説のなかで「白い馬がギャロップで駆ける」というような文を読むとき、かならずしもわれわれはこれをイメージ化するわけではない。小説を読む経験を、心のなかのスクリーンに映しだされた映画の知覚だとする考えに真っ向から反対するピーター・キヴィにしても、小説のある部分、とりわけ物語にとって重要だったり描写が真に迫っていたりできごとが印象深かったりする箇所では、ときに読者が気まぐれにこれらをイメージに想い描くことがあることは否定しない。かれはまた、ある種の文学ジャンル、たとえば抒情詩などではイメージ喚起力をもつことばが支配的であり、イメージ化はそれを読む行為の主たる部分をなすともいう。だが、長編小説や長編の物語詩をふつうの大人がふつうのスピードで読むばあいには、読者はもっぱら物語の展開に熱中しており、それゆえかってに立ち止まってイメージ形成をするひまなどないという。[75] 一方でかれは、物語の流れの所々に、いわば「はなれ小島」とでも呼ぶべき部分があることを認める。それは物語の展開にとって重要な情報をになう部分、たとえば登場人物や、物語が展開する場所などを読者に念入りに紹介するような部分であり、これをかれは修辞学の伝統にならって「描写（description）」と呼ぶ。だがたとえそうした描写が、たとえばフォークナーの『村』に登場する少女ユーラについての記述──「現在まだ十三になってもいないのに、すでにたいていの大人の女より大きく、その乳房ももはや、思春期あるいは少女期の小さくてかたく先がピンととがった円錐形ではなかった。それどころか、容姿全体には、どことなくいにしえのディオニソスの時代を思わせるもの──陽光を浴びた蜂蜜とはちきれそうなぶどう、山羊のかたいひずめにやたらと踏みしだかれて、ねじまがり血を流している、四方八方にのびたぶどうのつる──があった」[76]──のように念入りな描写であったとしても、それはユーラのからだのいくつかの部分にしか言及せず、その全体像と細部を欠いている。ユーラの髪は何色なのか、背の高さはどれくらいか、どのような顔つきなのかといったことはなんら知らされておらず、画像を描くには細部の規定はあまりに乏しい。こうした記述がめざすのは、ユーラのひととなりについての多彩な知的暗示であり了解であってイメージ化ではない。また作者がこうした濃密な修辞によって物語の流れを中断するとしても、それは読者をイメージ化のために立ち止まらせるためではなく、いわばオペラのアリアのように作者の名人芸を披露する修辞的パフォーマンスのためだ、というのである。[77]

サルトル

サルトルもまた、読者が小説に熱中しているときには心的イメージはあらわれないという。イメージがあらわれるとしても、それはふつう読書が中断されるとき、たとえば読者があとをふりかえって前の章のできごとを思いおこすときであり、それゆえそれは「身のはいらぬ、しばしば中断されがちな読書の特徴」[78]である。だがサルトルは一方で、すくなくとも小説の読書のさいには、「イメージ的要素（l'élément imagé）」がまったく欠けているということはありえないともいう。かれが「イメージ的要素」と呼ぶのは、「イメージ自体」と等質ではあるが、なお「完全なイメージ」にはいたらないイメージの「素描」、「イメージの黎明」状態である。サルトルもライルのように、イメージ化の根底に知識をおく。「純粋状態における知識」はもっぱら概念的な「純粋な意味作用」を志向する。だがこの知識が志向性の根本的な変更によって「直観的なものに到達しようとする意志として、イメージの期待として」作用するとき、それは「想像する知識（le savoir imageant）」となる。それはたとえば「釘」という語について、その純粋に概念的な意味を志向するのではなく、「なにか視覚的なもの、あるいは概念的ではあるが視覚的印象を生みだそうと思えば生みだしえたであろうようななにものか」[79]を志向する。こうして想像する知識は、「ある長いとがったなにものか」を思い浮かべる。この「なにものか」は、釘の細部にわたる明瞭なイメージではなく、そうしたイメージの明瞭な意識の手前にある薄明の意識帯に浮かびあがる「未分化で、いっさいの描写を受けつけないマッス」として、いまだ釘の完全で明瞭なイメージではないが、イメージの源にあるものである。これに対してサルトルが「完全なイメージ」ないし「イメージ自体」と呼ぶのは、絵画のような物理的イメージに似て細部をともなった「準観察（quasi-observation）」の対象であり、そのようなものとして「概念と知覚との間に介在するもの」[80]である。

ところで、われわれが学問的著作を読むばあい、われわれはもっぱら意味の理解にかかわる。だが「小説の章句は、想像する知識にひたされている」。たとえば、ある報告書のなかに「パリの建物所有者の組合」という語句を読むばあいと、小説のなかに「かれは大急ぎでその建物の三つの階段をおりた」という文を読むばあいとでは、おなじ「建物」という語を思念するしかたがことなる。前者では「建物」の純粋に概念的な意味の理解で十分だが、小説のばあいにはわれわれは、それをたんなる意味としてのみならず、なんらかの対象物として思念する。「この美しいひと」という語句を読むとき、それはたんに「ひとりのわかい婦人」を意味するのみならず、「ある程度そのわかい婦人の美を表象し（*représentent*）、したがってある美しくわかい婦人というそのなにものかの役割を果たしている」。そしてこれをサルトルは、想像する知識が志向するあのイメージの期待、イメージの黎明状態としての「なにものか」だというのである。われわれは「読書のさいには、なかば意味的でなかば想像的な混成的意識にかかわっている」。こうしてサルトルは、小説の読書のあいだこのなにものかは「イメージとして実現されることなしに経過し消失するが、それでもやはりわれわれを、ほんらいイメージといわれるべきもののごく間近につれてゆく」[81]という。

はたしてどうだろうか。なるほどキヴィのいうように、ユーラの記述は彼女のからだのいくつかの部分にしか言及せず、その全体像と細部を欠いている。また、作者が名人芸を開陳するアリアのような濃密な修辞的描写というものもあり、こうした描写がかならずしもイメージを喚起しないというのも事実である。次章で詳論するように、隠喩にしても十八世紀のひとびとが考えたほどには、絵画的画像として経験されるわけではない。[82]さきに引用したフォン・ハラーの描写詩『アルプス』の一節——「光うず巻く、リンドウの花の輝く黄金は、茎の上に高々と、灰色の王衣をまとってそびえ立つ」――は、隠喩を多用した擬人法であり、抽象的な概念にも視覚的、絵画的なイメージをあたえようとする当時の傾向を示しているが、これにしてもレッシングが批判するように、[83]当のリンドウの花の絵画的画像をあたえはしない。だからといってキヴィのように、読書にはイメージはまったく関与しないといえるだろうか。あるいはサルトルにならって、小説の読書にはイメージそのものはあらわれないにしても「イメージ的要素」はともなうというべきだろうか。

イメージの「効果」

キヴィが小説の描写は画像をあたえるには細部を欠いているというとき、かれもまた、心的イメージは絵画や写真のようなものという常識を前提にして、小説の読書にはそのような絵画的画像はありえず、したがってイメージ化はないと考えている。これに対してわれわれは、そもそもイメージ化は細部に満ちた画像を描くことではなく、イメージの形成は文脈に応じて、当の対象のとくに関与的ないくつかの素性が焦点づけられることによる、と答えることができる。絵とちがってイメージは、文脈上関与的ではない他の素性、たとえば少女ユーラの髪の色や背の高さなどは無規定のままにしておく。だがこのことによってかえってことばとイメージとは、なんらかのかたちですべてを描きこまざるをえない絵画とはちがい、特定の素性を強調することができ、結果として当の対象が読者にあたえるより強い効果を得ることもできる。リチャーズが、T・E・ヒュームも学校教師も言語をただ「視覚化するための刺激」としてあつかったために言語のもっとも大切なものをわすれてしまうと批判するとき、かれはまったく正当にも、「かれらはイメージがことばの意味を充填すると考えているが、それはむしろ逆で、イメージやそのもとの知覚に欠けている意味をもちこむものはことばなのである」[84]という。ことばは、感覚の直観だけではとうていなしえないことをなすのであり、ことばは「感覚や直観というかたちでは結合しえない経験の諸領域の集合点」なのである。こうしてわれわれには、フォークナーの描写とそれが焦点づける意味素性のイメージ化をつうじて、それがもたらす効果を、すなわちまだ十三歳の少女でありながら成熟した女のような体つきや豊潤さをもつユーラという人物がわれわれにあたえる独特の印象や雰囲気を全体として感じとり記憶するのが容易になる。読書には映像の流れがともなうとするイーザーにしても、一方で読書中に自分がもつイメージについてつぎのようにいうとき、これもイメージのそのような特性にかかわる認識と考えることができる。

トム・ジョーンズは大男だったか小男だったか、瞳は青かったか髪は黒かったかなどとあらためて問いなおしてみると、そのようなイメージは視覚的には貧しかったことに気づくだろう。というのもこうしたイメージは小説の人物をじっさいに血肉をそなえたものとして目に見えるようにすることをねらっているわけではないからである。むしろそれが視覚的に貧しいということこそ、こうしたイメージをつうじて人物は対象としてではなく、意味の担い手として姿をあらわすのだということを証示している。このことはまた、小説の人物についての比較的詳細にわたる描写がわれわれにあたえられるばあいにも妥当するが、こうした描写をわれわれはふつう、人物の純粋な描写として読みはしない。むしろわれわれはこうしたイメージ表象（Vorstellungen）をとおりぬけて、それによって意味されているはずのものへとむかうのである。[85]

たしかに、心的イメージはあいまいである。だからといってこのあいまいさを説明するのに、サルトルのように「イメージ的要素」としての「なにものか」を、イメージ自体とはべつに想定する必要はない。サルトルがこのような、理論的にもきわめてふたしかな存在を想定せざるをえなかったのも、かれもまたほんらいのイメージを細部の描写をもった完全で明瞭な全体として、つまり知覚の対象としての絵画ではないにしても、やはり知覚に類似した「準観察」の対象として、絵画に似たものと考えたためであった。だがサルトルが問題にしていた「イメージ的要素」のあいまいさこそ、むしろイメージそのものの特性である。釘に対して「長いとがったなにものか」を思い浮かべるのは、釘にかんしてわれわれがもつ「長い」や「とがっている」といった特定の素性のイメージ化そのものである。またおなじ「建物」という語でも、「建物所有者の組合」というばあいと「その建物の階段をおりた」というばあいでイメージ喚起力がことなるのは、すでに見たように「工具」というおなじ語が、それが使われる文脈によってイメージ価がことなるのとおなじである。ここにあるのは文脈のちがいであって、小説だからイメージが喚起されるというわけではない。一方「美しいひと」ということばがわれわれにもたらすのは、その婦人の美そのもののある表象やイメージというよりは、バークやレッシングがいうように、現実の経験においてわかく美しい婦人がわれわれに対して喚起する欲望やあこがれといった感情「効果」である。この点ではサルトル自身も、スタンダール『アンリ・ブリュラールの生涯』の一節――「わたしは一連のきわめてはっきりしたイメージを見るが、そのイメージは、わたしから見てそれがもっていた相貌（physionomie）以外の相貌をそなえてはいない。それどころか、わたしはその相貌を、それがわたしにもたらした効果（l'effet）の思い出を介して見るほかはないのだ」――を引いて、想像する知識は「感情的意識（la conscience affective）」をともなうとし、あるいはイメージとは「感情性（affectivité）と知識との総合」だとしている。恋人の手をイメージするとき、わたしには同時に、かつて「その美しく白い手がわたしに鼓吹した感覚（sentiment）がふたたびあらわれる」が、これもまた「対象の意味をなし、対象の感情的な構造である」[86]。そのようなものとしてそれは、「繊細さと純粋さについての厳密に個人的なニュアンスをともなった、繊細で、優雅で、純粋ななにものかの意識」であり、未分化なマッスとしての心的イメージにともなう「感情的マッス（cette masse affective）」である。

それゆえ、小説の章句がすべて想像する知識にひたされているわけではない。だが一定の文脈で、イメージ特有の経済性のゆえに、文の理解がことさら想像力の意志的な努力を要請することが、たしかにある。たとえばつぎの一節――「というわけで、ある朝、僕は自動車教習所の事務所にでかけていった。広々としたずいぶんうすぐらい部屋で、奥の方に椅子が何列かならべられていて、その前には映写用のスクリーンがかかっている。壁一面にあらゆる種類の交通標識が掲げられ、そこここに、ふるい、青く色あせたポスターがはってある。応対してくれた若い女性は、登録に必要な書類のリストをくれてから、授業料の額や、受講しなければならないコマ数をおしえてくれた」（ジャン＝フィリップ・トゥーサン『カメラ』）[87]――のように、空間の配置や事物のとくに視覚にうったえる具体的で複雑な記述を読まなければならないとき、おそらく読者は継起的に連続する多様な単語を、一定のイメージを媒体とした記憶のもとに組織化することで、その全体の概略を把握しようとするだろう。さもなければ、レッシングもいうように、こうした長く複雑な記述をわれわれの記憶はつなぎ止めることができず理解できないだろう。要するにテクストのこうした部分は、その十全な理解のためにも、読者に「想像せよ」と命じているのである。

ホメーロスの描写

レッシングはたしかに、このことを理解していた。かれによれば、ホメーロスは「なにか特別の事情にせまられて、われわれの目をしばらく個々の物体的対象の上に釘づけにする必要があるばあい」、つまり読者に「想像せよ」と指示するような絵画的描写にさいして、読者のイメージ化を容易にするふたつの手法を採用しているという。ことばによる描写は継起的であるから、ホメーロスは画家が絵筆でなぞることができるような画面はけっしてつくらない。詩人が一度にふれることができるのは、対象の「ただひとつの側面、ただひとつの性質」[88]にかぎられる。そこでホメーロスが対象を「詳細にしかも詩的に」描写するためにもちいた手法のひとつは、その対象についてかれが必要とする側面からの「もっとも具体的なイメージ（Bild）をよびおこすような特徴」を選択すること、つまり文脈上必要な特定の素性を強調して一筆で描いたことばに、さらに想像力がいちどきに見わたせる範囲内でいくつかの「絵画的修飾語（der malerischen Beiwörter）」をつけくわえるというものである。ここで絵画的修飾語とは、イメージ価のたかい具象的な形容詞といいかえることができるだろう。たとえばユノの車は「円い、青銅の、八つの輻のある車輪」と描写されるが、しかし一般に近代語においてそうであるように「主語を耳にする前に三つもちがった述語をならべられると、そのイメージも不安定な混乱したものにならざるをえない」。ところが原文では、ギリシア語の特性からして、まずイメージの中心をなす主語名詞が呈示されたあとで修飾語がくるかたち、したがって「円い車輪、青銅の、八つの輻のある」となっている。これはペイヴィオのいう「ペグ」効果の好例といえるだろうが、これによって「空間のなかにあるいろいろな部分や性質をあらわすいくつかの表現が、そのように凝縮した短時間のうちに非常にはやく連続するので、われわれはそれらすべてをいちどきに聞く思いがする」とレッシングはいう。

ホメーロスが絵画的描写のために用いたもうひとつの手法は、有名なアキレウスの盾についての描写、百数十行にもおよぶ壮麗な詩句で、その材料、形、またその表面に描かれたあらゆる人物や事物、できごとにいたるまで詳細に描写する際に用いたものであり、このことばによる絵画的描写つまり「エクフラシス（ekphrasis）」によってホメーロスは古来「絵画の師と見なされた」[89]のである。その手法とは、この盾をできあがったものとして描かず、制作途上のものとして描くことで、「その題材の内部に共存するものを連続するものに変え、それによってある物体の退屈な絵画を、行為のあざやかな画面にしてしまうという、賞賛すべき技巧」である。イメージにおいて「われわれが見るのは盾ではなくて、神である名匠がいかに盾を制作するか」である。こうして、ユノの車も女神へべによって一々の部品が組み立てられる過程として描写され、アガメムノンのいでたちも、王がわれわれの眼前で全部の服装をひとつひとつ身につけていく過程として描かれる。

……しなやかな肌着をまとうた、
美しくつやつやしいのを。して大きな外衣(うわぎ)を身に引きまわし、
光沢のよい足もとには　立派な淺鞋(あさぐつ)をゆわえつけた。
また両肩のあたりから　白銀(しろがね)の鋲をちりばめた剣(つるぎ)を投げ懸け、
父祖伝来の、永遠に朽ちるときのない王笏を執ると、それを携え
青銅のよろいを着けたアカイア軍の　船陣へと出かけていった。（『イーリアス』第二書、42-47）

ここで、長々とつづけられる諸部分の詳細な描写を全体としてひとつの詩的なイメージにまとめているのは、こうした部分をひとつの車、ひとつの楯へとまとめあげる女神へべあるいは神である名匠へファイストスであり、あるいは服装を身につけるアガメムノンである。レッシングがいうように、かれらの姿は車や楯が「全部できあがってしまうまで、われわれの視野からうしなわれることがない」[90]。かれらもまた、たとえかれら自身はどれほどあいまいな姿であろうとも、われわれの記憶を支える「ペグ」として、詩的イメージ形成の中心に位置しているのである。もっともこうした特殊な技巧は、一定の韻律において朗唱されるなかでつぎつぎと消えていくイメージを記憶にとどめて全体を把握させるイメージ構築上の方策として、おそらくは古代叙事詩に特有のものであり、近代小説の描写にそのまま適用はできないだろう。

読書経験は、まずはテクストの理解とそれがもたらす効果にある。だがときにテクストは、その十全な理解のためにも、読者に「想像せよ」と命じることがある。とりわけ文学テクスト、小説や詩は、そのように「想像せよ」と指示する描写を多くふくむ。またキヴィもいうように、ジャンルによってもその度合いはことなるだろう。だからといって、理解のためにイメージ化が必要になる個所は、文学テクストにかぎって存在するわけではない。哲学的なテクストでも、難解なことばや、すぐには意味がつかめないほどに抽象的に一般化された命題を理解しようとするばあいには、ときにわれわれは立ち止まって、それらがじっさいにはどのようなことがら、どのような事態を意味するのかを、自分のこれまでの経験からえられる具体例をイメージとして想い描くことで把握しようとするだろう。ことばを理解することはかならずしもイメージを想起する心的過程ではないにしても、イメージはたしかに、それ独自のやりかたで理解に寄与しているのである。

第二章　視覚的隠喩は可能か

1　転義とモデル

すでに見たように十七、八世紀には、ことばによる詩的描写はなによりも視覚的で絵画的なイメージの創出とされ、みごとなイメージや「イマージャリ（imagery）」をつくることで「完璧な絵画」を心に呈示することこそ詩人の仕事だとみなされるようになる。そしてとりわけ隠喩は、そのような絵画的な描写と考えられた。もしも隠喩が心のなかの絵画であるならば、壁に掛けられた絵画もまた隠喩であっていけない理由はないとひとが考えたとしても、ある意味で当然かもしれない。じっさい現代においてひとはしばしば、映画というメディアにおける隠喩表現の可能性を問題にしてきた。たとえばエイゼンシュテインの『ストライキ』（1924）では、警官が労働者を弾圧するショットのあいだに、牛の屠殺場のショットが挿入される。チャップリンの『モダン・タイムス』（1936）冒頭でも、羊の群れの唐突なショットにつづけて、地下鉄から吐きだされてくる労働者の群衆のショットが重ねあわされる。映画史的には、これらは映画的な隠喩の典型例として理解されている。だがほんとうのところ、映画の観客にとって、これらは厳密な意味で「隠喩」として経験されるだろうか。はたしてこうした絵画的隠喩や映画的隠喩、より一般的には視覚的ないしイコン的隠喩というものは、存在するのだろうか。

隠喩の代置理論、比較理論

この問いに答えるためには、そもそも「隠喩」とはなにかがあきらかでなければならない。これまでの隠喩論を大別すると、代置理論、比較理論、相互作用理論にわけられる。代置理論は、「隠喩（転義、metaphora）とは、ある事柄に対してほんらいは別の物をさす名を転用（epiphora）することであり、その転用には、類をさす名が種に転用されるばあい、種をさす名が類に転用されるばあい、種をさす名が別の種に転用されるばあい、類比関係（analogon）によって転用されるばあいがある」[1]というアリストテレスの有名な定義に由来する。船の「停泊」を「停止」というばあい、停泊は停止の一種であるから第一の転用にあたる。逆に「多数の勲」を「万にもおよぶ勲」というばあい、「万」は「多数」の一種であるから、第二の転用にあたる。「殺戮」を「青銅の刃もて命をば汲み取りつつ」というばあい、「命を汲み取ること」と「殺すこと」とは対応するから、第三の転用にあたる。「人生の黄昏」というばあい、人生の老年に対する関係は一日の黄昏に対する関係と類比的だから、これは第四の転用にあたる。しかし、ふたつの語のうち一方を他方によって代置するという以上、ここには狭義の隠喩のみならず、換喩や提喩など「比喩的転義（trope）」一般がふくまれており、隠喩の定義としてはあいまいである。「ひとはパンのみにて生くるにあらず」とか「かれはグラスを傾けた」というとき、「パン」はその類概念である「食物」を代理し、グラスはその内容であるウィスキーを代理するにしても、こんにちではこれらはふつう「換喩」と呼ばれるし、また「船」というかわりにその部分である「帆」を転用するばあいは「提喩」と呼ばれる。

一方でアリストテレスはまた、「たくみに隠喩をつくることは、類似を洞察することである」[2]として、隠喩においてとりわけ類似を強調したために、以後の修辞学は隠喩を、とくにふたつの物のあいだの類比や類似を提示することだと主張するが、これが比較理論である。それゆえこの立場に立つ伝統的な修辞学では、「リチャードはライオンだ」という隠喩は、「リチャードはライオンのようだ」という直喩から、それがまさに類似ないし類比にもとづく比喩であることを明示する語「ようだ」を省略したかたちと考えられてきた。もっとも、「ライオン」は「勇敢」という本義のかわりに転用されている以上、比較理論も代置理論の一種と考えることもできる。

すでにこの短い要約でも、これら伝統的な隠喩論がかかえこむいくつかの問題点に気づかされる。隠喩が別の語の転用、代置だとして、それゆえ隠喩的意味が字義通りのことばでいいかえ可能だとして、そもそもなんのためにことさらに別のことばで置きかえるのか。もしもそれが、暗号解読や謎解きといった修辞的な快楽のためだというなら、隠喩は結局なくてもすむ装飾であり娯楽である。現実の言語体系のなかに、あるものを字義通りに表現する特定の語彙がなく、この欠落を埋めるためにあえて別の語彙を転用すると主張する立場もある。椅子の「脚」などはこの例であるが、しかしこうした例に対しては、それはすでにほんらいの隠喩としては機能しない、いわゆる「死んだ隠喩」あるいは「濫喩（catachresis）」にすぎないという反論もある。また語が意味するふたつの物ないし観念の比較による類似ないし類比の指摘だけでは、これを隠喩とする決定的な理由とはならない。隠喩「ヤツは豚だ」が、公然とふたつの物の比較を言明する直喩「ヤツは豚のようだ」という表現の省略形だとすると、はたしてそれが字義通りに「ヤツの外形が豚のように太っている」というのか、隠喩的に「ヤツの心根が豚のように卑しい」というのかはきめられない。なるほどライオンとリチャード獅子王とはある点で類似しており、そこから「リチャードはライオンだ」という隠喩はつくられるだろうが、だからといってその倒置形「ライオンはリチャードだ」が隠喩として意味をなすかどうかはわからないし、かりにそれが隠喩として意味をなすとしても、それは「リチャードはライオンだ」とはまったくことなっている。

隠喩の相互作用理論

上にあげた伝統的な考えかたに対してI・A・リチャーズは、主題となっている語を「趣意（tenor）」、これを修飾する比喩的な語を「媒体（vehicle）」と名づけた上で、隠喩とは趣意に対して媒体を述語としてむすびつけることから生じる「ふたつの思念の相互作用の結果」[3]だと考えた。ポール・リクールはこれを、隠喩における「語の意味論」から「言述（discours）の意味論」への転換と呼ぶが、そこで問題になっているのは隠喩の「代置的本質ではなく、述語的本質」[4]である。ハラルト・ヴァインリヒが、隠喩は「一篇のテクスト」[5]であり語の意味論ではとらえられないとするのも、おなじ認識である。これを隠喩の相互作用説と呼ぶマックス・ブラックは一九五四年の論文「隠喩」で、ひとつの文章のなかの趣意と媒体、あるいは第一主題と副主題というふたつの語のあいだの相互作用を、より具体的に分析しようとする。「人間は狼だ」というとき、狼という語から「連想される通念の体系」[6]あるいは「含意の体系」、たとえば「他の動物を餌食にし、腐肉を喰らい、獰猛で、狡猾」等々が喚起される。聞き手は、こうして副主題（述語）から喚起された一群の含意としての「狼‐体系」にみちびかれて、これに対応する第一主題（主語）つまり「人間」についての含意の体系をあらたに構築する。それはいわば、狼‐体系の含意のパターンを透明部分としてもち、他の部分は半透明な曇りガラスのフィルターをとおして「人間」を見るのに似ている。人間の諸特徴のうち狼の特徴とかさなる部分は選択され、強調され、そうでない部分は抑制されるが、結果として人間についてのあらたな含意体系、たとえば「他人を犠牲にする、貪欲で、凶暴で、他人の弱みにつけ込む」といった「人間‐体系」が「狼‐体系」を鋳型として構築されることになる。この意味では、「隠喩はあらかじめ存在する類似性を定式化するというより、類似性を創出する」のであり、これによってそれは、そのつどわれわれの人間観をあらたに組織する。隠喩とは、字義どおりの月並みな観点とはことなったあらたなものの見かたを、つまりはあらたな認識を獲得する知的な操作である。

　だが、狼のフィルターをとおして人間を見るということ、「狼‐体系」を人間に「あてはめる（make to fit）」とは、じっさいにはどのような事態をいうのか。「ひとは狼だ」という隠喩は「狼をも、そうでないばあいよりも人間的に見えさせる」[7]とブラックはいうが、はたしてそうか。「狼」という語が喚起するいくつかの含意が「人間」という語に重ねられ「適用」されるとしても、その結果えられるのは「人間は〈他の動物を餌食にし、腐肉を喰らう〉」という、またしてもひとつの隠喩ではないか。それゆえ、隠喩のメカニズムを解明しようとしてべつの隠喩で答えるこの説明は、ブラック自身認めるように「循環しているか、無限後退に陥る」。この難問に対してブラックは、たしかに「狼‐体系」に属する語〈他の動物を餌食にし、腐肉を喰らう〉を人間に「転用する（transfer）過程」で、これらの語の意味の変化が生じるが、しかしその変化のすべてが「隠喩的な転移（shifts）」というわけではなく、その多くはむしろ「意味の拡張（extensions）」と考えるべきだと答える。だが、いったい「拡張」とはなにをいうのか、狼の「獰猛さ」を人間の「凶暴さ」に適用するのは隠喩的な転移なのか拡張なのか、あいまいなままである。その上ブラックは、自分がこれまでのところなお「こうした拡張や転移が一般にいかに生じるのかについての説明に着手してはいない」[8]

ことも認めている。

ブラックはこの難問に答えるために、一九七七年の論文「隠喩論補遺」では、隠喩文におけるふたつの主題のあいだの投影、フィルタリングという相互作用のメカニズムをより正確に規定しようとする。隠喩的結合を耳にする聞き手は、第二主題（狼）のがわのいくつかの特性を選択し、これとパラレルな第一主題（人間）に適合する「含意複合体（the implication complex）」を構築するが、その結果こんどは第二主題のがわでも、これにパラレルな変化がひきおこされる。ここにいう変化とは、一方的に狼の含意複合体に属する個々の語の意味の変化というよりは、これらの語がふくまれる狼の含意複合体（他の動物を餌食にする、腐肉を喰らう、など）と人間の含意複合体（他人を犠牲にする、他人の弱みにつけ込む、など）のそれぞれが相互に「対応する（correspond）」ようになる変化である。その結果、これらふたつの含意複合体はおなじ構造をもった「同型（isomorphic）」のものとなり、そこから「ひとつの混合体（a mixed lot）」が形成される。つまり隠喩とは、個々の語の意味の変化ではなく、人間と狼というふたつの主題の含意複合体のあいだに生じる構造の変化であり、しかもこの変化は、これらふたつの「構造にかんして気づかれた類比」にもとづいている、というのである。ところでこうした構造の類比とは、科学がすでによく知られた現象をモデルとして、それとの類比によって別の現象を仮説的に説明する「類比－モデル（analog-model）」に対応している。それゆえ、ブラックにとって「すべての隠喩は氷山の露出部分であり、その背後にはひとつのモデルがかくれている」[9]のであり、それは科学的認識にかかわる「類比－モデル」と深層においてひとつである。

ブラックにとって「人間は狼だ」という隠喩は、人間を狼のフィルターをとおして見ることだが、それはつまり狼を類比モデルとして人間を認識することであり、これによってわれわれの人間観はあらたに組織され変更される。このように「Aを隠喩的にBとして見る（see as）」[10]隠喩的思考は、これまで注目されなかったあらたな類比の発見をもたらし、科学、哲学、神学、芸術、あるいは日常生活を問わず、世界の概念体系のあらたな布置やあらたな世界像の創造を可能にするというのである。もっともすでにリチャーズは、世界とはわれわれが自分の人生をその諸性格ともどもそこに「投影」したものであり、それゆえ「言語における隠喩のプロセスは……それ自身が以前の、または気づかれなかった隠喩の所産である知覚されたひとつの世界に対して、その上にさらに重ね焼きされる（super-imposed）」[11]

のだということで、ブラックの認識論的隠喩論を先取りしている。

2　隠喩と類比

認識論的隠喩論

一九七〇年代以降、とりわけ哲学者たちが隠喩論に熱中したのは、ブラックに見られるような隠喩の認識論的機能への注目によってであった。なかでもジョージ・レイコフは、この立場の急先鋒のひとりである。かれによれば、伝統的な隠喩論はこれをもっぱら言語の問題とし、思考の問題とはしなかった。だが隠喩は、概念以前の経験を、すでに知られた身近な概念構造を用いて構造化する認知方式として、われわれの通常の思考作用一般に根ざしている。そのかぎりでそれは、「世界を概念化するわれわれの日常的で慣習的な方式の、主要で不可欠な部分」[12]である。たとえば「愛は旅だ」という表現において、隠喩とは、すでによく知られはっきりと構造化されたコンセプトである「旅」を、より複雑な経験である「愛」へと「マッピング（写像）」することによって、そのコンセプトを構造化する思考作用である。愛するものたちは旅人たちに対応し、愛するものたちをつなぐ愛の関係は旅人を乗せる乗り物に対応し、愛するものたちがともにめざすゴールは旅人がめざす目的地に対応し、愛の関係に立ちはだかるさまざまな困難は旅の障害に対応する。隠喩がマッピングであるとは、それがふたつのことなった領域のあいだに成立する「概念的な対応のワンセット」だということである。その際、起点となる領域（旅）の「イメージ－図式構造」が目標となる領域（愛）の構造に対応させられる。

　レイコフの「マッピング」は、ブラックのフィルタリングや投影とほとんど同義であるし、ふたつの領域のあいだの「概念的な対応のワンセット」は、ふたつの含意体系のあいだの構造的同型性とそこに成立する「混合体」に重なる。さいきんのエリック・シュタインハートらの「隠喩の意味論的場の理論」にしても、その精緻な認知モデルの構成にもかかわらず、基本主張は一方の領域をモデルとし、これとの類比によって他方の領域を「再秩序化（reordering)」[13] するマッピングであり、ブラックやレイコフのものとかわらない。そして隠喩が投影やマッピングをつうじて、ことなったカテゴリーに属するふたつの物を構造としては同型であるとおき、あるいは同一のカテゴリーに属するものとおくとき、隠喩のふるまいはジョージ・ミラーがいうように、そのように字義通りには不条理な事態がしかも「真であるような世界をイメージする」[14] ことであり、あるいはサミュエル・レヴィンがいうように、隠喩が投影するそのような可能世界を「現実の一バージョン」[15] として受けいれることである。だがそのような世界、人間と狼がひとつの混合体において重なりあい、人間が狼的に見えるのみならず狼もまた人間的に見え、さらには人間と狼が同一のカテゴリーに属する世界など、すくなくともわたしはイメージすることも考えてみることもできない。ミシェル・レーゼンベルクのように、そもそもカテゴリーとはつねに当の対象をカテゴリーに分ける主体の関心や態度に依存しているから、通常はおなじカテゴリーにはいらないものでも、あるとくべつな関心のもとでは、バルサルーのいう「臨時カテゴリー (ad hoc categories)」[16] にひとまとめにされることができるといってみても、事態は変わらない。たとえばふつうにはひとつのカテゴリーとして認知されない子ども、犬、ステレオセット、毛布なども、「家が火事になったときに真っ先にもちだすべきもの」というカテゴリーにはいるし、ジュリエットと太陽はロミオにとって価値のある「暖かさや輝き」という特性を共有しており、両者の存在論的ことなりはともかくも、これを「暖かく輝くもの」というおなじカテゴリーにいれることはゆるされるという。だが、このような臨時カテゴリーの設定はある関心のもとでのカテゴリー分けとして、それ自体なんら隠喩の問題ではなく、むしろ一定の条件設定のもとでの世界記述の問題である。

　また、ブラックのいう「AをモデルBとして見る」ことも、結局はAをBへとパラフレーズすること以上ではない。ブラック自身、隠喩のメカニズムをふたつの主題のあいだの相互作用とモデル理論によって説明したとしても、そのようないささか「不器用な分析」は、第一主題に投影されるはずの第二主題のもつ「雰囲気、調子、態度 (ambience, tone, attitudes)」[17] を無視せざるをえないといい、「相互作用理論の主たる弱点は、隠喩においてはあるものが、これとはべつのものとして考えられる（あるいは見られる）(thought of (or viewed) as) ということがなにを意味するのかについてのより明確な説明が欠けている点にある」と告白する。「神を愛として考える」ことには、これらふたつのものをある点で似ているものとして比較すること「以上のなにかあるもの」があるはずだが、それが「なんであるかはいぜんとして、じれったいことに、われわれの手を逃れてしまう。われわれには、隠喩的思考についての十全な説明が欠けている」[18]というのである。

科学史家トーマス・クーンも、原子を「ミニチュアの太陽系」とするような隠喩は科学理論を構成し、あるいはこれを説明し教育するのに不可欠なものだという。じっさいボーアはこの太陽系の隠喩にみちびかれて、電子と原子核の関係モデルをつくった。それゆえクーンもまた、「ブラックが隠喩の機能として取りだしたのと同一の、類似を生みだす相互作用が、科学におけるモデルの機能の中心にもある」という。だが注意しなければならないのは、クーン自身、ここでいう隠喩はむしろ「類比という方が適切」[19]だと述べている点である。クワインも「ガスの分子理論」や「光の波」といういいかたも隠喩だといい、また幼児によることばの学習にも隠喩過程、あるいは「隠喩に似たなにか」を認めるが、これも結局は「類比をつうじての創造的拡張」[20]だという。

類比による世界認識

じっさいのところ隠喩の類比モデル理論や、それに影響された七〇年代以降の認識論的隠喩論が想定しているのは、厳密な意味での隠喩ではなく、フーコーが十六世紀末までの西欧文化において知を構築する役割を演じてきたとする、類似ないし相似による古典的な世界認識である。なかでも「すでにギリシャの科学や中世の思考にはおなじみのふるい概念」としての類比の力は絶大で、「同一の点から出発して無数の近縁関係を張りめぐらすことができる」。たとえば星とそれが輝く空との関係は、草と大地のあいだにも、鉱物とそれが埋まっている岩石のあいだにも認められる。こうして類似ないし類比は古来、そしておそらくは西洋にかぎらずすべての文明にあっても、ながいあいだ「世界という広大な言語の統辞法」[21]だったのである。そしてまた、類似と知の相互依存関係がゆるむ近代以降、われわれの時代にあっても、われわれの思考作用の基底部にはなおたしかに、類似や類比を介しての自然のあらたな分類や、世界についてのあらたな概念的布置の発見は作動しているにちがいない。

だが「世界という散文」を類比によって読み解こうとする古典的な統辞法にしたがえば、人間とそれが住む大地のあいだにあって、肉は土塊、骨は岩、血管は大河である（クロリウス『外徴論』）としても、ここにあるのはけっして隠喩ではなく、「類比にもとづく宇宙形状誌」[22]の発見と、この宇宙にはすべての類比関係を支える特権的な一点があり、それこそ人間だという認識である。それゆえこうした神話的な宇宙誌を「類比の形而上学」と呼ぶリクールが、この古来の「存在の類比」は「哲学者の隠喩」[23]だというとき、かれはまちがっている。バーバラ・レオンダーのように、人類学者にとって原始民族の文化は「隠喩に満ち溢れたものとみえる」[24]というならば、それは近代的な思いこみである。原始民族にとってこうした神話的な宇宙誌は、類比にもとづくかれらなりの神話＝科学的実践である。

　類比というふるまいに特徴的なのは、二項間の類似ないし対応関係の発見であり認知である。虎を見たことのないひとに対して、「それは大きな猫だ」というとき、それはよく知られた猫をモデルとして、その輪郭の類似や体のつくりの対比にもとづいて、未知のものを説明するふるまいであり、ひとつの認識である。「ダディ」と「犬」という語を学習した幼児が、ついで「その犬はダディだ」といわれたとき、それは人間の親子との類比によって「犬」に「父親性」という属性をあらたに付与し、これによってこの子がもつ世界についてのカテゴリー体系を再編成する認識のふるまいである。あるいは、「ダディ」という語がたんに自分の父親だけをさすのではなく、子犬の父親をもさすのだというようにして、この語のあたらしい意味や用法を学ぶふるまいである。だからといってレオンダーが主張するように、この子がこれを隠喩として経験するなどということはない。[25]ドナルド・デヴィッドソンがいうように、旧来の語のあたらしい用法を学ぶことと、すでに理解している語をたとえば隠喩として使うこととは、別のことがらである。[26]なるほど多くの隠喩は、類似や類比をあるしかたで利用する。だがジョナサン・コーエンがいうように、類比は「字義通りの発話にも、また隠喩的発話にもはたらいている。それはいずれをもつくることができるのであり、それゆえこれらふたつのあいだのちがいを説明することはできない」[27]。じっさいにはデヴィッドソンが正しくいうように、隠喩も直喩も、「われわれを比較へとうながすことによって、世界のさまざまな位相へと注意を喚起するのに役立つ、無数の技巧（devices）のなかのほんのふたつにすぎない」[28]。それゆえ、類比や類似がただちに隠喩であるわけではないし、隠喩が類比にもとづく認識にかかわるわけでもない。「人間は狼だ」、「ジュリエットは太陽だ」といった表現が神話や宇宙誌や科学ではなく隠喩であるかぎり、人間と狼、ジュリエットと太陽という対の両項について、それらが世界の布置において対応しているとか、かくされた存在の連鎖があるといった、あたらしい認識をあたえることはない。

3　隠喩と象徴

記号論的隠喩論

ジェラール・ジュネットがジャック・ソイシェールの、あらゆる「意味のずれゆき（déplacement）」は隠喩であり、「この展望に立てば、もはや隠喩は数あるうちの一つの文彩にとどまらず、文彩そのもの、転義のなかの転義（trope）である」[29]といった主張に対して批判するように、こんにち「隠喩という術語はしだいに類比の領域の総体を覆いつくす傾向」[30]にあり、それゆえふたつの辞項間の類比、類似にもとづく語の転用はすべて、たんなる比較や象徴、暗示までも隠喩と呼ぶ傾向が蔓延している。ヴァインリヒでさえ、「ここでわたしは隠喩のなかに日常的隠喩から詩的象徴までのすべての言語的比喩をふくめて考えている」[31]という。ローマン・ヤコブソンのように、隣接性の関係を換喩と呼び、これに対して一般に類似性の関係を隠喩的とするのも、おなじ傾向である。ここからヤコブソンは、個人の談話や記号行動のすべてにおいて、文化や個性、嗜好によって換喩極と隠喩極のいずれか一方が優勢となり、そこから当の文化や個人に固有のスタイルが生じるという有名なテーゼを引きだす。たとえばロシアの抒情詩では隠喩的構造が支配的であり、英雄叙事詩では換喩的方法が優勢である。ロマン主義と象徴主義の詩では隠喩的過程が優位であるが、その中間の時期に生じた写実主義では換喩が優勢である。絵画でも、立体主義は換喩的であるが、シュールリアリズムは隠喩的である。映画に目を転じれば、グリフィスでは提喩的なクロース・アップや換喩的な大がかりなセットの仕掛けが見られるが、チャップリンでは隠喩的な「ラップ・ディゾルブ」（ある場面から次の場面へ重なりながら映像が転換すること）が見られる。フロイトのいう夢や無意識に見られる象徴過程についても、「転移」は換喩、「圧縮」は提喩といった隣接性にもとづくが、同一化と象徴化は類似性にもとづくから隠喩的だ、というぐあいである。[32] ユーリィ・ロトマンはヤコブソンに依拠しつつ、たとえば絵画に実物のトランプがはりつけられたコラージュ作品のようなばあいには、カンヴァス上の絵画的細部と実物のトランプカードとが隣接関係におかれ、それがテクストのなかに「ある修辞的状況」[33]をつくりだしているという。画面上の諸要素の連辞的関係によってこのコンポジションは換喩として確立される一方、カードが代理している現実の事物の世界に対する関係によって、このカードは隠喩となる。こうしてこの作品は、絵画的代理表象と、現実の対象というふたつの体系を同一のテクストのうちに再統合している、というのである。

七〇年代以降、ブラックの認識論的隠喩論とともに、世界はヤコブソンのこの記号論的隠喩論に熱中する。無理もない。リクールがいうように、これによって隠喩が「得たものははかり知れない。それまでは修辞学に限定されていたこの手法は、いまや、語の範囲や比喩論の範囲さえこえて、一般化されるにいたっている」からである。だがこの一般化のために「支払う代価も巨額である」[34]。類似性にもとづく選択と代置をおしなべて隠喩と呼ぶのは、概念としてはあいまいであり、あまりに広すぎる。これではミメーシスも象徴もシュールリアリズムも、すべて隠喩となってしまうが、それではわざわざ隠喩ということばを使う意味がない。だがそもそも隠喩の伝統的な定義は、ヤコブソンが展開して見せたほどのあいまいさをかかえこんでいたのである。

隠喩的例示

ネルソン・グッドマンは、たとえば海際の崖と木とを陰鬱な灰色で描いた一枚の絵について、「この絵は字義通りに灰色であるが、ただ隠喩的に」[35]悲しみを表現しているという。この絵が「字義通りに灰色である」とは、ちょうど色の見本が、その色一般の一事例としてこれを「例示する（exemplify）」というのとおなじ意味で、灰色一般を「字義通りに例示している」ということである。色の見本や生地のサンプルは、それ自身が特定の色を、また独特の織り方や肌理、模様といったいくつかの特性を「所有する」[36]と同時に、まさに見本やサンプルとして、そのような色一般やもともとの生地の特性一般を代理し、そのような形でこれを「指示する（refer to）」記号として機能している。このように、ある特性を所有すると同時に指示する関係を、グッドマンは「例示」と呼ぶ。これに対して、この灰色の絵が「悲しみを表現している」というとき、この絵は灰色という特性を字義通りに例示すると同時に、これとあるとくべつなしかたで対応した「悲しさ」という特性を「字義通りでない（non-literal）」しかたで所有し、指示していなければならない。そして、この字義通りでない例示をグッドマンは「隠喩的」例示とし、これをとくに「表現」と呼ぶのだが、このときこの灰色の絵は悲しみの「表現的シンボル」となる。それゆえ、グッドマンにとって「隠喩的」とはまずは「字義通りでない」ことである。

だが、はたしてどうだろうか。グッドマンはまた「この絵は悲しい」を「この絵は悲しいひとのようだ」と直喩にパラフレーズして、「この直喩がじっさいにいおうとしていることは、ひとと絵とは、それらがいずれも悲しいという点では似ているが、そのうち一方［ひと］は字義通りにそうなのであり、しかしもう一方［絵］は隠喩的にそうなのだということだ」ともいう。こうしてかれは、隠喩を直喩の省略形とする伝統的な考えかたとは逆に、「直喩が隠喩に還元される、あるいは直喩と隠喩のあいだの差異は無視できる」[37]と主張する。だがこれは、いかにも奇妙である。「この絵は〈悲しい〉」が「この絵は〈悲しいひと〉のようだ」を意味するなら、それは「この絵は悲しみを〈うちにもっている〉」や「この絵は〈悲しんでいる〉」を意味することになり、そしてたしかにこれは隠喩文といってよい。ふつう絵が悲しんだり、悲しみをもったりすることはないからである。しかし、もちろんグッドマンはそのようなことを考えているのではなく、「この絵は〈悲しい〉」とはなによりも「この絵は悲しみを〈表現している〉」を意味している。グッドマンは別のところで、絵が表現する悲しみや憂鬱さといった特質を「表出された感じ（feeling expressed）」[38]と呼んでいるが、これを用いればこの文は「この絵は〈悲しみの感じ〉を表現している」といいかえることもできる。しかしもしそうなら、われわれはふつうこれを、この絵の美的品質を記述する字義通りの文として理解するだろう。

なるほどこの文は、「灰色の絵」と「悲しみ」あるいは「悲しみの感じ」といった、がんらい「ことなったカテゴリー領域」のあいだに、ある種の対応関係が成立していることを言明している。このような対応関係としてグッドマンが理解しているのは、たとえば色の「語圏（realm）」における赤や青や灰色といったさまざまなラベルの範列ないし「スキーム」を、これとはべつの語圏、たとえば温度の領域における暖かさや冷たさ、あるいは感情の領域における喜びや悲しみといったラベルの範列へと転移することである。こうして灰色を寒色あるいは悲しさ、赤を暖色あるいは情熱的とする「隠喩的な」いいかたが可能となる。それゆえすでに見たミラーやレヴィンとおなじく、グッドマンにとっても隠喩とは「故意のカテゴリー・ミステイク」[39]である。音楽やダンスはあるリズム・パターンを字義通りに例示するが、同時に平和や華麗さや情熱を表現する、つまり隠喩的に例示するかもしれない。カンディンスキーの抽象絵画にとって、直線はつめたい張力、曲線はあたたかい張力を表現している、というぐあいである。

ここにあげられた対応関係は、伝統的には共感覚と呼ばれてきたものである。これら共感覚の等価性をめぐる問題については、すでにゴンブリッチが正当に論じている。ここで問題になるのは、色と感情の字義通りの類似性ではなく、一定の文化のなかで伝承された「尺度とかマトリックスの枠内での構造上の相互関係」[40]である。一定の文化においては、色のパレットの構造にはしばしば、これとはことなったカテゴリーである感情のパレットが伝統的に対応しており、こうしてたとえば灰色は悲しい色と感じられる。モンドリアンの《ブロードウエイ・ブギウギ》では、そのタイトルが絵と音楽、色と音の対応を示唆しており、そこでわれわれは、線と面の配置や明暗の色調の変化を、音楽的なリズムや音調の変化に対応させる。そしてグッドマン自身もゴンブリッチに言及しつつ、こうした対応は「あらかじめあたえられたあるシンボル体系の内部」でのみ生じること、したがって「習慣にかかわる事柄」[41]であることは認める。だがそうだとすれば、ここで問題になっているのは、一定の文化コードによって色と感情といったことなったふたつの領域のあいだで成立している対応関係と、こうした感情的色彩のパレットを用いて所定の「感じ」の効果をねらう画家の「慣習をよりどころとした表現」[42]行為であり、またおなじパレットを共有する観者にこの絵がもたらす効果としての悲しみの「感じ」だというべきである。それゆえまた、灰色の「絵が悲しみを〈表現する〉」とは、「絵が悲しみを〈隠喩的に所有している〉」というのではなく、「絵が灰色を〈字義通りに所有して〉おり、その灰色が特定の文化的コードによって悲しみの感じと〈字義通りにむすびつけられている〉」ということである。「隠喩的所有」と呼ばれているのは、「字義通りではない」ある種の「対応」関係が一定の慣習にしたがって「字義通りに」成立しているという事態であり、ここにはなんら「所有」と呼ばれるような関係、それゆえまた「例示」の関係はない。[43]隠喩的所有や隠喩的例示という術語は、じっさいには所有でも例示でもない別の関係を、ただ所有や例示という隠喩を用いて名指しているにすぎないのである。

暗示と象徴

じっさいのところ、グッドマンのいう「表現的シンボル」とは、われわれが伝統的に「象徴」ということばで理解してきたものにきわめて近い。グッドマンが、ある建物は「ある雰囲気――ベルリンにある渦巻き型の小さなコメディ・シアターにおけるような陽気さや動き――を表現し、またメンデルゾーンの手になるアインシュタイン・タワーのように天文学や相対性についての観念さえも表現し、あるいはヒトラーがつくった建築のあるもののようにナショナリズムを表現している」[44]というリチャード・シェパードのことばを引くとき、かれが「隠喩的例示」の実例としているこれらの例は、われわれならばまずは象徴と呼ぶだろう。たとえば宇宙の尺度の象徴としてのルネッサンス的な人体表象について、それは字義通りではないにせよある種の類比において宇宙の尺度に対応する特性を所有しつつ、これによって宇宙を指示するというふうにいうことはできるが、こうした指示関係は象徴である。ドイツロマン主義の美学が、アレゴリーとの対比において象徴を、理念が特殊のうちに宿り、まさに特殊として現象したものと定義するとき、所有と指示のおなじ関係が想定されている。コールリッジが、「花咲き匂う牧草地にわたしの目はいまやすらい、[神の僕たる自然の本の]もっともなごやかな諸章、そこには悲歎の一語も、罪や悩みの一字もない諸章のひとつを目の当たりにする」[45]というとき、たしかにこの記述には濃密な隠喩が用いられているが、しかしコールリッジが自然の本に読みとっているのは「精神世界からの交信と象徴」である。リチャーズもこれを、隠喩のひとつの際立った例として引いているのだが、じっさいにここにあるのは、ジュネットも指摘するように、《天》と《地》の照応（コレスポンダンス）というボードレールの主題[46]が示すような宇宙的類比に基礎をおいた象徴主義の美学なのである。

グッドマンのいう「隠喩的」とは、要するに「字義通りではない」ことである。それゆえ「示唆的な暗示（suggestive allusion）」や「ほのめかし（intimation）」、象徴はもちろん、擬人化や提喩、当てこすりやアイロニーなど多くの文彩もすべて、グッドマンにとっては隠喩である。[47]だがデヴィッドソンがいうように、T・S・エリオットの「河馬」の一節は「ところで」という語によって対置された河馬と教会というふたつのもののあいだの、ある面での「類似にわれわれの注意をむけさせようと」[48]することで多くのことを暗示し、これによってある種の当てこすりやアイロニーをひびかせるが、これは隠喩ではない。

河馬めのか弱い足どりは
この世の目的さえ踏みかねる、
ところで（While）真の教会はあわてず騒がず
居ながら配当がころげこむ。

河馬は檬果(マンゴー)の樹の上の
檬果の実まではとても届かぬ、
ところで（But）石榴と桃の実は
海をわたって教会の食餌となる。[49]

グッドマンの「隠喩的例示」と「表現」理論をたかく評価するアーサー・ダントーは、さらにふみこんで、たとえばゲインズボローの絵《セント・ジェイムズ公園のモール》（c.1783）（図1）は英国摂政時代のご婦人方が散歩をしているところを字義通りに再現描写したものだが、しかも一方でこれらの女性たちは花の美を表現し、遊歩道はゆっくりと漂う時の流れを表現するように「変貌（transfigured）」させられており、こうして絵は、たんに当時のレジャーやファッションのドキュメント以上のもの、時の流れと美についての隠喩となっているという。ここで字義通りに再現された描写の「隠喩的変貌」とは、ブラックの「隠喩的思考」に対応するふるまい、つまり「aをbとして描写し、あるいは描くこと（the description or depiction of a as b）」である。それゆえダントーにとって「アートの作品を理解することは、思うに、つねにそこにある隠喩を把握することである」[50]。逆にいえば、対象をたんに再現描写するのみならず、ある独特の字義通りでないやり方でこれを表現するかぎりで、「隠喩はどれも、小さな詩」であり「アート

図1　ゲインズボロー《セント・ジェイムズ公園のモール》、c.1783（ニューヨーク、フリック・コレクション）

の小さな作品」である。こうしてダントーは隠喩を、「表現」概念を介して、表現の一定の方式としての「様式」へと結びつける。様式とは結局のところ、世界を「再現描写する方式」であり「世界を見る方式」として、世界認識そのものである。その上、アートにおけるもっとも重大な隠喩とは、作品の観者や読者が作中人物に同化し、自分の人生を描かれた人生におきかえて見る点にある。読者が自分自身をアンナ・カレーニナとして見るとき、この「ふりをする」というふるまいにおいて「アートの作品は人生の隠喩となり、人生は変貌させられる」[51]。こうして隠喩はアートと同義であり、世界や人生や自己のあらたな発見をもたらす認識のふるまいである。

リクールになると、隠喩を世界認識から、さらには存在論にまで拡張しようとする熱意はいっそうはげしい。かれはアリストテレスを土台として、「ネルソン・グッドマン的な意味での表現の中心に、［ブラックの］モデル理論によって明瞭にされた仮構の要素（l'élément fictif）を導入する」[52]。科学のモデルは、なおよく知られていない経験領域を仮説によって説明しようとする「隠喩的再記述（redescription）」である。仮説である、つまり仮構のものであるという点で、モデルは作り話としてのミュトスに対応し、しかしより適切なあらたな世界を再記述し投影するという点で、それはミメーシスに対応する。それゆえこの「モデルの隠喩性」とパラレルに、仮構のミメーシスとしてのフィクションは、人間的現実というよく知られていない領域を、仮構された筋と見て記述する「隠喩的指示作用（référence）」である。「悲劇は人間生活を、ミュトスが見せてくれるようなもの〈として見る〉ことを教えてくれる」[53]。悲劇が観客や読者にもたらす「感情的フィクション（une fiction affecrtive）」も、「〈と感じる（sentir comme）〉の一種のモデル」として、現実の内面生活の範型となる。こうして詩やフィクションは観客や読者に、それが創造する感情に同化することで、現実の自我の制約された情況をこえて、これとはべつの「もうひとつの世界」とそこでの存在可能性を隠喩的に指示する。これが「隠喩的言表行為の暗黙の存在論[54]」である。そしてここでも隠喩は、寓話やアレゴリーや象徴とおなじ働きである。

だが、作品経験は厳密には作中人物への同化でも「感情的フィクション」でもないし、[55]人物のふりをすることは、呪術師や詐欺師や俳優のふるまいではあっても、[56]隠喩のふるまいではない。アンナ・カレーニナは、十九世紀後半のロシア貴族社会におけるひとつの人生のサンプルとして例示や象徴ではありえても、隠喩ではない。T・S・エリオットがダンテの『神曲』の「詩篇全体が一大隠喩である」[57]といったとしても、正確にはそれは世界の象徴ないし寓意だということである。表現とそこに暗示されている象徴を隠喩と呼び、作品を現実世界の隠喩と呼び、作品世界への同化を人生の隠喩と呼ぶならば、それこそ「隠喩の過剰増加（インフレ）」[58]と呼ぶほかないだろう。「隠喩」という語を、アリストテレス的な語源にしたがって、ひろく語の「転用」という意味で使うならば、それもひとつの選択である。そのとき換喩も提喩も、類比も象徴も、寓話や寓意や擬人化、暗示やほのめかしやアイロニーも、すべて「隠喩＝転用」といってよい。だがそのときわれわれは、「人間は狼だ」という特異な文彩を、なにか別のことばで呼ぶ必要にせまられる。われわれとしては、「人間は狼だ」という文彩をこそ隠喩と呼ぶことを選択し、その特性を見きわめようと思う。

4　隠喩の述語限定理論

一時的な言語ルール

いまあらためて、われわれとして隠喩という現象を考えてみるとき、まず問わなければならないのは、ことばの通常の使用とくらべて、隠喩においてはなにが変化しているのかである。これまで批判してきた隠喩の認識論は、隠喩を字義通りの語や文がもっていなかったあらたな意味、あるいは人間と狼の双方をあるしかたで包含し融合するあらたなカテゴリーといった特別な「隠喩的意味」の発見や創出と見なし、それゆえ隠喩においては語の意味と、それに対応する世界が変化すると考える立場である。だが、人間と狼がひとつであるような世界をイメージすることができないわれわれとしては、いっそデヴィッドソンにならって、「隠喩は、ことばがそのもっとも字義通りの解釈において意味しているものを意味しているのであって、それ以上のなにものをも意味しない」[59]というべきではないか。かれはさらにつづけて、「隠喩は、もっとも平易な文とおなじ、ありふれた言語軌道の上を走っている。……隠喩を際立たせているものは、意味（meaning）ではなくて用法（use）である」[60]という。じっさい、隠喩に見られるような通常の用法からの逸脱は、日常的な会話にあっても、言いまちがいや個人に特有の言いまわしなど頻繁に生じるのであり、しかもわれわれは、これをたいていのばあい難なく理解することができる。デヴィッドソンによれば、このような逸脱した発話を理解するには、ひとはすでに自分が身につけている文法、語の辞書的・字義的な意味などの一般的な言語ルールを、この特定の場面に適合するように調整して、相手がなにをいおうとしているのかを理解するための一時的なルールを、そのつどつくりだす必要がある。[61] たとえば、いつも言いまちがいをするマラプロップ夫人が「碑文（epitaph）」というとき、聞き手は発話のイゾトピー（isotopie）、つまりコンテクストは表意の一貫性をもっているはずだということを前提して、多くのばあいその音韻上あるいは形態上の類似ないし類比から、これを本人は「あだ名（epithet）」の意味でつかっていると推論する。こうしてひとは、この特定の場面にかぎって「碑文」という語に「あだ名」という語に対応するあらたな役割を割り当てることで、たいていのばあいこれを理解することができるだろう。このとき、マラプロップ夫人とわれわれは、この場面にのみ適用される一時的なルールを共有していることになる。注意しなければならないのは、この一時的なルールによって個々の語の字義通りの意味が変化しているのではなく、その語の用法が変化しているということである。そして隠喩もまた、そのような逸脱のありふれた一例である。魔法使いが発した「おまえは豚だ」という文を、字義通りに「お前は豚になれ」という呪文として使用された文と理解するのと同様に、魔法使いでないひとが発した「おまえは豚だ」という、ふつうの用法では偽であり意味をなさない文を字義通りに受けとるかぎりで、われわれはこれを隠喩に使用された文と受けとるのであり、その意味ではたしかに隠喩は字義通りの意味しか述べない。われわれに課せられるのは、ふつうには意味をなさないこの文を意味ある文として読みとるための、隠喩に特有の一時的ルールを見つけだし、そこで用いられている語のあたらしい用法を理解することである。

このするどい指摘にもかかわらず、デヴィッドソンが隠喩における語の特別な用法として、ウィトゲンシュタインの「として見る」をもちだし、「人間は狼だ」という隠喩は「人間を狼として見よ」という言語行為を指示するというとき、[62] われわれはまたしてもブラックの「Aを隠喩的にBとして見る」投影へと送り返される。デヴィッドソンが、隠喩が発揮する驚異とはなにか特別な隠喩的意味の創出や認知にではなく、隠喩がわれわれにおよぼす効果にあるといい、「人間を狼として見る」ことによって経験される隠喩の効果とは、ジョークや夢、絵や写真を見たり聞いたりするときの経験の実質と同様、ことばによって説明したり言いかえたりできず、ただそれを味わうほかはないと断言しても、いぜんとしてこの効果がなんなのかは不明のままである。ブラックが、「デヴィッドソンの強力に論拠づけられた立場に対するもっとも重大な反論は、それが現在流布している見解を拒絶する一方で、それ自身は、いかに隠喩は作動するのかについていかなる洞察も提供せず、また隠喩を学ぶ多くのものにとって、隠喩の使用が必要不可欠の方策であると思えるのはなぜかを説明することができないということである」[63]というとき、この批判はあたっている。グッドマンが、デヴィッドソンの主張——隠喩はわれわれを比較へとうながす無数の技巧のうちのひとつであり、その効果は「として見る」経験をさせることである——は、おなじ効果をもたらす他の言語的ふるまいと区別してとくに隠喩を説明することにはならないと批判するとき[64]、これもまた正当なものである。

アスペクトの認知

注意しなければならないのは、ウィトゲンシュタインが「ウサギ-アヒル画像」にかんして「アスペクトの認知(das Bemerken eines Aspekts)」[65]と呼ぶのは、ある画像をウサギと見たひとが、あるときとつぜんこれをアヒルとして見る経験、したがって「アスペクトの切り替え」にともなう知覚経験であって、しばしば誤解されているように、ウサギの画像を同時にアヒルと見る経験ではないという点である。そして、この事実によってかれが主張しようとするのは、われわれの知覚が純粋な知覚ではなく、つねに一定の思考作用にもとづく解釈だということである。なるほどそれは、そこにウサギだけを見ていたときには考えもしなかったこと、おなじひとつの画像にウサギとアヒルの「ふたつの頭をたがいに重ねあわせ、そのようなやり方で比較する」ようにわたしをうながす。だがその結果わたしがえるのは、それがアスペクトを切り替えればウサギともアヒルとも見える画像だという認知ではあっても、ウサギをアヒルとして見る経験ではない。わたしはこれをそのつどウサギと見るかアヒルと見るかのいずれかであって、これらふたつの画像は、たとえ事実として「それらがたがいに合同であるとしても——いささかの類似性もない」[66]。それゆえ「ウサギ-アヒル画像」は、いってみれば同音異義語の両義性や駄洒落と同種の現象であり、隠喩とはなんの関係もない。

リクールがつぎのようにいうとき、かれはこのことに気づいているように見える。

ウィトゲンシュタインの分析を隠喩へと移し替えることが、ある重要な変化を導入することになるのはたしかである。両義的なイメージのばあいには、図Aとも図Cとも見られるようなゲシュタルトBがある。そこで問題は、Bがあたえられていて、AかCを構成することである。一方隠喩のばあいには、AとCとが読解行為にあたえられていて、それらは趣意と媒体である。それゆえここで必要なのは、そこに立てばAとCとが類似しているように見える視点を手に入れるために、これらに共通の要素であるB、つまりゲシュタルトを構成することである。[67]

つまり隠喩では、読解行為において構成された共通のBを媒介にして「AをCとして見る」ことが問われている、というのである。この決定的なちがいに注目しながらもリクールは、「この逆転がどうであれ、〈として見る〉は、説明の連鎖に欠けている鎖の輪を提供してくれる」といい、またこの「〈として見る〉は意味とイメージを統合する直観的関係である」から、それは隠喩の意味作用にふくまれる「イメージ的なもの（l'imaginaire）」についての「もっとも満足のいく説明」をあたえるものだと評価する。だがそうだとすると、「AとかけてCと解く。その心はB」といった「見立て」の頓知やなぞなぞも隠喩になってしまう。結局のところ、「として見る」隠喩論はウィトゲンシュタインの「として見る」知覚論とはまったく関係のない議論であり、結局はすでに見た、AとCをともにふくむ混合体や第三のカテゴリーを構成するブラックやミラー、レヴィンらの隠喩論に帰着する。

デヴィッドソンとおなじように、隠喩を語義の変換としての転義ではなく文の使用にかかわる現象と考えるジョン・サールにとって、隠喩における文の特別な用法とは、話者が表面上は「SはPである」と語りつつ、じっさいにはそれが「SはRである」を意味するように意図して用いることである。だがもしもそうだとすると、隠喩とは「話者の発話の意味と字義通りの文の意味とのあいだの断絶」[68]というアイロニーや間接言語行為（indirect speech act）をもふくむ現象の特殊な一例ということになる。しかしサール自身アイロニーについて、発話された文の意味を「字義通りにうけとると、当の情況にあきらかに不適切である（inappropriate）」ばあいに、ひとはこれを適切なかたちで解釈する必要にせまられるとしかいわない以上、サールの言語行為論では隠喩とアイロニーの原理的な区別はできないといわざるをえない。[69] アイロニーは、表面上の「SはPである」とかくされた真意の「SはRである」とを同時に相手に聞きとらせることを意図した言語行為である。なるほど「あなたは薔薇だ」という隠喩文を主張という言語行為に使うこともあれば、アイロニーやジョークとして用いることもあるし、[70] また「サムは豚だ」という隠喩文を「彼をディナーには呼ばないで」と命じる言語行為に使うこともあるが、[71] しかし隠喩そのものは、発話された文の表層の現象である。

述語限定理論

それでは、隠喩における語の特別な用法とはなにか。これに答えるには、まずは語の「意味」とはなにかを明確にしておく必要がある。すでに第一章で論じたように、われわれとしては語の意味を、その語が指示する対象によって定義するのではなく、ひとつの言語共同体においてその語が指示する対象がもつとされている一定の規格にはまった諸特徴を記述することで定義するという、パットナムの立場を共有しようと思う。それゆえ「狼」という語の意味は、「四本の脚、肉食獣、咆吼、獰猛」等々の集合体であり、語とはいわば、こうした意味特徴の束につけられたラベルである。この意味特徴にはなお、ひとが「狼」という語を耳にしたときに思わず抱く狡猾さや貪欲さの印象や、それに対する嫌悪や恐怖の反応、バークなら、語が名指す現実の物がひとにあたえるのとおなじ「効果」や「情動」と呼ぶ独特の感じもくわえることができるだろう。語の意味についてのこうした考えかたは、グレマスの「語義（sémème）」を構成する「意味素（sème）」の集合体や、ブラックの語が連想させる通念や含意の体系、[72] そしてこれもまた第一章で言及した認知心理学者ドゥニのいう語の意味「素性（traits）」にも共通するものである。

　意味論にとって重要なのは、ドゥニがいうように、通常の発話においては語が使用される文脈に応じて、その語の意味素性のうちせいぜいひとつかふたつが意識され現働化されるが、それ以外の相当数の意味素性はつねに潜在的にとどまるという事実である。だがこの現働化のプロセスは、グレマスの意味論のもとに隠喩論を企てた研究集団グループμが考えたように、潜在的な意味素の集合全体からある意味素を削除（suppression）したり、あらたに附加（adjonction）したりすることを意味しない。かれらによれば、提喩とは帆、舵、マスト、船室などの意味素をもつ「船」という語の代わりに、そのなかのある意味素（舵、マスト、船室など）が消えてしまっている別の語「帆」を立てることに帰する。このとき語「船」から見ればこの操作はある意味素の削除であるが、語「帆」から見れば、それは意味素の附加だということになる。それゆえ隠喩とは、「二つの提喩の積」[73]である。たとえば「リチャードはライオンだ」という隠喩では、これらふたつの語の意味素のうちで両者に共通する「勇敢」という意味素がリチャードとライオンというふたつの辞項をむすびつけているが、「リチャード」から「勇敢」へのプロセスは、リチャードにのみあてはまる意味素（人間、男、王など）の削除による提喩であり、「勇敢」から「ライオン」へのプロセスは、「勇敢」にさらにべつの意味素（肉食、獰猛、百獣の王など）が附加されることによる提喩である。こうしてリチャードから「勇敢」という共通項の意味素を介してライオンへといたることで、隠喩はさらに大胆に、このふたつの語の意味素の「非共通的な部分」をもふくめた「辞項全体の同一性を確立しようとする」、というのである。

　だが、意味素の削除と附加のプロセスは、ふたつのことなった語をひとつの共通項がむすびつけているという事態を説明するにすぎないのに、いったん「リチャードはライオンだ」という同一性が確保されれば、それは「リチャードは勇敢だ」を意味するのみならず、「リチャードは勇敢さ以外の点でもまさにライオンだ」を意味するのはなぜなのか、ライオンの「肉食、獰猛、するどい爪や牙」など非共通部分の意味素がどのようにリチャードの意味を「拡大、開示、増幅」[74]するのかは、まったく不明のままである。その上このプロセスによれば、隠喩はある語をべつの語に入れかえる「転用」というよりは、語の意味素の削除と附加によって語の内容を改変し、ある語義をべつの語義に入れ換える「語義変換（métasémème）」だということになる。だがもしもそうだとすれば、語義が改変された語は、それが代替している語の同義語になるということを意味する。つまり隠喩とは異音同義語をあらたに造語し、べつの語にこれを代置することに帰する。

　ジョナサン・コーエンも、文の意味はそのつどの文脈に応じた語の意味特性（feature）――われわれのいう意味素性やグループμの意味素に対応する――によって構成されるという立場に立つが、グループμがいうような意味素の「加算」は新造語を意味し、結果として語彙そのものが無制限にふえることになってふつごうだとして、これをしりぞける。その上でかれは、意味素性の削除や附加ではなく、一定の文脈における語の特定の「意味特性の解除（feature-cancellation）」[75]を主張する。この意味特性の「解除」といういいかたは、一定の文脈に関与的でない意味素性は潜在的なままにとどまるというドゥニやわれわれの考えかたに近いものである。たとえば通常の文「石のライオンは、餌を食べない」や隠喩的な文「かれらの法案日程は、月ロケットだ」においては、語「ライオン」や「月ロケット」の意味特性のなかから「生きもの」や「月に飛ぶ」という意味特性が一時解除されるかたちで難なく理解されるというのである。にもかかわらずコーエンが、通常の文では解除は主語（ライオン）の側でおこるのに対して隠喩文ではそれは述語（月ロケット）の側でおこるというように、この両者では「解除関係の方向」[76]がちがうというとき、ことはにわかに錯綜する。個々のケースについてそのつど解除方向を選択するというのは、いかにも複雑であいまいである。また述語「月ロケット」が、その意味特性の一部が解除されたとはいえ名詞として、これとはべつのカテゴリーにある主語「法案日程」と等置されるとはなにをいうのかは、あいかわらず不明なままである。

われわれは、いくつかの意味素性の削除と附加について語るべきではなく、またいくつかの意味素性の一時的解除について語るべきでもなく、いくつかの意味素性の現働化について語るべきである。意味素性の現働化とは、ごくふつうの発話における言語現象そのものである。そのような発話のなかで、隠喩や言いまちがいのような通常の用法からの逸脱に際しては、われわれは逸脱した発話が理解できるように調整して、そのつど一時的なルールをつくる。その際、このルールによって個々の語の字義通りの意味が変化したり、あらたな語がつくられたりするのではなく、その語の「用法」が変化している。そして隠喩文における語の特別な用法とは、述語の位置におかれた語はすべて、「太陽がほほえむ」のように動詞であっても、「気まぐれな月」のように形容詞であっても、「法案日程は月ロケットだ」のように名詞であっても、さらには「やつはヒトラーだ」のように固有名詞であってさえ、これらをすべて、主語を修飾する限定詞（形容詞）としてもちいよというルールである。この隠喩に特有の一時的ルールにしたがって、隠喩文「人間は狼だ」における述語「狼」は対象「狼」を名指す名詞としてではなく、「（狼のように）獰猛で、残忍だ」という修飾限定詞として用いられており、この文脈において語「狼」の意味素性のうち、肉食獣、牙、咆吼等々は潜在的なままにとどまり、獰猛さや残忍さにかかわる意味素性が現働化されているのである。われわれはいま隠喩についてのこの立場を、こころみに隠喩の「述語限定理論（predicate–modification theory）」と呼ぼう。

5　隠喩と直喩

ここでひとは、「人間は狼だ」が「人間は（狼のように）獰猛だ」ということだとすれば隠喩とは結局直喩の省略形であり、隠喩の意味は対応する直喩の字義上の意味へとパラフレーズされるのではないか、そしてそうだとすれば、ブラックが隠喩の相互作用理論について嘆いたように、われわれの主張もまた、隠喩がもたらす「含み」がなんなのかをとらえそこねてしまうのではないかと反論することができるだろう。われわれとしても、この根強い隠喩論のアポリアに答えなければならない。

すでに見たように、グッドマンは隠喩を直喩の省略形としてこれを直喩に還元する伝統的な立場とは逆に、直喩を隠喩へと還元したが、それゆえかれにとって「直喩と隠喩のちがいは無視できるもの」である。デヴィッドソンも、直喩と隠喩のちがいは、直喩が字義通りに「ふたつのものがたがいに似ている」ことを告げるのに対して、隠喩は明示的にはなんらの類似性も主張しないという点にあるが、しかしそれらがいずれもわれわれに「このふたつの対象を注視し、その文脈においてどんな類似が問題になっているのかを考え」[77]させるという点では、直喩と隠喩にちがいはないという。もっとも一方でデヴィッドソンは、隠喩が注目させる類似は、対応する直喩が示唆するのと同種の類似ではあるにせよ、まったくおなじ類似とはかぎらないともいうのだが、残念ながらここでもデヴィッドソンは、隠喩と直喩のこの微妙なちがいについてこれ以上語ってはくれない。ウェイン・ブースも、ある種の隠喩については、隠喩と直喩の区別は本質的だが、一般には重要ではないという。[78]

はたしてそうだろうか。じっさいのところ、「ジョンは木のようなのではない、ジョンは木なのだ」というように、直喩が隠喩へと変形されるとつねにある種の強調がおこるが、その逆の「ジョンは木なのではない、ジョンは木のようなのだ」は意味をなさないだろう。ジョージ・ミラーも、「のようだ（is like）」というかたちをもち類似を言明する比較陳述とくらべて、隠喩は「はるかにつよい主張」[79]だという。しかしミラーがそういう意味は、すでに見たように、隠喩は字義通りには偽でしかない主張が真となるような世界、そこではまさに「XはY〈である〉」ような世界をあらたに定立するのであり、そのかぎりで現にある世界においてたんにXとYが類似していることを言明する比較陳述よりつよい主張なのだ、ということである。グループμも、直喩の繋辞「のような」は「相似が部分的な性格のものであることを強調し、それゆえに全面的な互換性を表現する障りとなる」[80]としている。だが、もともとことなったカテゴリーに属するふたつの物が隠喩によって「全面的な互換性」をもつことになるとはいったいどのような事態なのかについては、不明なままである。

比較と同定の陳述文

直喩と隠喩のちがいを端的にいうとすれば、それは文の表層に明示された言明の種類のことなりである。直喩とは「AはBのようだ」というかたちをもつ比較陳述文であり、通常の言語ルールにしたがって字義通りに、AとBのあいだに「類似がある」こと、それゆえふたつの物や事柄AとBを「比較せよ」と述べている。それゆえここで話題になっているのは、ふたつの語AとBがそれぞれラベルとして指示しているふたつの物にかんして、これを並置し、比較し、そのあいだの類似や類比を見きわめ、これによって一方の物Aを他方の物Bに「たとえて」、つまり「見くらべて」説明したり理解したりすることである。ヴァージル・オルドリッチが、直喩においては主語Aのみならず「もう一つの要素（の記述）への潜在的指示作用が存在する」[81]といい、Aの外部にあるBを指示することでBに注意を引きつけるというとき、かれもまた直喩では話題はふたつあるという事態に言及している。直喩が隠喩にくらべて含意の力において弱いとされるのは、この話題の分散のためである。直喩「かれは狼のようだ」がまずは「かれ」と「狼」というふたつの物の比較陳述である以上、それは、かれの顔が狼の顔に似ているという字義通りのたんなる比較で終わるばあいもあれば、その性格の狡猾さや残忍さにおける類似ないし類比に注目させるばあいもある。前者のばあい、グループμはこれを「修辞学の分野の外にある種類の直喩［たとえ］」[82]、あるいは「本当のたとえ」と呼んで、「文彩としての直喩」を後者のように隠喩的な含意をひびかせる「隠喩的直喩」に限定しようとする。アンドリュー・オートニィもこれと似たやりかたで、「字義通りの比較」と「字義通りでない比較」つまり文彩としての直喩とを区別している。かれによれば、字義通りの比較とは、比較されるふたつのものが「とくに顕著な」特徴を共有するばあいであるが、直喩においては、比較されるふたつのもののあいだに類似があるとされるためには、それぞれの特徴それ自体が「隠喩的に解釈される」[83]必要がある。だが、ふたつのものがおたがいに「似ている」かそうでないか、「とくに顕著な」特徴を共有するかしないかというのはつねに相対的である。それゆえわれわれとしては、文の表層においてふたつの物の比較を言明し主題とする陳述文を一括して直喩（simile, comparison）と呼ぶ通常のいいかたを踏襲しよう。この比較にもとづいてそれが隠喩的な含意をひびかせるとしても、それは直喩という比較陳述文の派生的な作用である。これもまた、直喩が隠喩にくらべて含意の力において弱いとされる理由である。

これに対して隠喩とは、「AはBだ」あるいは「AはBする」というかたちをもつ端的な同定や述定の陳述文[84]であるが、そのままでは偽であるから、それを有意味なものとするには、それに特有のルール、つまり述語Bをもっぱら主語Aの修飾限定詞として用いよというルールにしたがって語の用法を一時的に変える必要がある。それゆえここで話題になっているのは、AとBというふたつのことなった物のあいだの同一性ではなく、またAを通常はこれと矛盾するカテゴリーBへと包摂することでもなく、AをBのいくつかの意味素性によって修飾限定することで、ただひとつの話題であるAの同一性をよりくっきりと際立たせることである。「おお、わたしの太陽よ」といったいわゆる「不在の隠喩」にしても、なるほどここでは媒体である「太陽」が話題の中心に立つ主語のように見えるが、じっさいにはこれに先立って「ジュリエットはわたしの太陽だ」という隠喩文が、つまり主題「ジュリエット」についての同定の陳述文が前提されている。それゆえ「太陽」もやはり不在の主題を修飾限定する述語にとどまるのであって、不在の隠喩といわれるものも、深層にある隠喩的な同定の陳述文の表層における言語的現象というべきである。[85]

隠喩と直喩が示す特異なふるまいも、これらが言明の種類においてことなっていることを示している。直喩がふたつの物を比較する陳述である以上、「私の犬はアニマルのようだ」のように、おなじひとつの物が帰属する種（犬）と類（アニマル）をあらわすふたつの語を比較する直喩はふつうなりたたないが、隠喩が主語についての修飾限定による同定の陳述であるかぎり、「私の犬はアニマルだ」は隠喩としてはなりたつ。それは「シュワルツネッガーはアニマルだ」というのとおなじように、「私の犬」の特性を、「アニマル」という語の意味素性の束のなかから文脈にしたがって現働化された「獣的、野性的」という意味素性によって修飾限定することで際立たせているのである。「金は鉛のようだ」もふたつの物の比較（「金は鉛のように重い」）として、ひろい意味での直喩でありうるが、「金は鉛だ」については、これを「金といっても結局は鉛とおなじ、ただ重いだけの金属にすぎない」というように、あえて隠喩として読むことはできないわけではないにせよ、「鉛」が「金」の修飾限定詞となるには、その種類においておたがいにあまりに接近しすぎており、「四角は三角だ」というのとおなじように、ふつうひとはこれを隠喩としては受けとれず困惑するだろう。たしかにここには、ヴァインリヒが「比喩の距離（Bildspanne）」[86]と呼んだ事態、つまりふたつの語はおなじ種に属していて意味上の距離が極限にまで接近しているために、一方の語の選択は他方の語の否定をふくむというように相互につよく排除しあうという事態が顕在化している。だがこれも、同一性を主張することなく、ただふたつの物のあいだの比較を陳述する直喩「四角は三角のようだ」であれば、「四角は三角のように、角ばっている」というように、理解可能に思える。

恣意的直喩

ジュネットが直喩に特有の効果を認めるのも、この点である。隠喩では意味のつかめぬままにとどまるおそれがあるばあいでも、直喩では、比較されたふたつの物のあいだの共通点としての「比喩の動機 motif（比喩の「基盤（グラウンド）」）」[87]を明言することで、比較の射程がはるかにひろくなる。たとえば、すでに第一章でふれたフォークナーの『村』に登場する少女ユーラについての比喩的な描写「容姿全体には、どことなくいにしえのディオニソスの時代を思わせるもの――陽光を浴びた蜂蜜とはちきれそうなぶどう、山羊のかたいひずめにやたらと踏みしだかれて、ねじまがり血を流している、四方八方にのびたぶどうのつる――があった」を、「容姿全体には、陽光を浴びた蜂蜜とはちきれそうなぶどう……四方八方にのびたぶどうのつるがあった」というように隠喩的に変えてみれば、これはほとんど理解不可能なものになるだろう。ひとは蜂蜜やぶどう、山羊のひずめや血やぶどうのつるといった多彩で濃密な描写のそれそれが、ユーラの容姿のどのような特徴をいいあて、あるいは形容しているのかとまどうだろう。だがこれを直喩でいうとき、この文章は一方で少女と、他方で「陽光を浴びた蜂蜜と……ぶどうのつる」とを比較した上で、後者にあげられたさまざまな物が全体としてわれわれに喚起する独特の印象や雰囲気である「ディオニソスの時代を思わせるもの」を、少女の「容姿全体」がもっていると主張している。

　もっともこのような直喩は、類似点を明言するという点であまりに強力であるために、じっさいにはどれほど恣意的な比喩でも可能である。たとえばジュネットが「恣意的直喩[88]」と呼ぶ「月のように……馬鹿」といった慣習的な紋切り型の表現や、「刑務所の門のように愛らしい」「堅ゆで卵のように髪のふさふさした」といった反用語法（antiphrase）、さらにはエリュアールの詩句「大地はオレンジのように青い」やロートレアモンの有名な「ミシンと雨傘の、手術台の上での偶然な出会いのように美しい」のようなシュールリアリズムに特有の手法などがそうである。これらの文は、「のように」によって比喩の動機が明言されることなく隠喩として提示されれば、たとえばエリュアールの「君の目の小舟たち」やブルトンの「雌猫の顔をした露」のように、ほとんど意味がとおらないだろう。じっさいこれらの表現はジュネットもいうように、「純粋に隠喩的な手続きに還元されるがままになるかどうかは、疑わしい」のであって、これらはわれわれの立場からすれば、むしろふたつの物のあいだの暗示や象徴というほかはない。

　恣意的直喩はただ、ふたつのものを「並置し比較せよ」というだけであって、それらふたつのもののあいだにひとが共通して認めうる「類似性がある」と、かならずしも主張しているわけではない。それらはむしろ、月と馬鹿のようにもともとまったく関係ないもの、堅ゆで卵とふさふさした髪のように相反するものをすら並置することでひびく意想外の効果をもくろむものであり、それ自体はジョークやジャーゴンに近い。比喩をパラフレーズすることをいっさい拒否して、「ミシンと雨傘の、手術台の上での偶然な出会い」を文字どおりに「美しい」と理解することを要求したブルトンのようなシュールリアリストたちにとって、「たがいにこの上なく隔たっている二つの対象を比較すること、あるいは全く別の方法によりそれらを人の虚をつくかつ感動的な方法で出会わせること、このことはなお詩が要請し得る最高の責務であり続けている[89]」。しかしいっさいの言語的意味秩序を、ひいては世界の既成の意味秩序を流動化し、あらたな意味の生成に立ちあおうとする「シュールリアリストによる人工的なパラノイア崇拝[90]」は、リチャーズも批判するように、厳密な意味で隠喩ではない。ブルトンにとって隠喩と直喩のあいだに区別はなく、それらはいずれも「類比的思考の、たがいに置き換えることの可能な、伝達手段」であり、そして「ただアナロジーという発火器だけがわれわれを熱中させる。われわれはまさしくこの発火器を通して、この世界のモーターに働きかけることが出来るのだ」[91]。だが「世界のモーター」にはたらきかける類比とは、かつて肉と土塊、骨と岩、膀胱と海を結びつけた神秘的な世界言語の統辞法であり、「それはつまり呪術への回帰」[92]である。

隠喩の「含み」

それゆえ隠喩「人間は狼だ」と直喩「人間は狼のようだ」とは、言明の種類がことなっており、その言語的ふるまいもことなっている。なるほどわれわれは隠喩文「人間は狼だ」において、名詞「狼」は修飾限定詞「(狼のように)獰猛だ」として用いられていると主張する。にもかかわらずそれは、隠喩を「人間は狼のように獰猛だ」という直喩に還元することではないし、また述語「狼」を一般的な性質をあらわす語「獰猛さ」に代置することでもない。もしもそのように見えるとすれば、それはおたがいに似たものをひとつの語で名指そうとする言語の経済というものを認識しないからである。ことばは「ライオン」や「サメ」や「狼」といった語のそれぞれにある点で似かよった意味素性を、言語の経済からおなじ語「獰猛さ」で呼ぶ。だが隠喩文における述語「狼だ」がひびかせるのは、たんに一般的な「獰猛さ」とも、またライオンやサメの獰猛さともことなった、語「狼」に独特の意味素性としての狼的な「獰猛さ」、つまり「狡猾で貪欲で腐肉をも食らう〈獰猛さ〉」である。さらにはまた、一語で「獰猛だ」というよりは「狼だ」といったほうが「狡猾で貪欲で腐肉をも食らう」狼的ないくつかの意味素性が同時にひびくことで、それがもたらす効果はよりゆたかになる。そしてこれこそ隠喩、つまり修飾限定詞として用いられた述語「狼」以外の他の述語では実現できない言語的、修辞的「含み」である。隠喩とは、「獰猛だ」といってしまっては表現できない、まさに狼がもっているとわれわれが考える「感じ」、「狼」という語を聞いたものに、現実の狡猾で獰猛な狼がわれわれにあたえるのと同様の恐怖や嫌悪といった独特の「効果」をひびかせるために、語「狼」を述語として用いるふるまいである。しかしだからこそ隠喩は、言語の経済を補うためになくてはならない、ありふれた言語的ふるまいなのである。グッドマンは、隠喩がパラフレーズできないというのが事実だとしても、「字義通りの文にしても、多くはパラフレーズするのはきわめて困難であり、事実われわれは、いったいどのような文なら、おなじ言語あるいは他の言語における別のいいかたへと正確に翻訳することができるのかと大まじめに問うことになるだろう」[93]という。なるほど通常の文にしても、たとえば「わたしは不安でなくもない」を「わたしは多少不安だ」といいかえれば、意味としてはおなじでもそのニュアンスは変化し、それゆえわれわれは文脈に応じていずれかを選択する。この点でも隠喩は、ありふれた言語的ふるまいなのである。

すでに見たように、隠喩をたんに言語的な現象ではなく、あらたな世界認識と見る従来の隠喩論のあやまりは、隠喩をなによりもふたつの語が指示するふたつの物のあいだの類比や類似を把握する思考作用と見る点にある。そして、象徴や寓意、寓話や擬人化、暗示やほのめかしもすべて、ふたつの物のあいだの関係であるかぎり、これらも隠喩と呼ばれたのである。たしかに提喩や換喩によって名指されているのは、部分と全体、容器と内容、原因と結果というように、まずはふたつの物ないし事柄のあいだになりたつ関係である。それゆえ提喩や換喩という文彩そのものは、言語的現象というよりは、ある物や事柄ないしそれを名指す語のかわりに、これと上に述べた関係に立つもうひとつの物や事柄ないしそれを名指す別の語によって代理し、転用することである。だが隠喩は、類比や類似を利用することはあるにしても、もっぱら主語におかれたひとつの物を話題として、述語としておかれた名詞や動詞、形容詞、そして固有名詞も、この主語の特性を形容する修飾限定詞として用いよという独自のルールにしたがう「述語づけ」というふるまいにおいてしか現象しない。そこでわれわれとしては、レイコフに対抗して、隠喩とは徹頭徹尾言語的ふるまいであり、言語的現象であると主張しなければならない。

6　隠喩とイメージ

隠喩のイコン性

これまで見てきた隠喩論の多くは、あからさまにではなくとも、隠喩過程に語が喚起する心的イメージの関与を想定している。レイコフが「マッピング」において対応させるふたつのことなった概念構造とは、なによりも「イメージ–図式構造」である。ミラーにとっても隠喩「XはYである」を理解するとは、「XはYである」ような世界をイメージすることであった。ポール・ヘンリーがパースの「イコン」概念を借用して、「隠喩にはイコン的要素がある」[94]というとき、それは隠喩的に描写されたもののイメージが趣意に対するイコン（類似）記号となっているという主張である。そして、ブラックの相互作用理論ではイメージ性が排除されていると批判するリクールは、ヘンリーらの「隠喩のイコン理論」を援用しつつ、隠喩性の中心に「イコン性」[95]を見ている。一方フィリップ・スタンボフスキーは、ブラックやリクールの隠喩の述定理論をいずれも論理的構成だと批判し、隠喩は語や文といった言語的分節以前の全体にかかわる直観的なものの「現象学的現前」だとする。こうしてかれは、ヘンリーやケイシーに言及しつつ、読解の現象学の立場から「描画的（depictive）イメージ」[96]を隠喩とする。

隠喩の核心に心的イメージをおくこうした考えかたは、十七、八世紀の修辞学において一般的なものであった。だがすでに第一章で論じたように、語の意味は、ロック的な「観念＝イメージ」ではなく、ことばを理解することはかならずしもイメージを想起することではないし、また想像とは心の内なる知覚ではなく、心的イメージは絵画的画像ではない。それゆえ隠喩にしても、十八世紀のひとびとが考えたほどには、絵画的画像として経験されるわけではない。ジュネットは、すべての文彩を「転義のなかの転義、文彩そのもの」としての隠喩という呼び名で包摂しようとする現代の傾向を助長するひとつの要因として、あらゆる種類の文彩をさすのに用いられる「心象（イマージュ）」という用語のしばしば濫用ともいえる使用[97]をあげている。リチャーズもことばはイメージがなくとも意味作用をするし、文彩や比喩、隠喩においても、「この種のイメージが、いつも心に浮かぶ必要はない」[98]という。ヘンリーの「隠喩のイコン理論」については、ビアズリーが批判している。「沈黙の叫び」のような撞着語法のばあいには、沈黙しているひとが沈黙していないもの（叫び）のイコン的記号となるので、ヘンリーにしたがえばふつごうだということになるが、じっさいにはこれは十分にすぐれた隠喩である。[99]

一方でわれわれは、ことばの理解に心的イメージは不可欠ではないが、ときにあるしかたでイメージはことばの理解に寄与することも確認した。ペイヴィオは、隠喩過程（「わが社はボーイスカウトだ」）にあっては、いったん趣意によってなにが話題の中心であるかのコンテクストが設定されれば、媒体（ボーイスカウト）は概念的ペグとしてこれと結びついたさまざまなイメージを喚起し、これによって趣意（わが社）に適用されうる「諸特性（features）」[100]（チャンス、実行、規律、等）の探索が容易になるという。ペイヴィオのいうところは、われわれの経験に照らしてもおそらくほんとうで、ひとはしばしば隠喩を理解するのに心的イメージを利用するだろう。もちろん、いつもそうだというわけではない。「椅子の脚」のような死んだ隠喩のばあい、あるいは「ヤツは豚だ」のようにクリシェーとなった隠喩のばあい、意味がほぼ自明であるために、ほとんどイメージは関与することなく理解されるだろう。また「私の犬はアニマルだ」のように、媒体（アニマル）が「工具」のような類をあらわす比較的イメージ価のひくい語のばあいや、「旅人の行く手を柵の否定（Nein）がさえぎった」[101]のように、媒体（Nein）がきわめて抽象的、論理的な語のばあいにも、イメージはほとんど関与しないだろう。

結局のところ、われわれが隠喩とイメージについていえることは、つぎのようなことだろう。字義通りのことばの理解におけると同様、隠喩の理解においても、心的イメージはときに寄与する。とくに新奇な、あるいは複雑で難解な隠喩のばあいには、ひとはつとめて想像力を働かせて意味のつながりを探索し、これを理解しようとするだろう。しかしそのイメージは絵画的画像ではないし、また趣意を媒体のイメージ「として見る」ことが問題なのでもない。隠喩の理解にとって本質的なのは、かりに心的イメージを現働化するばあいでも、そのイメージのもつさまざまな特徴やそれがもたらす印象効果のなかから、趣意にぴったり合う「感じ」の意味素性を選択し、これを趣意を修飾限定する述語として用いる操作である。すでに見たフォン・ハラーの『アルプス』の一節をイメージするとしても、「光うず巻く」や「輝く黄金」という語句は、それらが単独で喚起する視覚的映像としてではなく、それらがもつ「まばゆさ」「高貴さ」「金色」といった素性においてのみ受けとられ、話題の中心に立つ黄色い「リンドウの花」をペグとしてこれにつなぎとめられ組織される。こうして、雑草のなかにひとり優美に立つリンドウの花がきわだつ。

非言語的隠喩

ここまできてようやくわれわれは、この章の最初に立てた問いに直面することになる。はたして、画像と隠喩の関係はどうなのだろうか。視覚的隠喩や絵画的隠喩というものは、あるのだろうか。視覚的隠喩については、たとえばコーガンら心理学者のチームが七才から二八才までの被験者に対しておこなった心理学の実験報告がある。それは、図2のように、それぞれが三つのことなった絵からなる二十九の組み合わせを用いたもので、各組のうちふたつの絵は隠喩を構成しうる類似性をもつが、のこりの一枚の絵は他のふたつの絵と共通点はもつものの、ふつうには隠喩を構成することはないものである。被験者は一定の条件のもとで提示された三つ組みの絵のなかから、そのつど隠喩を構成する絵のペアを選びだすよう要請され、また「XはYのようである。なぜなら……(X is like Y because....)」という陳述をするように要請される。この実験からコーガンらは、ことばにおける「しおれた植物」は「へとへとに疲れたランナー」だという隠喩操作と、絵による視覚的隠喩操作のあいだに一

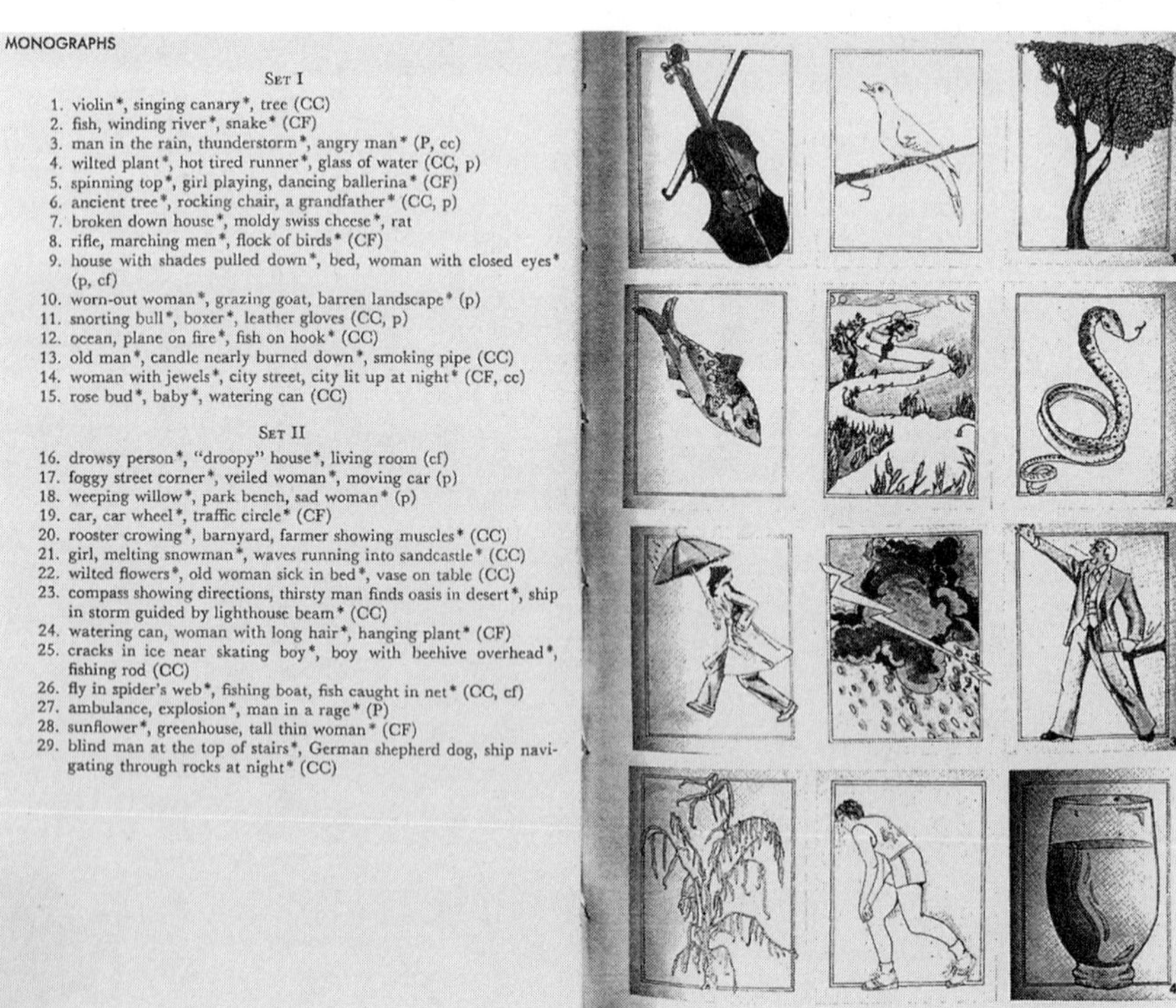
MONOGRAPHS

SET I

1. violin*, singing canary*, tree (CC)
2. fish, winding river*, snake* (CF)
3. man in the rain, thunderstorm*, angry man* (P, cc)
4. wilted plant*, hot tired runner*, glass of water (CC, p)
5. spinning top*, girl playing, dancing ballerina* (CF)
6. ancient tree*, rocking chair, a grandfather* (CC, p)
7. broken down house*, moldy swiss cheese*, rat
8. rifle, marching men*, flock of birds* (CF)
9. house with shades pulled down*, bed, woman with closed eyes* (p, cf)
10. worn-out woman*, grazing goat, barren landscape* (p)
11. snorting bull*, boxer*, leather gloves (CC, p)
12. ocean, plane on fire*, fish on hook* (CC)
13. old man*, candle nearly burned down*, smoking pipe (CC)
14. woman with jewels*, city street, city lit up at night* (CF, cc)
15. rose bud*, baby*, watering can (CC)

SET II

16. drowsy person*, "droopy" house*, living room (cf)
17. foggy street corner*, veiled woman*, moving car (p)
18. weeping willow*, park bench, sad woman* (p)
19. car, car wheel*, traffic circle* (CF)
20. rooster crowing*, barnyard, farmer showing muscles* (CC)
21. girl, melting snowman*, waves running into sandcastle* (CC)
22. wilted flowers*, old woman sick in bed*, vase on table (CC)
23. compass showing directions, thirsty man finds oasis in desert*, ship in storm guided by lighthouse beam* (CC)
24. watering can, woman with long hair*, hanging plant* (CF)
25. cracks in ice near skating boy*, boy with beehive overhead*, fishing rod (CC)
26. fly in spider's web*, fishing boat, fish caught in net* (CC, cf)
27. ambulance, explosion*, man in a rage* (P)
28. sunflower*, greenhouse, tall thin woman* (CF)
29. blind man at the top of stairs*, German shepherd dog, ship navigating through rocks at night* (CC)

図2　N. Kogan, K. Conner, A. Gross, D. Fava, *Understanding Visual Metaphor: Developmental and Individual Differences*, The Univ. of Chicago Press, 1980, p. 78.

致が見られるという結論をみちびきだす。しかし一方で、コーガンらをとまどわせたのは、たとえば児童が「しおれた植物」の絵と「へとへとに疲れたランナー」の絵をむすびつけるにもかかわらず、かならずしもこの結合から隠喩的陳述を構成できるとはかぎらないという事実である。これについてコーガンらは、それは児童がなお絵を注意深く分析する「視覚的思考（visual thinking）」[102]という点で未発達だからだと説明する。

コーガンらが実験の前提としているのは、隠喩とはほんらいことなった領域ないしカテゴリーに属する対象やできごとを、類似性にもとづいてひとつにまとめる操作だという認識である。したがってそれは、厳密に言語的現象というよりは認知的現象である。かれらはそれゆえ、はげしい音楽が赤色に対応する「共感覚的隠喩」や、直線はつめたく曲線はあたたかいといった「相貌的（physiognomic）知覚」にもとづく対応関係なども「非言語的隠喩」の例としてあげる。「ひとは隠喩を、言語を使用せずとも、直接の知覚において学ぶことができる」[103]のであり、したがって「川はものうげに蛇行して、海へとそそぎこんでいる」という隠喩を理解しているかどうかは、「まがりくねった川」と「とぐろを巻く蛇」とを絵画的に再現描写できるかどうかによって視覚的に検証することができる、というわけである。だが、被験者が課題として要請されたとおりに、三つ組みのなかから「しおれた植物」と「へとへとに疲れたランナー」の絵のペアを選びだしたとしても、こうしてならべられたひと組の絵が隠喩関係であるとはとうていいえない。この絵をいくら眺めても、そこから得られるのは、これらふたつの絵がある点で似ていること、それゆえこれらふたつのものはおたがいに対応する類比ないし類似関係にあるという認識だけである。コーガンら自身、とまどいのうちにも、その前提に反してかれらの実験は「隠喩能力の十分ではないが、必要な条件」[104]をあつかうものにとどまることを認めざるをえない。それは、ひと組の絵の類似ないし類比を認識する能力か、あるいはこれらの絵に触発されて、そこから適切な隠喩をつくる言語能力にかんする実験ではあっても、けっして「視覚的隠喩」にかんする実験ではないといわなければならない。

言語的な隠喩にかんする理論に「必要な変更を施せば、隠喩的な視（metaphorical seeing）」[105]についての理論が得られるとするオルドリッチは、言語的隠喩と視覚的隠喩に通底する構造として、例のウィトゲンシュタインの「として見る」をとりあげる。もっとも、オルドリッチのあげる例は、ウィトゲンシュタインのとはいささかことなっている。

かれが「隠喩的な視」として想定しているのは、字義通りの知覚において見られているMに、比喩的な知覚においてBを見てとることで、これをAとして見ることである。ここでは、MとAのいずれもが変容され、あるいは表現的に写される（portrayed）ことで、そのうちに「融合（fusion）」した第三項であるイメージBこそが美的に注目される。たとえば、俳優メアリーが舞台でオフィーリアに扮するとき、俳優メアリー（M）の顔は素材として役柄オフィーリア（A）の顔を表現するように、一定のイメージ（B）に造形され、観客はこの造形された舞台上のイメージを美的に見つめる。マティスの線描を女性の頭部として見るばあいでも、画家が引いた線という素材と表現される女性の頭部という主題とが、画家が意図し構想した内容（画像）のうちに融合したものとして、これを美的に見る、というわけである。だが、この「美的な〈として見ること〉」で問題になっているのは、絵画や演劇における美的再現描写や美的造形一般であり、これをわれわれはふつう隠喩とは呼ばない。オルドリッチが隠喩的な視と考える「風に髪をなびかせた女性の頭部として雲を見ること」にしても、リチャード・ウォルハイムなら、雲を素材として女性の頭部をその「なかに-見る（seeing-in）」[106]経験と呼ぶ事例のひとつと考えるべきものである。そしてウォルハイムにとっても、この「なかに-見る」は、自分がいま知覚しているのがカンヴァス上の絵の具の集積であることを意識しつつ、そのなかに描かれた女性を見てとる絵画経験における「再現表象（representation）」一般を説明するものである。いずれにせよ、「として見る」も「なかに-見る」も、それ自体は隠喩などとはまったく関係がない。

ほとんどオルドリッチとかさなるかたちで、カール・ハウスマンも、絵画や音楽といった非言語芸術の再現表象や表現一般を「非言語的隠喩」とする。かれはブラックの相互作用理論にもとづいて、再現されるべき対象のイメージ、つまり日常の世界経験における字義通りの「通常の視像（normal vision）」と、描かれることで変形された絵画的イメージとのあいだの対比において生じる「緊張」があらたな意味と内容を生みだすところに「隠喩的表現」[107]とその創造作用を見ようとする。なるほどハウスマンは、象徴と類比の概念を隠喩と区別しようとする。だがじっさいには、これらは「根本において隠喩的」[108]であって、ただ隠喩がもはやあたらしい意味を創造する力を失ったとき、つまり死んだ隠喩と化したとき、それは既知の類似性のたんなる比較としての類比や既知の意味を代理する象徴となる、という。それゆえすべての芸術作品は、それが創造的であるかぎり隠喩的である。しかもわれわれがコンスタブルの絵をとおして、そこに描かれた現実の風景を、つまりは世界をそのようなもの「として見る」ことで、世界の「見かた」、世界を経験し認識するあらたな方式を獲得する点で、ここでも隠喩は、文学や芸術のみならず、哲学や科学にも共通するものである。[109]

7　絵画的隠喩

視覚的ジョークとカリカチュア

オルドリッチがあげるピカソの彫刻《牝山羊》（1950）（図3）の例は、もうすこし微妙な問題をふくんでいる。ピカソはこの作品で、山羊の肋骨のかたちをゴミ捨て場に落ちていた網籠を用いて造形した。ピカソ自身はこれを、肋骨が籠に似ていると見る習慣的なものの見方に対して、これとは逆に籠を肋骨として見せることで、隠喩をつかってあらたに現実を表現し「見るひとの心を、これまでに見なかったものの方向にむけさせ、忘れていたものを再発見させる」のだといい、これを「造形的隠喩（plastic metaphors）」[110]だと説明している。これと似た例としてわれわれは、アルチンボルドの花や果物や魚から合成された顔の絵や、國芳の人間の身体から合成された顔の絵をあげることもできるだろう。バルトは、「アルチンボルドにおいては、すべてが隠喩である」[111]という。たとえば《料理人》（c.1570）では、「帽子は皿のようだ（に似ている）」という直喩から「皿は兜である」という隠喩が生まれるという。

図3　ピカソ《牝山羊》、1950（ピカソ美術館）（出典：『ピカソ全集８　彫刻』中原祐介編集・解説、講談社、1982）
図4　アルチンボルド《水》、c.1568（ウィーン美術史美術館）

たしかに、アルチンボルドの絵には、換喩やアレゴリーや類比や同義語といったさまざまな文彩が多様につめこまれており、かれの「カンヴァスはまさに比喩的転義（tropes）の実験室」[112]となっている。桃、梨、えぞいちご、麦の穂などからなる顔に《夏》というタイトルをつけ、魚で合成された顔を《水》（c.1568）（図4）と呼ぶのは、換喩にもとづくアレゴリーである。リンゴが頬におきかえられ、貝殻が耳におきかえられるとき、この「代置（substitution）」は「イメージの同音転用（une annomination d'images）」と呼ばれてよいし、その顔がもたらす印象を「象徴的意味」と呼ぶのもかまわない。だが、バルトがアルチンボルドの視覚的文彩をこれら多用な術語で呼びつつも、これらすべてを隠喩だというとき、ここでも隠喩という語は、ふたつの辞項の類似にもとづく「転置（transposition）」や「代置」による比喩的転義一般に拡張されて使われている。ピカソが肋骨のかわりに籠をおくことで、「わたしは籠から胸郭へと動く、つまり隠喩から現実へともどる。隠喩を用いたがために、わたしは君に現実を見せるわけだ」[113]というとき、あるいはバルトが「すべての知は分類の秩序に結びつく」が、アルチンボルドはこの知の「われわれが慣れ親しんだ分類をひっくり返す」ことで、「遊びから大修辞学へ、修辞学から魔術へ、魔術から知恵へとむかう」[114]というとき、ここにもあの神話的な「類比の形而上学」によるあらたな世界の再編という思想がひびいている。

じっさいには、アルチンボルド流に頬のかわりにリンゴを、耳のかわりに貝殻をおいたとしても、そこに見いだされる画像の知覚経験は、「リンゴのほっぺ」や「私の耳は貝の殻　海の響きをなつかしむ」という隠喩がひびかせるものとは似ても似つかぬ、滑稽でグロテスクなジョークとなるだろう。オルドリッチにしても、旧式のガスストーブからバーナーをとってきて、これをただ木の台の上に立てたピカソの《ガスのヴィーナス》（1945）（図5）については、これを「隠喩的視」としつつも、ここに「視覚的ジョーク」[115]を見ている。

視覚的ジョークの典型は、カリカチュアである。グッドマンによれば、暴君をドラゴンとして描いた風刺漫画では、暴君は、字義通りにはそれに帰属しないドラゴンの特性、たとえばその形を所有することで凶暴な「ドラゴン

図5　ピカソ《ガスのヴィーナス》、1945（パリ、クロード・ピカソコレクション）
（in：Pablo Picasso, *A Retrospective*, ed. by William Rubin, The Museum of Modern Art, New York, 1980）

性」を「隠喩的に例示している」から、それは「絵画的隠喩」[116]である。ダントーにとっても、ナポレオンをローマ皇帝として描いた絵画や彫刻は、「威厳、権威、偉大さ、権力、そして政治的至高性の隠喩」である。「**aをbとして**描写しあるいは描画することは、つねにこうした隠喩的構造をもっている」[117]。このとき絵は、「aをbの諸属性のもとで見よという一種の命法に帰着する」。これは、ナポレオンをモデルとしたローマ皇帝の再現描写とも、古代ローマ風の衣装を着たナポレオンの描写ともちがう。後者の例では、たんにナポレオンの特定の「変形（transformation）」が問題になっているが、隠喩にあっては、ナポレオンはそのナポレオンたる同一性をうしなうことなく、同時にローマ皇帝「として認識される」のであり、それゆえここではナポレオンの「隠喩的変貌（transfiguration）」[118]が問題なのだという。だが実情は、ビアズリーがいうように、この絵はただ暴君をドラゴンのようなものとして描写しているだけで、その絵自体が「暴君はドラゴンだ」という隠喩を陳述するわけではない。この「として再現描写すること（representing as）」は、いかなる命題もふくんではいない。風刺漫画を見て「暴君はドラゴンだ」と読みとるのは、そのように読みとれというすでにあるカリカチュアの慣習にしたがうわれわれの側の言語的ふるまいであり、こうして読みとられたものも「この絵についての陳述であって、この絵の内部の陳述ではない」[119]。じっさい、この風刺漫画を見てすぐにその意味するところを理解できるのも、この絵を見ることとは別に、現実の政治的コンテクストにおける現大統領についてのさまざまな知識をわれわれがもちあわせていることによる。チャーチルは文字通りブルドックに似ており、それゆえ漫画家は、ただ字義通りの類似性を誇張してチャーチルをブルドッグとして滑稽に描いただけかもしれず、それ以上に隠喩的な意味を意図したかどうかは、絵だけでは判断できないだろう。同様に、ナポレオンをローマ皇帝として描いた絵画と、ナポレオンをモデルとしたローマ皇帝の絵画と、たまたま古代ローマ風の衣装を着たナポレオンの絵画とは、これらの絵がおかれた政治的コンテクストを知らなければ、はっきり区別することはできないだろう。また、それがナポレオンをローマ皇帝として描いた絵画だったとしても、それがわれわれに見せているのは、「ナポレオンはローマ皇帝である」という隠喩ではなく、ことさら古代ローマ風の衣装を着ることで、ローマ皇帝がもっていた威厳や権威を象徴的に誇示し、あるいは暗示するナポレオンのすがた以上ではないだろう。

視覚的駄洒落

視覚的ジョークのもうひとつの例は、視覚的駄洒落というべきものである。それはたとえばグループμがとりあげる、ジュリアン・キィ（Julian Key）が一九六六年にデザインした「黒猫（Chat noir）」という商品名をもつコーヒーの広告ポスター（図6）である。しっぽをはねあげた黒猫の戯画的な図柄は、コーヒーポットとも見え、そのばあいにはしっぽがポットの注ぎ口にあたる。これにさきだって、一九三〇年前後にアールデコの画家カッサンドル（Cassandre）によるおなじコーヒーの商標（図7）がデザインされているが、ここでは「黒猫」と「コーヒーポット」とはそれぞれ別の存在として並置されつつ、前後に部分的に重なりあっている。[120]

グループμはすでに『一般修辞学』で、ちょうど語が「意味素の集合体」であるように、対象を「相互に秩序づけられた諸部分の集合体」と考え、語の意味素の「削除-附加」に対応して、語が想起させる対象イメージの部分特性の「削除-附加」にもとづく操作を「対象的隠喩」と呼んでいた。これはなお語にもとづく隠喩だが、しかも対象イメージにかかわるものとして、かれらはここに「修辞学を他の芸術ジャンルへと一般化する際に出会うはずの現象」[121]としての「絵画的あるいは造形的隠喩」の可能性を見ている。キィのポスターにはたしかに、部分特性の削除と附加がある。黒猫からすれば髭や毛並みや四本の脚が削除されるかわりに、しっぽのさきにポットの注ぎ口のかたちや黒い煤のあとが附加されている。一方換喩関係によってコーヒーを暗示するポットからすれば、取っ手やふたが削除されるかわりに耳や目鼻が附加されている。

はたしてキィの絵は、絵画的隠喩の典型的な例といってよく、また絵画的隠喩と言語的隠喩とは完全にかさなりあ

図6　ジュリアン・キィ、ポスター《黒猫》、1966
図7　カッサンドル、ポスター《黒猫》、c.1930

うのか。グループμにしても、この点にかんしては慎重である。かれらは正当にも、言語的隠喩とイコン的隠喩とのあいだには、はっきりとしたちがいがあることを認める。言語は能記（記号表現）という音の面と所記（記号内容）というコンセプトの面からなる二次元性をもつのに対して、イコン的画像はこうした記号の二次元性をもたない。[122] それゆえ言語的隠喩をイコン的隠喩へと「転写」するとき、言語的隠喩におけるこの二次元性が失なわれる。たとえば「コーヒーは黒猫だ」のような言語的隠喩にあっては、隠喩は媒体として発話された語「ク・ロ・ネ・コ」が現に指示する対象（黒猫）のレベルではなく、その語の意味素についての推論を介した思念（優雅、孤高、神秘、情熱、甘美さ、覚醒など）のレベルで成立するのに対して、イコン的隠喩においてはコーヒーポットと黒猫がそのまま画像として姿をあらわすことになる。それゆえイコン的隠喩がもともとことなったふたつの物をひとつの画像のうちに融合しようとしても、それぞれに特有のイメージ特性の削除には限界があり、相互に排除しあういくつかの特性がひとつの画像のなかに共存せざるをえない。キィの絵が細部を省略した戯画的なデザインになっているのも、黒猫とポットというふたつの物の異質さを際だたせる要素を減じる工夫である。これとくらべてはるかにリアルなカッサンドルの絵では、黒猫とコーヒーポットが画面に並置されている。だがこのばあいでも、これらふたつの物を隠喩として等置するためには、黒猫とポットの輪郭をできるだけ似たものにし、ポットのふたや取っ手など異質さがめだつ細部を黒猫の陰にいれて隠すというような工夫がほどこされている。しかし、これにも限度がある。それゆえグループμにしても、たとえば「彼女は白鳥の首をもっている（すらりと高い首をしている）」という隠喩に対応する画像を描くことは、嘲笑を覚悟の上でなければできないと告白するのである。[123]

　これを要するに、言語において意味素性の削除、附加によってえられるのは語義変換であるが、イコンにおける形態特性の削除、附加によってえられるのは語形変換（métaplasmes）、すなわち「かばん語（mot-valise）」（〈ネコーヒーポット（chafetière）〉）だということである。にもかかわらずかれらは、「イコン的隠喩は、語義変換の領域において言語的隠喩が提示するある特性と、語形変換の領域におけるかばん語によって提示される特性とを結合する」[124] というのである。だが、語形変換としてのかばん語自体が「言語的隠喩が提示する特性」をもつことはない。「ネコーヒーポット」は駄洒落や掛詞のたぐいのジョークであり、キィの画像も「ウサギ‐アヒル画像」と同様、まずはアスペクトの認知による視覚的ジョークである。黒猫とコーヒーポットというふたつのかたちの重なりあいは、そこになんらかの関係がひそむことを示唆するが、しかしそれはたんに似ているだけかもしれないし、類的な同一性を示しているのかもしれないし、あるいはそれ以上の特殊な意味上の関連があるのかもしれない。それゆえ、この画像を「コーヒーは黒猫だ」という陳述として「見る」ことはできない。この画像をそのように「読みとる」のは、カリカチュアのばあいと同様、画像を見て動機づけられたわれわれ自身の推論に支えられた言語的なふるまいである。じっさい「黒猫」という商品名をもつコーヒーがあることを知らなければ、キィの画像を見て、そこに「黒猫・コーヒー」を読みとることも、さらには「コーヒーは黒猫だ」という隠喩を聞きとることもできないだろう。

グループμにしても、このことに気づかないわけではない。かれらも、キィやカッサンドルの画像において、黒猫を賞讃するひとがこれに授与する人間的な特徴と、コーヒーに投影する「情熱、甘美さ、エネルギー、覚醒」といったコンセプトとを結びつけたとしても、それはふたつの形態のあいだの関係ではなく、ふたつの形態に投影されたコンセプトのあいだの関係であり、しかもこの関係はかならずしも文彩にかかわらない「象徴の関係」だともいう。ここには、象徴についてのきわめて正しい認識とともに、かれら自身の隠喩についての考えかたの動揺が見られる。こうしてかれらは最後のところで、われわれは厳密な意味で「ほんらいの」イコン的隠喩について語ることはできず、「イコン的隠喩について語ることは、隠喩によって語ることだ[125]」と告白するのである。グループμの一員であるフィリップ・マンゲは別の機会に、海岸を右から左へとくだけた波が一群の馬へと変身するさまを描いたウォルター・クレインの《ネプチューンの馬》(1892)(図8)という絵について、これは「波は馬のごとく疾駆する」という隠喩の画像化だというのだが、もしそうだとすれば、それは「白鳥の首をもつ女」の絵と同様に滑稽だといわなければならないだろう。この絵はむしろ、海を海神ネプチューンとし、波をそれが乗る馬とする神話世界のイメージの絵画的描写か、さもなければベル

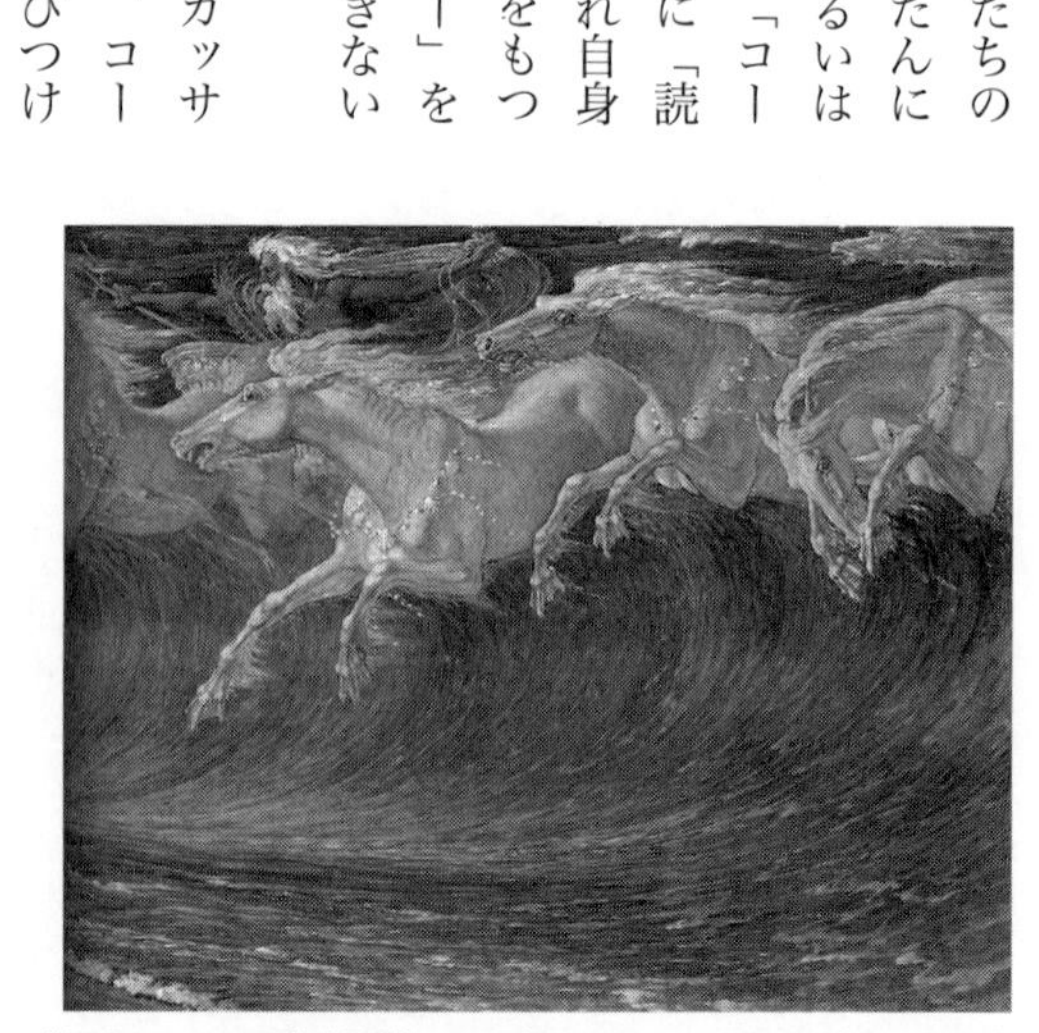

図8　ウォルター・クレイン《ネプチューンの馬》(部分)、1892(ミュンヘン、ノイエ・ピナコテーク)

ニーニの《アポロとダフネ》(1622-23)においてダフネが木に変身しつつあるように、文字通りに波が馬に変身しつつある場面の描写というべきである。じっさいに映画『ロード・オブ・ザ・リング』(2001)では、エルフの夕星姫アルウェンが唱える呪文によって川の水がおしよせ、その先端が文字通りに白馬に変身するシーンが見られる。こうしてマンゲ自身もやはり、グループμが『一般修辞学』で立てた概念的意味素と対象の部分イメージとしての「部分素(partèmes)」とのちがいにあらためて言及しつつ、かれらが考える、対象の部分イメージにもとづく絵画的隠喩といえども、その「イコン的能記」が意味する所記を同定し名指すことは、「やはりどうしても、言語的知と結びついているように思われる」といい、イメージにおける隠喩について、「それを同定するにはつねに、イメージ的隠喩が、芸術についての——心の中においてであれ——言説によって言語化されることが要求されるのではないか」[126]と自問している。

合成イメージ

ノエル・キャロルは正当にも、「悪名高いアヒル-ウサギ画像」における「として見る」アスペクトの認知にもとづいて絵画の再現描写や表現を隠喩と呼ぶオルドリッチやハウスマンの主張や、作品をすべて現実世界の隠喩とするダントーの主張をしりぞける。その上でかれは、視覚的イメージも言語的隠喩とほぼおなじやりかたで機能し、その要点もおなじように理解されると主張する。視覚的隠喩とは、ふたつの画像の物理的に共存しえない諸要素が「共空間的に統合されたひとつのかたち(a homospatially unified figure)」に融合したものであるが、このとき視覚的な「合成イメージ」は、これを見るものに「これら諸要素が暗示するカテゴリーやコンセプト相互のあいだに成立するはずのマッピングを探索するようにうながす」[127]、という。ここにはあきらかに、ブラックの「投影」やレイコフの「マッピング」といった、ふたつの物のあいだの類比的対応関係にもとづく隠喩論がひびいている。

キャロルがあげる例は、ピカソの彫刻《ヒヒとその子》(1951)、マグリットの《凌辱》(1934)(図9)、マン・レイのフォトモンタージュ《アングルのバイオリン》(1924)(図10)、ヒエロニムス・ボスの《聖アントニウスの誘惑》(1505)のなかの豚の顔をした聖職者などである。だが、ピカソの《ヒヒとその子》で知覚され経験されるのは頭部と自動車、口とフェンダー、目とフロントガラス等の代置であって、そのかぎりでこれはアルチンボルド的なイメージである。奇妙なことに、キャロル自身はアルチンボルドについて、かれの絵ではどれが隠喩にあたるかを特定することは困難であるとして、これを隠喩ではなく視覚的ジョークとしている。マグリットの《凌辱》についても、バルトはここに裸体という分類項目からこれとは別の頭部という分類項目への「アルチンボルド的〈跳躍〉」[128]を認めている。バルトはまた、ひとはここに「同時に——視線の回転により——女の顔および／あるいは胸部」を見るというが、そのときこれは端的にアスペクトの認知である。マン・レイのフォトモンタージュは、のちに見る「かばんイメージ」の典型である。これを「女は楽器だ」というよく知られた隠喩の画像による図解と受けとるとしても、画像を見る経験自体はことばによる隠喩がひびかせる意味とは異質で、キャロルが主張するように隠喩的意味が「知覚的に了解される」わけではなく、それはやはり視覚的ジョークというほかはない。ボスの豚の顔をした聖職者はもちろん、ドラゴンの暴君と同様カリカチュアであり、この絵もまた正確には聖職者を豚「として再現描写する」ことで、これを愚弄しているのである。

　キャロルにしても、「女は楽器だ」という隠喩は画像そのものの経験ではなく、画像をことばによって読みとることによる言語的陳述ではないかという反論が可能であることは自覚している。しかもキャロルは、三角に切りとられたひときれのピザのかたちをし、紙のかわりにパイ生地をまきこんだオルデンバーグの素描《タイプライター—パイ》（1972）（図11）の例をあげて、そのタイトルから引きだされる「タイプライターはパイだ」という言語的隠喩はそれだけでは意味不明だが、むしろそれだからこそこの素描は、タイトルのそれ自体は意味不明な「言語的隠喩を

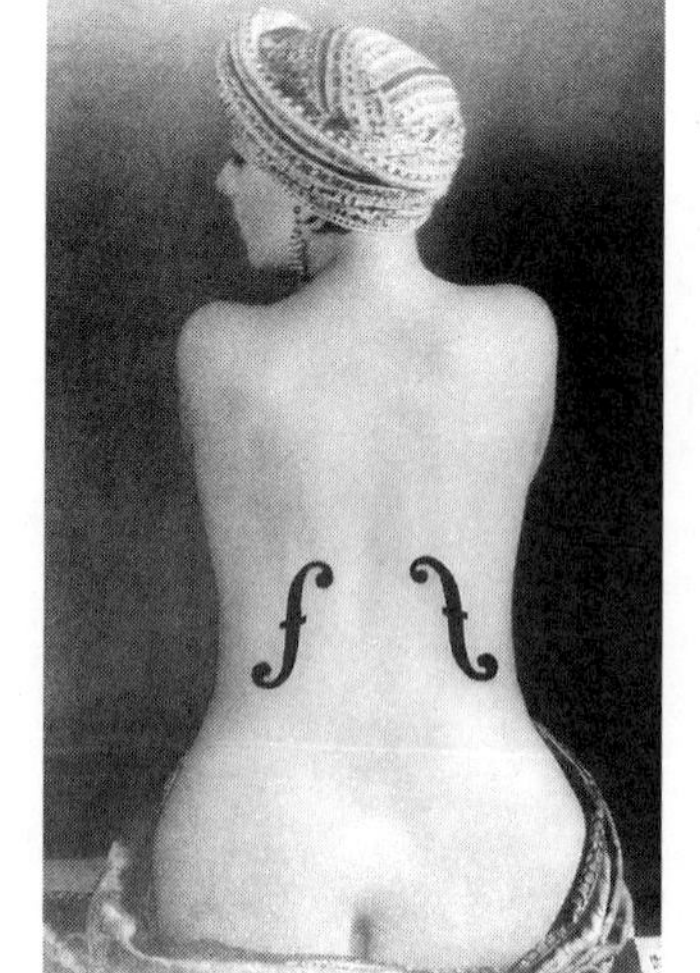

図9　マグリット《凌辱》、1934、（ロンドン、ジョージ・メリー・コレクション）
図10　マン・レイ《アングルのバイオリン》、1924

理解するために、それの視覚化をはたしている」[129] という。つまり、素描がもたらす「視覚的照応」はけっして言語へとパラフレーズできない独自の内実をもっている以上、これこそ知覚レベルで経験され了解される「もっぱら視覚的な隠喩」の例だと主張する。だがこの絵の知覚経験は、オルデンバーグの別の作品、布にパンヤをつめこんだ《モデル（ゴースト）・タイプライター》(1963) がそうであるように、むしろダリの融けた時計のようなシュールリアリズム的な感触と異和感を特性としている。そしてこうした「恣意的直喩」は、厳密な意味で隠喩ではなかった。

なるほど言語では、「リチャード、われらがライオン」や「人間、死すべきもの」のように、名詞と名詞、あるいは名詞と形容詞が空間的に並置されるだけで、繫辞をもたない文、いわゆる名詞文を構成することがある。だがエミール・バンヴェニストがいうように、「印欧語の名詞文は、（もっとも広い意味での）ある《性質》が、その言表の主辞に属することを平叙するもの」[130] であり、それゆえここにあるのはたんなる並置ではなく、主語（リチャード）に対する述語づけの構造である。これに対して、グループμも正しく認識するように、[131] 画像の空間的並置や融合による「共空間性」には述語づけのマークがなく、キャロルのようにそこに言語における「同定ないし同格の〈is〉」[132] という繫辞に対応する視覚的装置を見ることはできない。隠喩をイメージの問題だとするジョナサン・ミラーにしても、「絵は隠喩的含意が意図されているという知識をもって見られることはできるにしても、絵画という基本形式にはそのような含意を明示的なものにするためのどのような伝達手段もない」[133] という。それゆえカッサンドルの絵を見るとき、われわれは黒猫とコーヒーポットのかたちの部分的なかさなりと類似に注目することはあっても、これを一義的に「黒猫はコーヒー（ポット）だ」ないし「コーヒー（ポット）は黒猫だ」という陳述として見てとることはやはりできない。この絵のなかに「コーヒーは黒猫だ」という陳述を読みとるとしても、それはカリカチュアのばあいと同様、画像を見たわれわれ自身の推論に支えられた言語的なふるまいである。事実カッサンドルの商標デザインには、黒猫とコーヒーポットの画像

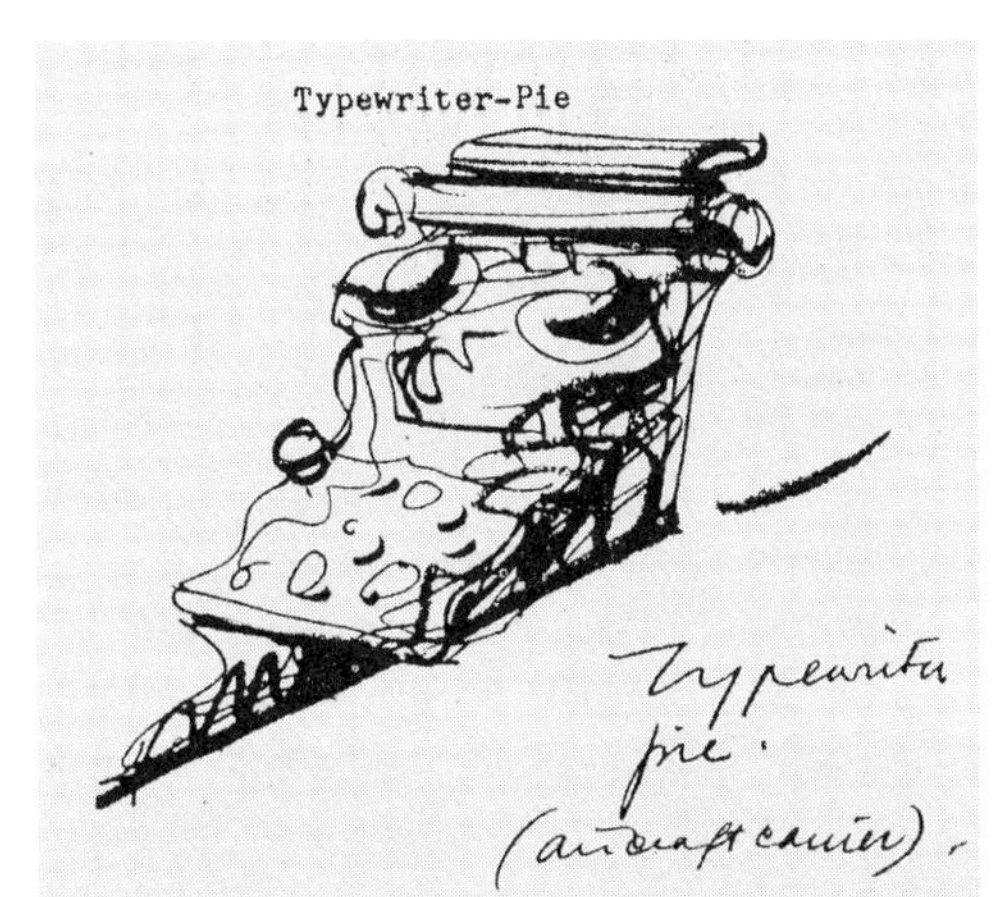

図11　オルデンバーグの素描《タイプライター－パイ》、1972（in：Claes Oldenburg, *Notes in Hand*, Petersburg Press, 1972）

の上に「café CHAT NOIR」というラベルが重ねてあって、広告自体が語「café」と「CHAT NOIR」との並置によって「黒猫コーヒー」という商品名を発話し、さらには語の並置による名詞文によって「コーヒーは〈黒猫〉だ」と発話している。

ケルブラ=オレッチオーニは、グループμのいうかばん語に対応する画像を「かばんイメージ（images-valises）」と名づけ、これにもとづく隠喩を「かばん隠喩（métaphore-valise）」と呼ぶのだが、しかしそれが果たすのは、ふたつの物の外形の類似によって暗示された内容上の関連を「隠喩的な言い回しで解釈することへとひとを誘う」[134]こと以上にはでない。一方で彼女は、商品であるワイシャツを着た現代の男を、十八世紀の紳士を描いた肖像画の横に立たせることで、この古典的な肖像画のモデルのもつ高貴さ、男らしさ、威厳のオーラを現代の男とかれが着るワイシャツに転移させようとする広告の例については、ここに並置されたふたつの画像要素は字義通りに理解されるもので、その結果としてふたつの画像は「象徴的な照応関係」に立つものであり、したがって隠喩ではないと正しく認識している。彼女はまた、モダンなオフィスに身を落ち着かせている若いエリートの背後に、奇妙なことに一匹の狼の影がさしている広告の例では、男と狼の影の並置という画像だけでは、男がじつは字義通りに狼男なのか、あるいは別の意味があるのか不明だという。だがそこに「ご婦人方、ご用心！　若い狼がいます。かれが吸っているのはナルヴァル（Narval）です」というコピーがつけられてはじめて、男と狼の影という「たんなる空間的な隣接性の関係」は隠喩的関係へと一義的に変形される。ここではコピーという言語的メッセージが隠喩を確定しており、イコン的メッセージはこうして固定された隠喩を「具象化し、図解する（de concrétiser, d'illustrer）」。こうしてケルブラ=オレッチオーニ自身、「空間的隣接性」というきわめてあいまいな統辞法しかもたないイメージの記号学においては、画像の隠喩的意味を確定するためには、しばしば言語的コンテクストが必要だといい、また「ひとはしばしば、部分的で推定的な比喩的転義（tropes）で満足せざるをえない」[135]というのである。

広告の発話

たしかに広告画像は、商品の自己主張として基本的に発話の形式をもとうとするために、言語的次元を本質的な構成契機として前提するものである。たとえばシャネル五番の広告ポスター（図12）のように商品の香水瓶とカトリーヌ・ドヌーブが空間的に並置されるとき、この広告は一義的に「ドヌーブはシャネル五番だ」と消費者にむかって発話し、そのように読ませようと意図している。ここでたんなる空間的並置を名詞文ないし繋辞による述定にしているのは、画像のなかに姿をあらわした商品本体（主語）である香水瓶が、自己同定のために貼られたラベル（述語）において、すでにして「わたしはシャネル五番だ」とみずからの商品名を発話しているという事態である。この商品の自己同定という「広告の発話の基本形」[136]に支えられて、商品と他のものとの並置も「AはBだ」という広告の言説をやすやすと手に入れることができる。このときドヌーブとシャネル五番の並置は、ポスター画面左下のコピー「ドヌーブはシャネル五番派だ(Catherine Deneuve for Chanel)」を図解するものとして受けとられるが、さらには端的に隠喩の名詞文「ドヌーブはシャネル五番だ」として読みとられることも可能だろう。しかしこのばあいでも、これをキャロルのように画像それ自体の発話と考えてはならないのであって[137]、画像はあくまでも広告という言語的発話行為に奉仕しているのである。

シャルル・フォルスヴィユが、絵画的隠喩の事例を最初はシュールリアリストの画像にもとめながらも、その意味の複雑さや多義性のためにうまくいかず[138]、結局は絵画的隠喩を広告画像に即して分析するにいたったのも、広告にはことばの次元があるからである。かれもブラックやレイコフの隠喩論にもとづきつつ、画像における隠喩を「ある種類のものを、これとは別の種類のものにおきかえて理解し、あるいは知覚すること」[139]とする。だがここで分析される広告はいずれも、フォルスヴィユ自身も認めるように、最低限商品名なしには、そしてたいていのばあいなんらかのコピーなしには、そのメッセージを正確につ

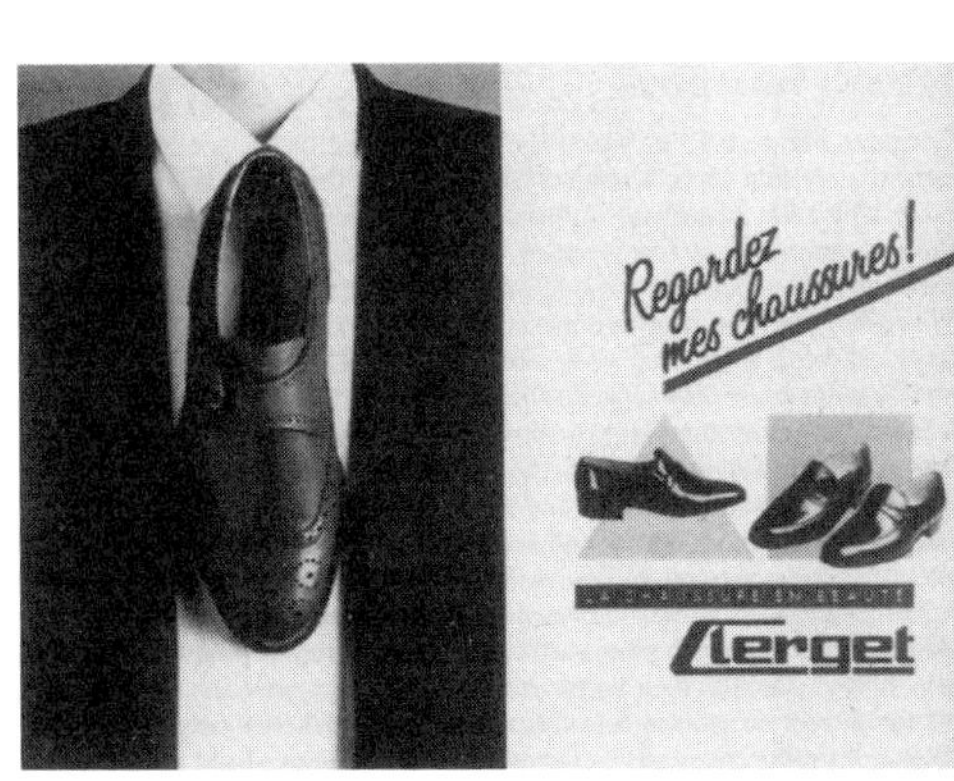

図12　「シャネル五番」のポスター、1976
図13　靴の広告（in: Charles Forceville, *Pictorial Metaphor in Advertising*, Routledge, 1996）

たえることはできない。じっさいフォルスヴィユにとっても、ネクタイのある場所に靴がおかれた画像（図13）は、かたちの融合によるかばんイメージや共空間的な代置によって、これをみる消費者に、広告が発話したがっている言語的意味の読みとりをうながすための「刺激（stimulus）」[140]にすぎない。広告のコピーとはべつに、これらの画像がもたらす純粋に視覚的効果にかぎっていえば、フォルスヴィユ自身も、ときに「〈絵画的隠喩〉と〈絵画的駄洒落（pictorial pun）〉というカテゴリーのあいだでためらうことがある」[141]ことを告白している。

絵画的隠喩と呼ばれるものが、結局は言語的レベルでの隠喩的意味の読みとりであり、つまりは言語的現象であることは、フォルスヴィユが「言語－絵画的隠喩（verbo-pictorial metaphor）」と呼ぶタイプの広告において、いっそうはっきりする。それは商品の画像とことばのコピーがいわば名詞文のように並置されることで、隠喩的意味をひびかせるタイプのものである。画面いっぱいに黒いさまざまなかたちの菓子・リコリスが呈示され、これに重ねて画面中央に「黒いゴールド（het zwarte goud）」ということばがおかれるとき（図14）、ここに成立するのはあき

図14　リコリスの広告（in: Charles Forceville, op.cit.）

図15　アディダスの広告（in: Charles Forceville, op.cit.）
図16　ジュゼッペ・デ・リベーラ《シレノスの酩酊》、1626（ナポリ、サン・ロレンソ修道院）

らかに、画像によって呈示された商品を趣意（主語）とし、ことばを媒体とする述語づけとしての隠喩である。ここには画像の代置や融合はないために、言語レベルの隠喩的意味以外の、画像レベルでの滑稽さやグロテスクさはひびかない。だがこれはもちろん、絵画的隠喩とはいえない。なお、フォルスヴィユが「絵画的直喩」とする事例、たとえば水に飛び込む女性とイルカとを並置したアディダスの広告（図15）にしても、すでに見たカッサンドルの黒猫とコーヒーポットを並置した画像と同様に、ここにあるのは並置されたものの字義通りの比較ないし類比である。美術史家オスカー・ベッチマンはジュゼッペ・デ・リベーラ《シレノスの酩酊》（1626）（図16）の画面左に見える、ひとりの笑う少年と、その背後におなじポーズをとっていななくロバの対比に「人間の笑いとロバのいななきとの対応」[142]を見て、これを視覚的隠喩の例とするが、これも事情はおなじである。比較をうながすという点でこれらを絵画的直喩ということはできるが、しかしそれはやはり隠喩ではない。

伝統的な意味論のように、語の意味は知覚された対象の表象像だと考えるとき、語ないし観念と画像とは一対一に対応する。これに対して語の意味を「意味素性の束」と考えれば、そのつどの文脈においていくつかの意味素性のみが現働化される発話と、その語が指示する対象の細部が充足した知覚とは、ふるまいの実質においてことなっている。絵を見てその「意味」を読みとるには、ことばによってそこに描かれたリンゴやテーブルを名指すというふるまいがともなうにしても、だからといって描かれた対象イメージを知覚することは、ことばによる名指しとはちがう。言語における並置はしばしば同格の繋辞を意味するのに対して、画像それ自体には、並置されたものを関係づけるこうした統辞法が欠けている。結局のところ画像の読みとりと画像を見る経験とはちがうのであり、視覚的隠喩と呼ばれてきた事例において、とりわけ「読む」ことと「見る」ことのちがいが露出するというべきである。

8　映画的隠喩

それでは、映画はどうだろうか。静止画像のひとつひとつはそこにおかれた物どおしを一義的に結合する統辞法を欠くとしても、ショットとショットを結合するモンタージュ的連辞によって、映画はまぎれもなく独自の物語言説をもっている。とすれば、映画の語りの次元では、視覚的隠喩は存在することができるのではないか。

隠喩的モンタージュ

映画的隠喩を最初に体系的なかたちで論じたのは、その実践者でもあるエイゼンシュテインである。かれが「隠喩的」モンタージュ[143]と呼ぶのは、『戦艦ポチョムキン』(1925)において、三体のちがったポーズの大理石彫刻のライオンがモンタージュによって結合され、「一頭の起ちあがるライオンというイリュージョン」をあたえるばあいであり、主力艦隊との決戦にそなえて緊張感のなかで待機しているポチョムキンの水兵たちのショットにつづけて、戦艦のエンジンの切迫した鼓動のショットをモンタージュするばあいである。『十月』(1927)では、コルニロフ将軍が馬上でポーズをとるショットにナポレオンの石膏像のショットが並行しておかれるし、「神と祖国のために」というスローガンにつづけて世界中のさまざまな民族の異形の神々の像をつぎつぎとモンタージュすることで、これを神のイメージに対する「風刺的否定として、またそれを通じて神の概念自体の否定として」[144]読みとらせようとする。武装蜂起を中止するよう呼びかけるメンシェヴィキの演説の合間にハープとバラライカの演奏ショットを挿入することで、そのお為ごかしになだめるような調子を皮肉るばあいもそうである(図17)。『ストライキ』では、工場主側の「狐」や「フクロウ」という名前をもったスパイが紹介されるとき、狐やフクロウが映しだされたショットに当のスパイの顔がスーパーインポーズ(ひとつの映像の上にもうひとつの映像を重ねること)されるが(図18)、これはチャップリンの『モダン・タイムス』の冒頭での、羊の群れから労働者の一群への移行とおなじ手法である。ヤコブソンもこうした手法を、ラップ・ディゾルブによる「隠喩的な〝モンタージュ〟——映画的直喩[145]」と呼んでいる。キャロルも視覚的隠喩の一例として、フリッツ・ラングの『メトロポリス』(1926)で、未来都市メトロポリスの地下工場の巨大なエンジンが爆発し、労働者たちが多数死傷した直後、この機械に、子どもを人身御供として要求する邪神であるモレク神がスーパーインポーズされるショットをあげている。[146]

ジル・ドゥルーズは、言語的隠喩をそのまま映画的イメージにおきかえるわけにはいかないにしても、映画的イメージにはそれに独自のやりかたで隠喩が可能だと主張する。ここでも隠喩はイメージの融合によるが、しかしそれが隠喩としてひびくのは、画像の次元においてというよりは、エイゼンシュテインのいう「ふたつのことなったイメージがおなじ和声をもつ」[147]ことでもたらされる「情緒的融合（une fusion affective）」の次元においてである。たとえばエイゼンシュテインの『ストライキ』冒頭、工場主のスパイの二本の脚が水たまりに反射して上下逆に呈示されるショットにつづいて、工場の二本の煙突が空を背景にそびえ立っているショットが映しだされるが、ここで水たまりと空、脚と煙突とはおなじ和声をもち、それゆえこれは「モンタージュを介しての隠喩」だというのである。また映画はモンタージュなしでも、ひとつの画面の内部でも隠喩をつくる。たとえばキートンの『海底王キートン』（*The Navigator*, 1924）では、救命具をつけた主人公が溺れ死にしそうになっているときに、ひとりの女がかれを脚にはさみこんでつかまえて、救命具を切り裂き、なかにはいりこんでいた水をだすことでかれを助けるが、これは「帝王切開と胎胞の破裂による分娩の激烈な隠喩」となっている。このように、映画的隠喩は「思考をイメージのなかに統合する」ことで、「われわれをイメージから意識的な思考へと高める感覚的なショックと、ついでわれわれをイメージへと回帰させ、われわれにふたたび情緒的ショックをあたえる文彩的思考（la pensée par figures）」とからなる回路を形成し、それゆえそれは意識と無意識、思考とイメージを接合する「弁証法的自動装置」だ、というのである。だが、脚と煙突、水たま

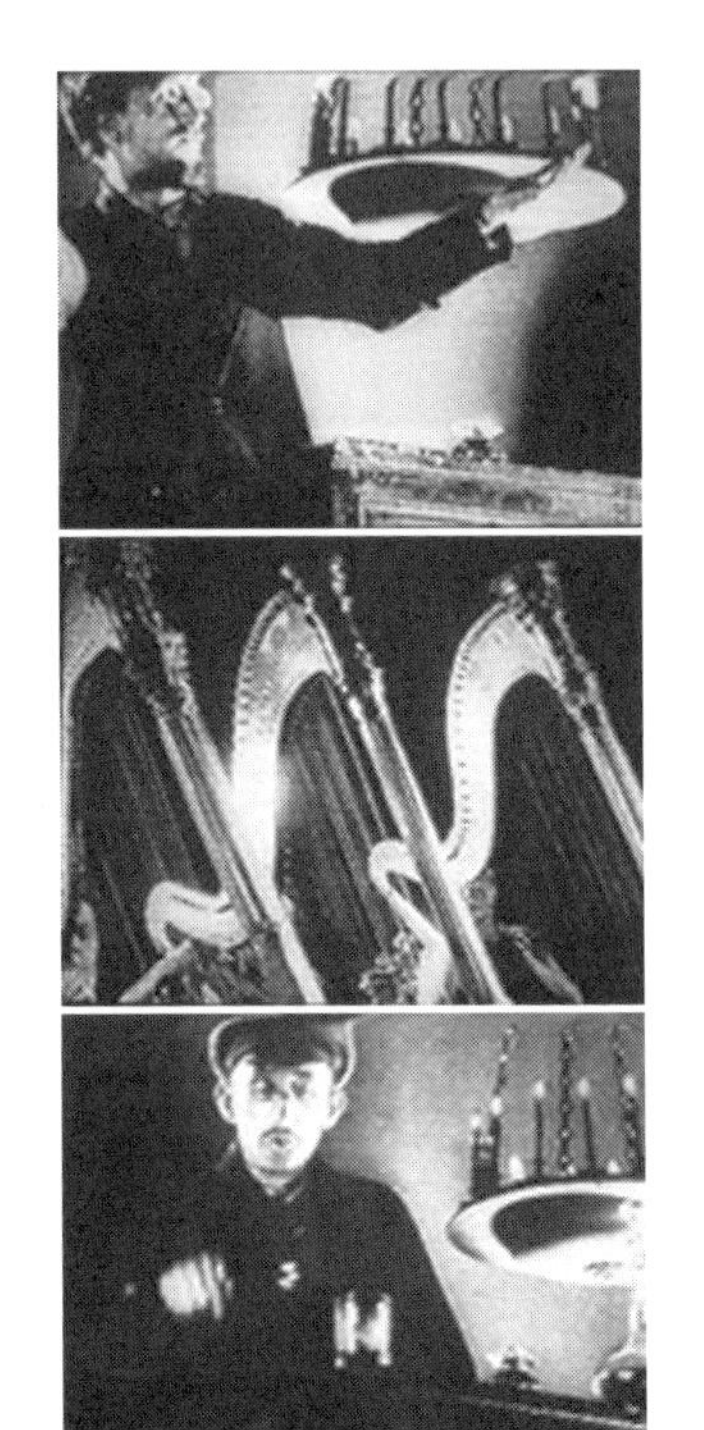

図17　エイゼンシュテイン『十月』、1927
図18　エイゼンシュテイン『ストライキ』、1924

りと空、溺死からの蘇生と羊水からの誕生といったふたつのイメージのあいだにひびく「和声」とは、結局のところかたちや位置や状況の類似や類比にもとづくふたつのイメージの共鳴やマッピングや照応関係であり、それがもたらす「情緒的融合」にしても、ちょうどT・S・エリオットの教会と河馬の類比がひびかせるアイロニーのように、暗示や象徴がもたらす効果である。グループμも「エイゼンシュテインの有名な隠喩」として、『十月』におけるハープ奏者のショットに言及するが、それは「メンシェヴィキのなだめすかしたことばを象徴する」[148]ものである。

映画的文彩

もちろん、映画的隠喩に懐疑的な理論家も存在する。一九三六年の時点で「隠喩という語をしばしば誤ってシンボリズムのかわりに用いることがあるが、これは区別を要する」といい、また「シンボリズムは事物の領域に属するが、隠喩はことばの領域に属する」[149]ともいうスタンフォードは、ある映画のシーン——ひとりの僧が鐘をうちならすと一羽の鳥がおどろいて飛び立つが、カメラは飛び去る鳥の羽ばたきをとらえ、そのあとを追い、さらには鐘の音が響きわたってその島をよこぎり、山をこえ、森と平原をこえて、やがて海のかなたへと消えゆくのを追う——について、これを「もっとも見事な視覚的隠喩」[150]だとしたグラハム・グリーンの批評に対して、「これはシンボリズムであり、パラレリズムであり、類比であり、なんであれ隠喩以外のものだ」と批判している。ルドルフ・アルンハイムは、ことばは「作家が事実を描写すると同時に、観念を抽象的なやりかたで結合する可能性をあたえる」のであり、それゆえ作家が「彼女はガゼルのように軽やかな足どりでホールを横切った」と書くとしても、読者はその女性とならんでガゼルがホールを横切るといった奇妙なイメージをもつことはないだろうが、映像はことばよりはるかにつよく感覚にうったえるメディアであるために、もっぱら概念的にのみ関係しあうだけの事物を同時に見せることはできず、それゆえもしもホールを横切る女性とガゼルが画面上で同時に提示されるとしても、これら「ふたつの対象の結合はけっして隠喩的なものとは見えず、それらはふたつながらつねにリアルで存在論的なものとしか見えない」[151]という。ジークフリート・クラカウアーも、『十月』の神々の像のモンタージュは、「宗教に対する攻撃というよりは、宗教的なイメージの無用な寄せ集め」[152]にすぎないという。カルヴィン・プリラックもこれを受けて、七〇年代にさかんになる言語モデルを映画に適用する理論を批判しつつ、「無批判に用いられる〈映画的隠喩〉という概念は、モンタージュにおいてイメージが相互に修飾限定しあうプロセスをゆがめ、あいまいにしてしまう」[153]という。じっさい『十月』で多用されるモンタージュなどは、それ以上なんらのヒントもあたえられなければ「文字通りの判じ絵」でしかない。一方ジョイ・ボイヤムは、比喩、隠喩、換喩や提喩、象徴、アレゴリー、共示的な暗示はしばしば相互に代替可能なカテゴリーとして、ほとんど同義語としてもちいられていることを認めた上で、「隠喩」ということばを、字義通りではない文彩上の表現のさまざまなありかたを総称するものとして用いようとする。『市民ケーン』(1941) ラストの、ケーンの人生の秘密を象徴する燃えあがる橇、スロー・モーションが暗示する「経験の夢のような性質」、トリュフォー『大人は判ってくれない』(1959) ラストの、主人公ドワネルのわなに捕らわれた感覚をあらわすフリーズ・フレーム、『モダン・タイムス』の人間を機械になぞらえるファスト・モーション、レニ・リーフェンシュタール『オリンピア』(1938) の、両腕を翼のようにひらいた飛び込みの選手に鳥ないし天使のような文彩上のビジョンをつくりだすショット、これらはすべて文彩の総称という意味での隠喩にあたる。しかしこういうボイヤム自身、映画にとって困難なのは「そのもっとも限定された、もっとも純粋に言語的な意味での隠喩」であって、それゆえモンタージュ的な編集が映画的隠喩の唯一の手立てだという一般に認められた考えかたはあやまりだという。『ストライキ』における、労働者の虐殺のショットから牛の屠殺のショットへのカットは「映画にのみ利用可能な隠喩的戦略を用いているといえるかもしれないが、それでもやはりそこには、その効果についてあまりに見えすいたなにかが見てとれる」[154]。ブライアン・マクファーレンも、「すくなくとも古典的なリアリズム映画では隠喩は困難で、直喩は不可能だとしても、擬人化や提喩や換喩といった他の比喩的転義(trope)は映画技術にはるかになじみやすい」[155]という。ジョージ・ブルーストーンは、『十月』に多用されるいわゆる「侵入モンタージュ」におけるように、異種の対象が比較されるとき、そこで映画的隠喩が成立するためには「リアリズムの要請の明白な宙づり」[156]が必要となるが、このことはめったに成功しないといい、結局のところモンタージュによってなされうる映画的転義は、ふたつの物やできごとのあいだの対比やシンボリズムだという。

ジャン・ミトリはいっそはっきりと、「文学における隠喩というのと類似の表現という意味では、映画において隠喩というようなものはない」[157]という。ことばで「一葉の紙」というとき、比較さるべき「木の葉」のイメージは完全に消えさるが、映画では「木の葉」の映像も提示せざるをえないからである。『モダン・タイムス』冒頭のシーンはじっさいに羊の群れを提示するが、それがあたえるのは「労働者は羊だ」という隠喩の映像化ではなく、羊の群れと労働者の一群の対比である。『戦艦ポチョムキン』における三つのライオンの像のシークエンスや、プドフキン『母』(1926)の最後の、ネヴァ川の堤防の上を行進する労働者たちと橋の支柱にあたってくだける流氷との対比、またブニュエル『アンダルシアの犬』(1928)において、雲が月をふたつにひきさいていったあと、かみそりが女の目を切りさくシークエンスなどは、そこに提示された対象はいずれも物語世界に属する事物であるために、『モダン・タイムス』のそれよりは自然な対比であるが、いずれにおいても問題になっているのは「比較の関係、観念の連想、ふたつの項のうち一方が他方に対して象徴的な効果をもつありかたであって、しかしけっして隠喩ではない」[158]。じっさい、『母』のシークエンスは「前進しつつある革命の〈イメージ〉」を象徴的に意味し、『戦艦ポチョムキン』のシークエンスは、それぞれにことなったポーズをとって順次姿をあらわす三つの隣接したライオンについての比較が「立ち上がるライオン」のイメージを連想させ、また『アンダルシアの犬』のシークエンスにおいて成立しているのは、おたがいに関係のないふたつのできごとのあいだの「偶然的な象徴」である。さらにミトリは、いわゆる「映画的隠喩の多くは、提喩を用いる」ともいう。『戦艦ポチョムキン』で軍医が海に投げこまれたあと、デッキのロープにひっかかった軍医の鼻めがねは、かれの不在の提喩であり、同時にひとつの政治体制の失墜の象徴である。フリッツ・ラングの『M』(1931)で、少女が姿を消したあとに提示される電線にひっかかった風船は、それをもっていた少女の提喩であり、同時に殺された死体を暗示している。それゆえミトリは、「映画的隠喩——あるいはひとがそう呼んでいるもの——とは、換喩の特殊な形式以外ではない」[159]といい、映画的隠喩をめぐる混乱は隠喩と象徴ということばの不正確な使いかたに由来しているが、隠喩という語をそのように使うことは「この語を隠喩的に使用することだ」というのである。

クリスチャン・メッツは「映画的隠喩は、換喩の特殊な形式以外ではない」というミトリの主張を、「すべての象徴的操作を〈隠喩〉と名づける傾向がある（そしてこれはたんに映画批評にかぎらない）かぎりで、健全な態度だ」[160]

と評価している。また映画理論の用語法はしばしば大ざっぱで、「象徴的並列の効果の総体は、それらが直喩的あるいは隠喩的な暗示を含んでいる場合には、即座に「隠喩」と呼ばれるのが普通だ」[161]が、じっさいにそこにあるのは「暗示された類似」だともいう。このようにメッツは、いわゆる映画的隠喩は視覚経験としては、ふたつの物やできごとのあいだの類似や類比、連想にもとづく暗示や象徴以外ではないという事実を認めた上で、この「暗示された類似が、意味論的な面において、どちらかと言えば直喩の方へ向かうか、隠喩の方へ向かうか」に応じて、それぞれ「直喩的価値を有する並列」と「隠喩的価値を有する並列」とを区別する。メッツにとって映画的隠喩とは、まずは映像の「象徴的並列」が言語的な意味論のレベルで読みとられる「隠喩的価値」のことである。

説話外的なイメージ

それゆえメッツも、厳密な意味での映画的隠喩は困難だと考えている。じっさい、厳密な意味での隠喩は「映画の他の部分とはまったく無縁なモチーフ」、たとえば『モダン・タイムス』の羊の群れを媒体として必要とするが、これはもっぱら趣意である労働者の一群と似ているというだけで、がんらい説話世界とはまったく無縁のイメージでありながら、そこに突然侵入してくるのであり、それゆえ映画の所記（記号内容）である説話世界にとっては「きわめて破壊的な操作」である。このような厳密な隠喩をメッツは「〈純粋な〉隠喩」[162]と呼ぶが、それはただ羊の群れのように説話世界に属さない「説話外的な（extra-diégétique）イメージや音（そして、〈説話をもたない〉映画にあっては、端的に無縁なイメージや音）」によって生じる「非説話的隠喩」であり、したがって「じっさいには、アヴァンギャルドの所産においてさえきわめてまれである」。これに対して換喩や提喩は、それがふたつの物のあいだの関係であり、またこれらの物がいずれも映画の説話世界に属するものである以上、映画において換喩や提喩はごくふつうに可能である。[163]それゆえミトリのばあいと同様、メッツが映画的隠喩と呼ぶものも純粋な隠喩ではなく、「多くは、その度合いに程度の差はあるにしても、基礎をなす換喩ないし提喩にもとづいている」。[164]だがそうだとすれば、メッツもいっそミトリにならってはっきりと、「映画的隠喩は、換喩の特殊な形式以外ではない」というべきだろう。『M』の電線にひっかかった風船が持ち主であった少女を代理し提喩的に指示するというのは正しいが、それが同時に、少女がこうむった受難を隠喩として示すというのは不正確で、むしろわれわれは、風船は少女の受難を喚起し象徴し暗示するというべきなのである。またメッツが、『戦艦ポチョムキン』のデッキのロープにひっかかった軍医の鼻眼鏡について、それは軍医の一部として提喩であり、またこれをかける動作主である軍医を指示する点で換喩であるが、同時にそれは当時のロシアにおいて「貴族社会を共示する」点で隠喩だというとき、これも文字通りに鼻眼鏡がそのような意味を共示し象徴するというべきなのである。

なるほど映画も画像であるかぎり、能記と所記の二次元性はないわけではないが言語ほど明確ではなく、すくなくとも観客に提示されるスクリーンのフレーム内のワン・ショットにかんするかぎり、そこでは能記である物語を語るメディアとしての映像と語られた所記内容としての説話世界の次元は重なって見える。ことばによる物語とはちがって映画においては、物語を語るという基本的に言語的なふるまいの次元もスクリーン上の映像として知覚されるために、語りの言説の次元は語られた説話世界から独立した次元としてはっきりと区別されることはできない。それゆえ、われわれがすでに絵画的隠喩において認めておいた問題が、ここでも顕在化する。『モダン・タイムス』の羊の群は、隠喩としてはほんらい言語的な語りの次元にのみありうる述語媒体であるが、それがスクリーンという映像の説話世界の次元に、その細部の特徴のすべてをともなって姿をあらわすとき、主語である労働者についての、一定の文脈にかかわるいくつかの意味素性による述語づけとして機能することはできない。エイゼンシュテイン自身も『十月』のハープとバラライカの「隠喩的モンタージュ」について後年、「この造型的に不細工な構造は……信じられないほど困難な実験をやっている」[165]と自己批判している。

異質なイメージの説話世界への突然の侵入を目にしてわれわれはもちろん、ふたつのものの不自然な並置を字義通りに受けとることはしない。これをなんとか一貫した意味として理解しようとつとめるだろう。ドゥルーズがいうように、異様な映像があたえる感覚的ショックは意識的な思考を目覚めさせ、こんどはこの思考作用がわれわれをふたたびイメージへと回帰させ、結果として情緒的ショックをもたらすという「弁証法」が生じるかもしれない。だがそれは、異様な映像の知覚経験をショックとして作動した文彩的「思考作用」の回路であって、われわれがそこで経験するのは、これらふたつの物を見くらべ、そこに認められる類似や類比をたよりに、一方が他方に対してもつ暗示や象徴や寓意、カリカチュアや風刺やジョークを見てとり、その視覚的効果を感じとることである。アヴァンギャルド映画においても、そこで突然並置されるイメージはたいていのばあい、文字通りに突然の出会いなのであって、それがねらうのはシュールリアリズム的な並置によって噴出する予期しない効果であるだろう。画像のばあいと同様に、そこに作者の意図を忖度して、われわれがこれを隠喩として推論し読解することもできないわけではない。だがそれは、メッツ自身も「『モダン・タイムス』の直喩が理解しうるとしても、それは筋の後に来る論理の力だけによってである」[166]というように、映像を見る経験に動機づけられたわれわれ自身の言語的「読みとり」のふるまいとして、そこにひびく隠喩経験の実質は、映像を「見る」知覚経験の実質とはまるでちがっているだろう。

隠喩的描写に満ちた小説を映画化することは、ひとつの冒険である。映画はこれら言語的現象としての隠喩を、物語世界における換喩や提喩、暗示や象徴といった、映画の物語言説に可能な手立てによって翻訳するほかはない。とはいえ映画でも、厳密な意味での隠喩が用いられることはある。映画の物語言説における厳密な意味での言語の次元、つまりは人物のせりふやヴォイス・オーバーに隠喩を語らせればよいのである。もちろんこれはひんぱんに用いることのできない、きわめて限定された可能性にすぎない。隠喩的な描写を様式的な特徴とする小説の映画化がしばしば失望に終わるのも、このためである。

第三章　詩と絵画のパラゴーネ

1　ことばの優位

エクフラシス

詩と絵画、ことばとイメージの交渉は、長い歴史をもっている。ひとはふるくから、描かれたイメージで物語を語ろうとする一方で、画像をことばで描写することにも情熱を傾けてきた。ことばによる「描写（descriptio）」つまり「エクフラシス（ekphrasis）」は、術語としては、古代末期に体系化された修辞学教育にその起源をもっている。それは叙述（物語り narratio）や論証（argumentatio）などとならんで、弁論のための作文の「予備練習（progymnasmata）」の一教程であった。このうち叙述とは、悲劇や詩文における虚構の「寓話（fabula）」や現実の「歴史（historia）」、つまりは物語を陳述するものである。これに対して描写とは、とくに神々や歴史上の人物の賛美のためにその特性を記述するものであり、これはやがて人間のみならず、場所、建物、美術品についての精緻な描写へと展開し、ビザンチンからイタリア・ルネサンスにまで受けつがれることになる。その特徴は「エナルゲイア（enargeia）」、つまり無味乾燥に事実を記録し報告するのではなく、聴衆があたかも絵に描いたような生き生きしたイメージを思い浮かべることができるような記述にある。[1] クィンティリアヌス（35-100）は、「キケロが illustratio や evidentia と呼んだ」エナルゲイアについて、それはたんに明快に叙述するのみならず、あたかもその場に居あわせるように「もののイメージ（rerum imago)」や「視像（visio）」や「表象（repraesentatio）」を生き生きと「心の目に提示する」[2]ことで、聴衆によりつよくうったえるための、叙述の装飾であるという。シモニデス（BC.556-468）の「詩は語る絵、絵は沈黙せる詩」やホラティウス（BC.65-8）の「詩は絵のごとく」が格言として喧伝されるようになるのも、こうした古代修辞学の文脈においてである。そこからまた、「画家としての詩人という古代の観念および詩人を画家と呼んだり逆に画家を詩人と呼ぶルネサンスやバロックの習慣」[3]も由来する。

だがこの格言は、けっして詩と絵画の同等性をいうものではない。クリストファー・ブレイダーがいうように、詩を「語る絵」というとき、それは「絵以上」を意味し、絵を「沈黙せる詩」というとき、それは「詩以下」[4]を意味した。それはつまりことばと詩人と修辞学の、画像と画家に対する伝統的な優位であり、機械的技芸に対する自由学芸の優位である。じっさい、絵画が語ることができるというのは画家たちの久しいあこがれであり、それができない点にこの芸術の決定的な欠落があるとされてきた。それゆえ、多くのルネサンスの芸術理論が詩と絵画の並置に言及するとしても、そこで問題になっているのは古典的な詩学や修辞学を絵画理論に適用することである。たとえば十四世紀フィレンツェの人文主義者フィリッポ・ヴィラーニにとって、ジョットによる絵画の復興はダンテによる詩の復興に対応する。だがそこで主張されているのは、ジョットは歴史の知識をもち、詩人がことばで描写するものを絵に描くのであり、それゆえに絵画は自由学科と同列におかれるべきだということである。[5]

パラゴーネ

この伝統の変化の兆しは、ダ・ヴィンチがあたかもレッシングを二世紀半も先取りするかのような口調で、画家による戦闘の多彩な描写は詩人の描写にまさると主張するときに見てとれる。かれはその理由を、「画家が一瞬のうちに君［詩人］に示すものをば君が言葉を以て示すよりはやく、君の舌は渇えにより、體は眠気と空腹によって邪魔される」[6]からだとする。また美しい人物を描写するべく詩人は画家と肩をならべようとするが、「時間がかれの言葉をひとつびとつ分割し、その間に忘却を挿入し、均衡を破ることに気がつかない」ともいう。こうしてダ・ヴィンチにおいては、「詩は語る絵、絵は沈黙せる詩」という伝統的な格言も、その意味が逆転されて、詩が盲人のための感覚である聴覚に仕えるのに対して、絵画は視覚というより高級な感官に仕えるだけにいっそう価値があるという主張の根拠とされるのである。だが、こうした主張はなお主流となることはなかった。[7] 十七世紀フランス・アカデミーの絵画理論の代表者であるル・ブランやフェリビアンにおいても、詩の規則を絵画に適用することが眼目である。[8] やがて伝統的な修辞学を批判しつつ、経験にもとづく正確な記述を重視するロックの経験論や、これと連動した描写詩、絵画詩の流行、ド・ピール[9]やアディソン、[10] デュボス、[11] そしてレッシングに代表されるように、十八世紀をつうじて絵画という視覚メディアとその美的経験が、ことばというメディアと詩や小説の美的経験とはことなった独自のものであるという認識が一般に受けいれられ、絵画がことばとテクストの支配から自立するようになる。詩と絵画、ことばとイメージの交渉の歴史はまた、両者の「競合(パラゴーネ)」の歴史でもある。

修辞学的伝統における画像に対することばの優位は、美術品の質は完全にことばによって表現できるとする前提にもとづいている。一方でエクフラシスはその力を、想像力にうったえて、記述された事物やできごとを目に見えるかのように明晰に画像化することばのエナルゲイアに負っている。だがもしも画像がことばによって完全に読解可能であり、絵を「見る」ことがその意味をことばによって完全に「読みとる」ことだとすれば、そしてまたことばによる描写がエナルゲイアの力によって一枚の絵画をあたえることができるとすれば、それにもかかわらずなぜひとは、あえてさまざまな種類の「物語る絵」を描きつづけてきたのだろうか。なぜひとは、ことばが提供する明確に分節化された意味の世界に満足しないで、目の知覚にうったえるもうひとつの世界を欲求しつづけたのだろう。すでにダ・ヴィンチも、いささか挑戦的に、つぎのように問いかけている。

おお人間よ、おまえの心を動かしておのが都の家居を捨て、親友たちをはなれ、山こえ谷をわたってさびしい野べをさまよわせるものは、この世の自然の美しさ以外の何であろうか？　しかもこの世の美しさは、つらつらおもんみれば、ただ視覚をたのしますだけではないか。もし詩人もまたかかる場合に画家たるを自称したいというのならば、なぜおまえは詩人の述べたかかる風景を買い求めて、途方もない太陽の炎熱を味うことなく家に踏みとどまっていなかったのか？。[12]

じっさい、ことばのテクストがわれわれに視像をあたえてくれるわけではなく、「魂はその住居の窓たる眼の福を味うことができなかった」[13]からこそ、つねにことばとの交渉と競合のうちに身をおきながらも、あの「物語る絵」の多彩な歴史と伝統があり、歴史画や挿絵の伝統が消滅したあとでも、現代のわれわれもまた、たとえば小説の映画化をくりかえすのではないのか。いまあらためて、ことばとイメージのあいだの交渉と競合のながい歴史の根底にある、このふたつのことなったメディアの相関について問いただしてみよう。

2　イメージの形而上学と解釈学

イコノグラフィーとイコノロジー

ゴットフリート・ベームが「イメージの解釈学」を提唱したとき、かれは伝統的な美術史学の方法論が、われわれがすでに見たような古典的修辞学の伝統に立っているとして、これを批判する立場から出発する。ベームによれば、従来の美術史学の方法論は「イメージ（Bild）から言語へのあますところなき翻訳可能性という理念から出発しており、そしてそれは結局のところイメージを〈言語において模写すること〉、つまりことばによって置き換えることを意味している」[14]。ここで直接に批判の対象になっているのは、伝統的なイコノグラフィーやイコノロジーであり、そしてパノフスキーである。なぜならそれらにあっては画像に対して、つねにそれを言語的に定式化したものとしての概念的な意味が先立っており、「画像（Bild）におけるイメージ的なもの（das Bildliche）」はそれ以上解釈を受けつけないものとして無視されるからである。

ベームと似たやり方で「美術史解釈学」を提唱するベッチマンにしても、パノフスキーのイコノロジー的解釈は、批判の対象となる。「イコノロジー」ということばのより古い意味は「感情や徳や悪徳、人生の様々な状態、気質や精神の特徴などを擬人化する術（Kunst）」[15]である。一七六六年にジャン＝バティスト・ブダールが『イコノロジー抜粋』を出版したとき、かれはその序文でイコノロジーを「語るイメージあるいはイメージのディスクール」といいかえた上で、これを絵画術にとって「詩的な補助」とし、その目的を「絵画術が再現するイメージに論じさせる(discourir)」ことにあるとしている。[16] ブダールのモデルとなったのは、最初一五九三年に出版され、一六〇三年以降は挿絵入りで出版されて十八世紀まで版を重ね、また数ヵ国語に翻訳もされたチェーザレ・リーパの『イコノロギア(Iconologia)』であった。それはいわば絵において概念を擬人化し、あるいはそれを読みとるための「イメージ事典」である。なるほどパノフスキーのイコノロジーにおいて、描かれたモチーフやできごとの知覚経験は問題にされるが、しかしいったんそれらが木や家等として名指されれば、それ以上知覚経験は問題にされず、関心はもっぱら目にうつたえる「純粋に形式的な描写要因を、これによって描写されているものの象徴的意味へと解釈しなおす(umgedeutet)」[17] ことにある。パノフスキーのこのような問題関心はもちろん、その主たる解釈対象がイタリア・ルネサンス美術にあることによっている。ルネサンスにあっては、絵画的描写それ自体を美的に味わおうとする近代的な自立性の美学への傾斜が認められる一方で、なお絵の意味を支えるテクストと絵を言語的に読みとり記述するエクフラシスの優位という、人文主義的修辞学の伝統が根強くのこっているからである。そのような絵にとっての課題は、すでに存在する聖なるテクストをいかに忠実に目に見えるものとするかである。それゆえ、ルネサンス絵画を対象とするパノフスキーに代表されるような美術史理論も、「イメージによる仮象という、がんらいそれ自身にとって疎遠な様態(Modus)におきかえられ、それゆえ解釈者がそうした状態から解放してやる[18]」べき言語的なものにもっぱらかかわる、というわけである。

ベーム「イメージの解釈学」

美術史のこうした伝統に対してベーム自身は、「イメージは物でも文でも単語でもない」それ独自の発話能力をもつという。それが提示するのは、主語に立つ対象存在の諸相を概念的に名指し述語づけ陳述する論弁的な「ことばの指示的意義(Wortbedeutung)」ではなく、当の対象存在をそのあらわれのまま総体として提示する「意味(Sinn)」である。「イメージの解釈学」にとっての問題は、イメージを「見る」経験において「イメージ言語(Bildsprache)」の発話する意味を、どうすればこれとはことなった論弁的な「ことば言語(Wortsprache)」によって過不足なく解釈し記述できるかである。それはつまり、それぞれにことなった発話能力をもつことばとイメージのあいだに成立する「相互翻訳可能性の範囲と限界を吟味する」[19]ことである。

かれはまず、「イメージ言語」と「ことば言語」のあいだにありうる「類似性の基本形式」を問う。ベームがイメージに認める言語と類比的な形式とは、ソシュールの言語学が提起した「構造」である。ひとつの言語記号の意味は、その記号との差異において含意されている他の諸記号、あるいはこれらの言語記号が帰属するシステムの全体がひびかせる「公然とは言明されていない」意味を背景として理解される。ベームは、このように「公然とは言明されていないことをいい、すでに獲得され保管されている論弁的言語の意義の範囲を超出する」プロセスに、意味生成の流動性を認めるのだが、しかもこれをかれは「〈隠喩的〉移行」と呼び、あるいは「絶対的隠喩」と呼ぶ。それが「隠喩」であるのは、それがたんに対象を「公然と」指示するというような「論弁的なやり方では翻訳できない意味を提示する」記号的ふるまいだからであり、それが「絶対的」であるのは、それが「人間は狼だ」というような個々の詩的隠喩の修辞的現象をこえて、ことばによる意味作用そのものの根源に作動している機構だからである。これと同様に「イメージ言語」においても、点や線や面や色といった造形要素のもつ意味は画面内にある他の造形要素との差異の対比から生じ、それゆえ描かれた事物について、これをたんに人物やリンゴと名指すだけではおさまらない力、「イコン的〈過剰（Plus）〉」を保持している。そして、この過剰こそは「イメージの隠喩性」である。こうしてイメージと言語とはともに、「イメージ性（Bildlichkeit）という共通の根拠――たとえ両者がこの根拠をそれぞれ別の仕方で実現するのであるにしても――」[20]を分けもつ、というのである。

「イメージ性」ということば使いには、対象をありありと目の当たりにするような「絵画的形象性」とともに、伝統的に隠喩のような比喩的文彩が喚起すると考えられてきた想像的なイメージないしイマージャリとしての「比喩的形象性」もひびいている。じっさい、ベームがことばもイメージ性に根拠をもつというとき想定しているのは、まずは詩的隠喩に特有の比喩的形象性であり、しかもこれは、一般にことばそのものの根拠にある「絶対的隠喩性＝イメージ性」に支えられているという。それゆえ、ことばとイメージというふたつのメディアのあいだの翻訳の共通の根拠は「イメージ性という構造」であり、「イメージ性という基質（Matrix）」である。そしてこのイメージ性という構造ないし基質は、われわれ「人間がまわりの経験可能なものの全領域と分かちがたくつなぎとめられていること、こうして魂と存在とが根源的なかたちで相互に刻印しあっていることを図式化して見せている」、というのである。

人間の生や現実の世界経験の根源にあるイメージ性の構造という概念がもつ、いささか形而上学的なひびきについて、ベームは自覚的である。かれは「語り得ないものについては、人は沈黙しなければならない」とするウィトゲンシュタイン流のアポリアを「名目論的仮象」として斥け、「われわれがイメージについて語るときには、イメージと言語というふたつのメディアのあいだの移行が現実にいつも起こっている」という事実がある以上、これらのあいだにある共通の根拠について沈黙することは不当だという。こうしてベーム自身は、さらにもう一歩を踏みだす。イメージ性の構造については、ひとはおそらくは想像力の理論、すなわち「想像力の根拠は、認識諸能力の根幹（理性、悟性、直観、判断力）のすべてにわたる共通の根である」とするカント的な想像力（構想力）の理論をさらに思索することで、なにがしか語ることはできるだろうという。つまりことばとイメージ、概念的・論弁的認識と知覚・感性的直観とに共通する根拠は「イメージ性＝絶対的隠喩性」という基質であり、そしてそれを支えるのはおそらく想像力である。そのかぎりで、ことばとイメージというふたつのメディアのあいだには、イメージからことばへの翻訳と、逆にことばからイメージへの「解釈学的な、より正確にいえば隠喩的な（すなわちイメージ性にもとづく）反転」という弁証法が成立し、相互にパラレルな翻訳可能性が確保される。しかもここまできて、ベームは最後のところで、ことばとイメージに共通の根拠を「実際に経験させ、可視化することができるのは、ただイメージにおいてだけである」ということで、ことばとイメージのパラレリズムというかれの主張を裏切ることになる。イメージは「感性と精神、内部と外部、存在と現象」という「対になった反省概念」が生じる手前、「思惟と生成する意識の前史へとさかのぼる」。イメージの解釈学はこの点で、「われわれの概念言語によって隠されているものを探求する、概念言語の体系的考古学に似ている」[21]。こうしてベームはイメージの、言語に対する考古学的根源性と優位とを、つまりはイメージ性の形而上学を主張するのである。

ここでことばとイメージを結合する呪文としてもちだされている「隠喩」と、そしてまた「隠喩のイメージ性」という、それ自体伝統的な観念については、われわれはすでに前章で批判的に論じておいた。ここではただ、ことばやイメージの意味作用が根源的にはらむ意味の「含み」は、ふつうなら暗示や含意と呼ばれるべきものであること、また隠喩はかならずしもイメージの問題ではないということだけを指摘しておこう。ことばの根源にイメージ性を見るベームの主張は、古典的修辞学の伝統のもとでのことばの優位に対立するあたらしい立場とも見える。だがこれも、じっさいにはそうではない。ベームの「イメージの解釈学」において、ふたつのメディアのあいだの対等で双方向の移行の弁証法を可能にしているのは、弁証法がいつもそうであるように両者の根源的同一性であり、そしてここではそれは「イメージ性という基質」である。だがヘーゲルの弁証法がそうであるように、ここでもイメージ性は思惟と生成する意識の前史であり、ことばによる解釈学的翻訳という弁証法が成功したあかつきには、それは過不足なくことばの意味によって掬いとられるたぐいのものである。イメージ性とはことばにおける「能記と所記の縫合部」であり、ことばの意味とは、それが指示する物やできごとについての根源的な世界経験としてのイメージである。それゆえイメージ性の弁証法における主体は、ことばなのである。結局のところ、ベームのこのような思考の根底にわれわれはまたしても、ことばの「意味」をそれが指示する対象についての想像力に支えられた「心的イメージ」と見、さらにそれを原理的には世界を経験する「知覚イメージ」と等置するロック以来の考えかたを認めることになる。

ベッチマン「美術史解釈学」

ベームのこのような「イメージの解釈学」の基礎をなしているのはもちろん、ガダマーである。ガダマーにとって解釈学とは、あるものをふたたび「語らせる術」であり、その範型はテクストの読解である。

このようにわたしにとっては実のところ、〈読むこと〉が芸術作品に対して、それも造形芸術の作品に対してさえ、これを鑑賞するに際してなされる要請の原型と思える。すべてこうした先行把持、過去把持をもって、またそのつど成長していく分節化、徐々に増加していく蓄積をともなって読むことが重要であり、その結果そのような読みの行為の最後には、そうやって分節化されたゆたかさをともなった構築物が、しかもふたたびひとつの陳述という完全な統一へととけあうことになる。[22]

ガダマーが『真理と方法』において、生の哲学において流行語であった、ことばによる了解を介さない直接の「体験」という概念に批判的であったのも、ガダマーの解釈学の範型が読解であることによる。美術史解釈学を提唱するベッチマンが「体験」という概念をではなく、むしろ歴史性や予断を媒介とする作品「経験」を主張するのは、ガダマーにならっている。しかしかれのいう「経験」は、ガダマーのようにテクストの読みを範型にするものではなく、絵を見る観者がもつ「特殊な経験、すなわち直観」[23]である。またこれによってかれは、ベームのように世界経験の根拠であり、概念的言語の考古学的起源として、それ自身は一切の概念を介さない「イメージ性」という形而上学的直接性を主張するわけではない。ベッチマンはあくまでもことばとイメージの根源的な差異性と、それゆえの相互作用にこだわる。

たしかにミシェル・ビュトールがいうように、絵を見る行為にはつねにことばとの関係がつきまとう。

> 事実、わたしたちの全絵画経験は、ずいぶん大きな言語的部分を含んでいる。わたしたちはけっして、絵を切りはなしては見ない。わたしたちの受けとめる視像（vision）は、けっして純粋な視像ではない。作品についてのいろいろな話が、さまざまなかたちでわたしたちの耳に届いてきたり、またわたしたちが美術批評を読んだりするので、たとえごく最近の作品にたいしてさえも、わたしたちのまなざしは、まるで注釈の光暈のようなものですっかりとりまかれ、それによってあらかじめ予備知識をあたえられている。[24]

われわれが絵を見るとき、そこに描かれたモチーフがキリストであるとかリンゴであるとか名指すことからはじめて、そこでおこっているできごとやその場の雰囲気など、描かれたものの全体を明確に意味分節として把握するのは、ことばとの共同作業による。ベッチマンはそれゆえ、絵を見る経験としての「直観」を「意識的な直観」と呼ぶ。それはことばによる言表に条件づけられた直観ではあるが、しかし直観であるかぎり、そこに描かれたモチーフやできごとがなんであり、またその象徴的な意味がなにかを「イメージの逐語的な意味」として「読む」ことではない。それは絵についての先行批評や知識を前提にした上で、これらのテクストをそのつど当の絵を「見ること」へと送りかえすことで、絵について果たされる概念形成や記述の妥当性を検証し、そこにひそむ矛盾をあかるみにだす作業である。

イムダール「イコニーク」

ここでベッチマンが「意識的な直観」の例としてひきあいにだすのは、たとえばマックス・イムダールである。イムダールもまた、イメージからそれらにあらかじめ知的な内容としてあたえられたものだけを推論によって引きだしてくるイコノグラフィーやイコノロジーを批判した上で、「もっぱらイメージというメディアに属し、基本的にはただそこでのみ獲得することができるある認識」、つまり「イメージのイコン的意味構造」を絵を見る「まなざしのうちに送りこむ」ことを追求する「イコン的な見方」を主張する。そしてかれは、そのようにあらかじめ歴史的に知られた知識を「端的に直観的な、すなわち美的な明証性がもつ説得力にさらす」[25]ようなしかたで絵を見る直観方式を、イコノグラフィーやイコノロジーと区別して「イコニーク（Ikonik）」と呼ぶ。

絵のイコン的な見方、つまりイコニークにとってイメージは、一方でそれを特定の対象として再認識するように見ること（Sehen）と、他方でこれをかたちとしてまさに目で見ること（sehendes Sehen）とが相互に媒介しあうことで、じっさいにただ見るだけの経験を原理的にこえでるより高次の秩序や意味複合体を直観するにいたる、まさにそのようなひとつの現象として立ちあらわれる。イコニークがパノフスキーの解釈の方法とちがうのはまさにつぎの点にある。イコニークはイメージにほんらいの内容を、イメージの基礎をなす一般的な、そして他のメディアによっても定式化可能なある原理がもつ〈象徴的価値〉に見いだすのではない。それはむしろ——必要とあらば——その内容をまさに見ることに捧げられたものとしてのイメージそのもののうちに見いだすのであり、そしてこのイメージこそは、見ることにつねにともなう、これをどう見るべきかといった「予断的」期待や、そこでどのようなできごとが演じられているかについてことばによって伝達されうる意味といったものすべてを、ある直観的な明証性、そしてただ直観にのみ可能な明証性をもった表現において凌駕するのである。[26]

こうしてイコニークは、たとえばジョットの《ユダの接吻》(1304-06)(図19)にわれわれが直観し経験する視覚効果、キリストの屈服と優越というドラマを支える美的な緊張感の由縁を、キリストとかれに接吻するユダの頭、そして画面右のパリサイ人がキリストを指さすその腕とをつなぐ対角線という、この絵に「特殊なイコン的意味構造」[27]のうちに見いだす。

　たしかにイムダールやベッチマンにとって、イメージを見ることが問題である。絵について語られたことばをイメージへと送りかえす美術史解釈学のプロセスを、ベッチマンは「知識から経験へと前進する動き」と呼び、そしてこれをかれもまた、ことばとイメージをめぐる「弁証法的な経験」と呼ぶ。しかもこの弁証法は、ベームのようにその動因としてのある絶対的同一性を要請しない。たとえことばや歴史的知識の関与が絵を見ることに不可欠だとしても、イムダールのイコニークにせよベッチマンの美術史解釈学にせよ、それらはイメージとこれを見る経験に踏みとどまろうとする。それはイメージをこえたところにそのほんらいの意味ないし意義を問うことを断念するかぎりで、「解釈の禁欲的形式」である。それはことばとテクストの支配からの「見ることとイメージの解放」[28]の代償であるが、しかしこれによってわれわれははじめて、「イメージがまさにイメージとしてなにをもたらすのか」を問うこと、したがって言語的、精神的な意味に還元されない「イメージの意味」を問うこともできるはずだ、というのである。

　そのとおりにはちがいない。しかし、絵画作品を可能なかぎりそれにふさわしいやり方でことばによって記述し概念形成することをめざす美術史の実践者にとって、絵画が語る物語やその主題的、象徴的意味の言語的、知的「読みとり」と、他方で絵を「見る」知覚の美的、直観的経験の内実とをどう関係づけるかという問題は切実ではあるが、困難な課題である。それゆえことばに媒介されることのない「イメージの意味」という、もっとも単純で、しかしもっとも困難な問いについては、ベッチマン自身「わたしはこれに解答をあたえることはできない」[29]と告白するよう

図19　ジョット《ユダの接吻》(パドヴァ、スクロヴェーニ礼拝堂)

に、沈黙せざるを得ないのである。

3　「露出した意味」

バルトが一九六一年の論文「写真のメッセージ」のなかで、「写真の知覚のメカニズム」を問うてつぎのようにいうとき、かれもまた、われわれがイメージを見る経験はつねにことばによる読みとりと緊密に連携していることを認めている。

そもそも知覚するとはなにか。ブルーナーやピアジェの仮説のように、即座にカテゴリー分けしないような知覚はないとすれば、写真は知覚された瞬間に言語化される。もっといえば、言語化されなければ、知覚されないのである。……このような見方によると、イメージはその内部に宿るメタ言語、すなわち言語によってただちにとらえられるために、結局のところ現実には、外示された状態というものをまったく知らないことになる。イメージは社会的には、すくなくとも最初の共示、言語の諸カテゴリーの共示そのものにすでにどっぷりつかったものとしてのみ存在するのである。周知のように、どんな言語も事物について態度がきまっている。言語は、たとえ現実を切り分けるだけだとしても、現実を共示する。写真の共示はそれゆえ、大体のところ、言語活動（langage）がもつ共示の基本設計と一致するだろう。[30]

それゆえイメージを知覚することはただちに、イメージを「読む」こと、それをことばによって「名指す」こと、またその言語がカテゴリー分けし態度を決定している「最初の共示」を受けとることである。これをバルトは「〈知覚の〉共示」と呼ぶ。これにはさらに、イメージを見るものの知識や教養や世界認識にしたがって読みとられるより特殊な共示としての「〈認知の（cognitive）〉共示」と、そしてときには「イデオロギーの共示」もともなう。

しかし一方でバルトは、「言語活動を中断し、意味作用を塞ぎ止める」ようなイメージの知覚、「言語活動のこちら側は不可能だろうか」とも問うている。これに対するバルトの答えは周知のように、「純粋な外示」としての写真イメージにおける「コードのないメッセージ」というありかたである。現実を画家の手技によって描かれたデッサンへと転換しコード化する絵画とはことなって、写真はそのインデックス性によって現実の対象を、いっさいの変換を加えることなく逐字的に記録するという理由で、それはいっさいのコード化の手前にある。なるほど、パンザーニの広告に映りこんだトマトやパプリカやタマネギやパスタの写真映像から「知覚の共示」（「トマト」「新鮮さ」「家庭的」など）とか「認知の共示」（「イタリア性」など）とかのコード化されたいっさいの意味をとりのぞいてもなお、そこに映りこんでいる対象が「現に存在した（l'avoir-été-là）」という事実の「唖然とさせるような明証性」[31]がのこるということ、これに対して描かれた画像は徹頭徹尾コード化されているということ、バルトのこの主張は認めよう。だがそれは、写真映像と絵画的画像におけるインデックスとイコンという、それらが再現している現実対象との指示関係（外示）における記号としての特性のちがいである。はたして、写真のトマトであれ描かれたトマトであれ、このイメージそのものを「見る」ことは、言語化なしにはありえないのだろうか。

バルト「逐字的メッセージ」

これについてのバルトの答えは、一九六四年の「イメージの修辞学」では、微妙にことなっている。バルトはこの論文で、「イメージは意味に抵抗する場」と考えられてきた伝統にふれた上で、「イメージがあるしかたで意味の限界であるとしても、またとりわけそうであればこそ、イメージは、意味作用の真の存在論へと立ちもどることを許すのである。どのようにして意味はイメージにいたるのか。どこで意味は終わるのか。終わるとすれば、そのかなたにはなにがあるのか」と問うている。このときバルトはあきらかに写真映像のインデックス性ではなく、イメージ一般とそれを見る知覚について語っている。また、バルトがここで言語以前の知覚的メッセージを「コード化されない図像的メッセージ（un message iconique non codé）」と呼ぶとき、それは写真のインデックス性とは微妙にことなった意味をふくんでいるように思われる。われわれは写真イメージのなかに、たんに形や色にとどまらず、そのイメージが類比的に再現している「同定しうる（名づけうる）対象」を読むが、このメッセージは「ある意味でイメージの文字に対応」し、それゆえこれをコード化された「象徴的メッセージ」に対して「逐字的メッセージ（message littéral）」と呼ぶのがふさわしい。なるほど「逐字的イメージ」の端的な知覚においてもひとは、そもそも「イメージとはなにかを（子どもは四歳頃になってはじめてこれを理解する）、またトマトが、買物袋が、パスタの束がなんであるかを知らなければならない」が、しかもバルトは、ここで問題になっているのは「ほとんど人類学的な知識」であり、それゆえ「イメージのこの最後の（あるいは、最初の）レベルを〈読む〉ために、われわれはわれわれの知覚に結びついた知識以外の知識を必要としない」[32]という。

もしもそうだとすれば、すくなくともこれらのイメージの形や色といった細部を知覚し、その「なんであるか」を見てとることにおいて、写真映像と絵画的画像にちがいはないというべきではないか。そして、多くのばあいイメージは「知覚された瞬間に言語化される」というのがほんとうだとしても、知覚されたものをトマトであると理解するのにとくべつに言語的、文化的な知識を必要としないとすれば、これをそのように知覚することは、これを言語化して「トマト」と名指すこととはちがうことになる。知覚イメージは言語によって読みとられる「意味の限界」であり、その「能記のもとに、所記の〈ただよう鎖〉を隠している」[33]。イメージのこの多義性を固定するためのテクニックのひとつが、ことばによる「投錨（ancrage）」である。「投錨」とは、描かれたものや場面が「なんであるか」を名指し同定する「命名機能」であるが、この名指しはまた、そのイメージについての特定の象徴的、共示的意味の解釈へとひとをみちびく。たとえばプッサンの絵のタイトル《マナの収集》（1639）というテクストによる投錨は、空から降り注ぐなにともしれぬものが「マナ」と呼ばれる食物であること、それゆえ絵が奇跡を描いたものであることを定義し、これに応じてこの絵を見るものが「知覚の適切なレベルを選ぶのを助け」、こうして字義的にも、また象徴的、共示的にも、読み手を「あらかじめ選ばれた意味の方へと無線誘導する」。この意味では、「イメージの所記の自由さ」に対して「テクストは抑圧的な価値」をもつ。だからといって、イメージの知覚とその図像的メッセージが、投錨という言語的読みとりに還元されてしまうわけではない。じっさいバルトは、それ自体は「人類学的な知識」にもとづくトマトやピーマンやタマネギやパスタの知覚がもたらす「共示の所記をどう名指せばよいのか」と問い、そのひとつに「イタリア性」という語を使うとしても、これによって掬いとられる豊饒さの内実は、たんに語「豊饒さ」が指示する一般的な意味とは重ならず、「あらゆる連辞からたち切られ、すべてのコンテクストを欠いた純粋状態の概念」であり、「露出した意味（un sens *exposé*）」[34]だというのである。たしかにイメージの知覚と名指しのあいだで、バルトは揺れ動いている。

こうした立場の揺らぎは、たとえば一九六九年に書かれた「絵画は言語活動か」でも見てとれる。ここでバルトは、知覚イメージないし絵画の言語的な固定、分析にはかぎりがなく、「この逃走、この言語活動の無限こそ、まさに絵の体系である」こと、つまりは「絵の体系」が特定の言語体系に還元できるものではないことを認める。にもかかわらず、「絵と、絵を読むために――つまり、（暗黙裏には）絵について書くために――どうしても用いざるをえない言語活動との関係とはどういう関係か。この関係が絵そのものではないか」と問い、「絵は、だれがそれについて書くにしても、わたしがおこなうその絵についての語り（*récit*）のなかにしか存在しない。あるいは、その絵についてなしうるいくつかの読解（lectures）の総和と組織化のなかにしか存在しない。一枚の絵は、それにふさわしい多重的な記述（description）以外のものではない」[35]というとき、すくなくともこの時点でのバルトの関心が、なお絵画の記号学にあり、そこでは「絵を読む作業（それが絵を定義する）は、根元的に（その根にいたるまで）、書く作業と同化する」[36]ことをうかがわせる。

4　知覚経験と名指し

ブライソン「図像的なもの」

「言語からは独立した視覚経験としてのイメージ」については、ノーマン・ブライソンも、これを「図像的なもの（the figural）」と呼んで、タイトルや物語のテクストのようにイメージに影響をあたえ、あるいはイメージを言語的意味として読みとる際に関与する「言説的なもの（the discursive）」に対置している。こうしてかれは、「悲しいことにこれまで無視されてきた問題――われわれの心にあってことばで考える部分と、絵画を前にしたときのわれわれの視覚的なあるいは肉眼の経験との相互作用」[37]という、きわめて野心的な問題をひきうける。西洋美術の歴史は、テクスト的、言説的なものの支配から視覚的、図像的なものの解放の歴史だ、というのがかれのテーゼである。中世のステンドグラスに見られるような伝統的な「物語る絵」においては、聖なるテクストの支配のもとで「図像的なものに対する言説的なものの絶対的優位」が明確である。ここでは、まずは絵を読むことが要求された。ヴァザーリが絵画の革新を見たルネサンスにおける転換点にたつのは、たとえば《貢ぎの銭》（c.1425-27）（図20）を描いたマザッチョである。ピエール・フランカステルによれば、マザッチョ以後「人間は、人間をひとつの歴史のうちに境位づける行動や物語によってではなく、肉体という面で直接に感覚によって補足され、これによって人間の現実的な存在感を生みだすものによって定義されることになるだろう。描くことの目標は、目に見える外観にあり、もはや意味ではなくなるだろう」[38]。マザッチョが絵画に引きこんだのは、テクストから見て「核心からはずれた――意味論的に〈無垢〉な細部」[39]であるが、ブライソンによれば、これはまた近代のリアリズム小説につながるものである。十七世紀オランダの静物画において、物語文の読みとりの拒絶がはじまる。たとえアレゴリー的な意味がそこにかくされていようとも、その言説を解読するのは、絵を見ることとはべつの作業である。画面には「美的な沈黙が支配しており、額縁の内部にとり集められたさまざまな対象からいかなる陳述も発せられることは許されてはいない」。こうしてブライソンは、言説的なものと図像的なものという「反立しあうふたつの力がであう場」としてのイメージにかんして、純粋に言説的なものの極にヒエログリフや絵文字をおき、またその対極、純粋に図像的なものの極に「物質的能記のもつ還元不可能な生命――絵画的痕跡（*the painterly trace*）」[40]をおく。そして、このふたつの反立する力が拮抗しあうスケール上に、ヒエログリフからステンドグラス、マザッチョ、フェルメール、静物画、そして抽象絵画へとむかう西洋絵画の歴史の展開を位置づけるのである。

この野心的なテーゼは、われわれも第六章でくわしく見るように、大筋においてまちがってはい

図20　マザッチョ《貢ぎの銭》、c.1425-27（フィレンツェ、カルミネ聖堂ブランカッチ礼拝堂）

ないだろう。聖なることばの支配のもとで、詩人の画家に対する優位と絵画を読むことへの修辞学的要請は、ルネサンスを経て近代にいたって、絵画の自立と絵を見る美的なまなざしの成立という事態へと転換する。それはたしかに、言説的なものの優位から図像的なものの解放の歴史にはちがいない。だがブライソンが純粋に図像的なものと考えるのは、絵画における物質的能記としての「光や色のデザイン」であり、あるいは絵画的痕跡の典型的なケースとしての「抽象表現主義の非意味論的な筆触」である。そうだとすれば純粋に「見る」経験は抽象表現主義のような、名指すべき対象的モチーフをもたない絵画に限定されることになる。ブライソンによれば、十七世紀オランダの静物画が「物語文」を拒絶したとしても、それはなお「名詞と形容詞と接続詞を知っている」[41]。そして「この深層−文（infra-sentence）のヒエラルヒーは言語のヒエラルヒーを否定する」としても、しかもそれが「文」のインフラであるかぎり、それは「たとえ不具にされた言語、つまり動詞や述語をもたず、〈もっぱら連辞〉であるような言語であるとしても、依然として言語の影のうちにある」。絵画的記号の二重分割は「すべての記号のばあいと同様、所記と能記の分割であり、そしてこれによって言説的なものと図像的なものとが生じている」。ここで絵画的記号における能記とは、純粋に図像的なもの、つまりあたかも言語記号における能記としての文字やそれがもつ物理的特性としての書体や筆跡のような線や色や筆触といった絵画的痕跡であり、それが指示する所記とは言説的なもの、したがってこれら線や色や筆触のひとまとまりを「赤い」とか「粗い」とか、また「トマト」や「リンゴ」と名指す形容詞や名詞によってすくいとられる言語的な意味である。しかしそうだとすれば、抽象表現主義のような「筆触」にしても、すくなくとも「形容詞と接続詞」は知っており、それゆえ絵を見る経験はなんであれ、その図像的なものを言語的な「所記＝意味」によって読みとり名指すことをめざす記号的なふるまいである。こうして図像的なものも結局は、「ある形式における言説性（discursivity）にすぎない」[42]ということになる。

だが、ことばを「読む」ことに対置されるイメージを「見る」ことは、その物語の言説的な意味がすべてうしなわれたあとでも、ステンドグラスの「窓の、光と色とデザインの美しさによって心を動かされる」[43]ことではないし、絵を見ることよりは絵を読むことが要請されていた修辞学的伝統にあっても、物語る絵を見る経験は、けっして聖なる物語を読む経験に尽きなかったはずである。モネの大画面をおおうさまざまなニュアンスの色や形や筆触の集積として目がとらえた図像的なものから、くっきりとひとつの意味が浮かび上がってくるとき、われわれはそれを「睡蓮」という共通のことばで名指すにしても、そこにわたしが見てとるのは、他のどこにもない、まさにモネの絵にしか存在しない独特の睡蓮のモチーフの視像である。要するに、描かれた図像モチーフはブライソンがいうように、それが写した実物に対応する「単一の心的概念（mental concept）を指示する名詞」[44]ではないし、この図像モチーフの描写が見せる独得の「赤い」あるいは「粗い」特性も形容詞ではなく、またテーブルにならべられ、籠のなかに積まれた果物は接続詞でつながれて「連辞」をなしているわけではない。

構文的な絵画

なるほど、益田朋幸が「構文的（syntactical）な絵画」と呼ぶような、「言語に還元されて初めて意味をもつ」絵画というものはあるだろう。たとえばアギア・ソフィア大聖堂のモザイク・パネル《聖母子と皇帝コンスタンティヌス、ユスティニアヌス》（十世紀末〜十一世紀初頭）（図21）では、コンスタンティノポリスの守護聖者である聖母マリアと幼子キリストを中央に、むかって右には皇帝コンスタンティヌスが街の模型をささげ、左には皇帝ユスティニアヌスが聖堂の模型をさしだしている。益田によれば、この絵は単に「愛」や「敬虔」、「献呈」といった名詞で表現される概念をあらわしたものではなく、背後の銘文からこれらの人物の名前が知られ、またかれらが手にした街や聖堂の模型と聖母やキリストにそれをさしだす仕草という計三つの要素から、「私たちの意識には特定の言語の文法を超えて（チョムスキー的な意味において）」、ひとつの文「コンスタンティヌスが街を聖母に捧げ、ユスティニアヌスが聖堂をキリストに捧げた」が生成されるという。ここで図像は、「「文」を表象しようとするものであり、受容者が文を再構成したときに初めて図像は意味をなす」。このように「三次元空間における出来事を表現するものではなく、構文を表象する絵画」[45]を、益田は「構文的な絵画」と呼ぶ。象徴がアトリビュートとして採用されるときに、画家によって構文的な解釈の層が意図

図21　《聖母子と皇帝コンスタンティヌス、ユスティニアヌス》、モザイク・パネル、10世紀末-11世紀初頭（アギア・ソフィア大聖堂）

されることもある。

「受胎告知」において、マリアが百合を手にしていれば、それは「私は純潔です」という主張を表す。大天使ガブリエルが百合を差し出せば、「あなたは純潔のまま（身ごもります）」というお告げの層が現れる。つまり「百合＝純潔」という名辞に関わる登場人物の仕種が、構文（シンタクス）を構成する動詞的要素と見なされ得る。このときアトリビュートは、本来の時間的文脈から切り離されて、新たな説話の時間を獲得する。[46]

われわれも第六章でくわしく見るように、パラゴーネと古典的修辞学の伝統のもとで、とりわけルネサンス以前の絵画ではことばで語られたテクストを図解することがもとめられたのであり、ここで問題になっている「構文的絵画」とはそのような要請に応えるものだったろう。しかしそうだとすれば、この絵を見る観者がそこに構文を読みとるとしても、それは図像自体が「構文を表象する」からというよりは、図像を構文として読めという社会的慣習の圧力によるというべきである。

益田の「構文的絵画」とよく似た主張を、クリスチャン・メッツも一九六四年の論文「映画――言語（ラング）か、言語活動（ランガージュ）か？」のなかで、映画映像にかんしておこなっている。かれは個々の映像（ショット）を単語とし、その連続（シークエンス）を文と定義するような誤解をしりぞけて、「ほんとうは、（すくなくとも映画の）映像（l'image）は、ひとつもしくは複数の文（phrases）に匹敵し、シークエンスは言説（discours）としての複雑な線分なのである」[47]という。たとえば通りを歩いている男の映像は、「男が通りを歩いている」という文にひとしい。また拳銃がクロース・アップになったとしても、そのショットはたんに「拳銃」という単語を意味するのではなく、「ここに拳銃があるぞ！」という「平叙的（assertif）」発話を意味しており、いわば幼児語などに見られる「単語‐文（mot-phrase）」[48]だという。

だがわれわれとしてはやはり、描かれた百合の花は「百合」という名詞ではないし、それと見てとれる特定の動作や身振りも「献呈」「告知」といった名詞ないし動詞ではないといおう。また、拳銃のアップは「ここに拳銃があるぞ！」という文にあるしかたで対応し、通りを歩いている男の映像は「男が通りを歩いている」という文に対応しているとしても、だからといってそれらの映像が文であったり、あるいは「深層-文」であったりするわけではないというべきである。「男が通りを歩いている」画像は、なにも言語レベルの言述にうったえずとも、描かれた道とその上に男が特定の姿勢をしていればそれと理解される。「コンスタンティヌス」や「ユスティニアヌス」という人名はもちろん、銘文に記された名詞による名指しである。だがそれにさきだって、そこに描かれているのが、それがだれであれ「人間」だということを見てとることは、名詞による名指しとはちがう。ユスティニアヌスが聖堂の模型をキリストの方にさしだし、大天使ガブリエルがマリアに百合をさしだし、マリアが百合を手にするとしても、そのように描写された「動作」は、「献呈する」、純潔「である」、純潔のまま身ごもると「告げる」という「動詞」ではない。われわれとしてはバルトとともに、描かれたモチーフが百合だとか人間だとか、また「手にもつ」とか「手渡す」といった動作だと見てとるのに、「知覚に結びついた知識以外の知識を必要としない」といおう。

ことばとイメージをめぐる議論に見られるこうした混乱は、結局のところ、ことばの意味を、そのことばが喚起する心的イメージと等置し、さらに心的イメージを、実物を見る知覚イメージないしその代理としての絵画的画像と等置する、伝統的な意味論の混乱に根ざしている。語が知覚された対象の記憶イメージないし表象像だと考えるとき、画像の根底にはこれに対応する語が、したがって概念が潜在するということになる。ベームが、世界経験の根源としての「イメージ性の基質」とそれを支える想像力においてことばとイメージがひとつにつながると想定するのも、そのような混乱のためである。バルトにおいて、対象イメージを「見る」こととこれをことばで「名指す」ことがどこかで重なってしまうのも、かれもまたイメージにはその内部に「メタ言語」が宿っていると考え、あるいは逆に、言語という恣意的記号においてはことばと意味、能記と所記を結びつけるために「対象の心的イメージ（l'image psychique）のかたちで第三項の中継を配置する必要」[49]があると考えているからである。ブライソンが、描かれた物は「単一の心的概念を指示する名詞」だというのも、ことばの意味を、それが指示する対象ないしその知覚をそのまま保持する心的イメージであるとする前提に由来する。だがすでに第一章で論じておいたように、そもそも単語の意味とは、その単語が指示する事物やその再現表象としての心的イメージではなく、それが指示する対象についてかぞえあげられる多様な「意味素性」の束であり、単語とはこの意味素性の束につけられたラベルである。ことばのじっさいの使用においては、そのつどの文脈に応じて要請され現働化されたいくつかの意味素性が、その語のその文脈での意味として理解される。したがってまた、ことばが心的イメージを喚起するばあいでも、それは文脈上必要ないくつかの意味素性がイメージされるにすぎず、けっして知覚におけるような細部がつまった画像ではない。それゆえ描かれた物は名詞ではないし、描かれた人物が見せる動作は動詞ではなく、描かれた事物が見せるかたちや色合いの特性は形容詞ではない。図像的なものの根底に語や文がもつ言語的分節が、それゆえテクストがひそむわけではないのである。世界を細かく分節してわれわれにつごうのよいように認識するには、言語的分節作用が不可欠だとしても、身体的知覚による世界経験は言語による世界認識にすべて還元されるわけではないし、他方で隠喩がそうであったように、言語という独自の記号体系にのみ可能な意味作用もある。絵を見てその意味を読みとるためにはたしかに、ことばによってそこに描かれたリンゴやテーブルを名指すということがともなうにしても、名詞や形容詞による「名指し」は、画像による「提示（見せること）」とは、その意味論的なふるまいや経験において、まるでちがっている。

心理学的唯名論

現代アメリカの分析哲学者ウィルフリド・セラーズは、ことばの意味とそれが指示する対象の「観念＝イメージ」を等置するロック的な伝統的経験論を批判しているが、しかしこれに対してかれが提唱する「心理学的唯名論」も、ブライソンらとは別のやりかたで、しかし結局はすべての経験を言語へと還元するものであり、われわれとしてはこれに与するわけにもいかない。

> 種類、類似、事実等々についてのすべての知識、つまりは抽象的存在についてのすべての知識は――それどころか個体についてのすべての意識さえも――言語的な事柄である。心理学的唯名論によれば、いわゆる直接的経験とむすびついているとされるような、ものの種類や類似や事実についての知識さえも、言語使用の習得の過程においてあらかじめ前提されてはいないのである。[50]

セラーズによれば、「これは赤いものである」というような知識を根拠づけるために、なにか赤さを例示する特定のものをじっさいに目で見て直接に指示することをもちだすのはあやまりである。「Xがどんなものであるかを知っている」とは、「Xがどんな種類に属するものであるかを知っている」ことである。Xがなんであるかについての概念をもつことと、語を使用すること、すなわち「名指す」こととは同義でありおなじ能力であり、それゆえ「ある種類のものを見分ける」ということは記述によって見分けるということであって、当のものから発する知覚的刺激に反応することとは無関係だ、ということになる。

伝統的経験論の批判という点ではセラーズに同調するリチャード・ローティは、しかもセラーズの「前言語的意識というようなものは存在しない」というこうした主張に対して、じっさいには「なまの感覚――痛みとか、色のついた物を見た時に赤ん坊が抱く諸々の感じとか――が存在する」[51]という反証をあげつつ、セラーズの主張は「赤ん坊にとっては不当な」ものであると批判する。子どもも光電池もどちらも赤いものを識別する、つまり刺激に反応するという点ではおなじだが、しかし光電池とはちがって子どもは「赤とはなんであるかを知っている」ではないかというのである。こうしてローティは、子どもが、痛みがどんな種類に属するものであるかを知ったり見分けたり名指したりすることばの能力と命題的知識を身につける以前に、痛みがどんなものであるかを知っているとすれば、それはどのような事態なのかと問い、「それはまさに痛みを持つということにほかならない」とこたえる。子どもは、かれが言語や概念や記述や命題によってそれを名指すことなく、ことばにならない泣き声をあげたり身もだえしたりするときにも、それゆえ言語を習得する前でも習得したあとでも、「彼にとってまさに同じものを感じて」いる。われわれならば熱さ、痛み、火、赤さ、母性愛、空腹、騒々しさと名指すものについて、子どもはそれらが「なんであるか」を、つまり「なにと名指されるか」を知っているとはいえないが、それでもそれらは「ただ持たれ(being *had*)たり感じられたりする」[52]だけで、「言語以前にすでに「知られて」いる」。

伝統的経験論のあやまりは、痛みがどのように感じられるかを「経験し知る」こと、あるいはあるものがどのように見えるかを「経験し知る」ことが、痛みや火がどんな種類に属するものであるかを「名指して知る」ことの必要十分条件だと考える点にある。われわれは、それが青さとはちがうとか色の一種であるということを知らなくても、赤さがどんなものであるかを感じて知ることができるから、感じることは名指すことの十分条件ではない。またわれわれが生まれつき盲目で、赤さがどんなものであるかを知っていなかったとしても、赤さにかんするすべてのことをことばの習得によって記述的に知ることができるから、感じることは名指すことの必要条件でもない。それゆえ、ものの知覚はそれがなんであるかを名指すふるまいではない。ローティによれば、「言語の習得によって起こることのすべては、われわれがある共同体の一員になるということなのであって、その共同体の成員はさまざまな主張の正当化やその他の行為を互いに交換しあう」[53]のであり、盲目のために赤さを見ることができなくとも、言語共同体に参加することはできるのである。バルトが、パンザーニの広告のなかにあらわれたトマトや買い物袋やパスタの束の「イメージのこの最後の（あるいは、最初の）レベルを〈読む〉ために、われわれは「われわれの知覚に結びついた知識以外の知識を必要としない」として、これを「人類学的知識」と呼んだとき、かれもまたおそらく、これらがどんな種類に属するものであるかを名指す言語的ふるまいと命題的知識とはことなった、もったり見たり感じたりする経験において知るふるまいを念頭においていたはずである。

5　視像の情熱、形態の欲望

そうだとしても、これで問題がかたづいたわけではない。ビュトールがいうように、われわれの視像は、けっして「純粋な視像」ではなく、われわれの絵画経験は「ずいぶん大きな言語的部分をふくんで」いること、あるいはバルトがいうように「ことば（パロール）なしにあたえられたイメージ」はほとんど存在しないというのも事実であり、だからこそベッチマンのように、ことばとイメージというふたつのメディアの共同作業としての「意識的直観」による「知識から経験へと前進する動き」の弁証法を必要としたのである。それゆえわれわれとしてはあらためて、絵画経験におけることばとイメージということなったメディアの相互作用のただなかで、しかも絵を名指し読むふるまいと、絵を見るふるまいのちがいはなにかと問わなければならない。

位相化

ポール・ジフによれば、作品を鑑賞し評価するためにも、さまざまな知識、歴史的な情報や他の作品との比較などは必要である。というのも、バルトの「投錨」がそうであったように、ここでもそうした知識が「ひとをこの作品の美的観照（contemplation）へと方向づけ、あるいは導く」からである。たとえば描かれたモチーフが海であること、それが海の風景画であること、それがフェルメールの手になること、かれに独特の筆づかいや色づかいなどについての理解や知識は、「その絵のなかに描かれたさまざまなものを、またその絵がもつさまざまな位相（aspects）を認知し、区別し、判読し、同定し、ラベルをつけ、名指し（name）、クラス分けする」[54]ことを可能にし、したがって作品を味わい評価する上で関与的である。じっさい、ブラックの《ギターをもつ男》の絵のなかに「男」のすがたを認知し見分けることができないひとは、この絵を正しく理解し味わうことはできない。

しかしだからといって、こうした認知や同定や名指しそのものは、絵を見る経験とひとつだというわけではない。ジフによれば、われわれはふつう、「いまわたしはこの絵を観照しつつある」とはいうが、「いまわたしはこの絵のなかのモチーフを認知しつつある」とはいわない。なにを描いたものだかわからないままブラックの絵を見ていて、ひとはあるときとつぜん、その絵のなかのある部分にひとりの男の姿を見分け、それとして認知し名指す、というのがふつうである。絵を「観照する」とは、いまひとが没頭しておこないつつあるひとつの「活動（activity）」であるのに対して、絵に描かれたモチーフや主題を認知し、あるいは同定するというのは、活動というよりはむしろ「できごと（event）」に似ている。活動が進行するあいだにあるできごとが起こるように、絵を観照しているあいだに認知や同定といったできごとが起こるのである。しかしいったん、あるモチーフを「ギターをもつ男」と認知し名指すとき、この名指しは絵を見ているひとの注意をまさにそう名指されたモチーフへとみちびき、あるいはそう名指されたことでそこになにを見るべきか、その絵のどのような相貌や位相に着目するべきかという知覚の選択をもたらすのであり、その点でそれはたしかに絵を見る経験に関与する。

おおざっぱにいって、ティントレットの絵なら、わたしはこれを概観する（survey）が、ボッスの絵なら、これを精査（scan）する。こうしてわたしは、ティントレットの絵を見るためにちょっとうしろにさがるが、ボッスの絵を見るためにはちょっと前に近づく。それぞれにことなった行動が必要とされるのである。あなたは、ビールを飲むのとおなじやりかたでブランディーを飲むだろうか。霊柩車を運転するのとおなじように、ジャガーXKSSを運転するだろうか。[55]

こうしてジフは、従来の美学が作品を純粋に美的に経験するふるまいを「観照」と呼んできたのに対して、あらたに「位相化（aspection）」という造語を提唱する。「一枚の絵を位相化する（to aspect a painting）とは、あるしかたでその絵を見ることである」。「概観」も「精査」も、あるいは「調査」も「観察」も、一定の位相化のもとでの絵を見る活動方式である。その絵がなにを描いたものか、どのジャンル、どの時代のだれの、またどの流派のものか等に応じて、その絵の見方もちがってくる。フィレンツェ派の絵を見て味わうには、その輪郭に注目する必要があるが、ベネツィア派の絵を見て味わうには、そのマッスと彩色に注目する必要がある。クロード・ロランの絵には光をさがすべきであり、ボナールには色を、しかしシニョレッリには輪郭づけられたボリュームをさがすべきである。それはちょうど、「よいリンゴは酸っぱい」というのと「よいリンゴは甘い」というときに、そこで問題になっているのが料理用のリンゴかデザート用のリンゴかのちがいがあるのと同様である。いずれにしても、料理として、あるいはデザートとして、それらのリンゴがほんとうによいリンゴかどうかをきめるには、じっさいに食べてみるしかない。同様に、それぞれの作品に対してどのような位相化の活動がふさわしいかは、そこに描かれたモチーフや主題がどのような絵画的なやりかたでとりあつかわれているかを、じっさいに見る経験のうちで試行錯誤して発見するほかはない。そしてそこに、芸術教育や批評の果たす役割もある。

言語のテクスチュアと絵画のテクスチュア

あれほど混乱をひきおこした事実、しかしじつはきわめてあたりまえの単純な事実は、たしかにわれわれの視覚経験はつねにことばにつきまとわれており、またことばによって名指された知識や概念によってなにをどのように見ればよいかという方向づけはされるが、だからといってことばの意味はけっして心的に想起される知覚像ではなく、意味素性の束である以上、リンゴを見る経験は「リンゴ」という語による「名指し」に還元されない独自の経験だということである。なるほどことばは、知覚にはない密度で世界を分節化する。動物でも、かれらの世界を「食べられるもの」と「食べられないもの」というように知覚レベルで分節化しているだろうし、幼児にとっては「リンゴ」や「みかん」や「桃」はほとんど「人類学的知識」として、知覚レベルで区別されるだろうが、しかしそれらは幼児にとってはなお「マンマ」としてひとくくりにされているだろう。バルトがいうように、たしかに人間は「自分自身の奥深くまで、はっきりとした言語活動のうちに分節されている」[56]。「七色の虹」ということばをもつ文化と「三色の虹」ということばをもつ文化とでは、虹を見る位相化はことなる。しかし、ことばによって「七色の虹」や「三色の虹」を見ることはできず、われわれは空にかかる光の輪に目をやって、そこに「七色の虹」あるいは「三色の虹」を見とどけるほかはない。われわれは自分が絵を見た経験をもとに、その経験の内実や、経験された絵の特質について、ことばによって名指し、報告し、記述し、分析する。だが、それがどんなにすぐれた批評家による絵とその経験の報告や読解や記述であろうとも、したがってその絵の定義となろうとも、そのことばはベームに反してけっして絵には達しないし、またバルトに反して絵はその報告のなかにはない。絵についての報告や定義が浮かび上がらせるのは、一枚の絵の絵画的イメージではけっしてなく、言語の統辞法に支えられた一定の文脈と、その文脈が要請するかぎりでそれぞれの語が現働化させるいくつかの意味素性が相互にからみあい共鳴しあって織りあわされたテクスチュアである。このテクスチュアは、カンヴァス上の色や線や面や形が織りなす、目に捧げられた絵画のテクスチュアとは、どの点から見てもまったく似ていない。額縁の横にかかげられたタイトルに目をやりつつ、われわれは絵を見る。だが《ギターをもつ男》というタイトルの「意味」は、それが指示している額縁内部の絵ではない。タイトルの指示に応じて、われわれは目を転じて、その絵の内部に「ギターをもつ男」のモチーフを見とどける。そのときわれわれの目は、特定の位相化のもとにありながらも、そこに「ことばの意味」とは似ても似つかない独特の絵画的イメージを、おそらくはベッチマンがそこで沈黙した「イメージの意味」を見いだすのである。

六〇年代の記号論から、やがて身体や感覚へと関心を傾斜させていくバルトが、一九七三年のエセー「レキショとその身体」で、「知覚と命名とを、単純にかつ直接的に連結している」ジョゼフ・コスースのようなコンセプチュアル・アートと、なお文明化されない野生の、身体のラング、「全的言語活動（le langage total）」による「脱-命名（dé-nomination）の作業」に没頭するレキショの作品とを対比しながら、知覚される「形は物と名前とのあいだにあるもので、名前のくるのをおくらせるものである」として、形態的なものへの「欲望（desir）」[57]を「言説（discours）」に対置するとき、かれははっきりと、意味を「読む」経験とイメージを「見る」経験とのちがいに注目していた。コンセプチュアル・アートの命名あるいは名指しは「形のいわばこちら側（辞書）を確立しようとする」が、レキショの形態は「言語のあちら側に達しようとする」。もっともバルトにあっても「脱-命名」は、ブライソンのいうような抽象画の「物質的能記」の方向にむかうのであり、はたして名指しうる具象が描かれている場合はどうなのかは、不明なままである。ともあれバルトは、すでに一九六六年の「物語の構造分析序説」において、「ある小説を読んだとき、われわれを燃え立たせるかもしれぬ情熱（passion）は、〈視像（vision）〉に属する情熱ではない（事実、われわれはなにも〈見る〉わけではない）。それは意味の情熱である」[58]といっていた。ことばがわれわれに視像をあたえてくれるわけではないからこそ、それはわれわれにとってもうひとつの根元的な情熱、けっしてことばにおける「意味の情熱」に還元されることのない「視像の情熱」、形態の「欲望」をかきたてる。バルトはまたサイ・トゥオンブリの絵の特質について、これを「地中海的効果」[59]と呼ぶが、これはあのパンザーニの広告がもつ「イタリア性」と同様に、あらゆる連辞からたち切られた「純粋状態の概念」である。そしてこの「地中海的」という語が名指す内実は、この語の一般的な意味とはかさならない「露出した意味」であるからこそ、トゥオンブリの絵を見るとき、バルトはつぎのようにいうしかなかったのである——「わたしは、この絵が好きだという平凡なことばをくりかえす以外、なにひとついうことがない。だが突然、なにかあたらしいもの、ひとつの欲望が生じる。おなじものを描きたいという欲望が」[60]。絵画とは、まさにこの欲望に捧げられている。意味の情熱と視像の情熱、ことばを「読む」経験と絵を「見る」経験とが決定的にちがうからこそ、つねにことばとの交渉と競合のうちに身をおきながらも、あの「物語る絵」の多彩な歴史と伝統があり、歴史画や挿絵の伝統が消滅したあとでも、現代のわれわれもまた、小説の映画化をくりかえすのである。

第II部　小説の映画化

第四章　物語と描写

1　描写の位置

映画化への欲望と批判

小説を読んで感動したとき、ひとはしばしば、どうかして自分の心に刻みこまれたあの魅力的な人物を、あの美しい風景を、あの心にしみいる場面を、じっさいの映像で目の当たりにしたいと願う。映画がストーリーを語りはじめて以来、小説を題材にとった長編映画は、全作品の数十パーセントにのぼるというデータ[1]は、たんに小説が映画にストーリーを提供しているというのみならず、小説の読者のこの欲望に支えられているだろう。しかも一方で、ひとはしばしば小説の映画化に失望を味わう。

小説の映画化に対する批判は、すでに映画が大衆の娯楽として受けいれられはじめたときから見られる。たとえばヴァージニア・ウルフは、映画と文学の結託はおたがいの本性に反し、双方の形式にとって害を及ぼすという。ことばの理解という知性にうったえる小説家の自負に立ち、「シェイクスピアにあっては、もっとも複雑な観念も……イメージの連鎖を形づくる。しかしあきらかに、詩人のイメージはブロンズに鋳造されないし鉛筆によってなぞられることはない。そこには千もの暗示がつまっているのであって、視覚的なイメージはたかだかそのうちのもっとも明晰でまっさきに思い浮かぶものにすぎない」と考えるウルフにとって、映画は小説をむさぼり食う寄生者であり、映画の観客は読者と対比して「二十世紀の未開人」である。

> 目は、〈ここにアンナ・カレーニナがいる〉という。黒いベルベットで身をつつみ、真珠のネックレスをつけたなまめかしいひとりのレディがわれわれの目のまえにあらわれる。しかし頭脳は〈これはアンナ・カレーニナというより、ヴィクトリア女王である〉という。というのも、頭脳がアンナを知っているのは、ほとんどまったく彼女の心の内面——彼女の魅力、彼女の情熱、彼女の絶望——にかんしてだからである。映画によって強調されるのはすべて、彼女の歯であり、真珠のネックレスであり、ベルベットである。[2]

ここには、文学はその複雑さと質において教育を受けたエリートのものであり、これに対して映画は理解能力がかぎられた無教育の大衆のための娯楽であるというエリートの側の認識と危機感がある。さらには、ことばのテクストに比較しての画像に対する疑念という、古典的ヒューマニズムにもとづくパラゴーネの伝統の名残もひびいている。

　小説を映画化することに対する批判は多くのばあい、画面に登場する人物や風景や場面の知覚イメージが、ことばの理解をつうじて自分が思い描いたイメージとはちがうという点にある。たとえばイーザーは、映画においては「わたしは、わたしの記憶のなかにある表象イメージ（Vorstellungsbilder）を背景として、視覚による知覚をおこなう。フィールディングの『トム・ジョウンズ』の映画化を見るとき自然に生じてくる印象は、原作を読んである人物について自分がもったイメージと比較して、映画の人物にはなにかが足りないといったある種の失望感をふくんでいる」[3]という。映画化によって細部の視覚的描写ははるかに豊かになったにもかかわらず、それがかえって読書によってえられた「表象イメージの貧困化と感じられるという逆説的な事態」は、表象イメージにあっては「テクストが意味していても明言されていないものが表象可能とされて」[4]おり、それゆえ小説の読者は、映画の観客のようにたんに受動的な知覚にとどまらず、想像力によって能動的に関与するからだというのである。

　じっさいには、原作小説よりも細部が整理されていっそう緊密な構成をとることで、その映画化が原作よりも優れていると感じることも、それほど多くはないにしてもないわけではない。また、いわゆる純文学作品（シリアス）や、推理小説やスリラー、ロマンスなどの大衆小説（エンターテイメント）といったジャンルのちがい、さらには長編小説のボリュームによっても、映画化に対する向き不向きはある。一般的に、純文学作品よりは大衆娯楽小説の方がしばしば映画化にはむいているといわれるとき、その理由は大衆小説ではストーリーが主であり、そしてマクファーレンがいうように、[5] ストーリーを構成する行為やできごとは、言語と画像というメディアのちがいをこえて、比較的容易に転写しやすいからである。これに対して純文学においては、人物の内面の思想や性格、心理描写、コメンタリー、さらには隠喩や象徴といった文体的諸要素など、映画メディアが画像化しにくい部分が重要であったりする。

問題となっているのはもちろん、小説の言語と映画の映像ということなったメディア、ことなった記号体系それぞれの「語り」のちがいや、それがもたらす意味作用やイメージ形成の異同である。ここでわれわれとしては、物語をなりたたせているふたつのことなった次元を区別する必要がある。ジェラール・ジュネットは[6]「物語行為（narration）」において意味されるもの（所記）の次元、つまり語られたストーリーの「物語内容（histoire）」と、意味するもの（能記）の次元、つまり物語の「言説（discours）」ないしテクストとしての「レシ（récit）」とを区別した。これを受けてシーモア・チャットマンは「物語内容（story）」と「物語言説（discourse）」を区別する。[7] チャットマンのこの区別にそくしていうならば、物語内容としてのストーリーを構成する行為やできごとそのものは小説から映画へと比較的翻訳可能であるのに対して、これらをいかに語るかという物語言説の次元におけるメディアそのものの特性や構造は、ときに翻訳が困難である。とりわけ第一章で言及した描写の部分、小説テクストが読者に「イメージせよ」とせまる描写の部分では、ことばがかかわる心的イメージと映像という知覚イメージとの決定的なちがいが顕在化するだろう。それゆえここでは、ことばと映像ということなったメディアにおける、とりわけイメージにかかわる描写のことなりに焦点をあてることで、小説の映画化に対するわれわれの、あのよく知られた失望の経験の核心がどこにあるのかを見きわめてみよう。それはつまりは小説と映画、言語メディアと映像メディアのちがいにかかわる、現代の「ラオコーン問題」の企てでもある。

補助的言説としての描写

たとえばレイモンド・チャンドラー『大いなる眠り』の第七節冒頭の一節を見てみよう。

広い部屋だった。家の間口の全部を占める広さだった。薄暗い間接照明の天井、中国刺繍と、木の額縁にいれた中国と日本の版画がぶらさがった、茶色のしっくい壁。本棚がずらりと並び、厚い桃色の中国じゅうたんがあった。……つづれ織りの、幅の広い、低い、バラ色のソファもあった。ひとかたまりの服が、薄紫色の絹の下着といっしょに、その上にのっていた。……変なにおいが部屋じゅうにただよっていた。そのにおいが強く感じられるときは、火薬が燃えたあとの臭気みたいでもあり、気持ちが悪くなるようなエーテルのにおいみたいにも思えた。部屋の奥の、低い舞台みたいなところに、背中の高い木の椅子があり、房のついたオレンジ色の肩掛けを敷いて、カーメン・スターンウッド嬢が腰かけていた。[8]

これに先立つ節の最後は、「私は板敷の端の柵を越え、フレンチ・ドアの下部をけとばした。帽子を手袋がわりに、破れたガラスの残りをとりのけ、そこから手を突っこんで内側からかかった掛金をはずした。あとはらくだった。上部の掛金はなかった。窓はあいた。私ははいり、顔の雨滴をふいた。部屋の中にいた二人は、私のほうを見向きもしなかった。もっとも、一人は死んでいたのだが。」となっていて、主人公の探偵フィリップ・マーロウが一人称で、一連のアクションを物語っている。そのあとでマーロウは、自分が目にしたこの部屋の光景を、においや印象とともに事こまかに記述するのである。たしかにこの緻密な記述は、事件がおこっている場面についての情報を読者にあたえて具体的に「イメージせよ」と動機づけることで、その場の情況を理解させるためのものといってよい。だが一方でこの記述は、マーロウが部屋に侵入するまでのアクションのきびきびした叙述の流れを中断するのであり、したがってキヴィのいう「離れ小島」を形成している。

キヴィが、物語の流れをいったん中断するこうした離れ小島の部分を「描写（descriptions）」[9]とも呼ぶとき、それは西洋の古典的修辞学におけるエクフラシスの伝統をひびかせている。行為やできごとを叙述する「物語」に対して

「描写」は、対象を生き生きと目に見えるものにする絵画的な記述である。この伝統は近代にも受けつがれるが、たとえば『百科全書』補遺第二巻の項目「描写（文芸、Belles-Lettres）」を書いたマルモンテルは、「詩人がみずからの心に思い描く理想的な画面（le plan idéal）こそ、描写のモデルだろうし、それゆえ詩人がある行動を描写しつつその行動のタブローをみごとに眼にするならば、その描写を読みつつひともまたおなじようにこのタブローを眼にするだろう」[10]という。もっともフィリップ・アモンによれば、修辞学の伝統において描写は、それ自体自立的な文章作法というよりは、在庫管理や文書館のためのリスト制作、法的証言や旅行ガイドといった実用的な目的のための「補助的言説」[11]として位置づけられていた。それゆえ詩や文芸においては、作品全体の構成に寄与しひとの注意を保持するために用いられるならともかく、描写それ自体はむしろさけるべきものと考えられていた。なぜなら詩人の修辞的パフォーマンスが補助手段ではなく目的となることで、作品全体の統一性をこわしてしまい、あるいは語られつつある物語の流れを中断してしまうからである。そのように統御されない放恣な描写は、読者にその退屈な部分をとばして読ませ、ついにはテクストから背をむけさせてしまうというのである。

ボワローは『詩法』（1674）において、「きみは、物語り（narrations）においては生き生きとテンポよくなければならないし、描写においては豊饒で壮麗でなければならない」として、ホメーロスの叙事詩におけるような装飾的な文彩としての描写は容認しつつも、あまりに長い描写は禁じている。

ときに作家は自己の対象にあまりにとりつかれて、その対象を描きつくすまでは、題材をけっして手ばなさないものだ。かれがある宮殿にであうと、かれはその正面のようすをわたしに描いてみせる（dépeint）。わたしをテラスからテラスへと歩きまわらせる。……わたしはこうした描写の終わりを見つけるために、二十枚を一気にとばしてしまう。そして描かれた庭園を横切って、なんとか逃げだすのだ。こうした作家たちの不毛な豊饒さを避けたまえ。そして、無用な細部はひとつといえども背負いこみたもうな。いいすぎはすべて味気なく、ひとをうんざりさせる。精神は飽き飽きして、すぐさまそれを投げだしてしまう。[12]

こうした立場は、「一連の行動のひとつの合間に、取るに足りないことどもをただ描写するべく千もの語句を費やす」[13]（『百科全書』第五巻、項目「叙事詩（文芸）」）ことをいましめるマルモンテルや、また十九世紀にも、「描写は、旅行談が問題になっていないかぎり、作品の基盤をなしてはならないのであって、それはたんに作品の装飾でなければならない」[14]とするラルースの辞書にも見られる。

「描写」の認識論的身分については、『百科全書』第四巻の項目「描写（文芸）」でド・ジョクールは、描写を対象の特性や状態を認識させるが「その本性や本質をくわしく述べることはけっしてない」ものであり、「不完全な、そしてより正確でない定義」であるとし、また「文法家は描写で満足するが、哲学者は定義を望む」[15]というが、しかし他方で、そもそも十八世紀における描写詩の流行の背景にあったロック的な経験論と、それをになうべき科学的で正確な記述としての描写という位置づけもあった。この立場からすれば、むしろ誇張による歪曲の技巧である伝統的修辞学こそ、排除されるべきものである。『百科全書』には博物誌における「描写」の項目もかかげられており、これについてアモンは、修辞学の一教程であった描写が科学的記述に対して影響をあたえ、またそれが逆にロマン主義文学における描写にある種の影響をあたえたとして、ビュフォンの博物誌は文学ないし修辞学と科学のあいだの相互的な影響関係の交差点に位置するという。

描写の近代とリアリズム

テオフラストス（BC.372-288）の『人さまざま（カラクテレス）』をモデルとする十七世紀のラ・ブリュイエールの『カラクテール』（1688）に代表される、人物描写としての「肖像（portrait）」の流行、ルイ＝セバスチャン・メルシエ（Louis-Sébastein Mercier）の『パリのタブロー』（1783）、十八世紀後半から十九世紀はじめにかけてのラヴァターやガルらの観相学の流行、また十九世紀なかばに流行した、パリの街路や遊歩街（パサージュ）にゆきかうさまざまな人物たちの諸類型をスケッチし、パリの夜やパリの食事、パリ風景など、都市の生理をスケッチするいわゆる「生理学」ものの出版物、そして旅行の増進による旅行ガイドや名所旧跡についてのガイドといったあらたな描写的ジャンルの出現と流行も、十八世紀末以来描写にかんする理論的な態度や習慣が変化するのに寄与しただろう。こうして、「十八世紀と十九世紀の変わり目において、描写は文学上の〈標準的な〉位置を獲得しはじめる」[16]。読者が関心をよせている物語のなめらかな展開をあえて中断してまでも、できごとがおこる場面や風景や人物の緻密な描写にとどまる傾向は、とくに近代小説の特徴である。アモンも、描写がかかわる細部は、十九世紀リアリズム小説では「あたらしいリアリズムの促進のための理論的、反観念論的な要求であり、スローガンであり、基礎」[17]であるという。じっさいバルザックの小説は、登場人物の顔つきや髪の色、服装や態度、さらにはかれらが住んでいる部屋の壁紙の模様にいたるまで詳細に描写する点で、それまでの小説から際だっている。ヘンリー・ジェイムズは「バルザックの教訓」というエセーのなかで、バルザックにおいてわれわれの目をうばうのは、かれが描く「どの絵画（picture）にあっても、かれが関心をよせる人物たちの状態（*conditions*）に割かれた部分」であるが、こうした「人物たちの情況（situation）がわれわれの心をとらえるのも、それが……ほかならぬかれらの情況だから」であり、そのように作品のなかで人物の「状態がリアルに呈示され、生き生きと描かれているばあいには、それこそが筋（the action）の展開をもたらす」[18]という。

ジュネットによれば、「伝統的修辞学においては、描写は、他の文体的な文彩と同様、言説の装飾の一つ」でしかなかったものが、バルザックの登場とともにあたらしい機能、つまり「説明的かつ象徴的な次元に属する機能」を帯びるようになる。「肉体の肖像、衣服や家具調度の描写は、バルザックとその後継者である写実派の作家達の場合、登場人物の心理を暴き出すと同時にこれを正当化することを目標としているのであって、それらの描写は、かかる心理の徴候であり、原因であり、かつ結果でもある」[19]。つとにサン＝ランベールは、トムソンを意識した自作の描写詩『四季（Saisons）』（1769）の序文で、つぎのように述べている。

> ひとはエピソードと風景とをマッチさせせなければならない。われわれの情況（situations）、われわれの魂の状態と、できごとのおこる場所（sites）、現象、自然の状態とのあいだには類比がある。ひとりの不幸な人物を、岩が切り立った土地に、くらい森のなかに、急流のそば、等々において見よ。これら恐ろしげなものは、その不幸な人が喚起する恐怖や哀れみの印象と結びつき、そして読者の情念（émotion）をかきたてるようなある印象をつくりだすだろう。ふたりの若い恋人たちを花咲き乱れるアーケードの下に、花の上に、晴れやかな土地に……おいて

見よ。これら自然の魅惑が、この愛を描いたタブローが喚起する快い情感につけ加わるだろう。[20]

またバロンは、よい描写にとってもっとも重要なのは「劇化の術（l'art de dramatiser)、つまり描写に情念をひきいれる(passionner）術」だという。

それは物語りの関心（l'intérêt de la narration）に応じるものである。これを得るためには、作家はときに、かれが外部の自然と主人公を生気づける情感（sentiments）とのあいだに調和やコントラストをおくことによって、描写を詩や劇、小説や談話で語られている主人公に関連づけるだろう。作家はまた一方で、読者自身に作用をおよぼし、かれに主人公をとらえている情感を共有させ、あるいはすくなくとも理解させるために、その自然本性の内部に眠っている人間的な情念を覚醒させ、さらには物理的対象の内部にさえ道徳的要素を浸透させるというようにして、描写を読者自身に関連づけるだろう。[21]

ここでバロンが「劇化の術、つまり描写に情念をひきいれる術」と呼び、「外部の自然と主人公を生気づける情感」とのあいだの調和やコントラストと呼んでいるものは、われわれならば個々の登場人物がおかれた「情況の描写」といい、そのような情況にある個人の「内面の描写」というだろう。そしてこれこそ次章に見るように、個々の登場人物の内面のリアリティーを描写し、このリアリティーに読者を共感的に関与させせようとする近代小説が切りひらいた、あらたな語りのモードなのである。

2　テクスト・タイプと「奉仕」関係

ところがジュネットは、このような変化が「物語の圧政から描写の様式を解放しようとする試み」と見えるにもかかわらず、じっさいには「装飾的描写のかわりに有意的描写を用いることによって、（すくなくとも二十世紀初頭までは）叙述的なものの優位性を強化する傾向にあった」という。なぜなら描写は物語に緊密に組みこまれることによって、かえって装飾としての自立性を失ったからである。こうしてジュネットもまた、ある点で修辞学の伝統に立つ。かれによれば、「描写は叙述［物語り］から独立したものとして考えうるかもしれないが、しかし事実においてそれは、言うなれば自由な状態では決して見出されない。……描写はまったく当然のことながら、叙述の端女 ancilla narrationis、つまり、いつでも必要とされるがつねに叙述に従属し、決して自由の身になることのない奴隷にすぎない」。[22]

「物語に奉仕する描写」・「描写に奉仕する物語」

ジュネットにも受けつがれているこうした古典的修辞学の伝統に対して、チャットマンは「描写にはそれ独自の論理があり、語りの時間＝論理性に似ていないからといって、それを軽視するのは不当である」と反論する。チャットマンは、一般に「テクスト」を「聴衆・観客・読者（audience）の受容を〈時間的に〉管理するありとあらゆるコミュニケーション」[23]と定義して、これを観者の知覚の時間的流れや空間的方向を規制することのない絵画や彫刻のような非テクスト的コミュニケーションとはことなったものとする。[24] チャットマンはさらに、これら時間性によって構造化されているテクストを、すでに見た伝統的な修辞学を念頭におきつつ「物語（narrative）」、「議論（argument）」、「解説（exposition）」、「描写（description）」という四つのことなった言説のタイプに分類する。「物語」というテクスト・タイプを際だたせているのは、そのテクストを構成する時間が、同時にストーリー展開の「因果関係」という論理性をもつ点にある。「議論」は聴衆にある命題の妥当性を説得するテクストとして、論理的必然性に依存するテクスト・タイプである。「解説」は物語の展開や議論はさておいて、情報を伝えたり事態を説明する言説である。さいごに「描写」は、事物の特性を記述する言説である。じっさいには、ひとつのテクストは、これら四つのことなったテクスト・タイプをさまざまなやり方で利用し、またそれぞれのテクスト・タイプはおたがいに役に立つように作用する。フィクションのテクストは物語を主としているにしても、描写はもちろん、ときにはできごとがおこる舞台となる場所や時代についての解説や、できごとや人物に対するコメンタリーのような議論をもふくむ。哲学論文は議論や解説を主としているが、そのための具体的事例をあげる際には、描写や物語をもふくむ。それゆえテクストの内部で、表層の形式と、これを深層で支える根本的な構造とを区別する必要がある。この表層と根本構造の関係を、チャットマンは「奉仕」の関係ととらえる。たとえばイソップの寓話は表層の形式において物語であるが、その語りは教訓つまり議論に奉仕している。フィールディングの『ジョウゼフ・アンドルーズ』の冒頭の議論――「百の教訓よりも一の実例が心に深い感銘を与えるということは、陳腐ながら真理である」[25]――は、すぐあとにつづく個別の物語の存在理由を提供しているという点で、物語に奉仕する議論の例である。

たしかに描写は、議論のようにはっきりと物語に介入することで読者の注意を引きつけるということはなく、むしろ物語と共存するという点で物語との関係は微妙であり、しばしば物語と融合しているように見える。しかしチャットマンは、ここで重要なのはテクスト・タイプとしての物語や描写と、主として「物語的」あるいは「描写的」と呼ばれるべき表層の文章とを区別することだという。「部屋は暗かった。ジョンはドアを開け、入った」という文章において、「部屋は暗かった」という断言は「明示的な描写」であり、部屋の暗さにとくべつの注意を喚起しているが、つづく「ジョンはドアを開け、入った」は、「物語＝行動の叙述」である。これに対して「ジョンは暗い部屋に入った」という文章では、「ジョンは部屋に入った」という行動を物語ると同時に、「その部屋は暗かった」と描写している。しかしここにあるのは、描写が自立性をうしなって物語と融合しているという事態ではなく、深層にある描写というテクスト・タイプが、表層に姿をあらわしている主として「物語的な」文章に組みこまれて「暗示的な描写」として機能し、物語という別のテクスト・タイプに奉仕するという事態である。ここにあるのは、「物語に奉仕する描写」である。[26]

「描写に奉仕する物語」というものも、もちろんある。チャットマンがあげるのは、つぎのような叙述である――「マーガレット・ブレシントンは冒険ずきな、愉快な人物だった。ウォーターフォード郡のけちな地主の娘で、十五歳にして第四十七歩兵連隊のセント・レジェー・ファーマー大尉とかいう人物との、惨めな結婚を無理強いされた。三ヶ月後、ファーマー夫人は夫のもとを去った。ロレンスが一八〇七年に彼女の肖像画を描いた。そして彼女はつぎにジェンキンズ大尉の愛人として再登場するが、その大尉と数年間人目を避けて落ち着いた家庭生活を送った」（ピーター・クェネル『イタリアのバイロン』）。ここでは、一連のできごとを意味する動詞（「無理強いされた」、「夫のもとを去った」「人目を避けて……生活を送った」）によって行為やできごとの物語が呈示されているが、しかもこれらの物語は、ブレシントン夫人がいかに「冒険好きで」「愉快」であるかを例証するという描写に奉仕している。「描写に奉仕する物語」のもっともよく知られた古典的な例は、すでに第一章で見たように、レッシングが賞讃するホメーロスの、ことばによる絵画的描写としてのエクフラシスである。[27] ホメーロスはアキレウスの盾をできあがったものとして描かず、神であるヘファイストスによる制作過程として描くが、レッシングはここに「その題材の内部に共存するものを連続するものに変え、それによってある物体の退屈な絵画を、行為のあざやかな画面にしてしまうという、賞賛すべき技巧」を見るのである。アモンが、ホメーロスのアキレウスの楯やレノの車の描写にあっては、つぎつぎに名指され集積されて同時的にあたえられた諸要素が、登場人物の動きとともに「テクストの舞台のうえで」[28] くりひろげられるといい、これを「〈劇化された〉描写（a dramatized description）、物語り-描写（a narration-description）」と呼ぶとき、これもまた「描写に奉仕する物語」という事態に言及しているのである。レニ・リーフェンシュタール監督の『オリンピア』や市川崑監督の『東京オリンピック』（1965）などのドキュメンタリー映画も、各種目の競技やできごとの物語は、ベルリンや東京でのオリンピックがどのようなものであったかを描写するという映画の目的に奉仕しているといえるだろう。

3　意味の統辞法、知覚の統辞法

近代小説が確立する十八世紀と十九世紀の変わり目において、描写は文学上の標準的な位置を獲得する。描写が伝統的には、なによりもことばのエナルゲイアの力によってタブローをありありと見せることをめざすと理解されていたことからすれば、十七世紀の描写詩がそうであったように、マクファーレンが十九世紀の小説に「語ること（telling）

よりも見せる（showing）ことに力点を置くにいたった変化」[29]を見ようとするのも、まちがいではないかも知れない。ハーバート・リードが、「もしも、よい著作のもっとも際だった特質をあげよといわれたならば、わたしはひとこと、視覚的（VISUAL）と答えるだろう。ものを書く芸術をその基本に還元してみれば、あなたはこのただひとつの目的、つまりことばによってイメージを伝えることにいたる。まさにイメージを伝えることである。心に見させることである。あの脳の内部にあるスクリーンに対象やできごと……の動く画像を投影することである。それこそ、よい文学の――すべての……すぐれた詩人が成就することの――定義である。それはまた、理想的な映画の定義でもある」[30]というとき、かれもまた近代小説にかんするおなじ事態に言及している。

描写がより精緻になればなるほど、リードのように、小説は映画に近づくといいたくなるのもわからぬではない。だがブルース・モリセットが、小説と映画の「美的反応が、それぞれに特殊でことなるという主張のもっとも強力な論拠をなしているのは、視覚的なものと言語的なものをめぐる論争であるが、この論争の中心問題は描写にある」[31]というように、小説の映画化においてあらたに浮上した問題は、これらふたつのメディアの特性や構造のちがいがとりわけて顕在化する描写の経験のことなりにある。

明示的な描写

小説にあっては、描写が物語世界のできごとの流れを中断し停滞させるとしても、ひとつの文学的慣習として、そのような徘徊は許容されてきた。最終的にこれを一貫した物語へとまとめあげるのは、ことばを理解して、これを全体的な意味の織物へと統合するわれわれ読者の意識である。これに対して映画の観客の意識は、スクリーン上に容赦なくつぎつぎと映しだされる映像の動きの知覚に完全に支配されているために、中断したり徘徊したりすることは基本的に禁じられている。それゆえ映画にあっては、物語の流れを中断する純然たる描写、明示的な描写はきわめて限定されている。しかし、ないわけではない。小説において描写を物語のテクストに導入する伝統的な方法は、ディケンズ『リトル・ドリット』の冒頭――「三十年前のある日のこと、マルセイユは太陽に焼きつけられていた。当時も、またその前後のいつでも、南フランスの強烈な八月のある日といえば、焼きつくような太陽は別に珍しいことではない」[32]――のように、最初にひとまとめにして呈示するようなやりかたである。だがこれとおなじことは映画でも、いわゆる場面設定ショット（エスタブリッシング・ショット。ロングあるいはミドル・ショットで、つぎにおこるシーンの場面を紹介する画面）に見られる。映画が風景のパノラマ・ショットではじまり、動きが描写的だと感じられるばあい、映画ははじまっているが登場人物はまだあらわれないので、われわれは、ストーリーはまだはじまっていないと判断する。それゆえこれは明示的で純粋な描写である。クリスチャン・メッツも映画における「描写的連辞（le syntagme descriptif）」[33]を、画面の連続が物語の連続にまったく対応せず、つぎつぎと映像として呈示されるすべての対象のあいだの関係が同時性の、したがって「空間的共存在」の関係であると理解されるような編集に認めている。たとえば風景は、まず一本の木、ついでその木の一部分、その木のそばを流れている小川、そしてむこうはるかに広がる丘の眺めなどのショットをつづけていくことによって描写できる。木から小川へ、そして丘への一連のショットは、たとえスクリーン上で物理的には連続していようとも、それが一時的な動機のない転換である以上、描写的休止となる。また、カメラが人物の顔の脂肪のまわりを文字通り徘徊することもある。それは、小説なら「かれはずんぐりしていた」という文によって表現される明示的な描写の映画的な処理である。描写的連辞は静止した事物や人物のみならず、行動をあつかうこともある。それは、観客が「それらの行動を時間的につながるものとして把握することができないような行動」[34]のばあいである。映画の場面設定ショットで鳩が空を飛んでいるとしても、鳩の動きがプロットの進行と「時間＝論理」的につながると判明しないかぎり、それは描写にとどまる。鳩がその足にむすばれた重要な情報をはこんでいるとすれば、そのショットはすでに物語の一部である。最近のハリウッド映画ではのっけから派手なアクションではじまり、それにかぶさるようにタイトルがでるようなやり方がむしろ一般的であるが、そうした派手な動きや行動がなおはっきりとした意味をになう行為として観客に呈示されておらず、それらはただ、これからおこる物語の舞台や情況や雰囲気のただなかに一気に観客を投げこむための方策であることからすれば、これもまた一種の場面設定ショットとして、描写といってよい。しばしば冒頭のアクションはみじかいエピソードに終わることがあるが、これは当の主人公の人物像を描写するためのものであり、ここでは物語は描写に奉仕している。

モンタージュ――知覚の統辞法

それゆえ問題なのは、映画には描写がないということではなく、映画が描写しあるいは物語る際の、小説とくらべてのその語りの特性である。すでに見たように言語テクストにおける「物語」には、物語言説の語りの時間とは別に、語られた継起的なできごとの因果的論理性にもとづく物語世界内の時間がある。物語言説のレベルでは、各語がつぎつぎと音ないし印刷された文字として継起し、それゆえ語りの時間は、言語記号の線型性に由来する物理的な継起性にしたがう。ことばはまずは「語り」のメディアであり、聞き手の知覚をつねに言語記号の物理的な継起性にしたがわせるために、レッシングもいうように、同時的にあたえられるものの精緻な描写にはむいていない。伝統的修辞学において、長々とした描写が批判されたのもそのためである。これに対して物語世界内の時間性は、言語の意味分節化の統辞法によって構成される。この意味分節化の統辞法はもちろん物理的な継起性にしたがわないが、それはまた、かならずしも物語世界内部の個々の行動やできごとの因果的論理性にもとづく自然な時間継起にもしたがわない。時間や場所を特定する指示句や接続詞、副詞などによって、言語テクストは語られる世界の時間や空間を比較的自在に行き来し、横断し、ときに休止するし、また「議論」における論理的必然性にも身をゆだねる。読者の意識が言語テクストの統辞法にしばられているかぎり、過去や未来が現在の展開に割りこんできたり、語り手がしばしば自分の考えを長々と提示しあるいは精緻な描写を尽くすことで物語の動きを停止させるとしても、そこに混乱はおこらない。物語内容を語るための統辞法は、つぎつぎと継起する語を耳で聞き眼で追う知覚に支えられているにしても、記号レベルの知覚の隣接性に支配されず、また語られた世界における行動やできごとの、知覚にとっては自然なひとつづきの因果的時間性にもかならずしもしたがわない、それゆえまさに言語的な「意味の統辞法」なのである。

一方画像は、そしてまた映像も、まずは描写の、より正確には「描画（depiction）」のメディアであり、「見る」ことあるいは「見せる」ことに捧げられている。ことばでものの特性を説明するのは困難であり、しばしばわれわれはことばによる描写を断念して、どんなに簡略なものであっても、紙の上にスケッチするほうを選ぶ。しかしすべての細部が同時的にあたえられている画像は、それ自体ではこれを見る観者を時間的に統御するテクストの構造はもたない。われわれの目が絵画の表面上をあちこち動きまわるとしても、その動きの物理的時間性は画像によって規定されているわけではない。なるほど映像を映写機にかけて動かすとき、ワン・ショットといえども、そこにはフィルムの一方向の物理的な動きに支えられた物語的世界の時間性が存在し、そのなかでひとは歩き、波はざわめく。そのかぎりで映像はテクストとはいえるが、しかしスクリーン上に知覚される動きは、それ自体ではそれが物語世界内のどこへの、なんのための動きかを、つまりは物語をなす因果的論理性を呈示しないので、それはまずは描写なのである。

じっさいにも、一点に固定されたカメラがせいぜい二、三分しかないフィルムに対象を映しとる最初期のリュミエール映画は、なおたんに対象の描写や記録の装置にすぎない。ジョルジュ・メリエスの『月世界旅行』(1902)のように物語を見せるようになってもなお、カメラは観客席の位置に最初から固定されており、一画面の長さはひとつのセットの空間で経過する事件展開の時間によってほぼ完全に規定されている。つまり画面は浅沼圭司[35]がいうように、質的には演劇作品の幕ないし場に相当するのであり、映画はなお舞台上に展開する演劇という物語のテクストの記録にすぎない。やがてパン(カメラの首を左右に水平方向に動かす撮影)やトラベリング(カメラ自体が左右、前後に動くショット。トラッキングとも)によってカメラが動き、ことなったアングルがことなった視点を提供することによって、これらことなった各ショットをひとつのつながりに接続する方法としてのモンタージュが映画的言説の文法として開発されるようになって、映像はたんなる描写や記録のメディアでなく物語言説となり、映画はそれに独自の物語を語るようになる。

映像は、ウォーホルの映像作品『眠る男』(1962)のように、ほうっておけば描写しかしない。映画の映像は、それ自体では物語の因果的論理性をになわないからこそ、映画が物語を語るためには、モンタージュという独自の語りの統辞法を必要とした。ところで、言語とはちがって映画においては物語言説のレベルと物語内容のレベルとがすくなくともスクリーン上の映像の内部では重なりあっているから、映画的言説の統辞法は、語と語の隣接性の知覚とは独立にこれを安定した意味として分節する言語的な「意味の統辞法」とはちがって、ショットの結合がもたらす動きの連鎖を追う知覚の習性にしばられている。モンタージュとは、がんらい描写のメディアである映像を、そしてまた意味内容が言説レベルの知覚に支えられているメディアである映像を、ひとまとまりの意味ある行為やできごととして動かすための文法である。それは、知覚を言説化するための統辞法である。そしてこの、「知覚の統辞法」としてのモンタージュによって語られる物語のほんとうらしさはなによりも、われわれが現実世界で経験しているできごとの知覚にならった、スクリーン上の知覚の自然な流れに支えられている。純然たる描写のメディアである一枚の絵画をカメラが静止してじっと見つめるとき、その映像は絵画とほとんど同質の描写である。だがテレビの美術番組のように、カメラがその絵の表面を動きまわってそのつどクロース・アップされた細部を順々に映しだすとき、このモンタージュによる知覚の統辞法の圧力は、ジョン・バージャーのいうように「繰り返しのきかないひとつの論点をつくりあげる」[36]。その結果、カメラは「見るひとが絵を見る順序や見ている時間の長さを制御する」[37]ことによって特定の「劇的論理」をつくりだす。いまや絵画の描写を知覚する一定の動きが、ひとつの物語を紡ぎだす。映画が言語テクストのように、語られる世界の時間や場所を自在に行き来し、横断し、休止するとすれば、それはモンタージュを支えている知覚のなめらかな連鎖にさからうために、知覚の統辞法に統御されている観客の意識を混乱させる。映像が静止するとき、それはたやすくがんらいの描写のメディアにもどってしまう。物語を語るモンタージュが動きの知覚に支えられているかぎり、映画の物語においてできごとの流れを中断する純粋な描写がきわめて限定されているのは、こういうわけなのである。

描写の物語

それゆえ小説にとってはいかに描写するかが課題であり、映画にとってはいかに物語るかが課題である。小説では、「かれは歩いていった」とだけいうこともできる。これは描写をはさまない、純然たる物語である。「かれは大股でさっそうと歩いていった」ということもできるが、そのとき「大股でさっそうと」という描写は、できごとや行為の展開を止めないかたちで、物語に奉仕している。さらにかれが歩いているその場所の詳細な記述をするとすれば、それは純粋な描写として物語を停止させることになる。「かれは塀に沿ってまっすぐにいき、ついで左手にある小さな川に架かっている橋を渡り、こんどは四つ角を右に折れた」ということもできるが、このときかれの行動の物語はその場の描写に奉仕している。だが映画では、場面設定ショットのような純粋な描写や、人物が歩くのにつれてカメラがそのまわりのようすを映しだすような描写に奉仕する物語のシークエンスはあっても、「かれは歩いていった」に対応するような純粋な物語はありえず、かれが歩くという行動を物語るときには、その歩き方のようすやまわりのようすをも細部にわたって映しだして描写せずにはいられない。演劇と映画のちがいについてアンドレ・バザンが、演劇を演劇たらしめているものは俳優によって語られる「テクスト」であり、それゆえテクストのことばを受肉する俳優という「人間の存在しない演劇はないが、映画での劇（ドラマ）は俳優なしでも済ませることができる。ばたんばたんと鳴る扉、風にそよぐ木の葉、砂浜を洗う波などは、劇的な力に達することができる」[38]というとき、かれは描写のメディアとしての映像が、これを駆動するモンタージュという知覚の統辞法に支えられて物語を語るという、映画に特有の語りのありように言及している。物語と描写というふたつのテクスト・タイプの相互的な奉仕関係にさきだって、そもそもテクストではない映像における「描写＝描画」が語るということこそ、小説にはなく、演劇にもなく、まさに映画が発明した語りのあらたな様式なのであり、この「描写の物語」を可能にしたのがモンタージュという知覚の統辞法である。

　文学者として映画を制作したロブ＝グリエは、「描写が語る」という映画に固有の語りの様式について自覚的であったように思える。

> 小説を書くばあいには、ある対象のより正確な描写をするために現実の対象やその映像（image）の前にわたしが立つなどということはこれまでけっしてなかった。……わたしはコピーすべきモデルをさがすなどということはけっしてしないし、たまたま道すがら、目下わたしが描写しようと気にかけている対象に出くわしたりすれば、そんな役にも立たず滑稽なもの、いずれにせよわたしの精神のなかにかたちづくられ、わたしの語句が生みだそうとしつつあるものとまったく似ても似つかないものを前にして、わたしは呆然自失、ほとんど嫌悪しつつすぐに目をそらしてしまうのである。……
>
> 　映画を撮るときには、あきらかにわたしは、これとは反対の見方をする。わたしはまさに自然の舞台装置（les décors naturels）を好むし、撮影の作業が構成する映画的**エクリチュール**の重要な部分へとわたしを導いてくれるのは、こうした舞台装置を直接目で観察することである。[39]

ロブ＝グリエがここで語っているのは、「精神のなかにかたちづくられ、わたしの語句が生みだそうとしつつあるもの」から、つまり「意味」から出発することばによる小説と、「自然の舞台装置」や「実物」をつぶさに「観察する」こと、つまり「知覚」から出発する映画における「描写の物語」とのちがいである。そして、ここにはたしかに「語る」メディアと「見せる」メディアのちがいと、それに対応する「読む」経験と「見る」経験のちがいがある。

4　描写の物語

心的イメージと知覚映像

ことばは「語り」のメディアであり、映像は「描写」のメディアである。物語にとって重要であろうがなかろうが、視覚的細部のすべてを見せることが「描写の物語」としての映画映像の本性である。一方小説では、描写はつねに人物や事物の細部から物語に関係するいくつかの特徴を選択することによってなされる。それゆえすべての細部が充足している知覚映像とちがって、小説の選択的な描写には空白がある。だがこの空白こそ、ことばが喚起するイメージのゆたかさを保証するという主張がある。たとえばイーザーも、すでに本章の冒頭でもふれておいたように、そのひとりである。イーザーによれば、読者が人物をイメージとして視覚化しようとするとき「かれの想像力は膨大な数の可能性を感じとる」[40]が、こうして想像力を駆使してあたえられた情報を総合することで「かれの知覚はより豊かになると同時により私的になる」。ところが映画化は、こうした想像力によるイメージの可能性を、細部をすべて充足した「ひとつの完結した不変の画像」に固定してしまうために、かえってそれは「表象イメージの貧困化」という逆説的な事態をひきおこす。映画を見るとき読者は、自分が読書中に思い描いた「記憶のなかにある表象イメージ」と比較しつつ、スクリーン上の映像を知覚するが、その結果「映画の人物にはなにかが足りないといったある種の失望感」を感じる。こうして自分の想像力がつくりあげた自分の「所有物」[41]ではないスクリーン上のイメージを否応なく受け入れざるをえないために、「どうやらだまされてしまった」と感じるところに、よく知られた失望感の由来があるというのである。

もっともそのイーザーでさえ、じっさいに読者が思い描く「表象イメージ」の具体性については、立場は微妙である。かれは『トム・ジョウンズ』の映画を見て、自分がかつて読書の際に抱いたイメージを思いおこすとき、そのイメージは奇妙に散漫で、トムが大男だったか、瞳は青く、髪は黒かったかといった細部にかんして、自分の表象イメージは「視覚的には貧しかったことに気づく」というのだが、ここではイーザーは読書におけるイメージ形成を、すべての細部を充足した視覚の対象となるような一枚の絵を思い描く作用とは考えておらず、むしろイメージ形成によってめざされているのは、イメージされた人物が物語のなかで特定の「意味の担い手として姿をあらわす」[42]ことだと考えている。チャットマンははっきりと、小説の読者は『風とともに去りぬ』のレッド・バトラーの「外見の厳密な細部について意見を異にするだろう。そもそも心の中にレッドの像を思い浮かべなければならないことに憤慨するひとさえいるだろう。いかに熱心に像を思い描くひとでさえ、おそらく小説を読み通すあいだ、心の中の不変の肖像にたえず焦点をあわせておくことはしないだろう」[43]という。ミトリは、読書とは小説家が意図したものを読者が視覚化することで、これを「〈想像的なものの内部で現実化する（réaliser）〉」[44]ことだというが、これに対してはメッツが「小説は——たとえ多くの読者が個人的空想をはぐくむために利用しているにせよ——別な意味で、想像するための何ものもわれわれに与えてはくれず、われわれに呈示されるのはただそのテクスト（すなわちそのシニフィアンとシニフィエ）だけである」[45]と批判している。

小説の映画化にまつわる従来の批判は、おおむね観客の心のなかのイメージとスクリーン上の知覚映像との対比におけるズレと、それがもたらす失望感にむけられてきた。だが問題の核心は、そもそも観客は、あたかも二枚のべつべつに描かれた画像を見くらべるように心的イメージと知覚映像とを対比しているのか、小説の映画化とは心的イメージの知覚映像化を意味するのか、またそもそもことばによるイメージ形成は「膨大な数の視覚化の可能性」を意味するのか、想像力によって心的イメージを「思い描く」とは、絵画的描写に対応するような作用なのかという点にある。読書行為にともなうイメージ形成というとき、そこで問題になっている心的イメージとはどのようなものであるかという問題については、すでに第一章で論じておいた。われわれの結論は、小説を読むこと、ことばの観念を理解することはかならずしもイメージ形成作用ではなく、またときに付随する心的イメージがそれ独自のやりかたで理解に寄与するとしても、それは単語が指示する対象のすべての意味素性がイメージされることで絵画のように細部が充足した知覚画像と同等のものを構成するわけではないというものであった。それゆえ小説の映画化という問題の核心は、従来信じられてきたような、描写された人物やできごとについての心的イメージの画像とスクリーン上の知覚イメージの画像との対比や照合にあるのではない。心的イメージが画像でない以上、そもそもそのような照合自体、不可能である。だとすれば、映画化の経験にまつわる意識のズレと、ときに生じる失望とはなにに由来するのか。

小説の描写

たしかに、小説の描写にとって選択は不可避である。たとえばモーパッサンの『野遊び』で、アンリエットを「十八、九の美しい娘さんで、こんな女に往来などで会ったら、たちまち劣情をそそられ、はては、とりとめのない胸騒ぎと、官能の亢進（こうしん）に、夜もろくろく眠られないことだろう。背の高い、すらりとしたからだつきで、腰幅も広い。はだは小麦色で、目は大きく、髪の毛は漆黒だ」[46]というように、入念に描写するとしても、こうして選択された細部にはかぎりがあり、実際の彼女の知覚可能な外見という点では、そのイメージはどこまでも希薄で、視覚的には貧しい。しかし一方で、ことばはこうして選択された細部を、アンリエットが「十八、九」で「美しい娘」で、道で会ったら男は「たちまち劣情をそそられる」ようなタイプの女だというように、はっきりと「名指す」のであり、こうして小説の描写は、描写される人物の人となりを、また事物やできごとがになう意味を、チャットマンがいうように、それらがことばによって「〈名指されて〉いるだけに正確」[47]に一義的に呈示することができる。

ことばによって選択的に名指された特性と、またこれらの特性によって構築された人物やできごとといったある種の実体は、けっして画像のような知覚的なゆたかさにはいたらないが、一義的に明確で固定されている。リチャーズもテクストをイメージしながら読ませようとする教師を批判して、「かれらはイメージがことばの意味を充填すると考えているが、それはむしろ逆で、イメージやそのもとの知覚に欠けている意味をもちこむものはことばなのである」[48]という。小説家が映画作家にくらべて有利なのは、かれは自分が望むもの、自分が本質的だと思うものを強調して描写し、それ以外を無視できる点にある。ことばが選択し名指さなかった細部は、ことばの描写能力の限界という以上に、むしろことばの「表現を回避する能力」[49]の証である。そのように選択し名指すテクストに統御されて、読者はアンリエットが知覚的にどうきれいなのかはべつにして、ともかくも美しく、男の劣情をそそる娘であることをうたがうことはできない。ジョナサン・ミラーは、小説においては「ある神秘的なしかたで、ひとつのシーンの描写はそれが描写している当のものに完全に占められているように見え、それが言及しそこなっているなにかが欠けているとはけっして見えない」[50]というが、この「神秘的な仕方」についてはすでにバークやレッシングが答えている。バークは、ことばがなんらイメージを喚起することがなくとも、習慣からそれが指示する事物が現実におよぼすのと似た「効果」をうけとることによって、その語の意味を理解することができると主張し、レッシングも、ホメーロスが「ヘレネは神のごとき美しさをもっていた」というとき、かれは読者に呼びおこす効果、ヘレネへのほのかな胸のときめきやあこがれ、愛情や歓喜を描くことで、その美をわれわれにわからせると主張した。そのように、ことばによる名指しは、アンリエットに対する特定の印象とあこがれと欲望を読者に抱かせる、その効果においてきわめて強力でゆたかである。そしてこの一義的で強力な効果こそ、ことばがわれわれの経験にもちこむ意味なのである。まことにブルーストーンがいうように、「文学の人物は、かれらを形作ることばから分離できない」[51]し、またミラーがいうように、小説のなかの人物たちは「かれらがそこに立ちあらわれる小説とおなじ素材（material）からつくられており、この素材から解き放たれて他のメディアのなかでひとりの人間として姿をあらわすことはできない」[52]。そしてまさにこの点に、ミトリも指摘するように、小説のなかでは妥当な多くの人物や情況が、スクリーンではもちこたえられない理由もある。[53]物語世界のなかではどれほど確実なものに見えようとも、小説のなかの実体は、その確実さをことばの選択的な名指しの一義性に負っており、映画が提示する知覚映像の多義性ないし両義性のなかではもちこたえられない。

映画の描写

これに対して映画の描写は、カメラ・アイの知覚による呈示である。こうしてカメラによって見られた画像は、ことばによる選択や一義的な名指し以前の知覚的な細部に満ちている。それゆえ映画は、ルネ・ミーシャがいうように、われわれ観客の「注意が、あるいはすくなくともわれわれのまなざしが、舞台装置（デコール）のある部分や二義的な人物や、おそらくは主人公の手にさえむけられるのを妨げることはできない」[54]。小説の読者の意識は、ことばによって名指されたすべてのものを明確に意味分節化し、こうして物語世界全体をひとつのパースペクティブのもとにおさめる意味の統辞法にみちびかれている。それゆえ周辺的な部分や二義的な人物、主人公の肉体のささいな部分といった細部は、ことばによって構築された世界にとってはノイズでしかない。だが映画では、知覚の統辞法に統御された観客の意識が映像の両義的な細部の知覚をつうじて、これを思考や推論を介して一定の方向に意味分節化するのをあてにするほかはない。観客の意識に作動するのは、モンタージュをはじめとする映像という知覚メディアに特有の文法にそって展開する思考である。映画は「一連の流れにしたがって知覚されるのだが、そのただなかで、なお固定されていない思考、ことばによって定義されていない思考が、多くのさまざまな暗示をとおしてみずからを探りつつ姿をあらわす(*se propose*)」[55]のである。ミトリが「映画とは、……対象の言語活動 (un langage d'objets) である」[56]というとき、そしてわれわれならばこれを「描写の物語」というのだが、それは対象の知覚に支えられた観客によるこうした意味分節化の作用をいうのだろう。

　映画的描写は細部の知覚が充足しているにしても、小説におけるようにその意味は固定していない。小説で、「彼女は十八歳になったばかりの美しい娘で、華やいだなかにもしっとりと落ち着いた黄色の服を身につけていた」ということばによって一義的に名指され固定される人物も、映画において呈示され見せられる映像では、彼女がきっかり十八歳だと観客に理解させることは保証できないし、服装にしても、ある観客には「ただ明るい黄色の服」と映るかもしれず、別の観客には「地味な黄色の服」かもしれない。映画に望みうるのは、観客がなにかそれに近いことを感じてくれることだけである。「美しい」という描写にしても、小説家はことばが名指す意味と、これが読者におよぼす効果の恒常性をあてにできる。だがスクリーンに登場する俳優は、これを知覚するあるひとにとって「美しい」かも知れないが、別のひとにとってはたんに「かわいい」だけかもしれない。せりふやヴォイス・オーバーで補わないかぎり、映画の映像は描写的情報を名指す観客の能力を蓋然的にしかあてにはできない。そして小説とくらべての映画の貧しさと同時にそのゆたかさも、ここにある。

「描写の物語」としての映画の意味の読みとりにとっては、たとえ主題的に注目されないとしても、知覚映像の無限定の細部こそが重要である。細部はここでは、人物の肉身がそこに住み込み、そこで行動し、そこから物語が生起してくる情況をかたどるものであり、物語世界の肌理である。ミトリがいうように、映画の人物たちは肉体をもつ現実存在として、「客観的で具体的なやりかたで〈世界のなかに〉境位づけられているために、かれらはその背景(décors) から区別されることができない」[57]。スクリーン上にあらわれるかれらの姿は、かれらが住み込んでいる世界情況をいわばかたどっている。なるほど演劇でも、俳優の肉体は舞台背景に立つ。だが舞台の俳優は、演劇を演劇たらしめているテクストによって定義されたキャラクターを身に負っているのであり、それゆえ演劇の本質は俳優の肉体の現前にではなく、俳優が受肉する「ことばの現前」にある。もちろん映画にも、せりふはある。だが映画のせりふは、スクリーン上で「そのつどおこるできごとにまきこまれた表現」[58]にむかうのであって、それが物語世界を構成するわけではない。「描写の物語」としての映画において、世界の構成はまずは映像においてはたされる。草創期のトーキー映画がなお「写真に撮られた演劇」にとどまっていると見た映画監督のジャック・フェデーが映画の将来を信じつつ、「演劇では、情況はことばによって創造されるが、映画では、ことばは情況から立ち上がらねばならない」[59]というのも、「描写の物語」としての映画のありかたを示唆するものといえるだろう。

「効果」の対比と異同

ことばによるイメージ形成は、イーザーのいうように、膨大な数の視覚化の可能性を意味しない。むしろ逆に、言語テクストは読者に見せたいと思うものだけを選択し名指すことで、一義的で明快な特定の意味ないしイメージと、これによって強調された印象や効果をあたえるのがふつうである。この点で小説の描写は、視覚的には貧しいが、言語的には正確であり、名指された意味のもつ効果は強力である。だからこそ読者は、ことばがあたえる特定の印象につよく愛着をもっていて、スクリーン上にあらわれる俳優の肉体や情景の多義的な知覚映像に困惑するのである。そしてまさにこの点に、映画を見たときに読者がときに覚える失望も由来している。これに対して映画の描写は、たとえ特定の視点やクロース・アップのようなカメラ・ワークによる強調を用いようとも、二義的で偶然的な細部もふくめて、すべてを知覚的に描写せずにはいられない。この点で映画の描写は、視覚的にはゆたかで、提示された情況のもつ多義的で全体的な効果は強力だが、意味分節という点ではあいまいであり言語的に貧しい。ここに、ことばと視覚映像というメディアのちがいと、これを経験する意識のズレが先鋭的なかたちで露出する。

小説の映画化において問題になるのは、描写された人物やできごとについての心的イメージと、スクリーン上の知覚イメージとの対比や照合だとするところに、従来の映画化をめぐる議論の混乱の所在があった。ことばと映像の「知覚」はちがうし、心的イメージは画像ではない。心的イメージが画像でない以上、そもそもそのような「照合」自体不可能である。小説と映画は「イメージ」という点で接点をもつわけではなく、接点は唯一「効果」にある。ボイヤムも、小説の人物を演じるに際して、俳優のルックスはおどろくほど小さな役割しか果たさないといい、そもそも読者は人物の相貌について正確に語られていたかどうかさえ覚えていないという。[60] 結局のところ問題なのは、俳優が観客に喚起する「連想」であり、「感じ（feelings）」である。マクファーレンもまた、映画化の問題はことなった記号体系、意味体系によって、おなじような「感情的（affective）反応」[61]を喚起することができるかどうかだという。小説と映画とは、ことばと知覚映像、意味分節化された意識による物語世界の構成と情況としてあたえられた知覚世界の意識化ないし意味分節化による物語の読みとりという点において、相互にことなった経験である。映画化にあっては、小説がことばによってめざし、映画が知覚映像によってめざす「効果」の対比と異同が問題となる。[62] ここでふたたび、レッシングを引用しよう。かれによれば、詩人と画家の作品は、「その効果がひとしくあざやかであるとき、もっともよく似かようのである。一方が耳を通して心に伝えるものと、他方が目に対して表現しうるものとがたがいに過不足ないときに似かようのではない」[63]。

映像がまずは描写のメディアであり、映画は映像が映しだすリアルで緻密な細部の描写という点で、なによりも「見る」ことに捧げられている。小説を読んで、その小説に感動すればするほど、ひとはどうかしてその物語を見たいと思う。バルトがいうように、小説が画像をけっしてあたえてくれないからこそ、われわれは視像の、形態の欲望につき動かされて、映画化を見たいと切実に思う。それがときに失望に終わるとしても、それはひとり映画の言語的貧しさによるのではなく、小説の視覚的貧しさにもよるのである。

第五章　語りのモード

物語内容としてのストーリーを構成する行為やできごとそのものは、メディアのちがいをこえて比較的翻訳可能であるのに対して、これらをいかに語るかという物語言説の次元におけるメディアの特性や構造は、ときに翻訳が困難である。ここでは、小説の言語と映画の映像ということなったメディア、ことなった記号体系それぞれの「語り」のちがいを、「語りの態（voice）」つまり「語り手」や「語りのモード（叙法）」にかんして見きわめてみよう。

1　語りの「態」

物語言説と物語内容

映画の語りを考えるにあたっては、とりわけ物語言説と物語内容の区別は重要である。しかも、しばしばこの区別は無視されている。たとえばブルーストーンは「小説は三つの時制をもっている。映画はただひとつの時制しかもたない」[1]といい、ジョナサン・ミラーも「映画はできごとをそれが起こるとおりに見せるという点で他に類を見ない能力をもっているが、それは現在を過去との関係で再現する——できごとがしばしば起きるものか一回きりのものかとか、事物があらたに生じたとき、それがそれまではどうだったとか——散文の流暢な器用さはまったくもたない」[2]という。ロブ＝グリエが『去年マリエンバートで』の序文で、「映像の本質的な特性はその現在性にある。文学が文法における全時制を使用し、そのおかげで諸事件を他のできごととの関係にもとづいて配置することができるのに対して、映像にあっては、動詞がつねに現在時におかれているといっていい」[3]というのも、おなじ主張である。かれらに共通する主張、つまり映画にあってはたとえ過去の物語であっても、観客はこれを現にスクリーン上に映しだされた、まさにその瞬間の現在として知覚し経験するのであり、したがって映画は現在時制しかもたないという主張は、映画が物語である以上、言語による物語と同様、物語言説と物語世界という次元のことなりをもつという当然の事実を無視している。

かれらが言及しているのは、実際には映画が物語を語るための物語言説の時間であり、つまりはスクリーン上に映しだされた映像の現在である。たしかに人工的で恣意的な記号としての言語においては、もともと能記と所記ということなった次元の二重性ははっきりしているのにたいして、いわゆる自然記号としての映像においては、そのつどの現在の瞬間にスクリーン上に投影された光の粒子という物理的存在としての能記と、それがわれわれの知覚に提供する木や石や風景や人間といった所記とは、たいていのばあいぴったりと重なって見える。だが、だからといって映像の記号に、記号であるかぎりでの原理的な二次元性が存在しないわけではない。その証拠に、スクリーンはどんなに大画面であっても四辺の枠という限界をもっており、したがって映画の物語言説もまた四辺の枠という限界をもっているが、だからといってわれわれ観客は、スクリーンに映しだされた木や石や風景や人間が帰属する物語世界が、じっさいにも四辺の枠に区切られた世界とはけっして見ず、われわれが現に身を置く現実の世界と同様、四辺をこえてはるかかなたにひろがる世界として見ているはずである。そもそも小説にしても、物語言説はつねに現在にしか存在しない。ひとが小説を読むとき、ひとはページに印刷された物理的なインクのシミとしての文字記号をそのつど目で追うのである。

たしかにことばの文法がもつ時制は精妙に分節され、ニュアンスも複雑である。だが、映画がモンタージュによって物語を語りはじめて以来、映画の物語言説である映像の文法もまた、物語世界を構成するさまざまな時間を見せるための一定の時制を開発してきた。現在のイメージに、これとはべつのイメージを重ねあわせてだぶらせる二重露出やフラッシュ・バックは、過去時制を語る映像の一例である。その際しばしば、フェイド・イン、フェイド・アウトが用いられるのも、さらには現在と区別するために過去のイメージにときにセピアがかけられたりするのも、それが過去であることを明示するための記号として、動詞の時制に対応する映像内部の能記としての過去形である。言語ほど明確ではないにしても、時間を提示する「指示詞（deixis）」すら映像はもつことができる。たとえば時計やカレンダー、新聞をクロース・アップしたり、せりふのなかに指示詞をまぎれこませることで、物語世界におけるそのつどの時点を指示するのである。また映画は、同時にふたつのことなった時間を提示することもできる。映像は現在でありながら、そこにかぶさる音は記憶にある過去のものであるばあい、あるいは逆に、サウンド・トラックには裁判のダイアローグを残しながら、映像はそれ以前におこなわれた犯行の場面へともどって呈示するばあいなどがそうである。映画における一人称の語りでも、ヴォイス・オーバーが一人称の語り手の現在を指示しつつ、映像は現時点からの回想シーンを提示する。とはいえ映画によるこうした語りには、小説にはない歴然とした限界もある。たとえば映画の回想シーンでは、回想する現在時点と回想された過去との時間のギャップは、フラッシュ・バックやヴォイス・オーバーの一瞬は顕在化しても、いったん画面が過去へと切り替われば、スクリーン上に現在する映像という物語言説は、言語のようにこのギャップをつねに顕在化しておくための明示的な記号をもたないために、このギャップを維持するのは容易ではない。スクリーン上の映像が回想であることを顕示するためには、たとえばヴォイス・オーバーという現在性の能記をそのつどひびかせる必要があるが、それは映像で物語を語る映画というメディアには得策ではないだろう。

映画は現在時制しか知らないという認識は同時に、映画における語り手はスクリーン上に映しだされた場面にみずから現前し、これを目撃し、これを観客に提示するカメラであるという主張と連動している。だが、映画が現在しか知らないという認識が、すくなくとも原理上はあやまりだとすれば、カメラを目撃者とし語り手とする認識もまたうたがわしい。ここでも重要なのは、物語言説と物語内容という、語りのふたつの次元を区別することである。

「不可視の観察者」と語り手

デヴィッド・ボードウェルによれば、一九六〇年代以前の映画理論は、映画を演劇的なスペクタクルの領域にあるものと考えた。最初期の映画論はカメラを、観客席に陣取って舞台上の芝居を記録する観客と見なしたが、その結果カメラは、スクリーン上のできごとの現在に立ちあい目撃する「不可視の観察者（the invisible observer）」[4]と考えられるようになる。この立場によると物語映画は、ストーリーのできごとにあらゆる角度から、また時間や空間を自在に移動して立ち会う不可視の想像上の「遍在する（omnipresent）目撃者」[5]の視像をとおして再現するものである。そしてこのカメラによって肉化された「不可視の観察者」は、「語り手」と同一視される。一定のアングルからできごとを目撃するカメラ・アイの物理光学的「視角」は、そのまま語り手ないし作者（監督）の「視点」とされるのである。五〇年代のブルーストーンにしてもなお、カメラを観察者、目撃者、語り手と考えている。[6]

これとはべつに、映画の語り手としてのカメラを精神分析というあらたな装いのもとで論じる立場もある。たとえばメッツは『想像的シニフィアン――精神分析と映画』で、カメラは観客が無意識のうちに自己を同一化している「純粋な主体」すなわち「映画が絵画から受けついだ一点透視図法の消失点」に位置する「すべてを見とおすがみずからは不可視（omnivoyant et invisible）」[7]の存在であり、これによって観客はだれもいない「不在の場所」に位置してスクリーン上のできごとを見る「窃視者」となるという。ジャン＝ピエール・ウダールの「縫合（suture）」という概念は、切り返しショット（会話のシーンにおける、第二の話者のショット）に見られるように、スクリーンに現前する画面と不在の逆画面のように断続したショットをひとつながりの連鎖におくことで、これを想像的な領域における「意味する総和」として読み解く操作を名指すものである。しかしこれによってウダールは、各ショットをひとつながりに縫合する「映画的言説の想像的主体」[8]が、ほんとうのところは映像のなかの人物や世界から距離をとるカメラの「純粋な不在の境域」に立つ、それゆえだれとも名づけえない語りの主体としての「不在者」であり、そしてそれは本人は意識していないとしても観客なのだと主張する。だがこれらの理論も、結局はボードウェルが批判するように[9]、語り手と観客をカメラと重ねあわせる「不可視の観察者」モデルに帰着する。

問題になっているのは、はたしてカメラは物語のできごとの瞬間に現前し立ちあう「目撃者」なのか、またそのような目撃者としてカメラは物語の「語り手」なのかという、この二点である。さきに注意しておいたように、ここでも決定的なのは、物語言説と物語内容とを区別しないことからくる混乱である。カメラは、物語言説の次元での語りのメディアとしての映像を提供する装置にすぎない。さまざまなカメラ・アングルや、カッティング、クロース・アップやワイプなどのカメラ・テクニックは、多様なショットを提供する。映画はこうしてえられたショットを、ながいあいだの試行錯誤を通じて開発された一定の文法にしたがったモンタージュによってつなぎ合わせることで、特定の物語を語る。これらはすべて物語言説の次元での語りのふるまいであり、それは小説が言語メディアの文法にしたがったことばの特定の編成によって物語を語るのと同様である。たしかに初期の映画のカメラはもっぱら記録装置であり、そのかぎりで演劇の舞台の観客としてできごとに立ちあい、これを目撃し記録した。だが映画が物語を語る能力に気づきはじめて以来、物語世界のできごとは、物語言説の次元における映像の特定の編成によってはじめてひとまとまりのできごととして構成され、観客の目に見えるものとなるのであって、それ以前にカメラが立ちあい目撃するできごとなどというものはどこにも存在しない。

チャットマンもいうように、語り手と呼ばれるものがなんであれ、語り手は物語世界の「報告者」であって、目撃する「観察者」ではない。ストーリーが語り手の知覚をとおして語られるというのは意味をなさない。語り手はまさに物語っているのであって、「物語る」ことは「見る」行為ではなくて提示ないし再現の行為である。このことは一人称の語りにおいても同様で、その「語り手＝登場人物」である〈わたし〉が物語るできごとをじっさいに経験していたとしても、かれが語る物語は事後のものであり、したがって「それは知覚ではなく記憶の問題なのだ。彼は〈見た〉と記憶していることを語ったり示したりする」[10]のである。

カメラが観客の視覚を支配する目撃者ではないとすれば、それゆえまた、カメラがこれを操る作者・監督の目の代理ではないとすれば、映画の物語を語る語り手とはだれなのか。すでにわたしはべつの機会に、小説のテクストの語り手として、それを発話した声の起源であるだれかある人格存在を想定するのではなく、これをむしろテクストに内在する一定の「記号」と考え、テクストを「語りの記号論的装置」と考えるべきであると主張しておいた。[11]じっさい、不可視の語り手が主人公と肩をならべてあるき、かれのすぐそばに立って、かれが見るのとおなじものを見ると考えたり、またテクストが主人公について「かれは、これまで一度もタオルで猿ぐつわをかまされたことはなかった」と語るとき、この不可視の語り手はじつはこの主人公の過去の経験をよく知っているかれの仲間のひとりだと想定したりすることは、いかにも奇妙である。ボードウェルもまた、語りとは「ストーリーを構築するための一連の手がかりの組織化」[12]であり、それはメッセージの受け手を前提するが、いかなる送り手をも前提しないという。チャットマンも、「語り手は物語言説の、つまり物語世界が表現される仕組みの、一構成要素」であり、物語の提示にはそのような語りの「動作主（agency、媒体）が必要」[13]だとしても、この「語り手」つまり動作主が人間のしるしを帯びている必要はないという。それは作者ではない。作者とは語りの装置である物語言説の制作者であり、コード化された映画の文法にしたがって映像を特定のテクストへと編み上げる編集者である。カメラもまた、語り手ではない。カメラとは、作者が物語のテクストを制作し編集するための映像の断片を提供する装置にすぎない。バンヴェニストが、話し手と聞き手を想定し、それゆえ「わたし」と「あなた」、「ここ」と「いま」という人称関係において成立する日常の「話（discours）」と対比していうように、「物語（histoire）」とは、そこに「話し手が全く介入することなく、ある時点に生じた事実を提示するもの」[14]であり、それゆえ「ここにはだれ一人話すものはいないのであって、出来事自身がみずから物語るかのようである」。それゆえ小説にせよ映画にせよ、語りにおいて問題になるのはだれの「声」が語るのかという語りの「態（voice）」というよりは、どの視点から語るかという語りのモード、つまり「叙法」である。

2　語りの「視点」

ジュネットによれば、「叙法（mode narratif）」とは物語を語るさいの「物語情報の制御」の様態である。「人は自分が物語る対象をより多く物語ることもより少なく物語ることもできるし、その対象をあれやこれやの視点から物語ることもできる」[15]が、それはいってみれば、自分の物語る対象とのあいだにより大きなもしくはより小さな「距離」をおくこと、また物語内容に対して一定の「パースペクティブ」をとることを意味する。二十世紀半ば以降、文学のナラトロジー研究における語りの視点の分析は、大きな成果をあげている。にもかかわらず、ジュネットが指摘するように、しばしばそれらの研究は「叙法」と「態」とを混同してきた。それはつまり、「どの作中人物の視点が語りのパースペクティヴを方向づけているのか、という問題と、語り手は誰なのか、というまったく別の問題とが……混同されている」[16]のであり、これによって視点の分類や分析にも混乱が見られる。たとえば一九四三年にクリアンス・ブルックスとロバート・ペン・ウォーレンは、伝統的に〈全知〉の視点あるいは〈神〉の視点からの三人称の語りと呼ばれてきたものを、「全知の作者（the omniscient author）」あるいは「分析的作者（the analytic author）」[17]による三人称の語りと呼んでいる。ノーマン・フリードマンの一九五五年の論文でも、全知の語りを「語り手＝作者」が自身のコメンタリーや思想や感情をもって介入する「論説的（editorial）全知」と介入しない「中立的（neutral）全知」[18]とをわけるというように、語りの視点と語りの態とが混同されている。これらの論考とほぼ同時期にありながら、語りの「態」と「叙法」とを混同することなく、語りの視点の基本形をもっとも単純で明快なかたちで整理したのは、ジャン・プイヨンの『時間と小説』（1946）である。プイヨンは語りの視点を「〈背後から〉の視像（la vision «par derrière»）」、「〈ともにある〉視像（la vision «avec»）」、「〈外部から〉の視像（la vision «du dehors»）」の三つに分類する。バルトの「物語の構造分析序説」（1966）やトドロフの『小説の記号学』（1967）の分類も基本的にはこれをふまえたものであり、ジュネットもまた『物語のディスクール』（1972）では、これを基本にして視点の問題を論じている。もっともここで問題になっているのはあくまでも語りの様態であるという点から、ジュネットは「視像」とか「視点」とかいう術語にまとわりつく視覚性を払拭すべく、語りにおける「焦点化（focalisation）」という術語を採用する。いずれにせよ、ここでわれわれもプイヨンによるこの三つの視像ないし視点の分類を軸に、トドロフやバルト、そしてジュネットの見解をも加味しつつ、あらためて整理してみよう。その際、われわれが「語り手」ということばを用いるとしても、それはじっさいに発話するだれかを意味するわけではなく、語りの視点がおかれる位置を指示することばとして、たんに慣習上の便宜のために用いるにすぎない。

〈背後から〉の視点

プイヨンのいう〈背後から〉の視点をトドロフは、「語り手＞作中人物」という公式で示している。つまり語り手は作中人物よりも話をよく知っており、あるいはどの作中人物が知っているよりも多くのことを語る。語り手は、作中人物の頭のなかを見とおすと同様、家の壁のなかをも見とおしている。作中人物たちは、語り手に秘密をもたない。語り手は、当の人物自身も気づいていないひそかな欲望すら語ることができる。もっともバルトもいうように、語り手は人物の内面でおこることをすべて知っているが、とくにひとりの人物と同一化することはない。この語り手は「見たところ非人格的な、一種の完全な意識」であって、これが「優越した視点、神の視点から物語内容（l'histoire）を発信する。この語り手は、登場人物たちの内部にいる（というのも、かれらの内面で起こることをすべて知っているからである）と同時に、外部にもいる（というのも、とくに一人の人物と同一化することはけっしてないからである）」[19]。それゆえこれは、ふつうは三人称のかたちをとる。

叙事詩に代表される物語の伝統的様式はおおむねこの、いわゆる〈神〉の視点ないし〈全知〉の視点からすべてを俯瞰し、すべてを見通し、すべてを公平に語る定式を活用している。たとえば、ホメーロス『イーリアス』の冒頭の部分はつぎのようである。

この折りほかのアカイア人らは、みな一様に賛成して、
神の司を敬って、きらやかな身の代を受け取るようにと勧めたけれども、
アトレウスの子アガメムノーンは　これにたいそう機嫌を損じて、
「この上私（わし）が、老人よ、其方に、中のうつろな舟の傍（かた）えで出くわすことの
ないようにしろ、現在ぐずぐずしていたり、後々でまたやって来などして。
……
ともかく出て去（ゆ）け、私（わし）を怒らすなよ、なるべく無事に帰りたいなら。」
　こう言うと、老人は恐れをなして　王の言葉に従いはしたが、
黙然（もくねん）としてそのまま、鞺鞳（どうとう）とざわめき立つ海の渚へ歩みを運び、
さてそれから人気のないところへ赴（い）って、老人はアポローン神へと
しきりに祈願をこめていった、髪美しいレートーが生（う）んだ御神に。（第一書、22-36）

たしかにここでは、語り手はアポローンの老祭司クリューセース、アカイア勢の面々、アガメムノーン、それぞれに対して、だれにとくに荷担することもなく等距離に立ち、そのつどの心の動きを単刀直入に「一様に賛成した」、「機嫌を損じた」、「恐れをなした」と要約するが、この語り手にとって、かれらの内面はつねに一義的で透明で、隠しだてはない。

プイヨンは〈背後から〉の視点の特徴を、人物の心理的現実を外的世界ときりはなして一個の独立した観察対象、「感情や観念の小世界」と考え、これをもっぱら客観的かつ直接的に反省し、分析し、要約し、記述する「古典的心理学」の認識方法にたとえている。これによって語り手は、物語世界に対して「超越的」で「普遍的」なその位置から、登場人物の「操り人形を動かしている糸の一本一本を見る。かれは人間を解体する」[20]。この視点からすれば、「人物も、かれらが生きている世界も、その位置からしてすべてわれわれには透明なのである」。このように、感情を単独で観察されるべき対象として措定し、これを分析することで当の人間を記述しようとする古典的心理学にもとづいて書かれた小説を、プイヨンは「古典的小説」と呼ぶ。こうした古典的小説は、そこで分析される諸感情にかんする心理的価値を一般的なかたちで前提し共有する社会や文化に根ざしており、この点でこれらの小説はその起源を「エセーや箴言の知恵に、つまり心理についての一般的な意味づけの探求に」[21]もっている。ジュネットは、このような「古典的な物語言説によって代表されるようなタイプ」を、特定のどの人物にもかたよって焦点をあてないという意味で、「非焦点化の物語言説、もしくは焦点化ゼロの物語言説」[22]と呼ぶ。近代小説草創期におけるそのような語りの典型は、たとえばフィールディングの『トム・ジョウンズ』（1749）である。

> オールワージ氏はいつに似ぬ怒りの顔色でトムのほうにむきなおり、聞き出さずにはおかぬと再びくり返しつつ、だれといっしょだったのかを言えと勧める。が少年はなおもがんばる。ついにオールワージ氏は非常な憤怒のさまで、明朝までようく考えておけ、朝になったら別の人の手でまた別の方法で調べさせると言って彼を放免した。
>
> あわれジョウンズははなはだ憂鬱な一夜を過ごした。……結果は、ある国々で罪人の自白を強要するための拷問にも、おさおさ劣らぬかと思えるくらい猛烈に鞭を加えられた。

トムはこの刑罰を大決心をもって堪える。先生が一鞭ごとに、白状するかせぬかとたずねたが、トムはともを裏切ったり約束を破ったりするよりはむしろ打たれて赤むけになるがましと考えていた。[23]

フィールディング自身この小説を「散文で記された喜劇的叙事詩」と呼ぶが、大学出の作家としてかれの作品は、イアン・ワットがいうように「新古典派の文芸の伝統に根ざしている」[24]。かれは〈全知〉の作者としてしばしば読者に直接語りかけ、人物やできごとにコメントし、情況の意味をも説明するが、その際登場人物の「振舞の理性的な根拠づけ以上の描写を試みようとはしない」。ここではプロットは、ちょうど「磁場をつくって磁力の普遍的な法則を目にみえるようにするように、……普遍的な理が人間界に働くさまを如実に示すこと」[25]に奉仕する。

バルトは、物語の伝統的様式としてのこうした語りを、その言説が人称（わたし／あなた）と非人称（かれ）という言語学的標識に帰せられないという意味で、「無人称法（l'a-personnel）」と呼ぶ。バルトはさらに、叙事詩に代表される古典的な「歴史＝物語」の無人称の語りに対して、「人称的審級が（多かれ少なかれ偽装されたかたちをとって）徐々に物語に侵入し、物語行為（narration）は発話のここ（hic）といま（nunc）に関連づけられる（これが人称法の体系の定義である）ようになった。したがって今日では、数多くの、それもいちばん普通の物語が、極度に速いリズムにしたがって、しばしば同一の文の範囲内で、人称法（le personnel）と無人称法を混ぜあわせるのが見られる」[26]という。バルトがここで念頭においているのは、近代以降叙事詩にとってかわった文学ジャンル、とりわけ小説の物語における人称法の語りである。じっさいにもこれは、古典的な〈全知〉の語りから一人称による回顧談や冒険談、書簡体小説のかたちを経て、つぎに見るように、こんにちのわれわれになじみの小説の語りが確立するにいたった経緯に見てとれる。

〈ともにある〉視点

プイヨンのいう〈ともにある〉視点をトドロフは、「語り手＝作中人物」という公式で示す。つまり、語り手は作中人物と同程度に知っている。語りの視点は、焦点が合わされている当の人物が自分で見たり聞いたりすること、またそのつど感じたり考えたりすること、つまりはかれの、それ自体複雑な内面の意識経験に限定される。それゆえジュネットはこれを、「内的焦点化の物語言説」と呼ぶ。『ボヴァリー夫人』（1857）で、シャルルがはじめてルオーの骨折の診察にベルトーをおとずれた日に、その家の娘エマとことばを交わす場面では、その場の情景も、そこにただよう微妙な感情の揺れも、すべてはシャルルの視点から語られている。


彼女はふりむいた。

「なにか捜していらっしゃいます？」

「鞭なんですが」と彼はこたえた。

そして彼はベッドの上、扉のうしろ、椅子の下をさがしはじめた。鞭は小麦の袋と壁のあいだに落ちていた。エマ嬢がそれを見て、袋の上に身をかがめた。シャルルは、すまないというふうに、走りよった。そして、腕を同時にさしのばすと、自分の胸が、下にかがんでいる娘の背中にかるくふれるのを感じた。娘は真っ赤になってからだをおこし、鞭をさしだしながら、肩ごしに男を見た。[27]

プイヨンによれば、登場人物の「内部から出発した外部の視像」を描く視点においては、さまざまなできごとや風景、他者、つまり世界は、反省以前の経験そのものとして、われわれが寄りそい〈ともにある〉当の人物の目にうつるものとして、かつうつる範囲において描かれる。描かれた世界はすべて、この人物の内面の意識経験というフィルターを通して姿をあらわしたものである。チャットマンがこのような語りの視点を「登場人物の意識——知覚、認知、感情、夢想……——を媒介する機能」[28]としての「フィルター」と呼ぶのも、この意味である。

この人物は他者や風景やできごとを自分のフィルターをとおして、つまりそれについて自分が否応なくもつ感情にしたがって見ている。〈背後から〉の視点とこれを支える古典的心理学ならば、かれが内部にもつ心理状態をそれだけとりあげて、これを「恐れをなした」と説明する。だが〈ともにある〉視点の語りでは、描写は「感情の対象の方にわれわれを投げだすような方向」でたどられるとプイヨンはいう。

意識の主体は、それを中心として、その周囲に世界があるところのものである。〈世界〉はその主体にとってのみ存在するものだからだ。したがって、ひとつの主体を端的なかたちで措定しようとするならば、その主体を、それが見る世界から、またそれが世界に付与し、そのかぎりでその世界に固有の編成と意味とから切りはなすことはできない。ひとはもはや感情というものを、ひとつの固定した世界内部にあってそのつどさまざまに変化するものとして描くことはできない。描きうるのは、世界＝主体という一種の複合体であり、現象学者たちがハイデッガーにならって〈情況（situation）〉とよぶところのものである。[29]

世界にあるわたしの存在情況としての感情や気分を、ハイデガーは「情態性（Befindlichkeit）」と呼ぶ。それは、世界における特定の〈いま・ここ〉という場所をしめる現存在としての個人による、いまみずからがおかれているその存在情況についての、なお非反省的な次元における根本的自己了解であり、それはたとえばはっきりした外的原因は自分としても不明ながら、否応なくまとわりつかれている気分として感じとられる。他者との関係とは、世界にそのようなしかたでおかれた自己の存在情況であり、感情とは、そのような存在情況についての根本的な自己了解としての情態性である。行為や心理の普遍的な意味の分析や説明ではなく、そのつどの個々人が否応なくおかれた存在情況を描写しようとする小説、プイヨンがいう「近代小説」の登場人物は、「自分自身から抜けだすことができず、そもそも抜けだそうと思ってもいない。（それこそがドラマをひきおこす）」[30]。古典的小説は世界の外に立って、世界から超越した、それゆえしばしば〈神〉の、〈全知〉の視点と呼ばれる地点から、行為や感情を直接に見通し、普遍的な意味体系にしたがって一義的に説明する。だが近代小説にあっては、われわれが寄りそい〈ともにある〉人物にとって、自分が世界や他者とかかわるそのつどのがれようのない存在情況は、自分自身にとってさえかならずしも透明ではない。そして現実のわれわれの人生がまさにそうであるような、そのような不透明な存在情況こそがドラマとなる。われわれとしてはそれゆえ、この近代小説の特徴を内面のリアリズムと呼ぶこともできるだろう。

注意しなければならないのは、『ボヴァリー夫人』がそうであるように、〈ともにある〉視点では語りがだれかひとりの人物の視点に合わされるといっても、だからといってそれがつねに一人称の語りであるということにはならないという点である。じっさいバルトが指摘するように、「三人称で書かれていても、その真の審級が一人称であるような物語、あるいはすくなくとも挿話が存在しうる」[31]。それを判定するには、たとえば「かれはまだ若々しい様子をした五十才くらいの男を認めた」という文における「かれ」を「わたし」に置きかえてみればよい。その結果えられる、「わたしはまだ若々しい様子をした五十才くらいの男を認めた」という文は、すくなくとも視点という観点からいうかぎり、ほぼおなじものということができる。それゆえバルトは〈ともにある〉視点の語りを、無人称法に対して人称法と呼ぶ。もっともあとでふれるように、おなじ〈ともにある〉視点をとるにしても、一人称と三人称では、別の面でその語りの効果はことなる。

内面のリアリズム

たしかに、がんらい無人称の古典的な物語に、特定の人物の〈いま・ここ〉の視点にもとづく語り、人称的審級がまぎれこみ侵入してゆくのは、物語の近代の趨勢である。トドロフも、「レシにおける視点の価値は、ラクロの時代いらい急速に変ってきた。或る作中人物の意識のなかに投げこまれた物語の投影を通して物語を提示するという技巧は、十九世紀のあいだにしだいにひろく活用されるようになり、ヘンリー・ジェイムズによって体系化されて以後、それは二十世紀においては必須の規則となるだろう」[32]という。「ラクロの時代」とは、ラクロの『危険な関係』(1782)に代表されるような、十八世紀における書簡体小説の流行をさす。じっさい、人物の内面のドラマを語る〈ともにある〉視点の成立に際して、デフォー『ロビンソン・クルーソー』(1719)の自伝的回想形式やリチャードソンの書簡形式のように、まずは特定の個人の視点からの発話の基本形である一人称の語りが選ばれたというのは、自然のなりゆきだったろう。ジャン・ルーセによれば、十七世紀においてもなお長編物語であるロマンは伝統的な英雄叙事詩をモデルとしたが、これら長編ロマンは叙事詩にならって、ときに三人称の語りの内部に挿話として、主人公の腹心に自分が見聞きした主人公の身の上話を一人称の告白というかたちで語らせることがあった。だが十七世紀後半にこうした架空の冒険談であるロマンに代わって、あらたに「遠からぬ過去におこった諸事件の歴史的ないし擬歴史的叙述」[33]と理解された「小説 (nouvelle, histoire)」が流行しはじめると、この小説はできごとの自然な展開にしたがった年代記的な叙述をとるために、これを中断する一人称の身の上話は排除されていく。しかし一方で、書簡体小説『ペルシャ人の手紙』（1721）の作者でもあったモンテスキューが認めたように、伝統的な三人称の語りにくらべて一人称の語りは「情念について反省するようにしむけるよりはむしろ〈情念を感じる〉ようにさせる」[34]という点ですぐれていると理解されたために、一人称の語りはあらためて十八世紀小説の主要形式となる。また小説以外でもすでに十七世紀には、フランスではラ・ロシュフコーの『回想録』（1662）やモラリストたちの著作、また書簡体小説の嚆矢とされるギュラーグ作『仏訳ポルトガル文』（1669）など、主として一人称的な語りは広汎に流布していたし、イギリスでもモンテーニュの『エセー』（1580）が英訳され、それを模倣した『エッセイ』がいくつも書かれた。デフォーが『ロビンソン・クルーソー』を書くきっかけになったのも、ロジャーズの『世界周航記』（1712）の中の、アレグザンダー・セルカークの漂流や孤島での自伝的冒険記だった。

　イアン・ワットによれば、伝統的な叙事詩のプロットは過去の歴史または寓話にもとづいていたが、小説は個人主義と世俗化の時代にあって、つねにユニークであたらしい一人ひとりの体験に対して真実であることを標榜する。「デフォーとリチャードソンはそのプロットを神話、伝説、ないし以前の文学からとらなかった最初の偉（おお）きな文学者」[35]である。こうした個人主義の時代の物語にとって重要なのは、登場人物の個性とかれらがおかれている環境の細かい描写への関心である。デフォーが自伝的回想形式を採用しリチャードソンが書簡形式を採用したのも、そのためである。個人の日常経験はとどまることのない思考と感情と感覚の生起、流動からなるが、「たいていの文芸の形式は——伝記や自叙伝すらも——あるがままをとらえるには、時間の目盛りが粗すぎ、そのために回想を記すことになる。しかし、人の個性を構成するもの、そしてまわりの人との関係を左右するものは、瞬間瞬間の意識の内容であり、読者が虚構の人物の生活に完全にはいっていくのも、この意識と接触を保つことによってなのである」[36]。もちろんこれにはなお、「十七世紀後半の明晰で平易な散文を唱道する運動が、リアリスティックな小説の文体にあつらえ向きの表現形式を生みだす」[37]のに貢献したという事実もくわわる。デフォーやリチャードソンは、大学出のフィールディングとはちがって、「修辞的技巧を用いて描写と行動に美を賦与する」ような伝統的な物語の「規範的な文体と縁を切った」のである。

リチャードソンの『パミラ』(1740) は、全編、手紙と日記というかたちで書きつがれた十八世紀のあたらしい心理小説の代表であるが、後半になると日記にしては不自然にながい記述が目立つようになり、すでにほとんど日記や手紙という窮屈な形式を逸脱した、より近代的な一人称小説というかたちをとるようになる。『パミラ』は一七四二年にはもうフランス語に訳されているが、ディドロはリチャードソンの小説を読むとき、ひとは登場人物の「場所ないしそのかたわらに (à ses côtes) 立ち」、これによってその「著作のなかのある役割をひきうけて会話に加わり、賛同し、非難し、賞賛し、いらだち、おこるのだ」といい、こうして「数時間のあいだ、かずかずの情況 (un grand nombre de situations) をかけめぐった」[38] という。これとほとんどおなじ反応は、ローラン・ガルサンにも見られる――「リチャードソンはわたしを登場人物の側に立たせる (place à côté de)、つまりわたしの視線を人物たちの動きのすべてへとむけさせるのである。わたしはかれらの寝室にいて、かれらの椅子や、テーブルやベッドの脚のそばに立つ。わたしはかれらの態度 (attitudes) やしぐさ (gestes) を見まもる。わたしはかれらの声音や服装を知っている。わたしはかれらの趣味や気質 (humeurs)、かれらの計画、かれらの思慮の秘密につうじている」[39]。またフランシス・ジェフリーは『エディンバラ・レビュー』誌 (October, 1804) への投稿で、他の作家達はかならずしも必要なかったりあまり印象的でない細部はさけて、読者の注意を重大なできごとや情熱的な行動にむけようとするのに対して、リチャードソンの小説の卓越した点は「詳細さと豊富さという点で比類ないその描写」にあるといい、つぎのようにつづけている。

その結果は、[他の作家の] 登場人物についてはわれわれはいつも儀式張った出で立ちでいるところしか知らず、かれらが危機的な情況やはげしい情念にとらわれたところしか見ないのだが、しかしそうしたものは現実の生活にはまれにしか起きないから、われわれはとうていかれらのリアリティーを信じこむように導かれることはけっしてないし、これらすべてを誇張されて目もあやな幻影としか見ない。……リチャードソンのばあいには、われわれはそれと気づかずに登場人物の家庭内の私的な世界にはいりこみ、かれらのあいだで語られなされることのすべてを……耳にし、そして目にする。したがって前者の人物たちにわれわれが共感するとしても、それはかれらの個人としての状態がどのようなものであるかについてほとんど知るところのない歴史上の君主や政治家に対するようなものである。しかし後者の人物たちに対してはわれわれは、かれらが置かれている情況のすべてを知っている……私的な友人や知人に対するように感じてしまう。こうした作法においてリチャードソンはうたがいもなく、これまでの文学史の全体において並ぶものがなく、またデフォーをのぞいて競うものがない、と思われる。[40]

読者が登場人物の心のなかにはいっていくようにしむけるリチャードソンのこうした描写方式のあたらしさとは、「せりふでは表現できず、合理的な分析も不可能な想念や感情……傷ついた感受性が動揺する様子」を微細に描出する「内面の衝動と抑制のドラマ」[41]のリアリズムである。たしかにディドロたちの小説経験は、〈ともにある〉視点からする近代リアリズム小説の読書経験である。そしてそれは十七世紀末から十八世紀に成立し、十九世紀に確立するものなのである。

なるほど心理描写はすでに十七世紀に、ラファイエット夫人の『クレーヴの奥方』（1678）のような三人称の語りの物語のなかに認められる。「夫が出て行ってしまって一人になると、クレーヴの奥方は自分のしたことを考えてみて、実際のことと思えぬほど驚いていた」[42]というように、作者自身は直接姿をあらわすことなく、しかも「心理分析を物語の地の文の運びのなかに織り込んでいる」[43]。だがそれはなお、ワットのいう「法廷弁論にみられる類の論理的思考」[44]、われわれのいいかたでいえば、〈全知〉の視点からの心理記述や分析や要約にとどまる。デフォーは一人称の語りを小説にもちこむことでこれを発展させたが、しかもデフォーの、すでにことがすべて終わったあとの時点から、自分の経験したできごとを回顧しひとつの全体として俯瞰しようとする自伝的回想録の語りは、「選択し要約する古典的な筆法」[45]つまり古典的な〈全知〉の視点になおとらわれている。たとえばデフォーはクルーソーが家出をして経験したはじめての航海について、クルーソーにほとんど第三者的で要約的な調子で語らせている。

船の経験も浅く、ほんのちょっとした嵐でも前にあれほどすくみ上がった私が、この嵐でどんなみじめな思いをしたか、誰でも判断がつこうというものである。その当時私がどんな気持を味わっていたか、歳月をへた今日うまく伝えられるかどうかわからないが、前に一度殊勝な覚悟をしながら、またもとの非道な性根に逆戻りしたという、あのことのために、死の恐ろしさどころか、その十倍もの恐ろしさにおそわれていたのは事実だった。[46]

それゆえ〈全知〉の視点はふつう三人称で語るにしても、一人称でも〈全知〉の視点の語りはありうるといわなければならない。一方で、リチャードソンの書簡形式の不利な点もあきらかである。「あまりにも頻繁にペンを手にする不自然さ、必然的な繰り返しと冗長さ」によって、それは「デフォーの語りの手法のもつテンポと歯切れのよさを欠いている」。[47]一人称にせよ三人称にせよ、フィールディングやデフォーの古典的な〈全知〉の視点の限界と、他方でリチャードソンの一人称の書簡形式の不利な点とを克服して、これら両者が「たんに部分的に解決した、ふたつの物語の手法がもつもろもろの問題」をもっとも首尾よく解決するには、ワットのいうように、十九世紀初頭のジェーン・オースティンをまたなければならないだろう。それはこんにちのわれわれにはごくなじみの語り、つまり〈ともにある〉視点と〈全知〉の視点との混合からなる三人称の語りであり、しかも「作者＝語り手」といいうるようなものは、人物の行動やできごとについての第三者的なコメンタリーやアイロニーといった意味づけや評価が挿入されるばあいでも、どこにも姿をあらわすことのない語りである。[48]

〈ともにある〉視点の語りは、ただひとりの人物を追うこともできれば、人物から人物へ視点を移行することによってなんにんかの人物のあとを追うこともできる。たとえばオースティン『自負と偏見』（1813）の一節では、「エリザベスは、姉に対するミスター・ビングリーの気持を測ることばかりに気をとられていて、いつのまにか彼女自身が、彼の友人ミスター・ダーシーの目に、ある種の関心の対象として映りはじめていることには、まるで気がついていなかった」と〈全知〉の視点ではじまり、「［ダーシーは］はじめはエリザベスを、ほとんど美人とは認めていなかった。舞踏会で見たときも、感心するどころか、次に会ったときでさえ、ただあら探しのつもりで眺めただけだった。ところが、彼自身に対し、また友人たちに対して、いったいあの顔のどこに取柄がある？　などと、はっきりそう言い切ったその瞬間から、なんと、はじめて気がついたことは、めずらしく聡明そうなその顔立ち、そしてそれが、あの美しい瞳の表情によって見事に生かされている、ということだった。……さてそのいたずらっぽくて、屈託のない様子を見ると、なんとなく心惹かれざるをえないのだった。そんなことは、彼女自身は一向に気づいていないらしい」と、ダーシーと〈ともにある〉視点がつづき、ついで「彼女にとっては、彼はただどこへ行っても人好きのしない男、そして自分のことを、踊りの相手とするにもたりないほどの不美人と見てくれた、ただそれだけの男だった」[49]と、エリザベスと〈ともにある〉視点に交代するという具合である。〈ともにある〉視点による内的焦点化が厳密に適用されるとすれば、当の人物の本人がなお気づいていないような面や、本人が直接見聞したわけではないが、本人の人生にとって重大な影響をあたえるようなできごとを語ることができず、これによって人物やできごとの多面性がおびやかされることになる。そのために〈ともにある〉視点をひとりに固定しなかったり、〈全知〉の視点をも混合するという方策がとられるのである。[50]

じっさいにはジュネットのいうように、「内的焦点化と非焦点化もまた、時としてまことに区別の困難なことが」[51]ある。たとえばスタンダールの『パルムの僧院』の一場面――「ファブリスは気持ちが悪くて死にそうになりながら、躊躇せず馬から飛び降りて、死体の手を取ってはげしく振った。それから呆然としたように立っていた。もう一度馬に乗る力がない気がした。いちばんぞっとするのは開いた片眼だった」[52]――では、すくなくとも「呆然としたように」という記述は、無人称的な語りというべきだろう。しかしだからといって、ジュネットのように、この一節がすべて「スタンダールによって物語られているがゆえに、厳密な意味での内的焦点化は存在しない」[53]というのも、正しいとはいえない。むしろこうしたタイプの語りのねらいは、〈ともにある〉視点だけではその人物の内面の動きの微妙なニュアンスを十分につたえることができないばあいに、瞬間的に無人称の視点へと移動することでこれを果たし、しかもできるだけ読者にその移動が不自然に感じられないようにするための修辞にあると理解するべきだろう。じっさい「呆然としたように立っていた」というのは、文字通りに茫然自失したわけではないが、それでも相当にショックを受けた人物の内面状態を描写しているのである。

〈情況〉の視点

「呆然としたように」という表現で問題になっているのはおそらく、ボリス・ウスペンスキーが「出来事の場に居あわせた共時的な観察者」[54]と呼ぶものの視点からの描写である。もちろんわれわれとしては、語りの「視点」を「観察者」とするウスペンスキーのあやまりはしりぞけなければならない。その上でしかし、ウスペンスキーのこの指摘は示唆に富む。かれは、たとえば『戦争と平和』には登場人物のだれにも帰属しない「二つの語り手の位置」があるという。ひとつは冒頭のアンナ・シェーレルの家の夜会の場面で、アンナの性格について、「熱情家だというのが、世間での彼女の所定位置になってしまっていたので、時には、自分がそんなことは嫌なときでも、彼女は自分を知っている人たちの期待を裏切らないために、熱情家になるのだった」[55]と語る「何でも見とおす観察者」であるが、それは「全知の叙述者の位置」である。これに対してもうひとつの語り手の位置はできごとの場に居あわせた「共時的な観察者」の視点であるが、この観察者は「描かれている場面に隠れつつ立ちあっていて、できごとの現場で同時進行的なルポルタージュを書いているかに見える。……したがって、彼には登場人物の特徴となっている知識の制約が課せられる」[56]。そのような語りには、「しかし、こうした心づかいのあいだにも、とりわけピエールのことをはらはら気にしているのが、彼女のうちにたえず見てとれた」とか「彼［ワシーリー公爵］は声と口調を変えずに言ったが、その口調には礼儀と同情の裏に、無関心と、冷笑までもがにじみ出ていた」というように、「……らしい」「……のように見える」「……したかのように」といったタイプの挿入語がひんぱんに用いられる。それというのも、この無人称の語りには〈ともにある〉視点の特徴である「知識の制約」がともなっており、それゆえ同時的なルポルタージュの対象となっているその場の雰囲気や人物の内面状態について、その情況に身を置くものの個人的な推測や印象をまじえることになるからである。ここにはたしかに無人称の語りの内部で、語られる情況の外に立ってこれを俯瞰的に見わたす古典的で超越的な〈神〉の〈全知〉の視点とは異質な、おそらくは近代小説があらたに開発した視点が姿をあらわしている。

　問題になっているのは、無人称の語りにおける歴史的な変化である。たとえば『トム・ジョウンズ』冒頭のオールワージ邸の描写は、観光案内によくありがちな、邸の見取り図を俯瞰的に説明し記述するたぐいの〈全知〉の視点で描かれている。

オールワージ氏の邸はゴシック式建築の粋を集めた高貴なもので、見るものを威圧する壮麗さがあり、またギリシャ最高の美しさに匹敵するものがあった。内部も外観の立派さにふさわしい広さである。位置は小丘の東南面。頂上よりは麓のほうに近いから、邸から上のほうに約半マイルも爪先あがりにつづく樫の古木の森が東北の風をさえぎっているが、それでも脚下の谷の美しい眺望をほしいままにするだけの高さはある。[57]

これに対して『ボヴァリー夫人』第二部のヨンヴィルの情景描写では、つぎのようになっている。

国道をラ・ボワシエールではなれて、平地をルー丘まで出るとそこから盆地を見わたせた。横断している川がはっきり異なった二つの地域に分かっている。左はすっかり草原、右はすっかり耕地である。牧場がまるくもり上がった低い丘つづきの下に延びて、ブレ地方の牧草地とうしろから接しているいっぽう、東の方には平原がゆるやかに上って、目のとどくかぎり黄金色の小麦畑をくりひろげていた。[58]

ここでヨンヴィルの情景を描写している目は、あきらかに特定の地点にたち、みずからがいま身をおくその場の風景や情況を、自身の見聞きした経験のフィルターを介して記述しようとしている。これに寄りそうことで読者もまた、ヨンヴィルのこの地に身をおいて、これからはじまるできごとに立ちあうことになる。この語りはたしかに、登場人物のだれにも帰せられないという点で無人称にはちがいないが、それでも物語世界の人物と〈ともにある〉視点とひと続きのものと考えるべきである。そこでわれわれとしては、おなじく無人称の語りではあっても古典的な〈全知〉の視点と区別して、近代のこの語りを、その場の情況に居あわせこれを情態性として了解する視点という意味で、とくに〈情況〉の視点と呼ぶことにしよう。つまり近代小説では、俯瞰的な描写や登場人物の内面を見とおす描写、また行為やできごとについてのコメンタリーに代表されるような古典的な〈全知〉の語りもないわけではないが、全体としては〈ともにある〉視点と〈情況〉の視点との混合がふつうなのである。

〈ともにある〉視点について、もうひとつ注意しておかなければならないことがある。さきに述べたように、〈ともにある〉視点という語りのモードの点では、一人称の語りと三人称の語りにおいて原理上のちがいはない。だからといって両者のあいだに、それらがもたらす効果の点でちがいがないということにはならない。小説のような言語的な語りにおいては、物語を現に語っている言説の現在と、それによって語られた物語世界とのあいだの次元のちがいは歴然としている。また三人称の語りにおいては、物語言説をなす声や文字の現存はだれかある特定の語り手、つまり物語世界を生きる特定の人物にも、また作者にも属さず、たんにテクストの現前を指示するにすぎなかった。それゆえ物語言説が現在する時点は、そこで語られている物語世界内の時間といかなる関係にも立たない。読者はテクストが語る人物と〈ともにある〉ことで、物語世界を生きる当の人物の現在に寄りそう。これに対して一人称の語りにおいては、物語言説は過去の自分のできごとを記憶をたどって語る主人公「わたし」の現在の声としてつねに現前している。その結果として、一人称の語りにおいてはおなじひとりの主人公「わたし」の内部での、語る「わたし」の現在と語られる「わたし」の過去とのあいだに成立する自己反省の構造が顕在化し、そこに追憶や悔恨といった特有の味わいが付着することになる。たとえばディケンズ『大いなる遺産』で、「わたし」ピップがロンドンにでたあとはじめて義兄の鍛冶屋のジョーに会って、その洗練されないようすにいらだつ場面では、ピップはつぎのように語る。

これはみんな自分のせいであって、もし自分がジョーに気楽にたいしたら、ジョーは自分にたいしてもっと気楽になれたろうと悟ることができるほど、わたしは分別もなければ、良い感情ももっていなかった。わたしは彼にたいしていらいらし、不きげんだった。[59]

マクファーレンがいうように、ここには物語の主人公であるわかいピップと成長した語り手ピップとのあいだの距離から由来する「一方で直接性の感覚と、他方で批判的吟味とのあいだの奇妙なバランス」[60]がある。若き日のピップの態度があまり感心しないばあいでも、読者は、現在語っている成長したピップの声に悔恨の響きをききとることで、心安らかにピップに寄りそっていられるのである。こうして物語の全体は、「追憶」の慰撫や融和の効果を基調としてひびかせる。

〈外部から〉の視点

プイヨンのいう「〈外部から〉の視点」をトドロフは、「語り手＜作中人物」と定式化する。語り手は、作中人物のだれよりも知るところすくない。語り手は、ただ自分が見たり聞いたりすることだけは描くことはできるが、しかしいかなる内面の意識に近づくこともない。それは作中人物たちに対して、自分が見聞きすること以外はなにも知らない証人の証言のような語りである。プイヨンはこれを、内面の分析にうったえることなく「〈外部〉が唯一の現実を構成する」[61]ドス・パソスのような、現代のあたらしい小説に見ている。トドロフが語りの第三の型として〈外部から〉の視点をあげるとき、またジュネットがこれを「外的焦点化の物語言説」と呼ぶとき、かれらが念頭においているのも現代のハードボイルド・タッチの描写である。

ネド・ボーモンは、マドヴィッグの前を通りすぎて台の上の銅をうち出した鉢に、せわしげに細い指で、葉巻の火のついたさきを押しつけた。

マドヴィッグは、年下の相手の背中を、じっと見つめた。相手が背をのばして振りかえると、人なつっこく、ちょっとわざとらしく笑いかけた。[62]

C＝E・マニーもこの語りは、二十世紀になってダシール・ハメットのようなアメリカの作家たちによってもたらされた新技法であるとして、これを客観的、行動主義的叙述法と呼ぶ。それはいろいろな事実をなんらの心理学的解説や解釈なしにもっぱら外部から描写することで、すべての修辞学が細心に排除された警察の調書のような効果をもつとして、かれはここにいわば「調書の美学」[63]の手法を見ている。これは内面を描かないために、主人公たちの意図やひそやかな動機などをあいまいにすることができるから、とくに探偵小説に適しているというのである。一方ジュネットは、この語りが二十世紀の探偵小説以前にも見られるという。たとえば十九世紀にあってもウォルター・スコットやアレクサンドル・デュマなどの筋本位の冒険小説では、情報を限定して謎を設定するためにその冒頭の数ページに外的焦点化を採用しているし、バルザックでも主人公が身許に謎を秘めた未知の人物として記述される場合にはこの語りが採用されている。

〈外部から〉の視点がだれの意識にも近づかない客観的な語りだとすれば、それはまずは三人称のかたちをとる。しかも一人称で〈全知〉の視点がありえたように、ここでもそれはいつも三人称とはかぎらない。たとえばレイモンド・チャンドラーによる探偵フィリップ・マーロウのシリーズでは、語りは一人称だが「私」が徹底して観察者としての位置をとり続けてほとんど内面をのぞかせないという点で、〈外部から〉の視点の語りが基調だといえるだろう。

私はぽかんと口をあけたまま彼をみつめた。じんわりと湿った暑さは、私たちを包む棺衣みたいだった。老人はうなずいた。首が頭の重さを恐れているみたいだった。そのとき、執事がジャングルを押しわけて車つきの茶台といっしょに帰って来て、私にブランディとソーダをまぜてくれた。ぬれたナプキンで氷入れのバケツを包むと、彼はまた静かに蘭の中へ立ち去った。ジャングルの向うで扉が開き、しまる音がした。[64]

物語の叙法のパターン

さてわれわれとしては、これまで検討した諸理論にいくつかの修正をくわえつつ、語りの視点のパターンをつぎのように整理するのがもっとも妥当だと考える。その際の中心的な論点は、その語りが世界や他者に対する内面の経験をどうあつかうかにある。またしばしば誤解され混同されているのだが、これら語りの視点のパターンと、それが一人称の語りか三人称の語りかということとは、それぞれにまったく別の問題だということに注意するべきである。

1.〈全知〉の視点

語りの視点は語られた物語世界の外に立ち、これを俯瞰し、人物たちの内面をもふくめてすべてを見とおす超越的な位置にある。この位置からそれが行為やできごと、内面の動きを語るとき、それはこれらを観察し、分析し、要約し、説明する。それは、叙事詩を典型とする伝統的な物語の視点である。それが物語世界に対して超越的な位置に立つ以上、それはふつうは三人称で無人称の語りである。だが一人称の語りでも、「語り手＝わたし」が過去のわたしのすでに完結したできごとに対して第三者的な位置に立つ自伝的回想録のようなばあいには、ときに〈全知〉の視点の語りとなることがある。

2．〈情況〉の視点

近代小説において〈ともにある〉視点が導入されるのにともなって、無人称の語り自体にも変化が生じる。特定の人物の視点に立たないという点では無人称の語りなのだが、しかもその視点は語られた物語世界を超越するのではなく、むしろこの世界の特定の位置に投錨されており、それゆえそのつど特定の風景や情況に立つものがもつべき視界や印象や気分といった「情態性」に調律されている。この点からすれば、これは人称法の〈ともにある〉視点に同調するものである。無人称の語りのうちで、近代以降の小説に見られるこうした語りの特徴を強調するばあいには、これをとくに〈情況〉の視点と呼ぶのが妥当である。

3．〈ともにある〉視点

特定の人物が他者やできごとや世界を経験するとおりに語る。したがってそれは、知覚し思考し感じる個人主体の意識に限定された視点の語りとなるが、しかしそれこそは、われわれ現実に生活する個人の内面のリアリティーである。それは、近代小説を「近代」たらしめた内面のリアリズムを可能にする。人称法といっても一人称に限定されず、三人称のかたちもとる。むしろ、一人称の語りは視点を固定してしまい描写を極度に限定せざるをえないという点で、三人称でなんにんかの視点を移動できる語りのほうが歴史的に見て成熟した完成形である。とはいえ、一人称の語りには三人称の語りにはない特質もある。一人称では、物語言説は終始一貫してひとりの「語り手＝わたし」の現在の「声」としてひびいている。その「語り手＝わたし」の現在と、過去の「語られたわたし」との関係がひとりの「わたし」の反省し悔恨する自己意識の構造をなし、これが一人称の物語に独自の意味を付与する。

4.〈外部から〉の視点

語りの視点は、物語世界のできごとに立ちあい、これを外部から見えるとおりに客観的に観察し記録する目撃者の位置に設定される。特定の人物の視点に立たないという点では〈全知〉や〈情況〉の視点と同様無人称法の語りなのだが、〈全知〉の視点のように人物の内面を分析し要約し記述するというかたちでだれかの意識に近づくことはしない。またできごとに立ちあい目撃したことを記録するという点では、古典的な〈全知〉の視点とはことなって物語世界に帰属し、したがって〈情況〉の視点に近いともいえるが、しかし〈情況〉の視点のように特定の情況に立つものがもつ印象や気分を記述することはない。これを作品全体の基調として意識的、体系的に用いるのは二十世紀の、とりわけハードボイルドの探偵小説以降であるが、それ以前にも特定の効果をねらって部分的に用いられることはあった。これもふつうは三人称であるが、基本的に内面に立ち入らないというスタンスを維持するかぎり、一人称の語りでもこの語りの実質をもつことはある。

十七世紀以来の近代小説の歴史的展開を経て、現在のわれわれになじみの小説は、ふつう〈ともにある〉視点を基調として〈全知〉ないし〈情況〉の視点との混合からなり、ときには〈外部から〉の視点も用いられる。

3　映画における語りの視点

つぎにわれわれは、小説が開発したこうした語りの視点を、はたして映像メディアはどのように、またどの程度まで実現できるのかを問うてみよう。映画はできごとを公平に記録するカメラによる映像という点で、〈全知〉のスタンスをとりやすいように見える。そこからすでに見たように、カメラを「不可視の観察者」と見る立場も生じる。だが、ことはそれほど単純ではない。

小説でも映画でも、われわれの現実の肉眼は物語言説の次元にあるテクスト——小説ならば本のページに印刷された文字の連なりであり、映画ならばスクリーン上に一定のカメラ・アングルによって切りとられた映像の連鎖――に対して、一定の物理光学的な「視角（アングル）」に立ってこれを見つめることになる。だが注意しなければならないのは、そしてしばしば誤解され混同されているのだが、読者や観客の物語言説を知覚する肉眼の「視角」とは別に、われわれ読者や観客は、語られた物語世界のなかに自分の「視点」が投錨されるべき明確な位置というものを、そのつどさがしながら物語を追うのだという事実である。そして語りのモードで問題になっているのは、小説のばあいにはもちろん、映画のばあいでも、スクリーン上の映像を知覚する肉眼の視角ではなく、語られた物語世界のできごとをどの位置、だれの位置から把握し理解するかという、語りの視点である。

1．〈全知〉の視点、〈情況〉の視点

映画における〈全知〉の視点を特徴づける要素としてジャック・オーモンは、映画における語りの視点を体系的に考案したグリフィスにそくして、「フル・ショットや、グリフィスのスタイルの目印の一つである幾つかの物のクロース・アップや、そしてもちろん、アクションを説明したり、予告したり、性格づけたりするすべての字幕」[65]をあげている。じっさい、どの人物やできごとにも荷担することなく語るということからすれば、光景の全体を映しだすロング・ショットや人物の全身をおさめるフル・ショット、ときには人物の半身を見せるミディアム・ショットがふつうであるし、クロース・アップによる顔の表情や身振りなどによる内面描写にしても、それが外からの観察や説明にとどまるばあいには、それは無人称の〈全知〉の視点というのがよいだろう。だが一方で、カメラ・アイはわれわれの肉眼と同様に、世界を超越するのではなく、物理的にこの世界のどこかの位置を占めなければならないという事実からすれば、映画における無人称の視点とは、まずは〈情況〉の視点だといいたくなる。

すでに見たように初期の映画は、観客席に陣取って動かないカメラによる舞台上のできごとの記録装置であった。カメラは舞台に対してつねに等距離のロング・ショットあるいは全景ショットをたもち、それゆえ一画面は演劇作品の幕ないし場に相当した。ロングの全景ショットにクロース・アップを交互につなぎあわせたイギリス人のジョージ・アルバート・スミスの『メアリー・ジェーンの災難』（1901）でも、ミトリがいうように、ジェーンと彼女が手

にしているもののクロース・アップ（図22）はなお、見逃しやすい細部を観客により近くから見せるための「拡大の手段」[66]にすぎない。これら初期の映画におけるカメラ・アイの演劇舞台に対する「視角」は、それがそのまま語りの「視点」として用いられているということからすれば、舞台上にくりひろげられる物語世界にみずからは帰属せず、その外に位置して、すべてをロング・ショットの正面むきで見とおすことのできる視点として、映画における〈全知〉の視点の典型例だということができるだろう。

　映画がまずは演劇をモデルにしたのは、自然のなりゆきである。映画は演劇と同様観客に対して俳優の肉体が現前し、それゆえ物語である以前にアクションであるように見える。にもかかわらず、すでに見たようにアンドレ・バザンは、映画は演劇的ではないという。演劇を演劇たらしめているもの、それは俳優によって語られるテクストである。演劇のテクストにふさわしいのは、儀式的な演技がおこなわれる舞台という聖別された空間、額縁の内部で完結した求心的な空間である。だが映画のことばにふさわしいのは、映像がリアルに映しだすあらゆる方向に開かれた遠心的空間であり、日常自然の世界である。それゆえバザンは、スクリーン上では人間を「取り囲む背景（デコール）は世界の厚みに似て」[67]おり、人間が登場しなくても「ばたんばたんと鳴る扉、風にそよぐ木の葉、砂浜を洗う波など」は、それだけで劇的な力にたっすることができるというのである。

　演劇と映画におけるこうしたちがいについては、ミトリも言及している。演劇の俳優が舞台という人工的な世界に立つとき、かれはそこで「ある役割を演じるのではない。かれはせりふ（*une parole*）を、つまり全面的にテクストによって定義された人物を身に負っている」。[68]演劇の人物たちは思考明晰な心をもち、洗練され、鍛えられ、注意深く選択されたことばを、それも思考やことばの選択のために考えこんだりつまったりすることなく使用する黄金の舌をもっている、つまりは「純粋な知性」をもっている。俳優の演技が「芝居がかっている」のも、それがテクスト自体の人工性によっているからである。これに対して、映画映像が提示するリアリティーのなかでは、俳優は情況に住み込む人物を「生きる」ことが要請される。ことばによって聖別された舞台とちがって、この日常自然の世界では、人

図22　ジョージ・アルバート・スミス『メアリー・ジェーンの災難』、1901

間もかれが語ることばも、それらをとりまくそのつどひとつの情況として提示される。演劇の映画化において、演劇の戯曲のことばがリアルな空間におかれるとき、しばしばその「テクストの劇的なエネルギー」[69]はうしなわれてしまう。

ここでいわれていることは、さまざまな試みが見られる現代劇のすべてにあてはまるわけではない。[70]だがすくなくとも伝統的な古典劇にあって、俳優の肉体が受肉する演劇のことばは、観客にとっても、当の人物自身にとってもその意味が透明な「純粋な知性」のことばだということは、われわれの議論にそくしていいかえれば、舞台上の人物も行為も、せりふやト書きや舞台装置もふくめて、すべて演劇のテクストという〈全知〉の視点に立つことばのうちにあり、またこれを見る観客席も〈全知〉の視点におかれているということである。これに対して映画では、俳優が演じる人物とそのことばはもはや演劇における特権的な地位をうばわれて、現実の人生がそうであるように、そのつど現前する世界の不透明でふたしかな情況にまきこまれている。

> 人生においては人びとは、自分が語ることをつうじて全面的に自分自身をあきらかにするなどということはけっしてない。個人差はあるにせよ、かれらの現実存在の重要な部分をなしながら外にはあらわれない余白といったものが相当程度ある。演劇には（すくなくとも映画におけるほどの）こうした余白は存在しない。……映画において関心事となるのはまさにこうした陰の領域であり、その領域を探ることで、これら人物たちが語ることばをこえたところで、その人物たちがなにものであるかが明かされてくるのである。[71]

映画の人物は、いま自分がなにをいおうとしているのかについて、実人生におけると同様に、考える時間をもたねばならない。かれはつぶやき、言いよどみ、ことばをまちがえる。また表情のクロース・アップ等によって、かれ自身、自分のいったことにかならずしもなっとくしているわけではないことも見てとれる。人物の内面を直接観客につたえる独白にしても、演劇では慣習にしたがって、かれの内心のおそれや野心を一義的で透明なものとして明かすが、映画にはこうした慣習はない。映画における一人称のヴォイス・オーバーにしても、すでに見たように、それは物語世界を生きつつある時点での当の人物の発話ではない。要するに映画では、登場人物はかれが生きる世界の情況にまきこまれており、自分自身さえ自分にとって不透明でふたしかだということであり、したがってかれらが語ることばも映像が呈示するショットも多くのばあい古典的な〈全知〉の視点というよりは、むしろ〈情況〉の視点と〈ともにある〉視点を基調とする近代小説の語りに近いということである。

グリフィスの『国民の創世』(1915)に特徴的な、なにげなく挿入される人物の脚、その足下にいる犬や猫、人物が手にする葉巻など点景のクロース・アップにしても、初期の映画におけるたんなる拡大や説明のためのものではなく、エイゼンシュテインが「典型的にディケンズ流の「雰囲気」に浸されている。……そして「雰囲気」はいつでもどこでも、登場人物自身の内的世界と倫理的相貌をあきらかにするもっとも典型的な手段のひとつである」[72]と評するように、当の人物たちが生活する世界の情況描写をになっている。もちろん、近代小説に古典的な〈全知〉の語りがまったくないというわけではないのと同様、映画にも〈全知〉の語りがないわけではない。グリフィスの『イントレランス』(1916)では、第二幕、キュロスとの戦争に勝利したバビロン・ベルシャザール王の祝勝の宴の、映画史上有名な場面では、気球に据えられたカメラが俯瞰的に広大な全景をとらえながらしだいに降下してきて王宮の正面階段に位置をとり、ついで階段をゆっくりはいあがっていき、それにしたがって見えてくる巨大なセットや大群衆をとらえながら、ついに廷臣たちにとりまかれたベルシャザール王の足元に到達するが、これは〈全知〉の視点による全景の場面設定ショットから、やがて降下したカメラは〈情況〉の視点をとりはじめ、さいごにベルシャザール王へといたる一連の動きといえるだろう。

小説における〈全知〉の視点に特徴的なコメンタリーも、映画のばあいには限定的ではあるが、できないわけではない。コメンタリーは、チャットマンのテクスト・タイプでいえば「議論」にあたる。ことばによる小説では、いかなるときでも物語をうち切って明示的な議論をはじめることは可能で、『トム・ジョウンズ』の「作者=語り手」が、地主オールワージーの妹の必要以上の慎み深さについてひとしきり皮肉を効かしたあとで、「ところで読者諸君、これ以上ごいっしょに話を進める前におことわりしておくのがよいと思うが、余はこの物語の途中で、必要と思うごとに何度でも脱線するつもりである」[73]と読者にむかってうそぶくように、古い時代の小説の語り手はしばしば、読者の前にはっきりと姿をあらわして物語に介入してくる。だが物語言説の次元が、それによって語られる物語世界の次元と重なる映画のばあいには、物語言説の次元にのみ現前しうる「作者＝語り手」が存在する場所は字幕やヴォイス・オーバーしかないために、ドキュメンタリー映画などをのぞけば、議論好きの注釈者が物語に侵入することはふつう困難である。しかしカメラがある人物の場違いなふるまいを見せて観客の嘲笑をさそったり、そこに居あわせる不特定多数の群衆の反応を見せるショットなどで、当の人物や行為に対するアイロニカルなコメンタリーをひびかせることはできる。また、たとえばプドフキンの『母』におけるように、決起する労働者の行進をさまざまな角度から延々ととり続けたり、すべてのできごとが終わったあとの場面をじっと見つめたりして、語りの自然な運びを意図的に無視するような、ボードウェルのいう〈全知〉の「自己意識的な」[74]カメラによって、観客にそこでおこっているできごとについてこの作品が呈示しようとしている意味を推論させるやり方もある。すでに見たいわゆる「映画的隠喩」による暗示や象徴によって、注釈上の意味をひびかせるやり方もある。

2. 〈ともにある〉視点

映画における〈ともにある〉視点のもっともわかりやすい例は、いわゆる「主観カメラ」、あるいは「（視覚）視点ショット（(optical) point-of-view shot）」と呼ばれるものである。その最初期の例は、やはりグリフィスの『国民の創世』に見られる。冒頭で北部ストーンマン家の長男フィルが南部のキャメロン家の長男ベンにあててだす手紙を弟に聞かせている場面では、正面向きで横にならんで手紙を手にする兄弟のショットにつづいて、フィルの右手指でつかまれた手紙の文面がアップになり、それがいまフィルが目にしている知覚像そのものであることを示している。『イントレランス』でも、バビロンの物語にでてくる吟遊詩人ラプソードと山からおりてきた娘が最初にであう場面（図23）では、ラプソードのほぼ正面むきのバスト・ショット（胸から上の人物像）につづいて娘のバスト・ショットがあらわれ、彼女がうしろをふりむくと、こちらにこないかと手招きしているラプソードのバスト・ショットがつづくというように、娘と〈ともにある〉視覚視点ショットが見られる。しかもこれは、ふたりの人物の会話の場面を構成する切り返しショットの原型ともなっている。

これにさきだつグリフィスの、テニスン『イーノック・アーデン』を映画化した『幾年月のあと』(1908)では、アニー・リーが夫の帰りを待つ場面で、彼女の顔のクロース・アップにつづいて、彼女の想念である遠い無人島におきざりにされた夫イーノックの画面が挿入されているが、これはグリフィス夫人の証言によれば「劇的クロース・アップをもった最初の映画――カット・バック[ことなる場面を交互に写しだす手法]をもった最初の映画」[75]である。ここで問題になっているのは、こんにちのわれわれにはごくなじみの〈ともにある〉視点による内面描写なのだが、これは当時としては大胆で、「こんな風にあちこち場面が飛ぶことで、君はどうやってストーリーを語るつもりなのか。いったいなにが起こっているのか、だれもわからない」という試写会での非難に対して、グリフィスは「でもディケンズはそんなふうに書いていないかね」と答えたという。エイゼンシュテインもグリフィスに対するディケンズの影響に言及して、「ディケンズの方法や様式、視覚的・叙述的な特性が映画のさまざまな特徴によく似ていることは、実におどろくべきことである」[76]といい、ディケンズの小説『ドンビーと息子』の草稿にあるつぎのような一節――「かれはいつものようにリチャードを呼び出そうと、もう呼びリンのひもに手をかけていた。そのとき、かれの目が亡妻の書き物用文箱の上に止まった。それは他の品物とともに、亡妻の部屋のキャビネットからとってきたものだった。かれがそれに目をとめたのは、これがはじめてではなかった。ポケットにその鍵をもっていた。かれはいま、その文箱を自分のテーブルにもってきて載せ、その鍵をあけた。あらかじめ部屋の扉の錠をおろして――いつもの慣れた手つきで」[77]――をあげて、これは映画における「演技指導のすべてをいいつくしたト書きではないだろうか」[78]という。ここでエイゼンシュテインがはっきりと自覚しないまでも念頭においていたのはおそらく、「かれ」と〈ともにある〉視点による近代小説の語りのひとつの典型で

図23　グリフィス『イントレランス』、1916

あって、映画ならこれを「かれ」のクロース・アップや主観カメラで実現するだろう。[79]

注意しなければならないのは、ジョセフ・ボッグスやデニス・ペトリのように、人物と〈ともにある〉視点ショットを厳密な意味での主観カメラにのみ限定するというあやまりである。かれらは、スクリーン上の人物がオフ・スクリーン（スクリーンの枠の外）に目をやるショットを「客観的視点」とし、ついでかれらのいう「目線ショット（eye-line shot）」[80]、つまりはカメラが人物の目となる一人称の視覚視点ショットがつづくというふうに説明する。たとえば、画面手前にバッターがかまえ、むこうにピッチャーがこちらをじっと見つめているとき（図24）、これは画面には映っていないがこちらでミットをかまえているはずのキャッチャーの目線ショットだというのである。だが、最初にオフ・スクリーンに目をやる人物（ここではキャッチャー）の「客観的」な映像を見せておかないかぎり、ボッグスらのいう「目線ショット」だけでは、それが当の人物の視点をあらわしていることはかならずしも理解されない。じっさいこのショットは、ばあいによってはバッターの視点であるかもしれないし、ピッチャーのそれかもしれないのである。しかも一方でボッグスらは、バッターが身構えてむこうに目をやっているクロース・アップのショットについて、ここでバッターは「客観的」な対象として見られているから、これはバッターの目線ショットではないが、バッターをわれわれ観客にもっとも近いところに立たせるので、「われわれはかれと同一化し、かれの感じている緊張を感じとる」[81]といい、これを「間接的主観視点（indirect-subjective point of view）」と呼ぶ。だがわれわれにとっては、このショットは、そこにとくに目線ショットが介在しなくとも、ふつうならばバッターと〈ともにある〉視点、それもバッターが画面に姿を見せているということからすれば、三人称の〈ともにある〉視点というべきだろう。目線ショットが介入するばあいでも、それにさきだって人物の姿とその視線のゆくえが映しだされるショットからの一連の切り返しショットを〈ともにある〉視点というべきである。ボッグスらがカメラ・アイと人物の目が重なる「目線ショット」のみを当の人物の主観視点と考えたのも、かれらがカメラ・アイの「視角」と語りの「視点」のちがいを認識しないからである。

図24　Joseph M. Boggs & Dennis W. Petrie, *The Art of Watching Films* (1978), Califolnia, 5th ed., 2000, p. 115.

●三人称と一人称

ボイヤムもいうように、映画にもっともふさわしいのは小説における「三人称の限定的（restricted）視点」[82]、つまり三人称の〈ともにある〉視点である。というのも、カメラは登場人物をつねに三人称的に観客に見せなければならないからである。たとえば小説で、「かれは無心に海を見ていた。海は穏やかだった」と語るとき、これは三人称の〈ともにある〉視点の語りであるが、カメラはこれをじっとたたずむ人物のクロース・アップについでその人物が見つめている穏やかな海を映しだす視覚視点ショット、あるいは逆に海の風景についでそれを見つめている人物の顔や身体が映しだされるショットで見せることもできるし、あるいは前景や後ろむきにたたずむ人物とその肩越しに向こうにひろがる海とを、ひとつのショットで見せることもできる。なるほど人物が三人称的に画面に姿をあらわすばあい、画面にはかならずしも当の人物が目にしていないまわりの事物もすべて映しだされるが、しかしそれらは全体としてそこに立つかれの孤独な雰囲気をひびかせるだろうし、その意味でこの画面の全体は、この人物の内面のフィルターをとおしたその場の描写であり、つまりはこの人物がいま立ちいたっている「かれの」存在情況と情態性の描写なのである。これを、たとえば画面右に海、そして画面左にこれを見つめる人物を水平に配したロング・ショットのような、距離をおいて観察する〈全知〉の視点と混同することはほとんどないだろう。また移動する人物と歩調を合わせつつ、この人物につきしたがうカメラの視点も、いつもとはかぎらないが、たとえばこの人物が観客の関心と共感の中心に位置する主要人物であるばあいには、それはこの人物と〈ともにある〉視点を提供するといってよい。[83]その際この人物は、クロース・アップないしミディアム・ショットで撮られるだろうし、またストーリー展開におけるたいていのシーンに姿をあらわすだろう。会話の場面を構成する切り返しショットにおいては、ふたりの人物のクロース・アップが交互に入れ替わるが、しかしこれらはけっして等価ではなく、ふつう観客は文脈上より主要な人物と〈ともにある〉視点に立ってこのなりゆきを見まもる。特定のカメラ・アングルや照明による明暗のスポット・ライト効果、また当の人物が耳にした音をひびかせる「主観的音響」の効果を用いることで、特定の人物を強調し浮かびあがらせることもできる。こうしてこの人物にわれわれ観客がつねにつきしたがうことによって、われわれが文字通りかれと〈ともにある〉ことになり、われわれの知識や経験も、かれの知識や経験に限定されることになるのである。そもそも小説における〈ともにある〉視点がそのために開発された人物の内面経験の描写にしても、すでにグリフィスの初期の企てにあったように、表情、身振り、ふるえる指のような身体部分の「雰囲気」に満ちたクロース・アップ、主観カメラによる記憶や回想やファンタジーといった心的イメージの映像化、そしてもちろんせりふやヴォイス・オーバーなどによって、ある程度は映画にも可能である。

マーク・ナッシュは、一人称の語りを厳密には「主観ショット」つまり視覚視点ショットに限定し、通常の「描写ショット（an ordinary descriptive shot）」を三人称の語りとする。[84] ここでナッシュが主観ショットというのは、当の人物が目にしているものを提示するという意味で〈ともにある〉視点をいうのだろうし、描写ショットというのは、当の人物の姿を外から映しだすという意味で、ボッグスらのいう「客観的」視点をいうのだろう。だがすでに見たように、視覚視点ショットは一人称とはかぎらないし、視覚視点をとらないが三人称の〈ともにある〉視点の語りをとるショットもある。むしろ映画では、三人称の〈ともにある〉視点が基本であるからこそ、一人称の小説を映画化することは容易ではないのである。

すでに見たように、一人称の語りではつねに物語言説の次元に語り手である現在の「わたし」が「声」として現前しており、それゆえそこで語られている物語内容は、すでに閉じた過去の「わたし」の経験やできごととして、反省や悔恨、追憶の対象となっているが、三人称の語りには、これを特定の時点で語る語り手なるものは存在しない。それゆえ、小説の一人称の語りを映画で再現するには、結局は語り手の声の現前、つまりヴォイス・オーバーにたよらざるを得ないが、その効果はきわめて限定されている。映画の冒頭で「わたしはそのとき、まだほんとうに若かった」というヴォイス・オーバーを耳にするとき、観客はこれから語られる物語がこの声の主の過去のできごとであること、そして語りの現在からする語られた過去へのこの人物「わたし」の記憶や回想における独特のかかわりこそが、この物語の構造をなしていることを理解する。だがこの構造がつねに「わたし」を主語とすることばの語りの現在にひびき続ける小説とはちがって、映画ではこの構造の把握はながくはつづかない。ヴォイス・オーバーが消えてしまえば、スクリーン上の映像においては物語言説と物語世界ということとなったふたつの次元は、たいていのばあい区別がつかないほどに重なりあっているために、観客が映画を見る経験としては、三人称の語りとほとんどちがいがなくなってしまう。だからといってヴォイス・オーバーを多用すれば、スクリーン上の物語世界の破壊をもたらす。それゆえ、たとえばデヴィッド・リーン監督の映画『大いなる遺産』（1946）でも、一人称の語りを顕在化させるヴォイス・オーバーは十二回以上にはでない。結果としてここでは、一人称の語り手である成人したピップよりは、ほとんどの画面に姿をあらわすわかいピップのほうがわれわれ観客の知識を支配する。

●「一人称映画」

小説の一人称の語りを、映画でより忠実に実現しようとするよく知られた試みは、たとえばレイモンド・チャンドラー原作で、私立探偵フィリップ・マーロウの一人称の語りによるハードボイルド小説を映画化した、ロバート・モンゴメリ監督・主演の『湖中の女』（1946）である。これは最初から最後まで、完全にカメラ・アイを主人公の目に重ねあわせて物語を展開するもので、「主観的映画」とか「一人称映画」とか呼ばれる。これについてマニーは、これによって映画は、それまでのカメラの「非人称でいつわりの抽象的な視覚」と縁を切り、「知覚の通常の状態に近づいていくような理解の方法にたちもどる」[85]ことで、一人称の小説をより説得的に語れるようになったと評価している。だがじっさいには、これを見る観客は終始いらだたせられる。モリセットがいうように、主人公の一人称の目が厳密にカメラ・アイに一体化してそれが見たものだけを語るとき、見る主体である主人公自身は画面に登場せず、かれはその存在を示すためにも絶え間なくしゃべっていなくてはならない。[86]どうしても主人公の姿を観客に見せる必要から、かれは不自然にもしばしば鏡のまえで他人と会話し、あるいは唯一かれの目から見える自分の身体の一部であるその指にはさまれたたばこをわれわれ観客に見せたりする。他の登場人物は、カメラの側、観客席にむかって話しかけ、キスしたり殴りかかったりするが、これはいかにも滑稽である。というのもこうした他者の行動を物語世界のなかで受けとめるべき身体が、この「カメラ＝主人公」には欠けているからである。技術的にも、人間の目の広角の視覚と、カメラのフレームによって限定された視覚野とのちがいは、カメラを人物のかわりにおくことを不可能にしている。じっさい、われわれの肉眼はつねにサッケードをおこないスキャンをおこなうが、それでもカメラのように世界が不安定にならないのは、世界との関係、他者との関係の投錨点としての〈いま・ここ〉という座標軸の起点に位置する安定した身体と脳のおかげである。これに対して一人称映画のカメラ・ワークでは、主人公が眼を転じるごとに、身体という支えをもたないカメラ・アイが揺れ動き、またそのつどの視野がフレームに限定された断片にすぎないために、いまこの人物がどの地点から世界とむきあいどのような地平を視野におさめているのかは、曖昧で不安定なままである。こうしてそれは観客を、この物語世界に対する所在識の混乱におちいらせる。[87]『湖中の女』は結果として、そのような人間の目とカメラレンズの等置の不可能であることを証明している。また一人称映画のこころみは、一人称小説といえども主人公である過去の「わたし」は三人称の物語の主人公とおなじように、物語世界にその姿をつねにあらわしているという事実をも忘れている。それはあたかも、われわれが自分が経験した過去のできごとを想起するのに似ている。想起や追憶もまた、現在の「わたし」によって過去の「わたし」についてのひとつの物語であり、[88]過去の自分はその想起の場面に姿をあらわしている。一人称小説の読者にしても、語り手である「わたし」の現前をその声に意識しつつも、語られる物語世界については、三人称の物語と同様に理解しイメージしつつ読むのである。

3.〈外部から〉の視点

マニーが、現代アメリカ小説の作家たちによってもたらされた「調書の美学」の叙述法は「映画から借り受けたもののようにおもわれる」[89]というとき、それはいかにもありそうなことだ。だがミトリやマクファーレンがいうように、現代アメリカ小説は一見して映画に似ているが、じっさいには映画化にはむいていない。[90]客観的な観察にもとづく言語記述がもたらす効果は、まさに警察調書がそうであるように、そのつど断片的な記述が積み重ねられることによって、人物や行動やできごとの客観的な全体像と真相が徐々にあらわになっていくという点にある。だが、対象の全体像を一気に見せてしまう映画の映像がそのような効果をもたらすことは、むしろ困難なのである。

カメラは対象をつねに外から見つめ記録するから、カメラをどこにも「遍在する目撃者」と考えたくなる。もしそうだとすると、カメラ・アイはまさに〈外部から〉の視点の語りの典型ということになる。だがここでも注意すべきは、カメラ・アイが提供する視像は、物理光学的な「視角」の問題であっても、それはただちに物語を語る「視点」

の問題ではないということである。〈全知〉の視点にせよ〈ともにある〉視点にせよ、語りのモードはことなるにしても、そこでの中心的な関心事は内面描写である。〈全知〉の視点では語りは人物の内面を、当の人物よりもいっそう明確に見とおして記述し分析するが、〈ともにある〉視点では、語りは当の人物が意識している内的経験に限定される。外部からの視点がこれらの語りとちがうのは、それがだれであれ、人物の内面には近づかないという点にある。それゆえ、ボッグスらが映画のカメラを「客観的視点」に立つ「傍観的観察者」[91]とし、あるいはオーモンが「たいていの物語は、外的焦点化によって人物を追ってゆく」[92]というのは、映画の語り手を「不可視の目撃者」であるカメラとする誤解にもとづいて、カメラ・アイの「視角」と語りの「視点」とを混同することに由来する誤りである。これでは、叙法としての〈全知〉の視点と〈外部から〉の視点とを区別できない。

なるほど、すべてをカメラ・アイによる外部的な映像によって提示する映画の語りでは、小説におけるほどはっきりと、他の視点と〈外部から〉の視点とを区別できるわけではない。しかし〈全知〉や〈ともにある〉視点と〈外部から〉の視点において問題となるのは、人物の内面に近づくかつねに距離をとって観察するかにある以上、映画でもクロース・アップを多用せず、表情による内面の動きをあまり見せないで意図的に内面化をはからないこと、そのかわりに矢継ぎ早のアクションを多用し、せりふも感情を見せないつきはなした調子を維持するといったやり方で、ことばによる「調書の美学」の効果をある程度もたらすことはできる。われわれが、一人称だけれども〈外部から〉の視点の例としてあげておいた小説『大いなる眠り』の、ハワード・ホークス監督による映画化（邦題『三つ数えろ』、1946）でも、マーロウを演じるハンフリー・ボガードは、多くのばあいフル・ショットかせいぜいミディアム・ショットで、アップにされても表情を変えることなく乾いたせりふまわしを維持している。かれが内面を見せるのは、たとえばハリー・ジョーンズのオフィスで、女をかばってギャングのキャニーノに殺されたジョーンズの死体を前にしたときの哀れみの表情のアップの場面のように、ごくかぎられている。こうして映画でも、〈外部から〉の視点はある程度まで可能なのである。

語りの視点の混合と移行

さて、小説のばあいでもそうであったように、映画でもこれらさまざまな語りが混合して用いられるのがふつうである。たとえば『大いなる眠り』の冒頭では（図25）、カメラは「スターンウッド」という表札がかかったドアをアップで見せるが、すぐにそのドアの左の部分にひとの影が映る。カメラはこれに呼応して左にパンして、ベルを押す男の手を見せるが、その手の主は見せない。ついで、ほとんどめだたないディゾルブがあって、カメラは邸内部のロビーで画面奥のドアにむかう執事のうしろ姿をわれわれに見せるが、かれは訪問者がわれわれ観客に見えるほど十分にはドアをあけない。「マーロウだ。スターンウッド将軍に呼ばれてきた」という声で執事がマーロウをなかに入れてはじめて、われわれはロビーをこちらにやってくるマーロウの姿を眼にする。ここまでのカメラは、邸の外部から内部へとやすやすと移動して、物語世界のどこにも遍在しすべてを見とおす〈全知〉の視点ということもできる。しかしここでのカメラの視覚的遍在は、結果としてマーロウの出現をおくらせており、物語の進展にかかわる知識や情報を限定するものとなっている。それゆえこれは、その効果からいえば〈全知〉というよりは、その場その場で自分の見えるものだけをつたえる〈外部から〉の視点というのがより適切である。[93] それはおそらく、「男がドアのまえに立った。ノックした。

図25　ハワード・ホークス『大いなる眠り』冒頭、1946

マーロウだ、といった。執事がドアを開けた。マーロウと名乗った男が入ってきた」といった語りに対応するが、これはもちろんホークス監督が、原作のもつハードボイルドな調子を再現したいと思った結果だろう。一方で原作は一人称の語りであるために、カメラはこのような〈外部から〉の視点に終始するわけにはいかない。これにつづいてカメラは、階段を下りてきてこちらをちらと見るカーメンの全身をとらえ、これを見つめるマーロウをミディアム・ショットで見せたあと、おきまりの切り返しショットによるふたりの会話がつづく。ついでマーロウが執事にうながされて将軍に会いに奥へはいるところでは、カメラはマーロウと歩調をともにするが、こうしてカメラは〈外部から〉の視点から〈ともにある〉視点へとスムースに移行するのである。[94]

第Ⅲ部　「物語る絵」のナラトロジー

第六章　「物語る絵」の叙法

1　絵画の「物語」

タブローという装置

小説の映画化よりはるか以前から、おそらくは絵やレリーフや彫刻といった知覚画像をつくりはじめて以来、ひとは物語を目の当たりに見せるイメージへの欲望をかき立ててきた。「物語る絵」の多彩な歴史は、視像の情熱に支えられている。西洋における「物語る絵」としては、古代ギリシアの壺絵や神殿フリーズをはじめとして、五世紀以降十三世紀にいたる手写本のミニアチュール挿絵、壁画、十三世紀に流行するステンドグラス、そしてルネサンス以降は歴史画や版画による挿絵の長い伝統がある。現代における映画や漫画も、この伝統に位置づけることができるだろう。

もっとも映画のばあいと同様、ここでもパラゴーネの伝統のもとで、テクストに比較しての絵画に対する疑念というものが見られる。詩集や小説に挿絵をつけるのが一般的になりつつあった十八世紀においても、すでに第一章で見たようにバークは、宮殿、寺院、風景の絵はこれらの対象についての「きわめて明晰な観念」をあたえるにしても、それは現実の宮殿、寺院、風景を見るのと変わらないのに対して、生き生きとした言語描写は当の対象についての「きわめてあいまいで不完全な観念」しか生みださないが、絵によるよりもはるかに「強力な情緒（*emotion*）」

を心中に呼びおこすとして、ことばの優位を説いていた。十八世紀イギリスの版画家で出版業者ジョン・ボイデル(1719-1804)は、フランスにおける歴史画再興の機運に呼応するように、イギリスにおける歴史画の再興を意図して、一七八九年に複数の画家を動員してシェイクスピア劇の場面を油絵に描かせ、展覧し、そののちこれを版画に複製して『シェイクスピア・ギャラリー』としてセットで売るという企画を思いついた。奇妙なことにそのボイデル自身も、『シェイクスピア・ギャラリー』展のカタログの序文で、詩のことばは細部を完全に充足することがないだけに想像力にうったえ連想を喚起するゆたかさをもつのに対して、絵画にはそれが欠けているとして、この版画集を見る読者は、「画家の芸術がわが詩人の崇高さに匹敵することができる」などということを期待してはならないというのである。

ミケランジェロの力強さが、ラファエロの優美さとひとつになることがあるとしても、絵画であるかぎりその努力はむだに終わっただろう——というのも、どんな鉛筆が、我が詩人がつくりだす空中にただよう存在に、現実空間におけるその居場所と、それを名指す名前をあたえることができるだろうか。[1]

ボイデルが、画家の鉛筆は詩人の創りだした存在に「現実空間におけるその居場所と、それを名指す名前」をあたえることができないというとき、そこで考えられているのは、ことばが想像力を刺激して生みだす無限の感情や連想に対して、絵画の知覚イメージはこれを十分にとらえることができないということである。興味深いことに、ボイデルはことばが喚起する無限のあいまいさを詩人の「崇高さ」と呼ぶが、これはバークの、画家の美しい技に対する詩人のことばの崇高さを称揚する古典的修辞学の伝統に立つ主張と軌を一にしている。もちろんわれわれとしては、もはやこうした言説に与するわけにはいかない。想像力は無限の細部が充足された画像をもたらすことがないからこそ、ひとは意味の情熱とは別に、しかしやはりわれわれにとって自然な視像の情熱に駆りたてられて多彩な物語る絵を企てたのであり、ことばを「読む」経験と絵を「見る」経験とが決定的にちがうからこそ、物語る絵においてこのちがいをいかに乗りこえるかが、ながいあいだの画家たちの課題だったのである。

チャットマンの定義にしたがえば、そもそも絵画それ自体は物語を時間的継起にしたがって語る「テクスト」ではなかった。テクストの読みならば、テクスト自身が指定した始まりから結末まで、時間にそった展開をたどることを要求するのに対して、絵画は画面にむけられた観者の目の動きがいつどこから出発していつどこで終わるべきかを規制しない。それゆえ絵画それ自体は時間にしたがうテクストではないし、因果連関にしたがう物語を語ることもできない。それはまずは描写の、あるいはテクスト・タイプとしての「描写」と区別していうならば、「描画」のメディアである。じっさい「詩は絵のごとく」という格言が示すように、伝統的に詩的描写の手本になってきたのは絵画であったし、詩における絵画的描写はしばしば「タブロー」と呼ばれもした。だが、詩が物語におけるできごとや行動を「ひとつのシーン、ひとつのタブローとして」[2]描写するとき、それはある特殊な効果をあたえずにはおかないとジェフリー・キティはいう。それはたとえば、ラシーヌの『アンドロマック』で、アンドロマックがピリュス王のトロイ侵攻について描写するつぎのような一節である。

> 思い浮かべてもごらん（songe）、セフィーズよ、恐ろしかったあの夜のことを。トロイアのすべての民草には、永劫に果てぬ夜であった。思い描いてみるがよい（figure-toi）、ピリュスの姿、眼を輝かせ、燃えさかるわれらが宮殿の火影をたよりに侵入し、わが兄弟の屍骸を踏み越え踏み越え、満身に血を浴びながら、殺戮の限りをつくすあの姿を。勝利者の雄叫び、断末魔の呻く声、焔の渦にむせかえり、白刃の下に息絶える。あさましい阿鼻叫喚の修羅の境、魂も消え果てたアンドロマックを心に描いてみるがよい（peins-toi）。これこそは、この目にピリュスが立ちはだかったときのその有様。これこそ、あの男の身を飾る、その武勲のまことの姿。おまえがわたしにくれようとする夫とは、つまりこの男のことなのだ。（第三幕第八場 997-1006）[3]

キティによれば、ことばが描写するこのような「タブロー」は、その行為（act）の意味を理解するひとつの、あるいはいくつかの方式をコード化するべく機能する。……ここでは単一の行為は聖別され、記念され、記念碑にされ、権力を付与される。それが読まれるべきであるということを示すために、それは表面にニスがかけられて捧げものとなる」[4]。すでに詩というテクストにおいても描写とは、一連の「なおゆくえ定まらぬ」個々の行動（action）をしかるべき場所におき、釘づけにし、これをひとまとまりの行為として「フレームでかこむ」ことでタブローと化す装置である。タブローが見せるのは深層の物語が表層の描写に奉仕する構造であり、それがもたらす効果とは、個々の行動のなりゆきを物語として追うよりは、これら個々の行動が全体として浮かびあがらせる単一の行為、単一のできごとの意味を把握することである。

ことばが語る物語と画像が見せる物語のちがいについては、ルイ・マランも、できごとを継起的に書きとめる王の年代記とはべつに、王の歴史を語るもうひとつのモードとしてのメダル（図26）について、つぎのように述べている。

> しかしストーリーは、もうひとつのモードをもっている。ここではストーリーは省略され、それだけ切りはなされ分割されて、書きとめるためにではなく、銘刻と彫版のためのものとされる。そこではできごとのそれぞれがそれ自身で閉じた行動と栄光のモナドを構成し、みずからその目的と意味とを付与されている。この歴史的な小宇宙は行動を圧縮し（contraction）、またこれに応じて、まさにその行動に固有の意味と権威づけとを付与する正確な判断を要約する（condensation）ことで得られる。……この小宇宙にあっては、物語の短縮と要約はそのつどの行動をひとつひとつとりあげることでより強調する効果をもつ。この連結辞を省略した（asyndeton）物語は、そのつどのシークエンスをそれだけ切りはなすが、こうしてそれをユニークで単一のものとして、それ自体でトータルなものとして、王の行為の絶対性として、つまり王がひとつの行為を成就することがとりもなおさずかれの無限性の証明となる絶対性としてきわだたせるのである。[5]

図26　《ルイ14世パリへの帰還》、メダル、1652（in: Jean Babelon et Josèphe Jacquiot, Histoire de Paris d'après les médailles, Imprimerie nationale de France, 1951 (Cabinet des médailles de la Bibliothèque Nationale)）

ある行動を絵に描くことはたんなる再現描写やことばの図解にとどまらず、描かれた行動をあるしかたで聖別するという特別な効果をもたらすとすれば、その絵は、厳密な意味ではみずから物語を語るテクストではないにしても、それが神話や歴史といった特定のテクストにニスをかけ、これを捧げものとする記念碑として見られることを要請している。[6] この絵の前に立つ観者の経験は、キティがいうように、あたかも迷路や幽霊屋敷を探索するのに似ている。われわれが迷路や幽霊屋敷の内部へと道に迷いつつも歩を進めるとき、そのつどの選択とその結果、危険や脱出といった行動の逆行不可能性が生じ、物語が紡ぎだされる。すでに見たように、絵画作品を解説するテレビ番組において生じていることもこれとおなじである。テレビカメラが一枚の絵の細部をアップで映しだし、ついで別の細部のアップへと移動するとき、こうしてイメージが切れ目なくつづいていく流れは、ジョン・バージャーがいうように、「繰り返しのきかないひとつの論点をつくりあげる」。[7] このようにひとが、絵にさきだって潜在するテクストや、その時代の絵を読む慣習に支えられて絵を見るとき、このタブローは、表層の描写に奉仕する物語を深層に潜在させているといえるだろう。そのかぎりで、絵画的描写もまたあるしかたで物語る絵としての存在を主張するのである。それゆえわれわれとしては、それ自体はテクストではなくもっぱら描写のメディアである絵画にかんしても、絵画の外にあるテクストに支えられた物語という派生的な意味においてではあっても、絵画が物語を語る独自のやり方について考えてみることにしよう。

絵画のナラトロジー

もともと時間的継起性をもたない絵画平面において物語を語ろうとするためには、特別な工夫を必要とする。フランツ・ヴィクホフは『ローマ美術（ウィーン創世記）』（1912）で絵画的語りの方式を、異時同図法のように一画面にことなった場面をつめこむ「補完（komplettirend）様式」、フレームによって区切られた一画面に一場面を描く「分離（distinguierend）様式」、フリーズや絵巻のように連続した場面を一画面内部のサイクルとして見せる「連続（kontinuierend）様式」という三つの形式に分類した。[8] またクルト・ヴァイツマンは『巻子本と冊子本の挿絵』（1947）で、ヴィクホフを修正するかたちで、それぞれ「同時的（simultaneous）方法」、「単一シーン的（monoscenic）方法」、「サイクルによる（cyclic）方法」にわけるが、この最後のものにはフリーズ状のもののみならず、フレームによって各場面が区切られつつ相互につながっているもの、本の挿絵のように間隔をおいてつながっているもの、ステンドグラスのように装飾的デザインのうちに組みこまれているものもふくまれる。[9] だがいずれにしてもこれらは、絵画が物語の連続する場面をあつかう際のフォーマットを分類するものではあっても、そもそも視覚的描写のメディアである絵画が、語りのメディアであることばに代わる物語言説として、その画面の表層に、あるいは絵画空間内部に、いかにストーリーを、つまりは物語世界を構築するかについてはあきらかにしない。すでに小説の映画化を論じたわれわれにとって、ここでの問題はとりわけて「物語る絵」における語りのナラトロジーである。

一九八五年の論文「芸術学と受容美学」でヴォルフガング・ケンプは、一九七〇年代以降の文学理論が受容美学や物語論によって、読書行為や読者による作品受容の分析というあらたな領域を開拓し、大きな成果をあげてきたのに比較して、美術史や美術理論は、こうした「パラダイム変換が美術史学の関与なしに生じたということ、そもそも文学研究の領域においてはここ十五年以上もこうした展開があって、すでにその最盛期はこえたにもかかわらず、たいていはこの展開について知ろうとすることすら必要とは考えてこなかったということを認めなければならない」[10] と批判している。絵画の受容美学にとってまず問題なのは、絵画と、これを見これを読み解く観者の関係であるが、これを絵画のナラトロジーという観点からいえば、絵画がこれを見る観者をどの位置に立たせて、そこに描かれた物語をどのように見せるかということである。それはいいかえれば、絵画がそこに描かれたできごとをどの視点、だれの視点から観者に物語るかという語りのモードにかかわる。ナラトロジーにおいて開発され、八〇年代以降は映画理論にも適用されたこの分析装置は、たしかに絵画の領域では十分に議論されてはこなかった。とりわけ、小説を典型とする近代の物語とパラレルに立つと思われる近代の「歴史＝物語」絵画において、近代小説を特徴づける叙法がいかに絵画的構成に反映したかについての分析は、現在にいたるまで十分になされてきたとはいえない。[11] それゆえわれわれとしては、西洋における「物語る絵」のながい伝統にあって、絵がこれを見るものに対していかに語るかというそのレトリックを、すでに小説の映画化を検討する際にこころみた語りの視点にかかわるナラトロジーの方法によって分析し、そのもっとも基本的ないくつかのパターンを抽出してみよう。ここでの研究の眼目はなによりも、絵画のナラトロジー分析のための基本概念の抽出にあり、それゆえわたしがここでエクフラシスや美術の歴史に言及し、またこれまでの美術史研究の蓄積を参照するとしても、それはただこのためであって、なんらかの美術史をあらたに記述し構築するためではないし、そのようなことはわたしの能力をこえている。だがこの研究によってわれわれは、ことばの物語にかんするナラトロジーに対応するような絵画の物語のナラトロジー、あるいは図像の修辞学のための分析装置を手にすることができるかも知れないし、さらには、叙事詩に代表されるような古典的な物語から近代小説の物語へと展開する叙法の歴史とパラレルな変化を、たとえどれほど大まかであろうとも、物語る絵にかんしても、なにほどか見とどけることができるかも知れないのである。

2　物語言説のメディア——中世の「物語る絵」

ミニアチュール

まずは西洋古代末期の写本における彩色挿絵、いわゆるミニアチュールからはじめよう。この時代のものと考えられるミニアチュールは、ふたつのカテゴリーにわけられる。ひとつは五世紀および六世紀に、ローマやコンスタンティノポリスなどの地中海沿岸地域で制作された写本、つまりは自筆本の遺品であり、もうひとつは九世紀カロリング朝以降の西欧中世で制作された、古代末期写本を転写した模本である。これらは越宏一によれば、当時の絵画としてけっして特殊なものではなく、たとえばミニアチュールの枠取りが板絵のそれを模していることにも見られるように、それは「しばしばモニュメンタル絵画（壁画や板絵）の伝統に係わっていることが少なくない」[12]。現存最古の挿絵入りの冊子本のひとつとして有名な『ウェルギリウス・ヴァティカヌス（Vergilius Vaticanus）』も、ほぼ四世紀後半から五世紀初頭に制作されたものである。そのうちウェルギリウスの『アエネイス』のなかのラオコーンの物語を描いた一枚の挿絵（図27）では、前景左にラオコーンが神殿のまえで供儀を執りおこなっている場面が描かれており、これに対して右にはそのあとのできごとである、息子とともに大蛇に絡まれるラオコーンの場面が一段と大きく描かれている。さらに左上隅には、これら左右ふたつのできごとのあいだのできごとである、海上をすべるように進んでくる二匹の大蛇が配されている。この部分はまた、はるかかなたの海上を描いているという点で、遠景の機能も帯びている。だがその地平線のない暗青色の海は陸地と続いておらず、これらによって画面空間の統一性は失われている。辻佐保子によれば、ここに見られるのは「連続説話の時間的進行を、本来は距離の遠近を示す筈の同一空間内の対象のスケールの大小や色彩の濃淡に換置する特殊な説話展開法」であり、「ラオコーンの挿話はいわば一種先駆的なこの種の異時同図表現の一例」[13]である。結果として越がいうように、「このミニアチュールでは、場面の出来事を明確にしようとする意図と、空間イリュージョンを作り出そうとする意図とが、互いに邪魔し合っているわけである」[14]。

六世紀に制作された『ウィーン創世記』は、完全版のテクストに挿絵を加えるのではなく、紙面下半に挿絵を配し、上半には挿絵の場面に応じて本文から適宜抜粋ないし省略されたテクストを配して、物語の展開に応じた一連の挿絵の鑑賞を重視している。その結果としてここには、より複雑な異時同図表現が見られる。たとえば「ノアの泥酔」の場面（図28）では、①泥酔して裸のまま天幕のベッドで寝ているノアを息子ハムが発見し、これを兄弟セムとヤペテに告げ、②セムとヤペテが上掛けを父にかけ、③最後に目覚めたノアがハムを呪い、セムとヤペテを祝すという一連のできごとが一画面に描かれている。その際、おなじひとつの天幕の入り口をはさんで、戸外にいるセムとヤペテと、室内のセムとヤペテとを同時に描くことによって、①と②のふたつの場面がひとつに「圧縮（conflation）」[15]されている。画面左端にはさらに、目覚めたノアと三人の息子が描かれて③の場面を見せている。辻によれば、こうした画面の正しい読みとり方は、それぞれのアクションを同時に視野に入れることではなく、「ストーリーの順序に従って、一方を見るときは他方を無

図27　「ラオコーン」『ウェルギリウス・ヴァティカヌス』、4世紀後半-5世紀初頭（ヴァティカン図書館）
図28　「ノアの泥酔」『ウィーン創世記』、6世紀（オーストリア国立図書館）

視し、ただしノアの姿はその都度繰返し眺めるという方法」[16]である。①と②が圧縮された部分では、ベッドで眠るノアのモチーフは、そのつどことなった場面に属するものとして、二度にわたって読みとられるのである。同一図形やモティーフをこのようにくりかえし利用する方式を、辻は「反復的読みとり」と呼ぶ。また「大洪水」の場面（図29）では、水中を真横から描く視点と、水面をなめ上から俯瞰した視点が混在しており、このような「視点のゆれ」は絵画空間の統一性をそこなう一方で、水中と水面とをひとつに融合することで、海底に沈みあるいは波間にただよう多くの溺死者たちを描くことを可能にしてもいる。古代の写本をモデルに十世紀のビザンチンで制作された、西洋で現存する唯一の物語絵巻である『ヨシュア画巻』では、当然のことながらフリーズ状の連続画面形式をとるが、多くのばあい主人公のヨシュアが立ちあうできごとのひとまとまり、つまりシークエンスごとの境に木が描かれ、あるいは建物が配されている。そしてこれらのシークエンスごとに、画面下端に平均二、三行にわたって横書きされたギリシャ語の抜粋テクストが配されている。だがなかには、一画面が「アイの王の捕縛」（画面上段、遠景）から「アイの王のヨシュアの前への連行」（画面左）、そして「アイの王の処刑」（画面右）にいたる三場面を見せているような例もある（図30）。また、「アモリ人の五人の王のヨシュアの前への連行」から「ヨシュアの前での五人の王の拷問」にいたる二場面が、木によって境界づけられた一画面のうちに描かれている例では、通常の左から右へという動きがここでは反転して、右から左へと動いている。こうして「さまざまな造形的配慮によって読みとりの方向を指示された鑑賞者は、下端のテキスト内容の理解に助けられ、複数の画面を行きつ戻りつしながら視線の停止と移動を繰り返

図29　「大洪水」『ウィーン創世記』、6世紀（オーストリア国立図書館）
図30　「アイの王の捕縛」『ヨシュア画巻』、10世紀（ヴァティカン図書館）

す」[17]のである。

中世挿絵は夢や幻視や思考、つまりある人物の内面の経験を語ることにも挑戦する。シクステン・リングボムはこれを「間接的語り」[18]と呼ぶが、これには、①内面の経験内容をまず一画面で提示した上で、これにつづく画面で、その経験主体を提示する（あるいはその逆の順序）、②同一画面に経験主体とその内面における経験内容とを並置する、③同一画面内に、枠取りや上下の境界線などで、現実と非現実の幻視の次元を区切る（図31）、④経験内容を、画面内に描かれた画中画や窓といった二次的モチーフのうちに提示する、といったやり方がある。絵画は、言語メディアからのチャレンジを受けてこうした実験を試みたのであり、それは内面の経験を映像で視覚化することに挑戦するこんにちの映画とも共通する。じっさい①などは、映画のモンタージュのやり方とおなじものである。とはいえ中世の物語の伝統において絵画にあたえられているのは、前提されたテクストにもとづく「一種のマイムないし黙劇」[19]という位置である。ときにテクストが人物の声であるようなばあいには、たとえば十三世紀半ばにイギリスで制作された『啓示の書（the Book of Revelation）』第十章「黙示録」（図32）に見られるように、漫画の吹き出しのようなかたちで画面に書きこまれることもある。[20]すでにヨシュア画巻でも、ときにせりふに当たるテキストが、これを発する人物の近くに記されている。

ビザンチンの壁画

中世の物語る絵として、ビザンチンのイコンもわすれてはならない。たと

図31　「エゼキエルの幻視」（『エゼキエル書』、8:2）（部分）、*Bible moralisée*、13世紀前半（フランス国立図書館）
図32　「黙示録」（部分）、『啓示の書』第10章、13世紀半ば（ケンブリッジ、トリニティカレッジ図書館）

えばキプロス島アシヌウ村の聖堂の《ラザロの蘇生》を描いたフレスコ壁画（1105）（図33）では、右手を伸ばしてことばを発しているキリストの足下にラザロのふたりの姉妹がひれ伏し、そのうちのひとりは、いままさに起きつつあるラザロの蘇生という奇跡を目撃せんと、うしろをふりかえっている。その背後、キリストとむきあう形で、白い布でからだをまかれ、頭にはニンブスをつけたラザロは、すでに立って目を見開いている。その周辺には、墓石を動かす男や、死臭をのがれようと鼻をかくす男の描写が見られる。この画像は、時間的にも空間的にもことなった四つの場面が合成された異時同図的な構成をもつ。聖書の記述（ヨハネ伝、十一章）では、村の入り口でイエスをむかえたラザロのふたりの姉妹マルタとマリアは、イエスの足下にひれ伏してラザロの死を嘆く。これに対してイエスは「どこに葬ったのか」と発語する。墓についてみると、そこは洞穴で、石で入り口がふさがれていたが、イエスは「その石をのけなさい」という。これに対してマルタは「主よ、四日もたっていますから、もうにおいます」というが、これに応じるように男が衣で鼻をかくす。これに対してイエスは「もし信じるなら、神の栄光が見られると、いっておいたではないか」と怒り、「ラザロよ、でてきなさい」という。画面でイエスの右手を挙げる身振りは、この三回にわたる発語に対応しており、この画面を見るものは辻がいうような「反復的読みとり」を要請されている。

図33　《ラザロの蘇生》、キプロス島アシヌウ村の聖堂フレスコ壁画、1105

中世ビザンチンの物語る絵に見られるこうした異時同図表現の意味を、「絵解き」的な機能に見る益田朋幸のような立場もある。たとえば北ギリシア、聖山アトスのラヴラ修道院に所蔵される十一世紀ビザンチンの写本挿絵では、「キリスト降誕」の場面を中心にして、それに続く「キリストの産湯」と「マギの礼拝」、また降誕とほぼ同時だが別の場所におこったはずの「羊飼いへのお告げ」の場面が一画面にすべて描きこまれている。これは「レクショナリー（典礼用福音書抄本、日課書）」、つまり教会の典礼で朗読される福音書のテクストを日毎に編集した写本の挿絵であり、それゆえおそらくクリスマス前後にはこのページが開かれて、ミサに参加するものに挿絵が示されただろう。そうだとすれば益田がいうように、こうした絵解きは、耳にうったえる説教と目にうったえる絵画とがあわさって、多くは文字の読めない中世の信徒にキリスト降誕前後のさまざまな事件を説明し、「典礼との一体化」[21]をうながすのにふさわしかっただろう。木俣元一も、中世にあって「読む」とはまずは声による朗読であり、「説教や説明、質疑応答などをふくむ複数の声が行き交う場」[22]において成立する行為だったとして、挿絵やステンドグラス、壁画などのイメージは、見るものがその内容をすでに知っているか、あるいは他の者による絵解きを介して読まれたのだろうという。以後こうした異時同図的な「降誕」図や「ラザロの蘇生」図は、ジョットを経て十五世紀まで継承される。

ステンドグラス

中世における物語る絵としてもうひとつわすれてならないのは、ステンドグラスである。十二世紀にはじまり、十三世紀なかばまで流行したステンドグラスは、その数の多さと、包括的で細部に満ちた物語のサイクルを形づくっている点で、西洋における物語絵画の歴史における特殊な挑戦である。その数の多さはこの時代の物語に対する関心の高まりを示しており、またそのような関心が、物語の題材と語りのメディアにかんする大きな変化をもたらすことにもなった。そしてこの変化は、物語絵画の展開のつぎの段階である十四世紀イタリアのフレスコ壁画のサイクルへと受けつがれるのである。

ステンドグラスの画家は、ガラスを支えるために必要とされた鉄枠でかこまれたひとつひとつのイメージに対して、これらを物語のシークエンスへとつなぎ合わせ、また物語を、これを見る会衆に対する説教の道具となすべく工夫した。ここで体系だった神学的な主張を視覚的に翻訳するための論理が、中世における「予型論（タイポロジー）」である。予型論とは、旧約と新約の関係をたんに時間的な新旧ではなく、新約が旧約を反復するものとしたり、あるいは両者を類比関係でとらえようとするものであり、それゆえむしろ非歴史的、反物語的な図式にもとづいている。ケンプによれば、予型論とはたんに聖書の神学的意味解釈にかぎらず、中世における「思考形式と再現描写の原理」[23]である。中世の精神は、この現実世界をべつのより高い世界の反映と見る。これらふたつの世界の関係は永遠に固定されており、すべて地上の「歴史＝物語」は、神という「全能の作者」[24]によって定められた永遠にして普遍的な摂理の予型論やアレゴリーにもとづく「反復」である。それゆえキリストもふくめた聖人たちの生涯の物語のみならず、現実に起こった歴史的事件にかんしても、予型論はこれをたんに特殊事例としてのみならず、つねに普遍的な真理や摂理の「範例（exemplum）」[25]として、そのアレゴリー的意味を提示し教訓をあたえる。そして、ステンドグラスはこの神学的で図式的な関係を、各パネルを組みあわせる一定のパターンによって視覚化するのである。

たとえば、カンタベリー大聖堂のコロナ礼拝堂にある「キリスト受難」のステンドグラス（c.1200）（図34）の最下段の正方形のパネルには、キリスト磔刑が描かれており、これをとりかこむ四つの半円形のパネル（メダイヨン）にはそれぞれ旧約からの四つのできごと――過越しの祭りでの子羊の犠牲、カナンのぶどう、砂漠に川を出現させるモーゼの奇跡、アブラハムによる息子イサクの犠牲――が配されているが、これらはいずれも新訳におけるキリスト磔刑を予告する範列（パラダイム）であり、予型論にもとづく神学的な「議論」をイメージとして提示している。さらに半円形のパネルの外縁にはそれぞれにラテン語で銘文が記されていて、たとえば過越しのパネルに付された「子羊のように無垢な者は、人類のためにご自身を生け贄とした」というテクストが画像の意味を固定し、これによってまんなかのキリスト受難との予型論的な対応を保証する。そのかぎりでイメージは、ここでは聖書のことばの図解であり、ブライソンがいうように、ここにはたしかに「言説的なものの図像的なものに対する優位」[26]がある。

ケンプは、一二〇〇年前後につくられたこれらのステンドグラスが物語を語る上で、普遍的な思考原理である予型論との緊張関係のなかで採用した形式を、三つのタイプに分類している。ひとつは上に見たカンタベリーのキリスト受難のステンドグラスのようなタイプのもので、これをケンプは「純粋に予型論的な形式」と呼ぶ。しかもこのステンドグラスでは、まんなかの正方形のパネルは垂直方向に配置された他の正方形のパネルと連繫して中軸をなし、下

図34 カンタベリー大聖堂のコロナ礼拝堂「キリスト受難」のステンドグラス最下段、c.1200

から上へ、キリストの磔刑、復活、昇天、精霊降臨という一連の物語を提示している。それゆえケンプは、このステンドグラスにおいてすでに「予型論が物語形式に組みこまれるような状況」[27]が生じているという。第二のタイプは、これよりすこしあとに成立したサンスやブールジュの大聖堂にある、よきサマリア人の寓話を描いたステンドグラスに見られるもので、これは「予型論を物語へと変換させた」点で「当代の神学的関心と物語の関心との真の交叉点」をなしている。ここでも、中央の垂直軸はキリストが諭したサマリア人の寓話を語り、その中央の各パネルをとりまく四つでひと組のパネルのそれぞれは、サマリア人の個々のパネルと予型論の関係にあるとされる旧約からの物語を描いているが、ここではこの四つでひと組のパネルの内部で、たとえば創造の物語をひと続きの連辞関係において語ろうとする傾向が見られる。それゆえケンプはこれを、予型論と物語との「混合形式」と呼ぶ。予型論をも物語へと変換していくこうした傾向は、シャルトル（1205-15）やブールジュ（1210-15）に見られる放蕩息子の寓話のステンドグラスでは、いっそうはっきりしたかたちをとるが、これが第三のタイプである。シャルトル大聖堂にある放蕩息子の物語を描いたステンドグラス（図35）は、三列十段の鉄枠からなる。各段はそれぞれがワンセットのシークエンスの三つ組みをなしており、下段から①旅への準備、②旅立ち、③売春宿での宴会、④売春宿での放蕩、⑤売春宿からの放逐、⑥豚飼いの生活、⑦帰郷の旅、⑧父親の家での祝宴の準備、⑨父親の家での祝宴、⑩祝福するキリスト、を描いている。ここにあるのは、もはや予型論が姿を消した「純粋に物語的な形式」である。ただしここでも、中央の列が下から上へと物語の主軸を見せる一方で、左右のパネルはこれをおぎなう役割を担っている点は、予型論の構造をのこしている。

　これら三つのタイプは、時代的にはそれほどへだたりのない時期に混在して見られるのだが、しかもケンプはここに、物語が「気むずかしい予型

図35　シャルトル大聖堂「放蕩息子」のステンドグラス中3段（本文記述の④、⑤、⑥）のスケッチ、1205-15
（in: W. Kemp, *Sermo Corporeus*, München, 1987.）

論の図式の内部で柔軟になっていき、やがてその図式を埋め尽くし、これを征服し、これを変える」[28]ようになる展開をみている。ここでわれわれは、チャットマンのいうテクスト・タイプ相互の奉仕関係を思いだすこともできるだろう。ケンプの主張が正しければ、ここにあるのは予型論という「議論に奉仕する物語」というありようから、物語の自立への展開であり、またこの物語を見せるイメージの、テクストからの解放の端緒だということになる。

ケンプによれば、そもそもステンドグラスが放蕩息子のテーマをとりあげること自体、物語る絵のテクストからの自立のひとつの徴候である。聖書（ルカ伝、十五章）が記述するキリストによるたとえ話そのものは単純で、ステンドグラスがとりあげる以前には、このテーマはビザンチンやアングロ・サクソンのいくつかのミニアチュールにとりあげられたにすぎなかった。これに対してステンドグラスの物語の特徴は、聖書のテクストにはなかった放蕩息子の世俗の生活への関心にあり、それは売春婦、飲酒、賭博、詐欺などを描いた場面の増殖に見てとれる。そしてそれは、この時代における物語の「世俗化」とパラレルである。十三世紀には教会は聖書の俗語訳を禁止し、あるいは平信徒が聖書をたとえラテン語でも読むことを禁じる一方で、口頭での説教を強化した。教会による説教の促進は、教会の意図に反して、放浪の物語芸人（ジョングラー）たちと牧師との交流をもたらしもした。牧師は聖人についての俗語の伝説を書き、そしてこれを大道芸人に演じさせたのである。ステンドグラスに好んで放蕩息子の物語が登場するようになったのも、世俗文芸への関心の高まりのもとで、放蕩息子の物語が「俗語による、世俗的でリアリズム的な、そしてくりかえし粗野なものやわいせつなことがらに触れるような語り方にとって重要な触媒」[29]だったからである。

聖なるテクストの優位

さて、これまで見てきたような中世の物語る絵に共通する描写方式をごく大まかに総括してみれば、そこに支配しているのは、まずはイメージに対する聖なるテクストの優位という事態である。描かれたイメージはあくまでも、すでにことばによって語られた聖なる「歴史＝物語」の視覚化であり図解であり、それゆえイメージは、典礼や絵解きや説教のことばに置きかえられることによってはじめて、それが語るべき物語やそれが予型論的に含意する宗教上の、あるいは道徳上の普遍的な意味が解読される。ハンス・ベルティングも、中世の物語る絵は「聖書のテクストそれ自体における物語の構造と同型（isomorphic）である」といい、イメージは「テクストが提示する本質的な事実を視覚的形式で反復する」という。[30] これをナラトロジー的にいいかえれば、物語を語るメディア、つまり物語言説のメディアである絵画平面は、まずは言語テクストの文法にしたがって構成されるということである。それはまた、こうして描かれて絵画平面に姿をあらわす物語世界も、現実世界を再現する時空間の構造をもつよりも、まずは言語テクストの文法にしたがって構造化されているということである。ミニアチュールやビザンチンの壁画、さらにはステンドグラスにも見られる圧縮や異時同図法的な画面構成は、語られている物語世界の時間や空間の自然な秩序を無視しても、ことばによる語りの統辞法的秩序を優先するという点で、絵画平面を再現描写のメディアというよりも、むしろ世界の真理を語る聖なることばによる語りのメディアとしてあつかう典型的なやり方だといえるだろう。その結果これらにあっては、われわれの時代のリアルな絵画や映画の画像では重なっているはずの物語言説と物語世界とが、あたかも言語テクストにおけるように、はっきりと乖離している。だからこそこの画面を「読み解く」[31] ためには、絵画を「見る」という経験からすれば異質な言語的コードにしたがう複雑な操作が必要となるのである。

3　エクフラシスの修辞学

絵解きとしてのエクフラシス

中世の壁画やステンドグラスの画像イメージは、これを見るものをとりまき、あらゆる次元から呼びかける建築的な環境空間の全体、いわば教会や聖堂という聖なるテクストにくみこまれている。ひとは会衆として、この典礼空間というテクストの内部をあらかじめ定められた普遍的で超越的な秩序にしたがって移動しつつ、その壁面や窓に展開するイメージのサイクルを目で追うことで、そこにひびきわたる聖なることばの具現に立ちあうのである。会衆が目の当たりにしたこれら聖なることばの具現とはどのようなものだったのかを知るには、これら物語る絵について記された当時のエクフラシスを見るのがよい。パラゴーネの伝統にあって、絵画的描写はつねに詩のことばとそれが語る聖なる物語に奉仕してきた。それゆえ絵画を、生き生きとしたイメージを喚起することばのエナルゲイアの力において記述する古典的修辞学のエクフラシスにしても、そうした絵画がどのような物語を語っているのかを読み解くこと、そしてその絵画に観者がどう反応すればよいかを教えることに、[32]その目的がある。エクフラシスは、絵画において聖別されニスをかけられた物語を一連のできごとへと展開するという点で、基本的には一種の絵解きなのである。

絵画についての古典的エクフラシスとして典型をなすものは、紀元一七〇年ごろに生まれたギリシャ人ソフィスト、大フィロストラトスの『画像集（Imagines, Eikones）』であるが、[33]それはある人物のナポリ郊外の邸宅でかれが目にしたという、六十をこえる絵の記述をふくんでいる。これらの絵が実在したか架空のものであったかはわかってはいない。かれはその邸の十歳になる息子を相手に、それぞれの絵の「解釈（ἑρμηνεύειν）」をしてやるのだが、たとえばスカマンドロスとヘーパイストスを描いた場面では、かれは少年に、「ここにあるこの絵がホメーロスにもとづいていることに君はもう気づいたろうか。……いずれにせよ、その意味にたどりつくように試みてみよう。もっぱら描かれた場面がもとづいているできごとそのものを見るために、君の目を絵そのものから転じるようにしたまえ。もちろん君は、ホメーロスが、アキレウスをパトロクロスに復讐するために立ちあがらせ、また神々がこれに心を動かされた結果おたがいに戦うにいたった『イーリアス』の一節を知っているね」[34]と語りかける。つまり絵の観者は、描かれた物語についてあらかじめ知識をもっていなければならず、また絵の意味を把握するためには、むしろ絵から目を転じて、その絵がもとづくテクストへと帰るべきだというのである。こうしてかれはいつも、そこに描かれた絵の主題を一連の相当に長いできごととして記述するが、その物語の全体は一枚の絵ではとうてい描ききれないものである。たとえば「クピドたち」の章の一節は、つぎのようである。

> みたまえ、クピドたちがリンゴをあつめている。……その庭の全体にそこはかとただよう香りをとらえただろうか、あるいは君の感覚は鈍いだろうか。しかし注意して聞いていたまえ。わたしがその庭を描写するにつれて、リンゴの香りも君のところにやってくるだろうから。……かれら［もっとも美しい四人のクピド］のうちふたりはリンゴをおたがいに投げたり、投げ返したりしている。別のふたりは、アーチェリーに夢中である。ひとりは

> 相手を狙って射かけ、他方もこれにお返ししている。しかしかれらの顔つきには、なんら敵意の痕跡はない。むしろかれらはうたがいもなく、おたがいに自分の胸を、矢が突き刺すように、相手にさしだしている。それは美しい謎だ。さて、なんとかわたしが画家の意図した意味をいいあてることができるかどうか見てみよう。いいかい君、これは一方の他方に対する友愛であり、おたがいに求めあう気持ちなのだ。**というのも**、リンゴでボール遊びをしているクピドたちはおたがいに恋に落ちつつあるからだ。……むこうの、多くの見物人にかこまれたクピドたちは、おたがいに興奮しあって、一種のレスリングに夢中になっている。きっと君も大いにそれを望むだろうから、ひとつそのレスリングの様子を描写してみよう。一人が相手の背後を不意におそってこれをつかまえたが、さらにその喉をしめあげ、からだを両足ではさみこむ。しかし相手は降参せず立ちあがり、かれの喉をしめあげている手をはなさせようとして、その手の指の一本をこれ以上つかんでいられないところまで反り曲げる。指を反り曲げられたクピドの方は、苦痛から、相手の耳をかじる。これを見物しているクピドたちは、これをアンフェアでレスリングのルールに反するとしてこのクピドに腹を立て、彼にリンゴを投げつけている。さて、むこうにいるウサギを見逃さないように、われわれもそれを駆り立てるクピドたちに加わろう。[35]（傍点引用者）

フィロストラトスは、じっさいに描かれた場面の前後におこるできごとをもふくむ継起の時間の要素を絵のなかに注入する。ただし語り手も聞き手も描かれた場面に居あわせて、一連のできごとにそのつど加わっているというスタンスをとるために、テクストはおおむね現在形で語られる。レスリングやウサギ追いの記述には、とうてい絵画に描けない一連の行動とできごとがふくまれている。かれは絵にない思考や情念やときにはことばさえも、外から絵に注入する。文中にしきりにでてくる「というのも」「なぜなら」といった意味を推論し説明する表現は、画像を見ることからはけっして得られない知識である。

ゼウクシス的イリュージョニズム

絵に描かれたできごとを時間的な継起のうちに展開するひとつの物語として捕捉するのは、詩人の知識と想像力である。すでにホメーロスのアキレウスの盾の長大な描写がそうであったように、古代のエクフラシスの主体は、絵を素材にして「物語る」修辞的語り手であり、かれらの絵画に対する反応も、文学に起源をもち、修辞的な慣習にしたがって表現される「修辞的反応」である。ノーマン・ランドも指摘するように、修辞的語り手にとって絵を見ることは、自身の想像力を駆使して、そこに描かれたものが「あたかも実在するかのようにそのイリュージョンにみずからすすんで関与すること」[36]を意味する。フィロストラトスのテクストでもしばしば、記述の対象が絵画なのか実物なのか不明なまま、読者を宙づりの状態に放置することがある。たとえば水に映った自分の姿に恋するナルキッソスを描いた絵について、かれは「この絵は水滴が花からしたたり、そしてその花には一匹の蜂がとまっているようすについて、その真実（τὴν ἀλήθειαν）を尊重して描いている――もっともほんとうの蜂が描かれた花に欺かれたものか、あるいはわれわれが欺かれて、ほんとうは描かれた蜂を本物だと考えてしまうのかについては、わたしにはわからないが、それはそのままにしておこう」[37]という。また香りや音が「君のところにやってくるだろう」といい、あるいは「むこうにいるウサギを見逃さないように、われわれもそれを駆り立てるクピドたちに加わろう」というように、聴衆を描かれたその庭へと誘いこむ。こうした記述はおそらくは修辞的な誇張だろうが、それでもこの、プリニウスが報告するゼウクシスの逸話に見られるような古代的なイリュージョニズムは、当時のひとびとの絵画経験についての一般的な考え方をあらわしているものと考えることができるだろう。ランドは、この古代におけるトロンプ・ルイユ的なイリュージョニズムを「字義通りの自然主義（literal naturalism）」と呼ぶが、このゼウクシス的イリュージョニズムでは、エクフラシスのことばが絵のなかに読みとり描写する「イリュージョン＝現実」が目の前にある絵にとってかわるのであり、それゆえ絵そのものはそのためのきっかけでしかない。古代のこうしたイリュージョニズムをダヴィッド・ロザンドは、「修辞的自然主義」[38]と呼んでいる。

古代末期のエクフラシスは、とりわけビザンチン・ギリシア語文化圏に伝承された。[39]たとえば十二世紀終わりのニコラオス・メサリテス（1163/4-?）に見られるように、たしかにビザンチンのエクフラシスはフィロストラトス的なエクフラシスを踏襲している。かれはコンスタンティノポリスにあった聖使徒教会のモザイクについて、聖書の物語に依拠しつつ描かれたできごとが現実に目の前でおこっているかのように記述するし、しばしばそこに描かれた使徒たちにむかって直接話しかけたりもする。たとえばキリスト復活の場面を描いたモザイク画の記述では、復活したキリストを信じることができず、その傷にさわってたしかめる使徒トマスに対して、つぎのように問いかける。

しかし、主の傷跡をさわっているあなた、あなたはなぜ、いまだに躊躇しひるんでいるのか、なぜ以前のように大きな声で、あなたがふれたのが主であり神であると宣言しないのか、じっさいに手でふれることをつうじて、神秘的なやり方であなたに啓示されたことがらを、われわれに証明して見せないのか。[40]

イコン的イリュージョニズム

しかもここには、変化も見てとれる。かれは、使徒トマスに対してさらにつづけて、「だが、あなたがわれわれのことを気にもとめないのは当然なのだ。というのも、われわれがここに見ること、またことばによって記述されていることは、現実の生きているものではなく、命をもたずたんに描かれたものにすぎないからなのだ」といい、自分が目にし記述しているのはじっさいにはたんなる人工のイメージにすぎないことをはっきりと宣告するのである。これに先だって、教会が建っているまわりのようすを記述したあとで、いよいよ教会内部に歩をすすめようとする箇所では、かれはつぎのようにいう。

いまやわれわれの記述において、教会内部にあるものへとすすみ、そこにあるものを感覚の目で見、かつまたそれを精神の目で理解することへとむかうときである。というのも、精神は感覚によって知覚されるものから発して、このより劣った器官によってみちびかれつつ、しかし精神をみちびくこの劣った器官がけっして至りえない究極のことがらを理解し、秘密の場所へとはいりこむことに慣れているからである。……主があなたがた聖使徒たちを通してこの家をわたしのためにお作りになり、わたしもまた……ことばを材料とし、わたしの心に宿る技をもってこの家を作ろうとしているのだが、しかしたかだか人間としてこれを作るわたしの思いやことばは、どう骨を折ってみたところでむなしいものに終わるだろう。[41]

ジェイムズとウェブがいうように、中世のひとびとにとってイコンとは人間の手になる作品として美的に経験され評価されるものではなく、それをつうじて神的なものにいたる手立てである。[42] 中世キリスト教世界における聖像破壊をめぐる論争において中心的な論点は、まさにこの点、つまりたんなる肖像（イコン）のなかに無限で輪郭線を引きがたい神的本性が描写されうるのかどうかという点にあった。たとえばテオドロス（759-826）のような聖像擁護論者は、たしかに神自体は見られず輪郭づけられないが、その神がキリストとして受肉し見られるものとなった以上、キリストは肖像に描かれると主張する。かれはまた、キリストは福音書のことばによって描写されているが、それとおなじように「絵の具や他の物質的媒介によって聖画像に表されている」ともいう。ひとは聖像を「霊と真理において礼拝」することで、「物質を通して精神は原型へと昇っていく」[43] というのである。イコンをめぐる論争がようやく決着を見るのは七八七年の第二回ニカイア公会議であるが、その議定書も聖画像を擁護する正当な見解として、つぎのようにいう。

聖像破壊論者たちはおろかにも、福音書からとられた物語を〈色彩による欺瞞的作品〉［つまりイコン］と呼ぶが、信心深いものはたんに目に見えるものではなく、そのうちに意味されているものを見るために、これを承認し、〈敬うべきもの〉、〈聖なるもの〉と呼ぶ。……書かれたものにおいて物語が言明するものは、イコンが言明するものとおなじものである。[44]

メサリテスのエクフラシスは実在する教会とモザイクについてのものであるが、しかもそのエクフラシスは肉眼で見ることのできないものをもことばによって言及し、「その絵の背後にひそむ霊的な現実を現前させる」[45] ことをめざす。このようにビザンチンのイコンと同様、それについてのエクフラシスも、描かれたイコンを通して「原型へと昇っていく」中世の精神性の特徴を帯びている。典礼の場につどう会衆としてひとは目に見える絵を介して、それが物語言説として語りだす聖なることばの普遍的な意味を読みとり、自分が生きる現実世界の目に見えない真理に立ちあうのである。描かれたイコンを通して、そのむこうに啓示される目に見えない霊的な現実へと導かれるこうした経験を、それゆえイコン的イリュージョニズムと呼んでもよいだろう。

超越的な〈全知〉の視点

中世の物語る絵が聖なるテクストによる「歴史＝物語」の図解であり、イメージは典礼や絵解きや説教や、あるいはエクフラシスのことばを介して、「全能の作者」である神の摂理としての予型論やアレゴリーにもとづく普遍的な意味にたっすることを目標としているとすれば、イメージが物語を語る叙法も、描かれる世界に対して超越的で普遍的な視点からすべてを構成する〈全知〉の〈神〉の視点ということになるだろう。じっさい、絵を見る観者がすべての人物の顔やしぐさが見てとれるように、人物を画面いっぱいに、画面と平行に、そしておたがいに重ならないように配し、場所やできごとの全体が見てとれるような俯瞰的な構図を採用し、さらには一連のできごとを視野におさめるために異時同図法を用いるのは、古典的叙事詩を典型とすることばの物語における〈全知〉の視点に対応した画面構成の文法である。辻がミニアチュールを見る観者のふるまいとして記述した「反復的読みとり」や「複数の画面を行きつ戻りつしながら視線の停止と移動を繰り返す」動きは、こうした絵画における〈全知〉の視点の語りに対応して、観者が画面を俯瞰しつつ全体を一望するような読みの視点というべきである。

中世の物語る絵における〈全知〉の視点については、ウスペンスキーにも興味深い指摘がある。かれも、できごとを物語る文学、絵画、演劇、映画などに共通する作品構成にとっての中心的な問題として、「叙述の起点となる視点（あるいは美術作品において表現を構築する視点）」[46]に注目し、これを文学作品をモデルとして分析した上で、絵画や演劇、映画にまで敷衍しようとする。かれは、「絵画や他の表現芸術においては、視点の問題はまず遠近法の問題として登場する」といい、ルネサンスの、ただひとつの視点を中心に世界を構成する線遠近法に対して、中世において問題となるのは、いわゆる「逆遠近法」に見られるような複数の視点をもつ画面構成だという。ここでウスペンスキーが問題にしているのは、かれのいう「外的視点」と「内的視点」という「二つの視点」の対立である。

> ルネサンス以降のヨーロッパの造形芸術において、絵画に対する芸術家の位置がふつう外的なのに反して、古い絵画において古代や中世の芸術家は、ある疎外された位置から世界を描くのではなく、**自己の**回りの世界を描くことによって描かれる絵画の内面に身を置いているようだ。したがって、芸術家の位置は絵画にたいして外的で

なく内的である。[47]

ルネサンス以降の遠近法絵画においては、画家は絵画に対して外的であるとは、画家および観者はその絵の外、消失点に対応する位置に立ってこれを見ることをいう。これに対して逆遠近法は、線遠近法とは反対に観者に近いものほど短縮される表現をいうが、「この体系における像の大きさの短縮は、われわれの視点（絵に対して傍観的な位置を占める鑑賞者の視点）からなされるのではなく、われわれと向かい合っている人物、つまり絵の奥にいると想定される内部の抽象的な観察者の視点からなされる」というのである。ウスペンスキーがそのような内的視点による描写の例としてあげるのは、たとえば紀元前八世紀のアッシリアにおける要塞を描いた絵（図36）で、そこでは「要塞の尖塔は平面上に広がっていて、絵画の中心から周辺に向かっている。芸術家が想像のなかで、描かれる空間の中心に自己をおいたときにのみ、このような像が生じる」。中世の絵画に見られる、「前景（周辺）になるにつれて暗くなっていくという、絵画の内的光源」もまた、「絵の中の観察者（芸術家）」が描かれた世界内部のもっともあかるい場所、つまり画面の中心に位置することから生じるものである。

だがウスペンスキーにおいても、われわれが前章で指摘したような、肉眼の「視角」と語りの「視点」のあいだの混乱が見られる。かれが「外的視点」と呼ぶのは、ナラトロジー的な語りの視点ではなく、絵に対してこれを知覚する肉眼がとる物理光学的な視角の問題である。これに対して「内的視点」とは、世界やできごとを知覚する観察者の位置や視角とは別に、要塞の尖塔が町をとりかこむさまを絵画平面という限定されたメディアにおいてどう表現するか、絵の奥に立つ人物が手前にいる人物とくらべてとくに重要な人物であることをどう示すかという、世界やできごとの意味を絵を見るものに語る特定の方式である。ウスペンスキーが、中世の逆遠近法においては画家は「見えたとおりに描くのではなくて、あるがままにその対象を描く」[48]というのも、肉眼の視角と知覚のリアリズムを無視して

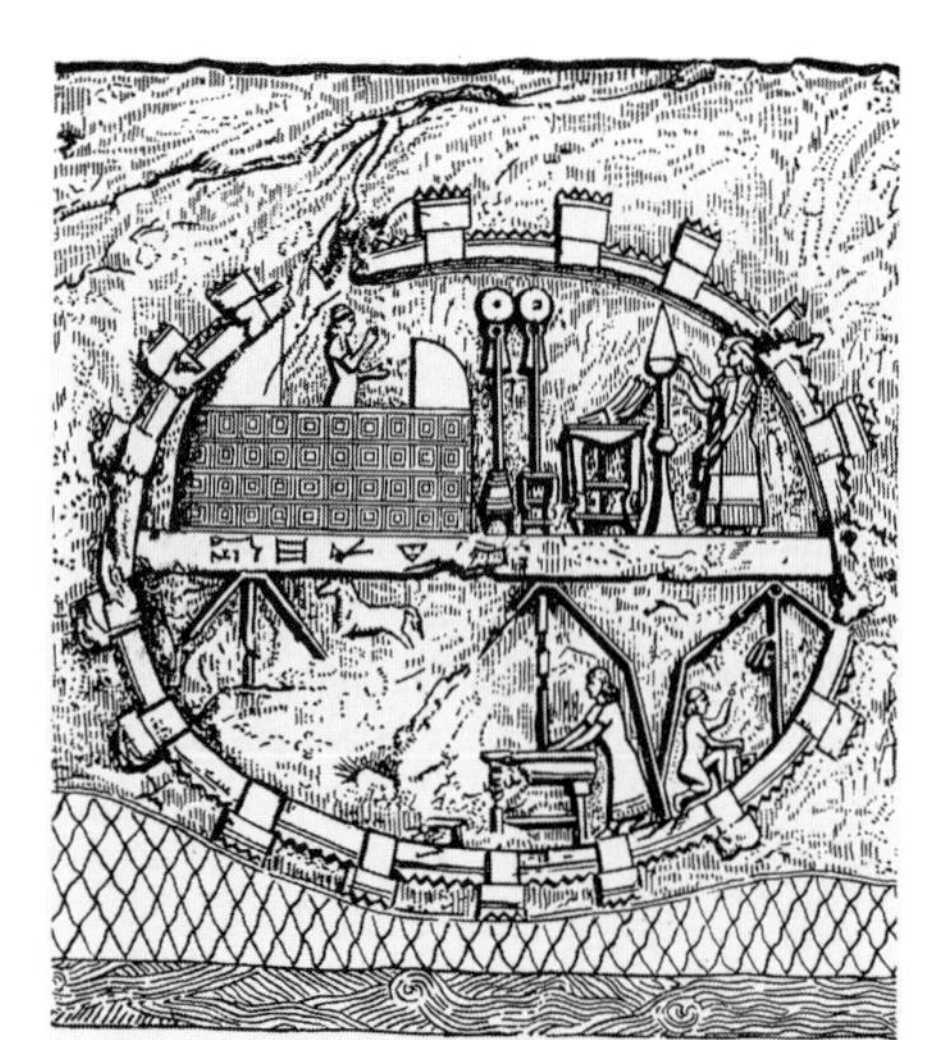

図36　アッシリアにおける要塞図、紀元前8世紀（出典：ボリス・ウスペンスキイ『構成の詩学』川崎浹・大石雅彦訳、法政大学出版局、1986）

も、聖なることばによって普遍的にそうで「ある」と公認されているとおりにできごとや世界を一元的な秩序として俯瞰し構成しようとする中世絵画のこの方式に言及しているのだが、われわれならばこれを、典型的に古典的な〈全知〉の視点による構成というだろう。また、ウスペンスキーが逆遠近法システムにおける「作者の位置（視点）の多数性」と呼ぶものも、じっさいには〈全知〉の視点の遍在性である。たとえば中世絵画において、前景の人物が正面からとらえられているのにたいして、後景の建物ははるかに高い位置から鳥瞰的に描かれるというばあいに（図37）、これをウスペンスキーは、後景は描かれたできごとの周縁にあるから、これを絵の外に立つ「観者＝傍観的観察者」の視角から描くのにたいして、前景の人物はできごとの中心にあるので、画家は絵の内部のこの位置から描くのだと説明する。だがここで問題になっているのも、前景の人物も後景の建物も、これを意味として伝えるのにそのつどもっともつごうのよいやり方で提示しようとする、どこにでも遍在可能な〈全知〉の視点なのである。これはあの『ウィーン創世記』の「大洪水」の場面や、第九章で見るように、日本の中世におけるいわゆる「吹抜屋台」の描き方と同種のものである。

ウスペンスキー自身、こうした描写方式を「イコンのもつ記号的本質、いいかえると、「言語的本質」[49]を提示するものだというが、これもわれわれならば、ここで絵画平面は知覚される物語世界の時空間を構成し「見せる」ためのメディアである以前に、なによりも世界やできごとの意味を「読みとらせる」ための物語言説のメディアとして機能しているというだろう。かれはまた、こうした描写の記号性、象徴性をまことに正しくも、ルネサンスの遠近法的知覚にもとづく「幾何学的統辞法」に対立する「意味論的統辞法」とも呼んでいる。そのような統辞法の別の例として、たとえば「描かれるべき対象の、意味上重要な部分は、観る者の方に向けられる」[50]という規則がある。イコンの多くは複数の人物たちの前にキリストや聖母といった聖なる存在が出現する場面を描いているが、出現したキリストや聖母も、絵のなかでその出現を見つめているも

図37　《使徒ヨハネ伝》（部分）、12世紀、イタリア（出典：ボリス・ウスペンスキイ、前掲書）

のたちも、おなじように前景に位置し、顔をわれわれ観者の方にむけている。ウスペンスキーによれば、これは古典的な演劇の規則、たとえば「俳優がつねに観客の方に顔をむけて座る、しかも、所与の時点で話し相手としている者に背中を向けるようになっても、観客の方に顔を向ける」という規則に対応している。

イコンとして描かれた対象を、そのあるべき記号性、象徴性において読みとらせようとする意味論的統辞法が、語りの視点としては文芸における古典的な〈全知〉の視点に対応していることは、おそらくウスペンスキー自身も気づいていたと思われる。かれがルネサンス以前の絵画と対比して、「数多の民族の叙事詩の特徴となっているパラレリズムの手法が、まさに複数の視点の併用」[51]をもつ事実に言及するとき、ここで主張されているのはまちがいなく、叙事詩における古典的な〈全知〉の視点である。じっさいにもかれは、イコンの記号的、言語的本質に対応するのは「文学の場合には叙事詩」であるという。数枚の葉を描くことで鬱蒼としげる木の葉を代理し、数人の密集したグループによって群衆が示されるように、ホメーロスの叙事詩では、戦闘の全体は「一つ一つの一騎打ちの連続として」あらわされる。イコンの聖人たちは昼夜を分かたずどのような情況のもとでも、それぞれに固有の、いつもおなじ服装をしているというような「中世のイコンに見られる恒常的属性」は、「早足のアキレウス」や「優しいウラジミール・クラスノエ・ソニシコ公」というような「叙事詩の常套形容語」が対応している。

4 描かれた世界の自立

ジョットの革新

十三世紀後半に、一方で東方ビザンチンの伝統を受けつぎつつも、初期キリスト教時代にローマで建造されたバジリカのフレスコ壁画の修復事業などにかかわることで古代ローマ美術にあらたなまなざしをむけるようになったカヴァリーニらローマの画家たちが、イタリア絵画にあたらしい流れをもたらしたとは、美術史の教えるところである。ベルティングは、これにつづく時代に「絵画的物語の質と目的とは変化した」[52]という。この変化の主たる場は、十四世紀イタリアのフレスコ壁画のサイクルである。そこに生じた視覚的物語のよりモダンな形式としてベルティングがあげるのは、おそらくはカヴァリーニにも師事したと考えられているジョットの作品であるが、ここにはふたつのあたらしい傾向が見られるという。ひとつは、アッシジのサン・フランチェスコ聖堂にある《聖フランチェスコ伝》(c.1290-95) であるが、ここでは物語の「ドキュメントとしてのリアリズム」を追求して、登場人物がだれであるか、描かれた舞台が現実のどの町であるかがわかるように描かれている。こうしたドキュメント性は、この時代に都市や権力にかかわる政治的、社会的なテーマ、年代記や戦争など、世俗のテーマが「歴史＝物語」絵画のレパートリーに加わったこととも関係している。そのような例としてベルティングがあげるのは、アンブロージョ・ロレンツェッティによるシエナのパラッツォ・プッブリコの壁画《善政の効果》(c.1338-40)（図38）である。その画面の全体は理想のシエナを描くことで、予型論の伝統にもとづくアレゴリー的な「議論」を構築し、この議論を視覚化することを目的としているが、一方で個々の細部やエピソードは経験的な事実にそくして描写されており、この全体と細部を物語がつないでいる。物語は、ストーリーを語るというよりも議論による「修辞的な説得」のために必要なのである。ここでベルティングがいおうとしているのは、議論に奉仕する描写や物語という事態にほかならない。ともあれ、予型論的アレゴリーの図式のなかに、経験にもとづくリアルな細部描写が侵入し、やがて画面全体にひろがって自己を主張しはじめるとき、画家はもはや絵画にさきだつテクストの修辞学をなぞるのではなく、画面の細部に注目する観者の「見る」経験にうったえようとする。ここにあるのは、「イメージの構造にかかわる根本的な変化である。絵画の修辞学――絵画の物語言語――は、画家やそのプログラムの創出者の自由にまかされている」[53]。こうして「歴史＝物語」を予型論やアレゴリーのもとに理解するという伝統になお立ちつつも、細部の描写において歴史はますますその現実性を強めていき、結果として、聖書や正典といった公式のテクストがよって立つ超越的で普遍的な〈全知〉の視点にもとづく予型論的アレゴリーという図式とはべつに、「画面全体にわたる経験的な統一性」という「ルネサ

図38　アンブロージョ・ロレンツェッティ《善政の効果》（右壁面部分）、c.1338-40（シエナ、パラッツォ・プッブリコ）

ンス芸術の発明」[54]がもたらされることになる。

ジョットが切りひらいたもうひとつのあたらしさは、パドヴァのスクロヴェーニ礼拝堂の《キリスト伝》(1304-06)に見られるが、これは人物や行動における心理的な解釈を追求し「魂のドラマ」[55]を主眼とすることで、観者がこれに感情的に関与するように描いている。イムダールは、ジョットのフレスコ画が示す革新性を、ほぼ同時期に、シエナ大聖堂にある《マエスタ(荘厳の聖母)》(1308-11)の裏面にキリストの生涯を描いたドゥッチョの絵と比較することで際だたせている。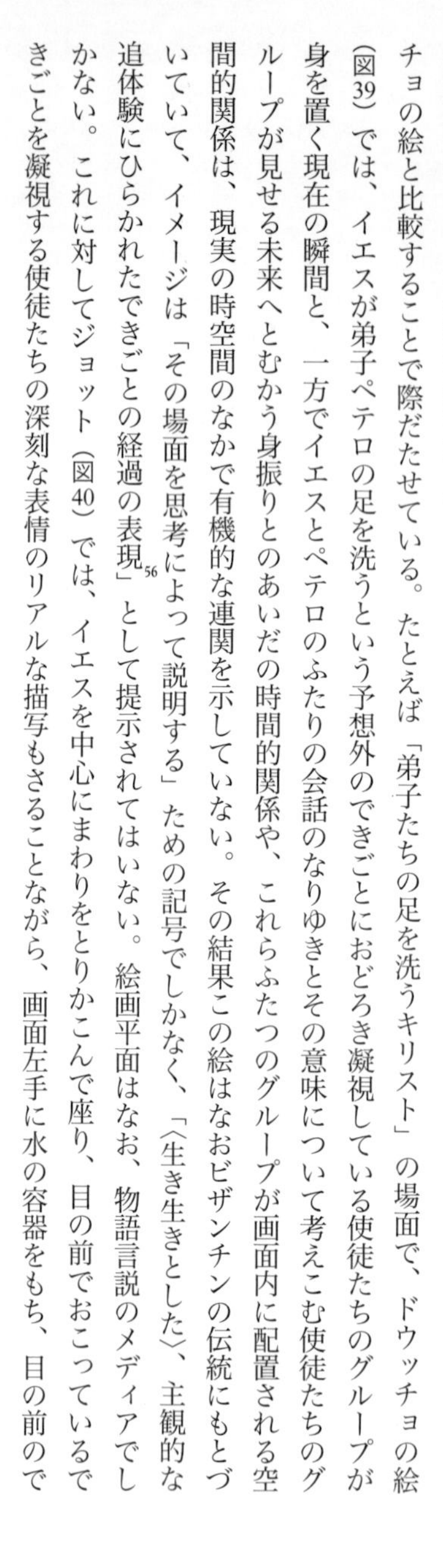たとえば「弟子たちの足を洗うキリスト」の場面で、ドゥッチョの絵(図39)では、イエスが弟子ペテロの足を洗うという予想外のできごとにおどろき凝視している使徒たちのグループが身を置く現在の瞬間と、一方でイエスとペテロのふたりの会話のなりゆきとその意味について考えこむ使徒たちのグループが見せる未来へとむかう身振りとのあいだの時間的関係や、これらふたつのグループが画面内に配置される空間的関係は、現実の時空間のなかで有機的な連関を示していない。その結果この絵はなおビザンチンの伝統にもとづいていて、イメージは「その場面を思考によって説明する」ための記号でしかなく、「〈生き生きとした〉、主観的な追体験にひらかれたできごとの経過の表現」[56]として提示されてはいない。絵画平面はなお、物語言説のメディアでしかない。これに対してジョット(図40)では、イエスを中心にまわりをとりかこんで座り、目の前でおこっているできごとを凝視する使徒たちの深刻な表情のリアルな描写もさることながら、画面左手に水の容器をもち、目の前ので

図39　ドゥッチョ「弟子たちの足を洗うキリスト」、《マエスタ(荘厳の聖母)》裏面、1308-11(シエナ大聖堂)
図40　ジョット《弟子たちの足を洗うキリスト》、1304-06(パドヴァ、スクロヴェーニ礼拝堂)

きごとに目を見張りからだを緊張させて立つふたりの使徒は、その強いまなざしとおどろきの反応によって、この尋常ならざるできごとの瞬間を強調している。かれらの際だった姿勢とするどい視線は観者の視線をまずとらえ、さらに視線を左手から右手の、この場面の主要なできごとの瞬間へとみちびく劇性を示している。

なるほど《ラザロの蘇生》（図41）は、すでに見たビザンチンのイコンにならって、テクストに語られるできごとを順次追う異時同図法をとっている。また、右下隅で石棺をあけるふたりの男が手前の人物なのにひどく小さいのも、これを大きく描くとうしろにいるラザロや鼻をかくす女たちの姿がさえぎられて重要なモティーフが見えなくて困るという、中世的な「意味論的原則」[57]を優先したからである。しかもキリストが見せる、前に踏みだそうとしつつなお体がとどまっているコントラポストの姿勢や、とくにキリストと立ちあがったラザロのあいだに立つひとりの人物の視線と腕の相反する向きの配置は、異時同図法的な画面の全体を、一連のできごとのクライマックスである奇跡の瞬間へと劇的に統合している。キリストを指すその腕は、さきほどまでキリストに顔をむけて、その命ずることばを聞いたときの動揺を示しているが、一方で反対側にむけられた視線は、いままさに復活したラザロの奇跡を見ておどろいている。この男の右手の指が、短縮法によって観者のほうにつきだすように描かれているのも、当時の人びとにはきわめて迫真的な表現と見えたにちがいない。奇跡の原因となるキリストのことばとラザロの蘇生という結果のあいだの因果関係を、腕と視線が相反する方向にむけられたその緊迫した瞬間に表現するものとして、この人物は重要なのである。

「含蓄ある瞬間」

テクストの時間継起にしたがう語りとしてのビザンチン的な異時同図法をなお踏襲しながらも、ジョットの絵画平面はそのメディアに固有の視覚的同時性を主張しはじめている。かれが過去から現在へといたる一連のできごとを一画面に描きつつ

図41　ジョット《ラザロの蘇生》、1304-06（パドヴァ、スクロヴェーニ礼拝堂）

も、観者を物語のクライマックスである奇跡の瞬間へと注目させ、それがもたらす驚きの効果によって描かれたできごとに感情的に関与させようとするとき、かれが選択したのは、レッシングのいう「もっとも含蓄ある（prägnantesten）瞬間」[58]である。これによってかれの絵画は、「画面全体をひとしく活気づけるただひとつの思考へと統合される」[59]ことになる。そして百年後のアルベルティはここに、かれらの時代のあたらしい「構図」を見たのであった。

アルベルティは『絵画論』（1435）第二巻で絵画的「構図（compositio）」を主題としているが、その定義はつぎのようなものである。

構図とは、描かれた作品の中の諸々の部分が、組み合わされるところの絵画の仕方である。画家の最も偉大な作品は歴史画（イストリア）である。歴史画の部分は人体であり、人体の部分は肢体であり、肢体の部分は諸々の面である。そして輪郭とは諸面の周辺を記す或る仕方に外ならない。[60]

アルベルティにしてもなお、修辞学の伝統は原則である。一枚の歴史画の構図の全体を、人体を構成する四つのレベルを数えあげることで示そうとするやり方は、マイケル・バクサンドールによれば「修辞学そのものから由来する組織化のモデル」[61]である。ヒューマニストの学校の文法で少年たちが習う「構成」とは、レベルを異にする四つの要素を組み合わせることで単一の総合文（period）をつくる技術である。つまり語は句となり、句は節となり、節は文となる。アルベルティはこの修辞学上の概念である「構成」を、絵画の「構図」に応用したのである。アルベルティはまた、「歴史画で、まず第一に快感をあたえるものは、描かれる物の豊富さと多様性とから生じる」というが、このように描写における「多彩さ（varietas）」を評価するのも、古典的修辞学の伝統である。さらにかれは、画家が受ける「あらゆる賞賛というものはその歴史画の構想［inventio］のうちにある。美しい構想というものは、見ている通り絵が無くとも、その構想そのものだけで喜ばれるというほどの威力をもっているのが常である」[62]といい、その例としてルキアノスの物語る、アペレスによって描かれた《誹謗》の記述をあげているが、ここには絵画に対することばやエクフラシスの修辞学の優位が見てとれる。それゆえアルベルティは、「私は各々の画家が詩人や修辞家やその他同様の学者に親しむように努めるべきだと忠告しよう。彼らは新しい構想を与えてくれるか、間違いなく歴史画を巧く構成する手伝いをしてくれるであろう」とつけくわえる。

ヒューマニストのエクフラシス

じっさいこの時代のエクフラシスにしても、こうした修辞学の伝統に立っている。ビザンチンに受けつがれたフィロストラトス的なエクフラシスをイタリア・ルネサンスに伝えたのは、一三九五年頃にコンスタンティノポリスからイタリアにやってきたマヌエル・クリュソロラス（Manuel Chrysoloras, c.1350-1415）や、かれに師事し、一四〇三年に帰郷する師を追って自身もコンスタンティノポリスに遊学し、ふたたびイタリアにもどったヴェローナ生まれのイタリア人ヒューマニスト、グァリーノ（1374-1460）である。バクサンドールによれば、ピサネッロの聖ヒエロニムスを描いた絵についてのグァリーノのエクフラシスには、マヌエルから受けついだビザンチンのエクフラシスの特徴が認められる。[63]

> かれ［聖ヒエロニムス］のあごひげの高貴な白さ、その聖者にふさわしい顔に見られる厳格な眉――これらをただ見るだけで、ひとの心はより高次の物事へと引きよせられる。かれはわれわれとともに眼前にあるが、しかもまた不在とも見える。かれはここにいると同時に、どこか別のところにいるのである。洞窟はかれの肉体をしばっているが、かれの魂は、天上の自由をもっているのだ。たとえこの絵は、それが見せているのが現実の生きている人物ではなく、描かれたものにすぎないことをみずからはっきりと表明しているにもせよ、神と天上の国に観想をこらしているそのひとに対して、不作法にもわたしの声でじゃまをするよりは、わたしはほとんど口をあけることなく閉じたまま、かすかにささやくだけにとどめる。……鳥を描くにせよ獣を描くにせよ、また危険な海峡やしずかな海を描くにせよ、あなた［ピサネッロ］は自然の作品に肩をならべる。誓っていうが、われわれはしぶきがきらめくのを目にし、砕けた浪がほえるのを聞く。わたしは労働する農夫のひたいから流れる汗をぬぐうために片手をそこにおく。われわれは戦場の馬のいななきを聞き、トランペットの響きにおののくように思われ

る。……もしもあなたが春の場面をしつらえるとすれば、緑の草原には多彩な花々が咲き笑い、木々にはかつての輝かしさがよみがえり、丘は木々で満ちる。そしてそこでは、鳥たちの歌で大気もふるえる。[64]

グァリーノは、描かれた人物が観者の目のまえにいるようなゼウクシス的イリュージョニズムに言及し、描かれた人物の表情による情念の表現にも言及することで、たしかに古代的エクフラシスの伝統を受けついでいる。一方でかれは、メサリテスのエクフラシスと同様に、もはや古代的なトロンプ・ルイユにとどまらず、絵が「描かれたものにすぎない」ことをはっきりと宣告した上で、それがこれを見るひとの心を「より高次の物事」へとみちびくというように、中性の精神性を受けついでいる。もっともここにはランドが指摘するように、メサリテスの中世ビザンチンのエクフラシスとのちがいも認められる。グァリーノは、ピサネッロが描く多彩なモチーフをひとつひとつ数えあげつつ、それを描く画家の技倆が自然に匹敵すると批評している。かれはそれが絵であることを自覚した上で、その「絵の自然主義に対して反応する」[65]のである。ここには、絵画それ自体への美的な関心がはっきりと見てとれる。しかしそのばあいでも、グァリーノがピサネッロの絵に特徴的な多彩な細部を数えあげ記述するやり方は、「多彩さ」を修辞の能力を示すものとする伝統にもとづいている。[66] じっさいピサネッロの絵には、たとえば《聖ゲオルギウスと王女》(1436-38)(図42)におけるように、当時のヒューマニストにアピールするための合図となるようなもの——多彩さを出すためのモンゴル人やさまざまな鳥、装飾のアイテムとしての動物の群れ、技倆(アルス)を見せびらかすための、前景の馬や犬の短縮表現、アリストテレスが醜いものにも認識の快があるとして例示した蛇や絞首刑の死体など——を意識してしつらえているような特徴が見られる。バクサンドールによれば、それは「視覚的に面白い対象についてのピサネッロのレパートリーからのアンソロジーであって、それらのいずれも、このストーリーがもっている叙事詩的な調子に合っている」。これに呼応してグァリーノのエクフラシスも、個々の

図42 ピサネッロ《聖ゲオルギウスと王女》、1436-38(ヴェローナ、サンタナスタジア聖堂)

描かれた対象や人物が物語にどのように関与するかという点にさほど留意することなく、個々の魅力的で目をおどろかすアイテムをとりあげるのであり、こうして「ピサネッロの物語のスタイルと、ヒューマニストの描写が物語にあたえているたぐいの意義とのあいだには、まぎれのない相似が認められる」[67]。アルベルティが歴史画で描かれるものの豊かさと多彩さを評価するとき、たしかにかれもこうした伝統に立っている。

アルベルティの「構図」と遠近法

しかも一方でアルベルティは、「しかし、私にはこの賑やかさが或る多様性、しかも品位と真実性とをもった慎み深い荘重さで装飾されることを望みたい。私は、賑やかにしようとして、少しの空白も残さぬ画家を非難する。それは構図ではなくて、彼らがいたずらにまき散らした混乱にすぎない。その場合、歴史画は値打ちのあるものにはならず、むしろごちゃごちゃの騒ぎに巻き込まれてでもいるかのように見えるものである」[68]という。ここで「まき散らした（dissolutus）」とは、修辞学では「構成された（compositus）」の反対である。そしてアルベルティの「構図」の標準は、ピサネッロではなくジョットなのである。

われわれのトスカナの画家ジョットのローマで描いた船の絵は賞賛されている。その絵には、十一人の弟子たちが仲間の一人が水の上を歩いて行くのを見て恐怖のため動揺している様子が描かれている。各々が、その顔の表情や動作にそれぞれ違った動きや姿勢で、その乱された心を明らかに示している。[69]

ジョットの船の絵とは《ナヴィチェッラ（水の上を歩むキリスト）》（c.1313）と呼ばれているモザイク画であるが、ここで使徒たちがそれぞれに見せる表情や動作の多彩さは、しかも各人が共通して感じている恐怖や動揺の表現という点で、物語のテーマに統合されている。こうしてバクサンドールによれば、修辞学に由来する「構成」の概念を絵画に応用しつつも、アルベルティの「構図」は「絵画的構成についてのあたらしくより厳格な観念を『絵画論』において定式化しようとした」[70]。そしてアルベルティにとって、さまざまな要素をひとつの構図にまとめるための「新しい法則」[71]こそは遠近法である。

マザッチョのフレスコ画《貢ぎの銭》（図20）は画面中央に収税吏とキリストのやりとりの場面を置き、左後方に聖ペテロが魚の口から銀貨をとりだしている場面、そして右にはペテロが収税吏に銀貨を払う場面を置くというように異時同図法を用いている。しかもこれらはすべて、キリストの頭部に置かれた消失点を中心にひとつの構図に統合されていて、ヴァザーリによって「視点をどこに据えてもちゃんと遠近感が出るような前人未踏の前縮法技巧を習得発揮した」[72]と評されるそのリアルな遠近法が、画面全体の構成原理として確立している。その上この絵は、ブライソンが指摘するように、テクストの物語という点で関与的ではない細部、「意味論的に〈無垢な〉細部」[73]に満ちている。画面中央で観者に背をむけてキリストに対峙している収税吏の踏ん張って緊張したふくらはぎや、ぴったりとその体つきをかたどっている上着のようなリアルな細部のイメージは、テクストの意味には関与しない余剰であるが、リアリズムとはこうした非関与的な細部の描写を主張するのであり、マザッチョの絵はそのようなあたらしい傾向の端緒を見せている。そして、物語の普遍的で必然的な意味からすれば余剰でしかない偶然の細部を画面に導入することを保証する最大の要因こそ、遠近法である。ウスペンスキーも、個人の知覚経験にもとづく遠近法の導入によって、絵画はそのつど特定の位置という「偶発的な契機を拠りどころ」にするが、描写がこのように「偶然性をもっていると いうことこそが、その表現の真実らしさ（リアリティ）を保証する」[74]という。アルベルティにとって四角の枠で区切られた画面は「描こうとするものを、通して見るための開いた窓」であり、画家は「この四角形の内部の自分が思う所に一点を定め」[75]、この中心点のまわりに絵画の諸部分を緊密に結合することによって、あるべき「歴史＝物語」を描く。いまや絵画平面はたんに物語言説のメディアにとどまらず、絵の前に立つ観者の目に見えてくる場、それゆえそのつど特定のリアルな時空間が姿をあらわす場となる。

ヴァザーリの美的なエクフラシス

中世のモザイクやステンドグラスの画像イメージがくみこまれている空間は、聖なるテクストが支配する宗教儀礼の場であり、ひとは会衆としてこの典礼空間の壁面や窓に展開するイメージのサイクルを目で追いつつ、そこにひびきわたる聖なることばの具現に立ちあう。だがジョットの《キリスト伝》の枠どられた各場面がそれぞれに独立した絵画として、典礼空間としての壁面から、したがってそれを支える聖なるテクストから自立するという事態に見られるように、中世的な視覚体制が変化しはじめるとき、観者も儀礼的な会衆からはなれた一個人として、特定の画像の前に立ち、これを見つめることになる。やがて遠近法によって緊密に構成された画面は、ブライソンがいうように、その前に立つ観者を、目の前に開いた窓をとおしてむこうに見えてくる自立した絵画世界を展望する「個別化された見る主体」[76]として構成するだろう。

なるほどアルベルティから一世紀のちのヴァザーリ『画家・彫刻家・建築家列伝』(1550)にしても、たとえばマザッチョ《貢ぎの銭》についての記述――「魚の腹から金を取り出そうと、体をかがめた聖ペテロの顔に血が上り、貢銭を払おうとするとさらに朱を注いだようになる。金を勘定するときの聖ペテロの心の動き、手にした金を満足げに眺める収税吏の貪婪さがよく描かれている」[77]――に見られるように、かならずしも作品に見てとれない顔や身体の表情の細部とその道徳的意味を読みとろうとする古典的エクフラシスの伝統を引きずっている。[78]にもかかわらずヴァザーリには、スヴェトラーナ・アルパースによれば、古典的エクフラシスの慣習を「美的かつ歴史的なコンテクストのうちで用いる」[79]という革新性が認められる。それはつまり、描かれた物語に対して、観者の想像力によってこれを「読む」のではなく、自立した絵画的構図のうちに物語を「見る」という美的経験に支えられて、その物語に感情的に関与し、この立場から作品を批評するといういきかたである。ヴァザーリは、たとえばラファエロの《聖ペテロの解放》(1514)(図43)について、つぎのようにいう。

……ラファエルロの作品はそれほど美しいのである。それというのも、ラファエルロが物語の類を書かれたごとく表現しようと絶えず努力し、かつ画中の事物をすば

図43　ラファエロ《聖ペテロの解放》、1514（ローマ、ヴァティカン宮）

らしい美なるものとして制作しようと絶えず工夫したからである。……聖ペテロに付き添う者は天使である。聖ペテロの表情には現(うつつ)よりも夢かと思う心境が示されている。その間、ほかの獄卒の顔や態度には恐怖と狼狽のさまがうかがえる。……ラファエルロはそれほど見事に適切に、この至難の構想を表現してみせたのである。この絵のなかには、武具と武具のぶつかり具合や、影や、反射や、松明の熱から生じた煙っぽい感じが、暗くかすんだ影とともに実に見事に描かれている。[80]

ここにはランドが指摘するように、伝統的なエクフラシス的批評と具体的な作品や画家の技倆にかかわる実践的批評という、観者のことなったふたつの反応がむすびつけられて、作品に対するひとつの経験へと融合されるという事態が見てとれる。そして「このような経験にあっては、画家の技巧は、それがもたらし、批評家が想像力を介してこれに参与するイリュージョンに直結することになる」[81]。

5　指示者のモチーフ

超越論的〈全知〉の視点

アルベルティ的遠近法絵画が想定する「見る主体」とは、原理上は絵画空間を次元を欠いた抽象的な一点つまりは消失点へと還元する点で、身体をもたないデカルト的な主体である。もちろんそのつど任意の一点ということからすれば、それはもはや聖なるテクストが定めた普遍的な意味秩序にしたがって世界の全体を俯瞰し見わたす主体、したがって世界に対して超越的な〈全知〉の〈神〉の視点に立つ主体ではない。それは任意の一点を中心としてそのつどの経験世界を構成するが、自分は身体を介してこの世界の特定の場所や情況に定位することはないという点で、むしろ超越論的主体というべきである。しかも、マーティン・ジェイが「メルロ＝ポンティが好んで世界の肉と呼んだものにわれわれが埋めこまれているということを無視する普遍主義的ヒューマニズムに特徴的な、超越論的主観性というたがわしい前提は、デカルト的遠近法主義という視の制度に特徴的な〈高空（high altitude）〉思考とむすびついている」[82]というように、それはなお〈全知〉の視点に立っている。観客はいまや超越論的な〈全知〉の視点に立つのだが、まさにこれによって、ブライソンが「奇妙なことに、点的で身体を捨象した主体の構築こそは、単一な消失点のまわりに組織立てられた絵画が遂行しようとしてうまくいかないものなのである」[83]と指摘する問題が露呈する。というのも消失点に対応するピラミッドの頂点に置かれた単眼という虚構の観念にもかかわらず、アルベルティにあっては、事実として画面を構成しあるいはこれを見る画家や観者を、その身体においてこの絵のまえに現実に立たせること、これによって虚構の消失点に対応する位置に現実の肉眼を重ねあわせることが想定されているからである。それゆえアルベルティ的な画家たちにとっては、「純粋に**虚構的**な消失点と、観者が**物理肉体的**に（*physically*）占有する位置とのあいだの関係」[84]が、われわれのことばでいえば、点的で超越論的な主体と現実の身体をそなえ特定の位置に立つ肉眼の主体とをどう関係づけるかというときがたい謎がつねに立ちはだかることになる。そしてこのような謎に対してひとつの方策を示唆しているのもまた、アルベルティ自身である。かれは歴史画というものが、これを見る観者との関係でどうあらねばならないかについて、つぎのように述べている。

> 歴史画の中では、そこで起こっていることをわれわれに忠告したり、教えたりしてくれる人、また見るようにと手で招いてくれる人、誰もそばに近寄らないように顔を歪め、目を血走らせて脅かす人、何か危険もしくは不思議な出来事を示す人、彼らと共に泣いたり笑ったりさせてくれる人、そのような人を見るのは好ましいことだ。このように、描かれた人々が彼ら同士で、もしくは見る人たちと一緒に、何をしようともすべては歴史画を飾り、物語を教えるのに役立っている。[85]

ここで想定されている歴史画の観者はあきらかに、たんなる抽象的な点ではなく、消失点が指示する特定の位置に立ち、そこで物語世界の人物たちと視線を交わし、目の前でおこっているできごとに立ちあい目撃し、身体と感情を介して他者やできごととかかわるひとりの個人主体である。しかもここには、肉眼の主体としての観者を描かれた物語世界に関与させるために、新旧ふたつのことなった方策が語りだされている。ひとつは、そこでおこっていることを「見るようにと手で招いて」観者に直接語りかけ訴えかけるための指示の身振りであり、それがもたらす「忠告したり、教えたりしてくれる」修辞的な効果である。もうひとつは、観者が描かれた物語世界の人物と「共に泣いたり笑ったり」する関係であり、それがもたらす絵画経験としての美的共感の効果である。つぎに見るように、前者の修辞的効果はより古い伝統につらなるものであるが、後者の共感の効果は、物語る絵画におけるあらたなナラトロジーの端緒をひらくものである。

修辞的イリュージョニズム

マザッチョの《聖三位一体》(c.1425)(図44)には、アルベルティの主張そのままに、観者のほうを見つめ、画面内部の十字架にかけられたキリストを注視するように指さす手で合図するマリアが描かれている。クロード・ガンデルマンによれば、画中の人物が観者にむかって直接指示するこの身振りは、十五世紀イタリア絵画に流行し、やがて一四九〇年以降は消滅していく。ピエロ・デッラ・フランチェスカの聖会話形式の《ブレラ祭壇画》(c.1472-74)(図45)では、洗礼者ヨハネが幼子キリストと寄進者とを同時に指さしている。フラ・アンジェリコの《アンテレーナ祭壇画(殉教者聖ペトルス、聖コスマスと聖ダミアヌス、福音書記者聖ヨハネ、聖ラウレンティウス、聖フランチェスコと聖母子)》(c.1440)では、福音書記者聖ヨハネがマリアとキリストを指さしている。この絵では、指示者は主題である聖母子とおなじ絵画空間に位置しているが、おなじフラ・アンジェリコの《殉教者聖ペトルス

図44 マザッチョ《聖三位一体》、c.1425(フィレンツェ、サンタ・マリア・ノヴェッラ聖堂)
図45 ピエロ・デッラ・フランチェスカ《ブレラ祭壇画》(モンテフェルト祭壇画)、c.1472-74(ミラノ、ブレラ美術館)

の三連祭壇画（聖ドミニクス、洗礼者聖ヨハネ、殉教者聖ペトルス、聖トマス・アクィナスと聖母子）》（c.1428）（図46）では、より古い伝統を受けついで、指示者である洗礼者ヨハネは、主題である聖母子をかこむ枠の外に立つ。このばあいにはとりわけ、絵のアピール構造とその修辞的性格が強調される。ガンデルマンはこの、主題とは別の空間に立つ指示者のモチーフについて、ジョージ・カーノードルに依拠しつつ、これはあるいは中世後期に舞台で演じられた「活人画」から由来しているのかもしれないという。この時期の活人画では「序詞解説者」が舞台の前部に用意されたプラットフォームに立ち、観客にむかって舞台に無言で静止する俳優たちの役割を説明し、またそこで演じられた役割のアレゴリー的意味内容についてコメントしたというのである。[86]

ガンデルマンはこの指示者のモチーフを、ブレヒトの「指示の身振り（Gestus des Zeigens）」のドラマトゥルギーになぞらえて説明する。ブレヒトの指示の身振りは、言語行為論が「行為遂行的（performative）」と呼ぶ発話、つまりそれによって観客にむけてなにかをおこない、あるいは観客になにかをおこなうようにしむける発話として、修辞的本性をになうものである。それは、舞台がたんなる再現ではなくなにかを現に提示していて、これに対して観客に一定の態度をとるようにうながそうとする戦略である。ガンデルマンによれば、これとおなじように活人画の解説者も、そして画中の指示者も、そこに提示されているのは「神的なものの指標（indices）であって、その再現ではない」[87]こと、まさにそこにキリスト自身が現前しているのだと主張する。キリストを指示するものが多くのばあい洗礼者ヨハネであるのも、かれが「殉教者（martyr）」であること、そしてこのことばはギリシア語の「目撃者（martus）」に由来すること、それゆえかれはその指で、またその殉教によって、キリストとそこに顕現する神的なものを指示するものだからである。観者を見つめキリストを指示することで、かれは自分と視線を交わす観者を描かれた物語世界へとひきこみ、しかもそこに描かれたできごとが現実のものであり、観者みずからもキリストの目撃者ないし殉教者となるべきだという修辞的・教育的機能をになう。アルベルティが歴史画に

図46　フラ・アンジェリコ《殉教者聖ペトルスの三連祭壇画（聖ドミニクス、洗礼者聖ヨハネ、殉教者聖ペトルス、聖トマス・アクィナスと聖母子）》（部分）、c.1428（フィレンツェ、サン・マルコ美術館）

指示者のモチーフを要請するとき、それはたしかに、描かれたものを現実と見る古代からビザンチンを経由した修辞的イリュージョニズムの伝統を受けつぐものといえるだろう。

美的イリュージョニズム

とはいえアルベルティ的遠近法におけるイリュージョニズムは、すでに古代のそれとも、またビザンチンのそれとも決定的にことなっている。このイリュージョニズムにとって見えているもの、描かれた物語世界は、もはや見えない聖なることばをたんに媒介するビザンチン的イコンではない。マザッチョの《聖三位一体》には、マリアが指さす十字架上のキリストの背後に立ってこちらを見つめている父なる神が、大きなスケールで描かれている。だがその視線は、ビザンチンの聖堂の円蓋の高みからそこにつどう会衆にむけてあまねくふりそそぐモザイクのパントクラトール・キリストの視線のように、具体的な時空間に特定されない、したがって現実世界から超越した遍在する視線とはすでにことなっている。ビザンチンのイコン的イリュージョニズムにあっては、ひとは典礼の場につどう会衆として、目に見えるかたちで描かれた物語世界を介して、そこにひびく聖なることばの普遍的な意味を読みとり、自分が生きる現実世界の目に見えない真理に立ちあう。会衆が俯瞰し遍在する神の視線に応えて見あげても、その目が「出会うのはあの限りない黄金の輝きだけである。それは私たちの空間とは全く異質な抽象的空間であって、広がりが深さのようなものを暗示し、唯一の属性たる色彩が……神性を定義する」[88]。典礼空間にひびきわたる聖なることばの支配のもとで、イコンとしての絵画がめざすのは、これを見るものの現実世界を、その根底にあって見えない真理の世界とひと続きのものとして接合し包摂することである。これに対してマザッチョの神の視線は、絵のまえに現に立つひとりの観者の視線と直接に連結し交叉する。これによってたしかにこの絵は、「あたかも観者が物理肉体的に立つまわりの空間の地面が、絵画の地面とひと続きであるような」[89]ある種のトロンプ・ルイユ効果を見せている。だがそれは、絵画と現実が区別がつかず絵画世界をそのまま現実世界とひと続きのものだとする、古代のゼウクシス的イリュージョニズムともちがう。アルベルティ的絵画が実現しつつあるのは、観者の立つ現実世界を、これとは別の窓枠でかこまれ自立した絵画内部の見える世界へと接合しようとする、そのかぎりで近代における「美的＝感性的」イリュージョニズムの端緒というべきだろう。しかしそれがなお「端緒」でしかないのは、指示の身振りは一方で虚構の絵画世界に観者をひきこみつつも、それが直接に画面の外の現実の観者へと話しかけるために、絵画世界の自立したイリュージョンをこわしもするからである。じっさい「盛期ルネサンスのイリュージョニズムと第四の壁の美学」[90]が支配的となるにつれて、もはや観者にむけてなされる「発話プロセスのどのような痕跡も、発話されたもの（énoncé）つまり絵そのものから姿を消す」[91]ようになる。絵画はフレーム内部で自立した純粋な再現イメージとなり、絵画内部に見られるのは、描かれた物語世界に登場する人物相互のコミュニケーションの身振りでしかなくなる。こうしてイタリアでは、一四九〇年以後はわずかな例外をのぞいて指示者のモチーフは姿を消す。

発話プロセスの痕跡が発話された絵画から消えさるとは、ナラトロジー的にいえば、「作者＝語り手」の現前と声の介入の消去を意味する。この点でもガンデルマンは、興味深い事実に言及している。かれによれば、中世やルネサンスの写本にはしばしば筆記者によって指さす手のスケッチが描きこまれていて、テクストの特定の語やパッセージを指示している。そしてこれは、ラブレーの序文のように多くのルネサンス文学にしばしば見られるような、作者が読者に対してみずから姿をあらわし直接語りかけるやりかたに対応するものである。[92]十八世紀になっても、たとえばフィールディングの『トム・ジョウンズ』や、ゲーテの『ウィルヘルム・マイスターの修業時代』などでも、なおこの伝統を受けついでいる。だがこれは虚構世界のイリュージョンを一時中断するものであり、それゆえ絵画のばあいと同様、自立した物語世界という美的イリュージョニズムに立つ近代リアリズム小説ではしだいに姿を消していくものである。

もっとも、ラファエロの《マリアの結婚》（1504）の画面両端に立つなんにんかの女のように、この絵を見るわれわれのほうを見つめて視線を交わすタイプの絵は、成熟したルネサンス絵画にもなお見られる。ここでも観者は正確に遠近法の消失点に対応する位置をとるように設定されており、建物も人物の身振りも顔の表情も、あたかも舞台を見つめる観客にとってすべてが見わたせるように演出され描かれている。人物たちは、絵のまえに立って自分たちを見つめているはずの観者の「現前を完全に意識している。かれらが配置された空間は演劇という観点から……スペクタクルの劇場として考えられている」[93]。だがブライソンは、観者にむけて直接うったえかけるこうした典礼的な語りかけは、すでに「ラファエロの生きた時代にあってさえ、ますます時代おくれのものとなりつつ」[94]あったという。イタリア以外では、たとえばグリューネヴァルトのイーゼンハイム祭壇画中央パネルの《磔刑》(1512-15)が、洗礼者ヨハネの指示の身振りを見せている。エル・グレコの《オルガス伯の埋葬》(1586-88)の画面左下に立つ小姓の少年は、クワトロチェントの身振りのままに、観者のほうを見つめつつオルガス伯を指示している。ピーテル・ブリューゲル(父)の《農民と鳥の巣盗り》(1568)(図47)における指さす男や、また十七世紀オランダの風俗画、たとえばニコラス・マース(1634-93)の《怠惰な女中》(1655)(図48)なども、世俗化したかたちではあるが、教育的機能という点ではこの伝統を受けついでいる。絵画のばあいでも、こうした修辞的な語りの伝統は近代にいたるまで生きのこるのである。

「劇的クロース・アップ」

リングボムが十五世紀の私的礼拝のための絵画に見る「劇的クロース・アップ(the dramatic close-up)」形式も、われわれの関心事からすれば、指示者のモチーフのもつ修辞的機能とひびきあう現象といえるかもしれない。ここで「クロース・アップ」とは半身像の構図をいうのだが、こうした半身の画像形式は、リングボムによればビザンチンのイコンに起源をもつ。十四世紀以降、教会における典礼書と区別された私的礼拝のための祈祷書や時祷書が広まるにつれて、私的な礼拝室や寝室などに掲げるための礼拝画も広く流通するようになるが、これら礼拝画はおおむね半身像の構図をもち、やがて半身像は世俗の肖像画にももちいられるようになる。初期にはロヒール・ファン・デル・ウェイデン(1399/1400-64)作と推定される《聖母子》(1450年

図47 ピーテル・ブリューゲル《農民と鳥の巣盗り》、1568(ウィーン美術史美術館)
図48 ニコラス・マース《怠惰な女中》、1655(ロンドン、ナショナル・ギャラリー)

代）（図49）のように、イコンにならって聖母やキリストあるいは聖母子を単独に半身で描いており、物語の場面はほとんど描かれない。リングボムは私的な礼拝画にこうした半身像が流行した理由について、ひとつには価格が安いということがあったとしても、聖母やキリストのおおむね等身大の半身像は信者にこれと間近にむきあうことを可能にし、この親密な交わりのなかで果たされる「個々人の私的な祈念やふかい感情移入にとりわけ適している」[95]からだという。じっさい一五〇〇年頃のオランダで制作された時祷書のミニアチュールでは、聖母マリアが窓枠をとおして幼子キリストを観者にむかって掲げ示しているように見える。

リングボムが注目するのは、こうした半身像の礼拝画が十五世紀を通じて見せるあらたな展開である。聖母やキリストの単独の半身像にはやがて特定の物語の文脈に応じてなんにんかの登場人物が加えられ、最小限の劇的場面をクロース・アップで描くことで複雑な感情表現をしようとするような礼拝画があらわれてくる。こうしたタイプの絵画をリングボムは「劇的クロース・アップ」と呼ぶのだが、その最初の例はマンテーニャ（1431-1506）の《キリストの神殿奉献》（c.1454）（図50）である。大理石の窓枠にかこまれた画面左にいる聖母マリアが、画面右側で腕をのばしているシメオンに幼子キリストをさしだしている場面で、かれらは横顔で描かれているのに対して、かれらのうしろ、まんなかに立つ聖ヨセフとその両脇のふたりの人物たちはいずれも顔をこちらにむけている。とくにヨセフは、この絵を見るわれわれ観者をするどく見つめているように見える。マンテーニャの全身像による宗教画とくらべてみれば、この半身像では人物はいずれもからだをまっすぐに立てており、マリアは窓枠に肘をおいていて、まだほとんどイコン的な肖像画にとどまっている。しかしこれを模したと思われる一四七〇年代のジョヴァンニ・ベッリーニ（c.1430-1516）による《キリストの神殿奉献》（図51）になると、マリアとシメオンはおたがいの方にすこしからだを傾けることによって物語的な動きを見せている。以後こうした特定の劇的情況を描く画像形式は広まって、当時なお一般的であったミニ

図49　ロヒール・ファン・デル・ウェイデン《聖母子》（写真コピー、原作品不明）、1450年代（ドナウエッシンゲン、市立ギャラリー）

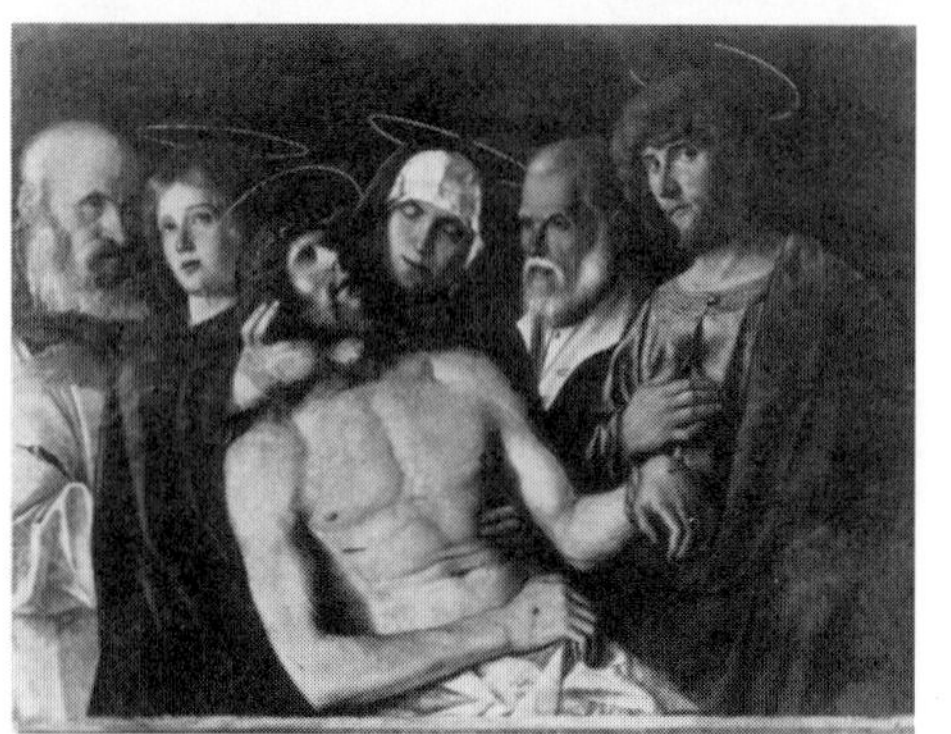

図50 マンテーニャ《キリストの神殿奉献》、c.1454（プロイセン文化財国立博物館群ナショナルギャラリー）
図51 ジョヴァンニ・ベッリーニ《キリストの神殿奉献》、1470年代？（ヴェネツィア、クェリーニ=スタンパリア美術館）
図52 ベッリーニと弟子たち《ピエタ》、1490年代？（シュトゥットガルト州立美術館）

アチュール挿絵にもとりいれられていく。そしてリングボムはこの礼拝画における劇的クロース・アップの進展に、「静的なイコンから劇的な物語への漸進的な移行」[96]を見るのである。

だが、これを「劇的」クロース・アップとよぶのはどうだろうか。そのイコンからの出自からしても、描かれたマリアやキリストとの私的な礼拝における直接で親密な交わりという目的からしても、この等身大の半身像はなによりもその修辞的な機能において成立している。またこれをクロース・アップと呼ぶにしても、ちょうど初期の映画においてそうであったように、それはなお細部を観者により近くから見せ注目させるための「拡大の手段」をこえるものではない。要するに、これまで論じてきたわれわれのナラトロジーからすれば、細部の拡大と直接的で親密な交わりという修辞的機能をこえて、特定の人物を焦点化する語りのモードとしてのクロース・アップをになうような構図は、ここにはなお見られないといわざるをえない。またベッリーニと弟子たちの手になる《ピエタ》（1490年代？）（図

52）におけるように、キリストの死体をかこむ人物のなかに観者の方を見つめる人物がしばしば見られるのも、これらの画像が指示者のモチーフとおなじタイプのものであることを示している。[97]

6　画中の代理人――「母と子」と「後ろむき」のモチーフ

奥行き方向の劇的緊張

アルベルティのテクストが、肉眼の主体としての観者を物語世界に関与させるために推奨するもうひとつの方策は、観者を絵画経験としての美的共感において、描かれた人物と「共に泣いたり笑ったり」するように誘うことである。これによって絵を見る経験は、たんに聖なるできごとを現実として目の当たりにする修辞的・教育的機能のみならず、「美術作品内部に描かれた感情的内容のミメーシス」[98]となる。そしてこの点でもアルベルティのテクストは「ひとつの転換点、分水嶺をなしている。それはクワトロチェントの美術がまさにリアリズムの、ミメーシス的イリュージョンの教義へと傾いていく、その分岐線である」[99]。

観者を描かれた感情のミメーシスへとさそうには、観者と視線を交わし、観者を物語世界に引きこみ、これによって絵の前に立つ観者に直接語りかけ教示するブレヒト的な指示者では不十分である。観者はむしろ、描かれたできごとに立ちあっている画中の人物たちにみずからもよりそって、その悲しみや喜びをともにすることが要請される。絵画のナラトロジーにおける共感のミメーシスのためのあらたな装置とは、消失点の位置に立って描かれた世界を見つめるだけではなく、さらに踏みこんで、物語世界内部のできごとに観者みずからが当事者として身を置いて、その情況をつぶさに感じとるための位置を提示してくれる画中の代理人である。この点で、ピーター・パーシャルが注目するのは、ネーデルランドのとくに銅版画家として知られているルーカス・ファン・レイデン（1488/89-1533）である。それまでの物語る絵がもっていた「文学的で象徴的なモード」[100]に対するファン・レイデンのあたらしさは、絵画平面を支配する遠近法の奥行き方向にしたがって前景と後景とがダイナミックに関係しあう構図のなかで、劇的な瞬間をとらえる語りのモードにある。かれの最初期の《アブラハムとハガル》（1505-08）（図53）では、後景に小さくひろがる風景は、前景のアブラハムによるハガルの放逐というできごとに時間的に先立つサラによるハガル譴責の場面を見せていて、前景と後景との関係は、ここではなお異時同図表現のための慣習的な使用にとどまっている。これに対して《ダビデとアビガル》（c.1508）（図54）では、崖下を見下ろす馬上のダビデが前景に大きくクロース・アップされ、もうひとりの主人公であるアビガルは画面右下、ダビデが位置する崖の上からははるかに下に小さく描かれ、そこからダビデのほうを見上げており、こうして画面は、ダビデとアビガルが奥行き空間にひろがるはるかな距離をへだてて視線を交わす劇的な瞬間をとらえている。これは、たとえばヒューホ・ファン・デル・フース（c.1440-82）（図55）がおなじ主題を聖書のテクストが伝えるエピソードに忠実に、ダビデが画面に二度姿をあらわす異時同図法で描いているのと際だった対照をなしている。ファン・レイデンにあるのは「奥行きを時間的に統一された一場面のエピソードの提示に利用するという、より創意に満ちた手立て」[101]である。ファン・レイデンが画面奥行きへと視線をむける前景の人物をクロース・アップによって際だたせるとき、このクロース・アップはあきらかに、語りのモードとして機能している。それはこの奥行き方向の劇的緊張を際だたせるとともに、絵を見る観者を物語世界内のこの人物の位置に立たせ、視線をともにさせるためのナラトロジー的な戦略である。

図53 ルーカス・ファン・レイデン《アブラハムとハガル》、1505-08（アムステルダム、国立博物館）
図54 ルーカス・ファン・レイデン《ダビデとアビガル》、c.1508（アムステルダム、国立博物館）

《キリストの洗礼》（c.1511-12）（図56）で前景に大きく描かれ、こちらに背をむけて後景に小さく展開するキリスト洗礼のできごとに見入る「人物は、観者の視線の遠近法に調律された媒介者ないし代理人となるという慣習」[102]をつくりだすことを可能にする。《スザンナと長老》（c.1508）においてもファン・レイデンは、伝統的にはスザンナが前景にくる構図を逆転して、ふたりの長老を前景におき、これによって「観者は、あたかも長老たちの覗き見に関与する仲間とされている」。つまりファン・レイデンの絵を見る観者は、前景にクロース・アップされた人物と「視覚的な連合（visual association）」の関係に立ち、その結果そこでおこっている「一連の行動にまきこまれる」[103]ことになる。

たしかにここには物語を語る上での、古典的な〈全知〉の視点に対するあたらしいモード、われわれが〈ともにある〉視点と呼ぶ近代の語りのモードの萌芽が見てとれる。ファン・レイデンのナラトロジーのあたらしさは、観者を、かれが絵の前に現に立つその位置、かれの肉眼の「視角」において描かれたできごとに立ちあう目撃者とする修辞的イリュージョニズムではなく、絵画世界のなかの人物を代理人として、画中の人物のこの位置に観者が描かれたできごとを見つめるための「視点」を指定することで、観者を虚構としての物語世界に共感的に関与させようとする美的イリュージョニズムにある。とはいえファン・レイデンでは、この現実の肉眼の視角からの虚構の物語世界内部の視点の分離と自立は、な

図55　ヒューホ・ファン・デル・フース《ダビデとアビガル》（コピー）（ブリュッセル、王立美術館）
図56　ルーカス・ファン・レイデン《キリストの洗礼》、c.1511-12（アムステルダム、国立博物館）

お萌芽にとどまる。絵の前に物理肉体的に立つ観者の位置を絵画空間を支配する遠近法の消失点に対応する位置に重ねあわせることで、観者を描かれたできごとの目撃者にするというのがアルベルティの修辞上の戦略だが、ファン・レイデンの前景にクロース・アップされた人物も、絵のなかにありながらも、極力絵の前に立つ観者の現実の位置の近くにおかれ、これによって観者の視線の遠近法に調律されることで、観者の代理人としての資格を付与されている。この観者を物語世界へと媒介し観者の視点を代理する人物は、やがて観者が現実に立つ位置にしばられることなく、語りのモードに応じた物語世界内部のそのつど特定の位置をとるようになるが、その際観者の媒介者であることの目印を別のしかたで身に帯びることになるだろう。

「母と子」のモチーフ

フェリックス・チュールマンがそのような目印としてとりあげるのは、歴史画中に描きこまれ、そこでおこっているできごとを恐怖のまなざしで見つめる「母と子」のモチーフである。チュールマンはここに、作品内部で「絵画世界と観者の世界とのあいだの関係が分節される」ひとつの方式、物語世界に関与する「観者の遠近法(Betrachterperspective)」[104]の一方式を見るのだが、ここで「遠近法」とは、ジュネットが「語りのパースペクティブ」と呼んだもの、つまりは「語りの視点」を意味している。

ローマの聖アンデレ礼拝堂に、おたがいにむきあう大画面の二枚のフレスコ画がある。ひとつはグイド・レーニ(1575-1642)の《聖アンデレの十字架への道》(1609)(図57)であり、もうひとつはドメニキーノ(1581-1641)の《聖アンデレの鞭打ち》(1609)(図58)であるが、いずれも受難を目撃する母と子のモチーフが描きこまれている。母と子のモチーフはバロック、とりわけ後期バロックに流行し、祭壇画には欠かせない要素となった。だがこのモチーフそのものは、なお古い伝統に由来する。すでにアルティキエーロ(c.1330-90)の《聖カテリーナの殉教》(1384)には、絵の観者に近い位置、画面前景の端におかれ、画中の他の目撃者たちから際だたせられた母と子のモチーフが見られる。ヤコポ・ベッリーニ(c.1400-70/71)の素描《十字架をになうキリスト》(c.1450)(図59)では、「母親の頭は——素描のなかに記された——遠近法の視点のそばにはめこまれて」[105]いて、これによって画中の母親が、アルベルティ的な視角と視点が重なる位置に立つ観者の代理となっている。すでに見たファン・レイデンの《キリストの洗礼》でも、こちらに背をむけて後景のできごとに見入る人物たちのなかには母と子のモチーフが認められる。なぜ、母と子なのか。チュールマンによれば、母と子は「情念にかんしてとりわけ敏感な人物像」であり、「共感の反応を描写する」のに適切だからである。さらに、観者として女性と子どもを選ぶというのも、絵は文盲のための聖書とする伝来の考えかたからして自然である。絵に描かれた母と子は、絵の観者に、その「歴史=物語」に対する適切な情念的反応を模範的にみちびくためのモデルなのである。

図57　グイド・レーニ《聖アンデレの十字架への道》, 1609（ローマ、聖アンデレ礼拝堂）
図58　ドメニキーノ《聖アンデレの鞭打ち》、1609（ローマ、聖アンデレ礼拝堂）

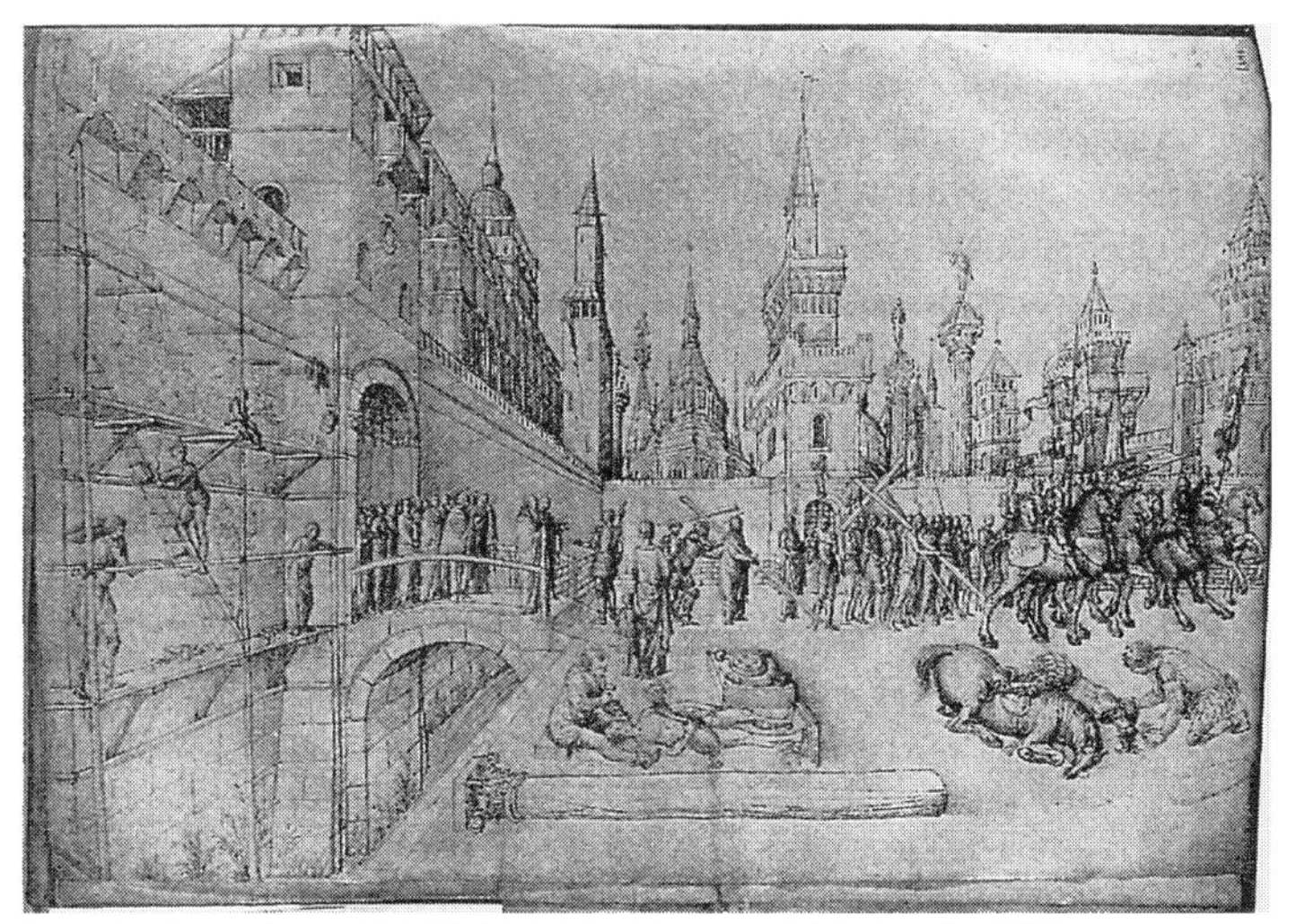

図59　ヤコポ・ベッリーニ《十字架をになうキリスト》、c.1450（パリ、ルーヴル美術館）

母と子というおなじモチーフを用いながらも、レーニとドメニキーノのあいだには、絵画世界と観者との関係をどう考えるかについて大きなことなりがある。レーニでは、ひと組の母と子は画面左隅に半身であらわれ、もうひと組は右下方におかれているが、いずれも平静である。前者は絵のフレームによって下半身が切られているために、「同時に観者の世界と絵画世界とに帰属する」ように見え、これによってふたつの世界をひとつづきに接合しようとするものである。後者はこれとは反対に絵画世界をはっきりと閉じ、奥行き空間を強調するための「古典的なルプソワール〔他のものをひきたたせり遠近感を強調するために前景に描かれる物や人物〕の位置」に置かれている。左のモチーフによって観者は絵画世界の内部へとみちびかれ、そこから右方へと、さらには絵画世界の奥行きへと誘われる。この印象をさらに強めるのは、観者のほうを見つめる左端のターバンを巻いた男、つまりあの指示者の末裔であり、かれは観者が自分とともに聖アンデレにつきしたがって十字架への道を歩むべくさそっている。それゆえここで意図されているのは、「キリストのならい」的な修辞的イリュージョニズムの経験である。

これに対してドメニキーノでは、「比喩的で情念的な意味において、観者が物語の内部に〈みずからをおき入れること（ein »Sich-Hineinversetzen«）〉がもくろまれている」[106]。遠近法にもとづく厳格な空間の秩序によって、絵画は閉じた自立的な物語世界としてあらわれる一方で、観者は絵の外、遠近法が消失点によって指示する「理想的な観者の立ち位置」に身をおいて絵を眺める。ここでは母と子は、ファン・レイデンの前景の人物のように際だって大きく描かれるわけではなく、またその位置も現実に絵の前に立つ観者の位置つまり遠近法の消失点からははずれた前景左端にいる。それにもかかわらず観者は、拷問を目の当たりにしておびえる母と子という模範的な目撃者の位置に「比喩的で情念的な意味において」自分をおき入れる。とくにこの絵では、カラヴァッジョの影響のもとにある対角線に走る明暗の境界線が画面を、拷問という劇的なアクションが展開する右半分の領域と、これを目撃し見まもるリアクションの左半分の領域とにくっきりと分かっていて、これによって消失点に対応する現実の位置（視角）からこの絵をじっさいに見る観者に、物語世界のどの位置（視点）からこのできごとを目撃し関与するべきかを明示している。こうして、この絵を見る観者の反応は、一方で自分が現実には絵の前に立っているとの反省的意識をもちつつ、他方で虚構の物語世界内の特定の人物の位置に立って、この視点から描かれたできごとに関与し反応するという「情動的‐知的本性をもつ複雑なプロセス」[107]をとることになる。もっともドメニキーノでも、恐怖のあまり母親の膝に顔をうずめる少女は観者のほうを見つめている。そこになお、歴史画における古典的修辞学の残存を見ることはできるが、しかしレーニのターバンの男とはちがって、少女は描かれたできごとに対して観者がとるべき情念的反応のモデルとなっている。

チュールマンによれば、描かれた当初はレーニのほうが賞賛をえて多くの画家の模範とされたが、十七世紀後半になると、レーニの絵に対するドメニキーノの絵の優位が論じられるようになったという。両者とも、すでにかれら以前に「知られていた絵画世界と観者の世界とを媒介する装置」を用いながらも、そこにはバロック時代における歴史画をめぐるコンセプトのことなりが見られる。それは、「歴史画がうったえるべき観者の遠近法、つまり画面内部の手立てによって、描かれた歴史物語の再構成に観者が関与するべく要請される、その流儀」[108]のちがいであり、われわれのことばでいえば、物語る絵がとるべき語りのモードのちがいである。ドメニキーノの絵にかんしてチュールマンが言及する、観者が虚構の人物の位置に「みずからをおき入れること」とは、物語の登場人物に共感する読者や観者の美的態度であり、それゆえそこから生じる「複雑なプロセス」とは、一方で現実の意識、他方で虚構世界への没入という、近代の美的仮象論が想定する美的イリュージョニズムの経験である。[109]チュールマンはドメニキーノの母と子のモチーフを配した構図に、このような近代の美的経験を想定した語りのモードの端緒を見ているのだが、それを可能にしたのは、アルベルティ的絵画では重ねあわされていた現実の肉眼の視角と物語世界を目撃する視点とが、ファン・レイデンのばあいよりもいっそうはっきりと切りはなされて、観者に物語世界内の特定の人物と〈ともにある〉視点をとるように誘う画面構成である。

「後ろむき」のモチーフ

現実に観者が立つ位置にしばられることなく、画中にあって観者の視点を代理する人物であることをつげるもうひとつの顕著な目印は、「後ろむき」のモチーフである。後ろむきのモチーフは、すでに見たベッリーニの素描《十字架をになうキリスト》における母と子のモチーフや、ファン・レイデンの《キリストの洗礼》にも見られたものである。こうした後ろむきのモチーフについてもチュールマンは、画中の人物がこちらに背をむけていることによって、ちょうど絵の前に立つ観者の視線と重なるものとして「よりはっきりとその媒介者機能を際だたせている」[110]という。ガンデルマンもこうした後ろむきのモチーフに「視覚的物語の統辞法の内部におけるひとつの記号」[111]を認めるが、そのような例としてガンデルマンがとりあげるのは、十七世紀オランダ絵画にしばしば見られる、開いたドアのむこうの空間をじっと見つめる後ろむきの人物である。

デ・ホーホ(1629-84)の《ゆりかごの傍らで胴着を繕う母》(1661-63)で、後景に開いたドアの前に後ろむきに

図60 デ・ホーホ《デルフトの中庭》、1658(ロンドン、ナショナルギャラリー)
図61 ヴァトー《ジェルサンの看板》、1720(ベルリン、シャルロッテンブルク宮)
図62 ヴァトー《シャン・ゼリゼー》、c.1716-17(ロンドン、ウォーレス・コレクション)

立ってドアの外のあかるい光景を見つめている少女や、《デルフトの中庭》（1658）（図60）でやはり後景に開いたドアのまえにひとりたたずむ女は、その位置からしてかならずしもかれらの視線が絵を見る観者の視線と重なるわけではないが、あるしかたでこれと同調する点で「われわれ観者のレプリカ」[112]となっている。人物のからだは観者のからだと平行に立ち、われわれが絵画平面を見るのとおなじ方向に、開いたドアがつくりだす四辺形のフレームの内部をのぞきこむ。かれらはちょうど、観者がアルベルティのいう窓枠としての絵画フレームをのぞきこむのとおなじ体勢で、画中のドアの枠をのぞきこんでいる。だがアルベルティ的絵画は、観者を画面の外に立たせて、そこから画面を超越論的に構成する〈全知〉の視点をとらせるのに対して、ここではそれは観者を絵画世界内部の後ろむきの人物の位置に立たせることで、そこからひろがる描かれた情景へと観者自身のまなざしで「直接に侵入すること」[113]へと誘う記号となっている。これをわれわれのことばでいいかえれば、後ろむきの人物は、観者にその人物と〈ともにある〉視点をとらせる絵画のナラトロジー的な記号となりうるということである。もっとも、いつもそうだというわけではない。たとえばヴァトー晩年の作品《ジェルサンの看板》（1720）（図61）の左画面、こちらに背をむけていま店のなかに足を踏みいれている女性は、島本浣がいうように、この看板を見あげる現実の客が絵のなかのこの「女性と共に架空のジェルサンのブティークを客として体験する」[114]イリュージョニズムに寄与しているかもしれない。だがおなじように後ろむきに立つにしても、《シャン・ゼリゼー》（c.1716-17）（図62）の右端の男や《庭園の集い》（c.1716-17）の左端の女は画面中央のみやびな集いにとくに関与するわけではなく、それゆえ目撃者というよりはせいぜい傍観者にすぎない。それらは画面構成における多彩さという点で、ヴァトーお気に入りの一要素以上ではなく、他の人物から際だって観者の視点を用意する代理人としての記号をかならずしも帯びてはいないように思われる。[115]これに対してフリードリヒには《霧の海を見下ろす旅人》（1818）（図63）、《夕暮れ時》（1825）、《月を眺める男と女》（1824）など、あきらかに観者が画中にと

図63　フリードリヒ《霧の海を見下ろす旅人》、1818（ハンブルク美術館）

るべき視点を媒介する後ろむきの人物が主要なモチーフとして描かれている。

7　美的イリュージョニズム

描写的リアリズム

アルベルティが歴史画と観者の関係を定式化したとき、たしかにそこには、肉眼の主体としての観者を描かれた物語世界に関与させるための、新旧ふたつのことなった方策が語りだされていた。そこに見こまれたのは、画中から絵の前に立つ観者を見つめる指示者がアピールする修辞的イリュージョニズムから、観者を画中の目撃者の視点に立たせることで、観者を虚構としての物語世界にひきこみ共感的に関与させようとする、近代の美的イリュージョニズムへの変化である。この傾向は、十七世紀をつうじてますます強まるだろう。

近代の美的イリュージョニズムが観者を描かれた虚構の物語世界へとひきこもうとするとき、それはかならずしも画中の人物の媒介を必要とするわけではない。たとえばカラヴァッジョ（1571-1610）には、指示者はもちろんのこと、母と子や後ろむきのモチーフも見られないが、その緊迫した画面はこれを見る観者の目に直接うったえ、つよくせまってくる。《聖パウロの回心》を描くばあい、ふつうはこの一連のできごとが読みとれるように、これにかかわる多くの人物が描かれるのに対して、カラヴァッジョ（1600）（図64）では、全身像ではあるがクロース・アップされたふたりの人物と一頭の馬のみが、それもいままさにパウロが落馬した際だった瞬間において描かれている。かれの絵の暗い背景と対照的な強烈な光は、いわばスポットライトの効果によって、一気に絵を見るものを、そこでおこっているできごとの瞬間へとまきこむ。さらに、パウロの転落したからだは絵を見る観者に対して極端な短縮法で描かれていて、いわば画面からわれわれの空間へとほうりだされたようである。それはアルパースがいうように、「ダマスカスへの途次におこったできごとに、われわれを物理肉体的にも関与させようとする、カラヴァッジョに特徴的なイリュージョン装置」であり、これによって絵は、「虚構世界と観者の現実世界とのあいだの柵」をとりはらうことをめざす。たしかにカラヴァッジョは、絵画空間を「われわれのほうへと拡張し、またわれわれを作品に内包された空間（the implied space）のうちにまきこむというやり方で、観者の現前を認知していた」[116]にちがいない。だがカラヴァッジョのこのイリュージョニズムを、古代的なゼウクシス的イリュージョニズムやビザンチンのイコン的イリュージョニズムと見るのはおそらくまちがいだろう。ここで問題になっているのは、虚構と現実の境界をなくそうとするトロンプ・ルイユ効果ではない。この絵が、画中の人物に媒介されることなく、カラヴァッジョに特有の「描写的リアリズム」[117]によって観者自身に描かれたできごとの目撃者となることを要請しているとしても、それは現実の観者を、それが物語を再現した絵であることを承知した上で、しかもクロース・アップやスポットライト、短縮法、リアルな瞬間描写といった美的な効果によって、描かれた物語世界にまきこみ、その情況に立ちあわせ、これに情念的に関与させ共感させようとする美的イリュージョニズムによってである。ガンデルマンも、カラヴァッジョをはじめとして、バロックのリアリズム絵画や十七世紀オランダ絵画にはしばしば、観者の立つ現実空間に画面がつきだしてくるような表現が見られるが、しかもここにあるのはルネサンスの指示者が観者の位置する現実世界に侵入してくる修辞的な関係とは逆に、観者を描かれた虚構空間に引きこむような「イリュージョニズム的で、リアリズム的な」[118]関係だという。いずれにせよこうした描写的リアリズムに支えられた美的イリュージョニズムに、〈ともにある〉視点と連繫する近代のもうひとつの叙法として、われわれが〈情況〉の視点と呼んでおいた語りのモードを認めることはできるだろう。

十七世紀以降顕著になる美的イリュージョニズムのありかたを象徴するひとつのできごととして、ベッチマンは、ルソーの『ピグマリオン——音楽つきの劇（Pygmalion. Scène lyrique）』（1762）に見られるような、十八世紀半ばのフランスにおける音楽や文学や造形芸術におけるピグマリオン神話に対するひろい関心や、「活人画」の流行、さらには古代の彫刻作品を揺れ動く人工照明のもとでまるで生きて動くもののように鑑賞する方式の流行をあげて

図64　カラヴァッジョ《聖パウロの回心》、1600（ローマ、サンタ・マリア・デル・ポーポロ聖堂チェラージ礼拝堂）

いる。[119] こうした経験については、たとえばズルツァーが、「錯覚（幻惑 Täuschung）とは、ひとがあることがらの仮象（Schein）を真実であり現実であるとみなす錯誤である。われわれが一枚の絵の前に立って、それが自然の光景についてのたんなる表象にすぎないということを忘れて、事柄そのものを見ていると信じこむとき、われわれは欺かれている（getäuscht）」[120] と述べている。これに先だって一七五〇年代にメンデルスゾーンはこうした錯誤を「美的イリュージョン」と呼び、「ある模倣が美しくあるべきだとすれば、それはわれわれを美的に幻惑する（ästhetisch illudieren）ものでなければならない。しかし魂の上級能力は、それが模倣であって自然そのものではないことを確信していなくてはならない」[121] と論じている。すでに見たように、近代の美的イリュージョニズムにとって決定的なのは、自分が目にし美的に幻惑されているのが、それ自体としては現実ではなく作品という「仮象」だという意識をつねにたずさえているということである。それは一方で絵画や彫刻がまぎれもなく一個の作品という人工物だという認識と、他方でこれを彼岸にあるなにものかへとみちびく窓としてではなく、それ自体として自立した美的対象として鑑賞し経験する個人主体の美的な態度の成立とを意味している。ディドロのサロン評を掲載した『文芸通信』の発行者であるメルシオール・グリムは、一七六五年にグルーズが出品した《最愛の母親》についてのディドロの批評に対する注釈のなかで、自分はこれまでなんどか、やんごとなきお仲間が秋の宵に「タブローの構成を生きた人物を使って模倣する」活人画という「まったく興味深く好ましい遊び」を楽しむのを見たことがあるとして、そのもようをつぎのように記述している。

まず、タブローとおなじ舞台装置で背景を仕立てます。つぎに、めいめいがタブローに描かれた人物のうちのひとつの役割を選び、その衣装を身につけた上で、その人物の姿勢と表情とを模倣します。これら場面の全体とすべての演じ手が画家が配したとおりに整えられ、その場の照明がしかるべく設定されると、観客となる人びとが呼びこまれ、タブローがそのように作られたその流儀（la manière）についてそれぞれの意見を述べるのです。わたしとしては、こうした楽しみは趣味を、それもとりわけ青少年の趣味を形づくり、またかれらに、タブローに描かれたあらゆる種類の性格や情念が見せるもっとも繊細なニュアンスを把握することを教えるのにきわめてふさわしいものと考えます。《最愛の母親》は、こうした遊びにとって魅力的な場面を提供するでしょう。[122]

グリムにとっても活人画は、ゼウクシス的イリュージョニズムの問題ではなく、美的な「趣味」を涵養する美的イリュージョンの楽しみなのである。

ディドロの美的なエクフラシス

一七五九年にはじまるディドロのサロン評、つまりは十八世紀のエクフラシスにも、この時代のあたらしい作品受容のありかたは見てとれる。絵を物語文において読み解こうとするディドロのエクフラシスも、古典的エクフラシスの伝統に立つものと見える。一七六七年に出品されたヴェルネ（1714-89）の七枚の風景画の記述では、ディドロはフィロストラトスと同種のフィクションを用いている。かれはたまたま海に近い風光明媚な地方にきていて、ふたりの子どもの家庭教師でこの土地にくわしいひとりの神父にともなわれて散策にでかけ、そこでつぎつぎに目にする美しい風景を描写する。最初の光景（図65）についての記述は、つぎのようにはじまる。

わたしの右手、遠くへだたったところに、山がそびえて、その頂を雲にむかって高くもちあげていた。ちょうどそのとき、たまたまひとりの旅人がそこに立ちいたって、からだをまっすぐに、そして静かにそこにたたずんだ。その山の麓は、手前の岩塊にさえぎられて、われわれのところからは見えなかった。この岩の足下は、上がり下がりしながら、われわれの視界を横切ってのびており、これによってそれはこの光景（la scène）の奥行きを、前景と後景とに分かっていた。……わたしのまなざしは、砂利の多いその土手がむこうにのびていくその稜線をかすめて、村の家々の頂にであい、さらにそのさき、やがて平原が空と境を接するところにまで深く入り

図65　ヴェルネ、第一の光景《ゆたかな泉》（版画コピー、原作品不明）、1767サロン

こみ、そのうちへととけこんだ。[123]

そしてこのあと、ディドロは神父にむかってヴェルネの名前をあげつつ、「サロンにいって見たまえ、そうすれば君は、実り多い想像力が、自然についての深い研究にたすけられて、われわれの芸術家のうちのひとりの芸術家に霊感をあたえて、まさしくこのような岩、このような滝、そして風景のこのような一場面を描かせたのを見るだろう」というのである。

たしかに、ディドロの記述はフィロストラトスのそれに似ている。にもかかわらず、ここには決定的なちがいがある。この物語のなかで、かれがある場所に立ちどまって風景を眺め、あるいは風景のなかを歩みつつ、そのつど出会うひとやものを名指して記述するとき、それらはすべてヴェルネの絵に描かれている。かれの記述は、絵画をきっかけとしてことばが自由に描かれていない風景やできごとまでも語りだし、そのできごとがもっているはずの道徳的な意味を講釈し、これによってみずからの措辞の華麗な技巧を見せびらかす修辞家のそれではない。三番目の入江の光景についての記述においてディドロ自身、「わたしはこうしたできごとを、まったく飾ることなく語っている。もっと詩的な機会なら、わたしは風を解き放ち、波を隆起させただろうし、小さな船が、波がうねるたびに雲にもとどけともちあげられては、こんどは波の深い谷間へと落ちていくさまを記述しただろう。……だが、そうしたことすべてには、ひとことの真実もありはしなかっただろう」[124]と述べている。その上かれは、ヴェルネの六番目の光景の記述のさいごに、これまで自分があたかも現実の光景であるかのように語ってきたのは、じっさいにはすべてヴェルネの絵の記述であったことをあかし、その理由についてつぎのように述べている。

> **芸術家だって**――そうなのだ、わが友よ、**芸術家なのだ**。いまやわたしの秘密はもれてしまい、もはやどうしようもない。ヴェルネの**月光**（*Clair de lune*）の魅惑についひきづりこまれて、いままでわたしがあなたに作り話（un conte）を語っていたこと、わたしがほんとうの自然を目の前にしていると装っていたこと（そうしたイリュージョンはいかにたやすいものだったことか）を忘れてしまったのだ、そして突然、自分があの田園にではなく、

サロンにいることに気がついたのだ。……あなたがわたしの描写を現実の風景だと考え、この談話の中にこれらの風景を想い入れることになったのも、そもそも描写というものがもつ退屈と単調さとを断ち切るためだったというのだろうか――「そのとおり。ブラボー、上首尾だ（*A mararigilia. Bravo, ben sentito.*）」。そういうわけで、わたしがこれからあなたに話そうとするのは、もはや自然のことではなく芸術のことであり、神についてではなくヴェルネについてなのだ。[125]

ディドロが、このようなフィクションを用いた理由を描写のもつ「退屈さと単調さとを断ち切るためだった」と説明するとき、それはレッシングがホメーロスの描写のやり方に認めたのと似たところがあり、あるいはすでに見たように、物語に対する描写のとるべき関係についての修辞学の伝統につうじるものでもある。別の箇所でディドロは、「タブロー、ことに田園を描いたタブローを描写するかなりよい方法のひとつは、描かれている場所に画面の右側か左側からはいって画面下の縁をすすみながら、そこに見えてくる対象を順々に描写することである」[126]と述べているが、たしかにここで意図されているのは描写に奉仕する物語といってよい。だが、それだけではない。というのも、そもそもかれがこのフィクションを用いたのも、まずはヴェルネの絵の「魅惑についひきづりこまれ」たからであり、こうしていかにもやすやすとそうした「イリュージョン」にからめとられたディドロにとっての関心事は、一枚の絵を目にして、そこに描かれた風景のただなかにみずから立ち入り、この想像上の位置から自分の右手に横たわり、はるかむこうにひろがり、頭上高くそびえるものへとみずからの「まなざし」をむけることで、そこに立ちあらわれてくるものやできごとにかかわるというかたちでの絵の美的経験である。それは描かれた世界のただなかにあって「夢のなかにいる」と感じ、「われを忘れるといういっそう甘美な快楽」[127]に身をゆだねることである。もちろんそれがイリュージョンであるかぎり、自分がほんとうは「あの田園にではなく、サロンにいる」ことに気づかざるをえない。ディドロがフィクションのかたちで記述しているものは、かれが描かれた風景やできごとのなかにみずから想像的にはいりこんで経験する、この絵についてのかれ自身の美的経験の報告なのである。

　ディドロは、一七六五年に出品され評判になったフラゴナールの《みずからを犠牲にしてカリロエを救う大祭司コレジュス》(図66)についても、似たようなフィクションを語っている。ただしこのたびかれが語るのは、ある夜自分が見た奇妙な夢、プラトンの洞窟に閉じこめられ、その壁に映しだされるできごとを目の当たりにするという夢である。

闇を横切って、地獄の悪霊が翔るのが見えた。たしかにわたしはそれを見た。……それは叫んだ。それは絶望だった。そして愛、恐るべき愛を、それは背に負っていた。その瞬間、大祭司は聖なるナイフを引きぬく。腕を振りあげる。……かれは、自分自身にナイフを突き立てる。あたりにわきおこる悲鳴が、その場の空気を貫き引きさく。……燭台の足下にいる侍祭は口をなかばあけたまま、恐怖にかられて見つめている。生け贄の女の体を支えている侍祭は頭をめぐらしつつ、恐怖にかられて見つめている。死の水盤を手にする侍祭は、恐怖におびえた眼で見上げている。……しかし、白髪まじりの老人が見せる悲嘆と苦痛にまさるものはない。その髪は逆立った。なおもわたしは、かれを、かれを照らすかがり火の光を、そして祭壇へとのばされたかれの両腕を目の当たりにしているような気がする。わたしはかれの目を見る、わたしはかれの口を見る、わたしはかれが身を乗りだすのを見る。わたしはかれの叫びを聞く、がそれがわたしを覚醒させる。カンヴァスは後退し、洞窟は姿を消す。[128]

かれは幻視というかたちで、フラゴナールの絵が描いている場面にさきだついくつかのエピソードを単純過去ないし半過去で語ったあとで、「その瞬間、大祭司は聖なるナイフを引きぬく」以下の文章では一転して現在形をとるが、これ以後のできごとは、フラゴナールの絵がディドロの目にじっさいに描いて見せているクライマックスの瞬間である。このできごとを見まもる一群の人物たちの姿態や表情にかれらの情念的反応を読みとるディドロの修辞にしても、それは同時にディドロ自身のこの絵に対する美的反応の報告である。フォートがいうように、侍祭たちが「恐怖にかられて見つめている」とくりかえすディドロの「レトリックは、[画中の人物の]身体を描く画家自身のレトリックに

図66 フラゴナール《みずからを犠牲にしてカリロエを救う大祭司コレジュス》、1765サロン(パリ、ルーヴル美術館)

調律されている」[129]。「わたしはかれの目を見る、わたしはかれの口を見る、わたしはかれが身を乗りだすのを見る。わたしはかれの叫びを聞く」という一人称の語りの反復と「活写法（hypotyposis）」のレトリックにしても、古典的エクフラシスのイリュージョニズムとは決定的にことなって、その一々はディドロのフラゴナールの絵に対する美的反応を記述している。ディドロは、自分がサロン展で絵を見たその美的なまなざしを、かれの幻視のテクストを介して読者につぶさにつたえ、これによって読者にもその絵を美的に経験させようとするのである。

美術カタログ

こうした作品描写のレトリックと、そこに反映している絵画経験とは、おそらくディドロに特有のものというよりは、十八世紀当時のフランスにある程度共有されていたと見るのが正しいだろう。この時代にはいぜんとして絵画作品は、今日のような意味での個々の絵の「名前」としてのタイトルをもたず、主題や画面構成の記述が作品を同定するタイトルのかわりをしていた。美術商の競売カタログにおける作品記述も商品としての絵画作品を同定するためのものであり、この意味でこうした記述は、中世におけるティトゥルスがそうであったように、ひろい意味でエクフラシスの一領域と考えることができる。ディドロもサロン展を見る際に手にしていたはずの、アカデミーが発行する公式カタログにしても、歴史画に描かれた主題についてかなり詳細な物語が記述されていた。[130]島本浣の周到な研究によれば、十八世紀後半のフランスにおいて、美術カタログの作品記述にある変化が見てとれるという。たとえば一七五〇年代から八〇年代まで活動した画商ピエール・レミが一七六八年に編纂した競売会カタログのベルヘムの絵の描写では、「縦二ピエ二プス横二ピエ六プスの画布に描かれたタブロー（絵）で、風景と高い土地にあるひじょうに美しい廃墟を表している。絵を豊かに飾る人物たちは、ロバの背に乗る母の手に口を付ける若い農婦、その前を歩くもう一人の農婦、そして子どもを抱えロバの背に座る三人目の農婦である。さらに、犬とともに足の半分までを水たまりに浸けた羊飼いもおり、犬のまえで牛と羊を追っている」[131]というように、比較的短く、また商品としての「もの＝絵」を特定し記録するための客観的な記述が一般的である。これに対して自身画家でもあり、七〇年代から画商として活動をはじめたジャン＝バティスト＝ピエール・ル・ブランは、一七八〇年の競売カタログの端書きに、カタログの目標は「売り立てをまかされた作品がどのようなものであるかの観念を与えることである」と記すように、かれにはできるだけ絵の「観念」つまりイメージをことばによって忠実に翻訳しようとする態度が見られ、結果として描写は長く精密になる。たとえば一七八四年の競売カタログにおけるベルヘムの作品の描写では、つぎのようになっている。

家畜をつれた牧童たちが通る、小川によって分かたれた美しい田園。前景には赤いコルセットを着けた女が見られ、鹿毛色の馬に乗っている。彼女は、右手に棒をもち立ち姿の牧童に話しかけているようにみえる。牧童たちは三匹の犬に挟まれた状態である。その左手、牧童の後ろには一人の男が歩いており、牛の群れを率いる犬に先導されている。……その群れは画面右手の勾配のある小道を通過しようとしているように思われる。また、画面の奥では別の動物が目に入る。……[132]

ここで島本が注目するのは「見られ」とか「目に入る」といった動詞の多用であり、「前景」「その右手」「画面の奥」といった、ある特定の位置から個々の描かれたものを見るための空間的指示であるが、それはヴェルネの絵についてのディドロの描写に認められたのとおなじものといってよい。島本によれば、レミでは慣用的に用いられた「絵は……を表す（représente）」という表現に比して、ル・ブランにおいては、すでにド・ピールのようなあたらしい愛好家において顕在化していた、絵をイメージとして「見る」主体の美的な「眼ざしが描写につよく繰り込まれている」。それゆえ島本も、ディドロのエクフラシスは「程度の差こそあれ、十八世紀後半のカタログのエクリチュールと同じである」[133]というのである。

島本はさらに、ル・ブランのカタログにはディドロのエクフラシスに顕著な絵に対する美的な反応が繰りこまれておらず、この意味でディドロのサロン評は、絵を美的に見るものの立場から記述しようとする当代の傾向を「ル・ブラン以上に徹底したもの」だというが、それはおそらく正しい。だが島本が、その結果として、ディドロが高く評価するシャルダンの絵が見せる「真実」あるいは「自然そのもの」に達するようなリアリズムに対しては、ディドロのことばによる画面の描写は「絵を離れ、絵に表象された自然そのものの描写となり、描写が絵のそれなのか自然のそれなのかの区別がつかなくなってしまう」[134]というとき、われわれの立場からすれば、それは古典的エクフラシスのイリュージョニズムと、ディドロにおける近代の美的イリュージョニズムとのちがいを十分に認識していないと見える。

イメージに奉仕することば

ディドロはシャルダンが一七六三年に出品した《オリーヴのはいった広口瓶》について、つぎのように記述している。

他の画家のタブローを見るためには、わたしは自分の目をそれに合わせて整える必要があるような気がするが、シャルダンのタブローを見るには、わたしは自然があたえた目をそのままに、それをただうまく使えばよいのだ。……

つまり、ここにある磁器の壺はまさに磁器であり、これらのオリーヴはそれらがひたされている水を介して、その一個一個がじっさいに目で識別されるのである。このビスケットはただ手にとって食べるだけでよいのであり……パテはナイフをいれるだけでよい。

色彩と光沢の調和を理解しているのは、この画家なのだ。シャルダン！　あなたがパレット上ですりつぶしているのは白でも、赤でも、黒でもない。あなたが筆先にとらえ、画布に定着しているのは、対象の実体そのものであり、空気であり、光なのだ。……

ひとはこの魔術をまったく理解しない。ここにあるのは、それぞれが塗り重ねられた色の厚い層であり、それがもたらす効果（l'effet）が、下の層から上の層へとにじみ出している。……画面に近づいてみなさい。そのときすべては混乱してぼやけ平たくなって、消え失せてしまう。こんどは離れてみなさい。するとすべては形づくられ、再生される。[135]

シャルダンの「魔術」とは、画布に塗り重ねられた絵の具の物質的な層から、磁器の壺やオリーヴ、空気や光を、われわれの目にまさに「自然」そのものとして、あるいは「実体」として浮かび上がらせる、その美的「効果」のことである。ディドロが上に引用した文章につづいて「おお友よ、アペレスの描いた幕やゼウクシスのブドウの実など唾棄するがよい。せっかちな芸術家を欺く（trompe）ことなどたやすいし、動物は絵画についてのよい判定者とはいいがたい。……ところでシャルダンが望みのままに欺こうとするのは、あなた方であり、そしてわたしなのだ」というとき、そこで問題になっているのはアペレスやゼウクシスのだまし絵的な古典的イリュージョニズムではなく、「絵画についてのよい判定者」であるディドロやその読者の「絵」を見る美的なまなざしと、これにうったえる「自然」や「真実」の効果にもとづく美的イリュージョニズムである。マリアン・ホブソンもいうように、ディドロのエクフラシスにあるのは「十八世紀後期の批評において用いられたイリュージョンということばに対する二重の態度」、つまり一方で自然そのものとして目を欺かれながらも、他方でそれがあくまでもシャルダンの芸術の「技（faire）」によるという意識のあいだを「揺れ動く」[136]近代の美的仮象論にもとづく作品経験の記述なのである。

それゆえダニエル・アラッスが、「ディドロは作品そのものに代えて、現実のものと想定された風景を置くことによって、当の作品そのものを消去してしまう。逆説的な話だがかれの批評は、作品の現前を喚起するべく、作品がもたらそうとしているイリュージョンを強調することで、かえって作品をその質料性、その絵画的特殊性において廃棄してしまう」といい、「視覚的なものの独自性を主張する努力にもかかわらず、ディドロはやはりかれの時代、つまり形象的作品に対して、文学作品の内容とおなじ型の内容を伝えることを求める時代の人間にとどまっている」[137]というとき、かれもまた、ディドロのエクフラシスとそれが前提するイリュージョニズムを見誤っている。ディドロが絵画を、あたかも現実そのものであるかのように語るのは、その絵が描写のリアリズムという点で、これを見るものに美的イリュージョンを可能にするほどに卓越しているからである。この点でブライソンが、ディドロのエクフラシスは古典的エクフラシスにおけるような「文学的精神による絵画の植民地化ととられるおそれがあるが、じっさいには真相はほとんどその逆」[138]だというのは正しい。ディドロがサロン評で読者に託すのは、たんにことばにしたがって想像するという修辞的エナルゲイアではなく、ことばを介してじかに絵を見ることから得られる美的経験の追体験である。ここでは、イメージがことばに奉仕し描写が物語に奉仕する古典的修辞学とは逆に、ことばがイメージに奉仕し、物語が描写に奉仕しているのである。じっさいディドロは、ヴェルネの六番目の光景の記述において、これまで現実の光景の記述としてきたのはいつわりだったと告白したあとで、ヴェルネの七枚目の風景画については、もはや現実の光景というフィクションを放棄し、さらにはそもそもことばによる記述すら「大げさで冷淡な表現、熱がなく命のない線」として、それはなにものをも意味せず、ひとはただ「物そのものを見てみることが必要だ」[139]という。

8 「没入」のモチーフ

〈情況〉の視点と絵画的描写のリアリズム

古代以来ルネサンスまでの歴史画にあっては、テクストの優位のもとで画家の模倣の技巧は、アルパースにしたがえば「物語に対する関心の端女である」[140]。これはちょうど、すでに見たように、そしてジュネットがいうように、古代以来の文学において「描写」は「物語」の端女であったという事態とパラレルである。だがカラヴァッジョに見られた、劇的瞬間における「物語行動の宙づりと描写への集中」[141]によって物語の優位という伝統を逆転するあたらしい傾向は、ベラスケスやフェルメールといった他の十七世紀のリアリズムの画家にも共通してみられる特徴である。アルパースが「十七世紀絵画におこったことをことばではっきりいいあらわそうとした最初の著作家」[142]と呼ぶド・ピールは、物語とそれを組み立てる構想に対する、絵画的描写とその「真実」つまりはリアリズムの優位というあたらしい事態にいちはやく気づいていた。かれは絵画における真実を、自然をわれわれの目に見えるままにとらえる「単純な模倣」がもたらす「単純な真実」と、現実には見いだされないが画家が多くのものや古代から伝承されたものから一般的なかたちで抽出してくる完全性としての「理想的な真実」とにわけた上で、単純な真実の画家にジョルジョーネやティツィアーノ、そしてヴェネツィア派を、理想的な真実の画家にダヴィンチやラファエロ、プッサン、そしてローマ派を配している。さらにかれは、これらふたつの真実を統合して「美しい自然（la belle nature）の完全な模倣」[143]

をめざす「完全な真実」にも言及して、これはなおだれも実現していないものだが、イタリアの画家のなかではラファエロがもっともこれに近いといい、ド・ピールの時代にいたるまでラファエロが絵画の完全さのモデルだったという。にもかかわらずド・ピール自身は、当代の鑑賞者はもはやかならずしも完全な画家ラファエロに驚嘆することはできないという。なるほどラファエロはデッサンの、着想の、優美さの、姿態の高貴さの、情念の表現の完全さの点で偉大な天才である。だが、われわれを驚かし目を奪う「自然の模倣は、そのような力量のすべて、そのような完全さのすべてをもってしても、そのうちに感じとられることはない」とド・ピールはいう。色彩派の論客であるド・ピールにとってはあきらかに、アルベルティやヴァザーリが規範とした歴史画にまつわる絵画的要素、物語や道徳的な思想、主題の構想とそれを明示するデッサン、姿態や情念の表現ではなく、細部にわたって観者の「目をおどろかし、目をあざむく (tromper)」[144]絵画的描写の自然さ、「単純な真実」こそが第一の関心事であり、それこそは真の絵画がわれわれ観者にうったえかける「効果 (l'effet) の力」である。ド・ピールがここで、自然の模倣の真実に不可欠でありながらラファエロにはまだ欠けているものとしてもちだすのは、「卓越した明暗法に支えられた、それぞれの対象に固有の色彩の効果」である。そして、そのような「模倣の偉大な真実 (la grande vérité)」の代表としてレンブラントがあげられるのである。

じっさいド・ピールのような美的に絵を「見る」主体、つまり愛好家というあたらしいタイプのひとたちについて、画商エドゥム=フランソワ・ジェルサン (1694-1750) は「愛好家は描かれた主題を問題としない人たち」だというが、これら愛好家たちがもっとも好んだのは、島本浣によれば「フランドルやオランダの風景画、風俗画、静物画といった身近な自然が描写されたジャンル画であった」[145]。これら十七世紀北方の絵画に見られる、テクストによる物語からの絵画的描写の自立がもたらした「絵画的リアリズムのモードの重要な位相」とは、アルパースによれば、予型論やアレゴリー、イコノグラフィーなどによって特定の事物やできごとにあらかじめ割りあてられた普遍的な意味やヒエラルヒーを「描写によって平準化すること (levelling)」[146]である。それは、ルカーチが「物語は分節化する (gliedert)が、描写は平準化する (nivelliert)」[147]といい、十九世紀小説におけるリアリズム的描写の自立を、「叙事文芸的な秩序とヒエラルヒーの喪失」による「構成の崩壊」として嘆くのとパラレルである。事物は人間の運命とはなんの関係もない細部として描写され、これによって「描写は、事物のほんとうのポエジーをあたえることなく、人間を状態に変え、静物画の構成要素に変えてしまう」[148]というのである。いずれにせよ描写による「平準化」とは、英雄の偉大な物語や悲劇は崇高壮麗な文体で描かれねばならないという、伝統的修辞学における対象と文体にかかわる規範からの逸脱であり、叙事詩的な〈全知〉の〈神〉の視点から世界を俯瞰するのではなく、みずからも世界の特定の情況に位置して、この〈情況〉の視点から卑近な世界を見えるとおりに描写することである。

もっともレンブラントが物語の行動を宙づりにするとき、それはカラヴァッジョやベラスケスとはちがって、たんに事物の描写への関心のためではない。たとえばレンブラントあるいはその工房作とされる《サウルの前で竪琴を弾くダヴィデ》(c.1658)(図67)では、もはやそれは英雄の物語を語る歴史画ではなく、ある個人の肖像画と化している。アルパースによれば、そこではむしろ「心理的な深みが、あらたな種類の絵画的奥行きによって暗示されている」[149]。そこで語られる物語はもはや、典型としての人間の普遍的な意味をになった功業ではない。ダヴィデとサウルのあいだには距離がおかれており、それは歴史画として「あるべき構成上の、あるいは劇的な関係の欠落」をもたらしているが、しかしそのことがかえって「それぞれの人物に、それぞれが完全にかれ自身あるいは彼女自身であるための余地を与えるための手立て」[150]となっている、というのである。こうしてレンブラントによって、絵画的描写のリアリズムはこれまでにはなかったあたらしい相貌を獲得する。このことはしかし、人びとの関心がもはや「歴史＝物語」にむかわなくなったということを意味しない。じっさい十七世紀は、バロックのダイナミックで演劇的な歴史画の時代である。すでに見たように、レンブラントのとくに肖像画に見られる自然な表現を高く評価するド・ピールにしても、レンブラントには「ラファエロの趣味、古代的な趣味、詩的な着想(pensées Poëtiques)、デッサンの優雅さ」が欠けており、それが「レンブラントが歴史画の主題をあまり描くことがなかった理由だ」[151]というように、いぜんとして歴史画に高い位置をあたえている。十七世紀オランダのジャンル画にしても、多くはある種の

図67　レンブラント(あるいはその工房)《サウルの前で竪琴を弾くダヴィデ》、c.1658(ハーグ、マウリッツハイス美術館)

寓話的な物語や寓意を秘めている。そうだとしても、この時代のオランダ風俗画の画家や観者たちの関心事は、寓意に託した日常生活のリアルな描写とそこに見られる平凡な庶民たちの生活の息づかいにある。ここでは、描写が物語の端女であった英雄たちの歴史画とはことなって、物語は描写に奉仕している。それゆえ問題は、ことばのテクストからの絵画の美的自立であり、絵画平面という同時性のメディアにとってよりリアルな一瞬間の描写への傾斜であり、それにともなう物語と描写のあいだの奉仕関係の変化であり、そしてなによりも、細部描写が物語にとって決定的な意味をもつにいたった近代小説に見られるような物語そのものの変容である。レンブラントの歴史画を肖像画やジャンル画に近づけ、逆にジャンル画を物語絵画に近づけるものこそ、こうした「物語」のコンセプトの変化である。[152] そこに描きこまれる物語素は、英雄たちによってなされた劇的「行動（ドローメノン）」ではなく、ふつうの人びとによって生きられた個人の「情況」であり、それが語りだすのは、描かれた一瞬の情況をいろどる内面のドラマとなるだろう。[153]

「没入」のモチーフと内面性

マイケル・フリードが、一七五〇年代はフランス絵画におけるひとつの分水嶺をなしているといい、そこに浮上するあらたなモチーフを「没入（absorption）」と名づけるとき、このあたらしい物語素がひびかせるのは、まさにそうした個人の存在情況と内面のリアリティーのドラマである。フリードの考える没入のモチーフとは、たとえば一七三〇年代以降シャルダンがさかんに描くようになる「没頭、反省、夢中、呆然、あるいはなにかそうした状態」[154] にある人物や行動である。もっとも、こうした真剣で真面目な画題が時代の主流だったロココの感覚的で装飾的な絵画に対する反動として受けいれられ、時代の趣味となるのは、一七五〇年代以降のことである。建築理論で知られるマルク＝アントワーヌ・ロギエは、一七五三年のサロンに出品されたシャルダンの、公式カタログでは《読書する哲学者》（1734）（図68）と呼ばれている絵についての批評で、「画家はこの哲学者に知性と夢中と没頭の雰囲気をあたえたが、それはかぎりなくわれわれをよろこばせる。これはたんに読むことに満足せず、瞑想し熟慮している真に哲学的な読者である。かれは瞑想にあまりにもふかく没入している（absorbé）ために、だれかがかれの気をそらそうとしても骨が折れると思われるほどだ[155]」と述べている。シャルダンは、観者に背をむけて素描に熱中する若い男を描いた絵を一七三八年以降何点か制作しているが、一七五九年のサロンに出品された《素描家》（図69）はひときわ評判をとった。これについて『百科雑誌（Journal Encyclopédique）』の匿名批評家は、「それはひとりのわかい男が素描をコピーするのに没頭している（occupé）ところを描いている。……ひとはただ、わかい素描家のうしろ姿のみを見る。それにもかかわらず、作者はわかい男のおかれている情況（la situation）の真実と本性とをあまりにもみごとにとらえているために、最初にその絵を見ただけで、この素描家は自分がいましていることに最大限の注意をはらっていると感じずにはいられない」[156]と評している。こうしたモチーフは、一七五〇年代以降にはシャルダン以外にも、グルーズの《本の上でうたた寝する少年》（1755）や《勉強する生徒》（1757）、またカルル・ヴァンローの《イッポンヌの司教、ヴァレールの前で説教する聖アウグスティヌス》（1755）（図70）に描かれた説教者をじっと見つめる会衆や、とりわけ説教壇の足下で熱心に筆記している人物、さらには一七八〇年代に描かれたフラゴナールの《読書》（図80）などにも見られるようになる。

これら「没入」のモチーフは、シャルダンにおいて突然あらわれたわけではない。フリードは、アルパースが十七世紀絵画に見た物語行動の宙づりは「没入の表現を強調するということの関数であり、そしてこの強調は、まさにあたらしいリアリズムとむすびついていた」[157]と主張する。オランダでは一六三〇年代以降、オスターデやフェルメールをはじめとして、本や手紙を読んだり、[158]ものを書いたり、楽器を演奏したりすることに夢中になっている人物のモチーフがしばしば描かれるようになる。レンブラントには《瞑想する哲学者》（1633）や読書する《ヤン・シックス》（1647）の肖像画があり、

図68　シャルダン《読書する哲学者》、1734サロン（パリ、ルーヴル美術館）
図69　シャルダン《素描家》（版画コピー、原作品不明）、1759サロン

また《サウルの前で竪琴を弾くダヴィデ》のひたすら自己の内面へと沈潜する人物たちも「没入」のモチーフといえるだろう。ライデンでのレンブラントの競争相手であったヤン・リーフェンスにも、すでに《若い素描家》(1630-35)のモチーフが見られる。またヴァトーにあっても、すでに見た《ジェルサンの看板》のように、画面全体の雰囲気としてはともかく、描かれた個々の人物をそれだけとりだして見れば、そこに没入のモチーフを見てとることはできる。だがフリードは、十七世紀以降見られるようになるこのモチーフをシャルダンは、以前にはそれとまぜあわされていた他の要素からひきはなして「純化」したという。

フリードによれば、没入のモチーフにおいて問題になっているのは「内面性(inwardness)」の表現であり、観者がそれを「あたかも自分の内部から」感じとるような「あたらしい、非窃視的でつよく感情移入をうながす調子」[159]である。このような、没入と内省のモチーフに対するあらたな趣味とこれに感応する共感の美学は、ディドロのサロン評にもうかがえる。カルル・ヴァンローが一七六五年のサロンに出品した《説教を口述する聖グレゴリウス》(図71)についてディドロは、つぎのようにいう。

> ひとは目を聖者に固定すべきか、あるいは秘書の態度にむけるべきかわからない。それらはそれほど単純で、自然で、真実なのだ。ひとは一方の人物から他方の人物へと目をやるが、いずれもおなじよろこびを感じる。その自然さ、真実、孤独、書斎を包む沈黙、甘く優しい光、それらがこの絵を、そこに描かれた光景や行為や人物たちに完全にふさわしいやりかたで満たしている。わが友よ、ここにはこの構図を崇

図70 カルル・ヴァンロー《イッポンヌの司教、ヴァレールの前で説教する聖アウグスティヌス》、1755サロン(パリ、ノートルダム・デ・ヴィクトワール教会)
図71 カルル・ヴァンロー《説教を口述する聖グレゴリウス》(版画コピー、原作品不明)、1765サロン

高たらしめるものがあるが、これこそブーシェのけっして思いよらなかったものなのだ。[160]

一方で、ルイ＝ミシェル・ヴァンローが描いたディドロ自身の肖像画（1767）については、それが絵の外の人物となにごとかを話しあっている身振りをしているのを批判して、「かれはひとりきりで、夢想にふけっているままにされるべきだった。そのときかれの口元はわずかにひらき、焦点の定まらないまなざしは、どこか遠くを見つめ、かれの心が一心に自分の仕事に没頭しているさまが、その表情に見てとれ、ミシェル［ヴァンロー］はすばらしい作品をものにしただろうに」[161]という。

「演劇的」と「タブロー」

ここでディドロがカルル・ヴァンローの「没入」と対比するブーシェの絵の特徴とは、大げさで芝居がかった身振りや表情によって、人物があたかも舞台を見る観客に直接うったえかけるようなロココ的な演出である。ディドロにとってこうした悪習の典型は「アカデミー風のフィギュア、ポーズ、所作（アクシオン）、アティチュード」[162]といった、当時の朗唱中心の芝居の舞台である。こうした慣習になおつよく支配されていた当時の演劇の戯曲作家に対して、ディドロは「芝居がかった見せ場（coups de théâtre）」を断念して、登場人物たちがより自然にふるまう「タブロー」を描くように忠告する。かれはまた、「作家も俳優も観客を忘れ、すべての関心は登場人物たちに関係づけられねばならない」[163]という。俳優が観客を意識するとき、かれは観客に直接語りかけようとするだろうし、これによって「イリュージョンがどうなってしまうかわからない」[164]からである。こうして舞台上の人物たちが観客に見られていることを意識せず「きわめて自然にまた真実に配されるとき、もしもそのような配置が画家によってカンヴァス上に忠実に再現されるとすればわたしをよろこばせるであろう、そのような配置こそはタブローである」[165]。

ここでディドロが「タブロー」と呼んでいるのは、あの指示者のモチーフが意図した観客に対する修辞的な関係を絶って、物語世界として自立した絵画であり、観客が絵の前に立つみずからの現実存在と肉眼の視角を忘れて描かれた物語のなかへとはいりこむ、美的イリュージョンの世界である。それはまた、これまで見たきたように十七世紀をつうじて展開し、ド・ピールが絵画の「真実」と呼び、ディドロが「自然」と呼ぶような近代の描写的リアリズムの絵画であり、あるいは観者に見られていることを意識しない人物たちが、もっぱら自分自身のおかれた情況に対する関心に没入し内省することで、かえって観者自身もこれら人物たちの関心や内省を自分の内部から感じとり共感へと誘われるような絵画である。ディドロはまた小説のタブローにも言及し、リチャードソンを「自然の画家」と呼んでいる。つまりディドロのタブローとは、想像力が心のうちに描く絵画としてのイメージでもある。ディドロが「われわれの心は、動くタブロー（tableau mouvant）であり、それにしたがってわれわれは絵画を描きつづけるのだ」[166]というとき、かれは心的イメージにかんするロック的な伝統に立っている。「所作は、詩人がそれを書いたとき、かれの想像のうちに実在したタブローである。そして舞台で演じられるとき、いつも舞台がそう見せてほしいと詩人が望むようなタブローである」[167]。ディドロがサロン評で、読者にしばしば「想像してみたまえ」と呼びかけるのも、かれが自分のエクフラシスをつうじて、読者にそれを心的イメージのタブローとして視覚化することを期待しているからである。

「タブロー」ということばのこうした使い方も、すでに第四章で見たように「描写」とのかかわりで、当時のフランスにおいては一般的であった。たとえば『百科全書』第十五巻のド・ジョクールによる「タブロー（絵画、Peinture）」の項目には、「画家がふつうは枠や縁で飾られた空間のうちに収める、ある主題の再現描写（représentation）」[168]とあり、おなじくド・ジョクールの「タブロー（文学、Littérat.）」の項目には、「これは、雄弁家や詩人がその構文のうちに配する情念、できごと、自然現象の描写であり、この構文においてこれがもたらす効果（effet）は、楽しませ、おどろかせ、心にふれ、ぞっとさせること、あるいは模倣等々である」[169]とある。デュボスも物語や描写など、感情以外のものについては、「詩の本性と真実らしさがゆるすかぎり、われわれの想像力のなかでタブローを形づくるイメージによって再現されるのがのぞましい」[170]というが、かれはさらに戯曲として読まれる悲劇と比較して、「劇場で語られる悲劇は眼の助けで効果をあげる」といい、舞台の場面場面をそのつど一枚のタブローと考えている。

悲劇は無数のタブローをふくむ。イフィゲネイアの犠牲の場面のタブローを描こうとする画家はわれわれに、カンヴァスのうえに、その行為のただひとつの瞬間を描く。ラシーヌの悲劇はわれわれの目のまえに、この行為のいくつかの瞬間をおいて見せるのであり、そしてこれらつぎつぎと起こるさまざまなできごとは相互に作用しあって、悲壮感をつのらせていく。[171]

そしてディドロもまた劇場にいる観客を、「あたかも魔法によってつぎつぎとさまざまなタブローがあらわれるカンヴァスの前に立つ」[172]ものと見なすべきだというのである。だがディドロの見るところでは、絵画がすでに実現し、またリチャードソンのような小説家の作品の魅力となっていた自然な「タブロー」を、演劇はなお実現しえていない。舞台ではあいかわらず、伝統的な詩学の「衒学主義」に応じた演技の衒学主義によって「劇芸術のきわめて重要な部分をなす所作（la pantomime）の発達」[173]が阻害されており、激情が支配する場面でも人物たちは観客にむかって「輪になって、おたがいに一定の距離をおいて離ればなれに、しかも左右対称のかたちで立つ」[174]。じっさいウスペンスキーも指摘していたように、十八、九世紀の古典主義演劇ではなお「役者は観客に顔を向けていなければならなかった」のであり、そしてこれはイコンにおける「意味論的統辞法」、つまり描かれるべき対象の意味上重要な部分は観者の方にむけて描かれるという慣習ともつながっている。それゆえディドロは、フランスの演劇では「ふたりの友人同士がおたがいに顔を見つめあい、観客に背をむけ、ひとつになり、身を引きはなし、ふたたびひとつになるということをあえておこなうことはけっしてなかった」[175]のであり、また舞台上に「耐えうるような絵画作品がつくられたためしは、いまだないし、今後もけっしてないであろう」[176]と嘆くのである。

目に見える所作を演劇とそれが提供するタブローにおける重要な要素と考えるディドロは、佐々木健一によれば「ト書きを飛躍的に増大させ、沈黙のはらむ深い意味を開拓した革新者の、少なくとも一人であった」[177]。またディドロ自身が舞台におけるタブローとしてとくに想定しているのは、もっぱら所作からなる「沈黙の場面」[178]である。そしてディドロ自身、かれの『私生児』のような「ブルジョア・ドラマ」で、そうした「タブロー」を用いている。これについてブライソンは、その複数の幕からなるドラマの展開は「定期的に、ある種ストロボのような効果によって中断されるが、そこにおいては人物がその身振りのままに動きを止め――高揚した感情表現に符合した停止の瞬間――、これによって観客は、その舞台上のスペクタクルの完全な意味を〈全体的にかつ同時に〉把握することができる」[179]という。たしかにタブローは、一連の行動を圧縮し釘づけにしニスをかけることで、その意味を要約するのである。

じっさいにはディドロの時代には、ときによく知られたタブローを舞台化するということもおこなわれていた。たとえば、一七六六年にジョージ・コールマンとギャリックの合作として発表された『内密の結婚・喜劇(The Clandestine Marriage, a Comedy)』の序文でギャリックは、「今宵、あなた方にとって比類のないホガースが着想をあたえ、それはかれのカンヴァスからステージへと移される。いかにも、道徳と人間とを絵に描いたホガースほど、詩人の心を熱中させるのに適したものがいるだろうか。もとより、人物と情景とはおなじではない。だがいずれも目標はひとつ、ただ手立てがことなる。詩人と画家それぞれは、それぞれにふさわしく、別々の道筋をとるが、かれらにとっての偉大な目的はただひとつ、当世風結婚(MARRIAGE-A-LA-MODE)なのである」[180]と記している。マーティン・マイセルによれば、ホガースの《当世風結婚》(1743)(図72)や《ハロットの巡礼》(1732)のような連作の絵画や版画は、この時代にあって「視覚的に構成され、連続したかたちで配された劇物語という点で模範を提供した」[181]。フランスでも、一七六一年に上演されたカルロ・ベルティナッツィ(Carlo Bertinazzi)の『アルルカンの結婚(Les Moces d'Arlequin)』は、当時の観客の印象によれば「歌をともなったイタリア喜劇。それはド・グルーズ氏が一七六一年のサロンに出品した、農民の結婚の契約書調印の場面を描いた絵(図73)とまったくおなじタブローをつくりだした」[182]ものである。この芝居を見たオペラ・コミック座の台本作家シャルル=シモン・ファヴァールも、この芝居自体は平凡でつまらないものとしながらも、その最終幕には「観客すべての拍手喝采を得るフランス的な一場」があり、「ちかごろルーヴルに出品されたグルーズのタブローがその場の主題を提供している。

図72 ホガース《当世風結婚》第4図「伯爵夫人は朝から御乱行」、1743(ロンドン、ナショナルギャラリー)
図73 グルーズ《農民の結婚》、1761サロン(パリ、ルーヴル美術館)

この絵はあまりに迫真的に描かれているので、ひとはそこに描かれた人物たちが生命を吹きこまれたようなタブローを見ているのと信じこむほどだ」[183]と賞賛している。

9　仮象論の逆説と〈ともにある〉視点

観者の現前と不在のパラドックス

「演劇的」な修辞学に対する「没入」の美学は、タブローという時空間のリアリズムによって構成された閉じた「作品＝物語世界」と、これに関心と共感によってかかわる観者の美的イリュージョンの経験をその内実としている。ところでフリードは、これによって絵画と観者の関係に「ひとつの大きな変動」が生じたが、それは絵画にとってかつてなかったほど問題的なひとつの「パラドックス」を顕在化させるという。絵画は絵の前に立つ観者にうったえ魅了して、観者を絵画世界にまきこまれた忘我の状態におく。ところがそのためには、画中の人物たちは自分がだれかに見られていること、自分の前に観者が現前するということを忘れて自然にふるまわなければならない。しかし人物たちが自分の情況に没入すればするほど、これを見る観者は描かれた人物たちの物語世界から疎外されることになる。パラドックスは、「ただ観者の不在ないし非存在というフィクションを打ち立てることによってのみ、観者が現実に絵の前に立ち、しかも絵に魅了されるということが保証されることができる」[184]という点にある。そしてフリードによれば、このパラドックスに身をもってかかわったのも、ディドロなのである。

すでに見たようにディドロは、画家にせよ、劇作家や俳優にせよ、描かれた場面を「演劇的」にしないために、現実にタブローの前に立つ観者を忘れるべきだという。ところがその一方でディドロは、たとえばル・プランスが一七六五年のサロンに出品した《ロシア風牧人画》（図74）について、つぎのように記述している。

この作品は、魂に直接しみわたる。わたしは、まさにそこに自分がいることに気づく。少年がアシ笛を吹いているあいだ、わたしは老人とかれの若い娘とともにこの木にもたれかかって、からだを休めるだろう。少年が笛を吹くのをやめ、老人が指をもういちどそのバラライカにおくとき、わたしは少年の側に移って腰をおろすだろう。やがて夜が忍びよれば、われわれ三人はともに、この善良な老人にしたがって、かれの小屋へとおもむくだろう。ひとがこのように思いをめぐらせ、あなたを描かれた場面へとおきいれ、こうしてそこから魂が心地よい感覚（une sensation délicieuse）を受けとめる絵は、出来の悪い絵であるはずはけっしてない。[185]

フリードはここに、ディドロにおける相矛盾するふたつの主張、一方で絵の前に立つ観者の現前を否定し描かれた行為やできごとから観者を徹底的に排除するという、人物たちの没入のタブローにかかわるフィクションと、他方で観者みずからが忘我のうちに、描かれた世界のただなかに足を踏みいれるというフィクションとを認めるのである。

絵画と観者の関係をめぐるディドロのこのような矛盾を、フリードは歴史画と、とくべつの「歴史＝物語」をもたない牧歌的風景画とのちがいとして説明する。歴史画を典型とし、風俗画をもふくむ物語絵画のばあいには、観者は自分の行為や情況に没入している人物に同一化し共感をもつことで人物や絵画世界に情念的に関与はするが、しかしあくまでも絵の前に立つ観者は存在しないものとみなされているために、描かれた虚構の物語世界のなかに現実の観者自身がはいりこむことはない。牧歌的なジャンル画のばあいにも、それがタブローであるためには「絵画と観者の関係を非演劇化すること（de-theatricalization）」が必要であり、そのためにはまずは絵の前に立つ観者の現実の物理肉体的現前は無化されなければならないという点では共通している。だがそこに描かれた自然の風景や廃墟や静物といった対象は、すでに観者が現実の自然についてこれまで経験したことのあるものであり、それゆえこうしたジャンル画の「本質的な目的は、観者のうちに、種類としても強度においても、［現実の］自然についての深い経験と等価な

図74 ル・プランス《ロシア風牧人画》、1765サロン（バウムガルテン・コレクション）

特定の心理−肉体的（psycho-physical）条件を惹起すること」[186]にある。こうして、現実の自然それ自体に対してわれわれがもつ経験の「ほとんど魔術的な再創造のおかげで」[187]、観者は現実には絵画世界から排除されているにもかかわらず、「心理的」つまり想像的にはみずから絵画に描かれた自然のただなかに立ち、その内部を動きまわる、というのである。

観者の美的な存在情況

だがこの奇妙でまわりくどい説明には、あきらかに混乱が見られる。じっさいには絵を見る経験がジャンルによってことなるわけではないし、そもそもそこには、フリードが考えるようなパラドックスがあるわけでもない。フリードにパラドックスと見えたものは、一方で絵の前に立つ観者の現実の意識と、他方で描かれた虚構世界にまきこまれた美的イリュージョンの意識の二重性であり、それこそ近代の美的仮象論が主張してきた美的経験に特有の意識構造にほかならない。だがすでにわたしがべつの機会に論じておいたように[188]、美的イリュージョンの経験にあるのは、わたしの内なる現実の意識と虚構の意識の二重性ではなく、したがって美的経験における「意識的な自己欺瞞」や「自我分裂」ではなく、現に絵の前に立って肉眼でこれを「物理肉体的に」見つめつつ、しかもこの絵を「美的に」見る経験に没頭しているわたしの、ひとつの現実の意識である。この意識経験においてわたしが了解しているのは、小説を読みあるいは絵を見ているわたしが現実に立っている「美的」な存在情況であり、「美的」な情態性である。この、絵画世界にまきこまれた忘我の状態を絵の前の観者の非存在ないし非現実と考えるとき、ここにはたしかに絵の前に立つ観者の現実とのパラドックスが浮上する。だがそうだとすれば、ひとはなぜ、絵の前に立って肉眼でこれを見つめつつ、この絵を素描で模写しあるいは修復する作業に没頭する素描家や修復技術者の意識の二重性やパラドックスに言及しないのだろうか。実情はもちろん、ここにあるのは素描や修復に没入し集中するひとの現実の「作業」の存在情況である。小説を読み絵を見つつ、作品世界に没入するとき、わたしは「美的」な存在情況にある。締め切りのせまった論文執筆に没入するとき、わたしは思索や作業の存在情況にある。これらはいずれも、そのつどわたしの現実の存在が全的におかれているひとつの情況であり、ひとつの意識である。

絵の前に立ってこれを肉眼で見つめることは、これを美的に味わうための必要条件である。そしてそれはすでに見たように、小説のページや絵画平面に対して観者が立つ、物理光学的な肉眼の「視角」の問題である。一方で小説のテクストも絵画も、読者や観者に特定の美的経験、つまり快や感動、スリルやサスペンスといった特定の美的情態性を割り当てることをねらって、特定のドラマトゥルギーやストラテジーを採用する。そのさいの有力な手立てのひとつが、ナラトロジーのいう「叙法」であり語りの「視点」であった。それはことばによって、あるいは画像において、描かれた世界のできごとや人物や風景、行為や情況をどの視点、だれの視点から物語るか、そしてこれによって観客にどのような美的経験を割り当てるかという戦略である。なるほどヴェルネやル・プランスのような風景画や牧人画、また静物画のようなジャンル画は、歴史画のようなあからさまな物語を語るわけではない。しかし十七世紀をつうじて、文学のみならず絵画においても物語の概念が変容し、英雄や聖人たちの歴史画が市民たちの人生の物語絵画へと世俗化し、あるいは逆に、市民や農民たちの日常生活における風俗や風景や静物を描くジャンル画が歴史画に接近する。それゆえこうしたジャンル画においても、描かれた生活のひとコマや風景をどの視点、だれの視点から観者に経験させるかは、その絵の美的効果という点で、画家にとっては重要な関心事であるだろう。ともあれ、物理光学的な肉眼の「視角」と美的戦略としての語りの「視点」とは、一方が現実、他方が非現実といったかたちで関係し、矛盾するわけではない。没入のモチーフがもたらした美的経験についてのフリードの混乱は、絵画と観者のあいだに介在するふたつのことなった関係、つまり「視角」と「視点」をひとつのものと混同するところに由来する。

すでに見たように、十六世紀以降絵画平面上で徐々におこったことは、アルベルティ的絵画において重ねあわされていた肉眼の視角と語りの視点の乖離であり、それにともなうあたらしい語りのモードの出現である。そして十七世紀からディドロの十八世紀においてはっきりしたかたちをとるにいたった没入のタブローと、関心と共感の美学にもとづく美的イリュージョニズムにおいて、フリードにはパラドックスと見えたものこそ、アルベルティ的な知覚の遠近法の「視角」から乖離した語りの遠近法としての「視点」によるあたらしい叙法なのである。

肉眼の「視角」と語りの「視点」

『百科全書』第十五巻の「タブロー（絵画）」の項目でド・ジョクールは、「タブローにおける三単一」として①ひとつの瞬間、②画面内部のひとつの空間、とならんで③全体を一望する「唯一の視野（une seule vue）」[189]をあげているが、ここにいう「視野」においては観者の視角と視点とはいぜんとして重ねあわされている。それゆえこれが提供するのは、絵の前に立つ観者がその位置から、描かれた物語世界全体をひとつの光景として一望の下に見わたせるような、アルベルティ的な〈全知〉の視点の語りというべきである。これに対して『百科全書』補遺第二巻の「描写（文芸）」の項目でマルモンテルは、対象の描写にかんして選択すべき諸点として、対象の諸特徴や動きや変化のうちその対象がもっとも引きたつ瞬間とならんで、「ひとに提供される効果（effet）にもっともつごうのよい視点（le point de vue）」をあげて、つぎのようにいう。

視点は観者に対して対象がとる位置に相関的である。対象のアスペクトと、観者のおかれた位置（situation）とは、その描写を多かれすくなかれ関心を引くものにするべく協力する。しかし(これに注意することは重要であるが)、描写のなかでその場面に聞き手となる人物がいるばあいにはいつも、読者はみずからをかれらの位置に置く（se met à leur place）のであり、読者はこの位置からタブローを見るのである。シンナがオーギュストを敗北させるべく陰謀加担者たちを鼓舞して言ったことをエミリーにもくり返すとき、われわれはこれを聞くために、エミリーの位置にみずからを置く。……すべて偉大な詩人たちは、かれらの描写に、その描写によって関心をかきたてられるべき目撃証人（témoins）をあたえることの有利さを感じとってきた。もちろんこれによって、その場面を支配している情動（émotion）は、劇場全体にひろがるのであり、当の関心が千の心をむすびつけるとき、千の心はまさにひとつになる。[190]

マルモンテルはここで、劇中の語り手に対して、おなじく劇中でこれに立ちあい、かれのいうところをきいて関心と情動をかき立てられる「目撃証人」の視点に言及し、しかも観客はこの証人の位置にみずからを置くことで、劇場全体がこの人物が感じている情動に共鳴するという。マルモンテルは、ここでは詩の描写についてのみ語っているが、しかし観客がこの証人の「位置から夕ブローを見る」という以上、詩人にとってと同様画家にとっても、その描写が観客にあたえるべき関心と効果という点で、こうした「目撃証人をあたえることの有利さ」を信じていると考えてもよいだろう。デュボスも、観者にただ風景のたんなる眺望を見せるだけではなく、風景画のなかに人物をおいて、人物がこの風景とどのような関心に立つのかを描くことで、観者にもこの関心を共有させ、これによって観者を感動させ魅了する画家の手法に言及している。これらの画家は「その風景画のなかに、道行くひとや市場へ果物をはこぶ女性を描きこむだけでは満足しなかった。通例かれらは、もの思いにふけるひとを画中において、われわれにものを思わせるようにしたり、情念にうごかされたひとをおいて、われわれの情念を目覚めさせ、この動揺によってわれわれの心をとらえようとしている」[191]というのである。そしてわれわれもまた、絵画におけるこうした目撃者の視点の採用を、すでに観者の代理人となる母と子のモチーフや後ろむきのモチーフに認めたのであった。

ここにはあきらかに、絵の前に立つ観者の肉眼の視角とは別に、画中の人物の視点と、この人物の視点からできごとを見聞きすることでかき立てられる関心や情念の観者による共感という美的経験が語られている。ここにあるのはたしかに、近代の〈ともにある〉視点の端緒である。これがなお端緒でしかないというのは、絵画における代理人のモチーフと同様、ここで観者がその視点をともにする人物が物語の中心人物ではなく、この中心人物や中心的なできごとそのものをもっぱら目撃する証人でしかないからである。だが、近代小説が開発した〈ともにある〉視点とは、なによりも読者が物語の中心人物によりそい、かれが見、かれが感じ、かれが考える他者やできごとや世界をともに経験することを可能にするものであり、これによって内面のリアリズムをひらくものである。そしてこの点でも、リチャードソンの小説やサロン展についてのディドロの批評は、それがまさにこの〈ともにある〉視点の語りに応じた、あらたな小説経験や絵画経験を証言しているがゆえに重要なのである。

ディドロによるヴェルネの風景画のエクフラシスにおける「わたし」は、みずから画中にはいりこみ、特定の位置に立ってそこから見える光景を味わうという点で、これは〈情況〉の視点というべきである。これに対してル・プランスの牧人画のエクフラシスにおける「わたし」は、そのつど画中の中心人物によりそい、かれらの見るものを見、聞くものを聞き、行動をともにする。ディドロはまた、ユベール・ロベールが一七六七年のサロンに出品した《後景から照らされたグランド・ギャラリー》についての批評のなかで、ロベール本人にむかって「ヴェルネを研究したまえ」といいつつ、つぎのように語りかけている。

あなたは廃墟の絵を描くことに身を捧げたのだから、このジャンルがそれに固有の詩学（sa poétique）をもっていることをわきまえなさい。……この絵には人物が多すぎるということ、そのうちの四分の三は削除する必要があるということを感じないのだろうか。孤独と沈黙とをさらに深めるような人物だけをのこすべきである。ただひとりの人が、この闇のなかをさまよい、胸のところで腕組みをし、頭を垂れていたとしたら、はるかにわたしの心に響いたことだろう。その暗さだけでも、その建造物の荘重さ、その建物の雄大さ、広がり、静謐さ、空間を満たすひそかな反響だけでも、わたしを慄かせただろう。そのときわたしは、この穹窿の下に赴いて夢想し、列柱のあいだに腰をおろし、こうしてあなたのタブローのなかにはいりこむことを、われながら押さえることはけっしてできなかっただろう。しかし、ここには邪魔者が多すぎる。そこでわたしはこの絵の前に立ちどまって、ただ見つめ、賞賛し、そしてとおりすぎるのだ。[192]

この絵は現存していないが、たとえばおなじく一七六七年のサロンに出品された《ローマの港（Le Port de Rome）》（図75）にはたしかに、多くの人物が描きこまれている。これについてもディドロは、「ひとはこれを賞賛するが、しかしそれ以上に心を動かされることはない。それはひとを夢想にさそうということがないのだ」[193]と評している。重要なのは、ディドロにとって画中におかれた人物はたんに脇役の目撃者や点景ではなく、描かれた世界を自分の世界、自分の情況として受けとめ経験している中心人物であり、そのかぎりで観者にこの世界のなかにはいりこみ、この世界とかかわるための視点を提供する装置だと

図75　ユベール・ロベール《ローマの港》、1767サロン（パリ、ルーブル美術館）

いうことである。だからこそ観者がよりそい視点をともにするべき人物はただひとりで十分なのであり、しかし自分をとりまく廃墟の闇のうちにたたずみ没入しつつ、自分がおかれた存在情況を孤独と沈黙の情態性として受けとめ内省するものでなければならないのである。

物語る絵の〈ともにある〉視点

観者がわれを忘れて、したがって絵の前に立つ肉眼の視角を忘れて画中にはいりこみ、画中の人物と〈ともにある〉視点から、描かれた世界を見、感じ、考えることは、ディドロにあっては、風景画や牧人画のみならず、歴史画においてもおなじように経験されている。ディドロは、当時ヴァン・ダイク作とされていた（こんにちではルツィアーノ・ボルツォーネ作と考えられている）《施しを受けるベリサリウス》(c.1620)（図76）の版画複製について、一七六二年七月十八日付ソフィー・ヴォラン宛の手紙のなかで、つぎのように述べている。

この兵士がかつてかれ［ベリサリウス］の指揮下に仕えていたこと、そしてかれが「なんと、ここにいるのはわれわれを指揮していた、まさにあの方なのだ。なんという定め、なんという無常、云々」と語っていることを、ひとは見てとる。われわれの眼を引きつけるのは［ベリサリウスではなく、これを見まもる］兵士の姿であること、またそれが他のすべてをわれわれに忘れさせるように思われるということはたしかなことだ。スアールと伯爵夫人とは、これは欠点だといった。わたしはといえば、それこそまさに、この絵を道徳的にしているものであり、またその兵士はわたしの役割を演じているのだと主張した。……もしひとが兵士のそばに(à côté du soldat)立つならば、ひとはその兵士の顔の表情(physionomie)をみずからのものとするだろうし、それゆえそれが兵士のものであることに気づかないだろう。ベリサリウス自身は、かれが果たすべき効果を果たしているのではあるまいか。ひとがかれに注目しないからといって、それがなにほどのものであろうか。[194]

風景画とはちがって歴史画に対しては、ディドロの観者は画中にはいりこむことはないとするフリードも、この絵にかんしては、「あたかも自分自身を兵士の姿のうちに見いだす」ディドロの観者は、これによって「絵画世界へと接近するとくべつに親密なモードを授与される」という。しかもここでもフリードが兵士の姿に認めるのはただ、「この絵画的構図のなかで、現実の観者とベリサリウスの姿のあいだを——そして自然な提喩関係によって、現実の観者と全体としてのこの絵、つまりタブローそのものとのあいだを——事実上仲介する一種の代理の観者」[195]としての機能である。それゆえフリードにとっては、この兵士はこの絵が語る零落した将軍ベリサリウスの物語を偶然目にする第三者として、われわれとおなじ目撃者のひとりにすぎない。だがスアールや伯爵夫人とはちがって、ディドロがつよく反応したのがベリサリウスではなくこの兵士だったという事実は、この兵士が観者にあたえる「とくべつに親密なモード」の内実が別のところにあることを示唆している。このタブローにあって物語の中心人物は、かつてローマの将軍として威勢を誇ったが、いわれのない嫌疑を皇帝にかけられ失脚して、いま盲目のうちに流浪し施しを受けているベリサリウスそのひとではなく、かつてかれのもとに仕え、いま偶然その場に遭遇したひとりの兵士である。かれは盲目の物乞いをたんに目撃する第三者ではなく、この場面の悲劇的情況とその意味を、そこにたまたま立ちいたった自分の情況としてこれを見つめ感じとり、その没入と内省の表情のうちに語りだす主人公である。描かれた場面は、この兵士の存在情況であり、情態性である。そして観者は、みずからこの「兵士のそばに立つ」ことで、そしてかれの視点をともにすることで、このタブローの道徳的な意味と崇高さとを了解する。没入のモチーフとそれがもたらす共感の美学というきわめて重大なテーゼを提示しながらも、フリードには視角と視点の区別がなく、また視点がなによりも語りのモードという絵画におけるナラトロジーにかかわる問題だという認識がないために、この「とくべつに親密なモード」の意味するところを十分に解明するにはいたらないのである。

　この絵にはたしかに、没入と内省のモチーフが見てとれる。だが、人物の配置は観者に対して半円形に対称的にならんで立ち、人物たちは基本的には観者のほうにからだを

図76　ヴァン・ダイク（こんにちではルツィアーノ・ボルツォーネ作と考えられている）《施しを受けるベリサリウス》（版画コピー、原作品不明）、c.1620

むけていて、なお古典的な舞台の慣習をつよくのこしている。旧態然とした演劇がモデルとするべきタブローとしてディドロが称揚するグルーズにしても、すくなくとも現在のわれわれから見れば、情念的な表情や身振り、人物の配置などの点において、またそのテーマの選択において、いかにも芝居がかって「演劇的」である。ブレイダーはグルーズの絵に、バロックに見られたような「身振りや衣紋における渦巻きのパターンやポーズや表情におけるオペラ的な誇張」[196]を見て、それをグルーズの感性に「生来の演劇的な特徴」とする。人物の配置や所作、また全体の構図という点で、つまりは絵画における語りの文法という点で、これらの絵がどこまで〈ともにある〉視点を実現しているかということになると、いささか疑わしい。にもかかわらずどうして、シャルダンとは対極にあると見えるグルーズのような、むしろ演劇的な絵画が、ディドロにとって没入と共感のタブローと見えたのか。

一七六五年のサロン評でディドロはグルーズについて、「これはあなたの画家であり、私の画家だ。芸術に品性(des moeurs)をあたえ、また容易に小説にでもできそうな一連のできごとをつなぎあわせるという考えを抱いた、わが国最初の画家である」[197]という。つまりディドロにとってグルーズのタブローは、ジェフリー・マイヤーズもいうように、「当時のイギリスの〈多感な作家〉たち、ヘンリー・マッケンジーやサミュエル・リチャードソンたちに本質的に近い」[198]ものと受けとめられたのであり、そしてそれはかれの演劇観に対応している。かれは、英雄の悲劇の荘重な様式か庶民の滑稽な喜劇しかなかったフランス古典主義演劇の伝統に対して、これらふたつの「中間にあるドラマの理念」としての「真面目なジャンル(genre sérieux)」[199]を、そして「家庭悲劇(tragédie domestique)」を主張した。そしてディドロは、リチャードソンの小説をも「家庭小説(les romans domestiques)」と呼んでいる。前章で見たように、近代小説の読者としてリチャードソンを賞賛し、小説の読書経験としてあれほどはっきりと〈ともにある〉視点について語っていたディドロが、たとえ現在のわれわれの目からは芝居がかって見えようとも、庶民の生活のリアルな物語を描くグルーズのタブローに、ちょうど小説を読むように反応したということは、むしろ自然のなりゆきというべきだろう。しかしまたこの点ではディドロも、十八世紀をつうじて進行しつつあった小説や絵画の叙法のあらたな潮流にあって、なお過渡的な存在だといわなければならないだろう。

一七六〇年代に活躍しはじめるグルーズよりは一世代前のシャルダンについてフリードは、シャルダンは没入のモチーフを純化したという。シャルダンの絵の多くは日常生活のはかない一瞬や静物を描くジャンル画であるが、これとても十七世紀オランダ絵画の影響のもとで、エンブレムとしての寓意と教訓の物語を宿している。だがブライソンによれば、シャルダンの絵は伝承されたエンブレムの物語をこえて「はるかに内面的で私的なもの」となり、独自の「雰囲気の本質」[200]をもつにいたった。たしかにシャルダンの絵において、日常生活を描くジャンル画の歴史画への接近というあらたな事態は、さらにすすんで物語の質の決定的な変容を見せるまでにいたったのである。ブライソンがシャルダンの《貯水器から水をくむ女》（1733?, 1737 サロン）（図77）についてつぎのように記述するとき、そこで語られるのは、そのような物語のあたらしい質である。

とりわけ、その顔とからだは没入している。過度の表情や身振りがそのからだを言語的語り（discourse）のコミュニケーションの領域へと迷いこませるというようなことはまったくない。……このような没入は、そのからだからそれを直接とりかこむまわりのものへと広がっている。そこにあるすべての対象は、女のからだとのコンタクトによって聖別されており、空間は触覚によって満たされているように見える。すべてのものの表面はみがかれ、床は掃き清められ、リネンはのりがつけられ、ていねいにアイロンがあてられている。おかれている家具はくりかえし使用されて、あるいはより正確にいえば、ふれられることでかけがえないとされたものにかぎられている。その絵の主たる美的価値、つまり親密さは、まさにこうしたことから生じる。からだと物質世界とは、いずれかが過度になるということなく、両者が最高度に協働しあって、おたがいにぴったりと順応している。描かれた人びとと事物のあいだには静謐な調和が支配しており、これこそシャルダンのビジョンがもつユートピア的な相貌である。[201]

図77　シャルダン《貯水器から水をくむ女》（1733?）、1737サロン（ストックホルム国立美術館）

ブライソンのエクフラシスがとる語りの視点は、あきらかにこの女と〈ともにある〉視点である。ブライソンの観者は、この女の立つ位置からそのまわりの世界、彼女のからだとのコンタクトによってまさに彼女の世界として聖別された世界を見つめ感じることで、彼女の触覚に満たされたその親密な空間に特有の「雰囲気の本質」を、つまりは彼女の毎日の生活における存在情況とその経験の内実である情態性とを、内面性のドラマとして了解し経験する。

交叉する視線のドラマ

シャルダンにはまた、人物を観客・観者にむけて、絵画平面と平行に配置し提示する伝統的な歴史画や演劇の舞台の修辞的コードに対して、これにはっきりと対立する構図が見られる。ディドロが、「ふたりの友人同士がおたがいに顔を見つめあい、観客に背をむける」ような自然なタブローはかれの時代の舞台にはなお存在しないと嘆いていた、そうした構図は、すでに見た《素描家》における後ろむきのモチーフにも見られたが、たとえば《食前の祈り》(1740)(図78)では、画面手前左手にすわって顔をななめ後方にむけているちいさな子と、これより画面のすこし奥まったところに位置して、この子を見つめてなにかを語りかけているように見える母親、そしておなじくこの子のほうを見つめている、おそらくはすこし年長の姉のあいだに、奥行き方向に交叉する視線のドラマとでもいうべき構図を見てとることができる。《家庭教師》(1738)でも、奥行きへの方向は《食前の祈り》ほど目立たないが、それでも教師と子どものあいだに交わされるおなじような視線の構図を見せている。後ろむきのモチーフのこのあたらしいヴァージョン、ひとりはこちらに背をむけ、奥行き方向にいる人物に視線をむけてなにごとかを語りかける構図は、すでにヴァトーやその後継者たちの雅宴画や、ブーシェの《昼食》(1739)(図79)にも見られるものである。しかしヴァトーのばあいには、おおむねそれははなやかに着飾った一群の人物たちのなかにあって、かれらが思い思いにとるしぐさのひとつのヴァリエーションとして描きこまれているにすぎず、絵画全体の構図にとって構成的なものとなってはいない。ブーシェの絵は、モチーフからすればシャルダンの《食前の祈り》に非常に近いのだが、描かれた五人の人物の視線が複雑にからみあっていて、結果として焦点がぼやけて散漫な印象となっている。[202] これに対してシャルダンの絵では、ふたりないし三人の人物たちが、たとえそれ自体としては日常生活のひとコマとしてさほど重要なことがらではないにせよ、当人たちにとってはきわめて重要なことがらに真剣に集中し没入して、おたがいに緊密な視線のドラマをつくりだしており、結果として画面は、まさにかれらの情況と情態性であるはずの静謐で真剣で敬虔な雰囲気に満たされている。じっさい、かぎられた数の人物をこのように奥行き方向に配置するとき、後景の人物と前景の人物の大きさのちがい、つまりそれぞれの人物のもつ意味のちがいが劇的にあらわとなり、また人物の視線は水平方向の交叉から奥行き次元の対峙へと、質的に変容する。このときしばしば、映画の切り返しショットのように、ひとりは観者に対して背をむけることになるが、こうした視線の不均衡は視線のドラマをつくりだす。そしてこれもまた、映画においてそうであったように、〈ともにある〉視点の語りのナラトロジー的な記号なのである。

十七世紀オランダ絵画と、そして十八世紀フランス絵画における「没入」のモチーフが告げているのは、フリードやブレイダーがいうように、近代の美的自立性と美的イリュージョニズムの美学である。それはまたわれわれが見たように、普遍的な世界秩序を語ろうとする古典的な叙事詩の〈全知〉の視点に対して、世界内の特定の位置に立つ個人の内面のリアリティーを語ろうとする近代小説が考案した〈ともにある〉視点の語りに対応する絵画的構成と、それに応じる観者のあらたな作品受容の成立をも告げている。その意味でブレイダーのように、絵画における没入と共感の美学と、カントの「反省」やシラーが近代文化の本質的な条件とする「情感性（sentimentality）」、そして一七九〇年代のゲーテ、シラー、ワーズワス、コールリッジらの手になるロマン主義的抒情詩に見られるような特質とのあいだに「類似、あるいは

図78　シャルダン《食前の祈り》、1740サロン（パリ、ルーヴル美術館）
図79　ブーシェ《昼食》、1739（パリ、ルーヴル美術館）

同型性」[203]を認めることは、それほど見当ちがいとはいえないだろう。

10 情況のタブロー

メロドラマ

ディドロが、すでに絵画では実現されていたにもかかわらず、舞台ではなお見ることができないと嘆いたあの「タブロー」はしかし、十九世紀には一転して、演劇における主要な概念となる。ピーター・ブルックスは、フランス革命の直後の時期に確立され、以後十九世紀を通じて小説や演劇が前提とし、表現技法として採用してきた「想像と表象の一貫したモード」を「メロドラマ」と呼ぶが、十九世紀はじめのメロドラマの舞台ではしばしば、幕や場の終わりに静止場面(タブロー)がおかれ、「その場面では、登場人物の態度や身振りが組み立てられたのち一瞬動きを止め、絵解きもののように、感情が視覚的に要約されることになる」[204]という。かれはまた、リチャードソンの小説に多くを負うディドロの、演劇経験を「観客と登場人物との感傷的一体化という新しい関係」[205]に見ようとする理論は、こうした「メロドラマを予兆している」[206]ともいう。一方マイセルによれば、こうした演劇や絵画におけるあたらしい物語りのいわば「共通の構造ないしスタイル」を名指すために、この時期には「情況(situation)」[207]という語がさかんに使われた。すでにディドロも『劇詩論』のなかで、劇中人物の性格は、かれがおかれている「その情況のうちにもとめる」[208]べきであって、情況を個々の俳優の性格や器量にあわせてはならないといい、また舞台上のすべてのできごとが関心の中心に立つ主人公にふりかかり押しつぶすとき、「この人物は真に劇的情況(la situation dramatique)にある。かれはおののき、受け身になる」[209]と述べている。ディドロはまた、当時の舞台の俳優たちの演技における修辞的な伝統を批判したあとで、「演劇における行動(action)は、いまなおあまりに不完全であるといわざるをえない。というのも、絵画(peinture)としても耐えうる構図をそこからつくりだすことができるような、なんらかの情況(situation)を舞台上でひとが目にすることは、ほとんどないからである」[210]というが、ここでは「絵画=タブロー」と「情況」とは、その「構図」という点でほとんど同義に用いられている。この点でもディドロは、「十九世紀における絵画的ドラマの真の予言者」[211]なのである。じっさい「情況」という概念は、十九世紀になると、ほとんど「タブロー」に対応する概念となる。たとえば一八四〇年にエドワード・メイヒューは、「劇の成功は情況にかかっているという……近代の理論」について、つぎのように述べている。

情況という語が行動（action）を意味することはできない。この語は俳優たちのあいだでは陳腐な語だが、かれらのあいだでそれは〈所作（business）〉という意味で使われている。しかしこんにちの舞台に精通しているものはだれも、劇の〈所作〉と〈情況〉が同義語だと主張はしないだろう。演劇的な精神にとって〈情況〉ということばは、上演において拍手喝采を要求するに格好の感動的な要点を示唆している。そこでは行動はクライマックスへと練りあげられ、俳優たちはそれぞれに一定の姿勢（attitudes）をとって、かれらが〈絵画（a picture）〉と呼ぶものを形づくるのだが、その絵画を提示しているあいだは、動きは止まったままである。そしてそのあと行動はふたたびはじまるが、しかしその前からの続きというわけではない。こうした絵画がしばしば用いられるのも、関心の自然な流れを変化させるためである。この目的からすれば、それは小説におけるひとつの章の結末にきわめてよく似ている。[212]

マイセルによれば、ここで「絵画」とは、ただひとりの主要人物が観客にむかって大げさな身振りで語りかけるのではなく、舞台上の人物たちがクライマックスの瞬間に特定の姿勢や姿態をとって「ひとつの静的な布置（a static configuration）」をつくりだし、これによって「ある劇的情況を象徴する」ものである。それは「行動を……なお未決のまま、進行が瞬間的に宙づりにされたひとつの情況へと転換する」[213]ことで、この押しとどめられた「情況のうちにこめられたストーリー」を語ろうとするものである。そして舞台のドラマトゥルギーにおける、伝統的な「修辞的モードから、情況的ないし絵画的モードへの移行」[214]は、瞬間しかもたない絵画平面で物語を語ろうとする画家における、語りのモードの同様の移行に対応している。

明暗法——光の遠近法

このように一七七〇年代以降十九世紀にかけての演劇論においては、「情況」という語はドラマにおける絵画的効果を含意しているが、この時期の絵画論において、タブローの全体に統一感をあたえる効果という点で強調されるようになる契機は、明暗法である。[215] すでにディドロは『絵画論』で、主題や瞬間の単一とならんで、タブローにおける構図の統一に寄与する「光の単一(l'unité de lumière)」としての明暗法に言及し、この絵画における「光の効果と呼ばれているものは、コレジュスの絵の中できみが見たもの、すなわち真実で、力強く、刺激的な、影と光の混合である。この効果こそ、きみの足をとめさせ、驚嘆させる詩的瞬間である」[216] と述べている。たしかに、すでに見たフラゴナールの《コレジュス》の絵はあざやかな明暗の対比を見せており、それが画面全体に劇的な緊迫感をあたえている。ディドロのエクフラシスも、大司祭コレジュス、カリロエ、侍祭、そして画面左端でできごとを目撃しているあの白髪の老人へと、それぞれに光が当てられ闇のなかから浮かび上がったその顔に順次目の焦点を当てつつ、そのできごとの劇的瞬間を記述している。ディドロはまた『絵画論断章』のなかで、明暗法は「視線を特定の対象に固定することによって、目があちこちまようのをさまたげる」[217] といい、一種のスポットライト効果にふれているが、『絵画論』ではこれをとくに、画家が「かれの選んだ地点の対象の中にかれの捉えた細部だけを、生き生きとかつしっかりと表現」[218] する、レンブラントのような絵の特徴として論じている。じっさい、レンブラントの絵における没入のモチーフとスポットライト効果による焦点化こそ、アルパースが指摘する、くらい背景から浮かび上がった「人物に、それぞれが完全にかれ自身あるいは彼女自身であるための余地をあたえるための手立て」となっている。焦点化のうちに浮かび上がった、この完全に自分自身であろうとするレンブラントの人物のまなざしは、明確になにかを見つめることなく中空にただよい、もっぱら自分のおかれた存在情況へと関心づけられ、あるいはその情況がかれの内面に反響させる情態性の陰影を見せている。こうしてレンブラントは観者に、観者自身も「反省し、考えるために」[219]、その絵の内部に、したがってそこに描かれた人物たちの「心理的な深み」にはいりこむことを要請する。この意味ではわれわれは、ほぼ半身像の肖像画に近い構図で描かれた《サウルの前で竪琴を弾くダヴィデ》にこそ、あの「劇的クロース・アップ」を見るべきかもしれない。フリードは、ブーシェの弟子としてロココの画家とされているにもかかわらず《読書》(1780年代)(図80)に見られるような没入のモチーフを描いたフラゴナールについて、かれに独自の軽快で気まぐれな筆さばきがもたらす「光と影の大きな、しかしふるえるようなコントラスト」は、たんに画中の人物が没入している場面の「イメージのみならず、そうした心理状態そのもののかぎりなく魅惑的な表徴」となっており、これによって観者はその絵の内部に「さけがたく引きこまれるのを感じる」[220]という。

物語る絵における「劇的効果の統一性のメディア」[221]としての明暗法においてねらわれているのは、マイセルがいうように、「筋やキャラクターではなく、強調、コントラスト、感情的色合い、光と影の操作――別のことばでいえば、美術上のメロドラマ」[222]である。そしてこの効果が際だたせるのも、行動よりはむしろ情況なのである。マイセルが例としてあげるのは、ウィリアム・エティ(William Etty, 1787-1849)が一八二七年にロイヤル・アカデミーに出品した《ユディット》(図81)である。この主題では通常ユディットがホロフェルネスの首を切ったあとの場面を描くのに対して、エティの絵ではまさに首を切る直前の瞬間が描かれることで、行動が宙づりにされ危機的情況が前面に押しだされる。この絵の主題は、タイトル通りに「ユディットの情況」である。そして危機の持続と更新こそ、「メロドラマのエートス」[223]である。この絵についての当時の批評は、とくにユディットにあてられた強い照明の効果に言及している。すでにカラヴァッジョに見られたこうした劇的な照明は、ここではたんに雰囲気というのではなく、「ストーリーを一点に集中して体現するものとしての情況に奉仕する」[224]。こうした明暗による劇的効果をマイセルは比喩的に「光の遠近法」と呼ぶが、それはつまり、スポットライトによる特定の人物への焦点

図80　フラゴナール《読書》、1780年代(パリ、ルーヴル美術館)
図81　ウィリアム・エティ《ユディット》(スコットランド・ナショナルギャラリーにあるオリジナルのコピー)、1827(個人蔵)

化、ジュネットのいう「内的焦点化」である。

マイセルが「光の遠近法」と呼ぶのは、一連の行動よりは、ある瞬間に劇中人物がおかれている、まさにその情況の描写であり、そして自分がそのような情況にあることを感じとっている情態性の描写である。マイセルはこれとならんで、物語る絵の効果をきわだたせるもうひとつ別の方策を、これもまた比喩的に「感情の遠近法」と呼ぶが、これは「空間的な近さをできごとに巻きこまれること（involvement）とむすびつけ、空間的なへだたりをできごとから超然とすること（detachment）とむすびつけて解釈する心の習慣」[225]にもとづいている。それゆえこれは、劇的クロース・アップによる内的焦点化に対応する絵画的記号といえるだろう。われわれがシャルダンに認めた、あの奥行き次元に配置された人物相互の劇的関係と、それがもたらす視線のドラマも、実存の次元としての奥行きにおける「感情の遠近法」の一方式といえるだろう。いずれにせよこれらは、観者が画中のどの人物に内的焦点化すべきか、描かれたできごとの瞬間を、だれの情況として経験すればよいかを、画面全体の構図と効果をつうじて絵画が観者に指定するものであり、それはつまり、物語る絵の語りの視点としての〈ともにある〉視点のナラトロジー的記号装置といえるだろう。それらは描かれた世界全体を、そのただなかに没入する人物の内面と共鳴する雰囲気で満たし、これによってこの人物が置かれている情況に対する関心と共感の美学を強化する。

物語る絵の叙法のパターン

さて、これまで見てきた物語る絵の叙法のパターンを要約してみれば、つぎのようになるだろう。なおこの章のはじめにことわっておいたように、ここでの研究の眼目は、物語る絵におけるこうした叙法のパターンを抽出することにあり、歴史が参照されるとしても、あくまでもこの目的のためであって、美術史を記述するためではない。それゆえ、ここで抽出されてきた語りの叙法のパターンは、歴史的な概念というよりは、まずはナラトロジー分析のための概念である。歴史はただ、これらのパターンがあるとき顕著になる、そのコンテクストとしてのみ言及されたにすぎないのである。

1．超越的〈全知〉の視点

古代から中世までは、ミニアチュールやステンドグラスに典型的に見られるように、テクストの優位のもと、ことばの物語を視覚的に語ろうとする点で、絵画平面はまずは物語言説のメディアであって、なお物語世界の時空間のリアリティーを構成しない。その結果生じるのは、多数のシークエンスをなす場面を圧縮する「コンフレーション」と呼ばれるような画面の処理や、さまざまな異時同図法的な処理によって、ことばによる語りの統辞法に応じようとする方式である。絵はテクストを視覚化し図解するためのものとして、その絵画的描写は、まずはことばによる物語に奉仕している。絵は、まずは「読む」ものである。それは儀礼的な場で、共同体の集団としての会衆にむけて語りかけられるものとして修辞的な原理にしたがっており、絵の前に立ち美的に反応する個人の観者の存在を想定しない。ビザンチンのイコン的イリュージョニズムに見られるように、絵画は自立した作品でもたんなるフィクションでもなく、そこに描かれた聖なるできごとを介して、観者をその本質である不可視の聖なる普遍世界へと包摂する機縁である。それゆえ聖なるできごとを語る視点は、語られ描かれた物語世界に対して、その外からこれを俯瞰し構成する、時空をこえた「超越的」な視点、古典的な〈全知〉の〈神〉の視点であり、そこに描かれた細部はすべて、それにさきだつ聖なるテクストの普遍的な意味と秩序の体系によって一義的で明確な意義をあたえられている。細部が多彩であることは、意味の充実として、価値である。アレゴリーやイコノグラフィー、予型論などは、そのような普遍的なものとして前提された言語的意味体系である。古典的エクフラシスもまたこのようなテクストの優位のもとで、絵画について、そこに描かれ見ることができるものに限定されず、描かれた物語の全体を読み解き、〈全知〉の視点から俯瞰的に語ろうとする、修辞的な企てである。

2．超越論的〈全知〉の視点

ルネサンス以後、絵画平面に遠近法が導入されるにおよんで、絵画平面はもはやたんなる物語言説のメディアであることをやめ、描写のメディアである本性を自覚し、ことばのテクストから自立するようになる。それは観者の現実世界から区切られた作品の自立性と、描かれた物語世界の時空間のリアリティーとを獲得する。作品世界にあってはなによりも構図の美的な統一性と、それに対応した意味の統一性が要請され、修辞学的な「多彩さ」はしりぞけられる。窓としてのフレームでかこまれた自立した物語世界に対して、これを構成する抽象的な単眼の遠近法が設定されるが、そこに観者の物理光学的な肉眼の「視角」が重ねあわされることで、描かれた物語世界が目に見えるリアルな世界として経験される。それにもかかわらずこの肉眼の視角は、なお物語世界の外の消失点に立ちこれを「超越論的」に構成する視角であり、このいわば世界の中心点に立つ観者が聞きとる語りの視点は、いぜんとして伝統的な〈全知〉の視点である。[226] 人物の内面にしても、ここではもっぱら表情や身振りの修辞的なコードにしたがって一義的に読みとられ、道徳的に理解される。このように語りの「視点」を遠近法の「視角」に重ねあわせるアルベルティ的絵画は、一方で絵画内部のリアリティーというイリュージョニズムを可能にしながら、他方で観者を作品世界の外、超越論的な位置に疎外するという矛盾をかかえこむことになる。この矛盾を解決するべく、観者を描かれた物語世界にまきこむための方策が、たとえば観者と視線を交わし指さす人物のモチーフである。だがこれは、絵の手前現実世界に立つ観者に直接話しかけることで、かえって絵画内部のイリュージョニズムをこわしてしまうことにもなる。母と子のモチーフや後ろむきのモチーフは、物語世界内部にあって観者の代理人となることで、観者に、絵の前に立つ肉眼の視角とはべつに、物語世界内部の特定の位置に視点をとらせる記号として、あらたなイリュージョニズムを一歩進めるものである。だがここでも観者はなお、その代理人であるこれらの人物たちがそうであるように、描かれたできごとの目撃者にとどまる。

3.〈ともにある〉視点、〈情況〉の視点

おそらくは十七世紀にあらわれ、とりわけ十八世紀に流行する「没入」のモチーフが示しているのは、瞬間の「タブロー」におけるあたらしいリアリズム、あるいはあたらしい美的イリュージョニズムである。タブローは一連の行動に代えて、行動を宙づりにし、その意味を要約する瞬間の情況を描こうとするが、ここにいたって物語は絵画による劇的描写に奉仕する。絵は、まずは「見る」ものとなる。描写を特定の人物の情況へと集中させるためには、多彩な細部のコード化された修辞的描写に対して、細部の省略と修辞的コードの無化が要請される。聖人や英雄たちの「歴史＝物

語」における、テクストの優位のもとでコード化された演劇的な身振りや表情に対して、日常の個々人の私的な生活におけるそのつどの瞬間の情況に、観客を意識せずに没入している人物はしばしば、内向する視線や絵画世界の内奥へとむかう視線を見せる。こうした人物に対する観者の共感は、観者が絵の前に立つその肉眼の視角を忘れて、その忘我のうちに、物語世界内の人物にそくして立ち、その視点をともにすることで、その人物のおかれた存在情況を了解し、その意味内実である情態性を感じとること、あるいは描かれた風景の内部の特定の位置にみずから立って、その視点から見える世界を自分の情況として感じとることにもとづいている。なるほど遠近法の視角は、絵の前に立ってこれを見る肉眼の視覚にとって、そのリアリズムの根拠である。だがこの「視角」から物語を語る「視点」を分離して、読者や観者の視点を、自分の行為に没入する人物と〈ともにある〉視点、あるいは情景内の特定の位置に立つ〈情況〉の視点として物語世界内に投錨させる点にこそ、小説における、そしてまた絵画における近代の物語のリアリズムがある。そしてこのリアリズムはまた、なによりも世界を自分がそこで生きる風景としてもち、かならずしもその意味をはっきりと意識せずにそのつどの自分の情況に没入するものの、内面のリアリズムである。このような、物語る絵における近代の語りのモードを強化するものとして、明暗法による効果、とりわけスポットライト効果は、内面の陰影や雰囲気をひびかせる「光の遠近法」と内的焦点化によって、絵画における〈ともにある〉視点の語りのナラトロジー的記号となっている。ほかにも、劇的クロース・アップによる「感情の遠近法」や、古典的な演劇コードを逸脱して観者に背をむけても、他者と奥行き次元に対峙し切りむすぶ人物の視線の構図などもまた、ある人物を内的焦点化する画像構成の文法といえるだろう。それゆえこれらが観者にもたらす共感も、たんに絵の外部の慣習的コードや主観の側からする心理的投影による感情移入といったものではなく、絵画内部の語りの統辞法の関数というべきである。

第七章 近代絵画における語りの視点

1 小説と絵画の遠近法

ケンプの受容美学

前章で見たようにケンプは、一九七〇年代以降の文学理論が開発した受容美学やナラトロジーというあたらしい方法が、美術史や美術理論に十分反映されてこなかったことを批判したが、この反省をふまえてケンプ自身は絵画と、これを見、これを読み解く観者の関係について、九〇年代半ばまでさまざまなかたちで精力的に論じている。われわれとしてはここで、前章で抽出した物語る絵における叙法の諸相をふまえて、文学における読者理論やナラトロジーを「歴史＝物語」絵画に意識的に適用しようとしたケンプのこころみを、あらためて検討してみよう。

「観者の位置」に自覚的な構成

ケンプがまず注目するのは、十九世紀には、ルネサンス以来の幾何学的遠近法とはことなったタイプの画面構成が出現するという事実である。ルネサンスの遠近法は、すでにわれわれも見たように、観者を肉体をもたず純粋に点的で抽象的な目に固定することで、いわば世界の外に立ってこれを構成する超越論的な視による「理想的な可視性の構成」[1]をめざしたが、あらたに出現したのは、おなじく遠近法にもとづきながらも、描かれた対象や空間に対して、そのつど特定の条件のもとでこれを見る「観者の位置（Betrachterstandpunkt）」に自覚的な構成である。こうした絵画の典型例としてケンプは、たとえば一八三五年のヨハン・エルトマン・フンメルの《ベルリン、マリエン通りからの眺め》（図82）のような、写真発明以前に描かれたにもかかわらず、世界に対して向けられたカメラが超越論的な視ではなく世界内の特定の位置をとらざるをえない写真と等質な絵画の描写をあげている。たしかにフンメルの絵は、《花崗岩の大皿の研磨》（1830-32）（図83）にも顕著に見られるように、写真発明以前でありながらきわめて写真的なイメージを描いている。これについてすでにハインリッヒ・シュヴァルツは、コンスタブルの初期作品《楡の木》（c.1821）やデンマークの画家クリステン・ケプケの《フレデリクスボルク城》（1835）などの例をもあげながら、一八二〇年代から三〇年代にかけての絵画や版画には、いわゆる写真的イメージをもったものがヨーロッパ中に見いだされるという事実に言及している。シュヴァルツは、これら「ほとんどミステリアスなしかたで写真的精神の先駆けとして姿をあらわした」[2]絵画の端緒を、十七世紀オランダの細部を精緻に描いた静物画やフェルメールの《デルフト眺望》などにもとめつつ、このミステリーの大きな理由のひとつを、カメラ・オブスキュラや凸面鏡といった絵画制作上の光学器具の使用にもとめている。アルパースも『描写の芸術』のなかで、写真を「アルベルティ的絵画とは異なるもうひとつの芸術の表現様態、つまりオランダ絵画に見いだされるような描写的様態の側に属するものである」[3]として、写真的イメージの端緒を十七世紀オランダ絵画にもとめている。ここでアルパースがイタリア的な南方の伝統における「アルベルティ的絵画」というのは、絵画はなによりも「物語、すなわち人間の重大な行為を表現す

図82　ヨハン・エルトマン・フンメル《ベルリン、マリエン通りからの眺め》、1835（原作品不明）
（in: G. Hummel, *Johann Erdmann Hummel*, Leipzig, 1958）
図83　ヨハン・エルトマン・フンメル《花崗岩の大皿の研磨》、1830-32（ベルリン、プロイセン文化財国立博物館群ナショナルギャラリー）

るためのものであるという基本認識」にしたがって、遠近法の消失点というそれ自体は世界の外に立つ、したがって超越論的な位置から、この意味に満ちた世界を再構成するものである。これに対して、オランダ的な北方の伝統における「描写的様態」というのは、「見られるものとしての世界に基礎をおいている」[4]絵画である。ケンプがフンメルの絵の、観者の位置に自覚的な画面構成として想定しているのも、観者が描かれた世界の内部の特定の位置に立って、そこで見えてくる風景を受けとめるような構図である。それはわれわれのことばでいえば、〈情況〉の視点に立つ構図ということができるだろう。それゆえこれは、十九世紀にはじめて出現したというよりは、アルベルティ的な歴史画の伝統における「物語」が十七世紀をつうじて、そしてとりわけオランダの「描写」の伝統のなかで変容するのに応じて徐々に生じた変化というべきだろう。

「多重遠近法的」な構成

ケンプはさらに、十九世紀のあたらしい画面構成の「第二の形式」として、現実にありえないような観者の視角を設定するようなタイプをあげている。それはたとえばフリードリヒの《山上の十字架》（1808）（図84）のような絵画である。ここでフリードリヒは、遠景は統一的な遠近法のもとでその全体を描く一方で、近景は個々の細部に近づいて描写するというように、現実の肉眼の視角としてはありえない空中に漂うような立ち位置、つまり「仮想の場所（ein „*virtueller Ort*"）」[5]を設定するが、結果としてそれは複数の消失点を同時にもつ「多重遠近法的（multiperspectivische）」な絵画構成となり、それがこの絵に非現実の効果をあたえている。これについては、たとえばヘルベルト・フォン・アイネムも、美しい風景画は「線遠近法の美しい形態があらわれるような遠景、中景、近景という複数の景を必ず表現していなければならない」という当時の原則に反して、フリードリヒはむしろ意図的に非常な近さとはるかな遠さのコントラストを使用したという。当時の批評家ラムドアは、「この画家は、自分が表現しようとしたものを表現するために、観察位置をまったく設定しなかったか、あるいは設定することができなかった」とこれを非難しているが、フォン・アイネムによればフリードリヒ自身は、象徴的な表現に到達するためには「ひとは遠近法の助けによって絵の中に導き入れられるべきではない。いわば一人で奥まで入って行き、一つ一つの根源を次々に享受すべきである。

われわれは、静止的な享受のために必要な観察位置という特権的地位を持つべきではない。無限なものや深淵に対峙する人間の限定性や自己固執性という対立関係は、むしろ対比においてこそ最も強く感じとられるはずだ」[6]と考えた、というのである。

現実の観者の肉眼の視角とは別に、描かれた世界のそのつど特定の位置に「仮想」された視角を設定するという意味での、こうした「多重遠近法的」な絵画構成については、フリードも言及している。すでに見たように、フリードにとって《ベリサリウス》のような歴史画のばあいには、観者が描かれた世界のなかにはいりこんで、特定の位置に立つことはない。しかしたとえばヴェルネの《滝と人物のある風景》（1768）のような風景画では、観者は絵の前に立つ肉眼の視角を忘れて、描かれた風景のなかにはいりこむ。ヴェルネの風景画には、かれが影響を受けたサルバトール・ローザやクロードにはない特質、つまり「絵画内部に、それぞれが他ときそいあって観者の注目をひこうとし、またある意味でこれらの地点に観者を想像的に現前させようとする、複数の視点の描写」[7]がある。そこには、道や小道や上り坂、橋、遠くの船、そしてそこに身をおく旅行者たちが描かれ、こうした形象によって、観者が絵画世界の内部をみずからのからだで探索するように意図されている。さらにまた、前景の人物たちが占める低い位置と、それを圧する遠景の巨大な木や峨峨たる岩山、そこからほとばしる滝の崇高な高さなど、さまざまな度合いの距離やスケールのちがいによって、コンポジション全体が一点に固定されない動態を見せており、観者は描かれた情景を見とおすのに、まずは部分から部分へと目を移さざるをえない。つまり、ここには「遠近法的統一性の断片化があり、それが観者がそのシーンを単一で瞬間的に了解可能な全体として把握することを不可能にし、またそうすることによってさらに観者は、まぎれもなくカンヴァスの前に立っているのだという思いこみを……疑問に付すことにもなる」[8]というのである。

こうした「遠近法的統一性の断片化」ないし分裂の傾向は、ブライソンによ

図84　フリードリヒ《山上の十字架》（テッチェン祭壇画）、1808（ドレスデン国立絵画館）

れば、すでにアルベルティ的絵画の初期、たとえばマザッチョの《聖三位一体》（図44）のうちに認められる。この絵では、絵の前に立つ観者の目の位置は描かれた寄進者がひざまづいているステージの位置に対応している。これによってきわめて低い位置に設定された絵画の遠近法の消失点とそれに対応した観者の目の位置とが重なるようになっている。こうして十字架上のキリストの背後にいてこちらを見つめている大きなスケールで描かれた神の視線と、消失点が指示する位置に立つ観者の視線とが直接に連結し交叉することで、この絵は、観者のいる現実空間の地面と描かれた世界の地面とが一続きであるようなトロンプ・ルイユ効果をねらっている。この絵の観者に対する呼びかけは「身体的（somatic）」であり、典礼的であり、修辞的である。これがこの絵のアルベルティ的側面である。しかも他方でここには、いわば絵のなかに内蔵された「第二の消失点」というべきものが、観者のほうを見つめるマリアが伸ばした右手の高さによって示されている。マリアが指さすキリストの遠近法的に縮減された肉体各部は、現実の観者の絵を見る位置からははるかに高いところに設定された視角を想定している。描かれた世界は、もはや観者の現実の身体が占めることのできない自立した絵画領域として提示されており、これを観者が見るのは、観者が現実に位置する肉眼の視角とは区別された「ポスト・アルベルティ的な地点（post-Albertian point）」に即してのことである。絵は、観者の身体が消失点が指示する位置を現実に占めることで絵画空間とひと続きになる「経験的遠近法」と、観者が現実に立つ位置とは別に、絵のなかに内蔵された第二の「純粋に**虚構の**消失点」[9]に対応する位置に観者を立たせる「理論的遠近法」というふたつのゾーンに分断される。こうしてこの絵の内部には、アルベルティが想定したのとはまったくことなったあらたな観者の概念が生じている、というのである。

小説と絵画のパラレリズム

ともあれケンプによれば、絵画における「多重遠近法的」な画面構成という事態は、「すでに十八世紀以来、小説の読者としてはそれが標準となっていた」[10]のだが、いまや絵画の観者もそのような受容者として姿をあらわした。ケンプは、近代小説というあたらしいジャンルは、語り手が語られる世界に対する絶対的な関係をうしない「きわめて多層的、多面的（vielansichtig）」に物語る「多重遠近法構成」をもつにいたったといい、作家は「ときに〈オリンポスに立つ語り手〉として、ときに〈虚構の報告者〉として、そしてまたある登場人物のとる遠近法にしたがって、事物や行動を多面的に切りだしてくる」[11]可能性を獲得したという。「オリンポスに立つ語り手」とは、古代叙事詩に典型的に見られるような〈全知〉の視点の語りである。また「虚構の報告者」とは、おそらく登場人物が語り手であるような一人称の語りをいうのだろうし、「登場人物のとる遠近法」による語りとは、とりわけ十九世紀以降の近代小説を特徴づける語りとしての〈ともにある〉視点による語りにあたるだろう。ケンプは、近代小説がこうして物語を多面的に語るとき、経験は多義的で相対的なものとなり、これによって小説は現実の人間行動の陳述形式となりえたという。ここでかれの念頭にあるのもおそらく、近代小説が〈ともにある〉視点や〈情況〉の視点の発明によってあらたに拓いた、自分自身すら自分にとってつねに不透明で不安定なわれわれと同種の人間が、その特定の位置から世界と人生を経験する内面のリアリティーの物語であり、この人物によりそい視点を「ともにする」ことでこれを語ろうとする内面のリアリズムであるだろう。こうしてケンプは、十九世紀における小説と絵画、「語り手の遠近法と画家の遠近法」[12]のあいだのパラレリズムに言及するのである。

ケンプがフンメルの絵に見られるような、あたらしい遠近法的な画面構成の第一のタイプに対応する文学の例としてあげるのは、十九世紀ドイツのリアリズム作家として知られるオットー・ルートヴィヒの小説『天と地の間』（1856）冒頭の、つぎのような描写である。

> ささやかな庭が母屋とスレート納屋との間にある。この二つの建物の間を往来するにはどうしてもこの庭の傍(わき)を通らねばならない。母屋から納屋に向うと、庭が左側にある。右側は木造の馬車小屋と厩舎とのある中庭になっていて、隣家との境に板塀がある。[13]

たしかにこの冒頭の描写は、フンメルの絵と酷似している。それは描かれた場面のなかの特定の場所に位置を占めて、そこから「二つの建物の間」とか「左側」とか「右側」に見える風景を語っている。そして作者ルートヴィヒ自身、このことにきわめて自覚的であった。かれはその「小説論」でこうした語りを、語り手が対象やできごとを自分が見たとおりに「客観的」[14]に語る叙法と規定している。かれはこれをまた「叙事詩的なメディア」とも呼ぶのだが、しかしかれのいう「客観的」とは、もはや古典的、叙事詩的な〈全知〉の視点、すなわちすべてを俯瞰する超越的な神の視点の語りではないし、世界を一点からの遠近法にしたがって統一的に構成しようとする超越論的視点にもとづく〈全知〉の語りでもない。

リヒャルト・ブリンクマンによれば、たとえばゲーテの『ヴィルヘルム・マイスターの修業時代』冒頭の一節も、これと似た形式をもっている。

> 芝居はひどく長びいていた。そろそろ馬車の音の聞こえるころだがと思って、婆やのバルバラは二、三度窓辺に歩みよって耳をすました。今日の切狂言でわかい士官を演じて観客を熱狂させた美しい女主人のマリアーネを待っているのである。……なにもかも用意が整った時、婆やは、階段を上がってくるマリアーネの足音を耳にし、急いで迎えに出た。[15]

にもかかわらずこの冒頭の一文は、ルートヴィヒのそれとはことなっている。ゲーテでは、それは読者を一気にできごとの連関に投げこむ一方で、できごとの舞台となっているマリアーネの部屋の窓や机や明かりや階段は言及されるにしても、それらはじっさいに特定の人物によって経験される時空間として描写されることはなく、物語世界を構成する自明で確実な要素としてただ前提されている。これにつづく一文一文が語るのは、「部分に先立ち、これら部分の形式やつながりや配置や連関を規定している全体の意味法則」にしたがうできごとの連鎖である。それゆえ行動もできごとも、「まさにこの特定の情況（Situation）、この時間やこの空間に係留されることがない」[16]。できごとがおこる「〈歴史的な〉偶然性や制約はこれらを包括する普遍性へと拡張される」のであり、ここで特定のできごとを目に見えるものとして語りだすことを可能にしている条件は、「〈超越論的な〉条件」である。ゲーテにあっては特殊な行動やできごとを連関づける全体としての「世界」のみが関心事で、人物がそこで生活をするそのつど「偶然的なまわりの世界（die zufällige Umwelt）」は、ただことのついでにふれられるにすぎない。この意味でゲーテの語りはなお、古典的な〈全知〉の語りを脱してはおらず、フィールディングの『トム・ジョウンズ』に連なるものである。これに対して、ルートヴィヒの冒頭の一文が語るのは、その時、その場所に立つ特定のだれかが目にする情景であり、それはしたがって、われわれのいう〈情況〉の視点の語りである。それゆえそれは無人称の語りではあっても、古典的な〈全知〉の語りとはニュアンスがことなる。ルートヴィヒが、「ネッテンマイル親方に出逢うと、市の相當の年配の人々までが談話をやめて恭しく挨拶をする。このような影響を及すのは例の得體の知れぬ不思議な力だけではない。彼等自らがこの老人のいかなる點を尊敬しているかをよく知っているのである」と語るとき、この「客観的」な報告の語りは、しかも「この人々、住人たちの遠近法から、したがってかれらの視野の限界をともなって」[17]語られている。

こうして設定された情景はやがて、この語られた世界に登場するだれか特定の人物によって生きられるだろうが、その情景を意味づけるのは、世界に意味をあたえる超越的な主体、あるいは意味を構成する超越論的主体ではなく、その情景をみずからの「個人的情況」[18]としてひきうける経験主体である。そのかぎりでその情景のどんな細部も重要であり、それは当の人物の内面のフィルターをとおしてその「個性に応じた色づけ」[19]において経験される。ルートヴィヒはこのことにも自覚的である。かれが、特定の人物が経験する主観的な印象や感情や思考を読者にもともに体験させようとするような語りを「情景的（szenische）語り」と呼ぶとき、そこで想定されているのはわれわれのいう〈ともにある〉視点による語りに近いといってよい。それはたとえば、つぎのような語りである。

丁度いま街道を曲った。先程まで眺望を狭めていた山の背が傍に退いていた。そして若い木立の上に塔頂が現れた。聖ゲオルク塔の尖端であった。若い旅人は歩を止めた。……彼はまた立ち止った。向こうに父の家がある。その後ろにスレート納屋が見える。同じ町外れの、そこからいくらも隔っていないところにあの家が——彼が他郷へ旅立った當時、彼女の住んでいた家がある。今では、彼女は父の家に住んでいる。父の嫁、兄の妻となっている。そして、今日から彼は同じ家に起居し、嫂として彼女と毎日顔を合わせねばならない。彼女のことを考えると彼の胸は烈しく鼓動した。[20]

ルートヴィヒがめざすのは、これら「客観的」と「情景的」というふたつの形式の混合である。たしかにわれわれの見るところでは、ルートヴィヒの小説はおおむね無人称の客観的な〈情況〉の視点の語りと、主人公の遠近法からする情景的な〈ともにある〉視点の語りの混合をなしている。[21] そしてじっさいにもこうした語りの混合による「多視点的」な語りが、近代小説のふつうの語りなのである。

だがケンプが、フリードリヒのような第二のタイプの「多重遠近法」の絵画に対応するものとしてあげる文学の例は、ルートヴィヒではなく、たとえばワーズワスの「湖水地方ガイド」の一節である。

読者に、想像のなかでわたしとともにある特定の地点に自分自身をおいて見るということをお願いできるばあいにのみ、わたしは読者にこの地方の主たるアウトラインについてはっきりとしたイメージをお伝えすることができるだろう――それは、グレイト・ガヴェルやスコウフェルといった山の頂であるだろうし、あるいはむしろ、われわれの立つ地点をこのふたつの山のあいだ、しかもそれぞれの頂上から半マイルと離れておらず、またこれらの山とくらべてそれほど高くない位置に漂う雲に思い定めよう。そのときわれわれは、その足下に、八つと下らない峡谷が、われわれが立っていると想定している地点から、あたかも車輪の軸から伸びるスポークのように、四方八方に伸びているのを見るだろう。[22]

ここで「ある特定の地点」とは現実のどこかの地点ではなく、ワーズワスがこれによってこの地方が一望の下に見てとることができると仮想するものである。なるほどケンプによれば、ワーズワスの時代の実用的な百科事典やハンドブックなどには、説明すべき対象をできるだけ理想的なかたちで見せるために、知覚主体が立つべき特定の位置をもたない挿絵や絵画作品が存在する。しかしこれらがめざすのは「本質的なものへの集中」であり、したがってそもそも知覚主体の関与は問題にはならず、その点でこれらは「より古い伝統に立つ」[23] ものである。それは、われわれのことばでいえば、超越的な〈全知〉の〈神〉の視点である。これに対してフリードリヒやワーズワスでは、知覚主体はこの世界の現実性をまえにして、これをよりよくとらえるためにあちこち動きまわり、そのつどの立ち位置を設定する。仮想の立ち位置もそのための手立てだ、というのである。

たしかにフリードリヒの絵もワーズワスの描写も、絵の前に立つ現実の観者の遠近法的な視角とは別に、描かれた世界内部の特定の位置に設定された「純粋に虚構の消失点」をもつという意味での「多重遠近法的」な語りとしては、パラレルといってよい。だがこれらは、近代絵画としても近代文学としてもむしろ特殊な事例である。「登場人物のとる遠近法」つまり〈ともにある〉視点に言及するケンプが、近代小説の「多視点的」な語りとしてはワーズワスのそれよりははるかに標準的なルートヴィヒの小説のこの面に言及しないのは不可解だが、それ以上に問題なのは、この近代小説の標準的な語りに対応する絵画の例をあげないことである。もちろん、ケンプには理由がある。かれは、近代絵画の遠近法が小説の遠近法とある点で一致するからといって、小説の語りと絵画の語りとのあいだの対応を強調しすぎてはならないという。なぜなら、絵画においては画家はつねに「知覚の中心」としての「観者の物理肉体的現前」[24]にしばられ、それにむけて語りかけるために、小説家ほど多様な語りの可能性をもたないからである。それゆえケンプは、近代小説に特徴的な「登場人物のとる遠近法」の語り、つまり〈ともにある〉視点の語りについては、絵画とのパラレリズムを認めようとはしないのである。

2　目撃者の「視角」と語りの「視点」

語りの「態」と「叙法」

ケンプが、小説における「語り手の遠近法」に言及するとき、それはもちろん絵画におけるほんらいの意味での視覚の遠近法にもとづく隠喩である。これは、現代のナラトロジーでは一般的な用語法である。すでに見たように、ジュネットにとっても叙法とは「どの作中人物の視点が語りのパースペクティヴを方向づけているのか」という問題である。だが「叙法」の問題は、しばしば「だれが語っているのか」という語りの「態」と混同されてきた。そこから、小説の語り手は作者であると考えられることにもなる。映画の語り手は、監督ないしカメラである。だとすると、物語る絵の語り手は画家だということになる。観客や観者はカメラや画家の位置に立つことで、語られた物語を、かれら語り手が目撃し経験したとおりに経験するのだ、というのである。これはもちろんあやまりであり、一人称の語り以外は、語り手はテクストだというのがもっとも妥当な態度である。ところが、叙法と態の混同を批判するジュネットにしても、語りの「パースペクティヴ」という隠喩にひきずられて、自分が禁じておいたはずの混同から完全に自由とはいいがたい。というのもかれは、対象についてそのつどことなった距離から、あるいはことなった視点から語る「叙法」について、それは「たとえて言うならば、ちょうど一枚の絵を前にしたときに私の持つ視像が、明確さの点では私とその絵とを隔てる距離に関係し、面積の点では、その絵を多かれ少なかれ遮っている何らかの部分的な障害物に対する私の位置に関係するのと同様なのである」[25]と説明するからである。ジュネットにおいても、物語る絵における「叙法」つまり語りの「視点」の問題は、絵の前に立つ現実の画家や観者の位置からする視覚の遠近法ないし「視角」、つまりは語りの「態」の問題と混同されている。だが肉眼の視角は、絵の前に立ってこれを見るための物理肉体的な必要条件ではあっても、そこに描かれたできごとや風景を、画中のどの人物の視点から経験するかという語りの視点の問題とは別物である。われわれ読者や観客は、小説家や画家やカメラが目にしているできごとにみずからも立ちあうことで、その目撃者になるというのではなく、そのできごとの当事者であるだれかある人物の視点から、かれの経験することをわれわれもまた経験するというのが、〈ともにある〉視点の語りの内実である。だがケンプがフリードリヒやワーズワスに認める「多重遠近法」とは、マザッチョの《聖三位一体》についてのブライソンの分析がいうように、あくまでも絵画の前に立つ観者の位置という点で現実と虚構のふたつの消失点が設定されていることをいうものであって、ここでの「遠近法」とは、ケンプにあってもブライソンにあっても、なお視角と視点が、つまりは語りの態と叙法とが明確に区別されないままのあいまいな術語にとどまっているのである。

目撃者と「内包された読者」

このことは、ケンプが一九八五年の論文「理解と緊張――十九世紀絵画における空所について」で、プリュードンの《復讐と正義に追われる罪》（1808）（図85）とジェロームの《ネイ元帥の処刑》（1868）（図86）を比較するときにも見てとることができる。プリュードンの絵は、たったいま自分が手をかけた犠牲者の死体に目をやりつつ逃げ去ろうとする罪人と、すでにその瞬間にこの罪人を罰しようと空中に身をひるがえしかれを追跡する正義と復讐の女神を描いている。プリュードン自身のことばによれば、かれは「どの時代にも適し、どの民族にも属し、それ自身でその意味するところを告知し説明し、そして原因と結果とを同時に見せる」[26]ような、断固たる絵を描こうとした。その絵はなるほど、すでにおこった殺害と、これから起きつつある罪人の逃走と追跡の両方を同時に見せるレッシング的な「含蓄ある瞬間」を見せているが、しかも物語の原因・結果のなりゆきに因果応報という普遍的な意味のアレゴリーを見せることで、なお古典的な修辞学の伝統に立っている。ここでは、ケンプが「論理によって構造化された歴史画の〈機械仕掛け〉」[27]と呼ぶ叙法が支配している。それゆえ画面内部の空間は、これを見る観者の立つ位置や視線となんらの関係ももたずそれだけで閉じており、観者の目は正義と復讐という普遍的なアレゴリーのうちに擬人化された女神たちの「すべてを見わたす目（das allsehende Auge）」、つまりは〈全知〉の視点に重ねあわされている。ケンプは、ここに描かれている場所は「それがもつ象徴的な陳述能力において物語行動を支えるが、だからといって物語のメディアとはならない」というが、これをわれわれのことばでいいかえれば、ここで描かれた場所は、物語言説のメディアではあっても、物語世界の生きられた時空間ではないということである。ここでは観者は、行為がおこなわれた瞬間に立ちあうことなく、理想的な観者として「できごとに対する無制限の、いわば絶対的な可視性」[28]に立ち、これによって描かれたできごとを個人としてではなく、正義という普遍的な価値基準にしたがって理解し裁くのである。

　これに対して、一八六八年のサロンに出品されたときには《一八一五年十二月七日、朝九時》というタイトルがつけられたジェロームの絵では、画面手前の路上にたったいま射殺されたとおぼしき男の死体が横たわり、画面左手には射殺を実行した一小隊がむこうへと遠ざかっ

図85　プリュードン《復讐と正義に追われる罪》、1808（パリ、ルーヴル美術館）
図86　ジェローム《ネイ元帥の処刑》、1868（シェフィールド、グレイヴズ・アートギャラリー）

ていくのが見え、その最後尾にいる小隊長が、いまおこったことを確認するかのように死体のほうをふりかえっている。細部を省略した描写ともども、そこに描かれた瞬間はできごとの因果連関からなる物語そのものを語らず、暗示するにとどまっている。それゆえこの絵を評した当時の批評家は、この事件を知らない後世のひとびとがこの絵を見ても、その歴史的な意味が理解できないし、また「画家がどの立場に立つのかがあいまいなために、参照すべきすべての歴史的ドキュメントに生命をよみがえらせるような関心が、かれのきわめて丹念に仕上げられたカンヴァスにむけられるのを妨げるだろう」[29]と批判している。しかしジェローム自身は、歴史上のできごとをなんら特定のコメンタリーをつけることなく提示する自分のこうしたやりかたについて、「画家は、作家がペンをもってやるのとおなじように、絵筆をもって歴史を書く権利をもっている」[30]と主張している。ここでは画家は、自分が帰属する社会の普遍的な価値基準にもとづいて画面を秩序づけ意味づけることで、〈全知〉の「絶対的な可視性」において物語を語ろうとするのではなく、偶然にゆだねられたできごとの生起の瞬間を提示し、その意味はこれを見る「観者の投影(Projektion)」にゆだねている。この絵が見せている瞬間は、プリュードンにはない時空間の特性をもっている。この絵では、左手画面奥から右側手前へとのびる道は、あたかも絵の前に立つ観者をもまきこむようにこちらにせまってくる。この物語空間はまた、遠ざかりつつある小隊と路上に横たわる男のあいだの距離というかたちで、物語世界における時間の経過をも見せている。そのような空間、その「意味に満ちた距離」は、普遍的な論理によって構成された歴史画の「機械仕掛け」ならばわれわれに伝えてよこさないもの、つまり現実世界の偶然的で推測不可能な、それゆえ緊迫した「情況(der Umstände)」をわれわれに伝えている。この「奥行きという手立て、空間における距離という手立て」はプリュードンの知らないものであり、しかしジェロームにおいては「絵画によって物語るために本質的な方策」[31]である。ケンプが、ジェロームの「リアリズム絵画は、このような情況のリアリティーをひきうけ、さらにはそれを前面におしだそうとするものである」といい、いまや歴史画が描く対象は「おこった歴史(Geschichte)ではなくできごとの生起(Geschehen)」[32]へと変化したというとき、それはまことに正しい認識だといわなければならない。

ケンプは十九世紀フランスの歴史画にあってなお、プリュードンとジェロームに見られるようなふたつのことなったモデルが存在したという事実を指摘しつつ、ジェロームの絵をディケンズに代表されるような「十九世紀の緊張に満ちたリアリズム小説」に比している。この種の小説は語りにおいて「制約された遠近法」[33]をとることで、できごと相互の関係は空所のままにしておくが、それが読者の想像をかきたてる。その結果イーザーがいうように、「読者は登場人物とともに生きることをはじめ、かれらが遭遇するできごとにともに耐える。物語の展開がこの先どうなるかわからないということは、読者にとって、登場人物にとって自分の未来が不確定であるというのとおなじことに思えてくる。こうして読者は、この〈共通の〉空白地帯によって小説の人物と連帯関係をもつようになる」[34]。

ここでケンプは、「制約された遠近法」ということばを用いることで、リアリズム小説における語りの〈ともにある〉視点にふれているように見える。またジェロームの絵を見る「観者の立つ場所のもつ意味は幾何学からではなく、かれができごとに対してとる位置……から帰結する」ということで、画面に対して観者の肉眼が立つ場所としての幾何学的遠近法の「視角」とは別に、できごとをどの位置、だれの立場から見て経験するかという、意味を了解し読みとる「視点」に言及しているようにも見える。にもかかわらずケンプが、観者はそこに描かれた「できごとの生起の瞬間の情況」に「ほとんど偶然のように出くわし、まずは自分の頭でこれを理解しなければならない」[35]というとき、ここで観者が描かれたできごとを理解する視点は、描かれたできごとに立ちあい目撃するものの遠近法の視角と重なるということに思いいたらざるをえない。ここにあるのはもちろん、描かれた虚構の世界を観者が立つ現実世界に連結しようとする古典的なゼウクシス的イリュージョニズムではなく、カラヴァッジョがそうであったように、観者が描かれた世界にはいりこむ近代の美的イリュージョニズムである。だが、ケンプにとって観者は結局のところ、絵の前の自分をまきこむように画面手前にせまってくる道をうけとめて、そこで出くわす「できごとの目撃者」[36]としてみずから立つものであり、それゆえここでの「遠近法」はなお、観者が現実に立つ絵の前の物理肉体的な位置から自由な語りの「視点」として成熟してはいない。

そもそもケンプは、イーザーのいうテクストに「内包された読者」に対応するもの、つまり絵画作品の内部に「〈前提された〉観者」[37]を発見したのはアロイス・リーグルだという。リーグルは、オランダの集団肖像画ではしばしば、描かれた人物たちは画面の前に立つ観者のほうをなにか問いたげなまなざしで見つめているが、これによってそれは、観者をも描かれた集会の場に居あわせ、画面のなかの人物たちと視線を交わす当事者のひとりとして想定しており、それゆえ作品の全体は画面内部の「内的統一」のみならず、画面の外に立って「これを見る主観との外的統一」[38]として構成されているという。もちろんリーグルがここで想定している観者は、あの指示のモチーフがそうであったように、描かれた集会の立会人であり目撃者である。リーグルの「外的統一」については、ケンプとほとんど同時期にイムダールもレンブラントの《ニコラース・テュルプ博士の解剖学講義》(1632)にかんしてふれているが[39]、ここでも観者は解剖の場に立ちあう目撃者のひとりである。だがイーザーのいうテクストに「内包された読者」とは、小説を手にする現実の読者を想定するものではなく、さまざまな語りの遠近法を統合してひとつの意味に焦点をあわせるための「読みの視点」である。[40]

ケンプは一九九六年にもういちど、ジェロームの絵《成し遂げられた。エルサレム》(1867)(図87)をとりあげている。この絵は、キリストに対する処刑を終えた兵の一団がこちらにうしろを見せて背景に見えているエルサレムの街へと帰還する構図という点で、十五世紀のファン・エイクのミニアチュール《磔刑》(図88)と共通している。だがファン・エイクの絵では前景に大きく、十字架上のキリストを中央にして、その左右にふたりのマリアが描かれているのに対して、ジェロームの絵では、キリストをふくむ三人の十字架にかけられた姿は画面右のすみにただ影を落としているばかりである。ファン・エイクの絵は「観者に、対象にふさわしいと同時にこれを見るのに特権的な位置をとることを要求する」[41]が、そのような位置はじっさいにこのできごとに立ちあうひとがとる位置として想定されているわけではない。これに対してジェーロムの絵の前に立つ観者は、ケンプによれば、帰還する兵の一団を目で追いつつ、自分だけがゴルゴタで十字架にかけられたものたちとともにそこにおきざりにされていると感じることになる。観者はここでは、磔刑の現場を目撃してそこにたたずむあるまなざしのうちへと「移しおかれ(hineinversetzt)」、その目をとおして、もはや終わってしまっているこのできごとを見つめる」[42]。それは観者を、磔刑というできごととその意味をキリスト教にとっての普遍的な歴史として観想するための特権的な位置に立たせるのではなく、観者をその場に現前させることで、そこでおこったできごとの意味をみず

図87　ジェローム《成し遂げられた。エルサレム》、1867(パリ、オルセー美術館)

からの個人的で主体的な内面性において体得させようとするものである。

ケンプがファン・エイクに見る特権的な位置が〈全知〉の視点であることはあきらかだろう。一方ジェロームの絵にかれが認めようとしているのは、できごとを普遍的に見わたす描写から、これを見、経験する主体の内面への転回であり、個々人の内面のフィルターをとおして体得された外部世界の意味の描写である。ケンプは十九世紀の歴史画でおこったこの転回を、シュライエルマッハーからキルケゴールへといたるキリスト教信仰の内面化の過程とパラレルなものと考えている。いずれにせよそこで問題になっているのは、近代的個人の世界経験における内面性のリアリティーである。にもかかわらず観者が描かれたできごとに立ちあうのは、ここでもいぜんとして目撃者のひとりとしてであって、近代小説が開発しまさに近代小説を近代たらしめたあの、物語世界内部の人物によりそい、かれと〈ともにある〉視点ではないのである。

カメラマンと映画監督と画家

ケンプは、「ジェロームの語り手の後継者はカメラマンと映画監督である。エイゼンシュテインはグリフィスのカット技法とストーリー展開が、リアリズム作家ディケンズの語りの方式のうちに先取りされていることを見いだした。これとおなじことを十九世紀の絵画にも拡張してみることはむずかしいことではない」[43]という。じっさいすでに見たように、グリフィスの『国民の創世』には、いわゆる「主観カメラ」あるいは「視覚視点ショット」と呼ばれるものが見られるが、これは映画における〈ともにある〉視点のもっともはやい例といってよい。また『イントレランス』には、〈ともにある〉視点ショットとこれに対する切り返しショットで構成する場面も見られる。以後、視点ショットを典型とする〈ともにある〉視点の語りは、われわれになじみのハリウッド的な映画の語りの標準となっている。だが、ケンプが小説と映画の

図88　ファン・エイク《磔刑》『トリノ時祷書』のミニアチュール、15世紀（トリノ市立美術館）

パラレリズムを引きあいにだして十九世紀の絵画と映画のパラレリズムに言及するとき、そこで念頭においているのは〈ともにある〉視点の語りではなく、「カメラマンと映画監督」という、できごとに立ちあい目撃する「語り手」の存在である。しかもこの点で、多くの映画理論家と同様ケンプもまた、映像をスクリーンに供給するカメラ・アイを、目の前でおこったできごとを目撃する「不可視の観察者」とし、その物理光学的な「視角（カメラ・アングル）」を、この映像を操作して物語を一定の視点から物語る語りの「視点」と同一視するあやまりを犯している。なるほどニュース・カメラマンが現実の戦争を映しだすとき、カメラ・アイはその目撃者であるこのカメラマンの目を代理しており、それが提供する映像はわれわれ観客を、そこに映しだされた現実の瞬間を目撃するものの視点に立たせる。このばあいでもときに映像は、そこでおこっているできごとを見つめているやせ細った子どもを映しだす。そのとき観客は、この子どもと〈ともにある〉視点から、そのできごとの苦痛と悲惨とを、ほかならぬ「かれ（その子）」の情況」として経験し了解することになるだろう。ところでそれが劇映画ならば、カメラ・アイは原理上目撃者ではありえないし、観客もカメラ・アイの視角にみずからの目を重ねあわせることで目撃者となるわけではない。カメラ・アイが提供するすべてのショットは、モンタージュのようなフィクションのドラマトゥルギーにしたがう語りの視点の操作によって構成されるのであり、この独特の文法によってそれは観客に、現実にはありえないフィクションに固有の美的な経験を約束する。物語を「語る」ことは、できごとを直接「見る」ことではないし、〈全知〉の視点であれ〈ともにある〉視点であれ、語りの「視点」は目撃者の「視角」ではないのである。

指示者のモチーフ、「後ろむき」のモチーフ

目撃者の位置以外にもケンプは、観者を描かれた物語世界に直接関与させるような絵画における語りの装置に言及している。そのようなものとしてケンプがあげる例は、たとえばブリューゲルの《農民と鳥の巣盗り》（図47）やドーミエの《このひとを見よ》（c.1849-52）において、木に登る泥棒やキリストの方に指をさして観者の視線をそちらに誘う人物たちの存在である。しかしそれはケンプ自身がアルベルティを引いているように、そしてすでにわれわれも見たように、あの指示者のモチーフであり、観者を物語世界に関与させる装置としてはなお古いタイプのものである。

ケンプが言及するもうひとつの語りの装置は、たとえばフリードリヒの《朝日の中の婦人》（1808）や《霧の海を見下ろす旅人》（1818）（図63）に描きこまれる、こちらに背をむけて絵画世界のはるかな内奥へと目をやる後ろむきの人物のモチーフである。これもすでに見たように、十七世紀のデ・ホーホなどのオランダ絵画にしばしば見られたものであり、これはたしかに観者が絵画内部の特定の位置から世界の風景を見つめるための画中の代理人として、〈ともにある〉視点の端緒をなすナラトロジー的な記号といってよい。このモチーフについてケンプが、それは自然を客体として距離をおいて観察するのではなく、自然のただなかに立ってみずからそのうちに包まれる「観想のうちに、その現実性を体得するこころみ」を示しており、これによってフリードリヒは自然と世界についての「個人的で内面化された視」[44]を観者のうちに喚起しようとしたというとき、それは正しい。だが、ケンプの議論において問題になっているのはここでも、画中の人物が代理するにせよ、画中の人物に指示されうながされるにせよ、観者みずからが画中のできごとに立ちあうための仮想の立ち位置であり、そのかぎりでそれは〈ともにある〉視点の端緒にすぎないのである。

ケンプが幾何学的遠近法における肉眼の視角にしばられない「仮想の立ち位置」と「多重遠近法的」な絵画構成に気づき、近代小説と絵画の語りにおけるこの点でのパラレリズムという、絵画のナラトロジーという観点からはきわめて重大な論点を提示しながらも、近代小説とその内面のリアリズムにとって決定的な〈ともにある〉視点の契機を近代絵画に認めるにはいたらなかったのも、かれが肉眼の「視角」と語りの「視点」の区別に思いいたらず、その結果視覚芸術としての絵画はどうあっても絵の前に立つ「観者の物理肉体的現前」に語りかけざるをえないと考えたためである。だがもしそうなら、小説もまた本を手にし、書かれた文字の前に立つ読者の現前に対して語りかけざるをえないことになる。じっさい、これもすでに見たように、そのように直接読者に語りかける「作者＝語り手」は、近代以前の物語にしばしば見られたものであり、十八世紀になってもフィールディングの『トム・ジョウンズ』や、そしてゲーテの『ヴィルヘルム・マイスターの修業時代』などもなおこの伝統を受けついでいるにしても、絵画における指示者のモチーフと同様、自立した物語世界という美的イリュージョニズムに立つ近代リアリズム小説ではしだいに姿を消していくものである。後ろむきのモチーフにしても、われわれがよりそい視点をともにするべき画中の人物は、いつもただ後ろむきにたたずんで風景を眺めているわけではない。もしもそうなら、絵画における〈ともにある〉視点の語りは、主観カメラによる一人称の視覚視点ショットのようなものでしかありえないということになる。たとえばステュアート・シラーズは、挿絵におけるそのような例として、一九〇五年の挿絵入り雑誌『ウィンザー・マガジン』に掲載されたフローレンス・ウォードンの小説「レディ・アンの管財人」につけられたジョン・キャメロンによる一枚の挿絵（図89）をあげている。この小説は、レディ・アンに秘書として雇われたミス・パーリィの一人称の語りをとっている。これにつけられた最初の挿絵では、会話しているふたりの婦人の絵に「わたしはあの娘は好きじゃないわ」というキャプションがついていて、レディ・アンを訪れたふたりの婦人がミス・パーリィのことをうわさしているのをミス・パーリィが偶然耳にする場面を描いている。[45] それゆえシラーズは、この挿絵はミス・パーリィが目にしているいわば主観視点のカメラによるイメージであり、「こうしてわれわれは、彼女が見るものを見ることによって、この語り手と同一化される」という。しかしそうだとすると、語り手のミス・パーリィが画面に姿をあらわす他の挿絵はすべて、彼女を外から見る三人称の〈全知〉の視点の語りを示しているということになる。こうしてシラーズは、結局のところ挿絵は「その本性からして、中心にいて全体を方向づけるある意識、ひとりの〈全知〉の語り手……がつねに現前しているような種類の物語フィクションにおいてもっともよく機能する」[46]というのである。

じっさいには、近代小説における〈ともにある〉視点の語りが一人称に限定されるわけでも、またその画像化が唯一主観カメラの視点ショットによってのみはたされるわけでもないし、主人公の姿をとらえる三人称のショットがつねにカメラ・アイを語り手とする〈全知〉の視点の語りに対応するわけでもない。すでに第五章で見たように、映画にふさわしいのはむしろ小説における三人称の〈ともにある〉視点である。登場人物の姿をなんらかのかたちで観客に見せなければならない映画では、そしてまた絵画では、一人称の語りより三人称の語りのほうが自然であり、しか

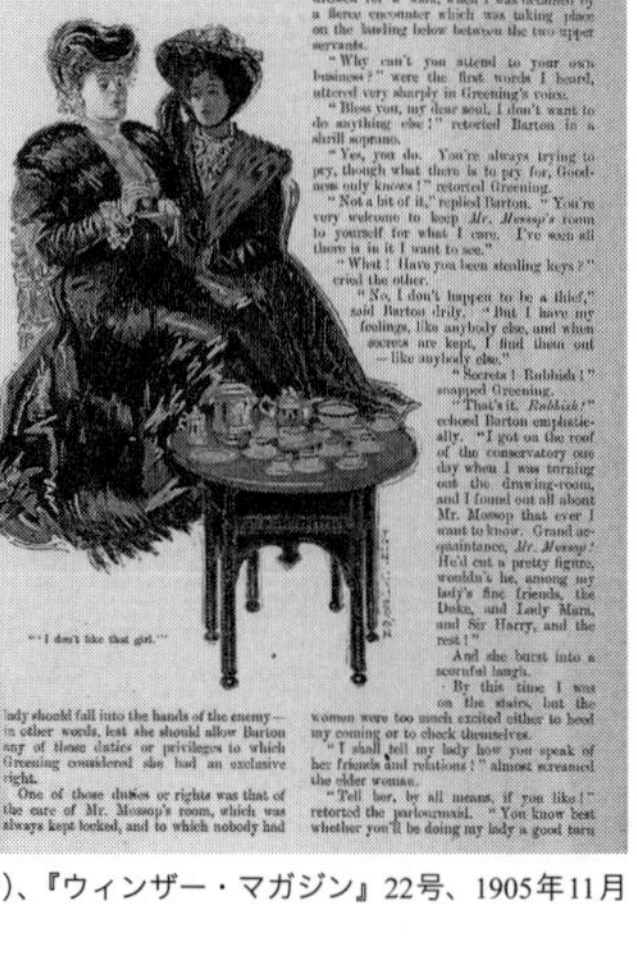
LADY ANNE'S TRUSTEE.　655

cheek-bones, so neat and quick and clever and light of foot that she was a most valuable servant, and excited the jealousy of the older-established Greening, who kept a sort of watch over her mistress, lest the ease-loving lady should fall into the hands of the enemy—in other words, lest she should allow Barton any of those duties or privileges to which Greening considered she had an exclusive right.

One of those duties or rights was that of the care of Mr. Mossop's room, which was always kept locked, and to which nobody had access, during the absence of the trustee himself, but Greening and Lady Anne.

Mr. Mossop's room was on the first floor at the back directly under my own, and I was one day at the door of mine, ready dressed for a walk, when I was detained by a fierce encounter which was taking place on the landing below between the two upper servants.

"Why can't you attend to your own business?" were the first words I heard, uttered very sharply in Greening's voice.

"Bless you, my dear soul, I don't want to do anything else!" retorted Barton in a shrill soprano.

"Yes, you do. You're always trying to pry, though what there is to pry for, Goodness only knows!" retorted Greening.

"Not a bit of it," replied Barton. "You're very welcome to keep *Mr. Mossop's* room to yourself for what I care. I've seen all there is in it I want to see."

"What! Have you been stealing keys?" cried the other.

"No, I don't happen to be a thief," said Barton drily. "But I have my feelings, like anybody else, and when secrets are kept, I find them out—like anybody else."

"Secrets! Rubbish!" snapped Greening.

"That's it. *Rubbish!*" echoed Barton emphatically. "I got on the roof of the conservatory one day when I was turning out the drawing-room, and I found out all about Mr. Mossop that ever I want to know. Grand acquaintance, *Mr. Mossop!* He'd cut a pretty figure, wouldn't he, among my lady's fine friends, the Duke, and Lady Mara, and Sir Harry, and the rest!"

And she burst into a scornful laugh.

By this time I was on the stairs, but the women were too much excited either to heed my coming or to check themselves.

"I shall tell my lady how you speak of her friends and relations!" almost screamed the elder woman.

"Tell her, by all means, if you like!" retorted the parlourmaid. "You know best whether you'll be doing my lady a good turn

"'I don't like that girl.'"

図89　ジョン・キャメロン「レディ・アンの管財人」（フローレンス・ウォードン）、『ウィンザー・マガジン』22号、1905年11月

もいくつかのやり方で〈ともにある〉視点は可能なのである。

3　〈ともにある〉視点の画面構成

エッグ《過去と現在》

映画における三人称の〈ともにある〉視点に近いやり方をする、しかし映画以前の絵画の例を見てみよう。アウグストゥス・レオポルド・エッグ（Augustus Leopold Egg, 1816-1863）は一八五八年のロイヤル・アカデミーの展覧会に、のちに《過去と現在》（図90）というタイトルで知られるようになる三枚組の絵を出品したが、当初これにはタイトルのかわりにつぎのような文章がつけられていた。

> 八月四日。わたしはたったいま、B……が二週間以上も前に亡くなったことを耳にしたが、そうだとすると、かれのまずしい子どもたちは、いまや両親とも失ったことになる。わたしは、彼女がこのあいだの金曜日に、ストランド街の近くで、あきらかにその頭を横たえる場所もないようすでいるところを見

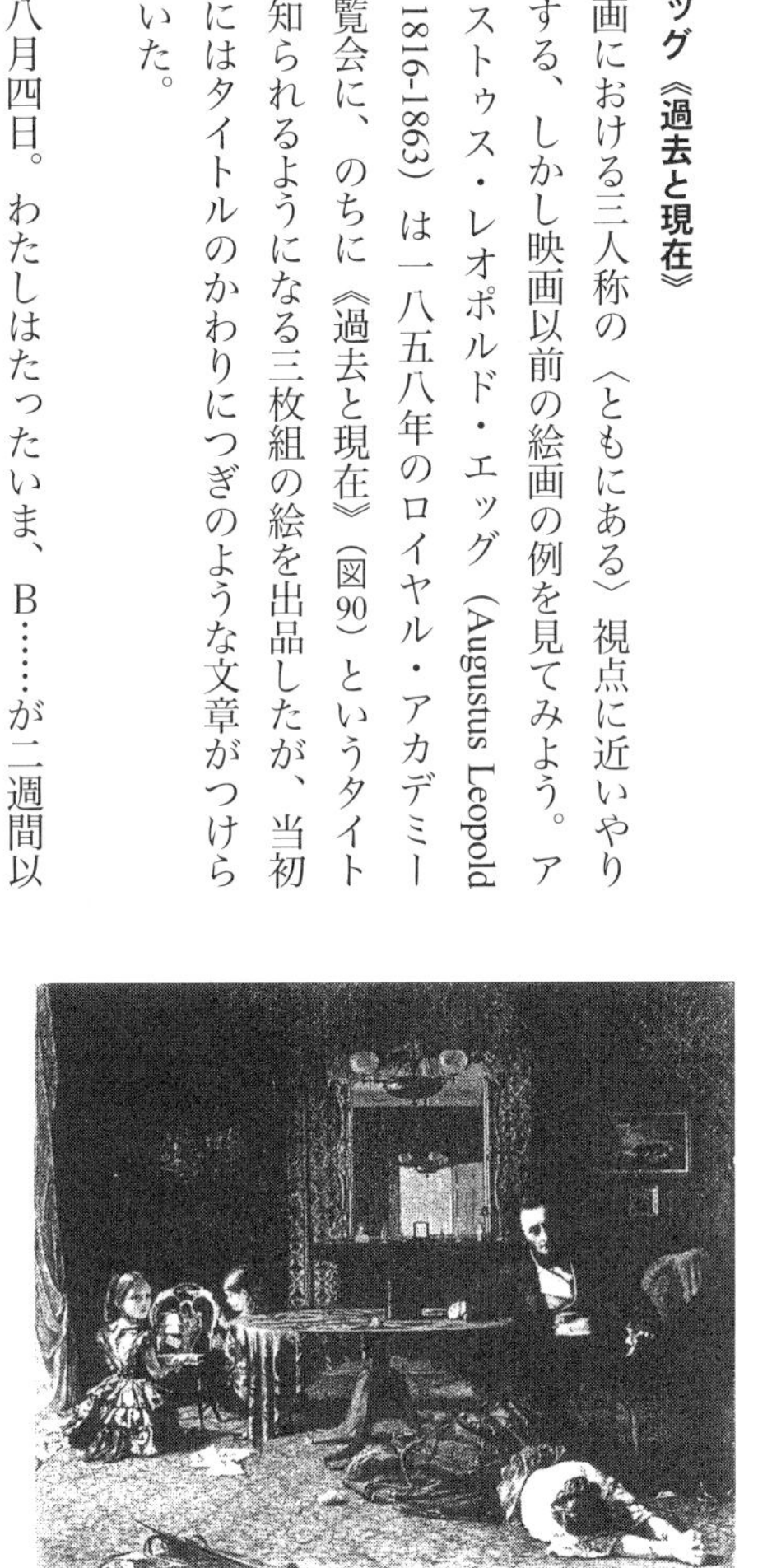

図90　アウグストゥス・レオポルド・エッグ《過去と現在》、1858（ロンドン、テートギャラリー）

かけたということを聞いている――あの子たちは、なんという運命を背負ったのだろう。

三枚組のうちまんなかに掛けられた絵には、部屋のなか、右手に夫がうつろなまなざしで椅子に腰をかけており、その前に妻が床に身を投げだして嘆いている。部屋の奥、左手にはふたりの女の子が床にすわってトランプ遊びをしているが、そのうち姉のほうはふりかえって、両親のあいだにおこった葛藤を心配そうに見つめている。左手の壁に掛かった絵が楽園追放の絵であること、またいまは床にころがっているむきかけのリンゴなどからして、葛藤の原因は不倫であることが暗示されている。この絵の両脇に展示されたあとの二枚のうちの一枚の絵では、成長した長女が次女を膝にかかえながら、愁いに沈んで窓をとおして画面奥に見える半月をながめており、もう一枚の絵では、テムズ河畔の下水溝にひとりの女が幼子をだきつつ身を寄せて、丸天井のはし、これも画面奥に見えているおなじ半月を見つめている。下水溝の壁には堕落した母親を題材にした芝居のポスターが貼ってあり、そこには「犠牲者たち。愛の癒し。パリへの快楽の道行き。帰還」と記されている。これら両脇の二枚の絵にあるのは、絵画構成からいえばクロース・アップといってもよいスケールで姿をあらわしている娘や母親についての、三人称の〈ともにある〉視点の語りといってよいだろう。それらは、ある日、ある時刻に空にかかる月を見つめる長女と〈ともにある〉視点から、またこれとおなじ日、おなじ時刻におなじ月を見つめる母親と〈ともにある〉視点からかれらの不幸な物語を描写しており、これら両者のまなざしは、おなじ月を介して現在という同時性において結ばれている。まんなかの絵は、おそらくは娘や母親の胸に去来しているであろう過去のできごとを、いわばフラッシュ・バックとして、〈情況〉の視点から描写したものといえるだろう。ディケンズの友人でもあったエッグにとっては、小説におけるこうした語りの手法は、すでになじみのものだったにちがいない。これら三枚の絵は、いわば映画のモンタージュ的なやり方でおたがいに関係づけられることで、ひとつの物語を語りだす。同時的関係に立つ両脇の二枚の絵はクロス・カッティング（複数のシーンのショットを交互につないで、並行アクションを見せること）に対応し、この二枚の絵の母親と娘の視線がともにむかう先、中央におかれた絵の過去の記憶のシーンは、彼女たちの心のなかを映しだす内面描写のショットということができるかも知れない。またこれにつけられたテクストも、物語が進行する現在時点でこの物語世界に属するある人物によって一人称で語られるヴォイス・オーバーの効果をもっている。[47] ところで、こうしたクロス・カッティング的なやり方は、つとにグリフィスやエイゼンシュテインが指摘していたように、ディケンズの小説の常套手段なのである。

クロース・アップという点で際だった例としては、たとえばピエール＝ナルシス・ゲラン（Pierre-Narcisse Guérin, 1774-1833）が一七九九年のサロンに出品した《マルクス・セクストゥスの帰宅》（図91）がある。この絵は、ローマ時代に将軍によって追放され、亡命からやっと帰還したとき、そこに死んで横たわる妻と絶望にうちひしがれた娘を見いだしたマルクス・セクストゥスが画面中央に大きく、うつろなまなざしで呆然とたたずむ姿を、つよい明暗のコントラストのうちに描きだしている。ステファン・ゲルマーによれば、この絵は主題として核家族をえらび、観者とむきあう等身大の主人公を画面におき、これによって「観客の集合的な経験が投影されるべき〈スクリーン〉として提供された一個人のストーリーに焦点を当てる」[48] ことで、それ以前の、個人の私的な側面を無視しても歴史の普遍的で公的な位相をアレゴリー的に解釈するサロンの歴史画の伝統をやぶるものである。ゲランの歴史画のあたらしさは、観者をたんに目撃者にとどめるのではなく、観者の前にたたずむ主人公と「同化」し、かれの「視点をみずからにひきうけ」[49] ることで、描かれているできごとに対する「観者の能動的な関与をうながす語りのモード」を選択した点にある、というのである。これは、まことに正しい認識といわなければならない。にもかかわらず、かれもケンプの影響のもと、ケンプとおなじあやまりを共有している。というのも、かれもまた「カンヴァスの前に立つ聴衆の現前」から自由ではないからである。結局のところゲルマーはバンヴェニストを引きつつ、伝統的な歴史画が語るのは、アオリストの時制によってそれ自体で完結し、それゆえ観者の現前を想定しない「物語（récit）」ないし「歴史」であるのに対して、ゲランの絵は、絵の前に立つ観者に直接話しかけ、これによって能動的な関与をうながす「話（discours）」の形で語るというのである。だが、この主張は矛

図91　ピエール＝ナルシス・ゲラン《マルクス・セクストゥスの帰宅》、1799サロン（パリ、ルーヴル美術館）

盾している。アオリストとはことなって現在や完了時制による「話」の語りは、語り手がその現在時点において、そして自分自身の視点から「事実を目撃者として、関係者として詳述する」[50]ものであり、それゆえ他者に同情することはあっても、その「視点をみずからにひきうける」ことなどできない。まさにそういうものとしてバンヴェニストは、「話」の語りを「歴史=物語」の叙法に対置したのである。

クリンガー《母》

かならずしもクロース・アップや視覚視点ショットをとらないが、それでもあるしかたでできごとの中心に位置する人物と〈ともにある〉視点を提示する絵画の例として、マックス・クリンガー（Max Klinger, 1857-1920）の《母》（1883）（図92）というタイトルのついた三枚組のエッチングをとりあげよう。これは、生活苦の絶望から子どもを道連れに入水自殺をはかった母親が、自分だけが助かって裁判にかけられるという、当時じっさいにあった事件についてのベルリンの新聞記事にヒントをえて描かれたものである。クリンガーは事件のもっとも劇的な入水自殺の場面は描かず、それ以前の夫に暴行を受ける日常生活の場面と、多くのひとがとりまくなかで溺死した子どもが横たわり、母親が生きのこってうなだれている場面、そして母親が裁判にかけられている場面の三つを選んでいる。そこに描かれているのは、行動やできごとそのものよりは、母親をとりまく情況である。ここではまず、そのうちの最初の一枚をとりあげてみよう。この絵は画面の手前右手に、遠近法を強調し、画面を見る観者とそのむこうに展開する物語世界とを区切るための装置（ルプソワール）として、くずれおちた壁の断片を配している。画面中央には、この出口のない迷路のような奥行きに折り重なるようにして立て込むみすぼらしい建物にかこまれて、深い谷底のように口を開けた中庭が見えている。そして右手の建物のバルコニーのすみには母と子が身を縮めてすくみ立ち、これにむかってふたりの女に静止されつつも殴りかかるひとりの男が描かれている。

さて、この絵についてはカーランダー、ウォロホジアン、ウッドら三人の、トドロフ、バルト、ジュネットらのナラトロジーのみならず、とりわけケンプの影響のもとにあると見られる共著論文における次のような分析がある。かれらによれば、この絵の「観者であるわれわれは、スパイあるいは窃視者として想定されている。というのもわれわれは、せまいバルコニーのうえで演じられているシーンに対して、横目の、ほとんど盗み見るような視線を投げかけるからである」[51]。ここでの画面構成上の手段は、観者に目撃のための特定の位置を指定する方式としての遠近法であり、あるいは窃視者としての位置を保証するルプソワールである。ところが画面の内部、右下方へとわれわれの視線がみちびかれるにつれて、遠近法の「消失点は増殖し、重層化していく。消失線はそれらがひとつに収斂する統一点を創りだすことなく、むしろおたがいにぶつかりあうように見える」が、これによってここでは遠近法はむしろ画面を不安定にし、われわれを困惑させる。この不安定さは観者に、窃視者ないし目撃者の位置に安んじてとどまることをゆるさない。観者は「自分の境位（Lage）を、われわれの向かい側にあるバルコニーに立つ主人公の母親の境位と等置するべく要請されることになる」。こうして「その画面構成は、主要人物である母親を中心として、その外へとむかう遠心的な動きを展開することになる」。しかし一方で、彼女へといたる通路は、物理肉体的にこの絵の手前、ルプソワールの陰に位置するわれわれには拒絶されている。このように、「観者の母親に対する関係はアンビヴァレント」だというのである。

　カーランダーらはたしかに、この絵における〈ともにある〉視点の叙法とそれが観者にもたらす共感にふれている。にもかかわらず、部分的にはまことに正しく示唆に満ちたかれらの記述は、これまでわれわれがケンプについて指摘してきたのとおなじあやまり、遠近法の「視角」と語りの「視点」を混同するあやまりを共有している。われわれはまず絵の前に立ってこれを知覚するために、遠近法の安定した秩序の中心点となる画面全体の消失点に対応する位置にあるルプソワールをみずからの視座とするが、視線が遠近法にみちびかれて画面の内部へと進入するにつれて、消失線は錯綜し視線も混乱しつつ、逃れるすべのない袋小路の奥深くへとみちびかれる。そのとき

図92　マックス・クリンガー《母》、1883（北海道立近代美術館）

たしかに、この物語の「観客＝読者」として物語世界におこっているできごとを了解するには、窃視者や目撃者の知覚の遠近法の視角では不十分であり、これとは分離したあるとくべつな視点を必要とするだろう。

スケッチの美学

クリンガー自身がこれらの連作でめざしたのは、美を追究する伝統的絵画に対して、醜い現実をも描こうとする近代リアリズム小説の絵画的表現であり、かれはそのためには、伝統的な絵画よりは素描や版画のようなメディアが有利だと考える。クリンガーは著書『絵画と素描』(1885)で、これらふたつの姉妹芸術比較論を展開するが、かれの意図は、古来絵画の下絵や複製か、せいぜい付随的な挿絵としてしか考えられてこなかった素描や版画に対して、これに絵画や彫刻といった他の造形芸術とはことなった独自の位置を確保することにある。レッシングによれば絵画は、日常生活における醜や最高の悲劇すら、これを形や色の魅惑や調和をつうじて表現することをめざすのであり、こうして作品は目にうったえる美として完結し自立する。だがレッシングはこれによって、かれが文学には認めた醜やはげしい情動や嫌悪をもよおすようなものそれ自体の表現は、これを絵画から排除してしまった。ところで素描は、それが明暗だけで色をもたないこと、それゆえその欠落を補完するために想像力(ファンタジー)を作動させるという点で、絵画と決定的にことなる。これによって素描はそれだけで自立するのではなく、その外のより大きな世界との連関に立ち、「目というよりはむしろ詩的な把握と連想」にさしだされており、文学と似たやり方で「われわれを美しくないもの(das Unschöne)へとみちびくことができる」[52]。しかも素描の細部を省略する手軽さは、絵画のように描かれるべき自然の客観的な条件にしたがうのではなく、むしろこれを「素描家自身の表現能力にあわせる」ことで、かれの「強力な主観性」を表出するというのである。クリンガーのこの「詩化する特性(poetsierenden Charakter)」にその本質を見る「素描の美学」[53]には、ボイムがとりわけ十九世紀をつうじて顕著になる傾向として注目する、明暗法とむすびついた「スケッチの美学」[54]がひびいている。

十八世紀以前にも下絵としてのスケッチに独自の魅力を認めることはあったが、それはおおむね、スケッチにおける細部を省略したすばやい描写はそれゆえにかえって観者の想像力をかきたてるというものである。[55] この点でそれはなお、ブライソンのいう「不完全なイメージ――〈ノン・フィニート〉――の礼賛」[56]にとどまっている。とはいえすくなくともディドロは、「スケッチ（esquisses）は一般に、タブローにはない熱をもっている。それは、反省がなにごとにつけても加えるわざとらしい入念さという混ぜもののない、芸術家の熱情や純粋な活力のある瞬間である。まさに画家の魂が、そのカンヴァスに自由にひろがっていく」[57]といい、たんに想像力に余地をのこすというだけではない、スケッチに独自の美的品質を認めている。そして十九世紀においては、とりわけ色彩をもたない素描や版画が、そこにきわだつ明暗の効果によってその独自性を主張するようになる。パイヨ・ド・モンタベールの『絵画全書』（1829）では、「効果が、その力、甘美さ、魅力を負っているのは、なによりも明暗の組合わせによってである。このことは、色彩を欠くにもかかわらず強い効果を見せる版画が証拠立てている」[58]という。フリードは、シャルダンの絵の「没入の効果」は、その絵をもとに当時つくられた銅版画による複製のほうがより強調されているとして、その理由を、色彩が黒インクの色価におきかえられることによって「雰囲気のイリュージョン」[59]が高められたためだとしている。ここで問題になっているのは、対象を画家が最初に目にしたときの、かれ自身の個人的な印象であり、それをすばやく画面にとらえることでえられる作品全体の効果であり、したがってその画家に固有の個性や自発性や独創性である。十九世紀に展開し、やがては印象派につながるこうした筆触や明暗の効果にもとづく「スケッチの美学」とそれによるあたらしい絵画経験は、主観性と自己表現のロマン主義的美学とむすびついている。

ともあれ、すでに成熟した近代リアリズム小説の読者として、そしてゾラを信奉し、《母》をふくむ版画集『劇(Dramen)』を「ゾラに捧げたかった」[60]と告白するクリンガーの小説経験は、〈ともにある〉視点を標準としていたはずである。この読書経験を構図と明暗法によっていかに構成し視覚化するかということが、この連作を描く際のクリンガーの関心事だったろう。なるほど《母》の三枚組のエッチングのいずれの場面においても、〈ともにある〉視点をあらわす典型的な画像構成、たとえば主人公である母親を際だたせるクロース・アップや視覚視点ショットを提供する後ろむきのモチーフなどは見られない。だがどの場面でも、自分をとりまくまわりの人間たちやできごとからのがれるように身を縮め、かたくなに、そしてひたすら自分の身とその宿命に没入し内向するこの母親の孤立した姿は、それだけにいっそう画面奥行きに口を開けた空虚な空間をさまようわれわれの目をとらえ、その内面へとみちびく。

そのときわれわれは、もはやたんに冷静にできごとを観察する目撃者ではないし、ルプソワールのこちらに身をかくして盗み見するスパイや窃視者でもない。観者もこの空虚な空間の中心に立つ母親の位置によりそってともに立つときはじめて、そこから彼女を遠心的にとりかこみ無言のうちに圧迫するまわりの空間の暗さと深さとを感じとることになる。こうして観者は、そこではできごとがまさに「「ひとりの母」がおかれたミリューのうちに」[61] 描きだされており、まわりの逃げ道のない空虚な入り組んだ空間こそ彼女の「境位」ないし情況だということ、そして彼女と〈ともにある〉視点から、彼女に暴力をふるおうとする夫や、結果として自分が殺すことになってしまったわが子の死体や、そのような自分を裁こうとする判事たちに対する彼女の思いがどのようなものなのか、またこうした人びととのかかわりからなる彼女の世界を生きるとはどのようなことなのかについて、これを了解し共感することになる。この意味で、うなだれてじっとたたずむ母親の内向の姿勢は、われわれ観者に彼女と〈ともにある〉視点をとらせるナラトロジー的な記号となっており、この視点から見ることで、彼女をとりまき圧迫する周囲の世界は、彼女の内面のフィルターを通して色づけされた世界の絶望的な情況と情態性を視覚的に具現することにもなる。ここでわれわれは、こうして内的焦点化されるモチーフが、あの伝統的な「母と子」のモチーフだということに注目してよいかもしれない。かつて観者を画面へと指示しひきこむ媒介者として、あるいはできごとを目撃する観者の代理人として登場した「母と子」のモチーフは、ここではさらにすすんで、みずからができごとと情況の中心点に立つことになるのである。

この「母と子」が生きる空間の迷宮のような奥深さを見てとるためには、絵の前に立つ観者の肉眼の知覚と、そのための遠近法の視角は必要条件である。だが、その空間にひびく暗さや空虚さが当の母親が身を置く世界の質、彼女の情態性である以上、これを感じとるためには観者は、知覚の視角とはべつに、自分の「境位」を主人公である母親の「境位」の近くにおくこと、つまりは母親と〈ともにある〉視点をとることが必要である。小説とともに近代絵画が開発した語りのモードとは、肉眼の「視角」に還元されることのない、こうした語りの「視点」なのである。

第Ⅳ部　小説と挿絵

第八章　近代小説と挿絵

1　挿絵の歴史

小説の映画化がはじまるはるか以前に、小説のような叙事文芸の物語をこの目で見たいという欲望に応えてきたのは、挿絵である。挿絵の語りもまた、伝統的な「物語る絵」である歴史画における叙法の展開とパラレルであることは、当然予想されるだろう。それだけではない。物語られたテクストと直接の関係に立つという点で、また絵画の制度における正当の地位に立つ歴史画とくらべて傍系であるだけに画家の側の比較的自由な着想が許容されたという点で、挿絵においてこそ「物語る絵」の語りのモードの変化はより明瞭に見てとれるというべきかもしれない。とりわけ近代の挿絵は素描とそれにもとづく版画によっているが、クリンガーもいうように、細部を省略し明暗の効果を強調することで「強力な主観性」の表現と「詩化する特性」をもつ素描や版画こそは、近代リアリズム小説の画像化にもっともかなったメディアであるだろう。以下に西洋における挿絵の叙法の展開を、これまでにわれわれが抽出した物語る絵画のナラトロジー分析の基本概念に沿うかたちで、ごく大まかに見ておくことにしよう。

中世以来挿絵は写本のミニアチュールであったが、活版印刷がはじまる一四五〇年前後から、本文と挿絵をひとつの版木に彫って印刷する「木版本（block book）」がオランダを中心に制作され、半世紀ほどつづいた。イギリスでは木版本は制作されず、活版印刷本の挿絵のページにだけ木版がつかわれた。当初これらは、ほとんど宗教的な主題をあつかっていた。十六世紀初めにはまだ、写本の挿絵のほうがこうした印刷本の挿絵よりも優勢であったが、やがて形勢は逆転していく。[1] 十六世紀中頃からは、十五世紀に発明されていた直刻銅版画（copper engraving）が挿絵につかわれるようになり、十七世紀になると木版が徐々に影をひそめていく。しかし十八世紀後半に、木口木版（wood engraving）のあたらしい技法があらわれ、またリトグラフが十八世紀末に発明されて、これらは銅版とならんで十九世紀半ばまで用いられた。

十五世紀

たとえば十五世紀半ばにオランダで出版された『貧者の聖書』（*Biblia Pauperum*）（図93）では、ステンドグラスに見られるような新訳と旧訳のあいだの予型論が踏襲されており、また一四九三年のイタリアにおける木版本『俗語版聖書』（*Biblia Vulgar Historiata*, Venetia）の挿絵はミニアチュールをモデルとしている。一五九三年のナタリス（Jerome Natalis）著『福音書物語図解』（*Evangelicae Historiae Imagines*, Antwerp, 1593）（図94）につけられた挿絵では、一画面のなかで展開するできごと順にアルファベットがつけられ、欄外にそれぞれのできごとについてのみじかい説明が付されている。このように、すでに歴史画においては時代遅れとなっていた異時同図法が十六世紀になっても挿絵ではなお用いられており、本文のことばと挿絵とのつよいつながりを思わせる。

アラン＝マリ・バシィは、ルネサンスから十七世紀まで支配的であったエンブレムに典型的に見られる古いタイプの挿絵を「コード化された図像学的なレパートリーの時代のものである」[2] とし、このようなことばとイメージの関係を隣接性ないし連辞の関係ととらえる。ここではイメージは「ことばと

図93　『貧者の聖書』、オランダ、15世紀半ば
図94　『福音書物語図解』（ナタリス）、アントワープ、1593

同族（homologue）のものとして、ただちにコード化される一連の「名前のネットワーク」のうちに読みとられる。たとえばアルチャーティ（Andreae Alciati, 1492-1550）の『エンブレム集』（*Emblematum Libellus*, Paris, 1534）の一枚（図95）にひとが見るのは「ネプトゥヌスの喇叭手トリトン」であり、そして喇叭は名声を意味する。それはまた、みずからの尾をかむ蛇（ウロボロス）であり、したがって永遠の徴である。それゆえ、この組み合わせによるアルチャーティのエンブレムは、「不滅は学問研究から得られる」というモットーとして読まれるべきテクストとなる。[3] テクストの優位のもとで、イメージが言語的メッセージと連辞関係を形成するとき、その語りの構造は言語的メッセージの構造と類比的なものとなり、イメージはことばが示す「ひとつの意味＝方向（un sens）にそって動く一本の同一の線にしたがう」。それは一挙に解読されるのではなく、書かれた文字と同様に、連続的で不可逆な前進的なやり方で読解される。それは「それに固有の構造の内部に、時間を、そして合理性を引きいれる」。こうしてイメージは、「もっぱら言語的なタイプの修辞学にしたがう」。[4]

十六世紀

もちろん十六世紀ともなれば、なお例外的ながら挿絵にもあたらしい傾向が見られるようになる。たとえばハンス・ホルバイン（子）（1497-1543）の木版挿絵は、デイヴィッド・ブランドがいうように「不必要な細部の削除によって果たされた単純さと明快さ」[5] によって新鮮な印象をあたえる。一五三八年に出版された『旧約聖書物語図解』[6]（*Historiarum Veteris Testamenti Icones*, Lyon, 1538）では、天地創造、堕罪、楽園追放の挿絵は伝統的なイコノグラフィーを踏襲しており、またダヴィデの子アブサロムにまつわるエピソードを描いた一場面（「サムエル後書」）（図96）では、なかばカーテンで仕切られた前景と後景で、ヨアブに命じられたテコアの女がダヴィデ王に謁見する場面（前景）と、そののち帰還が許されたアブサロムが王に跪き王がこれに接吻する場面（後景）とが異時同図法的に描かれている。

EMBLEMATVM LIBELLVS. 45

Ex literarum ſtudijs immortalita=
tem acquiri.

Neptuni tubicen, cuius pars ultima cetum,
Aequoreum facies indicat eſſe Deum,
Serpentis medio Triton comprenditur orbe,
Qui caudam inferto mordicus ore tenet.
Fama uiros animo inſignes præclaraq; geſta
Proſequitur, toto mandat & orbe legi.

図95　アルチャーティ「不滅は学問研究から得られる」、『エンブレム集』パリ、1534

しかし一方で、バビロン捕囚から解放されたユダヤの民が画面奥に見えているエルサレムに帰還していくさまを描いた場面（「エズラ書」）などには、ファン・レイデンに見られた後ろむきのモチーフを認めることができる。ホルバインにはさらに、イスラエル中から集められた長老たちを前にソロモン王がエホバの神をたたえて祝福する場面（「列王記略」）（図97）のように、物語の中心人物であるソロモン王が後ろむきでむこうの聴衆にむかって語りかけるという、いわば「切り返しショット」的な構図も見られるのである。

十七世紀

十七世紀にはルーベンスやレンブラントのような画家も挿絵を描いているが、ふたりのあいだには時代の大きな変化が見てとれるとブランドはいう。ルーベンスの挿絵に対する態度は、たとえば『ローマ祈祷書』（*Missale Romanum*, Apud Nicolaum Henricum: Monachii, 1613）口絵に見られるように正統画家のそれであり、そのバロック的な細部の精緻さと装飾性をもった直刻銅版画は、それによって「いささか演劇的な雰囲気」[7]をあたえている。プッサンのホラティウス『作品集』（*Horatii Flacci Opera*, Paris, 1642）につけられた口絵も、これと同種のものである。一方、レンブラントの挿絵はエッチングである。フランスでそれまでの木版や直刻銅版に対してエッチングを普及させたジャック・カロ（Jacques Callot, 1592/93-1635）が、一六二七年にオランダにやってきたのをきっかけに、レンブラントをはじめとする画家たちのあいだでエッチングへの関心がたかまった。また一六四二年にはメゾチントが考案され、微細な明暗のトーンが銅版で可能になった。レンブラントがエッチングの明暗法の問題にとりくみはじめたのは、そのような情況においてである。レンブラントには聖書に題材をとったエッチング作品が多数あり、たと

図96　ホルバイン「サムエル後書II. Regum XIIII.」『旧約聖書物語図解』、リヨン、1538
図97　ホルバイン「列王記略II. Paralip. VI.」『旧約聖書物語図解』、リヨン、1538

えば《磔刑》(1635) には後ろむきのモチーフが見られ、また《ラザロの蘇生》(1632)(図98) は、手前に大きく背を見せて腕をあげるキリストと中景にスポットライトを浴びて浮かびあがるラザロ、そして画面奥に奇跡におどろく人びとという、きわめてダイナミックな視線のドラマを見せている。本の挿絵としてはE・ヘルクマンズ『航海礼賛』(Elias Herckmans, *Der Zeevaert Lof*, Amsterdam, 1634)、ヤン・シックス『メディア』(*Medea*, Amsterdam, 1648)、サミュエル・メナセ・ベン・イスラエル『栄光の石』(Menasseh Ben Israel, *La Piedra Gloriosa*, Amsterdam, 1655) につけられたものにかぎられるが、これらにしても当時の一般の銅版画や挿絵とくらべて、とりわけその明暗の効果の独自性は突出している。たとえば一六七六年にパリで出版された『ラシーヌ作品集』(*Œuvres de Racine*, 2 tomes, Paris, 1673) の「ラ・テバイード」(La Thebayde)」につけられたショヴォー (François Chauveau, 1613-76) による挿絵 (図99) では、画面手前左隅の兵士が画面奥でおこっているできごとを目撃しているが、これは古典的なルプソワールの装置にとどまる。また左斜め上から照射するつよい光線による明暗の調子はたしかに認められるが、これは画面全体を一定の調子にととのえる舞台照明の効果をでるものではない。この作品集にはル・ブランも「フェードルとイポリット」(Phedre et Hippolyte)」に挿絵を寄せているが、ここでも明暗の調子はより繊細ではあるがやはり舞台照明である。これに対してレンブラントの銅版画や挿絵では、より強調された明暗はもはや舞台照明であることをこえて、ひとりの人物を浮かび上がらせるスポットライトによる「焦点化」の装置となっている。マリエット・ヴェステルマンはレンブラントの銅版画における明暗のもつ独自性を、「「詳細な物語叙述」から「出来事の意味に焦点を当てた演出」への変化」と呼び、その効果を「外面的な「目撃」から内面的な「理解」へと進む」[8]点に見ている。『栄光の石』にはまた、一隊の兵士たちが見まもるなか

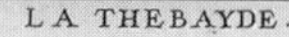

図98　レンブラント《ラザロの蘇生》、エッチング、1632（アムステルダム、国立美術館）
図99　ショヴォー「ラ・テバイード」『ラシーヌ作品集』、パリ、1676

ダビデとゴリアテが戦う場面（図100）が見られるが、後景にあって投石機をもってこちらに身構える青年ダビデと手前左、こちらに背をむけ、石に打たれてよろめく巨人ゴリアテのあいだの切り返しショット的構図には、奥行き次元における視線の対峙の緊迫したドラマが認められる。

十六世紀半ば以降、とくにオランダでは、たとえばイソップ物語のフラマン語版『真説動物の寓話』（*De Warachtighe Fabulen der Dieren*, Brugghe, 1567）につけたヘーラールツ（Marcus Gheeraerts, 1520-c.1590）の挿絵に見られるように、物語の主題が宗教的なものから世俗的なそれへと変化していくが、十七世紀にはいると『イソップ物語』やオヴィディウス『変身譚』、アリオスト『狂えるオルランド』（Orland Furioso）、ラ・フォンテーヌ『寓話』（*Fables*, 初版は1668）などの挿絵入り本がくりかえし出版されるようになる。たとえば一六六六年にでた『イソップ物語』（*Aesop's Fables*, London, 1666）にはフランシス・バーロウ（Francis Barlow, c.1620-1704）による挿絵（図101）がつけられているが、ここには明暗によるスポットライトとともに、クロース・アップ、そして没入・内省のモチーフが見てとれる。十七世紀に出現しはじめる小説に挿絵がつけられたもっともはやい例としてはゴンボールの『エンディミオン』（Jean Ogier de Gombauld, *L'Endimion*, Paris, 1624）があるが、この挿絵にはなお異時同図法が見られる。

十八世紀

十八世紀になると、コルネイユやモリエール、そしてシェイクスピアなどの挿絵入り戯曲集がさかんに出版される。一七〇九年にロンドンででたシェイクスピアの最初の挿絵版『シェイクスピア作品集』（*The Works of*

The Angler and Little Fish.　157

FAB. LXXVIII. *Piscator & Pisciculus.*

Smaridem Pisciculum captabat Piscator, Quem, ut se tunc demitteret donec grandesceret (undè luculentius, et lautius hospitum fauces expleret) importunis precibus fatigavit. Cui Piscator, me sanè insulsum crederes, si tam futilibus & lubricis promissis fidem adhiberem, & certum Commodum pro spe incerta Commutare.

MORALE.

QUAM stolidi sunt Qui spe oblectati Magnæ fortunæ, nugantur omninò, & Tempus in trivialibus consumunt.

Yy　　FAB.

図100　レンブラント「ダビデとゴリアテ」、『栄光の石』（サミュエル・メナセ・ベン・イスラエル）、アムステルダム、1655（アムステルダム、国立美術館）

図101　フランシス・バーロウ「釣人と小魚」『イソップ物語』、ロンドン、1666

Mr William Shakespeare, Tonson's edition, London, 1709）の「ハムレット」には、フランス人のボワタール（François Boitard, c.1670-c.1717）が挿絵（図102）を描いているが、なおきわめて古くさいものである。これについてW・メルウィン・マーチャントは、この時代に画家たちはしばしば劇場の舞台装置を手がけたりしたこと、また多くのシェイクスピア劇は劇場でもはや演じられなくなっていたために挿絵が舞台上演の代わりをつとめるべく意図されたということを指摘した上で、これらの挿絵は「当代の芝居の慣習を本の口絵の用語に翻訳したもの」[10]になっているという。一七三四年にパリで出版された『モリエール作品集』（*Œuvres de Molière*, Paris, 1734）にはブーシェが挿絵（図103）を描いているが、伝統的な演劇の舞台を想定して、人物たちは観者に対して、ちょうど観客に対するように半円形にならび、斜めに横切るつよい光線もこの場面全体を浮かびあがらせる、いわば舞台照明以上の意味を担ってはいない。一七四四年にオクスフォードで出版された『シェイクスピア作品集』（*The Works of Shakespeare*, Oxford, 1744）では各作品に口絵が一枚つけられており、それらの多くは、のちに見るグラヴローの影響を受け、また劇場の背景画家でもあった[11]ヘイマン（Francis Hayman, c.1708-76）が描いているが、「ハムレット」の劇中劇の場面（図104）や「マクベス」のマクベス夫人の狂気の場面などは劇的な瞬間をとらえているものの、やはり基本的には舞台正面向きで、斜めの光線も舞台照明である。

伝統的な物語としては、一七七三年のアリオスト『狂えるオルランド』（Lodovico Ariosto, *Orlando Furioso*, 4 tomes, Birmingham, 1773）にコシャン（Charles-Nicolas Cochin the younger, 1715-90）、チプリアーニ（Giovanni Battista Cipriani, 1727-85）、エイサン（Charles Eisen, 1720-78）など数人の画家が挿絵を描いているが、いずれも身振りは大げさで演劇的なものである。チプリアーニの「本を読む女」（図105）も、わざとらしいポーズを見せている。なかではモロー（Jean-Michel Moreau, 1741-1814）の挿絵（図106）が、人物の視線が奥行きへとむかう内省の次元をもつ点で、あたらしさを見せている。オヴィディウス『変身譚』（Ovidius Naso, *Les Métamorphoses d'Ovide*, 4 tomes, Paris, 1767-71）のフランス語訳

図102　ボワタール「ハムレット」『シェイクスピア作品集』（トンソン版）、ロンドン、1709

でも、挿絵はモネ（Charles Monnet, 1732-1816）、エイサンなどおおむね定型だが、しかしエイサンの一枚（図107）には視線の対角線の交叉が見られる。エイサンにはラ・フォンテーヌ『コントと小説』（La Fontaine, *Contes et nouvelles en vers*, Amsterdam, 1762）における一枚の挿絵にも、後ろむきの人物とともに、奥行き次元における視線の劇的交叉を見せるものがある。『ナヴァールの女王、マルゲリート物語』（*Les Nouvelles de Marguerite, reine de Navarre*, édité par R. de Sinner, 3 vols.,

図103　ブーシェ「滑稽な才女たち」『モリエール作品集』、パリ、1734
図104　ヘイマン「ハムレット　3幕7場」、『シェイクスピア作品集』、オックスフォード、1744

図105　チプリアーニ『狂えるオルランド』（アリオスト）、バーミンガム、1773
図106　モロー『狂えるオルランド』（アリオスト）、バーミンガム、1773

Berne, 1780-81）のフロイデンベルク（Sigmund Freudenberg, 1745-1801）による挿絵（図108）では、ランタンから照射する光線が焦点化のためではなく、人物の姿を浮かび上がらせるための舞台装置であることがはっきりと見てとれる。
おもしろいのはアイザック・ウォルトン『釣魚大全』（Izaak Walton, *The Complete Angler*, London, 1760）のウェイル（Samuel Wale, c.1721-86）による挿絵で、それらはおおむね魚の絵、釣り針、道具の絵、歌の楽譜などであるが、なかにデ・

図107　エイサン『変身譚』（オヴィディウス）、パリ、1767-71
図108　フロイデンベルク『ナヴァールの女王、マルゲリート物語』（R. de Sinner 編）、ベルン、1780-81

ELEGY
WRITTEN IN A
COUNTRY CHURCH YARD.

HE Curfew tolls the knell of parting day,
The lowing herd wind flowly o'er the lea,
The plowman homeward plods his weary way,
And leaves the world to darknefs and to me.
Now

図109　ベントレー『T・グレイ氏の詩六編のためにR・ベントレー氏の描ける図』、ロンドン、1753

ホーホ流の後ろむきのモチーフが見られるものがある。一七九五年のラ・フォンテーヌ『コントと小説』(La Fontaine, *Contes et nouvelles en vers*, Paris, 1795) はアリオストやボッカチオ、千夜一夜物語などからの翻案物語集であるが、しかしここでもなお、あたかも舞台上の人物やできごとのすべてを見せようとして、基本的には観客に正対する構図をもっている。これにはフラゴナールも挿絵を寄せているが、これにもデ・ホーホ流の後ろむきのモチーフが認められる。[12]

十八世紀にはまた、詩集に挿絵をいれることが流行するようになる。グレイの六編の詩にベントレー (Richard Bentley, 1708-82) が挿絵をつけた『T・グレイ氏の詩六編のためにR・ベントレー氏の描ける図』(*Designs by Mr. R. Bentley, for six poems by Mr. T. Gray*, London, 1753) は「本の挿絵におけるゴシック・リバイバルの最初の兆候」[13]を見せており、墓石をはさんで静かに会話を交わすふたりの人物の没入・内省のモチーフによって画面は落ち着いた親密な雰囲気を漂わせている (図109)。カニンガムの『牧歌詩』(John Cunningham, *Poems, chiefly Pastoral*, Newcastle, 1766) につけられたテイラー (Isaac Taylor the Elder, 1730-1807) の口絵は、ヴェルネのような牧歌的風景画である。ミシェル・メローによれば、十八世紀に「ヨーロッパがアルプスの氷河やスイスの湖やラインの滝を発見したのは、こうした絵をつうじてであった」[14]。一七七三年にパリで出版された『歌謡集』(*Choix de chansons mises en musique par M. de la Borde*, Paris, 1773) にも、モローのロココ風の挿絵とならんで、ル・バルビエ (Jacques-François Le Barbier, 1739-1821) の挿絵 (図110) では没入と内省のモチーフが見られ、たんなる舞台照明ではない焦点化としての明暗法も認められる。

グラヴロー

しかしとりわけ十八世紀の挿絵として注目すべきは、あらたな文学ジャンルとして成熟しつつあった近代小説につけられた挿絵である。もっとも十八世紀のイギリス小説にしても、初版時点で挿絵がついたものはむしろ例外で、そのようなものとしては、のちに見るように、一七一九年にでたデフォーの『ロビンソン・クルーソー』がある。[15]

図110　ル・バルビエ『歌謡集』、パリ、1773

これら十八世紀イギリス小説の挿絵画家としてもっとも興味深いのは、ブーシェの弟子のフランス人画家グラヴロー（Gravelot: Hubert-François Bourguignon, 1699-1773）である。

グラヴローは一七三〇年代から四〇年代にかけて十二年間イギリスに滞在し、イギリスの挿絵銅版画に影響をあたえた。かれはイギリス滞在中に『シェイクスピア作品集』（*The Works of Shakespeare*, 6 vols., London, 1740）の挿絵を描いたが、なおロココ的な雰囲気をもち、全体として正面向きの観客を意識した画面ではあるものの、視線のドラマの兆候も認められる。かれはまた、すでに見た一七四四年版『シェイクスピア作品集』にもヘイマンとともに何点かの挿絵を提供しているが、グラヴローのあたらしさはヘイマンのそれとくらべてみればよくわかる。ヘイマンの挿絵の演劇的な構図に対して、グラヴローの「リチャードⅢ世」（図111）では、奥行きの構図と後ろむきのモチーフによる視線の交叉が見てとれる。これはおなじくヘイマンと組んだ『パミラ』（Samuel Richardson, *Pamela*, London, 1742）でもいえることで、一七四五年にハイモア（Joseph Highmore, 1692-1780）がだした『パミラ』のための『挿絵集』（*A Series of 12 Illustrations to Samuel Richardson's 'Pamela'*, London, 1745）とくらべても、グラヴローの挿絵には芝居がかった手の動きなどはすくなくなり、かすかにではあってもスポットライト効果による焦点化も見られる。一七五七（〜六一）年の『デカメロン』（Giovanni Boccaccio, *Le Decameron*, 5 tomes, Londres, 1757-61）では、挿絵の大部分をグラヴローが描く一方で、エイサン、コシャン、ブーシェらも挿絵を提供しているが、エイサン、コシャン（図112）らはやはり正面向きの演劇的な構図が多く、またブーシェ（図113）には明暗の強調による劇的な効果が見られるものの、奥行きの構図はあまり見られないのに対して、グラヴローの挿絵（図114）はつねに奥行きの次元をはっきりと意識した構図を見せており、また群像のなかのひとりの人物への焦点化も見られる。グラヴローのこうした挿絵が、なお演劇的な圧力のもとにありながらも、他の画家たちのいぜんとして伝統を踏襲した多くの挿絵とくらべて、あたらしい叙法に意識的で十分斬新なものであったことは、これらよりあとに出

図111　グラヴロー「リチャードⅢ世　3幕8場」『シェイクスピア作品集』、オックスフォード、1744

図112　コシャン『デカメロン』(ボッカッチョ)、ロンドン、1757-61
図113　ブーシェ『デカメロン』(ボッカッチョ)、ロンドン、1757-61

図114　グラヴロー『デカメロン』(ボッカッチョ)、ロンドン、1757-61
図115　ウェイル『クラリッサ』(リチャードソン)、ロンドン、1785

版された『サー・チャールズ・グランディソン』(S. Richardson, *The History of Sir Charles Grandison*, London, 1781) のテイラーによる口絵や、『クラリッサ』(S. Richardson, *Clarissa*, 8 vols., London, 1785) のウェイルによる口絵（図115)、またリプリント・シリーズ『ノヴェリスト・マガジン (*The Novelist's Magazine*)』に連載された『パミラ』(vol. 20, 1787) につけられたバーニー (Edward Francesco Burney, 1760-1848) の挿絵などのきわめて古くさいタイプのものとくらべてみればあきらかである。

2　形象のディスクール――グラヴロー

十七世紀以降、とりわけ十八世紀に徐々に顕著になる挿絵の変化は、それ以前の、バシィが「もっぱら言語的なタイプの修辞学にしたがう」というイメージのありかたに対して、テクストの修辞学に還元されない自立的なイメージの出現ということができるだろう。イメージはもはや言語的メッセージを形象化することをやめて、それに固有の「形象のディスクール（La discours de la figure）」[16]を展開する。テクストに対する挿絵の関係のこの変化は、われわれのいいかたをすれば、挿絵がことばの修辞学とその時間継起にしたがう読解に従属するありかたから、瞬間のタブローにおけるイメージの自立性とその美的経験への移行という、十八世紀に顕著になる変化である。そして挿絵におけるこうした変化は、当然のことながら小説の語りの近代化と手を携えている。

ルソー『新エロイーズ』挿絵

たしかにディドロたちによるリチャードソンの小説経験は、〈ともにある〉視点からする近代リアリズム小説の読書経験である。そしてルソーもこの時期に一人称の書簡体小説『新エロイーズ』（1761）を書くが、これにはすでにリチャードソンの『パミラ』（1742）の挿絵を手がけていたグラヴローによる十二枚の挿絵がつけられた。それはルソー自身が小説から十二の場面を選び、そのそれぞれに人物の配置やしぐさ、ふるまいなどについて三十行ほどの記述をつけ、これにもとづいてグラヴローが描いたものをあらためてルソー自身が点検し変更を指示するというようにしてできあがった銅版画である。この版画挿絵はルソーの記述ともども『版画の主題』（J.-J. Rouseau, *Sujets d'estempes*, Paris, 1761）というタイトルをつけて、小説が出版された数週間のちに小説とは別冊で発行されたが、版画のそれぞれには、あとから小説のなかに挿入することができるように、小説本の該当するページ番号が付されていた。[17]

たとえば十二枚の挿絵のうちの九枚目には、《イギリス風の朝》（図116）という題がつけられているが、これには小説本文と、この場面の挿絵のためのルソー自身のみじかい記述と、これにもとづいたグラヴローの版画という三つのテクストが存在することになる。小説本文は、主人公サン＝プルーの一人称の語りとして、つぎのようになっている。

朝食のあと、いつものように子供たちがお母様の部屋に入ってきました。……針を持つことをおぼえはじめたアンリエットは、編み台を小さな椅子の背にもたせかけてレース編みをしているファンションの前に坐ってお仕事をしていました。男の子二人はテーブルの上で絵本をめくっていて、兄さんが弟に説明をしていました。兄が間違うと、アンリエットは注意深い子で、それに内容を憶えていますから、世話をやいて直してやるのです。……

ヴォルマール夫人は窓のそばで子供たちの方を向いて刺繍をなさっていました。夫君と私はまだお茶のテーブルのまわりにいて新聞を読んでいましたが、彼女は新聞にはあまり関心がありません。ところが、フランス王が病気で、ローマ人がゲルマニクスを愛したほかには例がないような特別な愛着を国民が寄せているという記事を耳にとめ……王様の地位はうらやましくありませんけどそんな位にありながら愛されるという喜びはうらやましいわ、と言葉を添えるのでした。「なにもうらやむことはありません。私たちはずっと前からあなたの臣下なのですから」と、夫君が言われました。そんな言い方は私にさせておいてくだされぱよかったでしょうに。この言葉を聞くと、刺繍があの人の手から落ちました。振り向いて、立派な夫の方をちらと見て、それがあまりに胸を打つ優しいまなざしでしたから、私までが身ぶるいするのでした。彼女は何も言いませんでした。このまなざしに負けないどんな言葉が言えたでしょうか。私たちの眼も会いました。[18]

この場面を版画にするためにルソーが提示した記述は、つぎのようなものである。

サロン。七人の人物。画面の奥、左手には三つのカップ、ティーポット、砂糖のポットなどがのったお茶用のテーブルがある。テーブルのまわりには、画面奥に正面をむいてムッ

図116　グラヴロー《イギリス風の朝》『版画の主題』（ルソー）、パリ、1761（in: *La Nouvelle Héloïse*, nouvelle édition d'après les manuscrits et les éditions originales avec des variantes, une introductions, des notices et des notes par Daniel Mornet, tome IV, Paris, 1925）

シュ・ド・ヴォルマール、かれと直角に体を横にむけて、かれの友人が新聞を手にしている。どちらも、部屋のなかでおこっていることのすべてを見つめているようである。

おなじくその右手奥には、マダム・ド・ヴォルマールが刺繍を手にしながらすわっている。彼女の小間使いはそのそばにすわり、レースを編んでいる。……

画面前方、この両方のグループのどちらからも七歩か八歩前に、もうひとつのちいさなテーブルがあり、そのうえには絵本がおかれており、ふたりのちいさな男の子がこれに目を通している。……かれらより年長の八歳になる少女は、小間使いの前の椅子から立ちあがって、つま先立ちで軽やかに、ふたりの男の子の方に歩む。彼女はいくらか威厳めかした調子で話しかけ、はなれたところから本のなかの図を指さすが、もう一方の手には針仕事の編み物をもっている。

マダム・ド・ヴォルマールはふと仕事の手を休めて、子どもたちのこうした調教のようすをうっとりと見つめている（contempler）ように見えなければならない。男たちも同様に、新聞を読むのをやめて、マダム・ド・ヴォルマールと三人の子どもたちの両方をじっと見つめているところである。小間使いは、レース編みに没頭している。

子どもたちには、つよく熱中している気配（un air）がある。これを見まもる三人のうちには、夢見るような甘美な観照（contemplation）の気配がただよう。とりわけ母親は、うっとりした恍惚のうちにあるように見えなければならない。[19]

ルソーの記述は、もともとの小説本文にもとづいてイメージを配置しようとするものであり、それゆえバシィはこれを、もともとのテクストの文学的コードに対して、「なかば文学的、なかばイコン的コード」と呼ぶが、要するにこれもまた、ルソーによる近代のエクフラシスの一例である。

挿絵の記号論的分析――バシィ

ここで問題は、もとの小説本文とルソーのエクフラシスというふたつの言語テクストのあいだに生じた変化である。これについてはバシィの、きわめて興味深いつぎのような分析がある。

(1)　ルソーの記述が提示する絵画空間は「これを見つめる主体」を想定し、それとのかかわりで組織立てられる。「画面の奥、左手」、「おなじくその右手奥」、「画面前方」といった指示は、画面の前に立つ「ユートピア的（神的）観者」とのかかわりで規定されており、われわれ読者はこの理想的観者の視像を分けもつことになる。それゆえ記述テクストは、あらたに画面のシーンを「見つめる〈わたし〉（'Je' regardant）」という八番目の人物を付加する。しかしこの〈わたし〉は、「小説のなかの〈わたし〉」すなわちサン＝プルーではない。小説のなかの〈わたし（サン＝プルー）〉は部屋でおこっていることすべてを見つめ、その様子を語る一人称の語り手であり、「そのシーンはかれに固有の主観性にしたがって体験されたものであった」[20]。しかしルソーの記述テクストでは、サン＝プルーの主観性は、かれを画面上に再現された三人称の「かれ（友人）」として見つめる他の主観性、つまり「ルソー、わたし、神、すべての読者」へと「転移（déplacée）」されている。こうして小説本文における〈わたし（サン＝プルー）〉は、記述テクストでは「かれ（友人）」となり、「俳優として、再現された空間の内部へとはいりこむ」ことになる。

(2)　記述テクストと、それにもとづいて描かれた挿絵のあいだのつよい類似性を見てみれば、記述テクストはむしろ挿絵が描かれたあと、これを記述するために書かれたものと見なすこともできるほどである。じっさいこの記述において「用いられた方法とボキャブラリーとは、ディドロが同時期に、一枚のタブローを記述し、その結果としてこれを評価しようとこころみるときにいつも推奨する方法やボキャブラリーと似たものである」[21]。たとえばディドロは、つぎのようにいう。

一枚のタブローを描写するに際しては、わたしはまず、その**主題**を定める。ついで**主人公**にむかい、そしてそこから主人公とおなじグループに属する二義的な登場人物たちへとむかう。ついでこの最初のグループと結びついた第二のグループへと、相互のつながりに導かれつつむかい、さらに表情に、性格に、衣服の襞に、彩色に、光と影の配置に、付随的な部分に、そしてさいごに全体の印象にむかうのである。[22]

一方でルソーの記述テクストは、「この両方のグループのどちらからも七歩か八歩前に」というように、絵画の二次元平面ではなく三次元のイリュージョン空間、つまり「演劇的な舞台空間」について記述しており、それゆえ記述テクストは、小説のコードから「ト書き」に見られるような劇のコードへと変化している。それは、「感情や情念のレパートリー」から「身振り、姿態、舞台空間内部の位置のレパートリー」への変化である。また本文に見られる「六日前」、「二時間」、「夕食まで」といった時間の指示や、「不快ではなかった」、「冷淡でも無関心でもなかった」といった主観的判断や内面の描写なども、それらは原理上イメージのコードにははいってこないために、ルソーの記述テクストにおいては端的なかたちで提示できない。しかし、イメージのコードにははいらないが劇のコードにははいるもの、たとえば「小間使いの前の椅子から立ちあがって、つま先立ちで軽やかに、ふたりの男の子の方に歩む」というような一連の動きや、「彼女はいくらか威厳めかした調子で話しかけ」というように視覚以外の感覚などについては、ルソーは記述している。それゆえ記述テクストは、「絵画的視像（une vision picturale）よりは演劇上のねらいに対応したコード」[23]にしたがっている。

第三のテクストつまり《イギリス風の朝》というタイトル・テクストをともなった「物語る絵」としての挿絵についても、バシィはこれを、これにさきだつ小説本文と挿絵のための記述というふたつの言語テクストと比較して、つぎのように分析している。

(3)　挿絵の画面は枠取られ、その内部が、その絵を見るものの視座を頂点とする視覚の遠近法で構造化されていて、ここでも小説本文にはなかった、絵を見るユートピア的主体が創出され、これに応じて人物たちは見られる俳優として登場している。だがここで特筆すべきは、そこに認められるもうひとつの遠近法、いわば「光の遠近法（perspective lumineuse）」[24]である。イメージの奥行きを強調する視覚の遠近法と交差するかたちで、画面右手上方、おそらくは窓から光がさしこんでいるが、にもかかわらずこの部屋全体の明暗の配置は、この自然光の軌跡と整合的ではない。ほんらいは画面奥、窓に一番近いところにある屛風の襞はもっと明るくなければいけないし、その手前にいるマダム・ド・ヴォルマールは屛風がつくりだすもっと暗い影のなかにいるはずである。そこからバシィは、じっさいにこの場面の全体を支配し統合している光は、たんなる舞台照明ではなく、窓からさしこむ光がスポットライトのように収斂している画面左に位置する友人、つまり小説の主人公のひとりであり語り手〈わたし〉であるサン＝プルーの胸から反射するかたちで、部屋全体へと照射されていると見るべきだという。じっさいサン＝プルーは、自然光が右手上方の窓から下にむかって斜めにさしこむことで生じる画面内部の明暗ふたつの領域のいずれにも属する唯一の人物であり、しかもかれの顔はあきらかに影の領域にあるはずなのに、じっさいにはあかるく光に照らされている。サン＝プルーは、自然光をみずからのまなざしと心に収斂し、これを部屋全体へと反射することで、あたかもいま目のまえにおこっているできごとのすべてを照射する光源となっている。光の遠近法は、ここではサン＝プルーの「まなざしの領野」をなす。こうして光の遠近法は、小説のテクストにおいてサロンでおこっていることすべてを見つめる〈わたし〉、つまりサン＝プルーという人物に「あるとくべつな場所を確保するという機能」を果たしている。すでに見たように、ルソーによる記述テクストでは、語りは小説の主人公であり一人称の語り手である〈わたし〉（サン＝プルー）の視点から、演劇的なコードにしたがう三人称の〈全知〉の視点へと移されており、これにしたがって、ムッシュ・ド・ヴォルマールがこの場面の舞台における主要人物という位置におかれ、他のすべての人物はかれとの位置関係によって舞台上に配置されていた。これに対してグラヴローの挿絵は、がんらいその下敷きになったはずのルソーの記述テクストの演劇的コードによらずに、むしろ小説本文とその読書経験に忠実なかたちで、挿絵というイメージに固有のコードを主張している。挿絵のイメージにおいては、サン＝プルーが「まったくとくべつな、特権的な位置」[25]を占めており、かれこそが主要人物なのである。

バシィがここで提示する挿絵の記号論的分析は、全体として緻密できわめて示唆に富むものである。しかもなおここには、われわれとして修正すべき点とともに、もう一歩踏みこんで解釈すべき点がある。

語りの光源・サン＝プルー

ルソーの記述テクストが小説のコードにしたがうのではなく、しかしイメージのコードにでもなく、むしろ演劇的コードにしたがって物語の場面を記述しているというのはまったく正しい。ルソーの小説が、リチャードソンに見られたような一人称の書簡体によるあたらしい近代の語りのつよい影響のもと、あきらかに〈ともにある〉視点の語りを採用しているにもかかわらず、三人称の現在形を用い、名詞を列挙するような記述テクストは演劇のト書きのようなスタイルで、舞台を見る観客に対して場面を構成するかたちをとっている。そのかぎりでは、バシィがいうように、小説においてはそのシーンを見る主体、そこでおこっていることのすべてを語る主体はサン＝プルーの〈わたし〉であるのに対して、記述テクストは三人称の「ユートピア的な観者」、つまりは〈全知〉の〈神〉の視点によって語られているというのも正しい。またルソーの記述が、ディドロの絵画記述の方法と同種のものだというのも正しい。じっさいルソーの挿絵の記述は、古典的な言語的修辞学に従属するイメージの記述ではもはやなく、むしろディドロに見られたような、一枚のタブローがひらくイリュージョンの物語世界の内部に入りこみ、その世界の瞬間の情況にみずから位置し経験するものの立場からする近代の美的なエクフラシスと同種のものである。それゆえディドロにおいて演劇すらそのつど一瞬のタブローの連続であったように、ルソーの記述テクストにおいても、小説本文において継起的におこるできごとはユニークな一瞬のうちに凝縮された一枚のタブローとなり、自立的なイメージとなっている。だがバシィが、ルソーの演劇的記述のみならず、これとはことなったイメージに固有のコードにしたがうグラヴロの挿絵についても、この絵を遠近法のピラミッドの頂点に立って見る「ユートピア的観者」を想定するとき、ここにはまたしても混乱が見てとれる。それは、一方で知覚の遠近法が絵の前に立ちこれを見る観者に指定する物理光学的な肉眼の「視角」と、他方でそこに描かれた物語の語りの遠近法ないし読みの「視点」というナラトロジーの構成契機とを、区別せずに重ねあわせることからくる混乱である。そのためにバシィは、グラヴロの挿絵に「ユートピア的観者」の知覚の遠近法とはことなった、サン＝プルーを光源とする光の遠近法を認識し、またこれによってサン＝プルーとその「まなざしの領野」に、他の人物とは区別された特権的な位置があたえられていることを正しく認識したにもかかわらず、そのことのナラトロジー的な意味を十分に把握できなかったのである。

遠近法の視角は、絵の前に立ってこれを見る肉眼の知覚にとって、そのリアリズムの条件である。だがこの位置に立つ観者は、この絵を〈全知〉の視点から見る「ユートピア的主体」ではないし、バシィのいう「光の遠近法」も、たんにサン＝プルーがこの場面の主要人物であることを示唆するにとどまるものではない。そうではなく、バシィがこの画面内部に分析して見せたサン＝プルーを光源とする光の遠近法こそは、ルソーの演劇的な記述テクストに対して、グラヴローがむしろ小説のテクストとその読書経験に忠実に、もともとの小説本文における一人称の〈ともにある〉視点という物語論的なコードを、「物語る絵」というイメージに特有のコードへと変換する方式であり、「内的焦点化」の絵画的表現と見るべきである。この絵を見るものは、知覚レベルでは画面を構成する視覚の遠近法にしたがいつつも、そこに描かれた物語世界に没入し、これを美的に経験するレベルでは、語りの光源であるサン＝プルーに焦点をあわせ、かれによりそう〈ともにある〉視点から、すべてのできごとをサン＝プルーの「まなざしの領野」にとらえられたものとして、つまりサン＝プルーが経験したものとして、その意味を了解し感じとる。

おそらくバシィを混乱させた理由のひとつは、人称のちがいがそのまま語りのちがいとなるというあやまった前提だったろう。バシィが指摘するように、たしかにルソーの記述テクストでは、小説本文の一人称の語りが、三人称の語りに転移されている。だがこれにともなって生じた〈ともにある〉視点の語りから〈全知〉の視点の語りへの変換は、けっして一人称から三人称に変換されたからではなく、近代小説の語りから演劇のト書きの記述に変換されたからである。すでに見たように、三人称だから〈全知〉の視点、一人称だから〈ともにある〉視点というわけではない。バシィがグラヴローの挿絵がもつ光の遠近法による内的焦点化に気づきながらも、ここに舞台の外に立ってすべてを俯瞰する「ユートピア的観者」の〈全知〉の視点を想定したのも、挿絵においては記述テクストと同様、人物たちが観客から見られる俳優として三人称的に登場すると考え、そして三人称の語りはすべて〈全知〉の視点だとあやまって考えたからである。

読者の反応――ラブロスの分析

クロード・ラブロスは、グラヴロのこれらの挿絵が、当時の読者がこの小説を読む上でどのような役割を果たしたかについて、小説本文と、ルソーによる挿絵のための記述テクストと、これらの場面を要約し描写する当時の文芸雑誌の記事と、そしてこれらの場面を読んだ読者が文芸雑誌に投稿した文章とを比較することであきらかにするという興味深い分析をこころみている。しかしかれもまた、最後のところでバシィとおなじような混乱を示している。たとえば《恋人の感染》とタイトルがつけられた五枚目の挿絵（図117）の場面に対するルソーの記述テクストは、つぎのようなものである。

ジュリーは天然痘をわずらってベッドに伏せっている。彼女は夢うつつの状態にある。ベッドのカーテンは閉じられているが、それがなかば開けられ、腕がさしだされ、外にあらわれている。そのときだれかが手に接吻をするのを感じて、彼女は一気にカーテンを開くが、そこに友を見つけて、おどろき、興奮し、よろこびで有頂天になるようすを見せ、かれのほうにいまにも身を投げだすようにする。愛する男はベッドの近くにひざまずき、たったいまとらえたジュリーの手をしっかりつかんで、苦痛と愛の激情のうちにその手に接吻するが、その激情には、たんにかれが病毒の感染を恐れていないばかりか、それを望んでいることが見てとれる。すぐに燭台を手にしたクレールが、ジュリーの動きに気づいて、その若い男の腕をとり、かれをその場から無理矢理ひきはなし、部屋の外につれだす。それと同時に、まだ年若い小間使いがジュリーをひきとめようと、彼女の枕元に進みでる。これらすべての人物たちのうちに、きわめて生き生きとし、また一瞬の統一（l'unité du moment）のうちにとらえられた行動（action）が見てとれることが必要である。[26]

ここにいう「一瞬の統一」ということでルソーが想定しているのは、レッシングの「含蓄ある瞬間」とおなじものであり、挿絵を見るものに要求されているのは、そのような瞬間に凝縮された一連の「動きを視覚的、感情的、思弁的、幻想的なやり方でわがものとすること」[27]である。

さて、小説本文ではこの挿絵に描かれた場面は、のちにジュリーが回復してから、クレールがジュリーに宛てた手紙のなかで「かれ［サン＝プルー］はあなたを見ました、そして沈黙しました」というように、自分の目撃したできごとをジュリーに語って聞かせるものとして、つねに一人称の単純過去というかたちをとっている。これに対して、この場面を描写する一七六一年の雑誌記事では、「かれは近づく、彼女を見る、そして沈黙する」[28]というように、あたかも雑誌記者がいま目の前にあるこの場面のできごとを目撃するかのように、三人称の、そしてときに現在形をまじえた記述となっており、それはいわば小説につけられた挿絵を経由して、それが見せるこの場面のできごとを、あらためてことばによる一連のシークエンスへと展開するようなやり方である。そしてそれは、挿絵をイメージしつつルソーが記述する際のやり方でもあった。ここにラブロスは、小説につけられた挿絵が読書経験において果たす独自の機能を見ようとするのだが、それは雑誌記者をもふくめた読者を、一人称で書かれたテクストを読むだけではえられない境位に、つまりはこの場面のできごとを目の当たりに「見つめる目撃者の位置」にみちびき、そこでおこっている「演劇に想像的な情動をそそぎこむ」ことで「みずからこの情動の瞬間にあずかる」[29]ようにうながすというものである。じっさいこれらの雑誌に寄せられた一般読者の投稿にしても、「感受性をもって生まれついたいったいどんな心が、この感動的な一場面に涙を拒むというのでしょうか。そのような心は、なんどとなくわたしの涙の奔流に浸されたのです」（『週刊サンセール（*Censeur Hebdomadaire*）』宛の匿名の読者）とか、「第三巻のおそるべき情況を耐えることなど、できない。息がつまり、本をなげだし、涙をながさずにはいられず、こうしてひとは泣くのだということをあなたにあてて書かずにはいられません」（リュクセンブール元帥の秘書・カーニュ氏）[30]というように、おしなべてその場面の細部の記述ではなく、この情熱的な場面を目の当たりにして読者個人がもった印象を記しており、それはまさに挿絵のなかで演じられるできごとを目撃しこれに情動的に関与した結果だ、というのである。

だがわれわれは、ここにもまた挿絵を見る知覚レベルの視角と、物語の

図117　グラヴロー《恋人の感染》『版画の主題』（ルソー）、パリ、1761（in: *La Nouvelle Héloïse*, op.cit.）

「語り＝読み」の視点との混乱を認めざるをえない。挿絵を見ることはそこに描かれたできごとを目撃することを意味しないし、三人称の語りが読者を演劇の舞台を見とおす「ユートピア的観者」の〈全知〉の視点に立たせるわけでもない。「かれは近づく、彼女を見る、そして沈黙する」という雑誌記事の三人称による語りはむしろ、サン＝プルーの見聞することに限定した語り、つまり三人称の〈ともにある〉視点をとっている。ときにはさまれる現在形による記述はたしかに、すでにルソーの記述がそうであったように、できごとの推移を指定する演劇の「ト書き」的な性格をもち、読者にある種の臨場感の効果をあたえる。だが、だからといってそれが読者をできごとに立ちあい目撃する証人として現前させるわけではない。できごとに立ちあい目撃しているのは、ほかならぬサン＝プルーそのひとなのであり、読者・観客はかれと〈ともにある〉視点からこのできごとを理解し経験するのである。

3　私的な情感——コドウィエッキーとストザード

コドウィエッキー

さてしかし、グラヴローの挿絵においても、〈ともにある〉視点の現出はなお兆候の域をでない。じっさいこの十二枚の挿絵のうち数枚には、これまで指摘したように、同時代の他の画家の挿絵とくらべて、奥行きの次元を意識した視線の構図や光の遠近法が見てとれるにしても、それはなおかすかな効果にとどまっており、全体としてみれば、絵を見る観者がその場面の全体を見とおせるように人物は水平に配置され、古典的な演劇の舞台の演出のような構図になっている。この時期の挿絵に認められる〈ともにある〉視点の構図という点でより注目すべきは、グラヴローより一世代あとの、そのフランス風のスタイルで当時のドイツでもっとも活躍した挿絵画家コドウィエッキー（Daniel Nikolaus Chodowiecki, 1726-1801）である。ジョン・ハーサンなどは、「その穏和さや実直さ、そして中産階級の日常生活に対する関心という点で、コドウィエッキーはときに、ドイツにおけるシャルダンというように見える」[31]という。一七八五年にでた仏訳版『クラリッサ・ハーロウ』（S. Richardson, *Clarisse Harlowe*, 10 tomes, Genève, 1785）にはコドウィエツキーが挿絵を描いているが、そのうちの、薪小屋でラブラスがクラリッサをおどろかす場面を描いた一枚（図118）は、観客に背をむけたラブラスが画面奥からこちらを見つめるクラリッサにむかって近寄ろうとする際だった切り返しショットの構図をもち、帽子の陰から浮かびあがるクラリッサの顔のもつ明暗の効果とともに、きわめて劇的な瞬間の情況に立つ人物と〈ともにある〉視点を実現している。また『わかきウェルテルの悩み』(Johann Wolfgang Goethe, *Die Leiden des jungen Werther*, Maestricht, 1776) につけられた、ウェルテル自殺の場面の挿絵（図119）は、描かれた内容といい、もはやだれもいない椅子に照射されたスポットライトの効果といい、独特のあたらしさがある。しかしそのコドウィエツキーにしても、かれの挿絵の多くはなお、おおむね舞台上演を想定した演劇的な語りにとどまっている。

ヴォルフガング・バウムガルトによれば、十八世紀後半は、とくにドイツでは、劇作品は舞台上演よりはむしろ読者にむけて本のかたちで提供されるほうが多かった。それゆえ本につけられた挿絵は、当時の舞台上演のありようを忠実に再現しているわけではないにせよ、舞台上演の代用品だったのである。レッシングの『ミンナ・フォン・バルンヘルム』(Gotthold Ephraim Lessing, *Minna von Barnhelm*, Berlin, 1770)（一七六八年三月二一日初演）につけられたコドウィエツキーの挿絵（図120）も、そのようなものである。バウムガルトによれば、ここでコドウィエツキーは「読者の本にむかう視線と観客の舞台にむかう視線を統一しようとこころみている」[32]。挿絵全体の画面は縦長の楕円形のメダルの枠でかこまれ、そのなかに物語の場面がはめこまれている。メダルの上部には、これをつりさげるためのものとして花環がつけられているが、それはちょうど舞台の垂れ幕のように配されている。さらにその下

図118　コドウィエツキー『クラリッサ・ハーロウ』（リチャードソン）、ジュネーブ、1785
図119　コドウィエツキー『わかきウェルテルの悩み』（ゲーテ）、マーストリヒト、1776

には、各場面の幕と場を指定することばを刻印した台座が描かれている。こうした仕掛けは、読書空間に舞台上の場面を直接目にする演劇的な経験の雰囲気をもちこむことで、読者を「挿絵として描かれた上演の場面を見るもの、読書しつつある観客」たらしめようとするものである。とくにメダルの枠は、ちょうど窓の外からむこうの私的な世界でおこっている秘められたできごとをのぞき見するための鍵穴のような効果をあげている。バウムガルトはそこに、バロック時代の華麗さを誇示する公共性と祝祭性にわかれを告げた十八世紀の「個人的で、私的で、個性的なことがらに対するあたらしい理解」と、こうしたあらたな秘密の領域としての「私的なことがらに聞き耳を立てる傾向」、個人のかくされた現実に対する尽きることのない好奇心、いわば「ロココ的情熱」[33]とでも呼ぶべきものの顕現を見てとる。

たしかに、ありそうなことだ。じっさいすでに見たように、十八世紀こそはこの私的な内密の領域をあばこうとして、小説というあたらしいジャンルがそのための方法を精力的に開発した世紀である。メダルの鍵穴は、バロックの挿絵のように舞台上のすべての細部に目をむけるのではなく、むしろその場面の主要な人物に焦点をあて、「観客＝読者」の視線をそれへと集中させるという機能を帯びている。これにはさらに、あのグラヴローにも見られた画面上方から下方へとななめに横切る光がつくりだす明暗のコントラストによって、あたかも舞台上の主要人物が「浮かびあがらせられる」[34]効果も見てとれる。しかもここではなお、明暗のコントラストは舞台照明にすぎず、「観客＝読者」はどこまでも鍵穴のむこう、メダルのなかの物語世界からは閉めだされている。バウムガルトも指摘するように、コドウィエツキーは登場人物のだれに対しても「完全に同等な関心のもとで」[35]これを描いており、かれらはつねに宮廷における礼儀作法にかなった優雅な姿勢や身振りを見せている。要するに、ここにはなお伝統的な〈全知〉の視点の語りが支配的なのである。

図120　コドウィエツキー『ミンナ・フォン・バルンヘルム』（レッシング）、ベルリン、1770

ストザード

挿絵における〈ともにある〉視点、とりわけ没入・内省のモチーフの展開という点で十八世紀と十九世紀をつなぐのは、これもコドウィエツキーよりちょうど一世代あとの、イギリス人画家トマス・ストザード（Thomas Stothard, 1755-1834）である。かれのもっともはやい時期の挿絵は、一七八〇年に創刊された『ノヴェリスト・マガジン』に見られる。この雑誌は、創刊当初はふつう五〇〜九〇ページほどの各号に一枚という割合で挿し絵がはいる程度のものであった。[36] その第一巻に収録されているフィールディング『ジョウゼフ・アンドルーズ』につけられたドッドゥ（Daniel Dodd, 1763-1791）の挿絵（図121）や、第二巻（1780）に収録されているゴールドスミス『ウェイクフィールドの牧師（Vicar of Wakefield）』につけられたウォーカー（William Walker, 1729-95）のなお古いタイプの挿絵とくらべれば、おなじ第二巻に収録されているヴォルテール『ザディグ（Zadig）』の英訳版につけられた二五歳のストザードの挿絵は、大げさな身振りは見せるものの、あきらかな没入・内省のモチーフによる独特の雰囲気を描いて斬新である。一七八四年の『ノヴェリスト・マガジン』に収録された『クラリッサ』には三四枚の挿絵がつけられたが、これらは人物描写そのものはなお未熟ながらも、視線の交差や奥行きのドラマ（vol.4-6, p.749, 809）、またたんに舞台照明にとどまらないスポットライト効果による群衆のなかの一人物への焦点化（vol.7-8, p.1041）や内的焦点化（vol.7-8, p.1087）（図122）といった点で、以前のストザードの挿絵とくらべて一定の進化を示しており、その斬新さはすでに言及した、ウェイル（図115）やバーニーの、なおきわめて古くさいタイプの挿絵とくらべてみてもあきらかである。

没入・内省のモチーフと〈ともにある〉視点という観点から、ストザー

図121　ドッドゥ『ジョウゼフ・アンドルーズ』（フィールディング）、『ノヴェリスト・マガジン』1巻、1780
図122　ストザード『クラリッサ』（リチャードソン）、『ノヴェリスト・マガジン』7-8巻、1784, p. 1087

ドを中継点とする十八世紀から十九世紀への挿絵の展開を見る上で興味深いのは、デフォーの『ロビンソン・クルーソー』である。一七一九年にでた『ロビンソン・クルーソー』(Daniel Defoe, *Serious Reflection During The Life and Strange Surprising Adventures of Robinson Crusoe*, London, 1719)には、当時の小説としては例外的に初版から挿絵がつけられていたが、その第三巻につけられたクラークとパイン(John Pine, 1690-1756)による木口木版口絵(図123)には、島全体を鳥瞰する同一画面に島でのおもなできごとがすべて異時同図法的に描きこまれている。デイヴィッド・ブルーエットによれば、これは十八世紀当時にもなお広くおこなわれていた画法で、「作品全体の統一と意味を強調することができ、特に口絵に向いた画法であった」[37]。一七二〇年にはすでに仏訳版(*La vie et les aventures surprenantes de Robinson Crusoe*, 3 vols., Amsterdam, 1720)がでており、これにはフランス人画家のピカール(Bernard Picart, 1673-1733)らによる六枚の挿絵(図124)がつけられていて、絵の質という点ではこちらのほうが上であるが、構図はなお〈全知〉の視点といってよい。以後『ロビンソン・クルーソー』は本国イギリスよりはフランスで人気をえて、一七六一年には新版がロココ趣味の挿絵入りで出版され、翌六二年にでた『エミール』のなかでルソーは、エミールはこの物語に夢中で、「自分がロビンソンになったつもりで……挿絵に見るようなあらゆる奇妙なもちものをもった自分の姿を見る」[38]と記している。

これに対してイギリスでは、『ロビンソン・クルーソー』の挿絵入り新版はほぼ六〇年間出版されず、ようやく一七八一年になって、ストザードによる七つの挿絵をつけて出版された(*The Life and Adventures of Robinson Crusoe*, 2 vols., London, 1781)。しかし、とりわけ一七九〇年の版(*The Life and Strange Surprising Adventures of Robinson Crusoe*, 2 vols., London, 1790)にお

図123　クラークとパイン『ロビンソン・クルーソー』(デフォー)、第3巻、1720
図124　作者不詳『ロビンソン・クルーソー』(デフォー)、アムステルダム、1720

けるストザードの十四枚の挿絵のいくつかは、アクションや物語を犠牲にしても、孤独な生活に没入する内省的なクルーソーが描写されているという点で、挿絵における語りのモードとしてはある決定的な転回点をなしている。たとえば「洞穴で仕事をするクルーソー」の場面を描いた挿絵（図125）では、明暗の強いコントラストによるスポットライト効果によって自分の仕事に没入するクルーソーが内的焦点化され、かれの孤独な存在情況を内面のリアリティーとして浮かびあがらせている。クルーソーが無人島で人の足跡を発見する場面では、多くの挿絵が両手をあげ目を見開いて大げさにおどろくクルーソーを描くのに対して、ストザードでは、わずかに左手の指がおどろきを表現しており、うつむいているために額と鼻の部分にのみ光があたったそのまなざしは、はげしいおどろきを内面に秘めつつ、じっと足跡を見つめている。ここにはたしかに、ブルーエットやアンソニー・バートン[39]が指摘するようなロマン主義的で感傷的な解釈が認められるが、しかしその感傷性は、まさにこの時代にリチャードソンやルソーらの小説に対して、ディドロが吐露したような読書経験として共有されつつあった美的感性の特質、〈ともにある〉視点による共感と内面のリアリズムにつながるものである。ハンス・ハメルマンが「書物におけるあたらしいタイプの情感（sentiment）に、視覚において対応するものを発見したのはストザードである。著者と画家とは感受性（sensibility）の共通の土台を発見したのだ」[40]というのも、こうした事態である。ブルーエットが「ストザードの、このような愛情あふれた瞬間の描写によって、物語の持っている親密さと愛情の度合いは一層高まり、物語の意味は道徳的な教えからそれていった。読者はますますクルーソーと一体化していき、クルーソーの経験に巻き込まれていった。ストザードが物語を家庭的なものにしたのは、彼自身が進んでクルーソーと一体化しようとしていたことから自然に起こったことである」[41]というとき、かれもまたこのような事態を認識していたのだろう。

図125　ストザード「洞穴で仕事をするクルーソー」『ロビンソン・クルーソー』（デフォー）、ロンドン、1790

4　近代的叙法の成熟

ターナー――廃墟・ゴシック・ピクチャレスク

十九世紀になると、挿絵の語りにおけるこうした傾向はますますはっきりとしたかたちをとるようになる。もちろん、一八〇八年版の『新エロイーズ』(Paris) につけられた挿絵のように、基本的には従来の演劇的な構図にとどまるものもあるし、また『ラシーヌ著作集』(*Œuvres de Jean Racine*, Paris, 1801) や『ポールとヴィルジニー』(*Paul et Virginie*, Paris, 1806) につけられたプリュードンの新古典主義的な挿絵もある。しかし、たとえばイギリスでは、ロマン主義とピクチャレスク、廃墟の美学のひろがりに応じて、地方の古跡、名勝、景勝地などを紹介する地誌学的な本の出版が流行し、それらにつけられた挿絵には、あたらしい語りの傾向がはっきり見てとれる。小説家ウォルター・スコットが各地の建物や歴史にまつわる記述をしている『イングランドとスコットランド国境の古跡』(Sir. Walter Scott, *The Border Antiquities of England and Scotland*, 2 vols., London, 1814-17) はそうしたたぐいの書物の代表例だが、それにつけられたルーク・クレネル (Luke Clennell, 1781-1840) の廃墟とゴシックとピクチャレスクに充ち満ちた挿絵では、風景のなかに立ち、これに心情において感応するものの〈情況〉の視点や (図126)、切り返しショットによる〈ともにある〉視点の構図 (図127)、そしてスポットライト効果による内的焦点化はあざやかである。小さく点景として、ひっそりとたたずみあるいは語りあう人物のモチーフがくりかえし見られるのも、そうした印象を強めている。サミュエル・ロジャーズの二冊の詩集、『詩、イタリア』(Samuel

図126　ルーク・クレネル『イングランドとスコットランド国境の古跡』、ロンドン、1814-17
図127　ルーク・クレネル『イングランドとスコットランド国境の古跡』、ロンドン、1814-17

Rogers, *Italy, a poem*, London, 1830）と『詩集』（*Poems*, London, 1838）にはターナー（1775-1851）がストザードと組んで挿絵を提供しているが、ターナーの風景挿絵に見られる、画面の中に小さくたたずんではるかむこうを眺望する人物たち（図128）は、観者の視点を代理すると同時に、その小ささによってこの人物をとりまく世界の大きさと崇高感を感じさせる装置となっており、これによって情景はそのただなかにたたずむ観者にとっての情況となっている。一方ストザードは人物を主とする挿絵を描いているが、ひとり読書をし、苦悩し、独語するかれの人物たちには、没入・内省のモチーフと〈ともにある〉視点はまぎれないものとなっている（図129）。イギリスの挿絵においていまや確立したと見えるこの様式と叙法とは、一八四七年に出版されたトー

図128　ターナー『詩集』（ロジャーズ）、ロンドン、1838

図129　ストザード『詩集』（ロジャーズ）、ロンドン、1838
図130　エッチングクラブ（挿絵）『エレジー』（グレイ）、ロンドン、1847

マス・グレイの『エレジー』(Thomas Gray, *Elegy written in a country churchyard*, London: published for the Etching Club by J. Cundall, 1847) につけられたエッチング挿絵（図130）でもあきらかである。

ビュイックとクルックシャンク——ビネット

十九世紀の挿絵におけるもうひとつの変化は、とくに一八三〇年代以降、ビュイック（Thomas Bewick, 1753-1828）が確立した木口木版画によるビネット、つまり本文中にはいる挿絵が主流となったことである。[42]『ゴールドスミス詩集』(*The Poetical Works of Oliver Goldsmith*, London, 1795) におけるビュイックの挿絵（図131）では、廃墟や廃村、そしてそこにたたずみあるいは沈思するさすらい人の没入と内省のモチーフが前面にでている。一八三一年には、クルックシャンク（George Cruikshank, 1792-1878）による『ロビンソン・クルーソー』(*The Life and Surprising Adventures of Robinson Crusoe*, London, 1831) の木口木版画の挿絵入り新版がでるが、クルーソーが船造りに熱中している場面（図132）では、没入のモチーフがよくでている。洞穴で食事をしている挿絵では、画面中央の食卓につくクルーソーをとりかこむ動物たちがかれを見つめる視線や、絵をふちどる陰影によるスポットライト効果によって「構図は極めて求心的である」[43]が、われわれのことばでいえば、これは群像のなかのひとりの人物を浮かびあがらせることによる内的焦点化を果たしている。本文中に挿入されるビネットの流行は挿絵のかずを飛躍的にふやすことになり、これによって「より連続性のある過程が描かれることとなっ

THE

DESERTED VILLAGE.

A POEM.

FIRST PRINTED IN MDCCLXIX.

“ How often have I paus'd on every charm—
“ The ſhelter'd cot, the cultivated farm,
“ The never-failing brook, the buſy mill,
“ The decent church that topt the neighbouring hill.”

DES. VIL. P. 41.

180　LIFE AND ADVENTURES

that was made of one tree, in my life. Many a weary stroke it had cost, you may be sure: and

had I gotten it into the water, I make no question but I should have begun the maddest voyage, and the most unlikely to be performed, that ever was undertaken.

But all my devices to get it into the water failed me; though they cost me infinite labour too. It lay about one hundred yards from the water, and not more; but the first inconvenience was, it was up hill towards the creek. Well, to take away this discouragement, I resolved to dig into the surface

図131　ビュイック「廃村」『ゴールドスミス詩集』、ロンドン、1795
図132　クルックシャンク『ロビンソン・クルーソー』（デフォー）、ロンドン、1831

た。それは、必然的に図版と本文の内容を一致させる結果を産み出した」[44]。これはディケンズのような、月刊誌の連載小説にとっては、とくに重要な意味をもったにちがいない。『オリヴァー・ツイスト』(Charles Dickens, *Oliver Twist*, 3 vols., London, 1838)の挿絵では、物語のシークエンスをつなぐのは挿絵のほとんどの場面に姿を見せるオリヴァーの、世界に立ちむかう孤独な姿である(図133)。バートンによれば、クルックシャンクはそのような苦境にある「虚構の人物たちに自分をたやすくなぞらえることができた」[45]というが、それはつまり、画家がひとりの読者として、主人公オリヴァーと〈ともにある〉視点に立ってこの小説を体験したということである。クルックシャンクには、エインズワースの『ジャック・シェパード』(W. H. Ainsworth, *Jack Sheppard*, London, 1839)につけられたエッチング挿絵もあるが、とくに注目すべきは、ジャックがニューゲート刑務所から逃げだす場面を描いた三枚の挿絵(図134)で、これにはジャックがつぎつぎと監獄の扉をやぶって逃亡する行動についてのエインズワースの克明な記述にあわせて、まるで映画のカット割りやマンガのコマ割りのようなやり方で、全部で十コマからなる一連のイメージが描かれている。その際、ちょうど映画においてカメラがひとりの人物の動きに密着して、この人物と〈ともにある〉視点を確保するように、クルックシャンクの挿絵の視点もつねに、たったひとりで窮境に

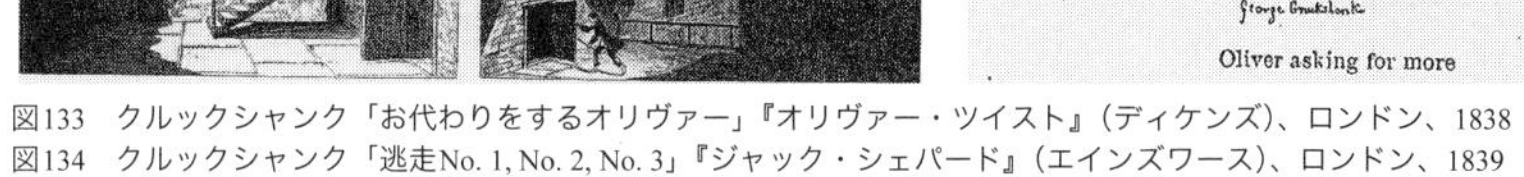

図133　クルックシャンク「お代わりをするオリヴァー」『オリヴァー・ツイスト』(ディケンズ)、ロンドン、1838
図134　クルックシャンク「逃走No. 1, No. 2, No. 3」『ジャック・シェパード』(エインズワース)、ロンドン、1839

あるジャックにのみ焦点があわされており、これによって「ジャックの単独のはなれわざがもつ絶望的な本性を強調している」[46]。バートンはこれについて、エインズワースはジャックという犯罪者のヒーローを「共感の光のもとに（in a sympathetic light）描いているが、クルックシャンクもこの共感にマッチすることに失敗してはいない」[47]という。サッカレーもこれらの挿絵について、「この本の宝ともいうべきは、ニューゲートからの逃亡を描いた小さなビネットである。……下絵画家はそのリアリティーからいっても、また詩情という点でも、まったく注目すべき一連の図像をつくりだした」として、これらの挿絵すべてに見られる「究極の孤独」[48]に言及している。クルックシャンクのこれらのエッチングではまた、木口木版画ではなかなかでにくい光と影の微妙な効果が「ストーリーにおいて重要な役割を演じている」[49]が、じっさいどの場面でも、つねにジャックにスポットライトがあてられていて、これもかれを内的焦点化するのに寄与している。[50]サッカレーは『オリヴァー・ツイスト』におけるサイクスと犬を描いた挿絵（図135）にも言及しているが、そこではっきりと〈ともにある〉視点に立つ読者の経験を述べている。

> サイクスと犬の絵は、陰鬱な寂しさを描いてなんと心に響いてくる絵だろう。その哀れな犬はそれほどうまく描かれているわけではないし、風景も堅く形式張っている。しかしここではこうした描画上の欠点——それが欠点だとして——は、この絵の効果を増しこそすれ減じるものではない。それはよそよそしく荒涼として、わびしく悲痛な様子を見せている。われわれはその風景を、サイクスが青ざめ充血した目でその風景を見たときそれがまさにそう見えた通りに、われわれ自身がそれを見ているように思いこむのだ。[51]

図135　クルックシャンク「サイクス、犬を殺そうとする」『オリヴァー・ツイスト』（ディケンズ）、ロンドン、1838

小説の挿絵と舞台のタブロー

この時代にはまた、ディケンズのような流行小説が舞台化されるようにもなるが、その際、すでに第六章でも見たように、演出は多くのひとが目にしていたであろうクルックシャンクらの挿絵をモデルとしてなされるのが標準であったし、観客もまたそれを期待し、挿絵との照合がその舞台のタブローの出来の評価基準であった。たとえばマイセルは、ディケンズ『バーナビ・ラッジ』（*Barnaby Rudge*, 1841）の舞台化（一八四一年十二月）についてのある批評を紹介しているが、それによれば、「この物語（tale）は、これにつけられた挿絵からコピーされた一連の活人画（tableaux vivans）によって、もっとも完全かつ魅力的なやり方で、その全体がいま上演されているドラマへと移されている。これらのタブローは観客の称賛の的となったが、観客はそのよろこびを最高の熱狂的な拍手で示した」[52]という。また一八三九年にアデルフィ劇場で上演された『ジャック・シェパード』の広告ポスター（図136）には、小説につけられたクルックシャンクの挿絵から選ばれた十二枚が、その場面の説明文とともにつけられており、これによって芝居のストーリーの全体を縮図にして見せている。

もっとも、舞台が挿絵をもとにタブローを構成するとしても、だからといって舞台のタブローと小説の挿絵とは、かならずしもそのストーリー展開上にもつ機能がおなじとはかぎらない。たとえばディケンズの『バーナビー・ラッジ』第三章末につけられたフィズ（Phiz; Hablot K. Browne, 1815-82）の挿絵では、地面に横たわっているエドワードにかがみこんでいるバーナビーとガブリエルが描かれているが、しかもこれはテクストがまさにこの場面のなりゆきを語っている場所にではなく、すでに読者が、エドワードは死んではいないことを知ったあとの章末におかれている。これについてマイセルは、この挿絵はその章をいわば要約し結論づける「縮図的なイメージ」となり、いわば小説に「句読点をつける機能をもつ」[53]という。これ

図136　1839年アデルフィ劇場『ジャック・シェパード』（B・バックストーン脚本）の広告ポスター、エントーヴェン・コレクション、ロンドン、演劇博物館

に対して舞台では、このタブローは第一幕第三場の冒頭におかれており、エドワードがはたして死んだかどうかというサスペンス効果をになっている。

挿絵がどこにおかれるかによるその機能のちがいについては、スチュワート・シラーズも言及している。読書行為の途中で挿絵に目をやることは、当然のことながら読書行為の中断を意味する。第一章で見たように、挿絵がないばあいでもわれわれはしばしば、それまで追ってきた一連のできごとを一目でとらえることができるように概観し、あるいは以前におこったできごとを思いだすために、読書を中断してイメージ化することがある。挿絵に目をやることもそれに似て、これによって読書行為と同時に、物語のできごとの進行そのものにもいったん句点が打たれる。挿絵は、それまでことばによって語られたさまざまなできごとを「ひとつにまとめ、こうしてわれわれに、このできごとのシークエンスからいったん身をひいて立つことで、物語のシークエンスの転回点で人物の性格や感情について省察し観照する（contemplate）ことをゆるす」[54]。できごとを追うことに熱中する読書行為のただなかに挿絵が挿入されることで、読者にできごとや人物についての省察や鑑賞をうながすこの作用こそは、キティが詩における絵画的描写、タブローに認める作用、つまり一連の行動を釘づけにし、フレームにかこみ、ニスをかけ、これによって聖別し記念碑にすることで、このタブローに対して「意味が帰属させられるべく要請する」[55]作用である。とくにディケンズのような連載小説のばあいには、つぎの号までのあいだ読者の関心を引きつけておくために「中断は、緊張が高まって解決が求められるところとか、まさにいま読んだところが今後どうなるのかについてともかく知りたいと思うところにおかれる」[56]から、そのつどの物語を読者が要約して記憶しつぎの回につなげるためにも、そのつどの「里程標」[57]として挿絵のタブロー効果が必要とされたのである。ブルーエットも、「本の挿絵は作品の受容と記憶に影響をあたえる。というのは、読者はページをめくると、テクストを続けて読む前に挿絵を目のあたりにし、心にそのイメージをより長く保持する傾向があるからである」[58]と述べている。

挿絵の映画的手法

一八三〇年代にはフランスでも、木口木版によるビネットの挿絵を本文に組みこむことが流行する。ル・サージュ

『ジル・ブラース物語』の一八三五年版（Le Sage, *Histoire de Gil Blas*, Paris, 1735）には、ジグー（Jean Gigoux, 1806-94）による六〇〇枚におよぶビネット（図137）がはいっていて、明暗による焦点化や奥行きの構図もはっきりしている。ときに登場人物の肖像もはいるが、ここで特徴的なのは、これらがたんなる人物紹介的な描写的肖像をこえて、陰影のうちに登場人物をクロース・アップで浮かびあがらせるものとなっている点である。これらはちょうど映画のクロース・アップに似て、当の人物の内面描写の効果を見せている（図138）。内的焦点化のためのクロース・アップを用いるこうした傾向は、一八四〇年の仏訳『ロビンソン・クルーソー』（*Aventures de Robinson Crusoe*, Paris, 1840）のグランヴィル（J.-I. G. Grandville, 1803-47）によるビネットにも見られる。グランヴィルの挿絵では、ほとんどのばあいひとりで作業に熱中しているクルーソーをとらえており、主人公につきしたがうカメラ・ワークに似た手法を示している。群像を描くばあいでも、前景の主要人物を細部にわたって明確に描く一方で、後景の二次的な人物は省略した描き方をしており、これによって主要人物をよりくっきりと浮かびあがらせ焦点化するという、一種のスポットライト効果が用いられている（図139）。ヴィクトル・ユゴーの『ノートルダム・ド・パリ』は当時人気が高く、くりかえしあたらしい挿絵本が出版された。一八四四年版（Victor Marie Hugo, *Notre-Dame de Pari*, Paris, 1844）のトニー・ジョアノ（Tony Johannot, 1803-52）のエッチング挿絵は、とくに緻密なスポットライト効果が際だち、また叙法という点でもたいへん興味深い。第一編

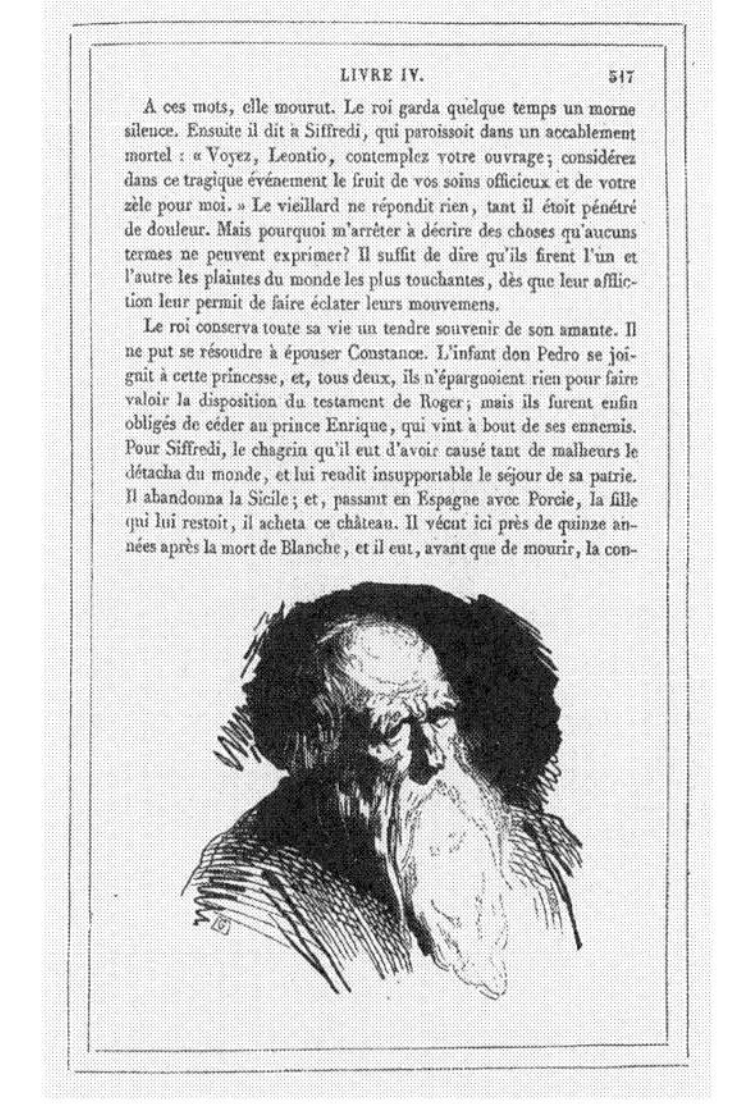
LIVRE IV. 517

A ces mots, elle mourut. Le roi garda quelque temps un morne silence. Ensuite il dit à Siffredi, qui paroissoit dans un accablement mortel : « Voyez, Leontio, contemplez votre ouvrage; considérez dans ce tragique événement le fruit de vos soins officieux et de votre zèle pour moi. » Le vieillard ne répondit rien, tant il étoit pénétré de douleur. Mais pourquoi m'arrêter à décrire des choses qu'aucuns termes ne peuvent exprimer? Il suffit de dire qu'ils firent l'un et l'autre les plaintes du monde les plus touchantes, dès que leur affliction leur permit de faire éclater leurs mouvemens.

Le roi conserva toute sa vie un tendre souvenir de son amante. Il ne put se résoudre à épouser Constance. L'infant don Pedro se joignit à cette princesse, et, tous deux, ils n'épargnoient rien pour faire valoir la disposition du testament de Roger; mais ils furent enfin obligés de céder au prince Enrique, qui vint à bout de ses ennemis. Pour Siffredi, le chagrin qu'il eut d'avoir causé tant de malheurs le détacha du monde, et lui rendit insupportable le séjour de sa patrie. Il abandonna la Sicile; et, passant en Espagne avec Porcie, la fille qui lui restoit, il acheta ce château. Il vécut ici près de quinze années après la mort de Blanche, et il eut, avant que de mourir, la con-

図137 ジグー『ジル・ブラース物語』（ル・サージュ）、1835
図138 ジグー『ジル・ブラース物語』（ル・サージュ）、1835

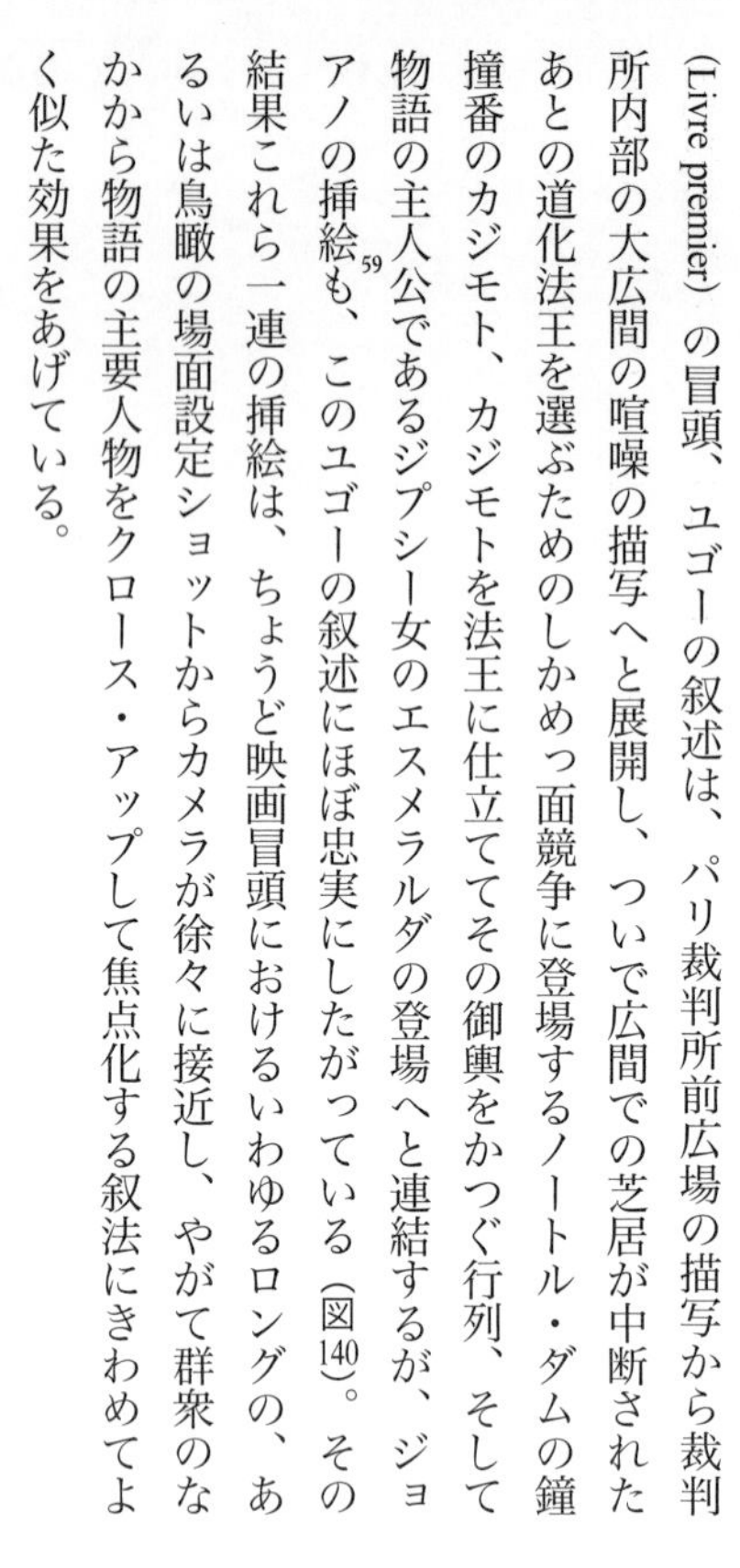

（Livre premier）の冒頭、ユゴーの叙述は、パリ裁判所前広場の描写から裁判所内部の大広間の喧噪の描写へと展開し、ついで広間での芝居が中断されたあとの道化法王を選ぶためのしかめっ面競争に登場するノートル・ダムの鐘撞番のカジモト、カジモトを法王に仕立ててその御輿をかつぐ行列、そして物語の主人公であるジプシー女のエスメラルダの登場へと連結するが、ジョアノの挿絵[59]も、このユゴーの叙述にほぼ忠実にしたがっている（図140）。その結果これら一連の挿絵は、ちょうど映画冒頭におけるいわゆるロングの、あるいは鳥瞰の場面設定ショットからカメラが徐々に接近し、やがて群衆のなかから物語の主要人物をクロース・アップして焦点化する叙法にきわめてよく似た効果をあげている。

図139　グランヴィル『ロビンソン・クルーソー』（デフォー）、パリ、1840

図140　トニー・ジョアノ『ノートル・ダム・ド・パリ』（ユゴー）、パリ、1844
上より「パリ裁判所前広場」「パリ裁判所大広間」「バラ窓でのしかめっ面競争」「道化法王の行列」「フォッビュに救われるエスメラルダ」

ラファエル前派

われわれの問題関心からして、一八五〇年代のイギリスの挿絵画家で注目すべきはフォスター（Myles Birket Foster, 1825-99）とギルバート（John Gilbert, 1817-97）、そしてミレイ（John Everett Millais, 1829-96）である。一八五三年にはスコット『湖上の貴婦人』（W. Scott, *The Lady of the Lake*, Edinburgh, 1853）にフォスターとギルバートが合作でビネットをよせており、また『ワーズワス詩集』[60]（*Poems of William Wordsworth*, London & New York, 1859）には、このふたりにドイツ人のヴォルフ（Joseph Wolf, 1820-99）をくわえてやはりビネットを提供しているが、いずれもすでにわれわれが見てきた〈ともにある〉視点の語りの雰囲気を濃厚にただよわせている。とくに『ワーズワス詩集』では、自然風景のなかにおかれた人物はほとんどのばあい顔を見せず、伏せるか、後ろをふりかえるか、後ろむきか、陰になっているか、いずれにせよ没入・内省のモチーフをこれ以上ないほど効果的に見せている。とくにギルバートの画調（図141）は、ラファエル前派に属するミレイのそれと共通した雰囲気をもっている。ギルバートにはもうひとつ、一八五八年から六〇年にかけて出版されたハワード・ストーントン編『シェイクスピア全集』（*The Plays of Shakespeare*, ed. by Howard Staunton, 3 vols., London, 1858-60）に単独で八三一枚の木口木版挿絵を提供するという大事業があるが、従来の戯曲につけられた挿絵がどうしても舞台を意識しておおむね演劇的な構図になりがちだったのに対して、これは没入・内省のモチーフ、リアルな視線のドラマ、スポットライト効果など、劇的でありつつ成熟した〈ともにある〉視点の語りを見せている（図142）。こうした傾向についてジョナサン・ベイトは、この

図141　ギルバート『ワーズワス詩集』、ロンドン、1859
図142　ギルバート「オセロ」『シェイクスピア全集』（ストーントン編）、ロンドン、1858-60

時代には挿絵画家は劇場の観客が舞台上に見る劇世界ではなく、むしろ当代のリアリズムのモデルであった小説の読者がイメージするような物語世界を描くようになったといい、その特徴としてスコットの歴史小説にあるような史的なリアルさと、他方で「アクションを宙づりにするタブロー」や「〈瞬間〉の強調」[61]をあげた上で、これをほんらい劇であるシェイクスピアの「小説化と歴史化」[62]と呼んでいる。

たしかに一八六〇年代前後からイギリスにおける小説の挿絵は、一世代前のクルックシャンクやフィズに代表されるようなホガース以来の風刺画的伝統から、トロロープの作品に対するミレイの木口木版挿絵のように「人物や背景を写実的に画く実景描写的なものへと変化して来た」[63]。トロロープ『オーリィ・ファーム』(Anthony Trollope, *Orley Farm*, London, 1862)につけられたミレイの挿絵(図143)には、内省・没入のモチーフは当然だが、とくに群像のなかのひとりの人物にスポットライトをあてることによる内的焦点化においてあざやかな効果を見せている。前景におかれ緻密に描かれた主要人物に対して後景の二次的な人物たちを省略的なタッチで描いたり、主要人物の顔にスポットライトを当てるといった、すでに指摘した方法とならんで、まわりの他の人物たちの視線を主要人物に集中させたり、スポットライトにひときわ浮かびあがった主要人物に人目を引く独特の表情をもたせるといった手法も見られる(図144)。『王国と民——主イエス・キリストのたとえ話』(*The Kingdom and the People; or, the Parables of Our Lord Jesus Christ*, London, 1863)につけられたロセッティ(Dante Gabriel Rossetti, 1828-82)の木口木版挿絵などは、スケッチの美学の典型例である。シラーズもいうように、これら「濃密で、劇的な照明があたえられることで、さまざまな情感をはっきりと描きわける[木口やスチールの]直刻版画(engraving)のもつあたらしいスタイル」は、そのつよく情動にうったえる効果によって「劇的なできごとや人物の感情の提示にきわめてふさわし

図143　エヴァレット・ミレイ『オーリィ・ファーム』(トロロープ)、ロンドン、1862
図144　エヴァレット・ミレイ『オーリィ・ファーム』(トロロープ)、ロンドン、1862

い」[64]ものであった。ラファエル前派に代表されるこの「六〇年代スタイル」[65]は、物語の筋を視覚化するよりも、画家自身が小説を読んだ印象を、つまりは小説が提示する内面のリアリティーを描こうとした結果である。

内省の挿絵に対する批判

だがこうした挿絵に対してディケンズは、クルックシャンクやフィズといった風刺画の伝統に立つ挿絵画家と組んだものとしては当然のことながら、これを批判している。クルックシャンクやフィズが小説に挿絵を描くばあいには、かれらは主題として「もっとも劇的な情況」をえらぶ、とディケンズはいう。悲劇のばあいならそれは「激越な出会いや恐るべき事故、心おどる冒険、危機」の場面であり、喜劇なら登場人物たちの「極めつきの愚かさによって特徴づけられるような情況」である。

これらの挿絵画家の野心は、かれら自身の画家としての能力をひけらかすよりも、作者によって描写されたより注目すべき場面を読者の目のまえにおいてみせることにあるように思われる。しかしこうした原則は、いまや古風で時代遅れとみなされざるをえなくなった。……現代の挿絵画家は、本がその手にわたるや――結果から判断して――かれが挿絵をつけるべき作者が理解されるように、その手助けをすることよりもむしろ、自分自身の名声を高めることになるはずのひと組の素描を制作することにむかおうとする。その結果かれはふつう、きわめて単調でおよそ劇的ではない情況をえらぶことになるが、それというのもそうした場面は、作者と読者が挿絵で見たいと思うより感動的な場面とはことなり、画家に足かせをはめず、見た目に快く完璧な絵を制作するという画家の目的によりかなっているからである。そうした小説作品を飾っている素描の大部分は、ほとんどアクションや動きのない場面を再現している。二、三人の人物がテーブルをかこんですわっている。ふたりの若者がワインを飲みながら話している。ひとりの女性が彼女の小さな娘に絵本を見せている。何組もの恋人たち、またはひとりだけの人物が、つぎつぎとはてしなく登場する。若い婦人がラブレターを読んでいる。あるいはいましがた受けとった悪い知らせに狼狽している、という具合である。……これらの人物たちが自然のままに念入りに描かれているというのは、あきらかである。……外の風景が描かれるばあいにも、スケッチはゆきとどいており、しばしばそれだけでみごとな絵になっている。しかしこうしたことすべてを認めたとしても、ときにひとは、これらみごとなできばえでありながらなにごとをも語らない挿絵にうんざりしてしまう。それはうまく描かれているがストーリーのない物語であり、調和はとれているがメロディーのないシンフォニーである。[66]

こんにちでも、たとえばエドワード・ホドネットのように、ミレイの挿絵を一方で「メロドラマに堕さない激しい感情」という点で評価しつつも、「挿絵にすべき場面の選定」[67]という点で解釈上の欠点を指摘するものがいる。ミレイがトロロープの小説につけて評判になった挿絵の多くは、ひとりの人物の場面——椅子にすわったひとりの女性の場面には「彼女の胸には悲しみが、そしてその心には深い思いがあった」というキャプションがついており、またテーブルのそばに立つひとりの男の場面には「なぜわたしが？」というキャプションがついている——や、なにをするというわけでもなくただおたがいに見つめあうふたりの人物の場面を描いていて、これらの挿絵は小説にとってなくてもよい、というのである。ブランドのように一八六〇年代のこうした傾向に「情感（sentiment）から感傷（sentimentality）への」[68]デカダンを見るものもいる。一八六四年の『ロビンソン・クルーソー』（*The Life and Strange Surprising Adventures of Robinson Crusoe*, London & New York, 1864）には、ラファエル前派とくにミレイの影響を受けたワトソン（John Dawson Watson, 1832-92）による百枚の挿絵がつけられているが、「病気にかかるクルーソー」（図145）や「大麦の生長に驚くクルーソー」の場面の挿絵では、クルーソーはうつむき、あるいはかがんでじっと大麦に目をやり、際だった没入のモチーフを示している。ラスキンも、ワトソンの挿絵は再現描写や明暗法という点では完璧で「愛らしく表現的な作品」[69]だという。しかし一方でラスキンは、自分が子どものころ熱中したビューイック風の木版挿絵は絵も雑で明暗の調子もほとんどなかったが、それだけに想像力をつよくとらえたこと、これに対してワ

図145　ワトソン「病気にかかるクルーソー」『ロビンソン・クルーソー』（デフォー）、ロンドン／ニューヨーク、1864

トソンのとくに「大麦の生長に驚くクルーソー」のようにことばで十分な場面にも挿絵がつくことで、かえって読者の想像力を怠惰にしてしまうと批判もしている。

　こうした批判も、ある点ではおそらく当たっているのだろう。しかし、われわれの関心事である「物語る絵」における叙法の展開という点からいえば、ここにはクルックシャンクの世代とミレイやロセッティの世代のあいだの、小説と挿絵の受容のしかたの相違が横たわっていることを認めないわけにはいかない。ディケンズ自身『ピクウィック・ペイパーズ』初版序文で、「毎号の原稿執筆と印刷されて本になるまでの時間はじつに短かったので、大部分の挿絵は、作者がつぎにどう書くつもりであるかについて、ただことばで記述したものにもとづいて画家が制作したものである」[70]というように、かれはあらかじめ挿絵をいれる場面を画家に指示したし、画家はかならずしも本文を読まずに、作者の指示にしたがってこれを絵にした。これに対してミレイは、トロロープによれば、「かれが描くすべての画像において、その目的は、自分が挿絵をつけることをひき受けたその作品の作者のねらいをさらに促進することにあったのであり、そしてそうできるために作品を研究することをけっして厭いはしなかった」[71]のである。

　以後世紀末にむかってますます画家たちは、挿絵というものについて、それはたんにテクストに奉仕するのではなく、テクストと拮抗する独自の表現媒体であると考えるようになる。もちろん一八九〇年代にあっても、たとえばヒュー・トムソン（Hugh Thomson, 1860-1920）によるジェーン・オースティン『自負と偏見』(Jane Austen, *Pride and Prejudice*, London, 1894) の挿絵のように、これまでわれわれがみ

図146　トムソン『自負と偏見』（オースティン）、ロンドン、1894
図147　トムソン『自負と偏見』（オースティン）、ロンドン、1894

てきた挿絵における〈ともにある〉視点の叙法のいわば集大成のようなものもある。写真を用いてペン画をそのまま凸版にするあたらしい印刷技法によるその繊細な挿絵では、とくに人物たちが向こうからこちらへやってきたり、こちらから向こうへいったりという奥行き次元の出入りが目だち（図146）、またときにわれわれ読者の方に視線をむけたりもするが（図147）、これはもちろん絵の前にいるわれわれ読者とではなく、われわれの側にいるはずの登場人物のだれかと視線を交わしているのである。こうした奥行き次元の処理のしかたは、ほとんど現代の映画を思わせる。しかしこうした挿絵とは別に、一八九〇年代にウィリアム・モリスと組んだラファエル前派の流れをくむ画家バーン＝ジョーンズや、その影響下にあるビアズリーらが見せたあたらしい動きは、「物語る絵」としての挿絵の概念そのものが変化したことを示している。またかれらのこうした挿絵は、挿絵を装飾的な枠でかこむミューシャやシュヴァーブ（Carloz Schwabe）らのアール・ヌーボー様式へとつらなる。これらはやがて、次章に見るように、ようやく西洋近代小説と挿絵を自分たちの感性のうちに消化しはじめた明治三〇年代の日本の挿絵にも強い影響をあたえることになるだろう。

第九章　明治期小説の「改良」と挿絵

1　小説の「改良」

大正十四年に発表したエセー「新旧過渡期の回想」を坪内逍遙は、「明治最初の十年間は、どの方面から観ても、際だって新旧の過渡期であった」[1]と書きだしている。西洋文明との出会いという衝撃と、これに伍すために日本社会をその総体において「改良」せんとする大変動を経験しつつあったこの時期には、「一般に漢語が流行ったり英語が使われたりして、新聞だの、雑誌だのが発行される世の中となり、一切の趣味、気分が変わってきた」が、しかも「因習の根はなかなか抜け切らんもの」で、それは「延いて明治二十年前後にまで及んだ」という。なかでも草双紙、読本、人情本、滑稽本といった江戸以来の民間文芸は、明治四、五年ころには「最も混濁を極めていた」[2]というが、当時十二、三歳の逍遙自身、漢学をまなびながらも、名古屋の貸本屋「大惣」に日参して千種以上もの戯作類を耽読したというから、逍遙は当時としてもとびぬけた小説通であったらしい。逍遙ほどではなくとも、かれが明治九年に十八歳で開成学校に入学した当時の東京の書生たちの文学上の素養も、やはり滝沢（曲亭）馬琴のような戯作系統の小説であり、『南総里見八犬伝』中のさわり文句は多くの書生に暗記されたという。[3] しかし、これら戯作小説でそだった当時の書生たちがあらたに手にとり目にしたのは、これまでわれわれが見てきた西洋近代のリアリズム小説であり、それに応じた挿絵であった。かれらにとってそれらは、ことばとイメージの双方において、それまでの江戸の戯作とはきわめて異質な語りをもつものであったにちがいない。はたしてかれらは、西洋が十八世紀以降徐々に開発し成熟させた近代の小説と挿絵の叙法をいかに受容し、理解し、消化し、それを自分たちのあたらしい伝統としたのか。本章では、明治期の小説の「改良」とこれにともなう挿絵の変化を、とくに叙法に注目して追ってみることにしよう。

坪内逍遙『小説神髄』

逍遙がまなんだ開成学校ではアメリカ人教師ホートンの授業でシェイクスピア、チョーサー、スペンサー、ミルトン、ドライデンなど英国詩人の作品がとりあげられていたが、西洋の小説にかんしては、ようやく明治十一年ころから東大の学生のあいだでこれを読むことが流行しはじめる。学生時代に逍遙の友人となった高田早苗（半峰）にしても、これに触発されて最初にスコットの『ロブロイ』を読んだが、「『八犬伝』や『弓張月』で頭が出来て居るので、無茶苦茶に筋を辿って読みおわった」[4]という。また明治十年前後から翻訳小説が流行し、逍遙も学生時代のこの時期にスコット『ランマムーアの花嫁（The Bride of Lammermoor）』の一部を訳し、ひとの名前を借りて顕三訳『春風情話』（明治十三年）として出版している。またスコット『湖上の婦人（The Lady of the Lake）』を高田早苗とともに、当時人気の高かった服部撫松『東京新繁昌記』や東海散士（柴四朗）『佳人之奇遇』にならった漢文くずしの文体で訳したが、これはのちに服部撫松の手がはいって撫松訳『春窓綺話』（明治十七年）として出版された。これらはおおむね厳密な翻訳ではなく大意を敷衍したものである。また十年代なかごろには自由民権運動や国会開設の機運のなかで政治小説が流行するが、矢野龍渓（文雄）『経国美談』（明治十六年）の自序にいうように、これらを「尋常遊戯ノ具」たる戯作と見なし、あるいは勧懲を事とする草双紙のたぐいとする伝統は、なお保持されていた。一方明治初年につぎつぎに創刊された新聞、ことに民衆むけの仮名書きの小新聞は、市井でじっさいにおこった男女間の痴情にかんする艶種や警察種、花柳界の通信などの雑報や劇評とともに、これらの三面記事に多分の潤色を加えて人情本ふうに「情話」めかして連載した、いわゆる「続き物」と呼ばれる物語ものせたが、これらの新聞の記者となったのは仮名垣魯文に代表される江戸以来の戯作者たちだった。

逍遙が明治十八年から十九年にかけて『当世書生気質』を、ついで『小説神髄』を出版したのは、まさにこのような情況においてであった。『小説神髄』の緒言で逍遙は、小説の現状にふれて、維新でいったんおとろえた小説が最近は大いに復興し流行しているが、それらはいずれも江戸戯作の翻案(やきなおし)であると述べている。戯作者はひたすら勧懲を事として「無理なる脚色(しくみ)をなす」ために、「大人学者の眼(まなこ)をもてハほとほと讀むに」[5]たえない。それゆえ「我小説の改良進歩」を企てて、たんなる戯作から、これを絵画音楽詩歌とともに「大人学者の眼」にたえうる西洋流の「美術」の位置にまでひきあげるべきだというのである。それでは、小説とはなにか。逍遙はここで、チェンバースの『百科全書』の一項目を菊池大麓が訳した『修辞及華文』(明治十二年)をひく。そこでは、「中古ノ小説」に対して「近時ノ人情話」が対置され、近代の小説はとりわけ描写を「人生ノ實事ニ適合セシメ」ること、また「男女ノ動作事業ハ眞ニ其風采ヲ寫シ出スヲ以テ讀ム者ヲシテ親ク人世ノ情態ニ接スルノ感ヲ發セシムヘシ」[6]とされている。注意すべきことに、小説が「眞ニ寫シ出ス」べき「人世ノ實事」を菊池は、まずは「男女ノ動作事業」と受けとめ、あるいは「男女離合ノ情話等」と受けとめている。じっさい「ノベル」を「人情話」と訳していることからも、菊池たちにとって西洋近代のノベルに近いものをイメージしようとすれば、それは戯作の人情本に見られる「情話」ということになったのだろう。またチェンバースの原文にいう、小説家の目的である「教訓をあたえる(to point a moral)」ことを、菊池は「通常勧善懲悪ヲ旨トスル」と訳しており、かれにとっても道徳はまずは勧懲を意味したのである。

菊池の訳文を受けて逍遙も、戯作のように事物の道理に矛盾する荒唐無稽の「奇異譚」としての「羅(ろう)マンス」に対して、「那(の)ベル(小説)」は平常世間の「人情世態」を写すものだとする。ここにいう「人情」は、江戸の戯作小説の基本概念でもあった。じっさい馬琴も小説はすべからく「人情を旨として綴る」(「本朝水滸傳を讀む並批評」天保四年、1833)[7]べきだといい、また為永春水(『春色梅兒誉美』天保三〜四年、1832-33)も、自分の小説は洒落本とはちがって世の「人情」を描くのだと主張しているし、明治十年前後に出版された翻訳小説は、しばしば「情話」「情史」と名づけられた。この「人情世態」について、逍遙はさらにもう一歩を進めて、「小説の主脳は人情なり世態風俗これに次ぐ」という。人情とは「人間の情欲(ぱっしょん)にて所謂百八煩悩」のことである。いかなる賢者善人でも、人間であるかぎり、こうした情欲を失うことはなく、ただ道理の力と良心の力によってこれを抑制するにすぎない。そのように、情欲と道理とが心の内部で闘っているのであり、それゆえ「人間といふ動物にハ外に現るゝ外部の行為（おこなひ）と内に蔵（かく）れたる内部の思想（おもい）と二條の現象（げんざう）」がある。人情と世態風俗とは、人間世間における内部と外部として、二元性において理解されている。しかし歴史や伝奇は外部の行為を写すとしても、内部の思想までも写すことはまれであり、また和漢の名ある「稗官者流」も主脳となすべき内部の人情を写すに、なお皮相にとどまっている。たとえば馬琴の傑作『八犬伝』にしても、主人公の八士は「仁義八行」を人に擬して「勧懲の意を寓せし」ものであり、それゆえかれらは完全無欠の、馬琴の「理想上の人物」であって「現世の人間の寫眞」ではなく、作者の「機関人形（あやつり）」でしかない。のちに「没理想論争」で問題になる逍遙の「理想」とは、まずはこの作者が一方的に誂えた「勧懲の意」をいうのであり、「没理想」とは人物、人情を作者の「機関人形」にしないための創作態度をいうのである。

それでは、つねに外部の行為と内部の思想にひきさかれ、道理や良心と情欲との葛藤にひきさかれてある「現世の人間」を写すには、どうすればよいのか。小説家は心理学者のごとく、「宜しく心理学の道理に基づき」[8]人物を假作（つく）るべきだ、というのがその答えである。それは、「まづ情欲といふ者をば其の人物が已に既に所有したりと假定めて」、さて「其性質と運命とハ何等の自然の機関（しかけ）によりていかなる具合にはたらくや」を、「只傍観してありのまゝに摸寫する心得にてあるべき」だ、というのである。この部分は、さきの内部と外部の二元論とともに、おそらく大学時代に学んだベインの心理学や、当時のゾラの自然主義ないし実験小説の理論を要約したノーマンの論文などが下敷きになっているのだろう。ノーマンによれば実験小説の作者は、生理学者が身体を実験するように人間をあつかうのであり、「すべて生得の傾向性（every inherited tendency）から発する帰結を跡づけ、つねに変化してやまない環境がおよぼす影響を分析し、すべての行動を解剖してその原因と結果とを発見しなければならない」[9]。はたして逍遙がノーマンを下敷きにしたとしても、ここでの問題は、逍遙が理解したかぎりでの西洋近代リアリズムないし自然主義の内実である。

逍遙の人物は、一定の情欲や善悪の性情や良心を「性質」としてすでに所有した器である。そのような人物がたどり、そして小説家が「傍観」し「摸寫」するべき「人生の因果」とは、自然の法則のもとで一定の性質を所有した特定の人間類型がたどる「運命」ではあっても、世界に生きる独特の個人が経験する内面の葛藤として把握されているわけではない。事実、逍遥が小説で描かれるべき人物として例にあげるのは、たとえば「善人にて所謂實事師」であり、あるいは「悪質（あくがた）」[10]であるが、これらは歌舞伎以来の役柄のパターンである。逍遥が英雄ではない、ノベルの登場人物の実例を思い浮かべようとしても、かれにはなお読本や人情本にでてくる人物類型しか存在しなかったのである。

内面のリアリズムと文体

西洋近代において内面とは、たんに良心と情欲との葛藤にひきさかれた古典的な「心」ではなく、なによりも自己意識と自己反省の領域である。近代以前に、自分という意識や心理の内的経験がなかったわけではもちろんない。だがそれらは自然や社会や神といった、自分にとっての超越との関係において意識され経験されていたのであり、自分に先立って自然や社会や神が、またそれを統御する法則や規則や掟や宿命があったのである。内面とはそのつどの心理経験の総体としての古典的な「心」ではないし、ジャン・プイヨンのいう古典心理学の対象として、外部世界からはっきりと区切られ、他者によって外から観察される一定の情欲の器でもない。内面とは、そこで個々人の現実経験が発生する領域であり、世界が意味として浮かびあがってくる場である。内面の発見とは世界の発見である。それはまた、柄谷行人がいうように、[11]みずからが個としてそのなかに住みこんでいる風景の発見でもある。近代の物語とは、世界に生きる自己の葛藤の物語であり、西洋近代リアリズムとは内面のリアリティーの物語である。だが逍遥の人物は、西洋近代リアリズムの担い手である内面の自己、意識主体としての個人ではない。逍遥の人物が近代的個人でないとすれば、そのような人物の物語を描く小説家もまた、近代小説の作者とはちがうはずである。事実、人情、心理や世態風俗を外から観察し傍観してくまなく写し批判的に説き明かす作者とは、語りのモードからいえば、現代のナラトロジーがもっとも古典的とする〈背後から〉の視点に立つ〈全知〉の語り手である。だがそれは、外界に対してそのつど反応する人物の内なる心理を穿って観察し説明することはできても、小説世界のただなかを生き、この世界をみずからの風景として受けとめる人物の、まさにその内面のドラマを描くことはできない。西洋近代小説が個の内面とそれがひきうける世界のリアリティーを描くことができるためには、個々の人物によりそい、そこから世界や他者を見る遠近法が、つまりは〈ともにある〉視点の開発が必要である。もちろん、『小説神髄』の時点での逍遥にとって、このことは思い及ぶべくもない。

逍遙や菊池にとってリアリズムがなお、人情本的な「人情世態」の「寫眞」としてしか理解されなかった理由として、もうひとつ、かれらのじっさいに経験した小説、つまり江戸以来の戯作小説の文体があげられる。現代の文明社会における人間の日常の複雑な人情と世態を写すものこそ、あるべき「美術」としての小説であるにしても、それを「ありのまゝに摸寫する」には、できるだけ日常のリアルなことばが必要である。だが、逍遙たちにとって文章をつづるには、唯一文語という制度しか存在せず、小説の文体とは戯作の文体でしかありえなかった。後年逍遙は、明治二十年前後を新文学の「表現苦の時代」と呼び、「徳川期の舊文章以外に、新思想を表現すべき何等の新様式もなかった」この時期の苦闘は、「口語體完成以後に生まれた人達の夢想し得ないことであらう」[12]と述懐している。

言文一致にかんしては、すでに慶応二年（1866）に前島密が漢字廃止の建議をしているし、明治七年には西周の「洋字ヲ以テ國語ヲ書スルノ論」がでて、のちの「羅馬字會」の先鞭をつけている。だがここでもっとも重要なのは、明治八年（1875）、福地桜痴が『東京日々新聞』紙上に発表した「文論」という記事である。「言文ヲ殊ニスル日本」において文章を綴ろうとすれば、「和漢洋合体ノ鵺文（ぬえぶん）」しかない。福地自身が日頃草するのもじつはこの鵺文であり、ひそかにこれを恥じ、かつ憂えている。というのも、こうした伝来の文章で書こうとすると、どうしても「情懐ヲ露シ、形勢ヲ写ス」に「抑揚ヲ甚フシ、波瀾ヲ極メ」ざるをえず、あたかも浮世絵師が描く誇張された役者絵のように「文章愈々奇抜ニシテ、愈々虚誇ニ流」れる。だが文章の絶妙は虚にではなく「實ニ在リ」、それはちょうど欧州の肖像画の真を写すのに似ている。われわれ日本人は「言ハント欲スル所ノ俗語ハ以テ筆ス可カラズ、筆スベキノ語ハ漢学ノ域内ニ在リテ、学力ノ到ル所ニ非」ずというアンチノミーにとらわれている、というのである。こうして福地は、「嗚呼吾曹ハ口ヨク之ヲ説クモ、筆未ダ之ニ従フコト能ワズ、依然コノ鵺文ヲ草シテ時好ニ趨ル、他人モ亦必ズ此ノ如クナルベシ、豈ニ悲シカラズヤ」[13]となげき、また日本の文章が将来どのような体裁に帰着すべきかについて、自分にはわからないと降参する。

あたらしい小説の改良には、あたらしい文体の改良が不可欠であることを痛感していた逍遙は、『小説神髄』下巻の「文體論」でそれを論じている。かれはこれまでのわが国の小説の文体を、雅文体、俗文体、雅俗折衷文体にわける。雅文体とは源氏物語などに代表される古文（倭文）であり、現代の「我文明の情態を」写しだすには適さない。俗文体とは、「通俗の言語(ことば)」をそのまま文にしたものである。俗言のままに詞を写せば「相對して談話するが如き興味(おもしろみ)」があるが、俗語は語法に定律なく音調に美がないために、地の「文」は俗言を用いるべきではない。最後に雅俗折衷文体であるが、これには「稗史体(よみほん)」と「草冊子体」との二種類がある。稗史体の代表は馬琴であり、地と詞との調和もよいのだが、その雅俗折衷文体は「今の世の言語に比すれバ大に異なる所あれバ」、時代物にしか適さない。一方草冊子体は、雅俗折衷といっても「専ら幼童婦女子輩(ばら)の玩具(もてあそび)ぐさに供せしもの」であるために、俗言を用いることがより多く、また漢語を用いることがより少ない。それゆえ世話物の小説には、春水に見られる草冊子体がよりふさわしい。

逍遙がここで分類している伝来の文体は、じっさいにも逍遙たちが耽溺した当時の読み物、とりわけ新聞の雑報記事やそれをもとにした続き物の文体として受けつがれていたものである。これについて本田康男は、「雑報記事と戯作者の強い結びつきは、まず文体の問題であった。後年成立した文壇において言文一致体の文章が工夫される以前に、はるかにスケールの大きい社会問題として新聞のニュース執筆の問題があった。そこに戯作者が登場したのである」[14]と述べている。本田によれば、雑報記事でも事件のあらすじを物語るばあいには、「漢文書き下しにわが国の古典の文章をないまぜた、物語の文体」としての読本体が、「いわゆる俗談平話、世間話、当代の流行の描写」など市井のトピックを描写するには日常会話をそのまま写した滑稽本の文体が、「色恋沙汰を報ずる雑報記事」には、会話を中心に男女の心理、愛欲を描写する春水らの人情本の文体が、そして新聞錦絵や絵入新聞の挿絵には絵の説明と人物の会話とからなる「草双紙の絵解きの文体」が、そのつど書きわけられたという。

逍遙の考える「世態を寫す」現代の小説とは、もちろん世話物である。それゆえ文章も、まずは俗文体に近い草双紙の文体を研究し改良すべきである。さらに一歩進めて、西洋のように「言文一途」をめざして、地の文にも「俗文体を用ひんとせバ宜しく一機軸の文」、すなわち「新俗文」をなすべきであるが、従来の俗文の不便をとりのぞく法は、目下のところはない。結局逍遙も、福地桜痴と同様に、「嗚呼我黨の才子誰(た)が此法を発揮すらんおのれハ今より頸(うなじ)を長うして新俗文の世にいづる日をまつものなり」[15]と嘆くほかはない。

制度としての漢文体

すでに見たように、逍遙が学生時代にスコットの小説を翻訳する際に採用したのが、当時人気の高かった服部撫松『東京新繁昌記』や東海散士『佳人之奇遇』の漢文くずしの文語体だったというのも、福地桜痴の嘆くように、当時の書きことばの基準としてはこれしかなかったからである。だが制度としての漢文体がもつあらがいがたい圧力は、「情懐ヲ露シ、形勢ヲ写ス」に「抑揚ヲ甚フシ、波瀾ヲ極メ」ることを余儀なくさせ、あたかも西洋の肖像画のリアリズムに対して浮世絵師が描く役者絵のように誇張させずにはおかない。柄谷行人は、福地におけるこの対比を、西洋の風景画に対する山水画に置きかえているが、[16] じっさいにも、たとえば成島柳北『航薇日記』（明治十二年〜十四年）におけるつぎのような記述は、そのような漢文体による山水画的な自然描写の例といえる。

登ること半里許、索麵瀑にいたる、此の瀑は三丈餘の巨巌の面に流れ、水条線の如く下る、その両岸峰巒突起して、其状剣の如く屋の如し、ますく〵進むで望むに、四面みな石山なり、……山形を四顧するに、尖鋭刀刃の如き者あり、夾立屏風の如き者あり、老獅の咆哮する形なる者、巨人の坐嘯する姿のもの、其他千状萬態、洞門を開く者、渓水を遮る者、変化奇幻筆墨の写しがたき所あり、支那人の畫く貴く奇峰怪巌を始めて目睫に見る、實に一大絶勝といふべし。[17]

これについて杉山康彦は、ここには「登ること半里許、索麵瀑にいたる」とか「ますく〵進むで望むに」といった行動描写が見られ、作中人物がそのつど見る位置を定めた上でそこから見える情景を描くというかたちをとっているにもかかわらず、こうした行動描写は「いわば前の場面と後の場面とのつなぎ文句でしかない。紙芝居が画面を変えるときの口上のようなものである。だから次の文章は〈此の瀑は……〉というふうに始まる」という。要するに、ここでは情景を形容する比喩は「その風景に接したときの直観ではなく、あとからほどこした」紋切り型のものであり、「この譬喩によって表現される山々はたんに並立的であり、そこには一つの視点から見られたパースペクティブというものがない。視点というものが問題になっていない」[18] のである。

もっとも山田俊治が指摘するように、漢文の修辞学のもつこうした圧力を嘆いてあらたに「実にある」文体の出現をのぞんだ福地桜痴が明治七年に主筆となった『東京日々新聞』には、たとえば末松謙澄が記者としてエートンの講演会のもようを伝える雑報記事——「初て彼の旅館に至る時（エートン）氏は晩餐中なり因て案内者に従て仮りに設けたる一間の講堂に至れり時に聴客は未だ一人の来る者あらず正面壁上より左右壁に連つて或は正円或は半円或は串珠の如きの絵図を掛けたり……末松は閑に乗して鉛筆を取り出し先づ彼の図画を模写せり既にして写し終る頃に聴客も漸々に来集し其数凡そ百六七十人椅子の数不足にて後辺に立聞する者も甚だ多し」（『東京日々新聞』、明治七年十二月十日）——のように、それまでの「戯作者が所有していた既成のコード」による雑報記事とは異質な文体、つまり報道主体である「末松を中心とした視界」として彼が「体験し、見聞した情景を書くという文体」、そしてこの「報道主体の眼の位置を追体験する」ことによって読者が「現在生起しつつある出来事の現場を体験しようとする」[19]文体が見られる。また、なるほど福地の文体論の基礎は漢文の修辞学であったにせよ、逍遙も参照したベインやチェンバースら西洋の修辞学が日本に紹介されはじめるのもほぼこの時期であり、こうした変化の兆しが見られる「その背景に西洋修辞学のもたらした認識の転換が予想される」[20]のではないかとする山田の推論も傾聴に値する。たとえばチェンバースの菊池大麓による翻訳『修辞及華文』では、福地では「記事」として区別されていなかった「叙」と「記」つまり物語と描写とが、「叙文（ナルレイション）」と「記文（デスクリプション）」と区別され、とくに記文にかんして「行旅者ノ着目ノ点」にしたがう描写、つまり記述者が動くにつれてかれの目に映るものを順次あげることで読者である「他人ヲシテ吾輩立ツ所ノ地位ニ立チ吾輩観ル所ノ象ヲ観ルノ感ヲ生ゼシムル」[21]描写、したがってわれわれのいう〈ともにある〉視点ないし〈情況〉の視点の語りが言及されている。チェンバースの「旅行者の視点（the traveller's point of view）」[22]はベインにしたがっているが、やはりベインの影響のもとにある高田早苗の『美辞学』（明治二十二年）でも、「実物等の各部分を順次に記載し以て全体の記事を構成する」記事文の方法を「周視法」[23]と呼んでいる。だが現実の探訪者の実体験をつづる雑報記事のルポルタージュ的な記述はともかく、フィクションにおける物語や描写に「旅行者の視点」や「周視法」を採用できるほど、当時の逍遙たちに〈ともにある〉視点や〈情況〉の視点にかんする十分な理解があったとはとうてい思えない。

たとえば、丹羽純一郎によるブルワー・リットン『アーネスト・マルトラヴァース』の翻訳『花柳春話』（明治十一年〜十二年）の第八章、マルトラヴァースとアリスが愛を語りあう場面の舞台となる庭の描写などは、小森陽一が指摘するように、フィクションにおける、西洋の風景画のリアリズムと山水画に比される自然描写のちがいを際だたせる例である。原文の「春の心地よい夕べであった。気候は、われらが（our）島の北部のこの時期としては、つねならず穏やかにうららかで、先ほど降った雨の輝くしずくは、マルトラヴァースの山荘のまわりに群生しているライラックとキングサリ（laburnam）の蕾の上できらめいていた」[24]という〈情況〉の視点による描写は、丹羽の訳では「吐鵑血ニ叫ンデ緑樹、陰ヲ成シ晩鶯、口ヲ箝シテ牡丹、花ヲ着ントシ恰モ是レ春末夏初ノ天ナリ」[25]となっていて、漢文体の書き割りのような紋切り型の舞台設定になっている。

2　『当世書生気質』

明治十八年に出版された『当世書生気質』は『小説神髄』の実作編として企図されたのだが、逍遙自身その「はしがき」で、「予晩近小説神髄と云る書を著して大風呂敷をひろげぬ今本編を綴るにあたりて理論の半分をも實際にハほとほと行ひ得ざるからに江湖に對して我ながらお恥しき次第になん但し全篇の趣向の如きハ専傍観の心得にて寫眞を旨としてものせしから勧懲主眼の方々にハ或はお氣に入らざるべし」[26]と述べている。当時の広告文では、「趣向は馬琴京傳をふんまへ文章ハ三馬春水を氣取りありとあらゆる書生の社會の情態をばおもしろおかしく理屈っぽく寫し出したる臭艸紙でござゐ」（『中央学術雑誌』、明治十八年十月）という。

新味と限界

それでは、じっさいにこの作はどうだったのか。冒頭の「さまざまに。移れバ換る浮世かな。幕府さかえし時勢にハ。武士のみ時に大江戸の。都もいつか東京と。名もあらたまの年毎に。開けゆく世の餘澤なれや。」というような、ときに七五調の、掛詞、縁語もふくむ地の文を見てもわかるように、総じて文章は雅俗折衷体、それも当時の新聞の続き物などにしばしば見られた草冊子体で書かれている。情景描写にしても、「心にくき格子戸つきハ。いかなる人の住居なるか。此方ハ一面の黒板塀。松おぶさつて姿をかしく。彼處に一基の石燈籠。蔦だきつきて形洒落たり。……燈火あやにくにおぼろげなれど。障子に移る影法師ハまだとしわかき男女と思はる」（「第十三回」冒頭）のように、これから交わされるふたりの男女のやりとりの舞台装置をしつらえる体のものであって、なるほど「此方ハ一面の黒板塀。松おぶさつて姿をかしく。彼處に一基の石燈籠」というように、一定の座標軸にしたがってその場の見取り図を記述する態度は見られるものの、これをその場に身をおくものが了解し感じとるはずのものを描写しようとする〈情況〉の視点による語りということはできない。それゆえ亀井秀雄のように、「この場面の特定の位置に立った人間でなければけっして見聞することができない形で、あたりの景色がとらえられている」[27]というのは過大評価だろう。純然たる詞（会話）の部分では、「……一番ずつと若返つて。鬼ごつこでもはじめやうか。ドウダ。小年も田の次も。仲間へ這入んな。運動になつていゝぜ。（年）ヲホ、、、。いかなこつても。此人中で。妾のやうなお婆アさんが。（園）ヘン。イヤニ老ひこんだナ。田の次ハドウダ。」というように、春水流の俗文体で、当時の日常会話をできるだけそのままに写している。所々、「（吉）ナンダ此野郎。汝まで僕をいぢめるな。覚えて居ろト箱夫を撃たうとする。箱夫ハ笑ひながら逃出す。」というように、洒落本・人情本や『歌舞伎新報』などでだしていた筋書きにもみられるような、ト書きに近い叙述もある。

　その情態、気質の「寫眞」にしても、たとえば作者自身が注をつけて、本編中に写したのはおおむね書生界の上流をしめる官立大学の書生の情態であって、「私塾の書生輩の情態の如きハ陋猥にして野卑殆々寫しいだすに忍びざるものあり」といい、あるいは「看客もまた此意をもて此書中の人物を検査し上中下の位附を定むべきなり」といったりするところからも、描写対象である人物とその情態とは、なお類型をでず、その傍観、観察をでないことはあきらかである。筋としても、全体は約十人の書生たちの生活ぶりのエピソードからなるものであり、そのうちもっとも主要な物語である守山友芳とお芳という生き別れた兄妹再会のエピソードにも、作者自身小説のなかで「何だか小説か假作のやうで」とか、「さういふとまるで赤本の結局のやうだ」というように、歌舞伎や戯作小説の荒唐無稽な因縁話である。

逍遙自身も巻末で、「當今の書生の気質を漏なく描きいだす手順にいたらず」、また「書生の変遷を寫し得ざりし事」も作者として遺憾であると率直に述べている。ここにいう「書生の変遷」とは、「其習癖其行為の変遷」であるが、これとてもなお人物の、個人としての内面の成長の過程を描く教養小説のようなものではなく、「はじめ軽躁なりし人も。年経て沈着になる事なり。……或ハ卒業して用にたゝざるあり。或ハ浅學にして用ひらるゝ事あり。其変轉ハ万態千状。……寫さバ面白さハ限なからん」[28]というように、あくまでその人生の転変の傍観であり観察である。それゆえ、ここにいう「書生の情態を寫す」とは、稲垣達郎もいうように、式亭三馬の『浮世床』や『浮世風呂』の風俗描写を枠組みに、「やや内面性のからまった書生の風俗絵巻をくりひろげるのが、じつはせいいっぱいの新鮮味だった」[29]というべきである。

のちに『早稲田文學』誌上で「性情を主とする西洋小説の趣味をも」（彙報子、明治二八年）ほの見せていると評されているように、新味もある。逍遙は『小説神髄』で、草双紙では視覚的な描写は挿絵にあずけてしまい「景色形容を叙する事を間々怠る」のがふつうであったが、これは心得ちがいで、「形容を記するハなるべく詳細なるを要す」[30]という。逍遙の主張は、地の文が会話場面に対するト書き的な役割しか果たしていないことに対して、地の文それ自体の表現的価値を高めること、つまり「挿画への依存を克服すること、換言すれば、言葉の視覚的（映像的）機能を獲得すること」[31]にある。こうして『書生気質』では、書生守山の下宿の部屋が詳細に描写される。人情本の口絵は女性の読者にその年々の流行を知らせるファッション・ブックの役割をかねていたせいか、身なりはくわしく描写される一方で、顔立ちについては、「みだれし鬢の島田髷、素顔自慢か寝起の侭か、つくろはねども美しき、花の笑顔に愁の目元」（『梅暦』）のように、一般的な印象しか描写しない。だが『書生気質』では、亀井秀雄が指摘するように、「痩肉にして背も低からず。色ハくつきりと白うして。鼻筋通り。眼ハちとバかり過鋭あれど。笑ふところに愛敬あり。……」というように「顔の特徴を観察してその性格をうかがわせる描き方」[32]をしている。また春水の人情本などでは、感情や思いは会話のことばで表白されるか、たまにごくみじかい人物の心理描写がはさみこまれても、「米八つくづくとかんがへ思ふに……」とか、「さてこのむすめのりんきして、にらめるといふはなかなかたやすきことにはあらず、しんじつのこころから精一ぱいのやきもち也」（『梅暦』）というように、そのつどの物語にからむ人物の心の動きの観察記述や解説である。これに対して逍遙の心理描写は、たんなる情痴にとどまらず、当時の思想や文化、政治にもおよんで、より複雑でながい。しかし、そうした人物の感情や思いはたいてい会話のことばによって表白される。人物の「自問自答のひとり語(ごと)」が見られるばあいでも、「兎角世の中にハ。磊落を粗暴と取違へたり。……ずるいのを大胆だと思ふやうな。了見ちがひが。あるにハ困るヨ。しかし然(そう)いふ御自分さまが。やっぱり世故にハお暗い方だて○ア、兎角世の中ハ。學問ばかりでハ渡られない。世才といふものが肝腎だ。」というように、それはなお演劇的な独白つまり詞による表白に近い。それゆえ、心の内なる思想内容のあたらしさと西洋風の内省はあるにしても、ここに見られる心理描写の行き方は人情本と基本的にことならず、人物の心理の外から観察された記述や説明として、なお古典的「心理学」なのである。

とはいえ、当時の文学好きの若者たちには新鮮だったようで、淡島寒月は「この書物はいままでの書物とはくらべものにならぬ優れたもので、さかんに売れた」[33]という。幸田露伴の印象としても、『書生気質』は「柳亭種彦脈に春水や金鵞の情話風も交り、也有あたりの俳文気もチョッピリ加味され、それに当代写実のやや多量が地を為していて、そして西洋風の香料や塩梅が施されたものであった。そこで在来の日本的のいろいろのものを知っていたものは直ちにその台所を看破はしたがその一面においては新らしい写実や西洋風のゆき方に破顔するところがあって、これは面白いと感心もし賞讃もした」[34]というものであった。もっとも、知識階級の文章はまずは漢文であり戯作者が軽んじられた時代、小説家たらんものは、当時戯作の実権をにぎっていた魯文たち戯作者の門下とならなければ世に立てなかった時代に、文学士が野卑な戯作小説を書くことはおどろきであると同時に非難すべきできごとでもあったらしい。世間のこうした非難に対して逍遙自身は『書生気質』第九回の巻末で、いかに「下等の情態を寫し。卑俗の言語を用ふる」にしても、「かの為永派の作者の如く」時好に媚びず、「其精神だに野卑ならずば」、ディケンズをはじめとして、「専ら情態を寫す」近代小説たりうるのであり、これを非難するのは、「世に稗史眼の無き」がためだと反論している。

ここで特筆すべきは、逍遙の友人高田早苗による「當世書生氣質の批評」（『中央学術雑誌』明治十九年二月）である。かれもまた『書生気質』が野卑であるとの世の非難に対して、「嗚呼世間小説を讀むの人何ぞ小説を観るの眼を備へざるの甚しきや書生氣質の鄙なるが如く陋なるが如きは其傑作なる所以なり」[35]として、『書生気質』は世間が小説と考えてきた時代小説、あるいは「羅オマンス」のような「阿イヂヤル、能ベル（標準小説）」ではなく、近代のディケンズに見られるような「曾シヤル、能ベル（社會小説）」であるとして高く評価し、また「書生氣質は明治一新以后唯一の小説なり」という。しかし一方で、かれはこの小説の最大の欠点が、その「人物の構造宜しきを得ざるにあり」と喝破する。その人物たちはいずれも平凡で特徴がないために、あえて奇癖をもたせてその挙動を描写しようとする。しかし奇癖をのぞけば、人物は「木偶一般」となる。そもそも西洋小説の人物の緻密であるのに比して、東洋小説の人物は粗雑であるのみならず、「東洋小説の人物ハ一々作者の口上に依りて其如何なる性質なるやを現ハし西洋小説の人物ハ自己の挙動に由りて其性質を示すの差」があるが、この点からいえば、逍遙は「未だ東洋小説家の臭氣を脱せず」[36]といわざるをえない、というのである。出版当時すでに高田は、自身の西洋小説の読書経験にもとづいて、逍遙の人物がなお個としての内面をもたず類型にとどまること、またいうところの「人情、世態の寫眞」が、なお浮世床、浮世風呂流の風俗描写にとどまることをするどく見抜いていたのである。

二葉亭四迷『浮雲』

ともあれ、帝大出の学士が小説を発表したという事実は、当時の学生たちに大きな影響を与えた。二葉亭四迷（長谷川辰之助）もそのひとりで、すでに明治十九年一月には逍遙をたずねて、ツルゲーネフ『父と子』部分訳やゴーゴリの戯曲断片の訳を逍遙に見せたりしている。とくに『中央学術雑誌』に発表された「小説總論」は、自分でもベリンスキーやカートコフらロシアの芸術論を読み、その訳を発表したりしていたものが、『小説神髄』に触発され、また「今書生氣質の批評をせんにも、豫め主人の小説本義を御風聴して置かねばならず」[37]と考えたうえでの、かれなりの小説論であった。かれはここで逍遙にならって、浮世の実相界にかたちとしてあらわれた「種々雑多の現象（形）の中にて其自然の情態（意）」を写しだす模写こそ「小説の眞面目」だという。しかも、二葉亭のいう「自然の情態（意）を写す」ことは、逍遙のいう「人世の情態を写す」こととはかならずしも重ならない。ここで「自然」というのは、現象の「形」に対する「意」であり、つまりは「宇宙間の森羅万象の中にある」普遍、本質、真を意味し、そのような意味での「理念」を意味しているといってよい。にもかかわらず、かれが実際に「意」としてなにを想定していたかということになると、二葉亭もなお逍遙から遠くはないといわなければならない。たとえばかれが「小説の意」としてあげている例は、「恋情の切なるものは能く人を殺す」といった、いわば一般則のようなものである。

実際にも明治二十年に発表した『浮雲』は、世におもねることを潔しとしない潔癖漢の文三と、権力に媚び世渡りがうまい昇の対立という「天下の意」を、お勢というひとりの女をはさんで具体化しようというものである。執筆に当たっての手順は、まずは「當時の日本の青年男女の傾向」についてぼんやりと「自分の有ってる抽象的観念」があり、「それを具體化」して形となすために、自分がこれまで会ったひとのなかで適当なひとを土台にして「その人の個性はあるが、それは捨てゝ了って、その人を純化してタイプにして行く」[38]のだという。それゆえ、「浮雲の著者は小説を知る故に性質、意想を寫し又は地位境遇の変化と其性質、意想の発現との相関を畫く甚精密」にして、「近時抜群の上出来なる書なり」[39]という当時の高い評にもかかわらず、なお人物の性質を描くのに作者の口上を以てするところ大であり、ために人物の類型をまぬがれてはいない。しかし一方で、逍遙とはちがって二葉亭の語りは、「想うに文三、昇にこそ怨みはあれ、昇に怨みられる覚えはさらにない。……口惜しい、腹が立つ。余の事はともかくも、お勢の目前で辱しめられたのが口惜しい。「しかも辱しめられるままに辱しめられていて手出しもしなかッた。」トどこかで異な声が聞こえた。「手出しがならなかッたのだ。手出しがなってもし得なかッたのじゃない。」ト文三憤然としていいわけをし出した。」（第二編第九回）というように、克明に人物の内部にはいりこんで心理描写をおこない、また主人公の文三もしきりに気持ちの迷いを独白する。自分を責める声すらまじる。とくに上に見られるような、文三の内面を三人称の地の文が描写する叙法について野口武彦は、「これはもうすでに作者による語りではない。主人公と内的に一体化しはじめた作者の、その主人公を対象化したところの叙述である。心理描写といってもよいだろう。いま読者が目の前にしているのは何あろう、近代口語文による三人称叙述の最初の達成なのである」[40]と評価している。小森も、ここではお勢と昇がふざけている奥座敷の気配をうかがう文三の「そばによりそうようにして語り手は、文三が目をこらし、耳をそばだてる様子を報告する。語り手と文三は、ほぼ一体化し、「覗き見」と「立聞き」の共犯関係を結んでしまって」おり、その結果「語り手の文脈に、文三の「詞(ことば)」が入り込んでくるのであり、語り手は文三の口真似をするようになる」[41]として、そこにこの小説の革新を見ている。だが、文三の独白がなお演劇的なものにとどまるように、「文三と同じ「ことば」を使う「語り手」の外側からの文三の心理の説明」[42]も、小森がここに認める「視点的な描写」あるいは「作中人物の意識に即した描写」[43]、つまりはわれわれのいう〈ともにある〉視点による文三自身の内面の葛藤の描写となっているとはいいがたい。ここでも文三の内部の怒りや悔しさは、文三自身の独り言として口にだされたことばのように記述されており、またそうした気持の迷いも「想うに文三……」と、その概略が当人にとって一義的で透明なかたちで説明されるのである。そのために、こうした怒りや自責の念に否応なくとらわれ逃れられないでいる自己の情況という、かならずしも当人にとっても透明ではありえない内面のリアリティーを描けないでいる。山田美妙が「文三の心理の左右は寫し得て至極面白いです。この一段に於ては今日自餘の作者にまだ例の無い處です。併しながら猶惜しい處は数有ります。ぶんぞうがあゝかう色々に思直すのでほとんど第二編の過半は填ッて居ます。が、その種類は何々かと問へば、第一、阿勢は本田に氣が有るか、第二、氣が無いか、第三、叔母は薄情か、第四、薄情で無いか、この四つより外は有りません」[44]（「新編浮雲」、『いらつめ』明治二一年五月）と評し、そのように内面の自我における葛藤というよりはそのときどきの情況にふりまわされるような文三を「柔弱で女々しい」と評するのも、このためである。磯貝英夫も、「ここに典型的に出ているような、内的独白のかたちをとった心理叙述は、高座における心理表現の方法を踏襲したものである。そして、ここにも語りの調子がひびいている」[45]という。この小説が未完に終わったのも、あるいは人物の類型なだけに解決も類型にならざるをえず、それをさけようとすれば、人物に十分に複雑な内面をもたせなければならないが、それがなお技倆においてできないために、二葉亭としてやむをえなかったのかも知れない。

3　言文一致運動

ではなぜ逍遙や二葉亭たちには、あたらしい小説が書けなかったのか。かれらの「世態を寫す」試みが、近代リアリズムに届かなかったのか。その理由はすでに見たように、かれらにはなお内面と世界のリアリティーの発見と、そしてその表現を可能にする語りの叙法とリアルな文体の発明がかなわなかったからである。

リアルな文体にかんして、西洋にならうならば言文一途をいうべきである。だがここで注意すべきは、逍遙をはじめとするこの時代の日本人にとっての、地の文に口語体をもちいることに対する生理的な違和感の所在である。現代のわれわれにとっても、日常の話しことばと文章語とがまったくおなじであるわけではない。だが逍遙たちにとっての問題は、文章語とはまずは制度化された特殊な文語であり、それが書くものに、漢文の素読・吟唱や、馬琴の読本の暗唱で身にしみついた抑揚や波瀾や誇張を、あるいは掛詞や縁語、七五調のリズムや歌の引用を必然的に要請する。この文語的修辞コードの圧力のもとでは、自分たちが日常話している口語体を文章につづれば、人情世態をよく写し平易ではあっても野卑で冗長と感じられる。激越な模様を叙するには漢語でなければならないと感じ、俗文体の為永派の小説の詞でも、厳格なくだりになれば演劇のせりふめいた詞を使わずにはいられないと感じるのである。そしてこのことは逆に、あらかじめ文体コードが描写内容を制約し、対象を類型化してしまうことをも意味する。逍遙たちが真を写そうとする「人世の人情世態」そのものが、すでに文語によってあらかじめ規定されコード化された「現実」でしかない。それはあたかも福地桜痴のいうように、西洋の肖像画のリアリズムに対する浮世絵の誇張された役者絵の「写実」でしかないのである。

語尾と待遇感情

当時の逍遙たちにとって口語で文章をつづる際の違和感は、とくにその語尾にある。すでに見たように、逍遙自身は言文一致をとらなかった。言文一致の急進派二葉亭は、『浮雲』を書くにあたって、語尾を「ます」調でいくべきか「だ」でいくべきか迷ったが、逍遙のすすめにしたがって「だ」調にしたという[46]（「余が言文一致の由来」、『文章世界』明治三九年五月）。もっともここにいう「だ」調は、じっさいには「た」「だ」「であろう」「であった」といった語尾をふくみ、山田美妙の最初の言文一致体小説『風琴調一節』（明治二十年七月）や『武蔵野』（明治二十年十一月〜十二月）などもそうである。しかしその美妙も、明治二一年五月の『情詩人』以降は、『胡蝶』（明治二二年一月）などでも、一転して「です」「しました」という口調に変わっている。逍遥自身、明治三九年という時点においてもなお「言文一致の荷厄介は敬語と語尾」だといい、「名詞止めもそうそうはうるさく、「だ式」、「である式」、共にあんまり自然でない。「です式」が一番口語的だと思へど、どうやら讀みなれぬせいかして女々しく、軽く、それに何だかさし向かひ式のやうにも聞こえる」[47]（「言文一致について」）という。

「た式」、つまり「した」「あッた」という語尾は、過去形である。これについても逍遥は『小説神髄』下巻の「文體論」で論じている。たとえば「更に行衛のしれざりしかバ」という叙事体の文を俗語でいうばあい、①「更に行衛が知れぬから」、②「とんと行衛がしれなかったものだから」、③「更に行衛が知れぬもんだから」ともいえるが、②と③は「俗談中の俗語にして最も鄙しき言語」である。それゆえ逍遥は、まずは①をとるべきだというのだが、しかもそれは現在形であるから、すでに過ぎ去った来歴（物語）を叙するにはこれも適当ではない。それゆえまたしてもかれは、「我国の俗言に一大改良の行ハれざるあひだハ」[48]、俗言によって地の文を写すべきではない、といわざるをえない。逍遥たちにとって、「した」「あった」という口語体の過去形が文章語としてはいかに違和感があったかは、『書生気質』にも認められる。詞では「何處かへ無くしてしまつたからサ」と、②の「た」式が口語のままにつづられているが、地の文の大部分を占める雅俗折衷文体では「幕府さかえし」というように、過去形は文語がもちいられている。一方で、戯作以来の慣習にしたがうト書きのような俗文体による地の文では、物語の時制であるアオリストつまり過去形すら犠牲にしても、「撃たうとする」「逃出す」というようにあえて現在形が使われる。

「た」「だ」や、その敬語表現である「です・ます」は、対面的コミュニケーションにおける断定の語尾である。すでに見たように、逍遥にとって小説の作者とは、人物の性質や心理や運命を、世態風俗を、自然と人生の因果や法則を傍観してくまなく写し、批判的に説きあかす全知の語り手である。しかもこの作者はたんに物語の語り手というにとどまらず、しばしばみずからが姿をあらわして直接読者に話しかける。じっさい江戸の戯作では、語り手はしきりに作者として登場して読者にむかって人物や事柄を説明し、ときには遊里などにおける特殊な俗語や隠語の解説をし、批評的なコメンタリーや道徳を表明する。戯作で育った逍遙たちは、この伝統がからだに染みついている。『書生気質』でも、「其服装をもて考ふるに。……府下のチイ官吏のサン［子息（むすこ）］ならん歟。とにかく女親のなき人とハ。袴の裾から推測した。作者が傍観（おかめ）の独断なり。」というように、目撃者や評者としてさかんに「作者＝話者」が顔をだす。作者が物語の背後につねに現前し、読者にむかって直接話しかけるやり方は、前田愛がいうように近代以前の「音読の習慣」[49]に根ざしている。しかしこの語りをそのまま口語になおそうとすれば、「た式」「だ式」ではどうしても、対面の語りとしては「耳に荒く響きまた極めてぞんざいなる独語のやうにも聞こへ」[50]たろう。それゆえ日本語の対面的なコミュニケーションのつねとして、敬語「です式」をとらざるをえないが、それはいかにも「女々しく、軽く」感じられる。この語尾という厄介な問題をさけようとすれば、「まことに気まぐれな空あひ。」（ツルゲーネフ『あひゞき』、二葉亭訳、明治二一年）というように名詞止めにせざるをえず、しかしこれもくりかえされるとうるさいというのである。磯貝英夫がいうように、日本語の話しことばは「文末辞に、待遇感情がからみついて」おり、それゆえ相対の場をはなれることはできないが、「文は相対の場を超え、普遍の場に立つことによって、はじめて自立する」[51]。逍遙たちにとっての違和感も、「さし向かい式の」口語の語尾では、文章語としては「讀みなれぬ」点にある。それはつまり、たとえ作者が話者として直接読者に話しかけるにせよ、日常の会話の相手ではなくあくまでも物語テクストの語り手であるために、そこには一定の距離感が不可欠であり、文語体がその距離感を確保していたものが、口語体によって消去され、必要以上に話者の現前が意識されることに対する違和感である。

「である」体の採用

文学史上は、明治二四年に尾崎紅葉が『二人女房』の「中の巻三」から「である」体を使いはじめ、[52]明治二九年の紅葉『多情多恨』や二葉亭による「あひゞき」改訳（たとえば「気紛れな空合である。」）にも採用されたのち、明治三四年の国木田独歩の『武蔵野』を経て徐々に「である」体が優勢となり、言文一致は確立するとされている。ではなぜ、「である」体なのか。磯貝によれば、ひとつにはそれがもともと話しことばではないために、「日常語につきまとう敬譲尊卑の情念を拒絶して、客観体を樹立する意味を持っていた」[53]からである。江戸時代には、それは漢学の講義口調や蘭学者の翻訳にもちいられていたらしい。明治にはいると、円朝の『牡丹灯籠』で武士が目下のものにいうことばとして「であるぞ」が使われており、また明治十年代には政治家の演説などにおいて「である」が用いられるようになる。そのときでも、それはなお尊大な印象をあたえたかも知れないが、しかし同時にたんなる個人的な対面的コミュニケーションではなく、「諸君」と呼びかけ「われわれは」と主張する演説のことばとして、第三者的な一種公的なひびきをももっていたのではないか。そうだとすれば、この「文語的含意をともなう文末詞」[54]は、あたらしい口語的「文章語」として打ってつけであったろう。他の口語体の語尾とちがって、「である」がもっている話者と聴き手のあいだのこの距離感が、江戸戯作以来の小説もふくめたエクリチュールが読者とのあいだに文語体によって保持してきた一定の距離感に対応すると感じられるようになったのではないか。

もっとも「である」や「た」の定着が、ただちにあの旧来の、作者自身が読者に直接話しかける音読共同体的な「語り」の習慣をくずしたわけではない。「です・ます」にくらべれば、「た・である」は一定の距離感をひびかせたとしても、これら口語的な語尾の使用はやはり文語的な距離感を希薄にしただろうし、これによってかえって「作者＝話者」の現前はよりつよく意識されただろう。この違和感の消去こそ、言文一致運動の眼目であった。それゆえ柄谷行人が、文語体における「けり」に代わるべき「た」という口語体の語尾の使用の問題をただちに「近代小説の話法」としての「語り手の消去」にむすびつけ、これによって「語り手と主人公はあいまいに同化され」ることで「三人称客観描写」が可能になったとし、この点で二葉亭の『浮雲』は「日本最初の近代小説」[55]だというのは、いささか奇妙である。一方絓秀実は、「た」や「です・ます」の口語体では話者は読者に対して姿をあらわすことを認めた上で、これら「音読・口話的コミュニケーションを滅ぼす」あたらしい文語を構成する「である」の採用が、「語り手の中性化」と「黙読共同体（ネイション）における近代小説」[56]の成立をもたらすというが、伝統的な文語的距離感のもとでも「作者＝話者」がしばしば姿をあらわした以上、これもにわかには認めがたい。前田愛が逍遙の「作者＝傍観者」を、作品のなかに直接介入する「作家主体の消去」であり「写実主義の理論が要請した方法」だとして、それが「ヨーロッパの写実主義理論とある相似形を描き出して」[57]いるというとき、じっさいには逍遙の「作者」はしばしば読者に直接話しかけることを思えば、これもまた正しいとはいえない。かれらにあっては、「文体」の問題と語り手つまり語りの「態」の問題、さらには近代小説を近代たらしめている「叙法」の問題が混乱したまま議論されているのである。

すでにわれわれが確認したところにしたがえば、内面のリアリティーを描こうとする西洋近代小説が成立するためには、一方で漢文的修辞コードの圧力のもとに押しつけられた「現実」からのがれるための自在な文体と同時に、他方で世界と風景のリアリティーを、そのただなかに位置する視点から自分の目でとらえ経験する個の内面の遠近法が、つまりは〈ともにある〉視点および〈情況〉の視点の開発が必要であった。そして西洋近代のリアリズム小説が開発した語りの「モード」は、「作者＝話者」という語りの「態」とは別問題である。なるほど「作者＝話者」の消去は、あらたな語りの視点の開発のための前提条件ではあっても、そのような叙法の開発そのものではない。また、語りの視点の問題と一人称の語りか三人称の語りかということとは、かならずしも重ならない。「語り手＝作者」の消去とは、テクストを、これを語る「声」から解放して「語りの装置化」することである。近代になってこうした認識が生じてはじめて、〈ともにある〉視点が、つまり現実には不可能な、登場人物の内面によりそう語りというフィクションの装置の発明が可能となったのである。

4　逍遙以後の小説

「人間派」と「没理想」

逍遙はその後もいくつか小説を書くが、明治二二年一月の『細君』を最後に、小説を書かなくなる。逍遙自身はついに、近代小説を書くにいたらなかった。他方でかれは明治二四年十月に『早稲田文學』を創刊し、評論活動に専念する。明治二三年十二月の『読売新聞』に掲載された「新作十二番のうち既発四番合評」でかれは、当時の日本の小説を、固有派、折衷派、人間派という三派に分類している。固有派とは伝来の戯作系統のものであり、折衷派とは「着想も頗る外國ぶり」のものである一方で、「或事変の或性情に於ける影響を寫」[58]す、いわば心理学でこと足れりとするものである。それは「性情派若しくは人情派」ともいえるが、しかしこの時点での逍遙にとって、人情派とその心理学はもはや小説のあるべき姿ではない。ここに逍遙自身の「小説（ノベル）」概念の大きな進展を見ることができる。あるべき小説とはなにか。それは、ドラマを模範とする「人間派」の小説である。のちに逍遙はこれを「我が国の史劇」（明治二六〜二七年）で詳論して、ドラマはたんに内と外の影響関係の観察、記述ではなく、「個々人物の性格を根本因として、其の周囲の事情、境遇等を縁とし、……以て髣髴として人間事相の眞實平等體」[59]つまり人間の普遍性へといたるべきだとしている。そして、この点での模範はシェイクスピアである。逍遙にとってシェイクスピアは「區々小理想」では測りえない「底知らずの湖」である。ここで排除されている「理想」とは、すでに『小説神髄』でも明言されていたように、作者のがわの一方的な「世界観及び人生に對する観念、及び其の品性」、つまりは勧懲のような「道徳の模型（いがた）」を意味している。

だが森鷗外は、そうは受けとらなかった。明治二四年九月、逍遙の「合評」に対する鷗外の反論にはじまる「没理想論争」は、総じて逍遙の真意の鷗外による誤解に由来している。鷗外が誤解したのは、そもそもかれが依拠したハルトマン流の観念論美学のゆえである。逍遙にしても、鷗外のいう「理想」が「ヘーゲルが謂ふ理想（アイデアル）」[60]であり、つまりは自然世界の根底にある神的理念であることを理解しないわけではない。ただかれは、そのような「絶對」に対しては、いわば不可知論の立場を表明するのである。逍遙の関心はどこまでも文学の理念論ではなく、日本文学の現状を鑑みての改良にある。一方鷗外にしても結局のところ、ハルトマンのいう「理想＝理念」の意味内実にかんしては、あいまいな抽象観念にとどまっている。

「た」「だ」「である」といった口語的「文章語」が違和感なく受けいれられることと、「作者＝話者」の消去と、そして〈全知〉の視点に代わる〈ともにある〉視点という語りの装置の開発とは、それぞれ問題としてはべつのものである。だが、この三つのことなった問題を同時にかかえていたわが国の旧来の小説の圧力のもとで、西洋的な近代リアリズムをめざそうとするとき、その成就のためには、この三つの問題を同時に解決することが必要であった。のちに見るように、おそらく独歩の『武蔵野』において、もっともはっきりしたかたちでおこったことは、それである。

西洋近代叙法の例外的さきがけ

ただし例外がある。ハルトマンをはじめとする西洋芸術論の知識が鷗外の実作に影響したかは疑わしい。にもかかわらず、明治二三年一月に発表された「舞姫」をはじめとするこの時期の鷗外の短編は、文体は当時落合直文ら国文学者によって改良された雅文としての「新国文」をとっているにもかかわらず、当時としては例外的に、すでに主人公の内面のドラマとしての成熟を見せている。磯貝は、「舞姫」の叙述は細部のすべてが論理脈絡に絡めて描出されていて、「構文の論理性という点で言うと、これに匹敵する小説文を挙げることは容易でない」というが、それゆえ当時のひとびとには「これは骨の髄からバタくさい文章」[61]であったという。エリスに逢い、その家にともなわれてはいるくだりの描写――「人の見るが厭はしさに早足に行く少女の跡に附きて寺の筋向ひなる大戸を入れば欠け損じたる石の梯あり、これを上ほりて四階目に腰を折りて潜るべき程の戸あり少女は鏽びたる針金の先きを捩ぢ曲げたるに手を掛けて強く引きしに中よりしわがれたる老媼の声して「誰ぞ」と問ふ」――にしても、「小説のところどころに、道行き文ふうの半描写美文をはさみこまずにはいられない習慣が強く残っている時代」のいきかたに対して、「対象のほとんど図面的に正確な叙述を志している。……対象を正確に指示することばのほかには、常套的な形容語の一つもない」描き方をしている。また人物イメージにしても、従来の「人相書きのような人物描写」による「細叙よりは、一点集約的描写の方がどんなに効果があるかということも、ほとんど心得きっており、西洋短編の味読ぶりが察せられるのである」[62]という。亀井も、すでに見た柳北の『航薇日記』のように、たとえ情景の細部を一つひとつ取りあげるとしても、名所旧跡といった伝統的な審美眼にあてはまる庭園や景色がとらえられるにすぎず、またそれを取りあげる側の見立ての修辞上の巧拙を競うことが問題だった時代にあって、鷗外は、おそらくは西洋小説の豊富な読書経験にもとづいて、人物の「そのときその場面で自分につよく印象づけられ、自分の心を動かしたものだけ」を選び、それ以外の細部を捨て、こうして「わが感性を動かした対象の表現を、事態の不可避的な展開にかかわらせて必然化する、そういう方法をかれが持っていた」[63]という。

特筆すべきは、一人称（「余」）の〈ともにある〉視点の語りである。「舞姫」冒頭の一文――「石炭をば早や積み果てつ中等室の卓のほとりはいと閑かにて熾熱燈の光の晴れがましきもやくなし、今宵は夜毎にこゝに集ひ来る骨牌（かるた）

仲間も「ホテル」に宿りて舟に残りしは余一人のみなれば」――について磯貝は、鴎外のこうした文章の「論理性」について、それが「もっぱら内部から描くための必然の制御」[64]だったというが、それはつまり、もっぱら人物の「内部から描く」ための〈ともにある〉視点と〈情況〉の視点という、たとえはっきりと意識しないまでも、西洋短編の味読の結果鴎外が身につけた語りのモードの実践である。理づめと見えるのも、それが主人公自身の経験とそれを理解し推論しようとする心の動きのドラマだからである。ほとんど同時期の「文づかひ」（明治二四年一月）も、一人称（「われ」）の語りであり、「うたかたの記」（明治二三年八月）は三人称ではあるが、「こよひも瓦斯燈の光、半ば開きたる窓に映じて、内には笑ひさざめく声聞ゆるをり、かどにきかかりたる二人あり」では〈情況〉の視点が、また「先づ二人が面を撲つはたばこの烟にて遽に入りたる目には、中なる人をも見みわきがたし」では〈ともにある〉視点が成立している。これらの小説の近代性はあきらかである。森田思軒が「文づかひ」を評して、「読者は小林とともに折々様子ありげなるを疑ひ思ふのみ是等の手法は平生西洋の小説若くは物語に熟せる者に非ずざれば輒すく悟到する能はざらん」[65]というとき、かれはたしかにこのことに気づいていた。

留学先のドイツでの西洋小説の豊富な読書経験によって、おそらくは本能的に近代小説の語りを体現した鴎外にしてはじめて、例外的に〈ともにある〉視点が可能となった。しかも、その鴎外にしてさえ国文体をとったという点に、当時の鴎外たちの口語体の文章に対するぬきがたい違和感を認めることができる。[66]「文づかひ」ののち、鴎外はいったん小説の筆を断つ。そして明治三十年八月に、とつぜん「そめちがへ」を発表する。題材は、待合いの色模様である。鴎外でさえ、舞台を日本に設定したとたん旧弊に籠絡されざるをえなかったのか、物語は芸者相手の情話であり、文体さえもこの題材にあわせてというのか、かつての浪漫味ゆたかな新国文ではなく、ことさらに為永派流の俗文体をもちだしている。この点では鴎外さえも、当時の日本人の感性を共有していたというべきか。これについて斉藤緑雨は「鴎外漁史がそめちがへは鴎外漁史がそめちがへなり」[67]として、これを失敗作としている。

もうひとつの例外は、明治二一年の二葉亭によるツルゲーネフ「あひゞき」と「めぐりあひ」の翻訳である。明治三九年の「余が翻訳の標準」で、翻訳に際しては「其の心持ちを失はないやうに、常に其の人になつて書いて行かぬと、往々にして文調にそぐはなくなる」[68]という二葉亭は、みずからはつくりだせなかったにせよ、ツルゲーネフにはあった〈ともにある〉視点の語りに敏感に反応し、これを言文一致体に移そうとした。蒲原有明が中学時代に読んだ「あひゞき」について、「その珍しい文体が耳の端で親しく、絶間なくささやいて居るやうな感じがされて、一種名状し難い快感と、そして何処か心の底にそれを反撥しようとする念が萌してくる。余りに親しく話されるのが訳もなく厭であつたのだ」[69]というとき、それは〈ともにある〉視点のあたらしい経験に対するとまどいであったろう。二葉亭はまた、われわれが〈情況〉の視点と呼ぶ語りについてもうすうす感づいていたらしい。二葉亭は、森田思軒訳のユゴー「探偵ユーベル」（明治二二年）に対して、「文品頗る瀟洒能くユコーの面影を寫せり……嗚呼三千八百万人中文人と称して媿かしからぬ者ハ只此思軒居士森田文三君ノミ」[70]と評価しているが、小森によれば、『郵便報知新聞』記者として現場の「実境」に立ちあい、そのなかで行動する体験的報告者の感覚をみがいた森田思軒の翻訳においては、「状況を概括し、常套的な成句の中にくくり込んでしまうような「漢文」体的な表現意識とはまったく異質な、状況内部に存在する体験的報告者の心身の反応とそこに流れる時間に即した文体」[71]がみられるという。この点でもたしかに、「作中人物の外界を描くことが、実はその人物の内面を形象化する突破口になるような、ツルゲーネフの独自な「自然」の描き方に二葉亭は敏感に反応していた」[72]といえるかも知れない。だがその二葉亭にしてさえなお、「只の地の文は書きにくしとも思はねど、心の事またはけしき事を書くは大骨なり、さる文章は抑揚頓挫なければ平板となりてはけしき事もをたやかに聞ゆれバなり、和文ハ助にならず、漢文の語勢はさる文章にハかつこうなるべし」[73]と迷わざるをえないのである。

「自叙躰」の流行

二葉亭の翻訳「あひゞき」、「めぐりあひ」や、鷗外の「舞姫」、「文づかひ」をはじめとする一人称の語りは、二十年代前半の流行現象である。すでに逍遙は明治二十年一月『教育雑誌』に「實傳論（バイヲグラヒー）」を発表して、我が国の実伝はたんに編年に類したものでしかないのに対して、西洋におけるルソーなどの「懺悔の主意に出し自傳」に見られるように、「凡そ實傳の本意とする所ハ心の変遷を叙するにあり性質の隠微を探覈（たんかく）するにあり」[74]という。そのような嘘いつわりのない「一個人の来歴」は「他人の鑑」となるから、「我国の文壇の才子よ今より時好を追ふ浮気を打すて蹶然實傳の壇上に登りて自傳の鼻祖たるの栄誉を求めよ」と呼びかけるのである。森田思軒もまた明治二十年九月『国民之友』に発表した「小説の自叙躰記述躰」で、「西洋の小説世界にてハ自叙の躰を用ふる者甚た多く最も廣く行ハるゝ者」であるが、「日本支那の小説世界にてハ之れを觀ること幾ど希れなり」[75]といい、依田学海の「侠美人」（明治二十年）が「唯だ西洋小説を粉本と」してこれをとったのを評価している。三人称の「記述躰」に対する一人称の「自叙躰」の効用について思軒は、「他人の悲喜を悲しく喜ハしく物語る事ハ已れの悲喜を其儘に吐露する事の身に染むに及かざれはなり……一人物か其の場合其の境遇に立ちし時の感情有様を刻画し……読む者恍然神馳せて現に之を目睹する如き想あらしむるの妙ハ自叙躰獨壇の處にして記述躰の企及し難き所なり」という。かれはまた、ディケンズの『大いなる遺産』三九回に、嵐の夜にロンドンのピップの下宿に、年老いたかつての罪人が突如たずねてくる場面をひいて、この部分の「余と云へる一人稱を三人稱に改ため其他都べて記述の躰に換へ視るへし自叙体の妙思半はに過きん」[76]といい、「余は今の小説家か記述躰を以て唯一の世界となさす更らに進て自叙躰の地を拓き以て其領分を擴めんことを欲するなり」というのである。

すでに第五章で見たように、ヨーロッパ十八世紀における小説の草創期にあって、リチャードソンらの書簡体小説やデフォーらの自伝的回想形式における一人称の語りが、近代的な〈ともにある〉視点の語りの成立をうながしたのは事実である。だが、デフォーの語りはなお「選択し要約する古典的な筆法」にとどまるとイアン・ワットがいうように、一人称だからといってかならずしも〈ともにある〉視点とはかぎらない。明治二十年から二一年にかけての美妙の「ふくさづつみ」（『以良都女』）、また明治二二年の広津柳浪の「残菊」（『新著百種』）や嵯峨の屋おむろの「初恋」（『都の花』）も語り手自身の口をとおして読者に語りかけるもので、一人称の言文一致体の小説であるが、それらにあっては、小森がいうように、回想する過去を詠嘆し批判する一人称の語り手はいぜんとして「常に記述における価値基準として絶対化」[77]された地点、つまりは古典的な〈全知〉の視点に立っている。明治二十年から二一年にかけて『読売新聞』に掲載されたポー原作の「黒猫」の饗庭篁村訳では、主人公の「私」が自分の犯行を回想するとき、その語りには「原文にない、過剰とも言える罪の意識――「後悔の念」や「嗚呼悪い事を……」という詠嘆――が付加されて」[78]いる。だが原文の主人公の回想にあっては、殺人を犯した時点で「私」のなかに罪の意識や後悔は生まれていない。その結果としてこの翻訳は、原作のもっている〈ともにある〉視点の語りをとらえることができていない。一人称ではあってもこうした語りは、前田のいうように「身の上話もしくは懺悔譚の素朴な体裁」[79]にしたがい、あるいは絓がいうように、浄瑠璃的な「独白的な語り」[80]ないしせりふ回しにとどまっていて、この点では『浮雲』の文三の独白とことならない。このことは杉井和子が指摘するように、モーパッサンの最初の翻訳である築地庵主人による「首輪」（明治三十年）にもいえる。かれは原文の三人称を意識的に一人称に変えることで、これを一人称の語りによる「伝記」としたのだが、これによって自然主義的な現実描写とアイロニーや諷刺をもつ原作は「いわば、年とった夫人が過去を回想して、懺悔と反省の心境を語った」[81]道徳的な告白小説に変質してしまう、というのである。

　これらと比較するとき、明治二三年八月から二五年一月まで『女學雜誌』に連載された若松しづ子の言文一致体による翻訳「小公子」前編は、原作の三人称のままに、しかもそこに見られる〈ともにある〉視点の語りをもおおむね再現しているという点で注目すべきものである。これについて矢崎鎮四郎（嵯峨の屋おむろ）は、「一讀の所にては、唯セドリック及母に同感を持ちつつ何の考もなく殆んど其人と共に身自ら實況に對するの思ひ致候」（『女學雜誌』第二九二号、明治二四年十一月）と評している。石橋忍月も、「筆に一片の華なく飾なくして此好評を博す最早吾文学界は華飾を除けて質実を尊び外形を忌みて内面を嗜むの域に達したりと謂ふべし」（『国民之友』一四二号、明治二五年一月十三日）という。だがその一方で、堀紫山は「小公子自ら己れの経歴を叙するが如き文法を用ゆるかと思へば忽まち筆を転じて然うでもないように思はるる文勢となる、概して云へば此の一篇は文章の上よりすれば、自他混淆支離滅裂と云はれても蓋し弁疏の辞なきに苦むなるべし」（『読売新聞』明治二四年十一月十五日）と指摘している。じっさい翻訳ではときに、「かあさま、とうさまはモウよくなつて？と、セドリックが云ましたら、つかまつたおつかさんの腕が震へましたから、チヾレ髪の頭を挙げて、おつかさんのお顔を見ると、何だか泣き度様な心持がして來升た (He felt her arms tremble, and so he turned his curly head and looked in her face. There was something in it that made him feel that he was going to cry.)」とか、「自分がおとつさんのことを云ひ出せば、おつかさんはいつもお泣きなさるから、コレハ餘り度々云はないほうが好いのだろう、いふまゐと内々心に定めて」というように、三人称の語りがいつのまにか一人称の語りをひびかせるような不安定な揺れをみせている。[82]それは結局は、翻訳の筆をとった動機についてしづ子みずから「未熟の身にとっては心の中さへを、文に綴る事が容易く御座いませんので、……いつそれ故人の著したものの中、手頃のを撰んで訳したほうが、はるかに心易い様にも考へて居升」（『女學雜誌』第二〇七号、明治二三年四月五日）と語るように、彼女自身が伝統的な〈全知〉の視点と近代的な〈ともにある〉視点のちがいについてなおはっきりと自覚していないことからくる。それゆえ中村哲也もいうように、『小公子』で具現した文体そのものは、彼女の文体として確固なものとなっておらず、とくに創作のレベルでは言文一致とは異なる伝統的な〈語り〉の構造をとどめていた」[83]のである。じっさい、『小公子』にさきだつ明治二二年の創作「すみれ」（『女學雜誌』）は古いタイプのもので、地の文は擬古文で三人称の語りをとるが、テクストの大部分は人情本のように人物たちの口語の会話でなりたっており、描写にしても型どおりに舞台装置の説明にとどまる。ときに「讀者の常に玩味て不満を感ずるも容貌の形容に於るなるべし、……さていと覚束なけれど既に讀者に紹介したる婦人の形容を聊試みんに」というように、「作者＝語り手」が姿をあらわす。明治二三年の「忘れ形見」（『女學雜誌』）は一人称だが、「あなた僕の履歴を話せつて仰るの？話し升とも」というように、二人称の聞き手に面とむかって話しかける口語体の語りである。明治二六年の子どもむけの教訓的エッセー「黄金機會」（『女學雜誌』）にしても、「ます」調の口語体による一人称の自伝的回想録のたぐいである。

中村哲也も指摘するように、この時代に要請されていた言文一致とは、日常のリアリティを写しとるのにふさわしい文章語の採用と同時に、そうした文章語による地の文の語りが「登場人物の視点、心理の動きに語り手が一体化したかのような透明な三人称の描写」[84]、つまりは〈ともにある〉視点の語りを実現することを意味した。だが明治二十年代における一人称の、しかしなお懺悔録風の小説の流行や若松しづ子の事例に見られるのは、西洋近代小説の発明は三人称の〈ともにある〉視点の構築にあったが、その実現は西洋近代の作家達にとっても容易ではなかったということ、そしてこれを自覚的にわが国に移入することは、当時の日本人にとってきわめて困難であったという事実である。一人称の〈ともにある〉視点にくらべて、とりわけ三人称の〈ともにある〉視点の語りの理解と創出が困難であるということ、そのことの主たる理由は、やはり「語り手＝作者」とし、テクストをこれを発話する「声」の主体、したがって物語のできごとを目撃し報告する「だれか」に帰すという、伝統的な音読共同体における物語の慣習に由来する。そしてそれは、すでに第五章でも見たように、小説や映画を論じる現代の論者たちにも見られる混乱である。たとえば前田は、二葉亭の「あひゞき」に対する蒲原有明の、「余りに親しく話されるのが訳もなく厭であつた」というとまどいについて、これを「作者と読者の内密な交流がもたらす快い戦慄とかすかな反撥」[85]と見るのだが、さらにこれを読者が作者と「共犯者の立場」に身をおく「のぞき」の視点、あるいは「立聞き」の視点と考え、立ち聞きの趣向がなんどもくりかえされている逍遙の『妹と背かゞみ』（明治十八〜十九年）を、「物語（ロマン）が小説（ノベル）に切りかえられる転回点」[86]に立つものとするが、これはあやまりである。じっさいには、立ち聞きの趣向は次節でみるように、すでに江戸戯作小説でも物語にサスペンスをもたせる趣向として挿絵に登場し、明治にはいっても浮世絵師の伝統を受けつぐ挿絵にはしばしば立ち聞きのモチーフが見られるのである。前田のような主張に対して小森は正しくも、逍遙に見られるような「立聞きする者の意識のあり方が筋を構成する」いきかたに、西洋近代小説における語り手がみずから姿をあらわすことのない地の文の文体をついに成立させえなかった「日本の「近代小説」の宿命」[87]を見ている。にもかかわらず、小森が二葉亭の『浮雲』第二編について、その語り手は文三とほぼ一体化し「文三の口真似をするようになる」ことで「自らを透明化させる」[88]というとき、小森のいうこの語り手は、「透明化」するとしてもつねに物語世界のどこかに「身をひそめ」[89]て、できごとを「覗き見」と「立聞き」において目撃し報告するものである。小森と同様亀井も、逍遙の『当世書生気質』や二葉亭の『浮雲』に、もはや「作中どこにでも（主人公の内面にまで）自由に出入りできる作者自身」、つまり読者にみずから姿を見せる古典的な〈全知〉の「語り手＝作者」ではないにしても、その場に居あわせて登場人物を冷やかしたり見立てたりする匿名の「目撃者」の語り手を認めて、これを「無人称の語り手」[90]と呼び、ここになお未熟ながらも、語り手も読者も登場人物と「おなじ状況を生きる、生きざるをえないという意識」が芽生えつつあったことが見てとれるという。だがここにいう「無人称の語り手」ならば、すでに春水『梅暦』にも、「中に此ごろ家移りか、萬たらはぬ新所帯、主は年齢十八九、人品賤しからねども、薄命なる人なりけん」というような語りは見られるのであり、それはやはり読者に直接語りかける伝統的な〈全知〉の「語り手＝作者」の末裔というべきだろう。

三人称〈ともにある〉視点の確立

注目すべきは亀井が、登場人物の内面によりそう三人称の語り手、いつもそのつど特定の「人間の立場へ視点を移動しながら、そのことばに自分の声を重ねて表現を進めてゆく」話者、すなわちわれわれのいう三人称の〈ともにある〉視点の語りを、「無人称の語り手」と区別して「作中人物に癒着的な半話者」と呼び、その発生をとくに樋口一葉に見ている点である。亀井の見るところ、こうした語りはすでに露伴の『五重塔』（明治二四〜二五年）などに見られ、「表現史的にみて明治二十年代後半の重要な特徴である」[91]が、とりわけ樋口一葉においてそれが際だつという。明治二十年代にあって、すでに〈ともにある〉視点の語りを豊富な西洋小説の経験のなかからおそらくは本能的に習得した鴎外を例外に、一人称であれ三人称であれこの叙法を、当時の日本の作者も読者もなお消化し体得したわけではなかったところへ、ようやく一葉において、この語りがまことにあざやかに出現したのである。一葉の文体は当時「西鶴調」と呼ばれた露伴の影響下にあり、語りもなお三人称と一人称独白体の中間のようなあいまいなものであるが、それにもかかわらず、すでに〈ともにある〉視点の語りはほぼ実現されている。

お力は一散に家を出て、行かれる物なら此まゝに唐天竺の果までも行つて仕舞たい、あゝ嫌だ嫌だ嫌だ、……あゝ陰気らしい何だとて此様な処に立つて居るのか、何しに此様な処へ出て来たのか、馬鹿らしい気違いじみた、我身ながら分らぬ、もう〳〵皈（かえ）りませうとて横町の闇をば出はなれて夜店の並ぶにぎやかなる小路を気まぎらしにとぶら〳〵歩るけば、行きかよふ人の顔小さく〳〵摺れ違ふ人の顔さへも遙とほくに見るやう思はれて、……我れながら酷く逆上（のぼせ）て人心のないのにと覚束なく、気が狂ひはせぬかと立どまる途端、お力何処へ行くとて肩を打つ人あり。（『にごりえ』明治二八年）

だが、鴎外の「舞姫」がそうであったように、このあたらしい語りが自覚的に、しかも自在に活用され、内面のリアリズムが実現されるようになるためには、やはりどうあっても国文体や西鶴調のままでは不十分であり、現実の状況をそのまま自在に写しとるためのあたらしい文体が必要だったろう。

明治二八年十一月『読売新聞』に連載された川上眉山の「闇潮」には、部分的にではあるが、言文一致体三人称の〈情況〉の視点や〈ともにある〉視点がかいま見られる。

只有る細い、足元の暗い横町へ共に曲がつた。
行手ハ次第に淋しくなつて、犬の聲ハ漸く繁くなつて、町を隔てゝ火の廻りの拍子木が、寒さを衝いて妙に冴えて聞える。家々の燈火ハ未だ隙間を洩れて居るが、戸を開けて居る処は殆ど無い。踏返された儘に凍着いて居る路ハ岩を刻んだやうに固まつて、まともに吹付ける北風ハ身を削いで行くやうだ。
「寒いなア。」と　田村ハ思ず叫んで肩をすくめた。……田村ハ一人うそ淋しく跡に佇立んで、風に吹かれて待つて居る。通掛かる巡査ハ怪しい眼をきらつかせて、凝乎(ぢツ)と角燈の光を差向けて行つた。あとにハ止む事を知らぬ風ばかりだ。遠く一點鐘の音が聞える。（十一月七日）

明治三一年三月にモーパッサン「糸くず」（『国民之友』）を翻訳した国木田独歩は、一月から二月にかけて「今の武蔵野」（『国民之友』、明治三四年三月の独歩最初の創作集『武蔵野』に収録）を発表しているが、それが二葉亭訳のツルゲーネフ「あひゞき」に影響されたものであることは、文中の引用からも知れる。明治三一年五月『国民之友』に掲載された「まぼろし」のつぎの一節では、三人称の〈ともにある〉視点の語りはあざやかである。

「若旦那。」
文三は驚いて振り向いた。僕が手に一通の手紙を持って後背(うしろ)に来ていた。手紙を見ると、梅子からのである。封を切らないうちにもうそれと知って、首を垂れてジッとすわッて、ちょうど打撃を待っているようである。ついに気を引き立てて封を切った。

だが当時はなお、一般には尾崎紅葉ひきいる硯友社の全盛時代であったためか、「独歩も、文章があれじゃ、なじめない」という青年も多かったという。[92] 正宗白鳥も当時を回想して、「世間で評判もないし書き方が硯友社風でなくて、無骨で簡潔なので、それを味わふ能力が僕になかったのです。矢張小説といふものは、芝居のやうに矢鱈に仕出しを使って無駄な臺詞を云はせ、頭の先から足の先まで細かに書き立て、艶麗な文字をも用ひなければならぬものゝやうに思ってゐましたから、國木田君のは肉のない骸骨のやうな氣がした」といい、「従来小説といへば多少徳川文學の色を帯びてゐたものが、同氏の作にはそんな所が少しもなく、他の作家と全く類が異なってゐたから、世間から注目されなかったのでせう」[93]と述べている。明治三九年にでた島崎藤村『破戒』の冒頭の描写――「蓮華寺では下宿を兼ねた。瀬川丑松が急に転宿(やどがえ)を思い立って、借りることにした部屋というのは、その蔵裏つづきにある二階の角のところ。寺は信州下水内郡飯山町二十何カ寺の一つ、真宗に附属する古刹で、丁度その二階の窓に倚凭(よりかか)って眺めると、銀杏の大木を経(へだ)てて飯山の町の一部分も見える。……すべて旧(ふる)めかしい町の光景が香の烟(けぶり)の中に包まれて見える。」――について、磯貝は、主人公の「視点を通して、作品の舞台である飯山町の俯瞰描写に移り」ゆく点、またこれまでの小説ならば、作品の舞台を紹介するとなると、話しも中断させて、「作者が普遍視点からその風物を描写するのが、普通であった」のに対して、ここでは描写は「主人公と不可分につながっていることによって、より有機的であり、また、一つの視点から描かれることにおいて、より現実的だと言うことができるだろう」という。そして「日本の小説が、アルカイックなスタイルと明瞭に訣別したのは、自然主義文学においてであり、そのおもむきは、この「破戒」の冒頭描写からもうかがわれるのである」[94]というのである。

明治が西洋近代小説を自分のものとし、違和感なくこれを味わうには、内面のリアリズムと言文一致の問題を、〈ともにある〉視点の自覚的確立によって解決することが必要であり、それにはやはり樋口一葉を経て、三十年代の国木田独歩や泉鏡花、そして藤村や花袋の自然主義をまたねばならなかったのである。

5　日本における「物語る絵」

江戸伝来の戯作に熱中した少年期の逍遥にとって、小説を読むことは、とりもなおさず挿絵を読むことであった。また明治初年につぎつぎに創刊された小新聞の雑報や続き物、新聞錦絵、さらには明治十年代にではじめる翻訳・翻案小説や政治小説にも、たいていのばあい挿絵がついていた。それも当然である。雑報や続き物の作者はたいていは仮名垣魯文のような江戸の戯作者であり、そして慶長年間に板本ができ、絵入りの嵯峨本がでて以来、井原西鶴（天和年間、1681-83）や八文字屋本の浮世草子（元禄、1688-1703）や御伽草子（享保年間、1716-35）、またこれより先、寛文年間（1624-47）にはじまる童幼のためのおとぎ話を絵でみせる赤本から、やがて浄瑠璃や歌舞伎に取材したより複雑な筋立てで大人むけにだされるようになる黒本や青本（享保年間）、そして安永四年（1775）の恋川春町作『金々先生栄花夢』にはじまる黄表紙、さらには文化年間（1804-17）の読本、合巻と、江戸時代の読み物には挿絵がつきものだったからである。[95] もっともそれ以前にも、中国・唐の仏典や仏教説話を絵画化した変相図に由来する八世紀の「当麻曼陀羅」（正確には当麻時「観無量寿経変相図」）にはじまる絵解き[96]の伝統や、現存する最古の絵巻である「源氏物語絵巻」（十二世紀前半）以後のさまざまな絵巻、また絵巻の伝統である大和絵にしたがいつつも、町絵師の手になる彩色写本としての奈良絵本（室町後期から江戸中期）など、日本における「物語る絵」の伝統はふるく根づよい。

絵巻の文法

これらのうち、室町後期から江戸中期にかけての奈良絵本や嵯峨本、仮名草子や浄瑠璃本（図148）、舞の本、御伽草子、浮世草子などの挿絵は、それぞれのバリエーションを示しながらも、[97] いわゆる「吹抜屋台」に典型的に見られるような「斜め上方から人界を見下ろす視点」[98] をもち、余白や霞によって景の転換をはかり、また「異時同図や時間逆行、反復

図148　浄瑠璃本「かるかや」、寛永8年（1631）

構図、視点の移動などを駆使して」[99]ストーリーの継起を語り出そうとする絵巻の文法にしたがっている。その特徴をひとことで要約すれば、すでにわれわれが西洋ルネサンスまでの物語る絵について見たように、言語テクストの優位のもとで絵が物語をなによりも「語ろう」とするために、絵画平面がもっぱらことばに代わる物語言説のメディアとして機能し、かならずしも登場人物たちがそこで生きる物語世界の時空間としては構造化されないという事態である。それゆえこうした絵画の語りは、そこに描かれた細部を物語世界の外から俯瞰して、そこに配置されたことがらや人物の全体的な意味連関を、すでに語られた特権的なことばの普遍的規範にもとづいて説明し秩序づけようとする、超越的な〈全知〉の視点による語りといってよい。

なるほど佐野みどりが指摘するように、たとえば「信貴山縁起絵巻」（十二世紀後半）には、「伴大納言絵巻」（十二世紀後半）のように「ほぼ一定の高さと角度で鑑賞の（画家の）視点を平行移動する画面の組み立て」とはちがって、「ストーリーを語る視点の自在な転移・移動が特徴的」であり、こうした「視角の変化や近接と遠望の操作が変化と起伏に富んだ画面を創り出す」[100]ともいえそうである。たとえば「倉を追う長者の一行」の場面で、近景の人物の拡大と遠景の飛ぶ倉の縮小の結果、人物と倉とがスケールをおなじくする非現実的な描写や、命蓮の庵の画面（図149）で、前景にあるはずの山はかえって縮小され、遠景にみえる庵は物語の意味をになう主たる場面であるために近接視されて、「前・後景のスケールの逆転」[101]が、つまりはウスペンスキーのいう逆遠近法が生じる。ここで佐野が、こうした「対象の近接視や遠望視」は複雑な手続きによって「語りの心理的距離」として読み解かれることを要求するというのはほんとうである。しかしこれを佐野のように「画中の命蓮や長者の従者達に憑依した語りの視点での遠近感の表出」[102]だというのは、やはりいいすぎである。ここで佐野がいう「複層的視点の語り」とはむしろ、辻佐保子のいう「視点のゆれ」やウスペンスキーのいう「作者の位置（視点）の多数性」と同様に、物語の全体を俯瞰的に見わたす〈全知〉の視点と、この規範のもとに物語世界をひとつの意味秩序として構成しようとする物語言説の「意味論的統辞法」の問題というべきである。佐

図149　「信貴山縁起絵巻」命蓮の庵、12世紀後半（朝護孫子寺）

野も正しくいうように、同一画面における複数の場面の異時同図法や圧縮が、逆行や反復といった読みとりを要求するのも、「ストーリーの連続的でなだらかな語りへの志向が、生起の場の論理を生起の時間のそれに優先させる」[103]からである。ここで「生起の場」といわれているのは、われわれのいいかたをすれば物語言説としての絵画平面であり、「生起の時間」とは物語世界である。

瀧尾貴美子が絵巻において「場面」と「景」とを区別して、「「場面」はストーリーの内容であり、「景」は舞台となる空間の内容である。従って、画面は「場面」と「景」の二重構造をもつことになる」[104]というとき、「場面」とは物語世界であり、「景」とは絵画平面である。瀧尾によれば、「信貴山縁起絵巻」から鎌倉末期にいたる絵巻の画面構成の変化は、霞が場面を区切ることで、景がまずは記号として機能していたありかたからリアルな対象空間としてたちあられるにいたる変化である。これによって場面と景が一対一の関係で結びつく傾向、つまり一景一場面を基調とする構成が主流となるが、これは要するに、物語言説と物語世界が一画面上で重なりあうことを意味する。それにともなって一景のなかに表現される時間性もその景における一場の瞬間へと集約され、結果として物語の全体が各場面のエピソードの集合体となり、一続きのストーリーとしての継起性がうすれることになる。原口志津子も「物語の内容を絵画化していた十二世紀の絵巻物においては、画面は殆んどそれらを配する地として機能していた」が、十三世紀から十四世紀初頭の絵巻は遠近によって対象を描きわけるようになり、「石山寺縁起絵巻」（図150）にいたって「地平線と空とが明瞭に描き出され」ると同時に「画面が、画面の外にいる観照者の視点に対して秩序づけられた空間を描き出すものとして把えられる」[105]ようになるという。これは「絵巻物の空間構成が、その展開上新しい段階に入ったこと」を意味するが、一方でそれは「詞書に則して登場人物の行動を生き生きと描写することは、画面に空間を描きだすことに比して、二義的なもの」となること、したがって「絵巻物は、絵が物語るという機能の上では、その生命を終えるということ」[106]を意味する。それゆえ佐野も、この時期の絵巻については、「信貴山縁起絵巻」とはことなって「景への眼差しは、景物描写に内在する景観の自足性、目の喜びを突出させる」[107]という。要するにここでもまたわ

図150　「石山寺縁起絵巻」、九紙、正中年間（1324-26）（石山寺）

れわれは、古典的なことばの優位から、絵の美的自立性への変化を見ることになる。

江戸の戯作本

一方で赤本から黄表紙へといたる江戸の戯作本では、絵はテクストに付随する挿絵というよりは、むしろ付随するテクストによって読み解かれ説明されるものとなる。初期赤本『ぶんぶくちやがま』（図151）では、紙面の上段に物語のなりゆきを叙述する文章を、下段にその物語の一場面を描写した絵を配し、その絵の余白にせりふや場面を説明する短文（詞書、書入、小がきと称す）をいれるが、こうした形態はすでに奈良絵本などにも見られるものである。以後の赤本や黄表紙では、文章と絵を上下に分けるということもなくなり、絵のなかに本文と小がきとが混然と書きこまれる形態が一般的となる。こうしたやり方ではしばしば本文と絵と小がきのあいだの続き具合が混乱しがちであるが、これを避けるためには「読則」なるものが呈示されることもある。たとえば「よみはじめ」とか「つぎへづづく」といった指示や、「へ」のような「小がきの印」がつけられることで、本文と絵と小がきとをどの順序で見ればよいかを指示するのである。そこで問題になっているのは絵をいかに読むかということであり、本文や小がきはそのために奉仕している。そのことはたとえば、文化六年刊の式亭三馬『昔唄花街始』（巻之上六丁裏）に「絵と書入とを先へ見て本文はあとにて読み給ふべし」とあることからもわかる。黄表紙の嚆矢とされる恋川春町『金々先生栄花夢』の絵（図152）は、それまでの浮世絵の挿絵がなお大和絵風の古色な風俗を描いていたのに対して、江戸町人の生活をリアルに描き、雲、霞がほとんどなくなり、俯瞰でなく、遠見でもなく、対象に接近してできごとだけを描くというあたらしさを見せている。だからといっ

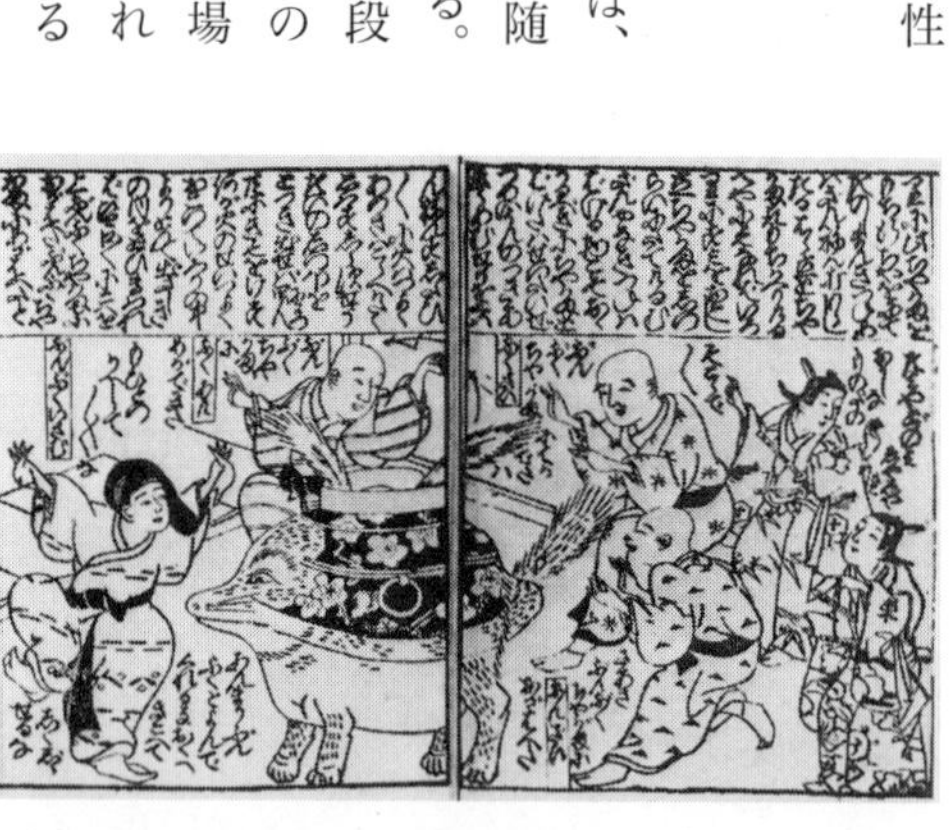

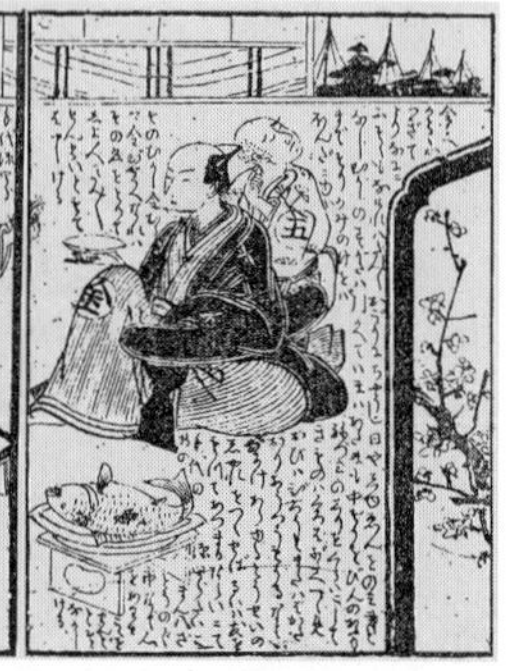

図151　初期赤本『ぶんぶくちやがま』（出典：小野忠重『本の美術史』、河出書房新社、1978、p. 305）
図152　恋川春町『金々先生栄花夢』、安永4年（1775）、4丁裏・5丁表（東京都立中央図書館加賀文庫）

て絵画平面が物語言説のメディアでなくなるわけでもないし、基本的にそれらの語りは〈全知〉の視点に立つものである。

寛永期末から文化初年にかけて、仇討物のようなより複雑な物語が流行するようになると、絵が描写しない場面をも語る文章が必要になり、絵に対する書入とはべつに、本文が独立する。さらに本文による物語の叙述が主体となる合巻や読本になると、本文ではまったく描写されない情景が絵とそれにそえられた書入によって示されるようになる。絵は「一つの情景を見わたす位置」[108]、つまり〈全知〉の視点で描かれるために、同時におこっていることを絵がまず見せておいて、そこで描かれたできごとの一部はあとから本文が叙述するというように、絵と本文とがずれることもある。佐藤至子によれば、こうした例はとくに「立ち聞き」の場面（図153）に多いというが、絵と本文のこうしたズレは物語にサスペンスをもたせる趣向だろうし、のちに見るように、明治にはいっても浮世絵師の伝統を受けつぐ挿絵にはしばしば立ち聞きのモチーフが見られる。またできごとが本文ではまったく触れられず、絵にのみあらわされるばあいもある。たとえば式亭三馬『任侠中男鑑』（文化十三年、十五丁裏）には、「作者曰〇やん八が揚屋にての始末は絵に譲り略して記さず。小紙に尽くし難き故なり」という注記がつけられている。いずれにせよこれらは、逍遙も草双紙では「景色形容を叙する事を間々怠る」と指摘していたように、視覚的な描写は挿絵にあずけてしまい、作者のほうは「いわば挿絵につけたコメントのような、ちょっと短い文章を書いておくだけで済ませる」[109]ようないきかたである。結局のところ、戯作小説の挿絵が物語世界を生きる人物たちの情況と、そこでの世界経験のリアリティーを描くようになるには、やはり西洋近代の物語る絵や挿絵において実現されたリアリズムの受容を必要としたのであり、そしてこの意味での物語る絵の近代化は当然のことながら、明治期小説の近代化と手をたずさえていたはずである。

図153　「立ち聞き」の場面、『冠辞筑紫不知火』後編8丁裏（東北大学付属図書館狩野文庫）

洋風画

西洋絵画の受容においてまず学ばれたのは、陰影（明暗）法による対象の三次元表現と遠近法による空間構成である。一五九〇年ごろにイエズス会の宗教教育施設であるセミナリオにおいて、西洋原画の模写によって布教に必要な聖画を制作するために信者の日本人青少年に水彩画、油絵、銅版画の技法を学ばせたのが、日本における本格的な西洋画制作の最初といわれている。[110] キリシタン迫害でその伝統がとぎれたあと洋風画として記憶されるのは、おそらくは中国の蘇州版画をつうじてつたえられた遠近法にもとづいて浮世絵師奥村政信が創始した（延喜二年、一七四五年前後）、いわゆる「浮絵」である。しかしなおここには、全体の遠近法的空間構成と、その前で演じられる個別のできごととがシンクロしない混乱した画面構成が認められる。たとえば《両国橋夕涼見大浮絵》（図154）では、二階の座敷は遠近法であらわされているのに対して、左手、両国橋の見える遠景は、近景と中景の構図をまったく無視して、伝統的な大和絵の俯瞰法、いわゆる平行遠近法で描かれている。岸文和によれば、平行遠近法がつくる「投象図は、描かれた対象の形態が見られる〈位置〉と〈時間〉に関わりなくもっている〈概念的本質〉」[111] を描くものであり、それゆえそれは幾何学的遠近法における「固定された視点とは無縁な観念的な眼差し」[112]、つまりは超越的で俯瞰的な〈全知〉の視点である。さらに岸は、こうした幾何学的遠近法と平行遠近法という異質なふたつの遠近法の並存はたんに西洋的遠近法がまだ十分に消化されていないことを示すというよりは、なお大和絵の伝統に立つ政信にとって、これらふたつの遠近法をその用途に応じて使いわけるのが自然だったということを示しているという。つまり、「幾何学的遠近法は、絵画世界の〈近景〉と〈中景〉の情報量を増加させながら、〈奥行きイリュージョン〉を知覚させるために使用され、他方で、俯瞰描法として現れる平行遠近法の方は、〈遠景〉にあって主題の〈場〉を地誌的に説明し理解させるために使用される」[113] のであり、それゆえ平行遠近法では描かれるモチーフの大きさも、それに対する「〈関心〉の度合に

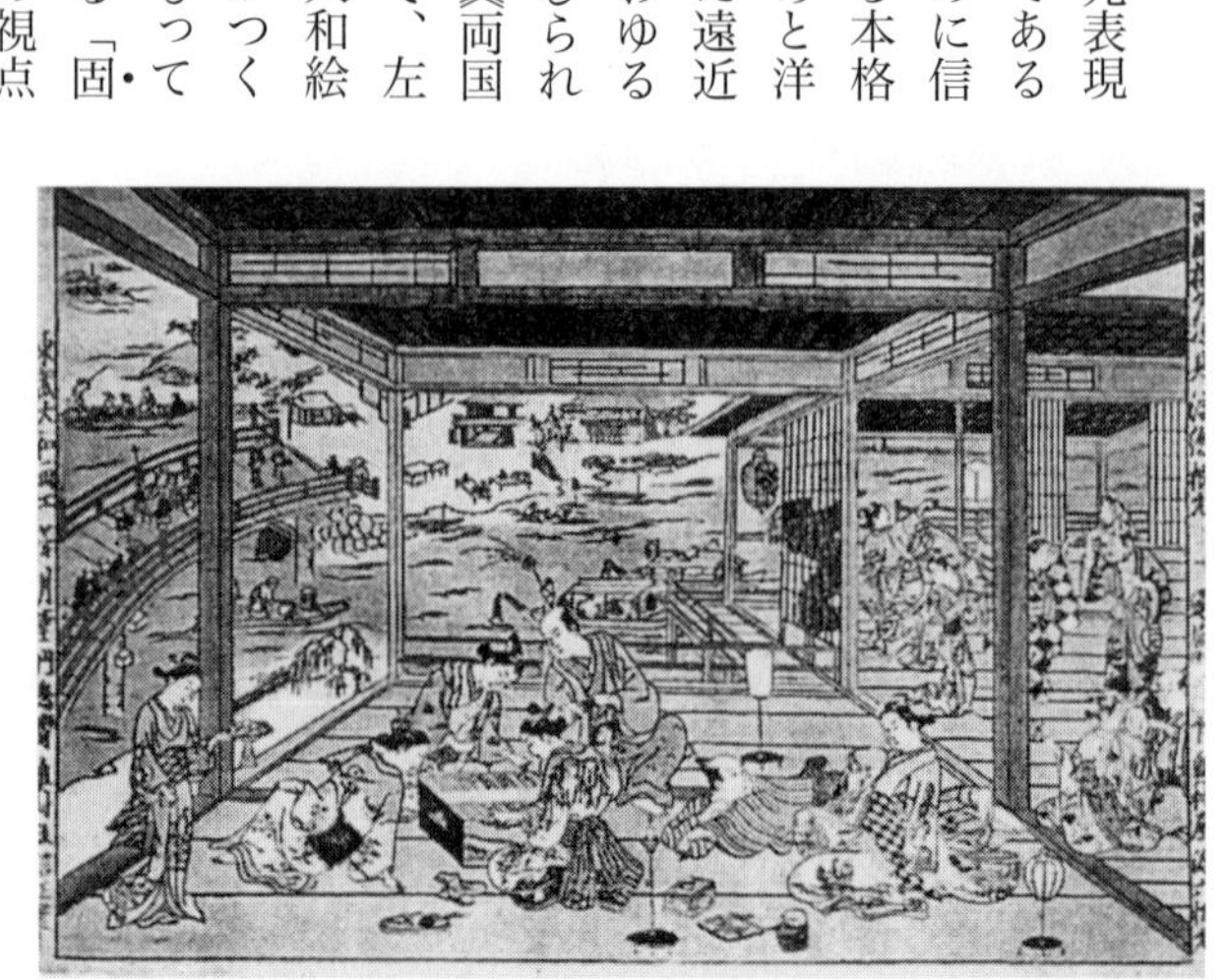

図154　奥村政信《両国橋夕涼見大浮絵》、延享2年（1745）頃（シカゴ美術館）

応じてズームアップしたりズームダウンしたりして」いる。政信よりすこしおくれて明和年間（1764-72）に浮絵制作をはじめた歌川豊春になると、《浮絵和国景跡新吉原中ノ町之図》（c.1775）（図155）のように、画面全体はほぼ単一の消失点を中心に構成され、画面を完全に横断するかたちでくっきりと描かれた地平線も見られる。にもかかわらず豊春のばあいでも、近景の中之町の奥行きをきわめて厳密なやりかたで水平に見とおす視角と、遠景を高い位置から俯瞰して説明的に描写する視角とが分離し並存している。おなじことは、円山応挙の眼鏡絵についてもいえる。成瀬不二雄は、結局のところ応挙は、眼鏡絵やそれに用いられている透視遠近法をほんらいの「絵画を一変させる革命的な技法とは見なさず、ときどき使うと便利な方法くらいにしか考えていなかったのではないだろうか」[114]という。明和につづく安永（1772-81）、天明（1781-89）年間にあらわれた、洋学の平賀源内（1728-79）を核とした佐竹曙山（1748-85）、小田野直武（1749-80）の「秋田蘭画」や司馬江漢（1738-1818）の洋風画では、西洋銅版画を参照しつつ、透視遠近法はより徹底され[115]、亜欧堂田善（1748-1822）や安田雷州（生没年不詳）らもこれにつづいた。

ところで、これら江戸時代の洋風画は明治以後の近代洋画に対して、はたして関係をもっているのか。明治の洋風画は、江戸の洋風画の継承なのか。これについての成瀬の答えは否定的である。なるほど高橋由一（1828-94）や川上冬崖（1827-81）など、幕末に生まれ明治初期に活躍した近代洋画家は、なお江戸の洋風画の系列に属すると考えられる。由一自身、江漢を日本洋画の開祖と考えていた。また、明治九年に来日し十一年まで在留したイタリア人画家フォンタネージの影響を受ける以前の、《江島全景》のような由一の絵（明治六～九年頃）は「ほとんど透視遠近法と陰影法だけで成立しており、空気遠近法に対する理解がなお十分でないので、質的には江漢や田善の風

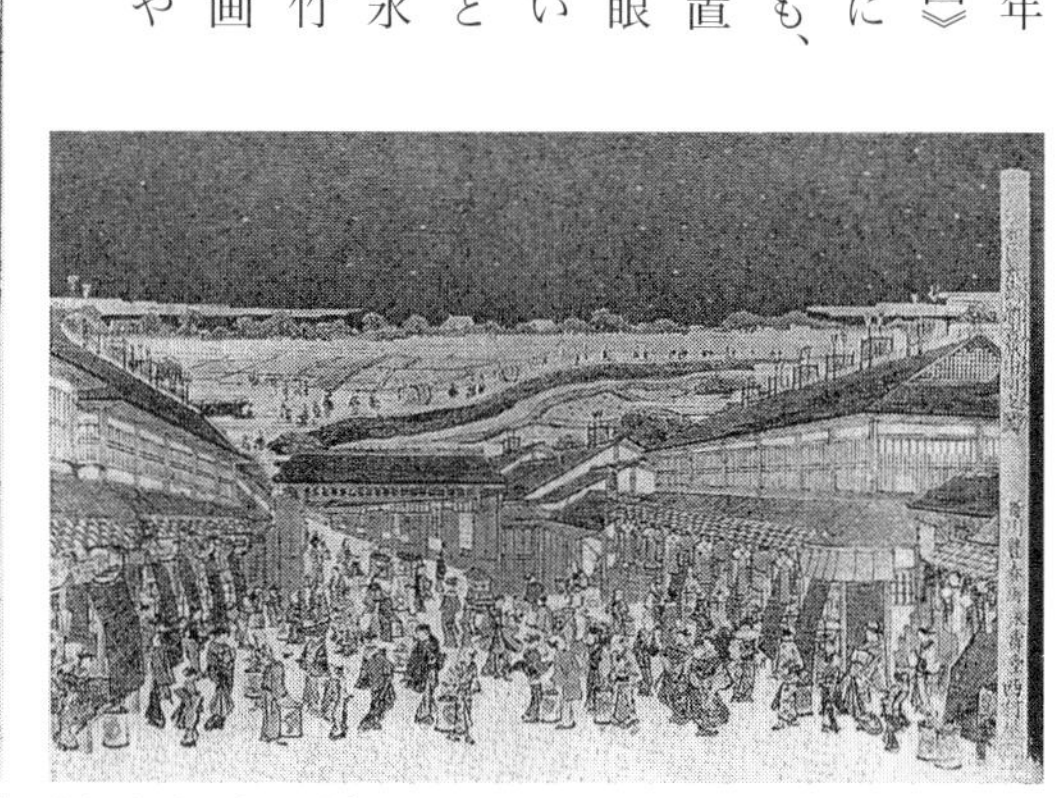

図155　歌川豊春《浮絵和国景跡新吉原中ノ町之図》、安永4年（1775）頃（ポートランド美術館）
図156　フォンタネージ《春の太陽》（東京国立近代美術館）

景画と大差がない」[116]。フォンタネージ（図156）の来朝、明治二六年の黒田清輝（1866-1924）の帰朝によるフランス近代の外光派の紹介、そして明治二九年の東京美術学校西洋画科の設立などにより、「江戸の洋風画の余風はほとんど地を払った」と、成瀬はいう。日本における近代小説の挿絵が問題になるのは、まさにこの時代である。

6　戯作下絵から小説挿絵へ

江戸以来の戯作とならんで、あらたにはじまった明治初期の小新聞や新聞錦絵、続き物につけられる挿絵の多くは、いぜんとして浮世絵師の版下絵にもとづく木版画であった。もっとも、式亭三馬が文化七年（1810）の『流転数回阿古義物語』（五冊本）巻一の初葉裏に「紅毛銅版ノ細密ヲ偽刻ス」と称してみずから描いた装飾画や、歌川（五雲亭）貞秀（1807-79）の「横浜開港見聞誌」（文久二年、1862）、明治にはいってからは狩野派の画家小林永濯（1843-90）が仮名垣魯文の『格蘭氏（グランド）伝倭文章』（明治十二年）に描いた挿絵（図157）のように、描線をことさらにこまかくして西洋流の銅版や木口木版に擬した木版挿絵もこの時期にたくさんでている。文部省版地理教科書のベストセラー『輿地誌略』（明治三年）の挿絵は、もともと著者内田正雄が訪欧みやげで買ってきた写真をもとにした川上冬崖の絵による木版であったが、冬崖の絵も銅版画的なこまかい線を使って描いている。当時のこうした情況について大正・昭和の挿絵画家鈴木朱雀は、「昨日まで北斎、豊国の流れを汲んでゐた人々が、急に西洋風の画を模倣するようになった」[117]といい、また西村貞は「明治維新前後では、本の挿絵といふ挿絵が細密であればあるだけ、その本が何か外国臭くて、斬新で、舶来がかつて見えたからである」[118]と述べている。

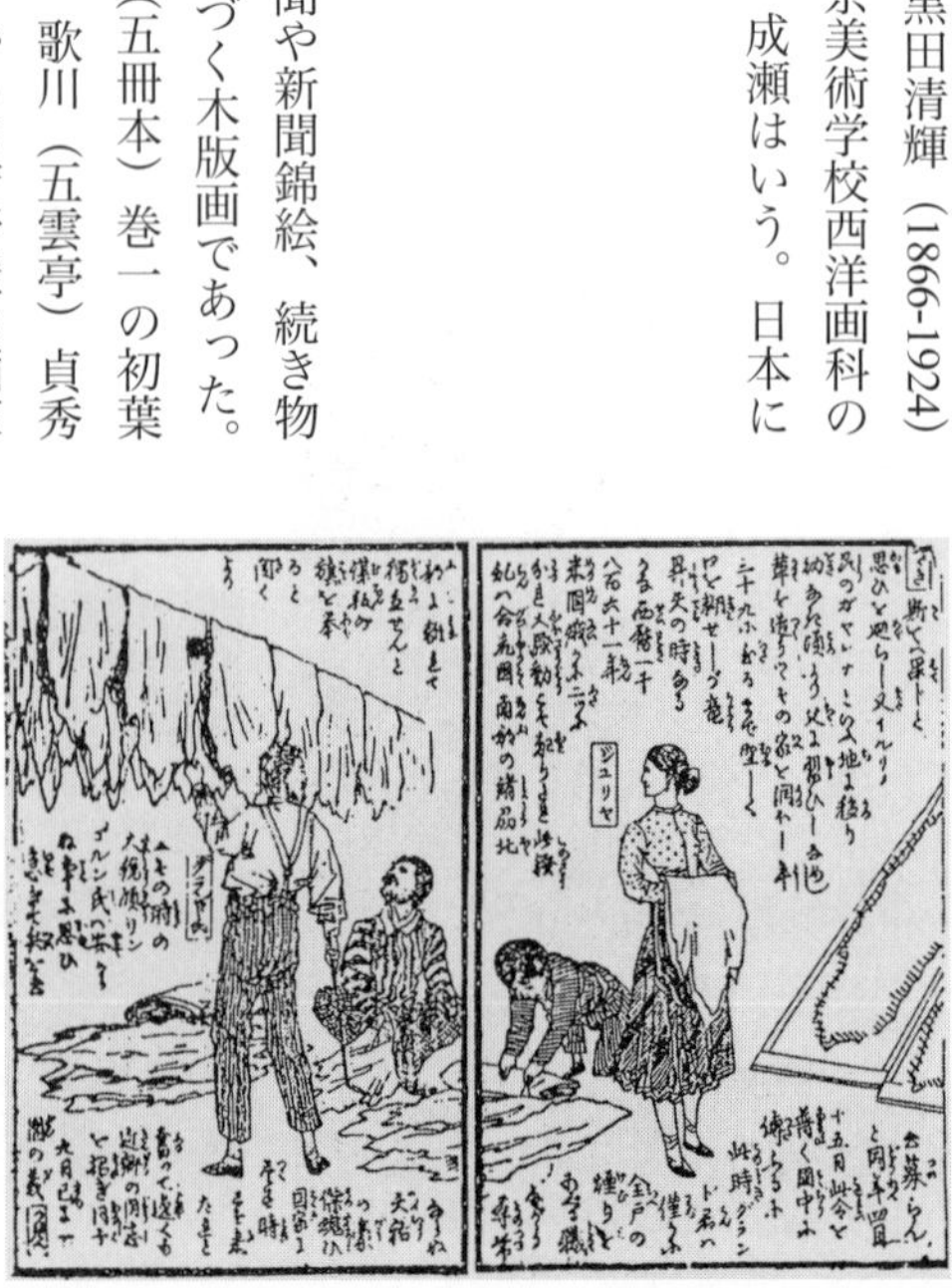

図157　小林永濯『格蘭氏伝倭文章』（仮名垣魯文）、辻岡屋文助梓、明治12年

来日画家の影響

銅版画は、すでに司馬江漢や亜欧堂田善をはじめとして、幕末から明治維新にかけて、みやげ物の風景画や微塵銅版画（虫めがねで見るほど小さく彫られた版画）などさかんにつくられた。幕末以来の銅版技術者で京都出身の玄々堂・松田緑山（1837-1903）や江戸の銅版師梅村翠山（1839-1906）は、大蔵省紙幣寮で証券印紙、郵便切手などの制作にたずさわった。しかし明治八年に大蔵省紙幣寮が、ドイツから銅版・石版のイタリア人技術者エドアルド・キヨソーネを招聘するにおよんで、ふたりとも明治七年に解雇される。これをきっかけに、ふたりはそれぞれの民間工房をかまえることになる。緑山の工房には、下絵を描くために高橋由一（図画教科書『西洋画譜』、明治七年）、石井重賢（鼎湖）（1848-97、『石画試験』、明治七年）、山本芳翠（1850-1906、報道画《西南戦図》）、また五姓田義松（1855-1915）やその妹の渡辺幽香（1856-1942）、亀井至一（1843-1905、《明治十年十一月明治天皇大阪臨時陸軍病院を見舞う図》）、その弟の亀井竹二郎（c.1857-1879）など、明治初期洋画家があつまった。これには岩切信一郎が指摘するように、「石版導入と共に描線はもとより、明暗をつけて描ける洋画家が必要となった」[119]という事情もあったろう。明治十一年には久米邦武『米欧回覧実記』における、多くは西洋原画からの中川耕山による銅版模刻がある。

一方、梅村翠山はアメリカから石版技術者オットマン・スモリックを雇い、明治八年にはスモリックの手になる石版役者絵（砂目版《団十郎》《芝翫》など）を制作する。こうした石版画は、明治十年代の終わりから二十年代にはいるころには、名所図、芸妓娼妓美人画、役者絵、皇族肖像など、一枚物の「額絵」

図158　オットマン・スモリック『開巻驚奇　暴夜物語』（永峰秀樹訳）、奎章閣発兌、明治8年
図159　高橋節雄「紅蓮骨数斗夫人ト論弁ノ図」『佳人之奇遇』（東海散士）、博文堂、明治20年

として錦絵に代わる流行を見る。他方で、十年代の翻訳小説や政治小説の挿絵として、おそらくはその西洋種の内容ということもあって、しばしば銅版画や石版画が用いられた。スモリックも、明治八年に出版された永峰秀樹訳『開巻驚奇　暴夜（アラビヤ）物語』の石版挿絵（図158）や、明治十三年の片山平三郎訳『絵本ガリバル回島記』につけられた、原本を模した多色刷り口絵も描いている。このほかいくつか代表例をあげると、当時のベストセラーであった矢野龍渓『経国美談』（明治十六年）には亀井至一の石版挿絵がある。東海散士『佳人之奇遇』（明治十八年～二十年）には、初版では初編巻二にただ一枚、浅井忠（1856-1907）の挿絵「孔子陳蔡の野に餓ゆ」があり、それ以外はすべて高橋節雄（1865-1938）によるものである（図159）。しかしこの本は多年にわたるベストセラーのため異版もあり、なかでも印藤真楯（1861-1914）による挿絵「澳俄之軍惨虐之図」（明治二一年）（図160）は、ジャック・カロ『戦争の惨禍』(Jacques Callot, *Grand Misères de la guerre*, Paris, 1633) のうち《絞首刑》（1633）（図161）のエッチングからの借用である。末広鐵腸（重恭）『雪中梅』（明治十九年）には高橋節雄の石版挿絵が、スコット『アイヴァンホー』の牛山良助訳『梅蕾余薫』（明治十九年）には岡村政子（1858-1936）の石版挿絵がある。

フォンタネージやスモリックのほかにも、この時期来日して影響をあたえた西洋の画家には、横浜開港まもなく広東から『イラストレイテッド・ロンドン・ニューズ』の報道挿絵画家としてやってきて、幕末の諸事件や日本の風物を同紙に描きおくっていたチャールズ・ワーグマン（図162）がいるが、かれのもとでは高橋由一や五姓田義松が洋

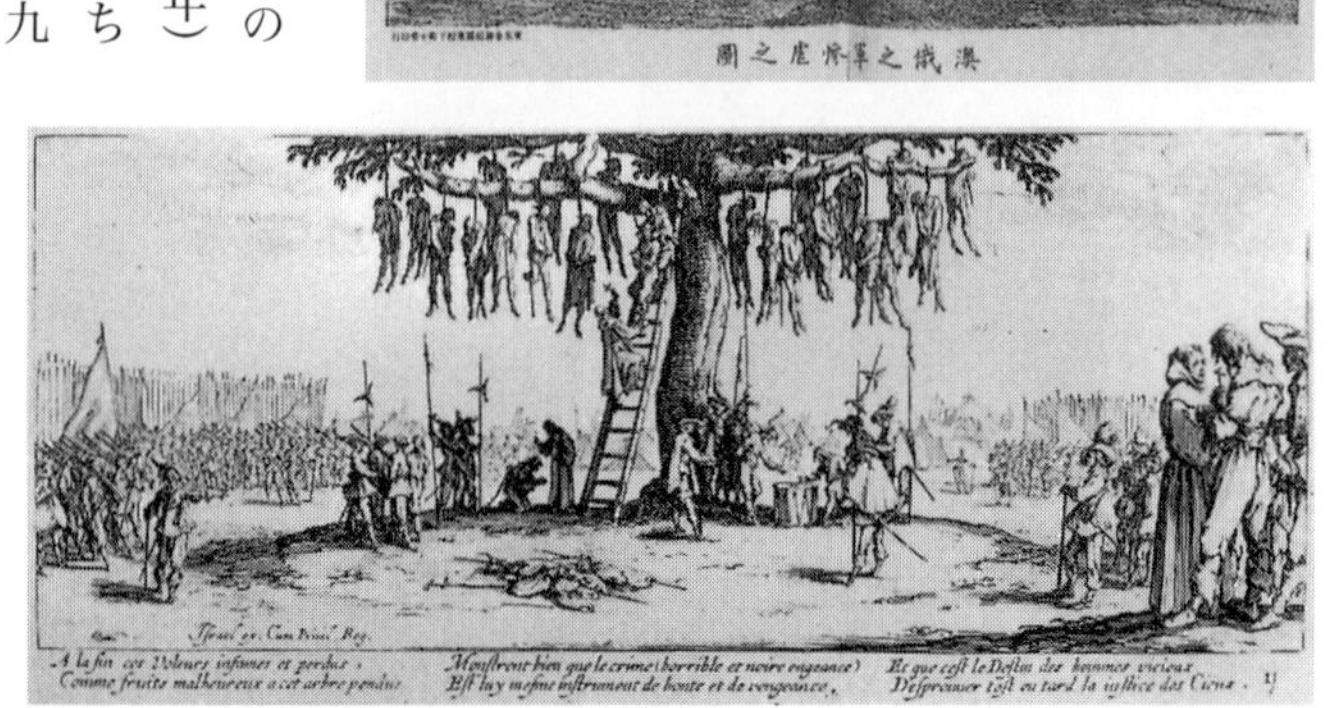

図160　印藤真楯「澳俄之軍惨虐之図」『佳人之奇遇』（東海散士）、博文堂、明治21年
図161　ジャック・カロ「絞首刑」『戦争の惨禍』、1633（町田市立国際版画美術館）

画を学んでいる。小林清親（1847-1915）も一時（明治五、六年ごろ）ワーグマンに入門している。結果として清親は、とくに明治九年から十四年にいたる時期に、またかれの弟子井上安治（1864-89）も明治十五年から十九年にかけて、それまで浮世絵や洋風画にはなかった「洋画の光と空気」[120]を、つまりは明暗の調子と雰囲気をそなえた、いわゆる光線画（図163）と呼ばれる風景木版画を生みだした。すでに明治十年代はじめに描かれた亀井竹二郎の油絵シリーズ「懐古東海道五十三駅真景」を、明治二二年の東京神戸間鉄道開通を記念して大山周蔵が石版画にしたものも、清親の光線画につながるようなあたらしい光と空気を見せている。ワーグマンについて学んだ渡辺幽香[121]も、ワーグマンの画風をよく受けついだスケッチによる『寸陰漫稿』（明治十九年、石版画）、『大日本風俗漫画』（明治二十年、エッチングと石版画）（図164）、『日本かがみ』（明治二一年、エッチング）を出版している。また、パリの美術学校（エコー

図162　チャールズ・ワーグマン『日本のスケッチ』、横浜（R. ミクルジョン会社）、明治17年、横浜開港資料館
図163　小林清親《元柳橋両国遠景》、1879（町田市立国際版画美術館）
図164　渡辺幽香『大日本風俗漫画』、明治20年自刊

ル・デ・ボザール）で学び、すでに明治十四年にゾラの『ナナ』（Émile Zola, *Nana*, Paris, 1882）に十七点の挿絵（図165）を描いていたビゴーは、日本美術研究のため明治十五年に二二歳で来日し陸軍士官学校に画学教師として雇われたが、明治十六年に日本風俗を題材にした銅版画集『O-HA-YO』、『A-SA』、明治十七年には『MA-TA』を出版する。明治十九年には佐野尚訳『ボッカス翁十日物語　想夫戀』（図166）と、ジョルジュ・オネー作、加藤瓢乎訳『修羅浮世鍛鉄場主』に挿絵を提供している。

洋風挿絵受容の限界

十九世紀後半のヨーロッパのアカデミックな美術教育を受けたフォンタネージやビゴー、また経歴はよくわかっていないにしても、おなじような雰囲気のなかで画家として育ったはずのワーグマンにしても、かれらの、そしてまたある点でかれらの影響下にあった幽香や清親、安治らの描くスケッチや挿絵は、こんにちのわれわれの目にはあきらかに、人物の没入のモチーフや明暗の調子による空気・雰囲気の表現、スポットライトによる焦点化といった、西洋近代が開発した〈ともにある〉視点とスケッチの美学の効果を見せている。だが、ワーグマンの『イラストレイテッド・ロンドン・ニューズ』の報道挿絵にしても、ビゴーや渡辺幽香の日本風俗画集にしても、いずれも日本人ではなく外国人むけのものであり、日本人による受容にはかならずしもむすびつかなかった。スモリックの石版役者絵にしても「国周、芳幾あたりの、浮世絵木版の、にらみをきかす役者絵になれている人たちには必ずしも好評ではなかった」[122]ようであり、おそらくはビゴーの小説挿絵にしても、江戸以来の浮世絵系統の挿絵に慣れた当時の一般のひとびとが、これをこんにちのわれわれのように、〈ともにある〉

図165　ビゴー『ナナ』（ゾラ）、パリ、1882
図166　ビゴー『ボッカス翁十日物語　想夫戀』（佐野尚訳）、臨池書院、明治19年

視点とスケッチの美学の効果において受容するということはなかっただろう。玄々堂にあつまった日本人の洋画家たちによる銅版画や石版画の挿絵にしても、原本の模写をのぞけば、なお洋風の図柄の模倣に終始して、フォンタネージやビゴーの味わいを表現するところまではいたっていないのである。

そのことを象徴するのは、逍遙の『当世書生気質』の挿絵をめぐる有名なエピソードである。挿絵は第一回〜三回は歌川国峯（1861-1944）、第四回は葛飾為斎（1821-80）（図167）、第七〜八回は狩野派の流れをくみ菊池容斎（1788-1878）に影響を受けた日本画系の武内桂舟（1861-1943）が担当した。ところがその途中で、小山正太郎（1857-1916）、原田直次郎（1863-99）らのもとで洋画を学んでいた長原止水（竹中孝太郎）（1864-1930）が、新時代の文学に伝来の浮世絵系挿絵はふさわしくないと逍遙に直談判し、洋風挿絵を描くことになった。興味深いのは、逍遙が止水に挿絵を描かせるばあいでもなお浮世絵挿絵の伝統をふまえて、作者自身の手になる挿絵の下絵を止水に提

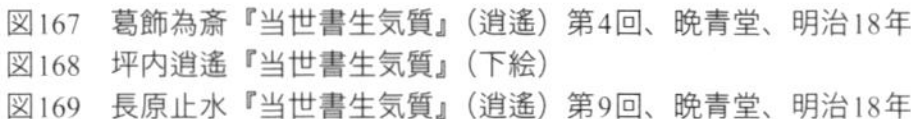

図167　葛飾為斎『当世書生気質』（逍遙）第4回、晩青堂、明治18年
図168　坪内逍遙『当世書生気質』（下絵）
図169　長原止水『当世書生気質』（逍遙）第9回、晩青堂、明治18年

示したという事実である。江戸以来の草双紙の作者と画工の関係については、高木健夫が野崎左文の回想にもとづいて、つぎのように書いている。

そのころの作家は、ほとんど自分で挿絵の指定の下絵を描くのが一般であった。原稿を画家に渡して描いてもらう人もあったが、たいがいその日の分の場面、時間、天気から人物の着物の柄とか、小道具までを指定した下絵を画家に渡した。画家はこの下絵があれば原稿をみなくとも挿絵を描くことができる。……「小新聞」の記者兼続きの作者が出社すると、机の上には、おといまわしておいた下絵を画家が版下に描き、彫り上がった版木が出来てきている。作家はその版木の画面に合うように、メモをみながら、その日の一回分を一時間か一時間半以内に書くのだ。[123]

逍遙自身の下絵（図168）は、いかにも伝来の浮世絵挿絵と同質の、画面に平行に人物を配し、まずはできごとの場面を説明するためのものであることを示している。これをもとにしながら、止水の挿絵（図169）は、説明を省略したスケッチ風の線や、さほどつよくはないがはっきりと意識された明暗の調子や、画面の奥行き方向に人物を配して特定の人物に焦点化をはかる構図や、没入の情況の描写など、すでに明治十八年の時点でのわかい洋画家たちの西洋画受容を明確に示したものといえる。にもかかわらず、逍遙がのちに「新らし過ぎて、どうも世間受けがしなかつた。あの頃は矢張り浮世繪流の挿繪でないと新聞でも喜ばれなかつたやうな有様で、残念であつたけれども二枚だけで中止して貰つた次第である」（「作者餘談」大正十五年）[124]というように、当時の読者がこれを小説経験とむすびつけることはできず不評で、結局第六回と第九回の二回で終わり、あとはふたたび桂舟（図170）にもどすことになる。二葉亭『浮雲』の挿絵も、第一編が歌川国芳門下の浮世絵師月岡芳年（1839-92）、第二編が菊池容斎の影響下にある日本画家尾形月耕（1859-1920）（図171）であった。

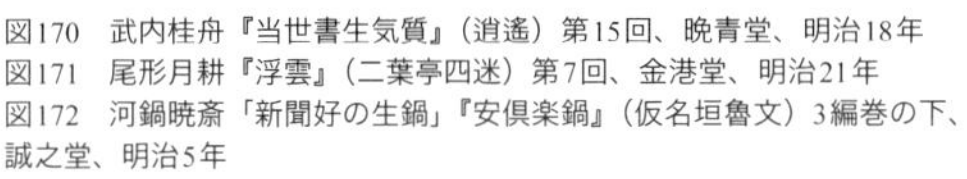

図170　武内桂舟『当世書生気質』（逍遙）第15回、晩青堂、明治18年
図171　尾形月耕『浮雲』（二葉亭四迷）第7回、金港堂、明治21年
図172　河鍋暁斎「新聞好の生鍋」『安倶楽鍋』（仮名垣魯文）3編巻の下、誠之堂、明治5年

新聞小説と挿絵

じっさい、仮名垣魯文の『安倶楽鍋』（明治四年）に国芳門下の落合芳幾（1833-1904）や河鍋暁斎（1831-89）（図172）がつけた挿絵、芳年や芳幾らの新聞錦絵、また芳幾が明治八年『平仮名絵入新聞』の雑報に挿絵をはじめてつけて以後の明治十年代の新聞挿絵にしても、その大勢は芳年、芳幾に代表される伝来の浮世絵系のものだった。魯文「鳥追ひお松の伝」（『仮名読新聞』、明治十年十二月十日〜十一年一月十一日）以降、明治十年代の小新聞は読者獲得のためにきそって、雑報を物語化した続き物と呼ばれる連続読み物を挿絵入りで掲載したが、[125] 二十年代にはいって従来の論説を中心とした大新聞が衰退するにおよんで、これらの小新聞が大新聞化していく。明治十二年に大阪で創刊された『朝日新聞』は当初から雑報記事に挿絵をいれたが、十三年の「賤廼繁糸（しづのしげいと）」からは続き物に挿絵をいれるよう

になる。十七年には現代物（世話物）と時代物の続き物二編が挿絵入りで掲載されるようになり、雑報には挿絵がはいらなくなった。こうして、「続き物だけに限定された挿絵は、この時点で、実際の人物、事件などのニュースとの関係が消滅し、専ら読み物（作品）の中の画像となった。すなわち、今日の新聞小説の挿絵が登場したのである」[126]。一方、明治七年創刊の『読売新聞』は大新聞の社説に準じる「読売雑譚」の欄をもうけていて、他の小新聞とは一線を画し、続き物は掲載しなかった。しかし現代物と時代物二編の続き物によって『朝日新聞』が大きく部数をのばすなかで、明治十八年には『読売新聞』も続き物を掲載しはじめる。だが、ここでも『読売新聞』は独自路線を歩む。明治十八年十二月二七日付の『読売新聞』に、記者である加藤瓢乎による「新聞紙の小説」という一文がかかげられている。

> 或る人閑人を詰りて曰く、足下等の従事する處の讀賣新聞に記載する處の続話しハ、殊更に奇異の説を構造し又ハ猥褻の字句を挟さむ等の事なしと雖も、其書く處のもの小説に類し、然も趣意も無く寓意も無く唯事實を述るに過ざれバ、此の如きものを他の雑件と混載せんよりハ、寧ろ純然たる小説を編述し、之を別欄に記載するに如ずと、是甚だ正当の説にして閑人の大いに賞賛する處なり

ここで「或る人」とは、明治二十年十月より読売新聞社客員となった坪内逍遙である。この社説における趣旨は、それまでの事実なのか虚構なのかあいまいな続き物をやめて、「純然たる小説」を新聞小説として連載すべしということと、そのために従来の続き物が他の雑報記事とならんで掲載されていた雑報欄とは別に、あらたに独立した小説欄をもうけるというものである。加藤はさらに、「試みに其例を歐米の新聞紙に求たるに、毎週発刊の新聞紙等にハ必らず小説を掲げ、日々発刊の新聞紙と雖も其例少からず……然れバ我讀賣新聞に小説を掲ぐるも敢て不可なきに依り、来春よりハ別欄を設け、日々一二章づつ記者の編述したるもの或ひは歐米の小説中最も佳なるものを選びて登載し、自餘の小説類似の續き話しハ一切廃さん事を希望せり」とつづけている。こうして明治十九年正月より『読売新聞』に、おそらくは『小説神髄』を書いた逍遙が念頭においていた、従来の続き物と区別されるべき「純然たる小説」欄

がもうけられることになったが、その最初はフランスのジョルジュ・オネー原作、加藤瓢乎訳「鍛鉄場の主人」であり、これはすでにふれたように、同年ビゴーの銅版画挿絵入りで単行本として売りだされた。つづいて三月からは饗庭篁村「当世商人気質」が掲載され、明治二十年以降は山田美妙「武蔵野」をはじめとして幸田露伴、尾崎紅葉らが執筆するにいたって、それまでの戯作者の手になる続き物とははっきりとちがった近代小説発生の舞台となるのである。

しかし『読売新聞』が小説欄に挿絵をいれるようになるのは、明治二八年一月から連載の紅葉「不言不語」からである。これには原貫之助（1870-1945）の挿絵がはいったが、社内から反対があって一回で中止した。しかし結局五月からの紅葉・花袋合作の「笛吹川」から桂舟の弟子、中江とき（玉桂）（生没年不明）のコマ絵的な挿絵[127]をいれるようになる。一方で、挿絵をいれることに批判的な小説家もいて、たとえば饗庭篁村は「余や不肖といへども事に操觚に従ひ、自ら計らざる嗤ありといへども、聊文学者を以つて自任す。されど文字を連ねて人を感動せしむる能はずといへども、僅に挿畫の力によりて了解せしめんとならば、予は今日より文壇を退いて、亦終生文字を作らざるべし」[128]といい、また紅葉にしても、明治三二年二月十三日の『読売新聞』月報付録にのった「紅葉氏の新聞小説論」で、「全体小説に挿畫を入れるといふのハ、分らない話で、何も畫の力を借りる程なら、筆で以てそれだけの事をやッて見せるのが我々小説家の技倆だ、今は口繪がなければ買ッて呉れない世の中だから、仕方もないが、他日大に志を得たら、僕の小説には繪ハ入れない」と述べている。その紅葉にしても、明治三三年一月から五月まで連載された秋濤居士・紅葉山人訳「寒牡丹」に梶田半古（1870-1917）の挿絵がはいり、また明治三十年一月にはじまった「金色夜叉」（～三五年五月）には挿絵はいれなかったが、これを引きつぐ「続々金色夜叉」が中断したのちに再開された明治三三年十二月四日から、やはり梶田半古の挿絵がはいる。

浮世絵系挿絵

芳幾、芳年ら浮世絵系の挿絵はいずれも線といい構図といい、旧来の芝居絵風の木版挿絵であり、読者を観客に見立てて、舞台でおこるできごとをできるだけ観客に見やすいように描こうとするために説明的なものであった（図173）。

殺しやけんかなどのアクションは新聞錦絵（図174）のようにあざとく、頻繁にでてくる会話の場面では、そこに居あわせる人物はおおむね読者・観客のほうに顔を見せるために横一列にならび（図175）、しかもそのひとり一人が畳に手をついてお辞儀をしたり、手を口にあてたり、笑いかけたり、泣いたり、腕まくりをしたりと、それぞれに瞬間的な仕草を多彩に見せる。明治二三年二月十一日『東京朝日新聞』の「埋木」（桂華山人）につけられた芳年門下の右田年英（1863-1925）の挿絵（図176）では、ふたりの人物が傘の両端に手をかけ、こちらをむいて、いままさに「見得」を切っている。おなじく二月七日の挿絵では、うつぷして袖に顔を埋めて泣く女が描かれているが、これも歌舞伎の愁嘆場の趣向である。明治二五年十一月八日『やまと新聞』の続き物「誰故爾」（桜痴居士）につけられた、おなじく芳年門下の水野年方（1866-1908）の挿絵（図177）には、久しぶりに再会した忍と叔父定五郎がふたりしてうれし涙をながす場面が描かれているが、これなどもおなじく愁嘆場の趣である。登場人物がひとり描かれる場面でも、明治二一年七月十一日『東京朝日新聞』の「樹間の月」（半痴居士）の年英の挿絵（図178）では、後ろむき、右手にうちわをもち顔を横にむけて右上にかかる月を見る風情の男などは、内面描写のクロース・アップというよりは、歌舞伎的な「見得」の場面というべきである。切り返しショットと見える構図でも、明治二二年二月三日『都新聞』の「栄枯盛衰」（海鶴仙史）の稲野年恒（1858-1907）の挿絵や、明治二四年四月十六日「陽炎」（柳塢亭寅彦）の歌川国峯（1861-1944）の挿絵（図179）のように、画中のふたりともがいずれも見得を切ったり見返ったりといった芝居をしている。明治二四年二月十八日『東京朝日新聞』

図173　月岡芳年「松の操美人の生埋　第三席」（三遊亭圓朝口述）『やまと新聞』、明治19年10月13日
図174　落合芳幾『東京日々新聞』第933号、明治7-8年（東京大学社会情報研究所）

の「對照鏡」（馨園主人）では、夜陰に乗じて庭先にほおかむりをした男がたたずみ、障子のうちで語りあうふたりの人物の会話を立ち聞きする場面（図180）が描かれているが、こうした立ち聞きのモチーフはしばしば挿絵に登場する。これは前節ですでに見たように、物語にサスペンスをあたえるための江戸戯作以来の常套手段であり、没入と見えてもそれは内省のモチーフではなく、立ち聞きという際だったアクションの描写と考えるべきものである。[129]

図175　款・秀湖「葵の若葉　第二節」（菊亭静）、『みやこ新聞』、明治21年11月17日
図176　右田年英「埋木　第十八回」（桂華山人）、『東京朝日新聞』、明治23年2月11日

図177　水野年方「誰故爾」（桜痴居士）『やまと新聞』、明治25年11月8日
図178　右田年英「樹間の月　第二回　散歩（一）」（半痴居士）『東京朝日新聞』、明治21年7月11日

容斎派の画家たち

これら浮世絵系の挿絵のなかでも芳年は、当時の感覚では「写生風」「生き絵」と称されて一世を風靡したという。当時の挿絵について年方門下の鏑木清方（1878-1972）は、「外人の筆になる挿繪すらあつて、早くも洋畫の挿繪の先蹤を作つてゐるものもあるけれども、汎く一般社會に迎へられるものは、内容外觀ともに幕末の草雙紙の延長であつて、芳年、芳幾などが、國芳直傳の極端な寫生風の畫を作りながらも、その様式はつとめて前時代の約束から離れまいとしてゐるのは、恰も明治末の新派劇が、古い歌舞伎の仕来りを學んでゐたのと同じやうであった」[130]といい、また「歌川派の眞に遠い芝居氣たっぷりの草雙紙の畫を見慣れた人々に、寫實一點張の新畫風は頗る目新しく、芳年一門の手に挿繪界は獨占されてゐたのが、楓湖や省亭が、専門的ならざる挿繪をかきはじめ、ついで桂舟や永洗が登場するやうになると、芳年一派の寫實も、やはり芝居氣をはなれないことに氣がつくやうになつた」[131]と述べている。もっとも、こうした浮世絵系木版挿絵の「芝居気」、フリードにならっていえば「演劇的」な構図については、すでに西洋画にふれた幕末の挿絵画家たちにも気づかれていたようである。馬琴の『南総里見八犬伝』終編（天保十一年）の挿絵（第九輯、第十四編の一部、第十五編）を描いた歌川貞秀について、幕末にかれを訪問したことのある依田学海は、つぎのようなエピソードをつたえている。

其頃ハ西洋畫といふものは世に多からざりしが、貞秀ハいかにして蓄けん、帖に作りたる洋畫を多く出して余等に示し且いへらく……和漢の俗画多くハ一種の偽體ありて、すべて畫を見る人の為にのみ前面を畫き、その人物山川

図179　歌川国峯「陽炎　第十八回」（柳塢亭寅彦）『都新聞』、明治24年4月16日
図180　右田年英「對照鏡　第十八」（馨園主人）『東京朝日新聞』、明治24年2月18日

の向背に心を附るものなし、殊に我国の俗畫ハ皆戯場俳優の所為をのみ旨とし畫くをもて、婦女の形容に至りても多く戯場の身振といふことを寫して、尋常居動には有るべきやうもなき形のみ多し、戦闘の状に至りてハその弊甚しく、英雄豪傑奮勇苦戦の形状をして俳優戯子の所為と異なることなからしむ、實に笑ふべく嘆すべきの至りなり[132]

しかし、いったん身に染みついて伝承された趣味は、そうかんたんには変化しない。清方が芳年らに対する新勢力としてあげているのは、幕末期に粉本による模写を排して実物のモデルによる写生を試み、歴史上の人物五七一名の肖像画集『前賢故実』（1837-68）をのこして、明治初期日本画家たちに多大な影響をあたえた菊池容斎の流れをくむ桂舟や月耕、永濯の弟子富岡永洗（1864-1905）ら容斎派と呼ばれる画家たちであり、また松本楓湖（1840-1923）や渡辺省亭（1851-1918）、鈴木華邨（1860-1919）らは容斎の直接の弟子であった。紅葉の硯友社が明治十八年に創刊した『我楽多文庫』や二一年に創刊された『都の花』によせられたあたらしい小説の挿絵は、かれらがになうようになる。その絵はたしかに、芳年らの定型化した顔つきや粘る描線、細部の緻密な描写などとはちがって[133]、表情や描線の自由さをもった新風ではあった。しかもなお語りのモードからいえば、それらはいぜんとして〈全知〉の視点からする説明的なものであった。

洋画家たちの参入

「物語る絵」としての小説挿絵が、その説明的な語りを変化させるようになるのは、ようやく二十年代末から三十年代にはいってのことである。そしてそれが、すでに見たように、日本における西洋近代小説の、内面のリアリズムと言文一致体にもとづく〈ともにある〉視点の語りの成立の時期とかさなっていることは、けっして偶然ではないだろう。鏑木清方が述懐するように、それまではかならずしも画家は小説を読んで挿絵を描いたわけではなかったのが、「もともと文藝は、……子供の時から因縁が深く、畫家にならうか、小説家にならうかと思つたことも」[134]あったという清方の世代には、二十年代末にでてきた鏡花や一葉、独歩や藤村につながるあたらしい小説の読書経験をもとに挿絵を描く画家たちが登場したのである。重要なのは、『文藝倶楽部』（博文館、明治二八年）や『新小説』（春陽堂、明治二九年）という文芸雑誌の創刊である。これらはいずれも掲載小説に口絵や挿絵をつけたが、これには浮世絵系に代わって当時全盛の容斎派日本画家たちとともに、明治二九年にフランスから帰朝した黒田清輝を中心に白馬会が結成され、また東京美術学校西洋画科が新設されたことで意気があがる洋画家たちが加わるようになった。

『文藝倶楽部』の口絵や挿絵を描いたのは、桂舟、月耕、永洗、年方、半古、杉浦非水（1876-1965）、片山春帆（生没年不詳）、のちに清方ら、ほとんどが容斎派日本画家たちで、ときに浅井忠（1856-1907）、下村為山（1865-1949）、渡邊審也（1875-1950）、中沢弘光（1874-1964）、和田英作（1874-1959）といった洋画家も描いている。一方『新小説』はもっぱら口絵だが、これも容斎派の日本画家や、のちに加わる清方、年英の弟子鰭崎英朋（1881-1968）らとならんで、小山正太郎、浅井忠、黒田清輝、川村清雄（1852-1934）、中村不折（1866-1943）、和田英作、渡邊審也、一條成美（1877-1910）ら洋画家が表紙もふくめて常時描いており、画風としては『文藝倶楽部』よりあたらしい趣味をみせている。たとえば明治三三年から滞仏中の浅井忠らによるリトグラフのシリーズ「巴里風俗」（図181）が連載される。また明治三十年創刊の『ホトトギス』にはコマ絵ないしカットに浅井忠や中村不折、小川芋銭（1868-1938）ら太平洋画会系

図181　浅井忠「花売」（巴里風俗）『新小説』、第5年第13巻、明治33年10月

図182　浅井忠「樹蔭双美の図」『新小説』第1号、明治29年7月
図183　黒田清輝（口絵）『不如帰』（徳富蘆花）、民友社、明治33年

の画家たちが描いている。

洋画家が挿絵の世界に参入したからといって、急に挿絵が変化するわけではない。たとえば明治二九年七月『新小説』創刊号の浅井忠による口絵「樹蔭双美の図」（図182）は、洋画スケッチではあるが構図はわりあいに古いタイプであり、おなじことは第七号（明治二九年十二月）の口絵「雪中美人」にもいえる。一方で、黒田清輝の油絵《読書》（明治二四年）や《舞妓》（明治二六年）では、原田直次郎《騎龍観音》（明治二三年）や山本芳翠《浦島図》（明治二六〜二七年）の「演劇的」な構図にくらべて、黒田が洋画から学んだ没入のモチーフはあきらかであり、また明治三三年に出版された徳富蘆花『不如帰』の黒田による口絵（図183）にも没入のモチーフが認められる。注目すべきは、こうした洋画からの影響もあって、明治三五、六年ごろから挿絵を描きはじめた鏑木清方、鰭崎英朋、年方の弟子大野静方（1882-1944）、年英の弟子河合英忠（1875-1921）ら日本画のわかい世代に、はっきりとあたらしい傾向が見られるようになったことである。しかし洋画以外にも、これらわかい世代の日本画家たちの挿絵により直接的で強い影響をあたえたと思われるのは、ひとりは小坂象堂とその自然主義であり、もうひとりは梶田半古である。

7　小坂象堂と自然主義

日本画の自然主義

小坂象堂（1870-99）は浅井忠の画塾の門下生で、明治三一年に東京美術学校助教授に就任したが、翌三二年、三十歳の若さで夭折した。当時は、岡倉天心の指導のもとに結成された日本美術院の画家たちによる神話、仏伝、歴史、伝説などの歴史画が主流であったが、これに対して象堂は、死後まもなく刊行された『象堂遺芳』に「謂うべし、日本画の自然に向へる一生面は実に象堂に依りて開かれたり」と記されているように、洋画を基礎にした日本画の自然主義的傾向を切りひらいたとされている。当時、文学の自然主義に応じて日本画における自然主義をつよく主張したのは大村西崖である。[135] 西崖は明治二八年に東京美術学校助教授となったが、校長岡倉天心と衝突して三十年に退職し、森鷗外、久米桂一郎らを同人にさそって美術批評雑誌『美術評論』を創刊し、鷗外との共編でハルトマン『審美綱領』（明治三二年）を出版し、また読売新聞社員として美術批評を書いた。こうした批評をつうじて西崖は、天心を中心とし、横山大観、下村観山、菱田春草らに代表されるいわゆる「龍丘派」の「朦朧体」や理想主義を批判している。明治三一年二月『早稲田文學』第五号の雑録「畫界新彩」[136]欄に、観山、春草のつぎのような記事がのった。

畫家の感じが線の上に現れ一線一畫の中に非常な意味が籠つて来る……初めに深く感じた事があれば之れを何處までも上に寫し出すのですね、少々形がどうであらうが、筆がどうであらうがそんな事はどうでも兎に角始めに深く感じた事を忠實に現しさへすれば繪の能事は畢るといつてよいかと思ひます……日本畫の人物のエキスプレッションは極めて不完全で、陰影や色合で之れを示すとは到底西洋畫に及びません、日本畫は何處までも線がきで其の特色を発揮せねばなりません（下村観山）

日本畫で言へで（ママ）線は必要なんだ、之れを除けば日本畫は西洋畫に取られて了ふ、それに今の批評家は線のことを不自然だとか何だとかやかましく言ふ……西洋畫で言へば此によい景色があるとすれば其の色を取り光線を其のまゝに出さうとする、日本畫では其のよい景色を觀て色々に考へる其の考へを畫くのだらうと思ふ、つまり畫家自身の考へを畫くのだらうと思ふ……日本畫の線の意味は西洋畫にあるが如き物と空氣との間、または色と色との間にある経界の線ではなくつて、釈迦なら釈迦の圓満の顔を畫うと思ふをりにさう思ふ意味が出るものが即ち線なのです、かうだとか、あゝだとかいふ意味を現すが線なのです、批評家が之れを不自然と言ふのは誤りです（菱田春草）

これに対して大村西崖は、明治三一年二月二十日の『美術評論』第八号「雑感」欄（晩香園、潮音軒、無記菴の署名記事）で、「そこで美術家が感じたさまを畫に描かうとするには、その能く感じたる通りに、所感境の色（しき）、即ち自然の形と色（いろ）とに少しも違はぬやうに作らねばならぬ」と批判する。観山のいう「形はどうでも感じを寫すのだ」というのは、「對境に相違したトテツもなき感じたる、即ち現量相違か比量の思考かである」[137]と西崖はいうが、それはつまり、観山の「感じ」というのは対象の直感（現量）とはことなった、概念や観念（比量）にすぎないというのである。西崖はまた、「理想ハ比量ノ智ニ映ジ、想ハタダ現量ノ情ニ愬フ」[138]というが、それはつまり、理念や観念とちがって「想」とは客観・対象の直感的なイメージだということである。それゆえ西崖は、「所観［客観・対象］の想の現われたるものにして以て始めて美を成すべきなり」といい、また「能観［主観］を撥無して所観に帰依し、ここに自然派の写実主義はおのずから興らざるを得ず」という。この立場からすれば、「その形と色との微細のありさまで感じた感じを、それで感じたのでもなんでもない線といふ自然界では見たことのない特別な物を以て示さうなど丶は、不覚の至りとほかいはれまい。どうしても感じを畫くには、所謂線などはどうでもよい、無くてもよい、無い方がよい」[139]。

このような立場に立つ西崖にとって、明治三十年秋の日本絵画協会第三回展に《小春》（銅牌受賞）（図184）を出品し、ついで明治三一年春の日本絵画協会第四回展に《養鶏》（銀牌受賞）（図185）をだした小坂象堂は、日本絵画における写実主義を一歩実現したものに映った。西崖は《小春》については、「種々の方面よりして、繪畫の正路を発見せんと苦心しつ丶ある」ことを認めたうえで、「例の人物の厭味は矢張りたつぷりで、気障ぽくてたまらない。笛吹いて居る男も虫を捕へむとする人も……小生は作者が自然の題目を取りたるを喜ぶと同時に、其大に不自然なる處の多きを遺憾とす」[140]と批判もしている。西崖がなおここに描かれた人物に認めた不自然な「厭味」とは、清方が「歌川派の眞に遠い芝居氣たっぷりの草雙紙の畫」と呼んだ旧来の日本画にありがちな「芝居氣」なのだろう。しかし翌年の《養鶏》になると、『讀売新聞』（明治三一年四月二五日）の「繪畫共進會評判（一）」欄における森鷗外（烏有生）と連名での「小坂象堂筆養鶏」批評で、西崖（局外生）はつぎのように賞賛している。

図184　小坂象堂《小春》、明治30年（所在不明）
図185　小坂象堂《養鶏》、明治31年（所在不明）

［局外生］僕ハ此図がこの會にて最も善き作だと思ふ。なる程鵠的の最も甚しいものでハあるが、それがやや消化して居るでハないか。何ハ兎もあれ、日本畫でモデルを使って人物を畫いたのハ、これが嚆矢に相違ない。嚆矢だけ会つて、またモデル臭味脱けないといふ難ハあらうけれども、日本畫で人間の自然を寫す上でこの位成功したものハ、僕ハこれまで見たことがない。……

［烏有生］なる程御尤な御言葉だ、僕も甚だ同感である。……僕が雨夜の星程に思ふてゐる眞正の繪畫の道をたどつてゐる畫ハ、實にこの畫などの外にハ少ないのである。

また『美術評論』第十二号（明治三一年七月二一日）では、西崖（岳南）はつぎのようにいう。

主なる人物があまりにすまし過ぎたると、柳の枝のみひとり風を受けたると、菜の破のうねり過ぎたるとが、重なる缺點なるべし。また人物の衣文の描線も新聞紙をもみくちゃにしたやうにて、あまり面白からず。とはいへ例の日本畫慣用の型通りの描法とは違ひ、兎も角も自然から得来りたるものなるは、誠に嬉しきことなり。……顔も日本畫の通病たる平板は脱し得たり。……これより多く洋畫の手法を取れば、日本畫たるところは、失はれむか。たゞし失はれても惜くは思はず。象堂氏よ、そこらに心配なく益々進みたまへ。[141]

一方、おなじ批評欄で洋画家の久米桂一郎（暁鴉）は、「日本畫の旨味減じて、洋畫の趣味未だ生ぜざる此畫に對して、たゞちに賛成の意を表することは出来ない。……畫中の最も佳なるものは、矢張描法を日本畫に取りたる菜花と鶏群なるべし。さすれば作家が手法を洋画に取りたるが為に、妙味のあらわれたる點は殆どなしと断言するを憚らず」と辛口評であるが、しかもこれにつづけて、「茲に余が小坂君の特功として、大に歓迎せんと欲するは、君が洋畫の長處を根本より解知して、其図題と組立てとをかれに得て、これを日本畫に用ゐたる一事にして、しかも所謂美術學校派の觀念といひ理想と云ふが如き虚影を追はず。誠實なる自然の觀察に依りて描かんとする熱心是なり。……全然日本畫の舊慣を脱出し、現實の自然界の情趣を探りて、これに一種の気品を添へたるは、小坂君一人ならん」[142]と賞賛もしている。とくにここで注目すべきは、久米が象堂の特功を、洋画の長所を根本より解して「其図題と組立て」を、つまりは洋画的な着想と構図とを日本画に用いた点に見ていることである。『象堂遺芳』も、象堂はこれ以前は雅邦らの理想派にかたむいていたとした上で、「この作初めて洋畫の技法をもて日本畫に渾融してよく調和を得たるのみならず、前来の覇気と理想弊とは殆ど全く去りて、自然の興趣較々掬すべきものある」[143]と記している。

无声会

象堂の自然で写実的な日本画につよく反応したのは、「本会は自然主義を綱領とす」と会規にうたって明治三三年に結成された无声会の平福百穂（1877-1933）や結城素明（1875-1957）らの日本画家たちである。そのことは、无声会第二回展についての『繪畫叢誌』掲載の批評（桔梗之助・北川金嶙）が、「第二回の展覧會を見て、无聲會の方針は、略ほ象堂擬ひの製作品とよめた。尤もこればかりでは酷評であらう、しかし洋畫折衷といふのは事實で、日本畫の特長は、尠からず消滅して居る、其所に至ては故人象堂子などは、近世の惜しい名家であつた」[144]としていることからもわかる。のちに結城素明がいうように、かれらは当時の日本美術院の「理想主義に對して寫實寫生を重んじ、それを指して自然主義と稱した」[145]のである。河北倫明によれば、「正岡子規が洋畫家中村不折の寫生論に影響されてホトトギスの寫實主義を明確にしたことは美術から文學への動きだつたが、无聲會の主張はさらにこの文學から美術への動きを示すものだつた」[146]。太田桃介も、平福百穂や結城素明らが无声会を結成する最初のきっかけは「明治後期の自然主義の文学であり、つづいて馬酔木、アララギ派の短歌運動にみるいわゆる写生主義などであった」[147]といい、また小高根太郎も正岡子規、島崎藤村、田山花袋ら当時のリアリズム系の文学者にも「无聲會の自然主義を支持する者が少なくなかつた」[148]という。

百穂は象堂が明治三十年に日本絵画協会展に出品した《小春》について、それ以前の象堂の日本画が「當時カブレの所謂理想畫といつたやうなもので、西洋雑誌の裸體畫の焼直しへ覚束ない陰影などを施したもの」だったのが、この《小春》は、「もうすつかり古い殻を脱いで浅井忠先生の門に走つて純寫生風のもの」でたいへん評判になったと述懐している。しかし百穂には、それはなお「今戸焼風なイケ好かない絵」と思われたといい、西崖らと共通した印象をもったことがわかる。ところが翌年に出品された《養鶏》については、百穂は「驚くべき程の進化で、アゝコレダ〱と感心してしまつた。……吾々は無聲會を創めて自然主義を高唱する前に、洋畫の根據ある寫實に足を踏み占めて日本畫の新しい試みをした氏を偉とせねばならぬ」[149]というのである。石井柏亭（1882-1958）も、「日本美術院の朦朧体と呼ばれた理想派的絵画」よりも「小坂象堂の写実的な日本画」[150]に同感したという。要するに、象堂の《小春》に当時の画家たちが見たのは、西洋画的なリアルで自然な人物デッサンの「確かな写実」であろうし、しかもなおそこに残存していた不自然な「芝居気」、つまり演劇性は、つぎの《養鶏》では、われわれのことばでいえばまさに没入のモチーフによって払拭されたというのだろう。

とくに注目すべきは、象堂には肉体の描写に代赭色の細い線を用いるなど描線の工夫が見られるという事実であり、この点について吉田千鶴子は、描線のこの「工夫を更に推し進めれば、恐らく素明や百穂のように日本画の伝統的描線を排して素描の線を生かす方法に到達したことだろう」[151]という。じっさい素明や百穂らは東京美術学校の日本画科に入学しつつも同校の西洋画科で洋画を学んでおり、百穂は卒業制作に《田舎嫁入》（明治三二年）と題する自然主義的な作品を描いている。石井柏亭（鳥瞰生）は「当代画家論（三八）結城素明氏」（『読売新聞』明治四二年一月十二日）で、素明の无声会第一回展の出品作《農家晩秋図》（明治三三年三月）（図186）など、无声会初期の素明の絵について、「洋風畫の寫形や構図や趣味などを容れて之れを包むに日本畫の描線を以てしたもの、先に小坂象堂があつた。併し素明氏は象堂のそれの如きねばりのある線を捨てゝ、洋風のスケッチ畫版畫などから得た、細い筆當りのない、切れの善い線を使ひ出した」と評している。その結果として、庄司淳一が指摘するように、これらの絵には漢画や山水画の伝統的な筆法としての「「筆意」に基づく抑揚の強調はなく、ただひたすら目に映じたところをとらえようと」する写生の態度が見てとれる。これら「田園近郊の凡常の風景、素朴な風俗に取材した」无声会員の作品

図186　結城素明《農家晩秋図》、明治33年3月（所在不明）

は、「明らかに〝山水〟の範疇を越えていて、ある時ある場所で彼らの目に映じた〝風景〟を、専心画面にとらえようとする作画態度が窺える」[152]。庄司によれば、これは象堂の影響のみならず、当時の国木田独歩らの文学における自然主義の影響でもあった。

无声会が創立した明治33年頃、〝自然主義〟として受け入れられていたのは、ゾラ・モーパッサンらの文学ばかりではない。ルソー・ラスキンらの、系統的にロマン主義に属する思想のほか、ワーズワースらの文学もまた、等しく〝自然主義〟の名で伝えられていたのである。当時ワーズワースらイギリス・ロマン派詩人の影響下に起こっていた、いわゆる「田家文学」は、私見によれば无声会の絵画制作と共通の芸術的地盤を有している。その代表的存在である国木田独歩の作品は、日本における自然主義文学の一源流とも見做されている。[153]

以後、无声会の会員たちは「視覚に登った対象の形姿を、増減なく描破できるニュートラルな線を求めて、日本画筆を捨て、水彩筆や木炭・コンテなどの画材を用いるようになってゆく」[154]。ここにいう、漢画や山水画の「筆意」に対する「ニュートラルな線」とは、桜痴や逍遙や二葉亭たちが浮世絵の役者絵に代わる西洋の肖像画に匹敵するものとして追いもとめた、漢文や雅文に対する言文一致体に対応するだろう。日本画家たちもまた、近代リアリズムを描くためのあらたな文体を必要としたのである。

明治三六年四月の无声会第七回展に出品された百穂の《押すな押すな》では、描線はコンテによっており、当時の日本画の常識からすると粗雑とも思えるほど無造作に描かれているが、庄司は「このスケッチ画法と无声会の「自然主義」とは、密接に関連していると思われる」[155]という。当時の洋画の影響のもとで、无声会の画家たちは「写生若くはスケッチ自体に美を見出し、そのまま作品として呈示することさえよしとする〝価値観〟」をもっていたのであり、そしてそれは「スケッチが、画家の「意を経」ない〝自然なもの〟だからである。……対象と内面との直接の交感が、おのずから流露したものだからである」[156]。ここにはたしかに、あの十九世紀ヨーロッパにおけるスケッチの美学の受容が見てとれる。明治四一年の『美術新報』第六巻第二三号および二四号には、「自然に対するスケッチに就

て 上・下」（中田皓清訳、著者不明）と題する翻訳が掲載されており、そこには、スケッチにあっては「自然の為に自己の勢力を失い微細なる点に心を奪」われてはならず、「其各部は一様に熱烈なる精機を有せざるべからず」とし、「格段なる感情刺激によってスケッチを為すときは真の制作よりは却って画家の特性を表示し自然の価値を最も明白に現」わすとある。

8　梶田半古と新風

烏合会

一方、无声会よりはひと世代わかい日本画家たちが明治三四年に結成した烏合会に鰭崎英朋らとともに加わった鏑木清方も、象堂からの影響を告白している。清方は《小春》について、「会場で始めてこの大作に接した時、誰でも一応目を瞠って立ち止まらないものはなかった。人物の描写はこれまでの日本画にない確かな写実に徹していて、油絵から陰を除いて、割合に淡彩、平明に、然も筆意を立ててある。……現に私などにも三十一年秋の「暮れゆく沼」に始まって、三十七年の烏合会作「佃島の秋」〔図187〕、四十一年の「あけひどり」その他にもその影響の著しいのを認めないわけにはゆかない」といい、また「「養鶏」は和洋折衷が程よく調和されて、農家の姉妹が鶏に餌を与えるのに菜の花を配し、その構図は全く洋画風ではあるが、前作の不熟を補って余りあるものであった。その秋に出来た「野辺」は前二作のような力作ではなかったが、素直に鑑賞される作であった」[157]と述べている。かれら烏合会の画家たちにしても、象堂のような日本画における写実のいきかたや、当時の新派であった白馬会系の洋画に対する共感を共有していた。大野静方などは明治三十年代に白馬会洋画研究所にかよっていたし、『新小説』などでは毎号のように清方や英朋らが白馬会系の洋画家たちとおなじ舞台に口絵を提供した。一方で洋画家たちの口絵にしても、黒田清輝「舞姫の図」（明治三十年一巻）、渡邊審也「老骨」（明治三九年七巻）〔図188〕や和田英作「紫陽花」（明治三八年六巻）、「花あやめ」（明治三九年五巻）などのように、清方や英朋らの挿絵・口絵に近い感覚のものがある。橋秀文も、『明星』に見られる洋画家藤島武二や日本画家結城素明などの挿絵の表現の類似性は興味深いものである。実際、洋画家が表現の可能性を求めて日本画を描いたという事実と、当時の挿絵との関係は無縁ではない。日本画の特質を吸収した洋画家の挿繪を次世代の日本画家が学んでいったという状況は、明治後半の挿絵界の特質でもあろう」[158]と指摘している。また菊屋吉生は、伝来の浮世絵系の挿絵は「微細な描写が目立ち、一種劇的な要素を写実的に表すものが主流であった。ところがこの分野に洋画家が進出してくると、様相は一変してきた。細かい描写は、大胆な明暗（白と黒）の描き分けに変わり、画面構成自体が、より図案的、意匠的になってきたのである。こうした状況は、あらたな挿絵に手を染め始めた若い日本画家たちにも影響をおよぼした」といい、「かれらの描く挿絵は、洋風のスケッチやデッサンを根底としたいわば略画であって、この略画形式が明治後期には、新しい時代性を体現した絵画スタイルのひとつの大きな潮流となって」[159]いったという。

鈴木朱雀の回想によれば、明治三十年代半ばの「文壇は、自然主義運動の序が開け、燎原の火の如き勢ひで擴がつてゆき、世は歓呼してこれを迎へた。自然挿畫にもその影響を受け、従来の挿畫よりも洋畫のスケッチ風のものが、創作物の挿畫として喜ばれた」[160]。明治三五年という時点で、それまでの新聞挿絵の変遷をひとまず総括した林田春潮の認識によれば、新聞挿絵の変遷の区切りは「芳年や氏［芳宗］などの執筆して居た時が第一期で、歌川派が衰へて品格ある画がはやつた時が第三（ママ）［二のあやまりか?］期、日本画が飽かれて洋画が代らうとして居る現今は第二期から第三期に轉らんとする過渡期である」[161]ということになる。ここで「洋画」というのは、かならずしもほんらいの洋画家の手になるものを意味するわけではないだろう。すでに見たように、洋画家た

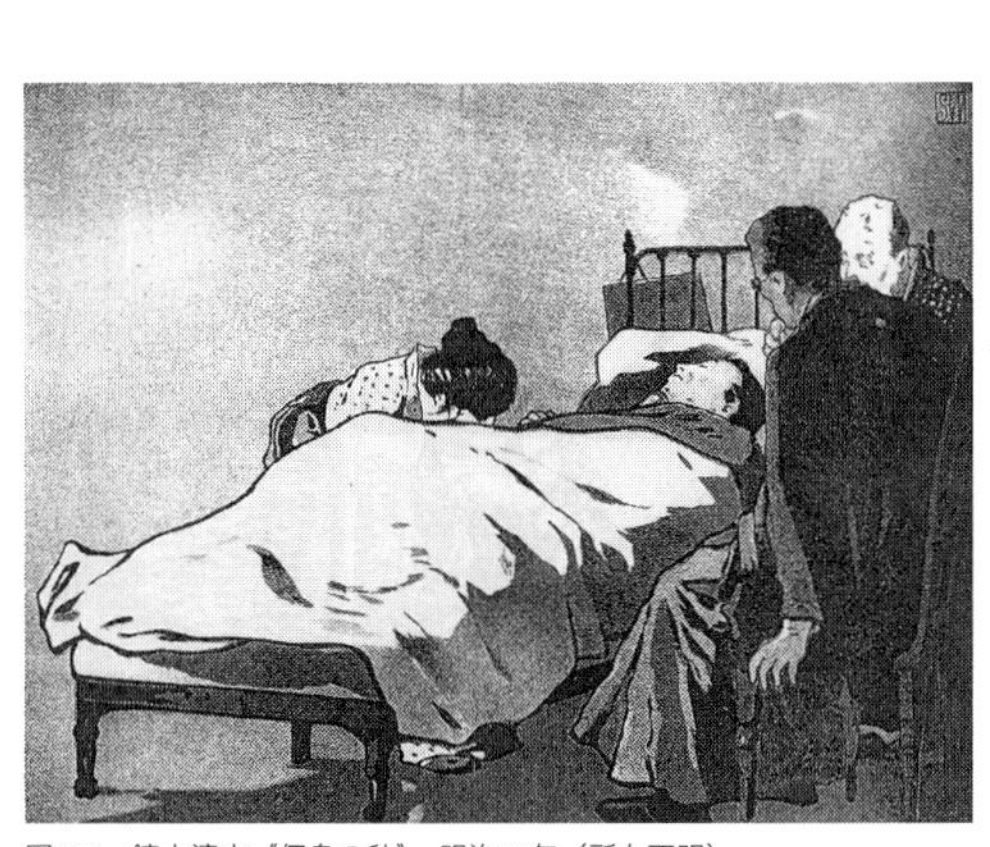

図187　鏑木清方《佃島の秋》、明治37年（所在不明）
図188　渡邊審也（口絵）「老骨」『新小説』、第11年第7巻、明治39年7月

ちは三十年代になると挿絵の世界に参入するようになるが、明治三五年という時点ではそれはなお文芸雑誌にかぎられていて、新聞の挿絵でほんらいの意味で洋画家のものは岡野栄（1880-1942）や中沢弘光（以上、『読売新聞』）、止水（『二六新報』）らのアール・ヌーボー風のカットぐらいしかなかった。したがってここで春潮が、それ以前の芳年ら浮世絵系の挿絵や月耕、桂舟ら容斎派日本画の挿絵に対して、第三期の洋画という感覚でとらえているのは、明治三五年ころには活躍しつつあった清方や英朋ら若い世代の挿絵画家や、かれらに強い影響をあたえた梶田半古のような、洋画を吸収した日本画家たちの挿絵のことだろう。

梶田半古の日本画

梶田半古は少年時から歌川派の鍋田玉英に浮世絵を、また柏亭の父である石井鼎湖に南画をそれぞれ短期間まなび、また容斎の弟子鈴木華邨をつうじて『前賢故実』を手本としたが、美術学校等には関係がなくほとんど独学であった。明治二四年十月に結成された日本青年絵画協会（会頭は東京美術学校長、岡倉天心）には、二一歳にして寺崎広業（1866-1919）、山田敬中（1868-1934）、月耕らとともに発起人に名をつらねている。明治二九年四月に日本青年絵画協会は日本絵画協会となり、三十年秋の第三回絵画共進会で小坂象堂が《小春》で銅牌をえたときには、半古の《阿呼詠詩》は一等褒状であった。明治三十年十二月には、日本絵画協会で美術学校派が優位に立つのを不満として日本画会が結成され、永洗、華邨、年方、桂舟、月耕、松本楓湖、半古らが評議員に加わった。ついで明治三一年七月におこった東京美術学校騒動ののち、辞職した岡倉天心、橋本雅邦を中心として同年十月に日本美術院が創立されたが、特別賛助員には日本絵画協会の中堅であった半古、永洗、年方、華邨ら、また文学者では篁村、露伴、紅葉らが加わり、名誉賛助員にはフェノロサ、ビゲロー、高田早苗らがいた。このとき開かれた第五回日本絵画協会第一回日本美術院連合絵画共進会（以下連合絵画共進会と略す）に、半古は《比礼婦留山》で年方、永洗、久保田米僊（1852-1906）に次いで褒状一等第四席をえたが、このとき象堂《秋郊雑興》は六席、素明《渡頭暁景》は七席であった。[162]《比礼婦留山》については後年安田靫彦が、そこに「寫実的な素描と、洋畫のやうな明るい色と、其頃の歴史畫として、異色の作品であつた」[163]と評している。この年十月には、半古は富山県立高岡工芸学校教頭として赴任するが、翌三二年六月に東京にもどってのち、ふたたび秋の第七回連合絵画共進会では、半古は《闘鶏》で銀賞六席をえている。半古は画塾白光会を主催したが、明治三四、五年頃には小林古径、田代古崖、前田青邨ら弟子のほかに、山中古洞（1869-1945）、筒井年峯（1863-1934）、清方らも参加した。清方は、「明治三十五、六年、私のたびたび訪れた天神町時代が、画業の上から見て梶田半古先生の、次から次へ前進の境地を求めて已まなかった時と云える」[164]というが、それは明治三五年春の第十二回連合絵画共進会に出品した《春宵怨》、秋の第十三回連合絵画共進会出品の《秋》、そして明治三六年秋の第十五回連合絵画共進会出品の《豊年》（図189）のいずれもが銀賞をえた時期である。

《秋》については『都新聞』（明治三五年十一月十八日）が「美人画として場中の屈指」と評しているし、清方も《春宵怨》と《秋》の「二作は其の当時若い人々の間に喧伝された先生の代表作である」[165]という。安田靫彦も、《秋》は「野に憩ふてゐる乙女を描き、悩ましい青春を表現する乙女の顔には、最も苦心されたと思はれる。此の作の写実的な技法は、当時かなり青年作家に影響を與へたもので」[166]あるという。これら二作はいずれも、ひとりたたずみ、あるいは坐ってうつむき加減にもの思いにふける少女像で、没入と内省のモチーフはあきらかである。細野正信はこれらについて、「この両作はセンチメンタルな情感が崇高な訴求力をともなって半古風がピークに達し人気沸騰の感があった。明治美人画の革新をこのあたりにみることも出来よう」[167]と述べている。また《豊年》について細野は、半古のこの時期のこうした絵が「象堂の画風の延長線上にあった」[168]としている。じっさいにも半古には、象堂《養鶏》に酷似した下絵がのこされている（『梶田半古の世界展』九四ページ）。

この時期の半古の絵の特色について清方は、従来の日本画には見られない写実的で「要約された美しい線と構成の優れた素描」[169]をあげている。安田靫彦も、「先生の仕事を最も特色づけるものは写実的な、極めて整備された素描である。又先生の作から受けるものを、一言にして謂ふならば、澄みきつた朝の感じである。其の甘美な詩情をほのかに湛へた画品には幾分西洋的な味ひが感ぜられ、何となくロザッチ［ロセッティ］の作品を想はせるものがあつた」[170]と述べている。

図189　梶田半古《豊年》、明治36年（所在不明）

半古自身、『読売新聞』（明治三五年三月二二日）紙上に「白王」名で掲載した「第十二回繪畫共進會漫評」で自作《春宵怨》について、「此畫ハ他と其趣を全く異にして居る。日本的（ジャッパンてき）アールヌーボーとでも云ふか、既にこの理想的の畫題からしてさすがに斬新である。梅之香に蒸せる春の宵を、朧の影ふみて立てる子、其ひそめるハ何の怨ぞ、手なる詩集ハ志づかにわなゝくかけだかきハヴ井ナス之化身とも見ゆ。いづれ神聖なる戀愛を表したものであらう、悉く無線を以て描かれたのハ頗る新しい」[171]と自賛している。そしてそのあたらしさのゆえに、梶田半古の名は清方らわかい世代の画家たちには「非常な渇仰と讃美の焦点となつた」[172]のである。

富岡永洗と梶田半古

ちょうどこの時期、半古の名前は一般にはむしろ挿絵画家として知られ、時代の寵児になる。半古が挿絵を描きはじめるのは、明治二七年から三一年にかけての巌谷小波『日本昔話』や『日本お伽話』、明治二九年の山田美妙『戦国時代・武者魂』などが最初であるが、金港堂その他各書店発行の教科書の挿絵も描いたようである。[173]また雑誌としては、明治二八年八月の『文藝倶楽部』に三宅青軒「水雷士官」の口絵、明治三十年四月の『新著月刊』に「双美相そむく図」があり、また明治三一年三月の『新小説』には、口絵に年方、古洞、華邨、月耕、永洗らとならんで半古も名を連ねるが、その絵「窓外月色」は他の画家のものと同様、いずれもまだ古いままである。[174]新聞挿絵としては、明治二九年六月の三陸地方の津波災害時に『都新聞』記者として派遣され、災害の模様をスケッチしているし、またおなじころ『都新聞』に連載された小説「総角助六」（欠伸）に、それまで担当していた永洗が病気のためその代役でなん回か半古が挿絵を描いており、これらが新聞小説の挿絵を描いた最初期のものである。清方によれば、そのときは評判はあまりよくなく、[175]すぐに、すでに明治二九年三月に『都新聞』に入社して師の永洗を手伝っていた弟子の松本洗耳（1869-1906）に交代した。永洗や洗耳がなお浮世絵系の挿絵の伝統にしたがって、小道具や衣装といった細部を緻密に描いていたのに対して、半古の挿絵はそうした細部を略したスケッチ風のもので、まだ当時の読者の趣味にはあわなかったろうと思われる。

たしかに、すでにこの時期の半古の挿絵は永洗のとはちがっている。それにもかかわらず、半古の挿絵を語る上で永洗は重要な役割を果たしているように思える。永洗と半古とは日本画会の結成に際してともに評議員として参加しているし、半古の最初の結婚（明治三一年七月）には華邨や紅葉とともに永洗も媒酌人をつとめたように、ふたりは親しい間柄だったようである。しかしそれ以前の明治二九年に、半古がどういう経緯で永洗の代役をつとめるようになったのかははっきりしない。ともあれ清方が、「永洗の「都新聞」に作った挿繪は、新聞挿繪に一脈清新な藝術味を齎らした」[176]というように、二十年代の新聞挿絵画家のなかでは、永洗はとびぬけた新風であった。永洗の最初の挿絵は明治二三年五月の師永濯死去を機に、そのあとをひきついだ『風俗画報』（東陽堂、第十八号、明治二三年七月十日）の「隅田川流燈會の圖」で、これについては永洗の死を追悼した明治三八年八月十三日『都新聞』の記事「永洗画伯逸事（七）」が、「此頃ハ師永濯翁の筆そのまゝにて未だ自家の特色を発揮するまでに至らざりしかども」とつたえている。『都新聞』の挿絵はもともと新井芳宗（1817-80）[177]、国峯（明治二四年以降）、山田年貞（明治二六年以降）が担当していたが、明治二七年の「桜の御所」（村井弦斎）の挿絵を途中から年貞に代わって描くようになったのが、永洗の最初の新聞小説挿絵である。これを年貞の芳年流の純粋浮世絵系の挿絵とくらべてみれば、その中性的でのびやかな線や細部の省略、リアルな姿態や表情においてちがいは一目瞭然である。さきの永洗追悼記事「永洗画伯逸事（三）」（八月八日）は、永洗の挿絵について、つぎのように記している。

明治二十五年一月より我社に入りて小説の挿画を担当し豊麗妖美の筆を以て紙上に光彩を添へられしハ読者の知らせ玉ふ所の如く其二十七八年頃の『人鬼』と題する小説中の挿画の如き氏の天才が最も遺憾なく発揮せられしものにして其の頃小説の挿画ハ竹内桂舟氏が最も世に歓迎せられしに氏が一たび我が都新聞社に筆を執られしより忽ちにして桂舟氏と肩を並べ髪容の如き衣服の如き模様の如き顔面の粉飾の如き都て皆氏の画に依つて世間の好尚を導き本紙の挿画ハ独り小説事件の説明としてのみならず一大流行の模範として大に社会を動かすに至れり……美人画ハ現今の画家中其右に出づるものなく又た小児を写して真を失はざるの妙も氏に及ぶものあらざりしかバ現今の板下ものハ都て皆氏の手一つに帰するに至れり

ここで「人鬼」というのは、明治二七年十一月にはじまった渡都乙羽の小説で、十二月二一日の挿絵（図190）では、ひとりの男がこちらを背にして右奥を見やりながら顔は見せない一種の主観カメラの構図を見せたり、十二月二三日の挿絵では、ふたりの武士の対面で手前の武士がこちらに顔を見せない切り返しショット的な構図を見せる。また二八年三月十四日の「探偵實話　娘義太夫」では、仲居が階段を二階にあがっていくさまを後ろむきでとらえた構図（図191）で、物語そのものにとってはどうでもよいショットだとしても、構図的にはカメラが人物につきしたがっていくという点で、〈ともにある〉視点に近いものである。さらに五月二一日の挿絵では、うっぷして泣く女房かほると、片腕をまくってうつむく夫溝口末吉の、なじみの愁嘆場ではあるが、しかもすでに見たようなそれ以前の同様の場面の挿絵とくらべれば、そこにはたんなる場面の趣向にとどまらないある種の内省の雰囲気がただよっていて、なお芝居がかりはのこるものの、人物たちの情況描写たりえている。六月二日の挿絵（図192）では、末吉と不倫の相手、紋清とが、ベンチにかけて語りあう場面で、おたがいにうつむき加減の親密な語らいがかもしだす内省のモチーフと、奥行き次元の視線の構図が生みだす劇性がはっきりと見てとれる。こうした構図は永洗以前にはほとんど見られず、それはたしかに新風であったろう。また、明治三八年八月十八日『都新聞』紙上の伊原青々園「故永洗氏の事」では、永洗は「小説を読むのを非常に好んで病中に見舞ひに行つた時にも大かた小説で日を暮らして居るが近ごろハ最早講談物まで読みつくして困つたとの事でした、小説の挿画を注文しても、成るべくハ本文を見してくれ、本文を読んで其れから自分で画題を取ると面白いのが出来るからと能く言はれました」とある。

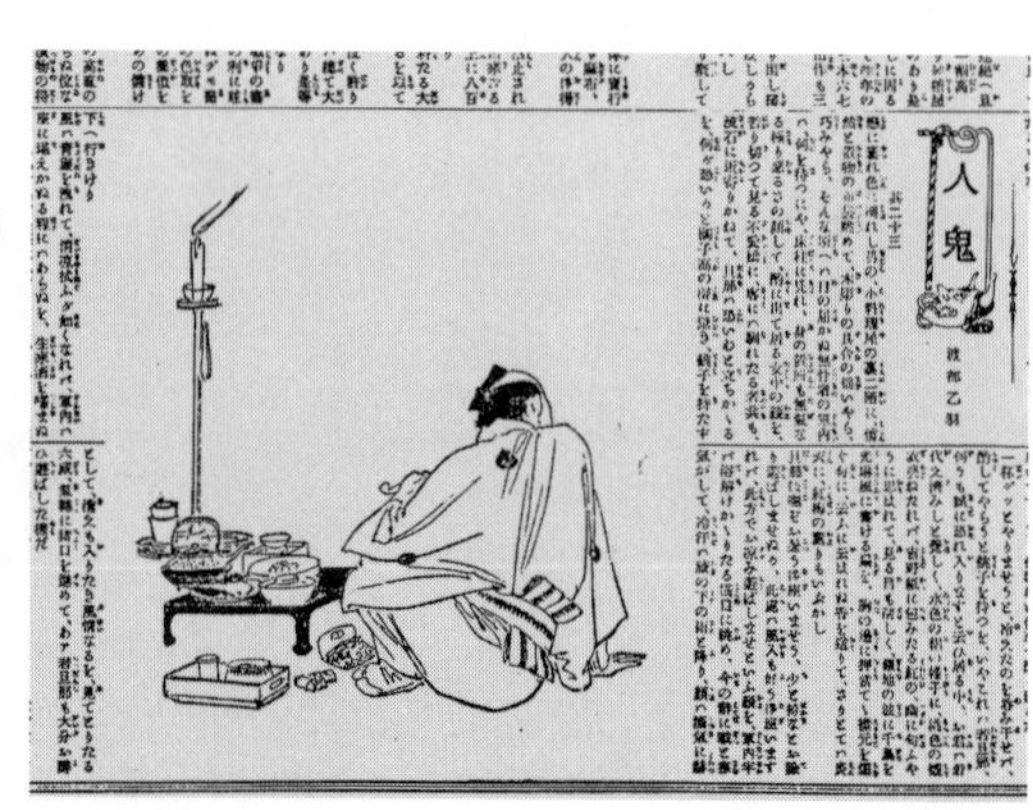

図190　富岡永洗「人鬼　其二十三」（渡都乙羽）『都新聞』、明治27年12月21日
図191　富岡永洗「探偵實話　娘義太夫（二九）」『都新聞』、明治28年3月14日

右田年英と松本洗耳

いずれにせよ、半古が「総角助六」で代役をつとめたとき、永洗よりはいっそう細部を略したスケッチ的な描き方ではあっても、基本的には永洗の挿絵に似せて描いており（図193）、当時の永洗の評判からしても、おそらく半古も永洗につよく影響されていたものと考えてよさそうである。没入・内省のモチーフや奥行き次元の視線の構図による劇性などは半古の挿絵の際だった特徴であるが、半古はこれを永洗から学んだのかも知れない。清方の目に、永洗の挿絵が「中期の末葉に「讀賣」に出た、梶田半古の挿繪と好一對の良質のものであつた」[178]と映ったのも、両者のそうした緊密な影響関係を思わせる。すくなくとも永洗や半古に見られるこの時期の挿絵の変化は、他の新聞挿絵画家、たとえば『東京朝日新聞』の挿絵を担当した年英についてもいえることである。『読売新聞』や『毎日新聞』とはことなって、『東京朝日新聞』はすでに明治二一年の斉藤緑雨の小説「涙」から、この年二月に入社した芳年の弟子、年英の挿絵をいれたが、以後たいへんまれなことに、一時年方や貞廣、弟子の英忠、英朋、また明治四十年代にはいると不折や名取春仙（1886-1960）（漱石「三四郎」の挿絵、明治四一年）などの洋画家も加わることがあったにせよ、年英は大正にいたるまで『東京朝日新聞』の挿絵を描きつづけるのである。そしてこれもまた希有なことだが、年英はその三十年以上におよぶ画業において、師である芳年伝来の浮世絵（図176、178）から明治二十年代の容斎派を経て三十年代の半古や清方に代表される洋風画への変化を、ひとりの挿絵画家としてみずから体現している。じっさい明治三十年になると、年英の画風はがらっとあたらしくなり、三十年一月二九日の「玉藻の床」（桃水）や三一年一月十九日の「新婚旅行」（桃水）（図194）、また三四年一月二一日「下闇」（眠柳）（図195）などには、うつむきかげん、あるいは後ろむきの内省的な語らいや自省の

図192　富岡永洗「探偵實話　娘義太夫（四十三）」『都新聞』、明治28年6月2日
図193　梶田半古「総角助六　第二十」（欠伸）『都新聞、明治29年6月3日

モチーフが見られる。

　これに対して、明治二九年三月に『都新聞』に入社して「探偵實話　俠藝者（だて）」を手はじめに、三十年以降は師永洗に代わってほぼひとりで挿絵を担当し、病気になる明治三七年ごろまで描きつづけた洗耳の挿絵は、永洗を受けつぐリアルな描写とあたらしい構図は見られるにもせよ、師である永洗とくらべても、むしろより古いタイプに属するというべきである。「探偵實話　笠森団子」（明治三十年七月十日）や「近世實話　五寸釘寅吉」（明治三二年二月二三日）（図196）などに典型的に見られるように、その線は永洗以前の浮世絵系のものに通じる粘りを見せ、また没入のモチーフのような静的な情況描写よりは動的な行動の瞬間のダイナミックで誇張された描写を好み、画面にも多くの人物が登場する。明治三一年七月二二日や十月六日の「探偵實話　蝮のお政」なども後ろむきのモチーフを見せるが、いずれもしなをつくって粘っている。清方が、「洗耳は永洗門で「都新聞」の挿絵にその悪魔的な粘り強い表現が異色あるものとして大に歓迎された。……彼の絵には永洗のやうな上品な艶はなかつた。寧ろ毒々しい忌味と、下品なしつこさがあつた。昔日の芳年の示したやうな悪魔的な残虐性と淫蕩味とは、好悪の感は別

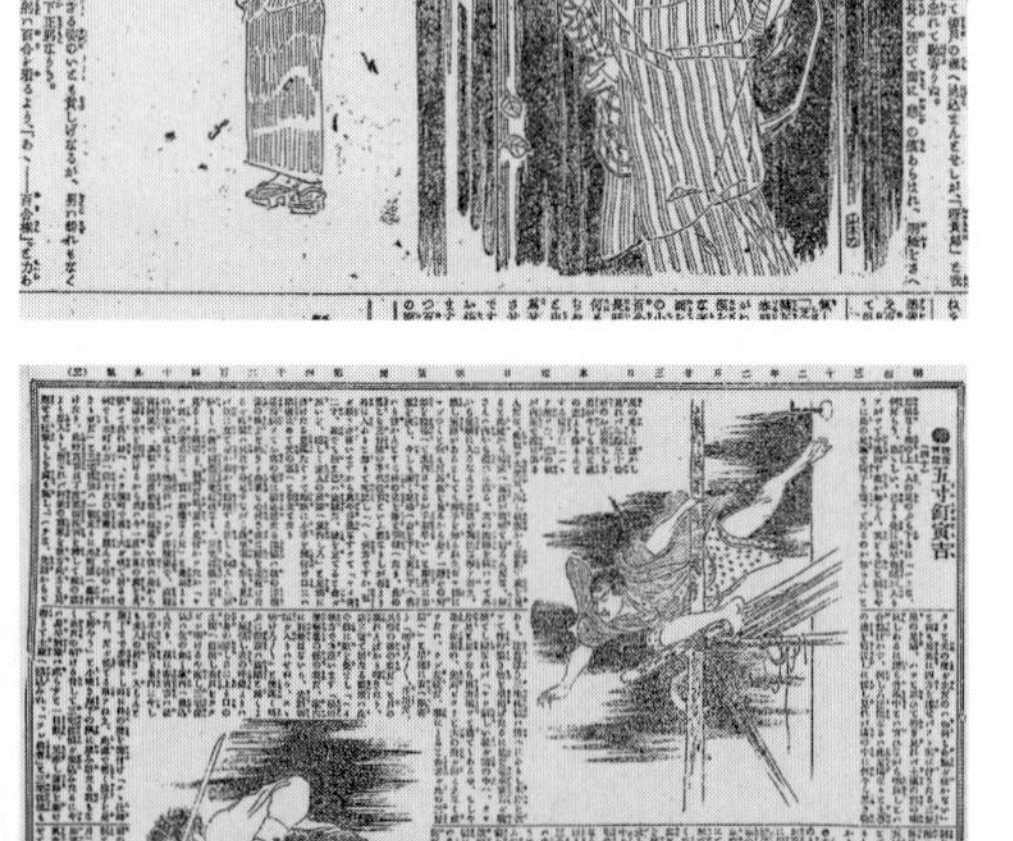

図194　右田年英「新婚旅行（十七）」（桃水）『東京朝日新聞』、明治31年1月19日
図195　右田年英「下闇（七十）」（眠柳）『東京朝日新聞』、明治34年1月21日
図196　松本洗耳「近世實話　五寸釘寅吉　四十」『都新聞』、明治32年2月23日

として、珍しい特色であつた」[179]というのも、洗耳の挿絵のもつこうした特性によるものである。

新旧挿絵の混在

半古が挿絵画家として活躍したのは、『読売新聞』である。すでに見たように、『読売新聞』に挿し絵がはいるようになるのは明治二八年以降のことで、「笛吹川」（紅葉・花袋）、「青ぶどう」（紅葉）などに中江ときがモダンな挿絵（図197）をいれているが、いずれもコマ絵風のものにとどまる。しかしときに人物を描くばあいには、手紙を読んだり机にむかったりするときに後ろむきの没入のモチーフを見せる。明治二九年には「菊細工」（山田芳月）に年方の弟子山本宣方が、三十年には「積善餘慶」（中村雪後）に年方が挿絵を描いているが、これらはいずれもなお古い浮世絵の伝統を見せている。三十年には、芳年の弟子山中古洞が「西洋娘形気」（紅葉山人口述・柳川春葉筆記）で挿絵画家としてデビューしている。古洞自身の言によれば、これには桂舟の筆が加わっているというが、[180]つぎの「戀衣」（鴎水生訳）（図198）は新聞で挿絵画家名が明記された最初のものであり、これは古洞ひとりの手になるものである。それらは、同年九月十九日の「雨後の残月」（円朝口演）につけられた年方の弟子小山光方の挿絵——ひとりたたずむ人物は見得を切る体を見せている——などにくらべれば、[181]洋風の物語にあわせて、モダンな線で構図も洋風であたらしさを感じさせるが、しかしなお説明的であり、古洞自身いうように絵も輪郭が不安定でむだな線が多く、それほど上手くはない。しかも古洞は明治三一年「鉢の木」（松林伯圓）、「柳田覚之進」（神田伯山講演）、三二年「吉様参由縁音信」（古河黙阿弥）などの時代物の挿絵にな

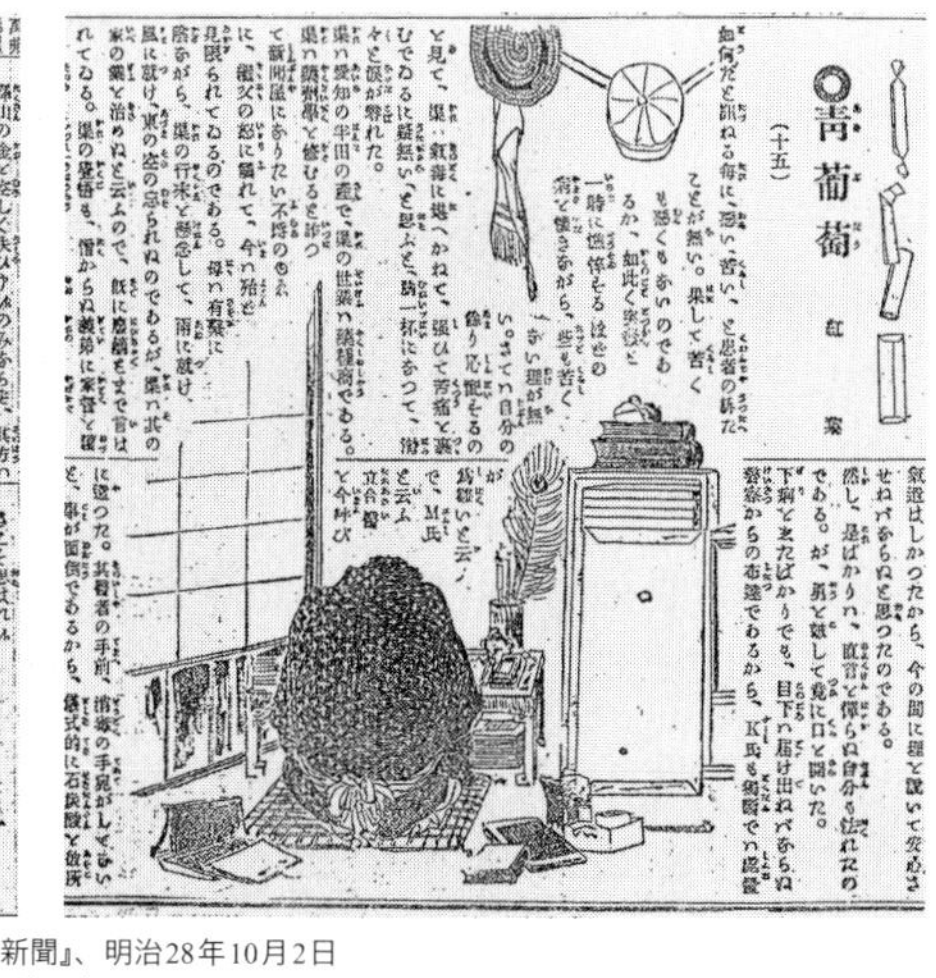

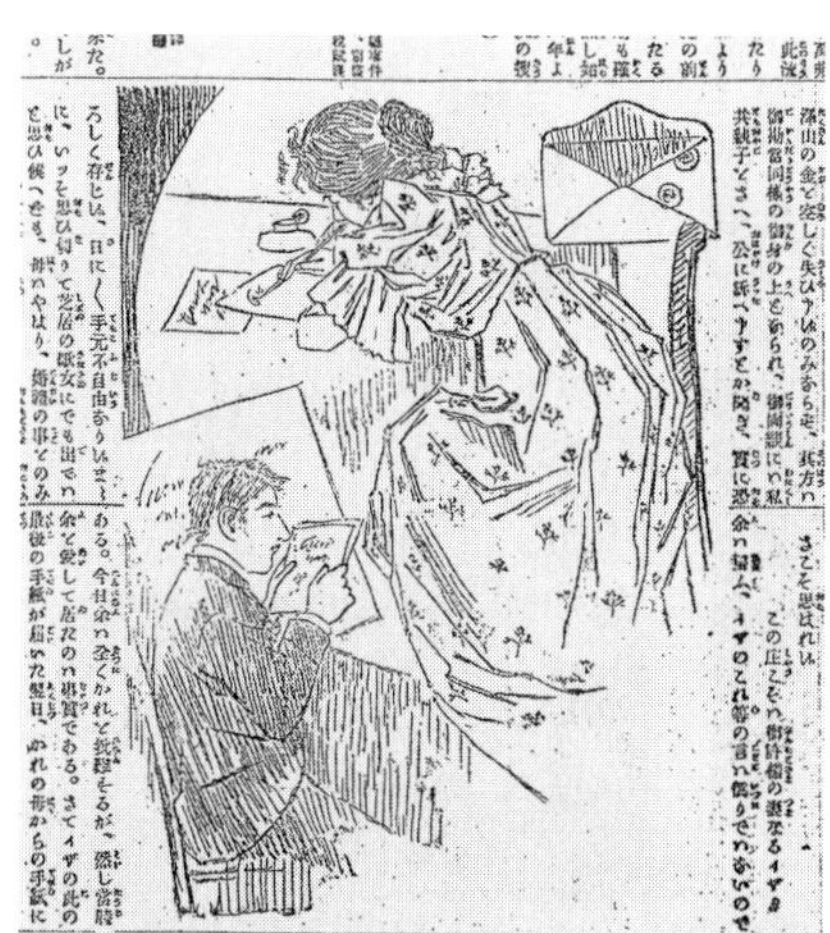

図197　中江とき（玉桂）「青ぶどう（十五）」（紅葉）『読売新聞』、明治28年10月2日
図198　山中古洞「戀衣　十三」（鴎水生訳）『読売新聞』、明治30年8月31日

ると、とたんに浮世絵的なものにもどってしまう。また他の画家にもいえることだが、素描的な新聞の挿絵よりも雑誌の口絵や挿絵になると細部を埋める完成画を目指すためか、明治三十年代のこの時期でもなお浮世絵風のものになってしまいがちである。[182] 永洗にしても、『新著月刊』にはほとんど毎号口絵を描き、また『文藝倶楽部』にもときどき描いたが、それらは新聞小説の挿絵とはうってかわって、古めかしい浮世絵風のものである。いかにもこの時期は、新旧の挿絵がひとりの画家においても混在するような過渡期なのである。

このことをよく示す事例がある。紅葉自身挿絵に懐疑的であったこともあって、『読売新聞』の明治二九年二月からはじまる「多情多恨」には、前篇のみときに（おそらく中江ときの）コマ絵風の挿絵がはいるだけだったが、明治三十年七月に春陽堂から出版された単行本では二六枚の挿絵がはいっている。しかもこれには当時活躍していた代表的な挿絵画家のほとんどが参加しており、それゆえスタイルも豊原国周（1835-1900）や橋本周延（1838-1912）（図199）による典型的浮世絵風の歌川派から、桂舟、月耕、森川蕉亭（生没年不詳）の容斎派、清親、村田丹陵（1872-1940）、そしてよりモダンな華邨、米僊、年方、年英、年峯、永洗、三島蕉窓（1852-1914）、敬中、広業、半古、さらには渡部金秋（1860-1905）、小堀鞆音（1864-1931）（図200）、下村為山の洋画風なものまで、まるで当時の過渡期にある挿絵界の全体を縮図にしたようなおもむきがある。広業の挿絵には紅葉自身の下絵がのこされているから、あるいは伝統にしたがって挿絵のすべてに紅葉が下絵を描いて画家に指示したのかもしれない。なかでは年方の、妻を亡くして悲嘆にくれ

今朝のお茶番（橋本周延）

唐草の露（小堀鞆音）

図199　橋本周延「今朝のお茶番」『多情多恨』（尾崎紅葉）、春陽堂、明治30年
図200　小堀鞆音「唐草の露」『多情多恨』（尾崎紅葉）、春陽堂、明治30年

る主人公鷲見柳之介が窓辺で壁にもたれて悄然としている有名な一枚「好い景色」（図201）と、半古の、これも鷲見が墓地で亡き妻をひとり心に忍ぶ「落葉の雨」と、やはり鷲見が仏壇のまえで呻吟している華邨の一枚「愁環無端」と、これらが内省と没入というあたらしいモチーフないし構図をかいま見せて、比較的あたらしい趣をもっている。いずれにせよこの本の挿絵は、消滅しつつある歌川派と全盛期を過ぎつつある容斎派、そしてよりあたらしい挿絵の萌芽が共時的に存在したことを見せてくれるのである。

梶田半古とアール・ヌーボー

山中古洞に代わって半古が本格的に新聞小説を担当するのは、明治三三年一月に『読売新聞』紙上ではじまる「寒牡丹」（秋涛・紅葉訳）からである。「寒牡丹」も最初はまだ不必要なうるさい線が目立つが、やがて永洗にくらべてもいっそう細部を省略したスケッチ的な画風が基調となる。川合玉堂はこの点について、「君は贅物を沢山ならべる、どうでもいゝものを数多くかくと云ふことには堪へられない人であつたと思ふ。漫然と大きいものを描くことは出来ない人であつた、出来得る限りものを僅に描いて、そしてそのものゝ特徴を示し余韻を画外に示すと云ふ人であつた」[183]と述べている。また一画面に描かれる人物も多くのばあいひとりかせいぜいふたりぐらいで、それが結果として、まわりの空白画面のなかから描かれた人物が浮かび上がるというスポットライト効果による焦点化をもたらした。数人の群像を描くばあいでも、二月二三日の挿絵のように、手前のうつむきかげんの女を左手背景にいる三人の男からすこしはなして配置し、さらに女の衣服を男たちのそれよりも濃密な線で濃くすることによって、この女にスポットライトをあてている（図202）。一月十八日の三人の人物の語りあう場面で、左にいるひとりの人物の

図201　水野年方「好い景色」『多情多恨』（尾崎紅葉）、春陽堂、明治30年
図202　梶田半古「寒牡丹（九）の三」（秋涛・紅葉訳）『読売新聞』、明治33年2月23日

顔が引きたつように、右側のふたりの人物から大きくはなして際だたせるといった構図にしても、おなじようなスポットライト効果をもっている。明治三三年九月十七日「雲のゆくへ」（徳田秋声）の挿絵（図203）の、「お関ハ子然縁端の柱に凭れて、動もすると気脱の体である」風情や、三四年一月三十日「続々金色夜叉」の、「生乎、死乎。貫一の苦悶ハ漸く急にして、終に此の問題の前に首を垂るゝに」いたった情況を描いた挿絵には、没入のモチーフが際だっている。また三五年一月十八日「密航婦」（中村春雨）では、挿絵は女がただひとり海辺にうなだれてたたずむ没入の構図で、しかも極端に省略された線描のなかでとくに目立つ髪の濃密な部分が、うつむく女の横顔を強調するスポットライト効果をだしている。二月十七日の、縦長の画面の下半分を完全に空白にした挿絵（図204）でも、ただひとつ濃密に描かれた髪によるスポットライト効果はあきらかである。画面にひとり姿をあらわす人物の仕草も表情も、盗み聞きしたり、なにかを見つめたり、見得を切ったりするのではなく、ひたすら自分のおかれている境遇に沈潜するようすで、すでに三三年の『明星』創刊以来流行となっていたアール・ヌーボー風の枠にかこまれたこれらの挿絵は、アクションの舞台ではなく、この人物の存在情況によって気分づけられた情態性のタブローとなっている。[184]

もちろんこうした新風は、半古において突然おこったというわけではない。明治三三年に創刊された浪漫主義の雑誌『明星』には長原止水、藤島武二（1867-1943）、和田英作、三宅克己（1874-1954）、中沢弘光ら白馬会の洋画家たちが太枠でかこまれたアール・ヌーボー風のコマ絵やカットを描いており、また一條成美は『新小説』の表紙（明治三四年二月以降）を描いたりしているが、それらには西洋画から移植された内省・没入のモチーフが認められる。止水はこの当時『二六新報』にも、「乗合船」（明治三四年八月十七日）（図

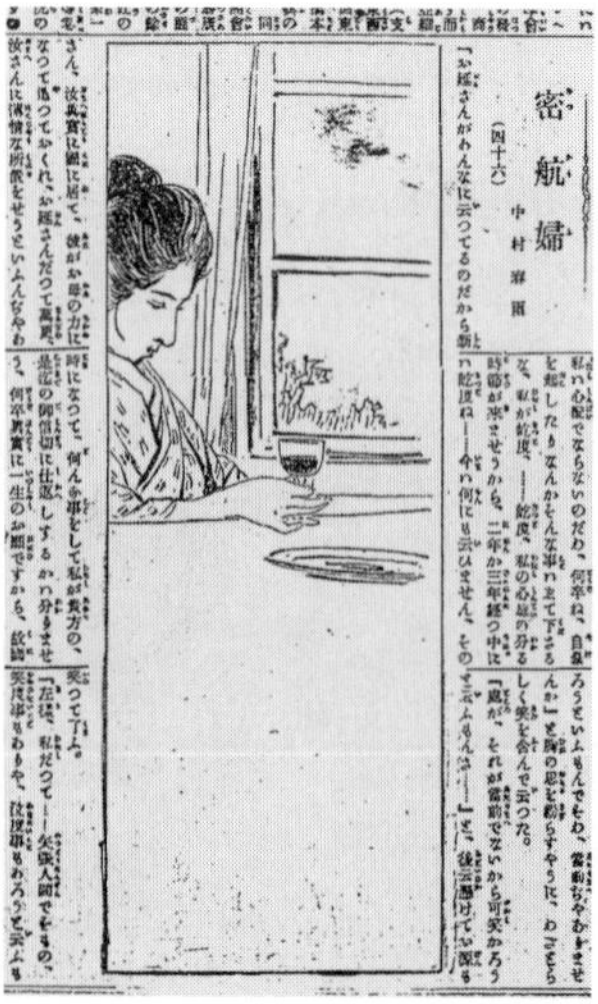

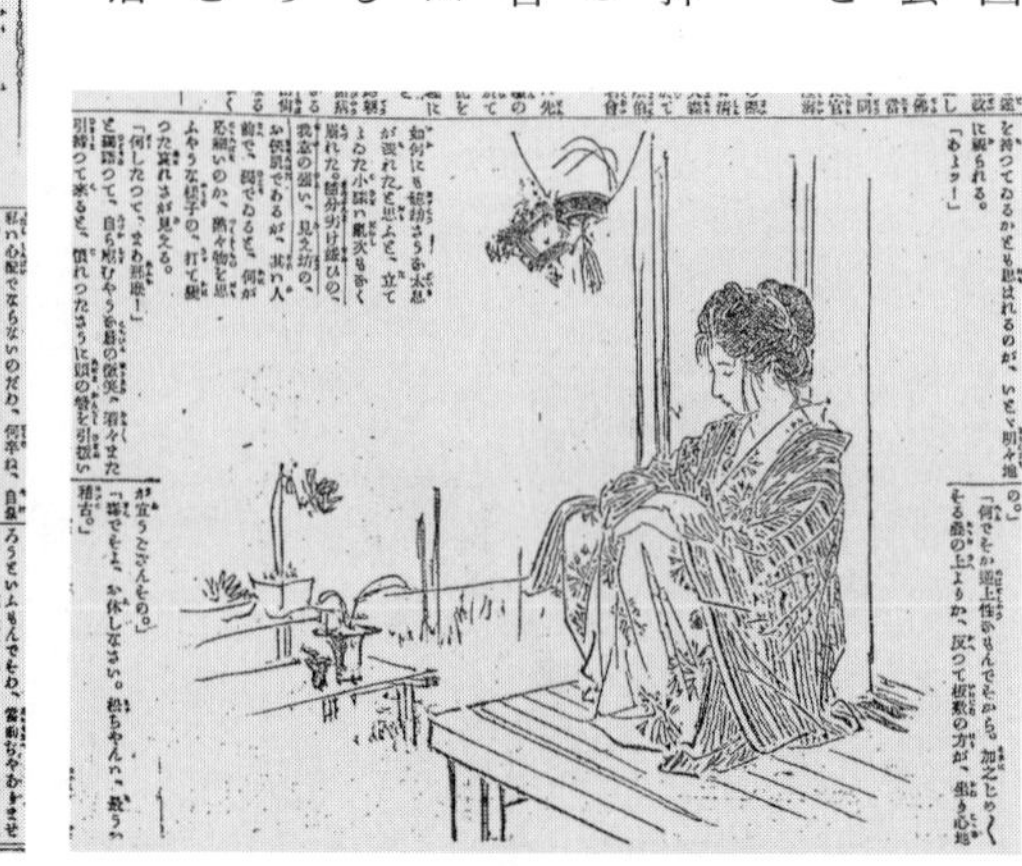

図203　梶田半古「雲のゆくへ（二十一）」（徳田秋声）『読売新聞』、明治33年9月17日
図204　梶田半古「密航婦（四十六）」（中村春雨）『読売新聞』、明治35年2月17日

205）のようなアール・ヌーボー風のコマ絵を提供している。[185] おなじく『二六新報』明治三五年の小説「二人みなしご」（天外）につけられた挿絵（一月二日、款・緑子）、また『読売新聞』明治三六年の「形見の笄」（柳浪）につけた岡野栄の挿絵や「八まん橋」（齋藤渓舟）につけた中沢弘光の挿絵（二月十四日）（図206）など、いずれもアール・ヌーボー風のものである。『毎日新聞』[186] では、三六年九月十五日にはじまるトルストイ「復活」（無名氏訳）につけられたものが完全にアール・ヌーボー風の洋風挿絵で（款・Ⓚ）（図207）、自在なカメラワークやクロース・アップなどによる焦点化を見せている。それゆえ半古にしても、こうした当時の新風を自身の挿絵に他の画家よりも意識的にとりいれたと考えるのが妥当だろう。すでに見たように、半古自身自分の絵の「日本的アールヌーボー」について語っているし、また明治四十年六月の『早稲田文學』では、「昔の小説挿畫」は浮世絵による通俗画

図205　長原止水「畫報（五六一）乗合船」『二六新報』、明治34年8月17日

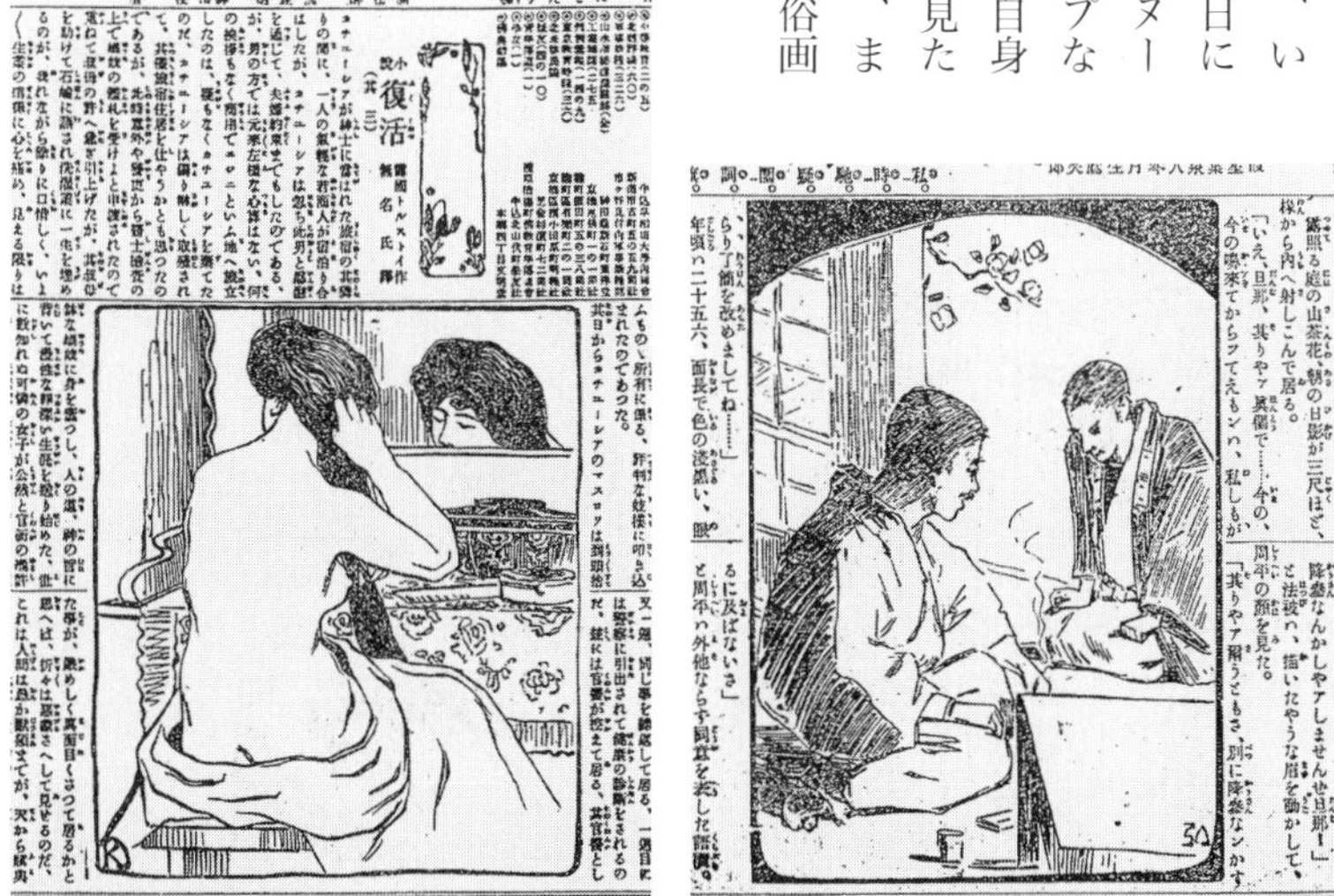

図206　中沢弘光「八まん橋（一）」（齋藤渓舟）『読売新聞』、明治36年2月14日
図207　款・Ⓚ「復活（其三）」（トルストイ、無名氏訳）『毎日新聞』、明治36年9月20日

であり、「老幼男女何れにも分り易く、一見して人物の善悪位はわかるやうに極めて説明的に書いた」もので、「今日でも小説の挿畫の過半は未だ此種のものである」とした上で、「是からの進んだ小説の挿畫を書く人には、少なくとも文學の妙味を解する頭位はあつてほしい」といい、また「将来小説の挿畫は、従来の浮世畫の領域から脱した純粋の畫たらん事を希望してやまない。外國でも矢張りそのやうな考の人が多いと見えて、近頃の雑誌小説などの挿畫を見ると、往々畫としても誠に立派なものがある」[187]と述べて、西洋の挿絵を目にしていたことを明かしているのである。

一大ブームとなり、女学生たちのファッションにまで影響をあたえたといわれている、明治三六年二月二五日からの小杉天外「魔風戀風」につけた半古の挿絵（図208）では、没入・内省のモチーフと〈ともにある〉視点が確立すると同時に、それがマンネリ化して、センチメンタリズムへと流れるようすも見てとれる。清方はこの時期の半古の挿絵について、「その頃は『星と菫』時代で、半古氏の取材も今からいへばきはめて感傷的なものではあつたけれども、その當時の若い學生達——殊に當時の女學生間に半古崇拝時代をつくつた」[188]と述べている。もっとも七月十二日から八月二五日は、すでに明治三四年以来『読売新聞』でコマ絵などを手伝っていた清方が挿絵の代筆をしているが、清方自身「「魔風戀風」時分には意識して似せたものであった」[189]というように、それは半古風を引き継ぐもので、ほとんど区別はつかない（図209）。すでに半古に際だつこうした構図やモチーフは一般の趣味として定着しよろこばれたのであろうし、それゆえ他の画家たちにも共有されつつあったと見えて、明治三五年になると元旦によせられた桂舟「貴族の春」、

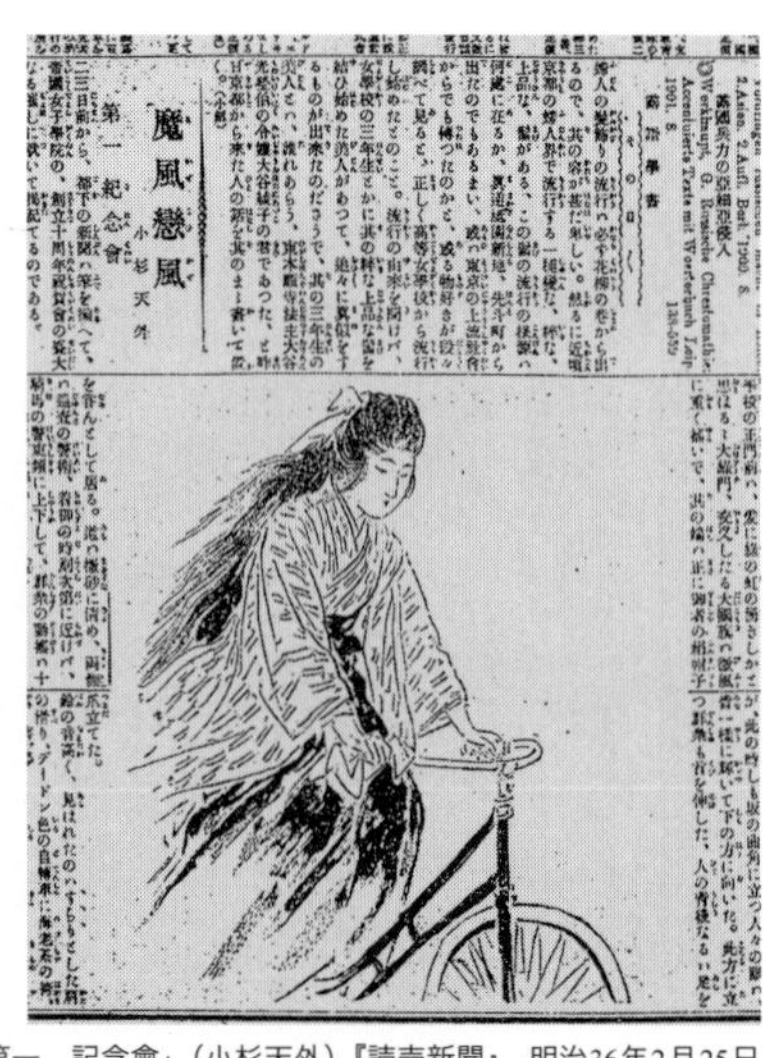
魔風戀風　小杉天外
第一　紀念會

図208　梶田半古「魔風戀風　第一　記念會」（小杉天外）『読売新聞』、明治36年2月25日
図209　鏑木清方「魔風戀風　第廿九　まよひ（七）」（小杉天外）『読売新聞』、明治36年7月14日

月耕「俳優の春」、広業「芸妓の春」といったコマ絵にも、おなじようなモチーフ、雰囲気が共有されている。[190] 大阪の新聞社の絵画部員であった北野恒富は当時を回顧して、「半古先生の清新な画趣に富んだ挿絵は、年少で何かしら新しいものを求めてゐた私の胸に、強い力で呼びかけずにはゐなかつた。私は毎日貪るやうに読売を手にした。型にはまつた挿絵などとは、全然趣を異にした大和絵風の丸い味のある線、省略された柔味のある美しい描写、又其新味ある構図、金色夜叉の挿絵など、今尚目を閉すれば眼底にあるがやうである」[191] という。安田靫彦も、「明治になつて一旦衰へた浮世絵が新聞雑誌、単行本の小説の挿画として復活したと同時に、菊池容斎の画風の影響を受けて、繊細な写生風に変化しつゝあつたが、梶田先生出づるに及んで、其風を大成し、画期的な向上となつたのである。素描の確かさ、構図の巧みさ、さつぱりした技巧の冴え、そして今までの挿画に見られなかつた匂やかな品格は、とても他の追従をゆるさなかった」[192] と述べている。

9　鏑木清方の小説経験

半古の挿絵を直接うけついだのは、鏑木清方である。清方は明治二四年に十三歳で、当時桂舟、永洗とならんで口絵の大家とされていた年方に入門し、二七年には師の後を引きついで『やまと新聞』に挿絵を描きはじめ、三十年には『文藝倶楽部』にコマ絵を、同年七月『新著月刊』の山岸荷葉「紅筆」の口絵「夢裏の雛妓」を、さらに三三年五月には『新小説』の口絵「青理想」（図210）などを描きはじめているが、これらはなお年方門の古いタイプのものであった。明治三四年には『読売新聞』嘱託としてコマ絵を描くようになるが、そのときの心境を清方はつぎのように述べている。

「読売」にいた山岸の骨折りで、私はコマ画と呼ぶ種々の雑画をかくために、その

図 210　鏑木清方（口絵）「青理想」『新小説』、第 5 年第 7 巻、明治 33 年 5 月

社へ通勤するようになった。と云っても、正式に入社したわけではなく、嘱託として、出勤の日給制という、至って栄えない待遇も、実は他に目指すところがあったからである。それは小説挿絵の担任者として梶田半古の在社にあった。当時先生の清新で高雅な画風は、若い画学生に何かしら新しい希望と巧妙を与えたのである。私は年方先生の薫陶を受けて、比較的堅実な技法を仕込まれては来たけれど、芳年伝承の筆法からは、少しも早く脱け切りたいとの踠き（あが）が、旦暮（あけくれ）悩みの種であった。……私の師匠が展覧会へ出す作は、殆ど歴史画に限られて、私も、歴史や物語には最も興味を懐くのではあるが、何と云っても年齢的に、現代、つまりは明治の生活が、特に制作の中核をなすのはあたりまえの話である。そこへ新風の感覚に充ちた半古先生の出場は、今まで理想に求めたものが、忽然、象（かたち）を具えてそこへ現れたようで、直ちにその指導下に参じたい欲望を禁めかねた。[193]

これらのコマ絵でも、すでに清方の描く女の顔つきには半古の影響が見られるが、とりわけ三四年七月一日『新小説』の口絵「新緑」（図211）では、アール・ヌーボー風にデザインされた木をあしらい、自転車に乗る女学生というモダンな画題で、のびやかな線や顔に半古風を見せている。[194] 明治三五年ごろには半古の主催する白光会に、塾外から古洞、年峯らとともに清方も参加しているが、清方によれば半古は「有職故実に興味があると共に、外来芸術を好[195]」んだようで、モデルを使っての裸婦の写生会などもおこなっていたらしい。また、明治三十年以来欠かさず日本絵画協会の展覧会に出品していた清方は、明治三五年秋の第十三回連合絵画共進会に出品した《孤児院》（図212）ではじめて銅賞をえたが、この展覧会の審査員であった半古から指導を受けたという。[196]

西洋画の翻案

すでにふれたように、清方は明治三四年に英朋らとともに、あたらしい日本画をめざして烏合会を結成したが、明

図211　鏑木清方（口絵）「新緑」『新小説』、第6年第7巻、明治34年7月1日

治三五年四月の第三回烏合会の課題「新古小説」に清方は「金色夜叉」を出品しようとしたところ、それが紅葉に伝わって、紅葉から夢のなかの宮の水死のところを描いてもらいたいという要望が届いた。そこで第八章のその場面の文章をくりかえし暗唱しつつ、「何かで見たオフェリアの水に泛ぶ潔い屍を波紋のうちに描きながら」[197]想を練ったと、のちに清方は回想している。この絵（図213）は、同年春陽堂発行の単行本『金色夜叉続編』の口絵に使われた。ここにいう「オフェリア」とはおそらく、ラファエル前派の画家エヴァレット・ミレイの《オフィーリア》（1851-52、テイト・ギャラリー）である。[198]

じっさい清方らが西洋画をさかんに見て研究していたらしいことについては、茂木博が興味深い示唆をあたえてくれる。茂木によれば、「清方の初期の作品の、きわめて日本的、伝統的と見える外観をあたえられたモティーフや構図の形式的源泉が西洋美術、就中19世紀後半のドイツの絵画――外光派的写実主義や印象主義あるいは新理想主義や自然主義に分類される――及びイギリスのラファエル前派とその同時代の絵画に求められる」[199]という。もっともこのことは、ひとり清方にかぎらない。すでに見たように、象堂の《養鶏》について洋画家の久米桂一郎は「君が洋画の長処を根本より解知して、其図題と組立てとをかれに得て」といっていたように、「手本を西洋美術史上の名作に求め、そこにあらわれている魅力的なモティーフを取捨選択して組み合わせ、それを日本的テーマと意匠を以て粉飾するという、翻案的、換骨奪胎的なやり方」[200]は、日本画、洋画を問わず、西洋画のリアリズムを手本としてあたらしい絵画を革新しようとした明治期日本の画家たちにとっては、むしろ当然の有力な方法と考えられたのである。茂木によれば、たとえば山本芳翠の「作品の多くが西洋名画の翻案であり、そのモティーフの源泉が指摘できる」[201]という。梶田半古の《菊慈童》（明治四二

図212　鏑木清方《孤児院》、明治35年（鏑木清方記念美術館）
図213　鏑木清方（口絵）『金色夜叉続編』（尾崎紅葉）、春陽堂、明治35年

年）についても茂木は、おそらくA・ベックリン《雌鹿を伴うエウテルペー》（1872）や《女羊飼い》（1861）、あるいはフォイエルバッハ《ティヴォリの思い出》（1867）などを参考にしているのではないかと推測する。また小坂象堂の《小春》に見られる笛を吹く少年のモチーフなどはいかにも洋種で、茂木がこれをベックリン《蘆の中のパーン》（1857）（図214）や、これに示唆されたH・トーマの《花咲く岸の羊飼いの少年》（1892）、《春》（1892）、《夕べの夢》（1892）など、当時日本の画家たちが書物の図版で見ることのできた西洋画を手本にしたものと推測するのももっともと思われる。そして清方も、おそらく直接には象堂の《小春》の影響だろうが、明治三一年の第五回連合絵画共進会に出品した《暮れゆく沼》では、これらの西洋画のモチーフを受けついでいるだろう。

たしかに、清方が明治三五年の第十三回連合絵画共進会に出品した《孤児院》（図212）とフリッツ・フォン・ウーデ《幼児達を私の許に来させなさい》（1884）（図215）、また《春野》（明治三五年）の読書する女のモチーフとフォイエルバッハ《パオロとフランチェスカ》（1864）やW・ライプル《教会の女達》（1878）におけるおなじモチーフなどは、そこになんらかの関係があることをつよく示唆している。明治三七年の烏合会第十回展に出品した《佃島の秋》（図187）は画風として小坂象堂の影響をうかがわせるが、モチーフはむしろエヴァレット・ミレイ《樵夫の娘》（1851）（図216）からとったように見える。なるほど、清方の作品とそれが手本としたと考えられる西洋画とのこうしたつながりを直接証拠立てる資料はほとんどなく、茂木の指摘も、かれ自身その論文に「試論的仮説」という副題をつけているように、あくまでも情況証拠による推論の域をでない。それにしても清方自身が「私は清長も春信も知らなかった。當時好んで見て居たものは、西洋雑誌の口絵であった」[202]といい、また「その頃丸善に来てよく

図214　A・ベックリン《蘆の中のパーン》、1857（オスカー・ラインハルト・コレクション）
図215　F・フォン・ウーデ《幼児達を私の許に来させなさい》、1884（ライプチッヒ美術館）

賣れたローヤルアカデミーの畫集[203]」などを買ったというように、かれらが意識的に西洋絵画をモデルとしたことは事実であり、また烏合会では「会員所蔵の洋画複製写真を教材として研究して[204]」いたという。

ともあれ茂木は、これらの推測から「たしかに清方の作品には従来の日本画には希薄であった近代的な現実性を感じさせるものが比較的多いが、それは小説に挿絵を付ける時に要求される現実性の出し方を西洋美術作品から学んだ成果に他ならない[205]」という。そうだとして、ここでわれわれにとって問題なのは、とりわけ「近代的な現実性」の意味するところである。上にあげた清方の絵はいずれも、描かれた人物がおかれた自分の情況に没入し、ふかく内省するまなざしを見せている。また松本品子によれば、英朋がもっとも好んでくりかえし描いたテーマが読書する女性であり、「第三者を意識しない読書に没頭する姿に、英朋は女性の美しさをみいだしていたのかもしれない[206]」とすれば、英朋にとっても没入と内省のモチーフが重要だったのだろう。そうだとすれば、洋画家久米桂一郎が象堂の《養鶏》に認めた洋画的な「図題と組立て」、そしてこれに影響を受けた烏合会のわかい日本画家たちが西洋画を手本として挿絵や日本画にとりこんだあたらしいモチーフと構図とは、すでに第八章で見たように、十九世紀後半のヨーロッパにおける小説挿絵、とりわけラファエル前派に典型的に見られる「没入」のモチーフであり、内省のまなざしであり、そして日本画家たちがそのことをはっきり意識してはいなかったかもしれないが、そこから結果する情況のタブローにおける〈ともにある〉視点の構図というべきである。

情況のタブローと〈ともにある〉視点

すくなくとも清方は、このことにまったく無自覚だったわけではないと思われる。みずから語るところによれば、清方は明治二八年三月、自分が十八歳のときに『文藝倶楽部』（第一巻第三編）にでた鏡花の雑録「妖怪年代記」（筆名、畠芋之助）を目にして以来、「夜行巡査」（二八年四月）、「外科室」（二八年六月）、「化銀杏」（二九年二月）と鏡花を熱中して読んでその挿絵を

図216　エヴァレット・ミレイ《樵夫の娘》、1851（ロンドン、ギルドホール美術館（バービカン・アート・センター））

描きたいと思い、またほとんどおなじ時期の樋口一葉の諸作の虜になったという。

当時若かった一読者の感想でしかないが、日清戦争後の文壇は、文学史的な見かたからも、特色のある、多彩な一と時代と云えるのであろう。それは浪漫主義の最盛期から、観念小説、悲惨小説、などと云う名で呼ばれた、個人的に云って見れば鏡花と柳浪、分類したら何に属するのか知らないが一葉の諸作の他に、新体詩、紀行、小品文の中から、とくに藤村、眉山、花袋、蘆花。それで自然主義の発生するまでの間が、一番深く没入していた時であった。[207]

とくに「たけくらべ」（『文藝倶楽部』第二巻第五号、明治二九年四月）はくりかえし読んで、美登利をなんども絵にしたといい、じっさい明治二九年に年方の門人たちのあいだでまわしていた肉筆回覧本『研究画林』第六巻によせた「表の潜戸を開けて、雨の夜道をとぼとぼと帰ってゆく信如のうしろ姿をいつまでも見送る美登利」の一図（図217）について、後年清方は、「読後の興奮を胸に懐いて、純粋なこころで画いた絵には、技ではかけない何かが宿っていよう」[208]と述べている。清方が鏡花の小説に最初に挿絵を描いたのは、明治三十年八月『少年世界』（第三巻第十六号）にでた「迷い兒」であるが、これはなお半古の影響を受ける前の古いタイプのものである。明治三五年一月になって鏡花の単行本『三枚續』に表紙と口絵を描いて以降は、『新小説』掲載の鏡花の小説に口絵や挿絵（図218）をいれるようになる。その際清方は、挿絵を描くときにはいつも届いたばかりの鏡花の草稿を「夜を徹してでも読み耽った」という。戯作者であり、のちに『やまと新聞社』の社長にもなった條野採菊（伝平）を父にもち、自身も画家になろうか小説家になろうか迷ったという清方は、「先輩のかゝれる挿絵を見て、技術は到底それらの先輩に

図217　鏑木清方「たけくらべ」（樋口一葉）『研究画林』第6巻、明治29年

及びもつかないけれども、小説に対する理解といつてゐゝか、小説に対する熱といつてゐゝか、さうしたものが先輩のものに不足してゐる、自分は挿絵の畫家としてものを畫くやうになつたら、まづそれに第一に突き進んで行かなければならない、挿絵をかく念願の中でも、これを第一の念願にしてゐた」[209]といい、その点で鏡花につけた半古の挿絵に対して「余りに淡々とした扱ひ方に不満を感じた」ようである。さらに清方が、「小説中の人物は、作者の筆端に躍る幻影に過ぎないと知りつつも、烈しい愛着を寄する例は尠くない。挿絵作家も読者の一人として愛慕の思ひ濃かなれば、心を籠むること常に超ゆる。『時の敗者』に於ける木村氏の「お吉」をさう見ては思ひ過ごしだらうか。玉泉寺のお吉、うらぶれて下田の町をさすらひのお吉、いつも頭重げにうなだれて、細腰の立つに堪へぬやうなうしろ姿」[210]というとき、ここで清方が自負する「小説に対する理解、小説に対する熱」とは、小説の人物と〈ともにある〉視点に立つ読者が、結果としてこの人物に「烈しい愛着を寄する」読書経験だったろう。

こうして明治三十年代にはいって、挿絵画家にも読者にも、ようやく理解されはじめた〈ともにある〉視点にもとづく内面のリアリズムの受容と消化は、自然主義をベースとした当時の小説と挿絵とにおいて同時に進行しつつあったというべきである。この時期以後の挿絵画家たちが、挿絵というものをどのようにとらえていたかについては、かれらが後年回顧する述懐に見てとれる。たとえば中村岳陵は、「挿畫には氣分といふものが尊重される。寫形よりもより深く文學的要素にとらはれる。勿論造形的表現である以上は、寫形は無視さるべきではないにしても、例へば歓喜の貌、陰惨な場面、晝の場合、夜の場合——殊に日本畫では、明暗の表現——殊に夜は一種の象徴主義が採用されてゐるだけに苦心するところが多い。……西洋畫家の挿畫をみると、表現形式は大體に於て大まかであるが、氣分の把握に巧者である。日本畫家は材質の関係もあって繊細に對象の形を表現する。その點では具體的である。がどうかすると小説的表現に忠実であり過ぎる弊に陥り易い」[211]という。木村荘八も「例へば「侍が海邊で岩に足をはさんで困つて

図218　鏑木清方（口絵）「きぬぎぬ川」（泉鏡花）『新小説』第7年第5巻、明治35年5月

ゐる娘がそれを見てゐる」と云つた様な、電信暗號の様なテキストだけで描くこと」を「絵型」と呼んで、「繪型で挿畫を描くことを好まない」といい、「重要とするのは、テキストの空氣を汲むこと」[212]つまり「テキストのなかの、最も重要の場面を捉えんとする事で、それにはモティーフとしてその情景の目に見えぬ空氣が第一に必要」[213]という（図219）。これら挿絵がとらえるべき「気分」や「情景の目に見えぬ空気」こそは、そこに描かれた人物と〈ともにある〉視点に立って、その人物のおかれた情況を了解しこれに共感する読者が、その人物の情態性として、つまりはその人物の内面のフィルターをとおして色づけされた世界の、絶望や希望、悲しみや喜びといった質として感じとるものというべきだろう。[214]

持たずに門を出ることは滅多にない。いくら晴れてゐても入梅中のことなので、其日も無論傘と風
呂敷だけは手にしてゐたから、さして驚きもせず、静かにひろげる傘の下から、空と町の様とを見な
る飛沫の烈しさに、わたくしは兎や角云ふ暇もなく内へ入る。細い大阪格子を立てた中仕切へ
鈴のついたリボンの簾が下げてある。其下の上框に腰をかけて靴をぬぐ中に、女は雑巾で足をふきふ

図219　木村荘八「墨東綺譚」（永井荷風）『東京朝日新聞』、昭和12年4月25日夕刊

註

■第一章

1 R・インガルデン『文学的芸術作品』、瀧内槙雄・細井雄介訳、勁草書房、一九八二年、二三九ページ。

2 Wolfgang Iser, *Der Akt des Lesens*, München, 1976, 2. Aufl., 1984, p. 222. なお、一九七八年にはイーザー自身の手になる英語版（*The Act of Reading*, Baltimore, 1978）が出版されているが、翻訳にあたって独語版の一部が修正されている。以下でそのような箇所を引用するばあいには、この英語版によるものとする。

3 Ibid., S. 220.　英語版では「心的イメージがともなう」(p. 136) となっていて、「イメージの流れ」ということばは削除されている。また、イーザー自身「イメージ」がどのようなものかについてはあいまいである。イーザーはヒュームのいう「イメージ＝感覚の痕跡」とも、「イメージ＝視覚（知覚）」とも考えず、むしろ知覚とイメージを峻別するギルバート・ライルに与する（独語版、S. 220f.）。かれは英語版では（独語版にはこれはない）「読書中にわれわれのイメージが所有する特異なハイブリッド的性格」について、それは「ときには絵画的（pictorial）であるが、ときには意味論的（semantic）である」(p. 147) という。そしてまたのちにわれわれが見るように、自分が小説の人物についてもったイメージを思いかえしてみたとき、「そのようなイメージは視覚的には貧しかったことに気づくだろう」（独語版、S. 223）ともいう。

4 有定稔雄『イメージ化の読み』、明治図書出版、一九七六年、七ページ。

5 同上、一〇ページ。

6 T・E・ヒューム『ヒューマニズムと芸術の哲学』、長谷川鑛平訳、法政大学出版局、一九七〇年、一三〇ページ。

7 シェイクスピア『ハムレット』、野島秀勝訳、岩波文庫、二〇〇二年、三一九ページ。

8 I. A. Richards, *The Philosophy of Rhetoric* (1936), London, 1965, p. 130.

9 プラトン『テアイテトス』(191C8-191E1) およびアリストテレス『自然学小論（Parva Naturalia）』(450a28-450b1) 参照。

10 Thomas Hobbes, *Leviathan* (1651), introduction by K. R. Minogue, London, 1914, p. 8.

11 John Locke, *An Essay Concerning Human Understanding* (1690), collated and annotated, with prolegomena, biographical, critical, and historical by Alexander Campbell Fraser, 2 vols, Oxford, 1894, vol. I, p. 194.

12 Ibid., vol. II, p. 11.

13 Ray Frazer, The Origin of the Term "Image", in: *ELH*, vol. 27, No.1, 1960, p. 159. フレイザーによれば、隠喩や誇張法（hyperbole）などの「比喩的転義（tropes）や文彩（figures）」を「生き生きとしたイメージや雄弁（lively images and elocution）」（John Dryden, The Authors Apology for Heroic Poetry and Poetic License (1677), in: *The Works of John Dryden*, vol. XII, ed. by V. A. Dearing, Berkeley, 1994, p. 93.）と呼んだのはドライデンが最初である。ドライデンにとって「イメージする（imaging）」とは「ロンギノスが記述するように、ある種の熱狂、あるいは魂の尋常ならざる情念に駆られて、詩人が描く（paints）事物をわれわれが目の当たりにするよう（behold）に思えるようなたぐいの語り（discourse）である」（p. 94）。Cf. Dixon Wecter, Burke's Theory of Words, Images, and Emotion, in: *Publication of the Modern Language Association of America*, vol. 1, LV, 1940, p. 159.

14 Locke, op. cit., vol. II, p. 146.

15 Simon Alderson, *Ut pictura poesis* and its Discontents in Late Seventeenth- and Early Eighteenth-Century England and France, in: *Word and Image*, vol. 11, No. 3, 1995, p. 258.

16 Roger de Piles, Dissertation ou l'on examine si la poésie est préférable à la Peinture, in: *Cour de peinture par principes* (1708), préface de Jacqoues Thuillier, Paris, 1989, p. 217.

17 Ibid., p. 219.

18 Alderson, op. cit., p. 258.

19 Jonathan Richardson, The Essay on the Theory of Painting (1715), in: *The Works of Mr. Jonathan Richardson* (1773), Hildesheim, 1969, p. 2. リチャードソンがイギリスにおけるド・ピールの思想の普及に積極的な役割を果たしたことについては、アルダーソンの前掲論文（p. 259）を参照。

20 Alderson, op. cit., p. 260ff. フィリップ・アモンも「イメージ」と「描写」をめぐる当時の状況について、科学的で正確な記述としての描写という考えかたには古典的修辞学に対するロック的な反感が見られる一方で、修辞学者や古典的な文学理論家の側からは描写詩に対する批判が見られるとしている（Philippe Hamon, Rhetorical Status of the Descriptive, in: *Yale French Studies*, 61, 1981, p. 7）。

21 Charles Gildon, *The Complete Art of Poetry* (1718), New York, Garland, 1970, vol. 1, p. 55.

22 Joseph Trapp, *Lectures on Poetry* (1711), trans. E. Bowyer, London, 1742, with a new introduction by John Valdimir Price, London, 1994, p. 17. ここでトラップは詩画比較論を展開している。「詩は事物を描く（paint）といわれ、絵は事物を描写する（describe）といわれる。両者とも、われわれに魂ならびに肉体の線描（*draughts*）をあたえる。もっとも、肉体は主として絵画によって、また魂は詩によって表現されるというちがいはある。……全体として見れば、魂が肉体にまさるのとおなじだけ、詩は絵画にまさっている」（p. 17f.）。こうしてトラップは、イメージの描写という点では詩と絵画を同列におきつつも、肉体に対する魂、感覚に対する精神の優位にもとづいて詩人の優位を主張するのである。詩の描写についてのおなじような主張は、John Hughes, On Descriptions in Poetry (1735), in: *The Poetical Works of John Hughes*, 2 vols., Edinburg, 1779, vol. 1, p. xxxv にも見られる。

23 Thomas Warton, in: *Adventurer*, Oct. 23, 1753, (reprinted from the original edition of 1754, London, 2 vols., 1968, vol. 2) p. 183. Cf. Cicely Davies, Ut Pictura Poesis, in: *The Modern Language Review*, vol. XXX, 1935, p. 167.

24 Alexander Pope, A Poetical Index to Homer's Illiad, in: *The Poems of Alexander Pope*, vol. VIII, The Translation of the Iliad of Homer, ed. by Maynard Mack, New Haven, 1967, p. 608. ジョゼフ・スペンス（Joseph Spence, *An Essay on Mr. Pope's Odyssey*, Part 1: 1726, Part 2: 1727, Hildesheim, 1968）はこれを、「描写的な音（descriptive Sounds）」（p. 209）、あるいは「自然の声と一種の普遍的な詩的言語（the Voice of Nature and a sort of Universal Poetical Language）」（p. 152）と呼んでいる。

25 John Dryden, De Arte Graphica: Preface of the Translator, With a Parallel, of Poesy and Painting, in: *The Works of John Dryden*, vol. XX, ed. by A. Roper, Berkeley, 1989, p. 71. じっさいドライデンは、「絵画の主たる目的は目を喜ばせることであるのに対して、心をよろこばせることが詩の偉大な目的のひとつである……。そのかぎりでこれらふたつの芸術のあいだの平行関係があることは真実である。ちがいはただ、絵画の主要な目的が喜ばせることにあるのに対して、詩の主たる企図が教えみちびくことにあるという点にある。この点では、後者は前者に対して優位に立つように思われる。しかしわれわれがこれらふたつの領域にかかわる個々の芸術家自身のことを考えてみるとき、かれらの目的はたしかにおなじなのである。かれらはいずれも喜ばせることに意を用いるだろうし、しかもそれを教導のためにそうするだろう」（p. 51）というように、微妙な態度を見せている。

26 Bernard Lamy, *La rhétorique ou l'art de parler* (1688), édition critique avec introduction et notes par Christine Noille-Clauzade, Paris, 1998, p. 367f.

27 Jean-Baptiste Du Bos, *Réflexions critiques sur la poesie et sur la peinture* (1719), 7e édition, première partie, Paris, 1770, p. 292.

28 Ibid., p. 293.

29 Moses Mendelssohn, Betrachtungen über die Quellen und die Verbindungen der schönen Künste und Wissenschaften (1757), in: *Gesammelte Schriften*, Jubiläumsausgabe, Faksimile-Neudruck der Ausgabe Berlin 1931, Stuttgart-Bad Cannstatt, Bd. 1, 1971, S. 175.

30 Francis Wey, *Remarques sur la langue française au dixneuvième siècle, sur le style et la composition littéraire*, Firmin-Didot frères, Paris, 1845, p. 404.

31 A. Baron, *De la Rhétorique, ou de la composition oratoire et littéraire* (1848), 6e édition, Brussels, 1891, p. 167.

32 Jonathan Richardson, A Discouse on the Science of a Connoisseur, in: op. cit., p. 250f.

33 Edmund Burke, *A Philosophical Enquiry into the Origin of Our Ideas of the Sublime and Beautiful* (1757), ed. by James T. Boulton, Oxford, 1958, p. 165. ロックも、われわれは幼少から使いなれているために、一定の分節音を発したとき、その「ことばの意味するところ（signification）を検討したり完全に決定するのにいつも入念とはかぎらない」（II. p. 12）という。しかし原理的には、ロックにとって複雑観念を理解し使用するとは、感覚によって印銘された単純観念（＝イメージ）をそのつど心のなかで知覚しつつ、これを結合することである。

34 Ibid., p. 167.

35 Ibid., p. 170. バークと修辞学の伝統については、Wecter (op. cit., p. 167, 181) 参照。

36 ミルトン『失楽園　上』、平井正穂訳、岩波文庫、一九八一年、八九ページ。

37 Burke, op. cit., p. 60. バークはウェルギリウス『アエネーイス』のなかの、キュクロプスによる雷電の製作過程の描写——「投げつける雨を三筋、雨雲を三筋、朱い火と翼ある南風とを三筋、これらはすでに造り終えていた。いまは、戦慄を呼ぶ閃光と音と恐れを作品に、また、追いかけてやまぬ炎に憤怒を混ぜていた。」(VIII, 429-32, 岡道夫・高橋宏幸訳、京都大学学術出版会、二〇〇一年)——について、これはみごとに崇高な詩句であるが、もしもここに述べられた「こうしたたぐいの諸観念の結合が形成するはずの可感的なイメージとはどのようなものであるかを、冷静に精査してみるならば、狂人の妄想でさえ、そうした画像ほどにでたらめでばかげたものとは見えないだろう」(p. 171) という。それゆえバークにとって隠喩はことばの文彩の効果の問題であって、絵画的描写やイメージの問題ではなく、隠喩の視覚化はばかげている。

38 バークの詩は絵画的イメージを喚起することを目的とするものではないという主張に対する当時の批判については、Davies (op. cit., p. 162) および Wecter (op. cit., p. 173f.) を参照。

39 Gotthold Ephraim Lessing, Laokoon, in: *Gotthold Ephraim Lessing Werke und Briefe*, in zwölf Bänden, hrsg. von Wilfried Barner, Frankfurt a. M., Band 5/2, 1990, S. 113. レッシングは、当代の人びとが「詩的絵画 (poetische Gemälde)」と呼んでいるものを古代人は「想像イメージ (Phantasieen)」と呼び、またこうした詩的絵画がもたらすものを「イリュージョン」とか「幻惑性 (das Täuschende)」と呼ぶのに対して古代人はこれを「エナルゲイア」と呼んだとした上で、がんらい詩的な想像イメージであるものを「物理的な絵画」と呼ぶことからさまざまな混乱が生じたのだという (S. 113f.)。

40 Ibid., S. 35.

41 Ibid., S. 144.

42 『イーリアス　上』、呉茂一訳、岩波文庫、一九五三年、一〇八ページ。

43 Lessing, op. cit., S. 154.

44 Ludwig Wittgenstein, The Blue Book, in: *The Blue and The Brown Books*, 2nd edition, Oxford, 1969, p. 1.

45 Ludwig Wittgenstein, Philosophische Untersuchungen, in: *Schriften I*, Frankfurt a. M., 1969, S. 426.

46 リチャード・ローティ『哲学と自然の鏡』、野家啓一監訳、産業図書、一九九三年、一四八ページ。

47 一九七〇年代までのイメージをめぐる心理・生理学上の論争については、ミシェル・ドゥニ『イメージの心理学』、寺内礼監訳、勁草書房、一九八九年、第一、二章がくわしい。ドゥニによれば、イメージの存在上の身分についてさえ、論争に決着がついているというわけではない。

48 Cf. Stephen Michael Kosslyn, *Image and Mind*, Cambrige, Mass., 1980, p. 18-22.

49 アラン『諸芸術の体系』、桑原武夫訳、岩波書店、一九七八年、四六四ページ。

50 Jean-Paul Sartre, *L'imaginaire. Psychologie phénoménologique de l'imagination* (1940), 11e édition, Paris, 1948, p. 20.

51　ギルバート・ライル『心の概念』、坂本百大・宮下治子・服部祐幸訳、みすず書房、一九八七年、三八九ページ。

52　同上、三九七ページ。

53　グッドマン「見えない光景」、ネルソン・グッドマン＆C・Z・エルギン『記号主義』、菅野盾樹訳、みすず書房、二〇〇一年、一二七ページ。

54　同上、一二七ページ。

55　ライル、前掲書、三九八ページ。

56　Edward S. Casey, *Imagining: A Phenomenological Study*, Bloomington, 1976, p. 155.

57　Sartre, op. cit., p. 114.

58　インガルデン、前掲書、二三三ページ。原語は "pulsierende Weise" である。

59　Casey, op. cit., p. 159.

60　Ibid., p. 156.

61　Christopher Collins, *The Poetics of the Mind's Eye*, Philadelphia, 1991, p. 101.

62　Daniel C. Dennett, The Nature of Images and the Introspective Trap, in: Ned Block (ed.), *Imagery*, Cambrige, Mass., 1981, p. 54.

63　Ned Block, Introduction—What Is the Issue?, in: Ned Block, op. cit, p. 14.

64　Jerry A. Fodor, Imagistic Representation, in: Ned Block, op. cit., p. 77.

65　ドゥニ、前掲書、二〇二ページ。

66　同上、二〇九ページ。一方で、「抽象的な文の意味的記憶は、逐語的（むしろ論理的）記憶により緊密にむすびついている」(p. 199)。

67　Hilary Putnam, *Mind, Language and Reality: Philosophical Papers*, Vol. 2, Cambridge, 1975, p. 269.

68　Ibid., p. 249.

69　ドゥニ、前掲書、一三三ページ。ここで「特性（propriétés）」とは、対象を特徴づけている外観であり、「素性（traits）」とはこの「特性」に対応する表象レベルでの心理的単位である（p. 130）。

70　同上、一四〇ページ。

71　同上、一四三ページ。

72　W・J・T・ミッチェル『イコノロジー』、鈴木聡・藤巻明訳、勁草書房、一九九二年、三〇〜三一ページ。

73　ドゥニ、前掲書、一五六ページ。

74　Allan Paivio, A Theoretical Analysis of the Role of Imagery in Learning and Memory, in: P. W. Sheehan (ed.), *The Function and Nature of Imagery*, New York, 1972, p. 270.

75　Peter Kivy, Reading and Representation, in: *Philosophies of Arts*, Cambridge, 1997, p. 76.

76　『フォークナー全集　15』、田中久夫訳、富山房、一九八三年、九七ページ。

77　Kivy, op. cit., p. 77.

78　Sartre, op. cit., p. 86.

79　Ibid., p. 89.

80　Ibid., p. 121. この点でサルトルは、一方でイメージを心の中の絵画という対象と考える「内在性の錯覚（*illusion d'immanence*）」(p. 15) を批判し、またイメージはその「本質的貧困性」において知覚とはちがうといいながら、イメージの視覚特性からいえば、知覚に準じた「準観察」の対象として、やはり絵画的な細部をもち全体としてあたえられた画像と考えているようである。

81 Ibid., p. 91f.

82 インガルデンは「詩的言語において用いられる種々の「形象（Bild）」「隠喩」「比喩（Gleichnis）」等々」も、描写されている当の対象を特定の「象面（Ansichten）」ないしアスペクトにおいて現出させるものとするが（S. 230）、そのさい、すべてこうした比喩はイメージ化されると考えているようである。一方ドゥニは、たとえばボードレール『悪の華』の「憂鬱と放浪」の一節――「子どもっぽい愛の、初々しい（緑の、vert）楽園」を引きあいにだして、「具象的な形容詞は、完全に抽象的な文脈で隠喩的に使われたときには、そのイメージ価を減少する」（S. 156）といい、隠喩がかならずしもイメージ形成によるものではないとする。

83 レッシングは擬人化についても、詩と絵画、ことばと画像のちがいに言及している。詩人はヴィーナスやディケーをその名前で呼ぶことができ、これによって愛や正義といった抽象概念の擬人化でありつつ、同時に独自の個性をもつ「現実の行為する存在者」（S. 81）として描くことができるが、画家や彫刻家は、かれが描く人物が愛や正義の女神であることを示すためには特定の持ち物をあたえる必要があり、結果として「擬人化された抽象概念をアレゴリー的な姿にしてしまう」（S. 92）。

84 Richards, op. cit., p. 131.

85 Iser, op. cit., S. 223.

86 Sartre, op. cit., p. 94.

87 ジャン＝フィリップ・トゥーサン『カメラ』、野崎歓訳、集英社文庫、一九九六年、八ページ。

88 Lessing, op. cit., S. 132. インガルデンも「ただわずかな象面しかもしばしば直接連関しない象面のみがつねに準備されるので、読みに際し対象は断続的に、その瞬間瞬間に現勢化された象面においてのみ生き生きと現出する。準備された象面の一種の固定化（Stabilisierung）はこれと関連している。……具体的知覚的象面ではまったくべつである」（S. 231）という。

89 Ibid., S. 134. エクフラシスについて、くわしくは第三章、四章、六章を参照。

90 Ibid., S. 134.

■第二章

1 Aristoteles, *Ars Poetica*, 1457b6-7.

2 Ibid., 1459a7-8.

3 Richards, op. cit., p. 93.

4 Paul Ricoeur, *La métaphore vive*, Paris, 1975, p. 252.

5 ハラルド・ヴァインリヒ「隠喩の意味論」、川上明孝訳、佐々木健一編『創造のレトリック』、勁草書房、一九八六年、六二ページ。

6 Max Black, Metaphor (1954), in: *Models and Metaphor*, Ithaca, 1962, p. 40.

7 Ibid, p. 44.

8 Ibid., p. 42. ここでブラックは、こうした意味変化の根拠として、まずは類比があげられるとした上で、そのほかにも、そのつどの文脈に応じてさまざまな根拠があげられるだろうとしている。一九七九年の「隠喩論補遺」（More about Metaphor, in: Andrew Ortony (ed.), *Metaphor and Thought*, 2nd edition, Cambridge / New York, 1993）では、第一主題（たとえば結婚）と第二主題（たとえばゲーム）、ふたつの含意複合体に属するおたがいに対応する語の関係は、「同一性」（ゲームの対戦相手と結婚の相手）か「類似性」（競争と葛藤）か「拡張」（勝利と成就）か、あるいは隠喩的転用かだとしている（p. 29）。だがこの区別も、やはりあいまいなままである。

9 Black, More about Metaphor, p. 30.

10 Ibid., p. 33.

11 Richards, op. cit., p. 108f.

12 George Lakoff, The Contemporary Theory of Metaphor, in: Ortony, op.cit., p. 204. レイコフはまた「隠喩的イメージ・マッピング」について、それは趣意のイメージに媒体のイメージを「重ね焼きすること（superimposition）」（p. 229）だという。

13 Eric Steinhart & Eva Kittay, Generating Metaphors from Networks: A Formal Interpretation of the Semantic Field Theory of Metaphors, in: Jaakko Hintikka (ed.), *Aspects of Metaphor*, Boston, 1994, p. 41. キティらのいう「意味論的場」とは、ヴァインリヒの「語場（Wortfeld）」（前掲書、p. 71）や、グッドマンの「語圏（realm）」（Nelson Goodman, *Languages of Art*, Indianapolis, 1976, p. 72）に近い概念で、言語学のいうパラダイムとシンタグマを含むひとまとまりの共通の意味場である。隠喩においては通常の意味論的場の境界をこえて他の語場へと横断する、というのである。

14 George A. Miller, Images and Models, Similes and Metaphors, in: Ortony, op. cit., p. 397.

15 Samuel R. Levin, Language, Concepts and Worlds: Three Domains of Metaphor, in: Ortony, op. cit., p. 121f. おなじような立場の主張としては、Jerry L. Morgan, Observations on the Pragmatics of Metaphor, in: Ortony, op. cit., p. 128 がある。なお、可能世界論にもとづく隠喩論に対しては、ダントーが正しく批判している。可能世界論は「ある文について、それがこの世界にとって隠喩的に真であるというかわりに、それはある可能な世界について字義通りに真であるというのであり、これによって隠喩にとっての意味論を様相論理にとっての意味論へと写像する」（Arthur C. Danto, *The Transfiguration of the Commonplace*, Cambridge, Mass., 1981, p. 181）。ダントーは、こうした論理的な操作では、通常隠喩が語られるコンテクストをひとがいかに理解するかを説明できないという。じっさい、ことなったカテゴリーに属する物が隠喩によってひとつのカテゴリーに統合されるとすれば、この不条理な事態は、のちに見るように、「夢と現実という一見これほど矛盾しているふたつの状態の、ひとつの絶対的な現実性、いわば超現実性への溶解を信じている」（「シュルレアリスム宣言」（一九二四年）『シュルレアリスム宣言集』、江原順訳、白水社、一九八三年、p. 30）と主張するブルトンのシュールリアリズムの企てとおなじものになるだろう。

16 Michiel Leezenberg , *Contexts of Metapor*, Elsevier, 2001, p. 283. Cf. L. Barsalou, Ad hoc Categories, in: *Memory & Cognition*, 11, 1983.

17 Black, More about Metaphor, p. 30.

18 Max Black, How Metaphors Work: A Reply to Donald Davidson, in: Sheldon Sacks (ed.), *On Metaphor*, Chicago, 1979, p. 192.

19 Thomas Kuhn, Metaphor in Science, in: Ortony, op. cit., p. 85.

20 W. V. Quine, A Postscript on Metaphor, in: Sacks, op. cit., p. 160. スーザン・ハークもほとんど類比を隠喩および直喩と同義的に考え、隠喩の認識的役割をその類比に見ている（Susan Haack, "Dry Truth and Real Knowledge": Epistemologies of Metaphor and Metaphors of Epistemology, in: Hintikka, op. cit., p. 17）。

21 ミシェル・フーコー『言葉と物』、渡辺一民・佐々木明訳、新潮社、一九七四年、四三ページ。
22 同上、四七ページ。
23 Ricoeur, op. cit., p. 394.
24 バーバラ・レオンダー「隠喩と幼児の認識」、長野順子訳、『創造のレトリック』、二五四ページ。ジェロルド・サドックも「隠喩の根底にあってこれを統御している原理は、一般心理学に属するような種類のものであって、とくに言語的なものではない」というが、そのような原理とは言語以前の人間の「思考作用の自然な傾向」としての「類比の衝動（analogical urge）」（Jerrold M. Sadock, Figurative Speech and Linguistics, in: Ortony, op. cit., p. 42）である。
25 同上、二四三ページ以下。
26 Donald Davidson, What Metaphors Mean, in: *Inquiries into Truth and Interpretation*, Oxford, 1984, p. 252.
27 L. Jonathan Cohen, The Semantics of Metaphor, in: Ortony, op. cit., p. 58.
28 Davidson, op. cit., p. 256.
29 Jacques Sojcher, La métaphore généralisée, in: *Revue internationale de philosophie*, no.87, 1969, p. 58.
30 ジェラール・ジュネット『フィギュール III』、花輪光監修、天野利彦・矢橋透訳、書肆風の薔薇、一九八七年、五七ページ。
31 ヴァインリヒ、前掲書、六二ページ。
32 ローマン・ヤコブソン『一般言語学』、川本茂雄監修、みすず書房、一九七三年、四三ページ。フロイト的無意識の象徴課程を隠喩と見るものには、ほかにもリチャーズやクリスチャン・メッツらがいるが、リチャーズは「転移」を隠喩とし（Richards, op. cit., p. 135）、メッツは「圧縮」を隠喩、「転移」を換喩とする（Christian Metz, *Le signifiant imaginaire. Psychanalyse et cinéma*, Paris, 1977, p. 243f.）というように、それぞれ見解がことなっている。
33 Iouri Lotman, et Boris Gasparov, La rhétorique du non-verbal (Ire partie), in: *Revue d'Esthétique*, no. 1-2, 1979, p. 88.
34 Ricoeur, op. cit., p. 227.
35 Goodman, *Languages of Art*, p. 68.
36 ここでの「例示」をめぐるグッドマンの議論は微妙である。グッドマンによれば、赤い家を描いた絵は、その家の「赤色」のいわば見本として、「その家の色」を字義通りに例示するが、絵自身は「家」ではないから、それは「家」を例示はせず、たんに再現描写（represent）するにすぎない（p. 64）。だが、グッドマン自身いうように、絵が字義通りに例示するのはもっぱら「絵画的な特性」（p. 86）だとすれば、この絵の赤色は、ちょうど色見本のように、厳密には「その絵の具のタイプの赤」の見本となっているのであって、「その家の色」を再現描写はしているかもしれないが例示しているわけではないだろう。
37 Ibid., p.77f.
38 ネルソン・グッドマン『世界制作の方法』、菅野盾樹・中村雅之訳、みすず書房、一九八七年、四八ページ。
39 Goodman, op. cit., p. 73.
40 ゴンブリッチ『芸術と幻影』、瀬戸慶久訳、岩崎美術社、一九七九年、四九七ページ。
41 Goodman, op. cit., p. 89.
42 ゴンブリッチ、前掲書、五〇三ページ。ただしゴンブリッチが、われわれが絵を記述するにあたって隠喩を用いるとき、「この隠喩が、この絵の象徴性を成立させている基本的な相互関係をいやが上にも浮き立たせる」(p. 500) というとき、かれにおいても象徴と隠喩はひとつにむすびつくようなあいまいさを抱えている（注133参照)。

43 ダントーはおそらくこのことに気づいていた。たとえば聖堂は字義的に「垂直性」をその「芸術的特性」として所有し例示するが、しかしこれが「表現的な特質として感じられる (felt as) のはおそらくただ、この垂直性が魂の上昇に対する隠喩として把握される (grasped) ときだけである。そしてもちろん、このことは感じられることがなくても理解されることはあるだろうし、その逆もあるだろう」(op. cit., p. 193) という。つまり、作品が字義通りにある特質（灰色、垂直性）を所有していることと、これが別の特質（悲しみ、魂の上昇）の隠喩的表現となることとは、「感じる」ことと「理解・把握する」こととがことなったプロセスであるように、別のプロセスだというのである。しかしグッドマンの隠喩論を高く評価するダントーは、グッドマンの隠喩的例示の理論のこの問題点に対して、これを「目立たないようなかたちで、ある作品が表現するものは、その作品がそれに対する隠喩となっている当のものである、というような考えかたへと変形」(p. 194) することを提案し、その結果としてかれ自身も、のちに見るように、作品は世界や人生の隠喩だという。

44 Goodman, op. cit., p. 91. Cf. Richard Sheppard, Monument to the Architect?, in: *The Listner*, June 8, 1967, p. 746.

45 Samuel T. Coleridge, Appendix C of The Statesman's Manual, in: *The Collected Works of Samuel Taylor Coleridge*, ed. by R. J. White, vol. 6, Princeton, 1972, p. 71.

46 ジュネット『フィギュール III』、七七ページ。

47 Goodman, op. cit., p. 81-83.

48 Davidson, op. cit., p. 256. キティは、このデヴィッドソンの主張に反論して、T・S・エリオットの詩は河馬と教会ということなったカテゴリーの境界を交叉する「文彩上の比較」をさせる点で、これをやはり隠喩とする (Eva Feder Kittay, Metaphor as Rearranging the Furniture of the Mind: A Reply to Davidson's "What Metaphors Mean", in: Zdravko Radman (ed.), *From a Metaphorical Point of View. A Multi-disciplinary Approach to the Cognitive Content of Metaphor*, Berlin / New York, 1995, p. 101)。しかしここにあるのは、類比による暗示や当てこすりというべきである。

49 『エリオット全集　I』、深瀬基寛訳、中央公論社、一九六〇年、七八ページ。

50 Danto, op. cit., p. 172.

51 Ibid., p. 172.

52 Ricoeur, op. cit., p. 309.

53 Ibid., p. 308.

54 Ibid., p. 376.

55 伝統的な美学が人物との「同化」や「感情移入」や「追体験」や「仮象感情」と呼びならわしてきたフィクション経験の問題性については、拙著『フィクションの美学』、勁草書房、一九九三年参照。隠喩があらたな世界認識をもたらすとする根強い主張は、芸術や文学の本質はあらたな世界認識をもたらすところにあるとする伝統的な主張と、根底でつながっている。デヴィッドソンが、絵を味わうことと同様に「隠喩そのものの美や適切さ、その隠された力」(What Metaphors Mean, p. 264) を味わうことは、ある事実を代理したり表現したりすることとはちがうというとき、かれもまたこうした伝統を批判している。

56 これについては、拙著『遊びの現象学』、勁草書房、一九八九年、第六、七章参照。

57 T. S. Eliot, Dante (1929), in: *Selected Prose of T. S. Eliot*, ed. with an introduction by Frank Kermode, London, 1975, p. 210.

58 ジュネット『フィギュール　III』、六六ページ。

59 Davidson, What Metaphors Mean, p. 245.

60 Ibid., p. 259.

61 Donald Davidson, A Nice Derangement of Epitaphs, in: *Truth and Interpretation: Perspectives on the Philosophy of Donald Davidson*, ed. by Ernest LePore, Oxford / New York, 1986, p. 442.

62 Davidson, What Metaphors Mean, p. 263.

63 Black, How Metaphors Work, p. 189.

64 Goodman, Metaphor as Moonlighting, in: Sacks, op. cit., p. 177f. レーゼンベルク (Leezenberg, op. cit., p. 126) やハーク (Susan Haak, op. cit., p. 9) にも、おなじような批判がある。

65 Wittgenstein, Philosophische Untersuchungen, S. 503.

66 Ibid., S. 505.

67 Ricoeur, op. cit., p. 269f.

68 John R. Searl, Metaphor, in: Ortony, op. cit., p. 93.

69 ジョナサン・コーエンもこの点を批判し、また隠喩は発話された「文の特性」であり、隠喩の意味は、隠喩がそれ自身主張ではなく主張の「報告」という言語行為である間接話法のなかにあるばあいでも「文のなかで変わらず一貫している」(L. Jonathan Cohen, op. cit., p. 59f.) と反論している。

70 Ted Cohen, Metaphor and the Cultivation of Intimacy, in: Sacks, op. cit., p. 6. テッド・コーエンがいうように、隠喩もジョークもそれを理解して楽しむ共同体の形成や親密さ (p. 6) の共有という効果はあり、この点で隠喩はジョークに似ているとはいえるが、しかしジョーク自体が隠喩であるわけではない。ウェイン・ブースも隠喩のもつこうした社交性の「エートス」(Wayne C. Booth, Metaphor as Rhetoric: The Problem of Evaluation, in: Sacks, op. cit., p. 55) に言及する。もっともこれは隠喩にかぎらず、すべての修辞の問題である。またブースも隠喩をふたつの物のあいだの類比に基礎づけ、そこから文化所産や哲学を世界についての「隠喩的批判」(p. 64) とする。

71 Sam Glucksberg and Boaz Keysar, How metaphors work, in: Ortony, op. cit., p. 403.

72 もっともブラックは、語の意味を「標準的な、辞書的な意味」(Metaphor, p. 40) と「連想された通念の体系」とに区分している。モンロー・ビアズリーも名辞の意味を、それを特定の意味で正しく用いるための、つまりはその名辞をそれが意味する対象を正しく指示するための必要条件としての「基本的意味」ないし「指示的属性」と、その「名辞の含意」としての「副次的意味」(M・C・ビアズリー「隠喩のひねり」、相澤照明訳、『創造のレトリック』、p. 40)とにわけている。だがビアズリーが、木の指示的属性として「木性」をあげ、これに対して木の含意として「葉が繁ること、影をつくること、枝をはり出すこと、高いこと、すらりと伸びていること、樹皮を持つこと」をあげるとき、こうした区別はビアズリー自身認めるようにあいまいであり (p. 54)、意味論にとってそれほど本質的とは思えない。ヴァインリヒが、語が対象を指示する際の「意味(Bedeutung)」とコンテクストに応じて変化するその語の「表意(Meinung)」とを区別するとき(前掲書、p. 68)、これもまたおなじ認識である。これらはいずれにせよ、パットナムのいう「意味と同一視される対象をとりだすことによって「意味」を定義する」立場である。ビアズリーにとって隠喩とは、述語となる語(媒体)が基本的な意味ではなく「含意的な特性だけを意味するように機能する」ことで生じる「意味のひねり」であり、これによって「その述語は(恐らく他の文脈では持つことのない)新たな内包を獲得し、そのために通常の外延を失う」(p. 32)。だがそうだとすると、これによって述語はその意味を変えることになる。一方ヴァインリヒにとっては、文を理解することはいつも「意味と表意とのあいだの弁証法」であり、それゆえ隠喩に特別な「用法」などはない。隠喩文が通常の文とちがうのは、たんにこのズレの強度とそれがもたらす「倍加された緊張と機知の魅力」(p. 69)にすぎない。

73 グループμ『一般修辞学』、佐々木健一・樋口桂子訳、大修館書店、一九八一年、二一〇ページ。グループμは、ある語の意味素のうち、特定の文脈にとって本質的な意味素と、その文脈にとってはかならずしも本質的ではない、したがって「非本質的、補足的意味素」とを区別し(p. 204)、この後者の意味素の削除や附加について語る。われわれならこれを、特定の文脈においてある語の意味素性のうちあるものが現働化され、他のものは潜在的なままにとどまるというだろう。

74 同上、二一三ページ。

75 Jonathan Cohen, op. cit., p. 61.

76 Ibid., p. 67. コーエンがこれにあたえた説明は、つぎのようなものである——文の理解にとっては、その文の話題がなんであるかが容易に同定されることが要求される。通常の文では比較的小規模な特性解除で意味がとおるので、解除は付加された修飾語(「石の」「餌を食べない」)の圧力によって主要語(「ライオン」)のがわ(生きもの、吼えるなど)でおこる。一方隠喩文では、字義通りには意味がとおらず大規模な特性解除が要請されるが、そのさい話題の一貫性を維持するためには主要語が保持される必要があり、それゆえ解除は付加された語(「月ロケット」)のがわ(月に飛ぶ、金属製など)でなされる、というのである。なお、コーエンは自分の意味特性の構成による意味論を「構成要素意味論(componential semantics)」(p. 63)と呼んでいる。キティは、グループμらの「特性の附加・削除テーゼ(feature addition/deletion thesis)」は結局、当の語の「新造語」をもたらすとして批判するが(Kittay, Metaphor as Researching the Furniture of the Mind, p. 91)、この批判はおそらくコーエンに対してもむけられているのだろう。

77 Davidson, What Metaphors Mean, p. 255.

78 Booth, op. cit., p. 53.

79 George A. Miller, op. cit., p. 367.

80 グループμ、前掲書、二二四ページ。グルックスバーグとキーザーも、これと似た主張をしている(Glucksberg and Keysar, op. cit., 413)。

81 ヴァージル・C・オルドリッチ「視覚的隠喩」、松尾大訳、『創造のレトリック』、一七二ページ。

82 グループμ、前掲書、二二一ページ。

83 Andrew Ortony, The Role of Similarity in Similes and Metaphors, in: Ortony, op. cit., p. 348.

84 ここで「同定」とは、サールのいう話題の同定(J・R・サール『言語行為』、坂本百大・土屋俊訳、勁草書房、一九八六年、p. 154）を意味し、また「述定（predication）」というのも、それが形容詞や名詞（「サムはやさしい」、「サムはヘビー・スモーカーだ」）であれ、動詞であれ、これらの述語によって、主語として指示されているもの（サム）に特定の「性質を帰属させる」（p. 181）ことを意味する。動詞（「サムは習慣的に喫煙する」）のばあいには、「習慣的喫煙」（p. 40）という表現によって、サムのある性質について述定しているといえる。

85 ロジャー・ホワイトは、従来の隠喩論はいずれも趣意と媒体、第一主題と第二主題というように、隠喩文における主語・述語関係を問題とする「言述の意味論」であるが、じっさいの隠喩はもっと複雑で、文の内部の語と語の関係だけでは十分に説明できないとして、むしろ文と文のあいだの隠喩関係を論じる必要があると主張する。たとえばホメーロス『イーリアス』のアキレウスを獅子になぞらえる箇所（第20書、164-175）は、「ペーレウスの子が　それに対って立ち上がったのは」、「心には猛然たる殺気が渦巻く」のように、「現実の情況」を記述する「第一次文」と、「害を働く獅子のよう」「獅子もさすがに身をそばめるが、大口開いたその歯並みには、一面泡を吹き立て」のように、「仮定の情況」を記述する「第二次文」とのあいだの「類比による比較」によって、読者に、第一の情況を第二の情況「として見る」ようにうながし、あるいは第二の情況を第一の「現実の情況のモデルとして」（R. W. White, *The Structure of Metaphor*, Oxford, 1996, p. 108）用いるようにうながす、という。だがじっさいには、ホメーロスのテクストの複雑で濃密な修辞も、アキレウスを「獅子のよう」とする直喩に支えられて、いわゆる「不在の隠喩」としての「獅子もさすがに……」がつぎつぎとみちびきだされる隠喩の連鎖と見れば、これを理解するのにとくに文相互の関係を想定する必要はない。またホワイトの隠喩論自体は、ブラックの投影やレイコフのマッピング、そして「として見る」隠喩的思考と変わらない。

86 ヴァインリヒ、前掲書、七五ページ。

87 ジュネット『フィギュール　Ⅲ』、六〇ページ。

88 同上、五八ページ。

89 アンドレ・ブルトン『通底器』、足立和浩訳、現代思潮社、一九七八年、二三八ページ。

90 Richards, op. cit., p. 124.

91 アンドレ・ブルトン「上昇記号」、『アンドレ・ブルトン集成　7』、滝口修三監修、人文書院、一九七一年、一七四ページ。

92 ジュネット『フィギュール　Ⅲ』、八一ページ。

93 Goodman, Metaphor as Moonlighting, p. 176.

94 Paul Henle, Metaphor, in: Paul Henle (ed.), *Language, Thought and Culture*, Ann Arbor, 1958, p. 177.

95 Ricoeur, op. cit., p. 267.

96 Phillip Stambovsky, *The Depictive Image: Metaphor and Literary Experience*, Amherst, 1988, p. 68.

97 ジュネット『フィギュール　Ⅲ』、七四ページ。

98 Richards, op. cit., p. 98.

99 M・C・ビアズリー、前掲書、三九ページ。

100 Allan Paivio and Mary Walsh, Psychological Processes in Metaphor Comprehension and Memory, in: Ortony, op. cit., p. 325. ここにいう「諸特性」も、われわれのいう、語がラベルとして表示している「意味素性の束」に近い。

101　ヴァインリヒ、前掲書、七七ページ。

102　Nathan Kogan, Kathleen Conner, Augusta Gross, Donald Fava, *Understanding Visual Metaphor: Developmental and Individual Differences* (Monographs of the Society for Research in Child Development, Serial No. 183, Vol. 45, No. 1), Chicago, 1980, p. 66.

103　Ibid., p. 2.「共感覚的隠喩」については、われわれはすでに批判しておいた（注42）。

104　Ibid., p. 54.

105　オルドリッチ、前掲書、一六三ページ。

106　Richard Wollheim, *Painting as an Art*, Princeton, 1987, p. 46.

107　Carl R. Hausman, *Metaphor and Art*, Cambridge / New York, 1989, p. 136. ハウスマンは、経験はそれが概念的なものである以前にまずは「美的＝感性的」でなければならず、それゆえ「非言語的」ないし「前概念的」意味作用は「言語的分節作用の資源（resources）」として、言語はこれを「概念的コミュニケーション」（p. 121）へと展開するという。つまり非言語的、前概念的意味作用と言語的、概念的意味作用とはひとつづきのものであって、それゆえに非言語的隠喩と言語的隠喩のあいだにも「同型性（isomorphism）」が認められるというのである。だがあきらかなように、ここでは言語的、概念的意味ないし意味作用が非言語的、前概念的な経験のうちに潜在していることが前提されており、こうして結局のところ、非言語的了解や意味作用は、言語的、概念的了解や意味作用に還元される。ここでも誤解は、単語の意味をそれが指示する対象の「観念＝イメージ」とする伝統的な意味論に由来する。そこから、ふたつのことばのあいだの「述語づけ」という純粋に言語的操作のレベルにおいて成立する隠喩という現象と「同型」の現象が知覚画像に「潜在する」という誤解が生じる。知覚と言語がひと続きであるという誤解については、第三章を参照。

108　Ibid., p. 18.

109　これとほとんどおなじ議論を、二〇〇四年にリオ・デジャネイロでおこなわれた国際美学会議において、ハーバード大学のアルバート・ローテンバーグが提示している（Albert Rothenberg, Visual Metaphor and Contemporary Art, in: *Program of XVIth International Congress of Aesthetics*, Rio de Janeiro, 2004, p. 93）。

110　Françoise Gilot and Carlton Lake, *Life with Picasso*, Harmondsworth, 1966, p. 311. それゆえここでピカソが表明しているのも、類似ないし類比による世界の照応という、あの古代的心性である。

111　Roland Barthes, Arcimboldo ou rhétorigueur et magicien, in: *L'obvie et l'obtue*, Paris, 1982, p. 129.

112　Ibid., p. 128.

113　Gilot and Lake, op. cit., p. 311.

114　Barthes, Arcimboldo., p. 138.

115　オルドリッチ、前掲書、一七八ページ。

116　Goodman, *Languages of Art*, p. 89.

117　Danto, op. cit., p. 167.

118　Ibid., p. 168.

119　M. C. Beardsley, *Aesthetics*, New York, 1958, p. 375.

120　Jacques Dubois, Francis Edeline, Jean-Marie Klinlenberg, Philippe Minguet, «LA CHAFETIÈRE EST SUR LA TABLE...», in: *Communications et Langage*, 29, 1976, p. 36, 41.

121　グループμ、前掲書、二一二ページ。

122　第五章でふれるように、正確にいえば画像や映像においてもこの二次元性がないわけではない。画像や映像は、能記としては一定のフレームに限定されたかたちであたえられるが、これによって意味される所記、たとえばそこにひろがる風景は、原理上そのようなフレームはもたない。だがすくなくともフレームの内部では、能記としての画像と所記としての画像とは重なって見える。グループμが『一般修辞学』で叙述（narration）の文彩を論じる際に、映画がカラーと白黒を使いわけたり、高速度撮影を使ったりすることで、こうした映像における「実質の様態が意味論的な価値を帯びる」（p. 346）というとき、かれらはじっさいには映像における能記と所記の二次元性に言及しているのである。

123 Dubois, Edeline, Klinlenberg, Minguet, op. cit., p. 47.

124 Ibid., p. 49.

125 Ibid., p. 49.

126 Philippe Minguet, Métaphores de la peinture et la peinture de la métaphore, in: *Journal of the Faculty of Letters*, The University of Tokyo (Aesthetics), vol.3, 1978, p. 82. マンゲは、これまで見てきた語形変換としての「イコン的隠喩」とはべつに、筆づかい、色のテクスチュア、写真の粒子など、造形要素の「物質的な諸特性」における比喩的な価値としての「造形的隠喩（métaphore plastique）」をも主張する。それはたとえば、ビュトールがモネの《ルーアン大聖堂》の壁の石をミルクとも蜂蜜とも漆喰とも解釈する例であり、またポロック、ラウシェンバーグ、リキテンシュタインなど現代の画家に見られる「かたちの水準と造形的なマチエールの水準の分断の傾向」も、こうした造形的隠喩の問題だという。だがこれは、すでにわれわれが見たように、グッドマンのいう「表現的」価値やハウスマンのいう「隠喩的表現」とおなじ問題である。

127 Noël Carroll, Visual Metaphor, in: Hintikka, op. cit., p. 208. リーチマンとコストも隠喩を、ことなったふたつの物が相互に「イメージ的変形」（Paul F. Riechmann and Ellen L. Coste, Mental Imagery and the Comprehension of Figurative Language: Is There a Relationship?, in: R. P. Honeck and R. R. Hoffman (eds.), *Cognition and Figurative Language*, Hillsdale, N. J., 1980, p. 183. Cf. R. R. Verbrugge, Resemblances in Language and Perception, in: R. Shaw and J. Bransford (eds.), *Perceiving, Acting, and Knowing*, Hillsdale, N. J., 1977）をこうむることで、これら両者を合体し融合させるひとつのイメージによって橋渡しされる点に見ている。

128 Barthes, Arcimboldo, p. 131.

129 Carroll, op. cit., p. 202.

130 エミール・バンヴェニスト『一般言語学の諸問題』、岸本通夫監訳、みすず書房、一九八三年、一五三ページ。

131 Dubois, Edeline, Klinlenberg, Minguet, op. cit., p. 46.

132 Carroll, op. cit., p. 190.

133 Jonathan Miller, *Subsequent Performances*, London, 1986, p. 226. ゴンブリッチは『棒馬考』（二見史朗・谷川渥・横山勝彦訳、勁草書房、一九九四年）で、トゥルヴァルスがフランス革命中に殺されたバチカンのスイス人衛兵たちを記念して造った像《ルツェルンの獅子》について、かれがこの「視覚言語によって伝達しようとした」のは、「かれらは獅子のように死んだ」あるいは「かれら、獅子たちは死んだ」だという。なぜなら、ライオンは勇猛なるものという「通念のせいで、ライオンは英雄たちのためのシンボル（もしくはメタファー）として用いられるのにうまく適合している」（p. 37）からである。だがゴンブリッチにあっても、隠喩と象徴の区別はあいまいである。ここではむしろイメージは象徴であり、これによってイメージが伝達しようとした意味は言語的隠喩だというべきだろう。ゴンブリッチはまた、「炎の色であり、血の色である赤は耳ざわりなもの、あるいはなにかはげしいものの隠喩として見えてくる」(p. 38) といい、これを「視覚的隠喩」としているが、これはもちろん共感覚の問題である。

134　Catherine Kerbrat-Orecchioni, L'image dans l'image, in: *Revue d'Esthétique*, no 1-2, 1979, p. 210. ケルブラ＝オレッチオーニは、グループμのかばんイメージにのみイコン的隠喩を見る立場を批判して、かばん隠喩のほかにも、現前の隠喩、不在の隠喩、暗黙の隠喩の四つのイコン的隠喩をあげている。フィリップ・マンゲも、イメージにおける現前の隠喩と不在の隠喩に言及している。北斎の《富嶽三十六景》の「駿河町からの眺望」が、ふたつの屋根のあいだから屋根と類似した姿を見せる富士を描くとき、これは「富士は日本の屋根だ」という現前の隠喩となっている。また「赤富士」を見て、ひとがそこにまずは「血の巨大な貯蔵庫」のイメージを認めるとき、それは不在の隠喩だ、というのである。だがこうした議論はあいまいで、マンゲ自身、常軌を逸したその赤を「誇張法 (hyperbole)」(Minguet, op. cit., p. 77) と見ることもできるという。

135　Ibid., p. 226. 益田朋幸が美術作品に挿入された持物（アトリビュート）に、当の主題との「隠喩関係」を見るとき、そこで問題になっているのも、あらかじめことばによって固定された隠喩の「図解」である。たとえばシナイ山、聖エカテリニ修道院の十三世紀イコン《洗礼者ヨハネ》では、画面中央に大きく描かれた聖者の足もとの木の根方に斧がおかれているが、ここで「斧」は、ヨハネが民衆に「斧はすでに木の根本におかれている」(マタイ 3:10、ルカ 3:9) と説くことばにおいてひびいている「間近に迫る終末」の「言語上のメタファーを絵画化した」(益田朋幸『描かれた時間』、論創社、二〇〇一年、p. 142) ものである。

136　拙稿「笑いのシミュレーション——CM・キッチュ・ポップ」、西村清和・松枝至共著『笑う人間／笑いの現在』、ポーラ文化研究所、一九九四年、一八七ページ。

137　Noël Carroll, Language and Cinema: Preliminary Notes for a Theory of Verbal Images, in: *Millennium Film Journal*, No.7/8/9, 1981, p.197. ここでキャロルは、視覚的隠喩をもふくめたよりひろいイメージの文彩としての「言語的イメージ (verbal image)」について論じている。しかしこれも、イメージがこれを見るものに言語的読みとりを要請するような事例である。なおここでキャロルは、一方でこうした言語的イメージとは独立に、いっさい言語的関与を受けない知覚レベルの経験をも想定しているように見える。しかしそれは、第三章でブライソンやバルトにかんして論じるように、結局はことばによる名指しを逃れる絵画の「物質的痕跡」がもつ「表現的な質」のようなものにかぎられる。

138　Charles Forceville, The Case for Pictorial Metaphor: René Magritte and Other Surrealists, in: A. Erjavec (ed.), *Vestnik IMS* 9,1, Institut za Marksisticne Studije, Ljubljana, 1988, pp.150-60.

139　Charles Forceville, *Pictorial Metaphor in Advertising*, London / New York, 1996, p. 108.

140　Ibid., p. 86.

141　Ibid., p. 210.

142　Oskar Bätchmann, *Einführung in die kunstgeschichtliche Hermeneutik*, Darmstadt, 1984, 4. aktualisierte Aufl., 1992, S. 151. ベッチマンはさら

に、「こんにち象徴（Symbolik）といった概念のうちに収められているものの多く」(S. 152) を、この隠喩という「意味論的なプロセス」のうちへと取りこむことができるのではないかという。

143 セルゲイ・エイゼンシュテイン『エイゼンシュテイン全集 第七巻 モンタージュ』、山田和夫監修、キネマ旬報社、一九八一年、一四七ページ。エイゼンシュテインは「モンタージュの細胞」であるワン・ショット内部の画面構成、つまり一枚の絵にも隠喩を認める。たとえば『戦艦ポチョムキン』で、銃殺の運命にある水兵たちにかぶせられる白い防水布は死にかかわる経帷子の「比喩的なイメージ」だというとき、これも白い防水布と経帷子のあいだの類似と連想にもとづく暗示や象徴というべきである。

144 同上、一〇三ページ。

145 ローマン・ヤコブソン、前掲書、四一ページ。

146 Carroll, Visual Metaphor, p. 194f. トレヴァー・ウィットックも、ふたつのイメージをひとつに融合するとは、ふたつのイメージを「スーパーインポーズする」ことだという。かれの立場は、これまで隠喩一般および視覚的隠喩についてわれわれが批判してきた諸理論を集大成したようなものであり、それゆえ映画においても、換喩や提喩、類比や象徴はもちろん、暗示も、カリカチュアも、『カリガリ博士』の表現主義的な画面構成も、エイゼンシュテイン的な「構成」のモンタージュも、内面や幻影を描写するショットも、すべて隠喩として語られる（Trevor Whittock, *Metaphor and Film*, Cambridge / New York, 1990）。

147 Gilles Deleuze, *Cinéma 2. L'image-temps*, Paris, 1985, p. 209.

148 グループμ、前掲書、三六三ページ。

149 W. Bedell Stanford, *Greek Metaphor: Studies in Theory and Practice*, Oxford, 1936, p. 95.

150 Graham Greene, The Cinema: Song of Ceylon, in: *The Spectator*, No. 5597, October 4, 1935, p. 506.

151 Rudolph Arnheim, *Film als Kunst* (1932), Frankfurt a. M., 2002, S. 247.

152 Siegfried Kracauer, *Theory of Film: The Redemption of Physical Reality*, New York / London, 1960, p. 208

153 Calvin Pryluck, The Film Metaphor: The Use of Language-Based Models in Film Study, in: *Literature/Film Quarterly*, vol. 3, 1975, p. 119.

154 Joy Gould Boyum, *Double Exposure. Fiction into Film*, New York, 1985, p. 184.

155 Brian McFarlane, *Novel to Film*, Oxford, 1996, p. 130.

156 George Bluestone, *Novels into Film*, Baltimore, 1957, p. 22.

157 Jean Mitry, *Esthétique et psychologie du cinéma*, 2 tomes, Paris, 1965, tome II, p. 446.

158 Ibid., p. 24.

159 Ibid., p. 447. ただしミトリ自身もときに「隠喩」という語を隠喩的にもちいて「映画的隠喩」や「隠喩的代置（substitution）」について語り、視覚的隠喩の最初の創始者はグリフィスだ(I, p. 61)といったりもする。

160 Metz, *Le signifiant imaginaire*, p. 240.

161 クリスチャン・メッツ『映画記号学の諸問題』、浅沼圭司監訳、書肆風の薔薇、一九八七年、一〇八ページ。

162 Metz, *Le signifiant imaginaire*, p. 245.

163 もちろんメッツもいうように、換喩や提喩にしても、それがたんに同一対象の部分を連辞的に提示するだけではだめで、あくまでも「換喩は隣接性の文彩である」(Ibid., p. 238)。第五章でみるように、初期の映画におけるクロース・アップは、たんにその部分を拡大し強調するものであり、なお文彩としての機能は意識されていない。『市民ケーン』の有名なコップのクロース・アップは、それがケーンの情婦が薬による自殺をはかったことを暗示する点で換喩である。ハリウッド映画にしばしば使われる、船から見える自由の女神の像は、ヨーロッパからの移民たちにとって、アメリカの象徴であると同時に、はじめて目にするアメリカ大陸の提喩でもある。

164　Metz, *Le signifiant imaginaire*, p. 239. メッツは、換喩もふつうは隠喩に展開するので「純粋な換喩」もまれだという。だがすでに見たように、メッツが換喩がもたらす隠喩というのは、じっさいには換喩がもたらす象徴や暗示的意味である。さらにメッツは「換喩を産む隠喩」（p. 242）というものは存在しないといい、その理由をフロイト・ラカン流の精神分析に求める。ラカンによれば、隣接性という客観的な秩序にもとづく転位と換喩とは「無意識を検閲する」という役割を担っている。これに対して圧縮と隠喩とは類似性という主観的、個人的な印象や態度にもとづくために、よりつよく無意識が関与する。それゆえ、われわれにとって換喩的ふるまいのほうが隠喩的ふるまいよりもはるかに気安く容易であり、われわれのこの精神生活一般における「換喩の特権性」が、映画言語や映画的説話においても無意識のうちに反映している、というのである。だがこうした議論は、目下のわれわれの関心事ではない。

165　エイゼンシュテイン、前掲書、一五四ページ。

166　メッツ、前掲書、一〇八ページ。

■第三章

1　エクフラシスについては、Liz James and Ruth Webb, 'To Understand Ultimate Things and Enter Secret Places': Ekphrasis and Art in Byzantium, in: *Art History*, vol. 14, No. 1, 1991., p. 4 参照。

2　*The Institutio Oratoria of Quintilian*, with an english translation by H. E. Butler, The Loeb Classcal Library, London / New York, 1921, vol. III, Book VIII. III. 62.

3　リーレンサレアー・W・リー「詩は絵のごとく——人文主義絵画論」、森田義之・篠塚二三男訳、中森義宗編『絵画と文学——詩は絵のごとく』、中央大学出版部、一九八四年、二九六ページ。

4　Christopher Braider, *Refiguring the Real. Picture and Modernity in Word and Image 1400-1700*, Princeton N. J., 1993, p. 253.

5　Norman E. Land, *The Viewer as Poet. The Renaissance Response to Art*, University Park, Pa., 1994, p. 9.

6　『レオナルド・ダ・ヴィンチの手記　上』、杉浦明平訳、岩波文庫、一九五四年、一九五ページ。

7　リー、前掲書、二六八ページ。

8　本書第六章、注152参照。

9　Roger de Piles, op. cit. ド・ピールはここで、自分は「絵画が詩に対して絶対的に優位を占める」ということを主張するつもりはないし、「これらふたつの技芸」が同等のものであることをけっして疑わない（p. 203、本書一七ページ）という。

10　アディソンは一方で、ことばによる「描写は絵画よりもそれが再現する対象からずっと隔たってしまう。なぜなら絵画はそれが再現している原物の真の似姿を提示するが、それは文字や音節にはまったく欠けているからである。色はすべての言語を語るが、ことばはただそれを使う人びとや国民にのみ理解される」という。しかし他方でアディソンは、「ことばは、それがみごとに選択されるときには、それ自体できわめて大きな力をもっており、それゆえことばによる描写はしばしば、事物自体を見ることよりもはるかに溌剌たる観念をわれわれにあたえてくれる」(Joseph Addison, *Spectator*, No. 416., p. 1712) ともいう。

11 デュボスは「自然の記号」である絵画を「人工の記号」であることばによる詩から区別したうえで、まるでダ・ヴィンチのように、詩は想像させるのに数瞬間を要するのに対して、絵画は一瞬で見させるために、それが「われわれにもたらす印象は、詩がなしうる印象よりも強くはやいにちがいない」(Du Bos, op. cit., p. 416) という。

12 ダ・ヴィンチ、前掲書、一九七〜一九八ページ。

13 同上、一九八ページ。

14 Gottfried Boehm, Zu einer Hermeneutik des Bildes, in: Hans-Georg Gadamer und Gottfried Boehm (Hrsg.), *Die Hermeneutik und die Wissenschaften*, Frankfurt a. M., 1978, 2. Aufl., 1985, S. 447f.

15 Bätschmann, op. cit., S. 39.

16 Jean-Baptiste Boudard, *Iconologie tirée de divers auteurs. Ouvrage utile aux Gens de Lettres, aux Poëtes, aux Artistes, & généralement à tous les Amateurs des Beaux-Arts*, 3bde., Vienne, 1766, tome I, p. a2.

17 Erwin Panofsky, Zum Problem der Beschreibung und Inhaltsdeutung von Werken der bildenden Kunst (1932), in: *Aufsätze zu Grundfragen der Kunstwissenschaft*, hrsg. von H. Oberer und E. Verheyen, Berlin, 1964, S. 86.

18 Boehm, op. cit., S. 452.

19 Ibid., S. 445.

20 Ibid., S. 454.

21 Ibid., S. 469.

22 Hans-Georg Gadamer, Hermeneutik und bildende Kunst, in: *Neue Zürcher Zeitung*, Nr. 220, 22./23. Sept. 1979, S. 65f. Cf. Bätschmann, op. cit., S. 35.

23 Bätschmann, op. cit., S. 125.

24 ミシェル・ビュトール『絵画のなかの言葉』、清水徹訳、新潮社、一九七五年、九〜一〇ページ。

25 Max Imdahl, *Giotto. Arenafresken*, München, 1980, S. 97.

26 Max Imdahl, Giotto. Zur Frage der ikonischen Sinnstruktur (1979), in: *Reflexion Theorie Methode*, Gesammelte Schriften, Bd. 3, hrsg. von Gottfried Boehm, Frankfurt a. M., 1996, S. 432.

27 Ibid., S.433.

28 Bätschmann, op. cit., S. 54.

29 Ibid., S. 155.

30 Roland Barthes, Le message photographique, in: *L'obvie et l'obtus*, p. 21f.

31 Roland Barthes, Rhétorique de l'image, in: *L'obvie et l'obtus*, p. 36.

32 Ibid., p. 29.

33 Ibid., p. 31. イメージの多義性を固定するもうひとつのテクニックは「中継 (relais)」である。

34 Ibid., p. 39.

35 Roland Barthes, La peinture est-elle un langage?, in: *L'obvie et l'obtus*, p. 140.

36 Ibid., p. 141.

37 Norman Bryson, *Word and Image*, Cambridge / New York, 1981, p. 5.

38 Pierre Francastel, *La figure et le lieu*, Paris, 1967, p. 235.

39 Bryson, op. cit., p. 11.

40 Ibid., p. 27.

41 Ibid., p. 23.

42 Ibid., p. 18.

43 Ibid., p. 6.

44 Ibid., p. 23.

45 益田朋幸、前掲書、一五二ページ。

46 同上、一四三ページ。

47 Christian Metz, Le cinéma: langue ou langage?, in: *Essais sur la signification au cinéma*, Paris, 1978, tome 1, p. 70.

48 Ibid., p. 72. もっともメッツは、映画の映像と文とのあいだにあるこの関係を「対応関係（correspondance）」としており、もしもそうなら、映像自体が文の構造をもつわけではないことになる。またメッツは、ワン・ショットの映像はバンヴェニストのいう「完結した平叙的言表（énoncé assertif fini）」（p. 71）だというが、バンヴェニストにとってこの言表には、動詞をもつものと、動詞をもたないが動詞的機能をふくむ「名詞文（phrase nominal）」（バンヴェニスト、前掲書、p. 153）のふたつがあって、それぞれに意味も機能もちがう。それゆえメッツのこの主張も、たんなる類比にすぎない。いずれにせよ、メッツの立場はあいまいである。

49 Barthes, Rhétorique de l'image, p. 28.

50 Wilfrid Sellars, *Science, Perception and Reality*, London, 1963, p. 160.

51 ローティ、前掲書、一九八ページ。

52 同上、二〇一ページ。

53 同上、二〇一～二〇二ページ。

54 Paul Ziff, Reasons in Art Criticism, in: I. Scheffler (ed.), *Philosophy and Education*, Boston, 1958, p. 223.

55 Ibid., p. 234. ジフのこの議論は、オリジナルと贋作やコピー、あるいは便器とデュシャンの「泉」のような、見た目ではおたがいにまったく区別ができないふたつのもののあいだのちがいをめぐる問題とも直結している。そしてここでも、伝統的な美学がかかえこむ純粋に「美的なもの」という概念をめぐるアポリアが浮上する（拙著『現代アートの哲学』、産業図書、一九九五年、第四章参照）。

56 Barthes, Rhétorique de l'image, p. 38.

57 Roland Barthes, Réquichot et son corps, in: *L'obvie et l'obtus*, p. 213.

58 Roland Barthes, Introduction à l'analyse structural des récits, in: *Œuvres complètes*, Tome II, édition établie et présentée par Éric Mary, Paris, 1994, p. 103.

59 Roland Barthes, Sagesse de l'art, in: *L'obvie et l'obtus*, p. 172.

60 Ibid., p. 176.

■第四章

1 Bluestone, op. cit., p. 3.

2 Virginia Woolf, The Cinema (1925), in: *The Captain's Death Bed and Other Essays*, London, 1950, p. 168. もっともウルフは、映画の将来に希望を託してもいる。しかし彼女がそのような映画に「固有の手立て（its own devices）」（p. 168）と考えるのは、たとえば『カリガリ博士』のような映画に認められる、映像の象徴的、暗示的な表現能力である。

3 Iser, op. cit., S. 223.

4 Ibid., S. 226.

5 McFarlane, op. cit., p. 14, 196. Cf. Boyum, op. cit., p. 76f.

6 ジェラール・ジュネット『物語のディスクール』、花輪光・和泉涼一訳、書肆風の薔薇、一九八五年、十七ページ。一九二〇年代のロシア・フォルマリズムにおいてシクロフスキーは物語を、純粋に年代的なシークエンスとしてのストーリーの材料である「fabula」と、このストーリーをじっさいに語る言表によって構成されるプロットとしての「suzet（syuzhet）」とを区別した。六〇年代以降のナラトロジーでは、この区別をめぐって論者が選択する術語もそれに付与する意味も微妙にことなる。

7 Seymour Chatman, *Story and Discourse*, Ithaca, 1978, p. 9, 19. これは、バンヴェニストの「歴史=物語（histoire）」と「話（discours）」の区別とはことなる（前掲書、p. 218f.）。なお、ナラトロジーにおけるこうした術語の微妙なちがいと問題点については、David Bordwell, *Narration in the Fiction Film*, Madison, Wis., 1985, p. 16ff. がくわしい。

8 レイモンド・チャンドラー『大いなる眠り』、双葉十三郎訳、創元推理文庫、一九五九年、四三〜四四ページ。

9 Kivy, op. cit., p. 72.

10 Supplément à *l'encyclopédie, ou dictionnaire raisonné des sciences, des arts et des métiers*, par une société de gens de lettres, A Neufchastel. chez Samuel Fanlche et Compagnie, tome II, Paris, 1776, p. 704. Reprint: Readex Microprint Corporation, New York, 1969, vol. V, p. 422.

11 Hamon, op. cit., p. 5. 古典的修辞学をひきついだ伝統的修辞学において、描写と呼ばれる文章表現のタイプには、風景や場所の地誌的描写（topography）や人物の外面の観相学的描写（prosopography）、人物の道徳面についての描写（ethopoeia）とならんで、行動や情念つまり肉体的あるいは道徳的なできごとの生き生きと活気に満ちた絵画的描写としての「タブロー」ないし「活写法（hypotyposis）」がふくまれていた（p. 3）。バロンなどは、これら修辞学者のいうさまざまな種類の描写は、結局は二種類に、つまり「事物の描写」としての「特性（caractère）」と「人物の描写」としての「肖像（portrait）」とに還元できるという（Baron, op. cit., p. 173）。

12 D. N. Boileau, L'art poétique, I, 1. 49-60, in: *Œuvres de Boileau Despréaux*, avec nouveau commentaire par M. Amar, 4 tomes, Paris, 1821, tome II, p. 8f.

13 *Encyclopédie ou Dictionnaire raisonné des sciences, des arts et des métiers*, 17 tomes, éd. par Diderot & D'Alembert, 1751-65, tome V, 1755, p. 831. Reprint: Readex Microprint Corporation, New York, 1969, vol. 1, p. 1208.

14 Pierre Larousse, *Grand Dictionnaire universel du XIXe siècle*, réimpression de l'édition de 1866-1876, Lacour, 1990, tome 8, p. 540.

15 *Encyclopédie*, tome IV, 1754, p. 878. Reprint: vol. I, p.934.

16 Hamon, op. cit., p. 17. ブレイダーによれば、十七世紀に流行する「カラクテール」は道徳的な教訓を企図している点でそれ以前の「エンブレムの近親者であり直接の継承者」（Braider, op. cit., p. 132）であるが、しかもそれがエンブレムと異なるのは、それが描くのは日常生活をいとなむ人物たちとその経験であり、そしてこれこそは「小説というあらたに生まれつつある言説においてきわめて重要な領域」（p. 133）である。ディケンズのボズの絵にあてたスケッチなどもこれを受けつぐものであり、またホガースの《当世風結婚》のような連作版画やドーミエの《観相学（Physiognomies）》なども、視覚芸術においてこれに対応するものである。

17 Ibid., p.11.

18 Henry James, The Lesson of Balzac, in: *Literary Criticism*, New York, 1984, p. 136.

19 ジュネット『フィギュール　II』、花輪光監訳、書肆風の薔薇、一九八九年、六八ページ。

20 Saint-Lambert, Les Saisons (1769), nouvelle édition, Paris, 1823, p. 15f.

21 Baron, op. cit., p. 170f.

22 ジュネット『フィギュール　II』、六七ページ。

23 シーモア・チャットマン『小説と映画の修辞学』、田中秀人訳、水声社、一九九八年、二八ページ。

24 歴史画や挿絵、絵巻などの「物語る絵」はどうか。すくなくともこれらの絵を見る観者の理解のうちには、物語の構造である「時間＝因果性」はふくまれるといえる。この問題は、第六章で「物語る絵」を主題的に論じる際にあらためてくわしくとりあげる。とりあえずここで確認しておかなければならないのは、たとえあるしかたで物語のある場面を描いた絵に語りの時間が読みとれるとしても、ボイヤム（Boyum, op. cit., p. 37f.）もいうように、そうした時間はこの絵自体のなかにふくまれるわけではなく、絵が視覚化しようとしている物語、つまりことばによってすでに語られた物語の時間性に依存し、あるいは絵の外部の慣習やコードに依存しているという事実である。それゆえわれわれが絵や映像を「描写のメディア」だというとしても、絵や映像それ自体はテクストではないし、ここでの「描写」もより正確には「描画（depiction）」の意味であって、ことばによるテクスト・タイプとしての「描写＝記述（description）」とおなじものであるわけではない。

25 フィールディング『ジョウゼフ・アンドルーズ』、朱牟田夏雄訳、『世界文学全集　古典篇第二二巻』、河出書房、一九五四年、二二八ページ。議論はまた、登場人物の発言や語り手の注釈というかたちをとることもある。いずれにせよ、テクストがあるイデオロギーを「含意する」こと（イデオロギーの議論が物語に奉仕）と、『イソップ物語』のようにテクストがある命題を「主張する」こと（物語がイデオロギーの議論に奉仕）をはっきりと区別する必要がある。「議論が物語に奉仕する」とき、それは議論のかたちをとるにしても、言語行為としては、厳密には現実世界にかんする認識にかかわる「主張」ではない。トルストイ『アンナ・カレーニナ』冒頭の、「幸福な家庭はすべて互いに似かよったものであり、不幸な家庭はどこもその不幸のおもむきが異なっているものである」（木村浩訳）はある種の人生観を含意しているといってよいが、しかしそれは、すでにわたしがべつの機会に論じておいたように（拙著『フィクションの美学』、p. 40f.）、現実経験から一般化によってひきだされた主張文をアンナの家庭という虚構世界の個別事例への指示として用いるというかたちで物語に奉仕しているのであり、それゆえその機能は認識論上の主張にではなく、あくまでも物語世界の造形にある。チャットマンがスタンダール『赤と黒』から例を引いて、「議論は現実の世界についての一般化ではじまる」が、それがさらに虚構世界へと越境していると指摘するのも、わたしのこの立場とほぼ共通したものである（チャットマン『小説と映画の修辞学』、p. 39）。

26 チャットマン『小説と映画の修辞学』、七七ページ。そもそも、ことなったテクスト・タイプ相互のあいだの「奉仕」関係というチャットマンの概念はジェフリー・キティに負っている（Jeffrey Kittay, Descriptive Limits, in: *Yale French Studies*, 61, 1981）。キティは「行動

(action)」と「描写」とを区別したうえで、ひとつのテクストはそのつど描写から行動へ、また行動から描写へ移行することがあるという。子どもらしい行動を語るばあいに、これを子どもの行動の物語と見るか、子どもらしさの描写と見るかは、文脈にもとづいた解釈しだいである。前者は行動が「いくつかの描写をむすびつけ、それらを並置し、劇化する」ようなばあいであり、後者は描写が「行動を吸収し、包含し、無力化する」(p. 237) ようなばあいである。これらはほぼ、チャットマンの「物語に奉仕する描写」と「描写に奉仕する物語」にあたるだろう。またスタンバーグ (Meir Sternberg, Ordering the Unordered: Time, Space, and Descriptive Coherence, in: *Yale French Studies*, 61, 1981) も、行動に奉仕する「準描写 (pseudo-description)」(p. 76) と「行動の主眼そのものが、おおむね空間的再現にある」ような「準行動」とを区別するが、後者の例として旅行談、社会小説、ピカレスクの伝統、パノラマ的なジャンルなどをあげている。

27 これについては、チャットマン（『小説と映画の修辞学』、p. 67)、キティ (Jeffrey Kittay, op. cit., p. 241)、アモン (Hamon, op. cit., p. 17) を参照。

28 Hamon, op. cit., p. 17.

29 McFarlane, op. cit., p. 4.

30 Herbert Read, *A Coat of Many Colours* (1945), 3rd edition, London, 1947, p. 231.

31 Bruce Morrissette, *Novel and Film : Essays in Two Genres*, Chicago, 1985, p. 21.

32 チャールズ・ディケンズ「リトル・ドリット I」、『世界文学全集 33』、小池滋訳、集英社、一九八〇年、七ページ。

33 Metz, *Essais sur la signification au cinéma*, I, p. 129.

34 Ibid., p.129.

35 浅沼圭司「映画の基本的意味構造」、岩本憲児・波田野哲朗編『映画理論集成』、フィルムアート社、一九八二年、三五四ページ。

36 ジョン・バージャー『イメージ――Ways of Seeing』、伊藤俊治訳、パルコ出版、一九八六年、三四ページ。

37 チャットマン「小説にできること、映画にできないこと」、W・J・T・ミッチェル編『物語について』、海老根宏・原田大介・新妻昭彦・野崎次郎・林完枝・虎岩直子訳、一九八七年、二〇一ページ。

38 アンドレ・バザン『映画とは何か IV』、小海永二訳、美術出版社、一九七七年、一二九ページ。

39 Alain Robbe-Grillet, Brèves réflexions sur le fait de décrire une scène de cinéma, in: *Revue d'Esthétique*, no. 2-3, 1967, p. 131ff.

40 Wolfgang Iser, *The Implied Reader*, Baltimore, 1974, p. 283.

41 Iser, *Der Akt des Lesens*, S. 225.

42 Iser, *Der Akt des Lesens*, S. 223.

43 チャットマン『小説と映画の修辞学』、八〇ページ。

44 Mitry, op. cit., I, p. 136.

45 メッツ『映画記号学の諸問題』、一〇二ページ。

46 モーパッサン「野遊び」、青柳瑞穂訳、『モーパッサン全集 2』、春陽堂書店、一九六五年、一四二ページ。

47 チャットマン『小説と映画の修辞学』、七九ページ。

48 Richards, op. cit., p. 131.

49 チャットマン『小説と映画の修辞学』、八〇ページ。

50 Jonathan Miller, op. cit., p. 229.

51 Bluestone, op. cit., p. 23.

52 Jonathan Miller, op. cit., p. 239.

53 Mitry, op. cit., I, p. 137.

54 René Micha, La Verité cinématographique, in: *Cahiers du cinéma*, V. 3, No. 29, 1953, p. 23.

55 Mitry, op. cit., II, p. 339.

56 Mitry, op. cit., I, p. 146.

57 Ibid., p. 144.

58 Mitry, op. cit., II, p. 337.

59 Jacques Feyder, Feyder nous écrit: «Je crois au film parlant», in: *Pour Vous*, l'Intran, l'hebdomadaire du cinéma, Paris, 20. 06. 1929.

60 Boyum, op. cit., p. 66.

61 Mcfarlane, op. cit., p. 21.

62 小説と映画が対応する効果をめざすとしても、それはたとえばモリセットが主張するように、それぞれがもたらす効果の「等価性」を意味するわけではない。モリセットは小説を「語る」ことは「見せる」ことだとする主張には与しないが、それはかならずしも小説と映画という両者のあいだに「芸術的ないし美的に満足すべき等価性が不可能だということを意味しない」という。なぜなら、ことばと映像というメディアのちがいをこえて、作品がその美的な効果を獲得するのは「想像力という共通の領域」(op. cit., p. 25) においてだから、というのである。ロブ=グリエもポルノグラフィーについて、挑発的なことばによるものであれ、直接目にうったえる視覚的イメージであれ、それらはほんらいのポルノグラフィーの経験がなりたつべき想像力を刺激する機縁にすぎないという (Alain Robbe-Grillet, For a Voluptuous Tomorrow, in: *Saturday Review*, 20 May 1972, p. 46)。たしかに、画像のポルノグラフィーを見るばあいでも、ひとは想像力を必要とする。また、それがもたらす一定の美的ないし性的効果が、ある点でことばによるポルノグラフィーのそれと似たものとなるというのは事実である。小説を映画化するときひとがねらうのも、どうかしてその小説がもつ面白さや感動やスリルやサスペンス、つまりはそれが読者にもたらす美的な効果のある種の対応物にちがいない。だからといって、小説を「読む」経験と映画を「見る」経験の実質が、最終的には「おなじ想像的な領域」でひとつになるとはいえないし、それらがもたらす美的効果にしても、完全に等価だとはいえない。もしそうなら、ひとはわざわざ小説を映画化しようなどと思わないだろう。

63 Lessing, op. cit., S. 240.

■第五章

1 Bluestone, op. cit., p. 48.

2 Jonathan Miller, op. cit., p. 233.

3 アラン・ロブ=グリエ『去年マリエンバートで・不滅の女』、天沢退二郎・蓮見重彦訳、筑摩書房、一九六九年、一一〜一二ページ。もっともロブ=グリエは、フラッシュ・バック等による過去や未来の映像処理をも認めている。しかもかれは、これら回想や未来の映像をすべてわれわれの内面において「想像されたもの」であり、そのかぎりで「現在時にある」ものとする。それゆえかれにとって『去年マリエンバートで』は、もっぱら「精神の総体的なフィルム」つまり「純粋な主観性」(p. 14) の物語だということになる。

4 David Bordwell, *Narration in the Fiction Film*, Madison, Wis., 1985, p. 9.

5 Ibid., p. 10. ここでボードウェルは「遍在する目撃者」を、伝統的な語りの視点としての「全知（omniscient）の語り手」と等置するが(p. 10)、それはまちがいである。のちに見るように、「遍在する目撃者」で問題になっているのは、カメラ・アイのような知覚する目がとる「視角（アングル）」の問題であり、この点ではボードウェルも肉眼の「視角」と語りの「視点」とを混同したままである。

6 Bluestone, op. cit., p. 49f.

7 Metz, *Le signifiant imaginaire*, p. 120.

8 ジャン＝ピエール・ウダール「縫合」、岩本憲児・武田潔・斉藤綾子編『新映画理論集成 2』、フィルムアート社、一九九九年、一八ページ。

9 Bordwell, op. cit., p. 111.

10 チャットマン『小説と映画の修辞学』、二三九ページ。

11 拙著『フィクションの美学』、六五ページ以下。

12 Bordwell, op. cit., p. 62.

13 チャットマン『小説と映画の修辞学』、一九三ページ。

14 バンヴェニスト、前掲書、二二三ページ。

15 ジュネット『物語のディスクール』、一八七ページ。

16 同上、二一七ページ。

17 Cleanth Brooks and Robert Penn Warren, *Understanding Fiction*, New York, 1943, p. 588. かれらは「視点（point of view）」という術語が語りの方式のみならず、作者が作中人物の行動やできごとに対してとる批判やアイロニー、同情といった態度や価値観、世界観といった意味をもつという両義性のゆえに、語りの方式としてはむしろ「語りの焦点（focus of narration）」(p. 588) という術語を使うことを提案する。ジュネットの「焦点化」はこれに触発されている。

18 Norman Friedman, Point of View in Fiction: The Development of a Critical Concert, in: *Publications of the Modern Language Association of America*, vol. LXX, No. 5, 1955, p. 1176. フリードマンには、ブルックスとウォーレンにはなかったタイプの三人称の語りとして、かれが「選択的（selective）全知」と呼ぶものが認識されている。これによってストーリーは「それが登場人物たちの心に痕跡をのこしたままに、その心をとおして直接に立ちあらわれる」のであり、この点で「作者が人物たちの心のなかをのぞきこんで」、そこでなにがおこったかを「それがおこったあとで要約し説明する」(p. 1176) さきのふたつの「標準的な全知」とはことなるという。フリードマンはこれを〈全知〉とすることで、なお古い理論を引きずっているが、その内実は〈ともにある〉視点である。

19 Barthes, Introduction à l'analyse structurale des récits, p. 95.

20 Jean Pouillon, *Temps et roman*, Paris, 1946, p. 86. プイヨンにとっても、語り手は作者である。

21 Ibid., p. 117.

22 ジュネット『物語のディスクール』、二二二ページ。

23 フィールディング『トム・ジョウンズ（一）』、朱牟田夏雄訳、岩波文庫、一九五一年、一一六〜一一七ページ。

24 イアン・ワット『小説の勃興』、藤田永祐訳、南雲堂、一九九九年、三三三ページ。

25 同上、三七九ページ。

26 Barthes, Introduction à l'analyse structurale des récits, p. 96.

27 フローベール『ボヴァリー夫人』、生島遼一訳、新潮文庫、一九六五年、二三ページ。

28 チャットマン『小説と映画の修辞学』、二三八ページ。ただしチャットマンは、カメラ・アイの「知覚の視座（slant）」と語りにおける「フィルター」とを区別したうえで（p. 253）、さらに「フィルター」を、登場人物が世界を見る「知覚のフィルター」と、登場人物の「利害・関心＝焦点というフィルター」（p. 257）とに区別する。

29 Pouillon, op. cit., p. 115.

30 Ibid., p. 79.

31 Barthes, Introduction à l'analyse structurale des récits, p. 95.

32 T・トドロフ『小説の記号学』、菅野昭正・保苅瑞穂訳、大修館書店、一九七四年、一二四ページ。

33 ジャン・ルーセ『クレーヴの奥方』、山田爵訳、『世界批評体系7』、筑摩書房、一九七五年、三六〇ページ。

34 Jean Rousset, *Forme et signification* (1962), 6. tirage, Paris, 1973, p. 67.

35 ワット、前掲書、十八ページ。

36 同上、二六五～二六七ページ。リチャードソンは『クラリッサ』（1747-48）の序文で、「ここにある書簡はすべて、書き手の心がいま話題になっている事柄にすっかり占有されているにちがいない時点で記されたものである（この時点でできごとは通常その意味がはっきりしないままである）。その結果、書簡はさまざまな危機的状況のみならず、瞬間瞬間の描写や反省とでも呼べるもの（これこそ若い読者の胸に正しく理解されるためにはふさわしい）、さらにはひとの心を打つ会話に充ち満ちている」（Samuel Richardson, Preface of *Clarissa or, The History of a Young Lady*, The Shakespeare Head Edition, Oxford, 1930, vol. 1, p. xiv）といい、また同時代のフランスのある批評は「できごとの詳細、当事者たちのあらゆる感情や会話が……ことが起こるその時点で心を支配していると思われる熱情が生みだすであろう熱気と生気をともなって開陳される」リチャードソンのこの手法について、「この方法は作家が他のどんなたぐいの叙述からも引きだせなかったであろう偉大な利点をこの作家にあたえた」（Samuel Richardson, Postscript of *Clarissa or, The History of a Young Lady*, vol. 8, p. 326. フランス人の手になるこの批評は英訳されて『Gentleman's Magagine』, June and August, 1749 に掲載されたもので、その一部をリチャードソンは、自分の作品に対する当時の批判に応える「後書き」のなかで、「才能があり公平な外国人の意見」として引用している）と評している。

37 ワット、前掲書、三八ページ。

38 D. Diderot, Éloge de Richardson, in: *Œuvres complètes*, tome XIII, édition critique et annotée, présentée par Jean Varloot, Paris, 1980, p. 193.

39 Laurent Garcins, *Traité du mélo-drame, ou réflexions sur la musique dramatique*, Paris, 1772, p. 119f.

40 Francis Jeffrey, *Contributions to the Edinburgh Review*, New York, 1881, p. 128. 一方でジェフリーは、リチャードソンの「冗長な描写や、ストーリーにさしたる進展が見られないまま……とりとめなく要領を得ない会話がくりかえされる」（p. 128）ことで、読者はしばしば疲れてしまうともいう。かれはまた、しばしばリチャードソンの模倣と考えられるルソーの『新エロイーズ』について、そこでの関心は「冒険にではなく描かれた人物たちの性格」にあるために、「ここにはほとんど物語というものがなく、関心はあげて繊細な情感や高められた情熱を雄弁に表現する点にあるといえる」のに対して、「リチャードソンの小説は実質において物語であって……リチャードソンのスタイルは、かりに書簡形式をとらなかったとしても完全にコピーされるだろう」（p. 121f.）という。

41 ワット、前掲書、二六九ページ。

42 ラファイエット夫人『クレーヴの奥方』、生島遼一訳、岩波文庫、一九三七年、一四四ページ。
43 ルーセ、前掲書、三七五ページ。
44 ワット、前掲書、一一六ページ。
45 同上、二六七ページ。
46 ダニエル・デフォー『ロビンソン・クルーソー（上）』、平井正穂訳、岩波文庫、一九六七年、二二ページ。
47 ワット、前掲書、三〇三ページ。
48 オースティンの『自負と偏見』（中野好夫訳、新潮文庫、一九九七年）には、「ところで、ダービシャーの風景を述べたり、途途通った有名な場所の報告をしたりすることは、この本の目的でない」（p. 367）、「じつは作者のわたしも、どれだけ、彼女たち一家のために、言いたいかわからないのだが」（p. 588）というように、フィールディングではなおふつうであった作者が顔を見せる語りの伝統が、ほんのわずかにのこっている。
49 オースティン、前掲書、三五〜三六ページ。
50 おそらく三人称の〈ともにある〉視点を基調にした近代小説の語りの成熟にこれほど時間がかかったのも、ルーセのいうこれらいくつかの視点のあいだのなめらかな「転調の技法」（『ボヴァリー夫人』または小説らしからぬ小説」、加藤晴久訳、『フローベール全集　別巻』、筑摩書房、一九六八年、p. 266）が当時の作家にとって容易なわざではなかったからであろう。ルーセによれば「こうした転調の技法、すなわち、フェイド・アウトとフェイド・イン、つまり自然な移行へのかくも明らかな好み」（p. 268）こそ、フローベールの文体的努力の中心にあり、結果として「第三人称で語られる客観的な物語りにおいて、作中人物のパースペクティヴとかれの「想念」の視角に与えられる役割が増大し、本質的なことはすべて、その想念のなかで起る」（p. 277）ことになる。
51 ジュネット『物語のディスクール』、二二四ページ。
52 スタンダール『パルムの僧院』、滝田文彦訳、集英社（世界文学全集 20）、一九八一年、三六ページ。
53 ジュネット『物語のディスクール』、二二五ページ。
54 ボリス・ウスペンスキイ『構成の詩学』、川崎浹・大石雅彦訳、法政大学出版局、一九八六年、一一一ページ。ウスペンスキーはこれを「不可視の傍観的観察者」とも呼ぶ。ウスペンスキーの「語りの視点」の分類にも、微妙な混乱が認められる。ウスペンスキーは、登場人物が物語世界の時空間を知覚する経験に即した語りについて、「語り手はある時間もしくは物語の間中、登場人物に「固着している」かのようである」（p. 70）と述べる。これはまた「内的視点」ともいわれる。これはわれわれのいう〈ともにある〉視点に対応するようにも見えるが、しかし内的視点をさらに規定して、それは当事者自身の「内的情況にたちいることができる、すべてを見とおす観察者の視点」であり、「全知全能の観察者の位置に立つ」（p. 108）視点だというとき、問題になっているのは人物の内面にはいりこむかどうかであって、そのかぎりでここには〈ともにある〉視点と〈全知〉の視点の区別はない。一方この内的視点に対立するのは、「見えぬ姿で部屋の中にいて、見ている物を記述する人間の位置」（p. 73）に立つ視点であり、これをかれは「登場人物の誰にも属さず、まるで現場に他人から見えぬまま臨んでいる作者自身に属している」かのような「傍観者的観察者の視点」（p. 140）、つまり「外的視点」とする。これをウスペンスキーは「裁判記録の書き方」になぞらえており、これを警察調書のような語りとするマニーの考え方（注63）と軌を一にしている点から見ても、これはわれわれの術語でいえば人物の内面に近づかない〈外部から〉の視点にあたる。ここにはまた「語り手＝作者」や「不可視の傍観者的観察者」といったあやまり、また後者を「あるシーンの連続的な一覧を遂行しつつある映画製作のカメラのレンズの動き」（p. 73）になぞらえるあやまりも見られる。なお美術における内的視点と外的視点については、第六章注47参照。

55　トルストイ『戦争と平和　第一巻』、藤沼貴訳、岩波文庫、二〇〇六年、二〇ページ。

56　ウスペンスキイ『構成の詩学』、一五〇ページ。

57　フィールディング、前掲書、二三ページ。

58　フローベール、前掲書、八三～八四ページ。

59　ディケンズ『大いなる遺産　上巻』、山西英一訳、新潮社、一九九七年改版、三九二ページ。

60　Mcfarlane, op. cit., p. 120. これについてはブース『フィクションの修辞学』、二〇四ページも参照。

61　Pouillon, op. cit., p. 119. プイヨンはこれとはべつに、バルザックやゾラなどの小説、より一般的にはいわゆる「自然主義」的な小説をも、〈外部から〉の視像による語りの一種と見ている。しかし一方でかれは、このタイプは独立した型というよりは、むしろ「〈背後から〉の小説のなかでの特別なグループ」（p. 112）と考えている。

62　ダシール・ハメット『ガラスの鍵』、大久保康雄訳、東京創元社、一九六〇年、一五ページ。トドロフがいうように、ここでも「人なつっこく、ちょっとわざとらしく」というように、「客観性はそうあらんと望んでいるほどには完全でない」（前掲書、p. 121）。

63　C＝E・マニー『アメリカ小説時代』、三輪秀彦訳、フィルムアート社、一九八三年、四八ページ。

64　チャンドラー、前掲書、一三ページ。

65　ジャック・オーモン「視点」『新映画理論集成　2』、三三五ページ。オーモンはわれわれがいう語りの視点とは別に、「出来事に対する語り手の判断に応じた精神的態度」（p. 330）としての「評言的（プレディカティフ）」視点をもあげている。しかしこれはブルックスとウォーレンが指摘するように、語りの視点の問題とはべつの問題であり、以下に述べるように、しばしば〈全知〉の視点がひびかせるニュアンスとして現象するものである。ジョセフ・ボッグスとデニス・ペトリが「監督の解釈的視点（director's interpretive point of view）」（Joseph M. Boggs, Dennis W. Petrie, *The Art of Watching Films* (1978), 5th edition, Mountain View, Calif., 2000, p. 118）というのも、これとおなじものであり、これを語りの視点の一項とすることは、無用の混乱のもとである。

66　Mitry, op. ct., I, p. 273.

67　バザン、前掲書、一三五ページ。

68　Mitry, op. sit., II, p. 337.

69　バザン、前掲書、一三七ページ。

70　舞台でも、映画や小説における語りに対応するものがまったくないわけではない。たとえば主人公ひとりを舞台に立たせて、誇張された身振りや独白などによって観客の視線を惹きつけることで、クロース・アップの効果をだすといったことが考えられよう。とはいえウスペンスキーも、演劇においては視点の問題があらわれるとしても、それは「他の再現芸術に比べてそれほど大きな比率を占めてはいない」という。たとえば戯曲を読むばあいなら、読者は『ハムレット』の劇中劇を、これを見まもる王や王妃やハムレットの視点からイメージすることもできるが、じっさいの舞台では、観客には劇中劇も視覚的に提示されるので、観客はおおむねこれを「自分の視点から見ている」ことになる。それゆえ「一時的とはいえ主人公の視点から知覚する可能性は、演劇にあっては文学作品よりはるかに強い制限を受ける」（『構成の詩学』、p. 4）。また内面描写にしても、「舞台でわれわれに与えられるのは、登場人物の「客観的な」振舞、つまり彼の言葉と行為だけ」であるために、文学作品に見られる視点の操作をそのまま適用できない。そこからたとえば、演劇では独白や傍白といった「演劇に特徴的な多くの約束事が出来する」(p. 131)。

71 Mitry, op. cit., II, p. 100.

72 エイゼンシュテイン「ディケンズ、グリフィス、そして私たち」、田中ひろし訳、『エイゼンシュテイン全集　第六巻』、キネマ旬報社、一九八〇年、一六七ページ。

73 フィールディング、前掲書、一八ページ。

74 Bordwell, op. cit., p. 145f.

75 Mrs. D. W. Griffith (Linda Arvidson), *When the Movies were Young*, New York, 1969, p. 66.

76 エイゼンシュテイン「ディケンズ、グリフィス、そして私たち」、一七一ページ。

77 Charles Dickens, *Dombey and Son*, ed. by Alan Horsman, Oxford, 1974, p. 49, footnote 1.

78 エイゼンシュテイン「ディケンズ、グリフィス、そして私たち」、一七三ページ。草稿にあったこの部分は、ディケンズの伝記を書いたフォスターによれば、出版に際して削除された。Cf. John Forster, *The Life of Charles Dickens*, London, vol. 2, 1873, p. 315f.

79 バザンが、映画の観客や小説の読者が「自己を登場人物たちに同化させる」(p. 127) といい、この点でこれらは演劇とちがうというとき、小説と映画に共通のこのような経験を可能にしたのは、とりわけて〈ともにある〉視点の語りであるだろう。

80 Boggs and Petrie, op. cit., p. 116. チャールズ・ガラードが「映画では、全知のナレーションと一人称が頻繁に結びつけられる。たとえば、一人称の主観的な視点のショットから客観的なカメラ・アングルへ」（『ジョン・ファウルズの小説と映画』、江藤茂博監訳、松柏社、二〇〇二年、p. 13）と切りかえることを監督はするだろうといい、「全知の視点が現代映画の大半で用いられている様式」(p. 10) だといい、さらには「カットごとに、あるいはワンカットの途中にカメラの位置が変わるたびに、観客は観ている対象に対する価値判断のための新しい視点を与えられる」(p. 14) というとき、ここにも「客観的なカメラ・アングル」と全知の視点の混同、またそもそもカメラの「アングル」と語りの「視点」の混同が見られる。

81 Ibid., p. 117.

82 Boyum, op. cit., p. 103.

83 Cf. Bordwell, op. cit., p. 66.

84 Mark Nash, *Vampyr* and the Fantastic, in: *Screen; the journal of the society for education in film and television*, vol. 17, No. 3, 1979, p. 38f.

85 マニー、前掲書、三三ページ。

86 Morrissette, op. cit., p. 54.

87 Boyum, op. cit., p. 102.

88 拙著『フィクションの美学』、第八章参照。

89 マニー、前掲書、四六ページ。マニー自身一方で、アメリカの作家たちが開発したこうした手法のなかには、映画発明以前にバルザック、スタンダール、自然主義がずっと臆病に、非体系的に使用したものもあると認めている。

90 Mitry, op. cit., I, p. 143; McFarlane, op. cit., p. 6.

91 Boggs and Petrie, op. cit, p. 113.

92 オーモン、前掲書、三三五ページ。

93 自己意識的で〈外部から〉の視点にもかかわらず、ハードボイルドとはことなった効果をもつ特異な語りとして、小津安二郎のカメラがある。拙稿「笑いの零度（デグレ・ゼロ）……ほほえみの現象学」、西村清和・松枝至共著『笑う人間／笑いの現在』、ポーラ文化研究所、一九九四年参照。

94 Cf. Bordwell, op. cit., p. 66.

■第六章

1 John Boydell, *Preface of A Catalogue of the Pictures in the Shakespeare Gallery*, London, 1789, p. x.

2 Jeffrey Kittay, op. cit., p. 238.

3 ラシーヌ「アンドロマック」、渡辺守章訳、『ラシーヌ戯曲全集　I』、伊吹武彦・佐藤朔編集、人文書院、一九六四年、一九三～一九四ページ。

4 Jeffrey Kittay, op. cit., p. 239.

5 Louis Marin, The Inscription of the King's Memory: On the Metallic History of Louis XIV, transl. by Mark Franko, in: *Yale French Studies*, No. 59, 1980, p. 32.

6 Jeffrey Kittay, op. cit., p. 231ff.

7 第四章注36参照。

8 Franz Wickhoff, *Römische Kunst (Die Wiener Genesis)*, Berlin, 1912, S. 14.

9 Kurt Weitzmann, *Illustrations in Roll and Codex. A Study of the Origin and Method of Text Illustration* (1942), Princeton, 1970, p. 12f.

10 Wolfgang Kemp, Kunstwissenschaft und Rezeptionsästhetik (1985), in: W. Kemp (Hg.), *Der Betracher ist im Bild*, Berlin, 1992, S. 8.

11 のちに見るように、マックス・イムダールやハンス・ベルティング、シクステン・リングボムらにおける歴史画の分析には、一部分こうした叙法にかかわると思われるものがあるが、ナラトロジー分析を主題とするものではないし、主たる対象もルネサンス期の歴史画である。比較的最近のヴェルナー・ヴォルフの論文（Werner Wolf, Narrative and Narrativity: a Narratological Reconceptualization and its Applicability to the Visual Arts, in: *Word and Image*, vol. 19, No. 3, 2003）にしても、叙法が問題になっているわけではない。

12 越宏一『挿絵の芸術——古代末期写本画の世界へ』、朝日新聞社、一九八九年、二八ページ。

13 辻佐保子『中世写本の彩飾と挿絵』、岩波書店、一九九五年、一九八ページ。

14 越、前掲書、六三ページ。

15 Weitzmann, op. cit., p. 24, 131f.

16 辻、前掲書、二四四ページ。

17 同上、三二八ページ。

18 Sixten Ringbom, Some Pictorial Conventions for the Recounting of Thoughts and Experiences in Late Medieval Art, in: F. Andersen (ed.), *Medieval Iconography and Narrative*, Odense, 1980, p. 39.

19 Ibid., p. 69.

20 Cf. Michael Camille, The Book of Signs: Writing and Visual Difference in Gothic Manuscript Illumination, in: *Word and Image*, 2, 1985, p. 133.

21 益田朋幸、前掲書、一二三ページ。

22 木俣元一「*Pro lectione pictura est?* グレゴリウス1世、イメージ、テキスト」、『西洋美術研究』No.1、三元社、一九九九年、一五八ページ。

23 Wolfgang Kemp, *Sermo Corporeus: Die Erzählung der mittelalterlichen Glasfenster*, München, 1987, S. 106.

24 Ibid., S. 115. 英雄ロマン『パルチファル』のような世俗の物語にしても、たとえば騎士たちが冒険のあとで隠者や賢者をたずねて、そのおこったできごとの意味や説明をもとめるというようにして、その物語の予型論的な権威づけを要求する。これによって「俗語文学の《規範化（Kanonisierung）》」（S. 112）が果たされる。

25 Max Imdahl, Über einige narrative Strukturen in den Arenafresken Giottos, in: Reinhart Koselleck und Wolf-Dieter Stempel (Hsrg.), *Geschichte—Ereignis und Erzählung*, (*Poetik und Hermeneutik*, Bd. 5), München, 1973, S. 154.

26 Bryson, *Word and Image*, p. 4f. ブライソンはこうしたイメージの予型論的なパラレリズムに、エイゼンシュテイン流の「第三の意味」を発生させるモンタージュと似たプロセスを見ている。

27 Kemp, *Sermo Corporeus*, S. 87.

28 Ibid., S. 105. もっとも、シャルトルの「キリストの幼年時代」や「キリスト受難」（c.1150）のステンドグラスのように、まったく予型論をもたずに一連の物語を描くものもある（S. 38f.）。

29 Ibid., S. 132.

30 Hans Belting, The New Role of Narrative in Public Painting of the Trecento: *Historia* and Allegory, in: H. L. Kessler and M. S. Simpson (eds.), *Pictorial Narrative in Antiquity and the Middle Ages*, Washington, 1986, p. 151.

31 益田がさきの《ラザロの蘇生》について、ビザンチンの画家にとって「死者復活の奇跡は、時空をこえて目撃されなければならなかった」（前掲書、p. 47）から、時空をこえた神秘を描くために、現実経験の「合理性」をあえて無視しても異時同図法を意図的に選択したのだというとき、これはやはりいいすぎといわなければならない。かれらの選択は、聖なることばの支配のもとで、その物語をいかに忠実に絵画平面というメディアで図解するかという課題に答えるためのものというべきだろう。

32 Land, op. cit., p. 29.

33 フィロストラトスが描写する絵が実在したか架空のものであったかはあきらかではない。それ以前にも、すでに見たテオフラストスの『人さまざま（カラクテレス）』や、ホメーロス『イーリアス』のアキレウスの楯やユノの車の描写なども、その内容からエクフラシスと見ることができる。ルキアノス（c.120-c.180）はその彫像をめぐる対話「エイコーネス（Eikones）」で、ホメーロスを「たとえエウフラノールやアペレスがいるとしても、あらゆる画家のうちで最高の画家」（*Lucian in Eight Volumes*, vol. IV, The Loeb Classical Library, with an English translation by A. M. Harmon, Cambridge, Mass., 1969, p. 271）と呼んでいる。ルキアノス自身も、たとえばアペレスの絵《誹謗》についての描写をのこしている（op. cit., vol. I, 1961, p. 365f.）。

34 Philostratus the Elder, *Imagines*, trans. by Arthur Fairbanks, Loeb Classical Library, Cambridge / London, 1931 (repr. 1979), Book I. 1, p. 7.

35 Ibid., I. 6, p. 23f.

36　Land, op. cit., p. 34. Cf. James and Webb, op. cit., p. 7.

37　Philostratus, op. cit., Book I. 23, p. 89f.

38　David Rosand, Ekphrasis and the Generation of Images, in: *Arion. A Journal of Humanities and the Classics*, 3rd Series, vol. 1. No. 1, 1990, p. 66.

39　Michael Baxandall, *Giotto and the Orators. Humanist Observers of Painting in Italy and the Discovery of Pictorial Composition*, Oxford / Tokyo, 1971, p. 85ff. 西欧世界においても美術作品についてのエクフラシスの伝統がまったくなかったわけではない（Cf. Land, op. cit., p. 53ff.）。たとえばスヴェトラーナ・アルパースは、五世紀以降西欧中世に見られる「ティトゥルス（titulus）」に言及している。それはたとえばつぎのような、じっさいの作品につけられた韻文の題銘（inscription）である――「蒼暗い雷雲が天空をとりかこんだりティータン族の神［太陽神］が大地に最初に光を降りそそいだりするとき、多彩な色の虹の女神イーリスは美しい姿で雲間から輝くが、そういう美しい姿を少しも異ならぬきらめきをもって、祭壇のこの驚嘆すべきもの［画像］は輝いている。この驚嘆すべきもの［画像］には、支配者のお方の畏怖すべきお顔が、そしてそれとともに諸聖人の像が、美しい謎を秘めて生き生きと描かれている」（Julius von Schlosser, *Schriftquellen zur Geschichte der Karolingischen Kunst* (1892), Hildesheim / New York, 1974, p. 312. なお、ラテン語からの訳出にあたっては、松尾大氏の御教示をえた）。アルパースによれば、これらティトゥルスは「たんに物語を記すか、アレゴリーないし予型論的な意味水準にかかわるか、あるいは道徳的な説教というかたちで観者に語りかけるか」、そのいずれにせよ、画像のことばによる等価物として意図されたというよりは、画像にとってその意味を読みとるために必要なことばによる補完物と考えられていた。それは、これからつくられるべき画像のためのプログラムとして提示されたり、おなじ壁面に画像とともに銘刻されたり、あるいは画像とは別に、それについてのコメンタリーとして書かれたりしたが、いずれにせよ、それは当の画像にかんするごくかんたんな陳述であり、その内容もせいぜいひとつのできごとの提示と、それについてのことばによる補足であった。それゆえティトゥルスも、「実際の絵画をどのように見たらよいかについての指令（instruction）である」(Svetlana Leontief Alpers, Ekphrasis and Aesthetic Attitudes in Vasari's *Lives*, in: *Journal of the Warburg and Courtauld Institutes*, 23, 1960, p. 197) かぎりで、フィロストラトスのエクフラシスがもつような、観者に対する修辞的な機能を果たしている。またダンテも『神曲』において、ウェルギリウス『アエネイス』（アポロン神殿扉の浮彫のエクフラシス）にならって、ホメーロス的なエクフラシスを見せている。それは『浄火篇』（1308-13）第十曲の大理石の崖に刻まれた「かのポリクレートのみならず、自然もなほ恥づるばかりの彫刻（ほりもの）」の記述である（山内丙三郎訳、岩波文庫、一九五三年、pp. 69-71）。ここにも、「自然もなほ恥づるばかり」のイメージが、「ものいはぬ像と見えざるまで眞に逼りて」観者の目のまえにあらわれるというゼウクシス的イリュージョニズムはあきらかである。そしてこの天使の姿には、かれがわれわれにむかって語ることばが「あたかも蝋に印影（かた）の捺（お）さるゝごとくあざやかに」摺られているといい、またこれとは別の、ローマ皇帝トラヤヌスが自分の軍にわが子を殺された寡婦の嘆きにわが身をもって報いようとする「大いなる謙遜」の物語を描いた彫刻について、そこからふたりの緊迫した会話を読みとり記述するダンテは、この画像を「見るをうべき詞」ともいうが、ここには画像の上にことばを読みとる古典的エクフラシスの修辞学の伝統を見てとることができる。

40 Nikolaos Mesarites, Description of the Church of the Holy Apostles at Constantinople, Greek Text Edited with Translation, Commentary, and Introduction by G. Downey, in: *Translations of the American Philosophical Society*, New Series, vol. 47, part 6, Philadelphia, 1957, XXXIV. 8, p. 888. このエクフラシスは一一九八年から一二〇六年のあいだに書かれた。

41 Ibid., XII. 1-4, p. 867.

42 James and Webb, op. cit., p. 12.

43 ストゥディオスのテオドロス「聖画像破壊論者への第一の駁論」、『中世思想原典集成 3』、大森正樹編訳・監修、平凡社、一九九四年、七三四ページ。すでに教皇グレゴリウス一世（大グレゴリウス）は、五九九年と六〇〇年に当時のマルセイユ司教セレヌスにおくった二通の手紙で、「絵画は、文字を知らないこれらの人々が、彼らが書物で読むことができないことを、少なくとも壁面に見ることによって読めるように、教会で用いられている」といい、あるいは「読み書きのできる人々に書かれたものが提示するものを、絵画を見る読み書きのできない人々に絵画は提示する」（木俣元一、前掲書、p. 155）として、イコンの意義を認めている。木俣によれば、最近は、文字の読めない民衆の布教のためにイメージが用いられたとするこうした考えかたに疑問を呈する研究がふえてきている。これらの研究が指摘するのは、つぎのような論点である。中世にあって「読む」とはまずは説教や絵解きなど、声による朗読であり、壁画などのイメージも、こうした複数の声が行き交う場で見られ読まれた。一方で、イメージはことばにはない「出来事を目の前に提示する」能力を備えている。またイメージは「劇的で情感あふれる物語叙述や具体的細部描写により、見る者の感情や日常的感覚に訴え、メッセージの理解を促すことができる」。さらにイメージには、「複雑な内容をすんなりと記憶にとどめ、また想起も容易にするという働きもある」（p. 159）。

44 Daniel J. Sahas, *Icon and Logos: Sources on Eighth-Century Iconoclasm*, Toronto / London, 1986, p. 69.

45 James and Webb, op. cit., p. 12.

46 ウスペンスキイ『構成の詩学』、一ページ。ウスペンスキーがここで「視点」とよぶのは、われわれが問題にしている「語りの視点」（ウスペンスキーのいう「心理面」）のみならず、絵画平面における時間や空間を構成する「視角」（ウスペンスキーのいう「空間と時間の座標軸における語り手の位置」）や、「作者＝語り手」のコメンタリーに見られるような評価の基準など、多義的である。

47 同上、一八二ページ。

48 同上、二一九ページ。

49 ウスペンスキー『イコンの記号学』、北岡誠司訳、新時代社、一九八三年、二〇ページ。

50 同上、一六二ページ。

51 同上、二二一ページ。

52 Belting, op. cit., p. 151.

53 Ibid., p. 164.

54 Ibid., p. 160. ピサのカンポサントのブッファルマッコ作とされている壁画《死の勝利》（c.1355）などもおなじような例であるが、ここには画面中央に、この画面をどう読めばよいかについてのことばによる指針がふたりの天使によってかかげられている。だがベルティングによれば、これはすでに見たカンタベリーのステンドグラスの銘文とは質的にことなっており、ここでは「絵画とテクストの関係が逆転している」。なぜなら、ここには聖書のようにあらかじめ前提された「テクストをもたないイメージ」が出現しており、銘文はこの自立した絵画の「視覚的読解」をみちびくための「テクスト的補助手段」である。こうしていまや「詩が、美術に奉仕する道具となった」(p. 166) というのである。ベルティングはまた、トレチェントのこうした情況は当時の文学にもあてはまるという。たとえばダンテの『神曲』において、個々のエピソードにおける現実の人物や行動の生き生きした描写は、作品全体を組織立てている抽象的な図式のうちへと統合されている (p. 160)。しかしボッカチオになると、「ノヴェラを創出するに際して、範例をそれだけで独立したものにし、その伝来の機能を自己説明的な機能へと変えたが、これによってそれは一般的な規範を立証することをやめて、そのかわりに人間としての性格や愚かさを開示する」(p. 163) ようになる。

55 Ibid., p. 153. ベルティングによれば、キリストの生涯を語るこの時代のテクストにしても、聖書を要約したうえで、これに物語の細部や感情的な色合いをつけくわえることで「読者の感情移入を誘い、細部についてのたんなる情報のみならず、共感や感情的な関与への刺激をも提供する小説のような形式」(p. 152) をもつといった、あたらしい傾向が見られるという。

56 Imdahl, Über einige narrative Strukturen in den Arenafresken Giottos, S. 157.

57 益田、前掲書、四三ページ。

58 Lessing, op. cit., S. 117.

59 Imdahl, Über einige narrative Strukturen in den Arenafresken Giottos, S. 172.

60 L・B・アルベルティ『絵画論』、三輪福松訳、中央公論美術出版、一九七一年、四一ページ。なおこの日本語訳は、ラテン語版がでた翌年に出版されたイタリア語(トスカナ語)版にもとづいている。

61 Baxandall, *Giotto and the Orators*, p. 131.

62 アルベルティ、前掲書、六三〜六四ページ。《誹謗》については、注33、81参照。

63 Baxandall, *Giotto and the Orators*, p. 92. なお、ピサネッロが聖ヒエロニムスを描いた絵は現存しない。

64 バクサンドールによる英訳については、Baxandall, *Giotto and the Orators*, p. 92f. を参照。またグァリーノのラテン語原文については、*Epistolario di Guarino Veronese*, ed. by R. Sabbadini, i, Venice, 1915, pp. 554-7 (Baxandall, p. 154f.) を参照。

65 Land, op. cit., p. 73.

66 Baxandall, *Giotto and the Orators*, p. 94. グァリーノが記述に用いるボキャブラリーの多くは、ウェルギリウスの『牧歌』に見られるような、そしてクルツィウスが「ホラティウスいらい、修辞学的な細密描写 (ekphrasis) の術語」(E・R・クルツィウス『ヨーロッパ文学とラテン中世』、南大路振一他訳、みすず書房、一九七一年、二七八ページ) であったという「愛らしい場所 (locus amoenus)」のトポスに由来している。

67 Ibid., p. 96.

68 アルベルティ、前掲書、四八ページ。

69 同上、五一ページ。アルベルティはまた、「歴史画というものは、そこに描かれた人間たちが各自固有な魂の動きを現している時には、それは見る人の魂を動かすものである。……われわれは泣く者と共に泣き、笑う者と共に笑い、そして悲しむ者と共に悲しむ。これらの心の動きは身体の動きによって知られる」(p. 49) というが、ここでの関心事は、もはやたんに古典的エクフラシスが腐心する描かれた人物の感情の読みとりにとどまらず、そのような感情がじっさいに絵に描かれた身体の動きに見てとれるという点にある。ここに見られるのは、物語を語るためにも画家は人物やできごとをリアルに描写する技術を必要とするという認識であり、それはアルパースのいうように、「ルネサンスのエクフラシスにわれわれが見いだす［画家の］再現描写の技術に対する関心」(Alpers, Ekphrasis and Aesthetic Attitudes in Vasari's *Lives*, p. 199) の萌芽を示している。

70 Baxandall, *Giotto and the Orators*, p. 96.

71 アルベルティ、前掲書、四一ページ。

72 ヴァザーリ『ルネサンス画人伝』、平川祐弘・小谷年司・田中英道訳、白水社、一九八二年、六二ページ。

73 Bryson, *Word and Image*, p. 11.

74 ウスペンスキー『イコンの記号学』、一七九ページ。

75 アルベルティ、前掲書、二六ページ。

76 Norman Bryson, *Vision and Painting*, New Haven, 1983, p. 98.

77 ヴァザーリ、前掲書、六七ページ。

78 Cf. Land, op. cit., p. 161.; Alpers, Ekphrasis and Aesthetic Attitudes in Vasari's *Lives*, p. 196. アルパースによれば、アルベルティ同様ヴァザーリにとっても、絵画芸術の目的としての歴史画を構成するのは「構想 (invenzione)」であり、それは「紙の上に実現されるべき、芸術家の心のうちにあるテーマないし物語」(p. 205) として、それ自体は技術ではなく「エクフラシスの基礎を提供する」不変のものである。しかも一方で、アルベルティが「構想」とともに修辞学から絵画に適用した概念である「ディセーニョ (disegno)」は、ヴァザーリにとってはもののかたちを描く模倣の技術であり、これは構想とはちがって完成へとむかって進歩する。かれの『画人伝』が示そうとしたのは、ジョット、マザッチョ、そしてダ・ヴィンチへといたるイタリア・ルネサンスにおける絵画「技術（芸術）」の美的な進歩と完成の道筋であり、つまりは「ディセーニョと構想との結合の完成」(p. 206) の道筋なのである。

79 Alpers, Ekphrasis and Aesthetic Attitudes in Vasari's *Lives*, p. 196.

80 ヴァザーリ、前掲書、一八四～一八五ページ。

81 Land, op. cit., p. 181. 興味深いのは、ヒューマニストたちに応じるように、画家たちのほうでも、古代のエクフラシスを絵画として復興しようとする動きがあったという事実である。この点でもアルベルティは、重要な役割を演じている。かれはアペレスの《誹謗》と呼ばれている絵についてのルキアノスのエクフラシスへの言及を終えるにあたって、これにつけ加えてつぎのようにいう――「読むだけでさえ愉しくなるこの物語が、アペレスの手で描かれているのを見たら、どんなに愉しみと喜びが感じられるであろうか、考えて見たまえ。また、ヘシオドスがアグライア［輝き］、エウプロシュネ［喜悦］およびタリア［栄え］の名をあたえたあの三人の姉妹［絵］を見たらさぞかし愉しいことであろう」(アルベルティ、前掲書、p. 64)。アルベルティのこのことばに応えるように、じっさいにも十五世紀末にボッティチェリはルキアノスの記述にもとづいてアペレスの《誹謗》を描き、マンテーニャも素描を描いている。フランチェスコ・コロンナの物語『ポリフィロの夢（Hypnerotomachia Poliphili)』（1499）には、古代のエクフラシスを模した架空の作品の記述とそれに応じた木版挿絵がふくまれるが、コレッジョら当時の画家たちは、これを絵画化しようとした（小松健一郎「コレッジョ作《ウェヌスとクピドとサテュロス》――ニコラ・マッフェイのコレクションと「古代風」作品」、『美学』二二七号、二〇〇六年、pp. 15-28参照）。ティツィアーノは、フィロストラトスの『イマギネス』から《ヴィーナスへの奉献》と《アンドロス島の人々》の場面をテクストに忠実に描いており、かれ自身自分の描いた神話画を「ポエジー」と呼んでいたということからしても、かれにはなお「完全に修辞学的な意味において読みうるものであることという、ルネサンス絵画の基本的な野心」(Rosand. op. cit., p. 97)が見られる。一六三〇年代には、ルーベンスがこれら二枚の絵を模写している。中村俊春（『ルーベンス――絵画と政治のあいだで』、三元社、二〇〇六年、二〇五ページ）によれば、ルーベンスは、シュテファヌス・ニガーによるラテン語訳（1521）を読んでいた可能性がある。かれはまた、ブレーズ・ド・ヴィジュネールによる仏語訳で挿絵のない一六一一年版を所有していた。それにもかかわらずルーベンスの模写には、テクストに忠実なティツィアーノの絵からの逸脱が見られる。それゆえ中村は、ルーベンスはもはやエクフラシスのことばをモデルとしてその忠実な再現をめざしたのではなく、ティツィアーノの絵画をモデルとしてその絵画的「変奏」(p. 239)を意図したと見る。ロザンドも、ティツィアーノとルーベンスを分かつ十六世紀と十七世紀のあいだに、詩人やことばに対する画家の「態度が変化した」という。ルーベンスにいたって「エクフラシスのサイクルの第二期は閉じる。テクストはイメージ――間絵画性（interpictoriality）といってもよいだろう――に道をゆずった。画家はあらためてイニシャティブを主張し、あたらしいはずみをつくりだしたのである」(Rosand, op. cit., p. 100)。

82　Martin Jay, Scopic Regimes of Modernity, in: Hal Foster (ed.), *Vision and Visuality*, Seattle, 1988, p. 10.

83　Bryson, *Vision and Painting*, p. 104.

84　Ibid., p. 107.

85　アルベルティ、前掲書、五一ページ。

86　Claude Gandelman, *Reading Pictures, Viewing Texts*, Bloomington, 1991, p. 17. これについてはジョージ・カーノードル『ルネサンス劇場の誕生』、佐藤正起訳、晶文社、一九九〇年、九九ページ参照。バクサンドール（『ルネサンス絵画の社会史』、篠塚二三男他訳、平凡社、一九八九年）も、こうしたルネサンス絵画における指示者のモチーフを、十五世紀フィレンツェの宗教劇におけるコロス的人物――「フェスタイウオーロ」と呼ばれ、「芝居の上演中、観客と上演内容の仲介者として舞台にとどまっていた」(p. 128)――に結びつけている。またベッチマンによれば、フランチェスコ・サルヴィアーティの《聖マリアの災難》(1538)は劇場舞台の演劇のように描かれ、また画面左下のふたりの人物はこの絵の注文主であるが、舞台上で演じられているできごとを指さしている。しかもここには、画面右手に子どもを連れた母親が、盲人に自分が目にしていることを話している場面も描かれている (Bätschmann, *Einführung in die kunstgeschichtliche Hermeneutik*, S. 94)。

87　Gandelman, op. cit., p. 21.

88　ジャン・パリス『空間と視線――西欧絵画史の原理』、岩崎力訳、美術公論社、一九七九年、二六ページ。

89 Bryson, *Vision and Painting*, p. 108.

90 Gandelman, op. cit., p. 28.

91 Ibid., p. 23. 現代でも広告ポスターにはしばしば、観者と視線を交わしたり、指示したりするこうした図像が見られる。ガンデルマンもいうように、そこに記されたコピーやスローガンは、ブレヒト劇で垂れ幕に投影された銘文や中世のティトゥルスに対応するものとして（p. 33）、いずれも消費者や観客に直接うったえる修辞的な装置である。

92 ガンデルマンは、画中の人物があからさまに、また挑発的に絵の内部からわれわれ観者の方を見つめるようなばあいには、それは観者にむけて直接「アピールする機能」を果たし、ときには「劇的アイロニー」の表現ともなるという。たとえばヤン・ステーンの《医者の訪問》（c.1660-65）には、画家の自画像が画面右奥にまぎれこみ、観者に嘲笑的なまなざしをむけているが、これもブレイダーがいうように、作者自身が「観者と視線を交わすコメンテイター」（Braider, op. cit., p. 143）として画面に姿をあらわして、描かれたできごとに対して注釈するタイプの語りといえるだろう。それゆえこれは、「作者＝語り手」による修辞的な直接の語りかけに対応しているといってよいだろう。

93 Bryson, *Vision and Painting*, p. 111. ここでブライソンが「演劇という観点から」というのは、おそらくのちに見るマイケル・フリードの「演劇的」という概念を意識してのことである。

94 Ibid., p. 111.

95 Sixten Ringbom, *Icon and Narrative. The Rise of the Dramatic Close-up in Fifteenth-Century Devotional Painting* (1965), 2nd edition, Doornspijk, 1984, p. 46.

96 Ibid., p. 201.

97 たとえば『ブルゴーニュのマリアの時祷書』(c.1480) のミニアチュール《十字架に釘づけにされるキリスト》では、画面手前に私的に礼拝するものの現実の部屋が描かれており、画面中央に大きくあいた窓枠のむこうに、キリストが十字架に釘づけにされる場面が描かれているが、この画中画内部の手前にいるふたりの女性はこちらを見つめていて、窓枠をとおして現実に礼拝するもの、ひいてはこのミニアチュールを見る観者と視線を交わしている。これはクロース・アップではないが指示者のモチーフによって、私的礼拝にふさわしく、親密さのうちに観者をこの場面の目撃者として立たせようとする修辞的機能を帯びている。

98 Gandelman, op. cit., p. 27.

99 Ibid., p. 27.

100 Peter Parshall, Lucas van Leyden's Narrative Style, in: *Nederlands Kunsthistorisch Jaarboek*, 29, 1978, p. 212.

101 Ibid., p. 208. 前景の人物を際だたせるというやり方は、デューラーのある種の木版画（たとえば《マリアの生涯》シリーズ）などにも見られ、ファン・レイデンもこれらについては知っていたはずだとパーシャルはいう。しかしパーシャルによれば、デューラーにあってはこれは遠近法的構図を強調するためのものである（p. 202）。また「物語のシークエンスを縮図にする」ような「修辞的な」慣習に対して、ファン・レイデンの劇的瞬間を選択して描くやり方は、「十八世紀、とりわけ十九世紀の風俗画にポピュラーになる〈自己充足した物語〉」（p. 206）を予感させるものである。十六世紀には版画などの大きな市場が成立しており、個人が自分のためにこれを所有することが広まっていて、これらの版画は「より個人的な経験」(p. 231) の対象となっていた。ファン・レイデンの版画は、そのような需要に応えるものである。

102 Ibid., p. 202.

103 Ibid., p. 210.

104 Felix Thürlemann, Betrachterperspektiven im Konflikt—Zur Überlieferungsgeschichte der »vecchiarella«-Anekdote, in: Kemp (Hrsg.), *Der Betrachter ist im Bild*, S. 173.

105 Felix Thürlemann, Geschichtsdarstellung als Geschichtsdeutung: Eine Analyse der Kreuztragung (fol. 19) aus dem Pariser Zeichnungsband des Jacopo Bellini, in: Wolfgang Kemp (Hrsg.), *Der Text des Bildes: Möglichkeiten und Mittel eigenständiger Bilderzählung*, München, 1989, S. 93f.

106 Thürlemann, Betrachterperspektiven im Konflikt, S. 191.

107 Ibid., S. 192.

108 Ibid., S. 195.

109 これについては、拙著『遊びの現象学』第六章、および『フィクションの美学』第四章を参照のこと。

110 Thürlemann, Betrachterperspektiven im Konflikt, S. 187. チュールマンによれば、《十字架をになうキリスト》の画像につけられた母と子のモチーフは、ルカ伝二三章のキリストのことば「民の大なる群と歎き悲しめる女たちの群と之に従ふ。イエス振反りて女たちに言ひ給ふ『エルサレムの娘よ、我が為に泣くな、ただ己が為、己が子のために泣け』」(日本聖書教会) に対応している。

111 Gandelman, op. cit., p. 37.

112 Ibid., p. 44.

113 Ibid., p. 45f.

114 島本浣「アントワーヌ・ヴァトーの「ジェルサンの看板」について」、『美学』一二六号、一九八一年、四四ページ。

115 ヴァトーには《道ならぬ恋》(c.1717) のように、こちらに背をむけて、言いよる男に対応している女という、際だった奥行き次元の視線のドラマを見せる絵もある。しかしこれももとはより大きな画面の一部であったようで、そうだとすればこれも画面構成上の一要素以上ではないだろう。

116 Svetlana Alpers, Describe or Narrate? A Problem in Realistic Representation, in: *New Literary History*, 8, 1976, p. 20.

117 Ibid., p. 19. アルパースはこうした作品が観者にアピールするのは、「虚構世界のリアルな現前」という「もっとも逆説的なやり方によって」(p. 19) であるとしている。美的イリュージョニズムないし美的仮象論がはらむこうした「逆説」については、のちに見るようにマイケル・フリードも言及している。

118 Gandelman, op. cit., p. 32.

119 Oskar Bätschmann, Pygmalion als Betrachter. Die Rezeption von Plastik und Malerei in der zweiten Hälfte des 18. Jahrhunderts, in: Kemp (Hrsg.), *Der Betrachter ist im Bild*, S. 247, 251, 267.

120 Johann Georg Sulzer, *Allgemeine Theorie der schönen Künste*, Leipzig, 1777, II, 2, S. 757. もっともズルツァーにとってはなおモデルは自然であり、絵画はこれをあざむく「人工 (Kunst)」にすぎない。

121 Moses Mendelssohn, Von der Herrschaft über die Neigungen (1756), in: *Gesammelte Schriften*, Jubiläumsausgabe, Faksimile-Neudruck der Ausgabe Berlin 1931, Stuttgart-Bad Cannstatt, 1972, Bd. 2, S. 154.

122 *Diderot Salons*, 3 tomes, text établi et présenté par J. Seznec et J. Adhémar, Oxford, 1959-63, vol. II, p. 155f.

123 *Diderot Salons*, vol. III, p. 129f.

124 Ibid., p. 138.
125 Ibid., p. 158f.
126 Ibid., p. 206.
127 Ibid., p. 139.
128 Ibid., p. 194f. ディドロが、フラゴナールの絵に描かれた場面にさきだつエピソードを語るのは、当時の読者にとってかならずしも知られていないコレジュスの物語についての情報として必要だからであって、ブクダールのいうように、「歴史画を記述することで文学作品を創作しようと望んだ」（Else Marie Bukdahl, *Diderot, critique d'art*, I, traduit du danois par Jean-Paul Faucher, Copenhague, 1980, p. 317）わけではないだろう。なおこの物語はパウサニアス（『ギリシャ旅行記』、VII, 21-1）が、Bacchus Calydonius の像について物語るエクフラシスにもとづいている。ブクダールによれば、ディドロがここに描かれたパウサニアスのこの物語をまるで舞台に見るように記述するアイデアをもったのは、すでに一七一二年に初演されたあともなんどかパリで再演されたA＝C・デトゥシュ（Destouches）のオペラ『カリロエ（Callirhoé）』（脚本はP＝C・ルワ（Roy））を念頭においてのことである（p. 319）。
129 Bernadette Fort, Ekphrasis as Art Criticism: Diderot and Fragonard's "Coresus and Callirhoe", in: Peter Wagner (ed.), *Icons-Texts-Iconotexts*, Berlin / New York, 1996, p. 69.
130 これらの事情については、Thomas Crow, Diderot's Salons. Public Art and the Mind of the Private Critic, in: *Diderot on Art*, ed. and trans. by John Goodman, New Haven, 1995, vol. 1, p. xii-xiv を参照。
131 島本浣『美術カタログ論』、三元社、二〇〇五年、三五五〜三五六ページ。
132 同上、三六〇ページ。
133 同上、三七三ページ。
134 同上、xvi ページ。
135 *Diderot Salons*, vol. 1, p. 222f. ジャン・スタロバンスキーがこの記述について、ディドロにあっては「完璧な模倣は、絵を現実の同語反復的な分身にする」といい、ここに描かれているものは「手に取れるもの、じっさいに使えるものになる」（『絵画を見るディドロ』、小西嘉幸訳、法政大学出版局、一九九五年、p. 28）というとき、スタロバンスキーにおいても自然の現実経験と絵画の美的イリュージョンの経験とがはっきり区別されていないように思われる。
136 Marian Hobson, *The Object of Art*, Cambridge / New York, 1982, p. 79.
137 Daniel Arasse, Les Salons de Diderot: le philosophe critique d'art, in: *Œuvres Complètes de Diderot*, tome VII, édition chronologique, introductions de Roger Lewinter, Paris, 1971, p. xvi. ロラン・ヴィロルは、ディドロのサロン評に一貫して「小説的な着想（l'inspiration romanesque）」を認め、フラゴナールのこの絵に対してもディドロは「ひとつの偉大な絵画的ロマンを創作するという個人的な欲求をつよく感じている」（Roland Virolle, Diderot: la critique d'art comme création romanesque, in: *La critique artistique, un genre littéraire*, Paris, 1983, p. 164）という。
138 Bryson, *Word and Image*, p. 186.
139 *Diderot Salons*, III, p. 160.
140 Alpers, Describe or Narrate?, p. 17.
141 Ibid., p. 19.
142 Ibid., p. 26.
143 de Piles, *Cours de peinture par principes*, p. 22.

144 Ibid., p. 14. ここでド・ピールは「真の絵画は、それを見るものにその模倣の力と偉大な真実とでアピールしなければならず、またこうして驚嘆させられた観者は、あたかも絵が再現描写している人物たちとの会話のなかにはいっていくように、その絵におもむかねばならない」(p. 9) といい、また真の模倣の例としてゼウクシスの名前をあげている。そうだとしても、ここで問題になっているのはあくまでも絵画という視覚メディアの独自性と、そこに描かれた細部が観者におよぼす美的な「効果」であることを思えば、ここに意識化されているあらたなリアリズムは古代的なトロンプ・ルイユにもとづくゼウクシス的イリュージョニズムでも、中世ビザンチンの修辞学的イリュージョニズムでもなく、近代における絵画作品の自立とともに成立する美的イリュージョニズムというべきだろう。

145 島本『美術カタログ論』、二七四ページ。

146 Alpers, Describe or Narrate?, p. 21. アルパースはここに、絵画のリアリズムと十八世紀以降の近代小説におけるリアリズムとのパラレリズムを見ようとしている。もっとも、ボワローのような十七世紀の古典主義者にとってはなお、英雄の偉大な物語や悲劇は崇高壮麗な文体で描かれねばならない。アウエルバッハによれば、モリエールのような作家が庶民の生活を卑俗な文体で描くようになったとしても、「庶民階級の生活をありのままに表現することは……ボワローにとってと同様に全く問題外のことである」。かれのリアリズムはなお、モラリスト的なものである。「つまりそれは広く行われている社会機構を受け入れて、それを正しいものとする理由と、それが永久的なものであり、全般的に妥当なものであることを当然のことと考えている。そしてその限界内に起る行き過ぎを滑稽なものとしてきびしく糾弾している」(『ミメーシス　下』、篠田一士・川村二郎訳、筑摩書房、一九六七年、p. 118)。

147 Georg Lukács, Erzählen oder Beschreiben?, in: *Probleme des Realismus*, Berlin, 1955, S. 119.

148 Ibid., S. 129.

149 Alpers, Describe or Narrate?, p. 24.

150 Ibid., p. 25.

151 Roger de Piles, *Abregé de la vie des peintres, Avec des reflexions sur leurs Ouvrages, Et un Traité du Peintre parfait, de la connoissance des Desseins, et de l'utilité des Estampes* (1699), Hildesheim, 1969, p. 436.

152 それゆえこの変化を、ヴェルナー・ヴォルフのように「ほんらいの物語」から「擬似-物語 (quasi-narrative)」への、さらには「非-物語 (non-narrative)」への変化と見なすのは、妥当ではないだろう。ヴォルフが本来的な意味での物語的な絵画と考えるのは、時間の継起とそのなかでの行動やできごとの変化、またこの変化を根拠づける因果性や終局へとむかう目的論的構造を「物語素 (narratemes)」としてもつ絵画であるが、そのようなものとしてかれがあげるのは、中世における異時同図法的な「多元位相絵画 (multiphase picture)」やステンドグラスのような「連続絵画 (serial pictures)」である。これに対して、「ルネサンスの、そしてそれ以降の時代のリアリストの、もっといえばイリュージョニストの美学」(Wolf, op. cit., p. 190) の進展に応じて生じてきた、物語のなかのただひとつの瞬間を描く「単一位相 (monophase) 絵画」はせいぜい「擬似-物語的」と呼ばれるべきであり、この変化はさらに静物画の「〈描写的〉絵画」や抽象絵画のような「非-物語的ゾーン」へむかうという。だが近代絵画がめざすのは、絵画平面にほんらいの瞬間の物語であり、情況の描写である。ヴォルフが近世・近代におけるほんらいの物語絵画つまり「多元位相絵画」としてあげるのは、プッサンの《マナの収集》(1639) のように異時同図法をもちいた絵画である。ル・ブランやフェリビアンのようにこれを擁護する立場がある一方で (Félibien, *Conférences de l'Académie Royale de Peinture et de Sculpture pendant l'année 1667*, Paris, 1668.; Cf. Jacques Thuillier, Temps et tableau: la théorie des «peripeties» dans la peinture française du XVIIe siecle, in: *Stil und Überlieferung*, Akten Bonn, 1964 / Berlin, 1967, vol. III, p. 200)、すでにカラヴァッジョ派などによる劇的な瞬間の描写とその真実らしさが優勢であった当時には、このような絵はもはや時代遅れの不自然なものと見られていた。ドービニャックは『演劇作法』(1657) のなかで、物語の絵を描く画家は「選んだ物語の二つの部分を表すことはできず、況わんや物語全体を表せない」から、「何らかの形ですべての行為を包含し、描こうとしたものの全体を見る者に一目で分らせる行為」(戸張智雄訳、中央大学出版部、一九九七年、p. 65) を選ぶだろうと述べて、レッシングのいう「含蓄ある瞬間」の描写に言及している。もっともブレイダーによれば、プッサン自身にあっても詩学や修辞学のもとに物語を語ろうとするやり方は後年変化するという。たとえば一六三〇年代に描かれた《アルカディアの牧人たち》では、主題は伝統的な「メメント・モリ」であり、この点でそれは「高級な詩にむすびつけられた絵画美」という伝統的な観念を共有している。だがおなじ主題の一六五〇年から五五年に描かれたヴァージョンでは、プッサンの関心は物語の劇性や意味よりはむしろ、画面右に立つ女羊飼いの自己の内面へと沈潜するたたずまいや表情によってかもしだされる「優美な瞑想の雰囲気」にあり (これはのちに述

べる「没入」のモチーフといえるだろう)、また背景として描かれた「牧歌的な風景」の美しさとそこにただよう「エレジー」にあるというのである。そこにあらわれるのは「明確な詩的テクストの不在である」(Braider, op. cit., p. 245)。ベッチマンも、一六五〇年代のプッサンの自作《ピュラモスとティスベのいる風景》(1651) についての記述におなじような傾向を認めている (「ジョヴァン・ピエトロ・ベッローリの絵画記述」、平川佳世訳、『西洋美術研究』No. 1、三元社、一九九九年、p. 86-87)。

益田朋幸によれば、たとえば十六世紀イタリアのマニエリスムの画家セバスティアーノ・デル・ピオムボの《ラザロの蘇生》では、イエスの周囲の人々がおどろく身振りによって「奇跡の一瞬」の演劇性が表現されているが、しかもなお「右手を挙げ、左手を伸ばすイエスの身振りは、歌舞伎役者の「大見得」のよう」(前掲書、p. 50) に見える。またここでも、鼻をかくす三人の女が描かれている。「「ラザロの蘇生」図像において、厳密に「同時同景」が成立するのは、おそらく十七世紀、バロック時代に入ってのこと」であり、とりわけレンブラントの銅版画 (C.1631-32)(図98) では、もう鼻をかくす人物もいない。それゆえ益田は、「中世以来の伝統から、ようやく画家は自由になれたようだ。ほぼ時期を同じくして、演劇の世界でも「三一致 (三単一) の法則」が成立していることが興味深い。時と場所と筋の単一性。時間と空間が単一であることを「合理的」と考える感受性が、ついに西欧を支配するのであった」(p. 51) という。なおレンブラントのこの銅版画では、イエスはこちらに背をむけて、右手奥行きに遠近法的に小さく描かれたラザロの方に左手をのばしていて、われわれが〈ともにある〉視点の語りのナラトロジー的装置のひとつと考える、視線の交差における

奥行きの次元が表現されている。

154　Michael Fried, *Absorption and Theatricality: Painting and Beholder in the Age of Diderot*, Chicago, 1980, p. 45.

155　Abbé Marc-Antoine Laugier, *Jugement d'un amateur sur l'exposition des tableaux. Lettre à M. le marquis de V---*, Vence, 1753, pp. 42-43. 島本によれば、すでにド・ピールのような「愛好家」にも見られたフランドル絵画への趣味は、十八世紀中葉のフランスでは「一種のブーム」となるが、そのような情況においてシャルダンのこの絵は、当時パリでもっとも評判の高かったレンブラントの《読書する哲学者》を喚起させたという（「十八世紀フランスにおけるフランドル趣味とレンブラント」、『芸術論究』、帝塚山学院大学美学美術史研究室、第22編、一九九五年、p. 60）。

156　"Lettre sur l'exposition publique des ouvrages de l'Académie royale de peinture & de sculpture de France dans le salon du Louvre à Paris", in: *Journal Encyclopédique*, 15 October 1759, p. 116., Slatekine, repr., tome VIII, 1967.

157　Fried, op. cit., p. 194.

158　手紙を読むモチーフについては、アルパース『描写の芸術』、幸福輝訳、ありな書房、一九九三年、二九五ページ以降を参照。

159　Fried, op. cit., p. 31.

160　*Diderot Salons*, II, p. 70f.

161　*Diderot Salons*, III, p. 67.

162　ディドロ『絵画について』、佐々木健一訳、岩波文庫、二〇〇五年、一八ページ。

163　Diderot, De la poésie dramatique (1758), in: *Œuvre complètes*, tome X, édition critique et annotée présentée par Jacques Chouillet et Anne-Marie Chouillet, Paris, 1980, p. 372.

164　Ibid., p. 373.

165　Diderot, Entretien sur le fils naturel (1757), in: *Œuvre complètes*, tome X, p. 92.

166　Diderot, Lettre sur les sourds et muets (1751), in: *Œuvre complètes*, tome IV, édition critique et annotée présentée par Y. Belaval, R. Niklaus, J. Chouillet, R. Trousson et J. S. Spink, Paris, 1978, p. 161.

167　Diderot, De la poésie dramatique, p. 417.

168　*Encyclopédie*, tome XV, 1765, p. 804. Reprint: vol. III, p. 687.

169　Ibid., p. 806. Reprint: p. 688.

170　本書第一章、注27参照。

171　Du Bos, op. cit., p. 423f. 本書第一章で見たように、バークでも「絵（picture）」や「絵画（painting）」は「イメージ」と同義に用いられているが、しかもバークにあっては、心的イメージは厳密な意味で絵画的イメージとはことなる。また、詩のことばが喚起する「可感的映像（sensible image）」は「精密な描写という点では絵画ほどに成功することはない」（Burke, op. cit., p. 172）のであり、詩はむしろ模倣よりも共感を、明晰な観念よりは聞き手の心におよぼす効果を本務とする、という点でデュボスとはことなる。

172　Diderot, De la poésie dramatique, p. 416.

173　Ibid., p. 409.

174　Diderot, Entretien sur le fils naturel, p. 92.

175　Ibid., p. 92.

176　ディドロ『絵画について』、八七ページ。

177　佐々木健一『フランスを中心とする18世紀美学史の研究』、岩波書店、一九九九年、一一六ページ。

178 Diderot, Entretien sur le fils naturel, p. 112.

179 Bryson, *Word and Image*, p. 181. これについては、ピーター・ブルックス『メロドラマ的想像力』、四方田犬彦・木村慧子訳、産業図書、二〇〇二年、一〇〇ページを参照。

180 G. Colman and D. Garrick, *The Clandestine Marriage* (1766), London, 1792, p. iv.

181 Martin Meisel, *Realizations: Narrative, Pictorial, and Theatrical Arts in Nineteenth-Century England*, Princeton, 1983, p. 106.

182 Thomas-Simon Gueulette, *Notes et souvenirs sur le Théâtre-Italien au XVIIIe siècle*, éd. par J.-E. Gueulette, Bibliothèque de la Société des Historiens du Théâtre, no. 13, Paris, 1938, p. 177. Cf. Meisel, op. cit., p. 106.

183 一七六一年十一月八日付、C. de Durazzo宛の手紙、in: Charle-Simon Favart, *Memoires et correspondance littéraires, dramatiques et anecdotiques de C.-S. Favart*, publiés par A.-P.-C. Favart, 3 vols., Paris, 1808, vol. 1, p. 200.

184 Fried, op. cit., p. 103.

185 *Diderot Salons*, II, p. 173.

186 Fried, op. cit., p. 130.

187 Ibid., p. 132.

188 拙著『遊びの現象学』（第六章「仮象論の陥穽」）、および『フィクションの美学』（第三章「読者の存在論」、第四章「悲劇の快」）参照。仮象論における意識的な「欺瞞」については、すでにふれたメンデルスゾーンやズルツァーが主題的に論じている。モーリッツにとっても芸術作品とは「それ自体の内部で完結したもの」であり、観者がそれを見て満足や快をおぼえるとき、「われわれはこの美しい対象のうちに没してしまう（verlieren）ように思える」。それゆえモーリッツは、観者における美的状態を「甘美なおどろき」あるいは「快い自己忘却」（Karl Philipp Moritz, Versuch einer Vereinigung aller schönen Künste und Wissenschaften unter dem Begriff des in sich selbst Vollendeten (1785), in: *Schriften zur Ästhetik und Poetik*, hrsg. von H. J. Schrimpf, Tübingen, 1962, S. 5）と呼ぶ。

189 *Encyclopédie*, tome XV, 1765, p. 804. Reprint: vol. III, p. 687. シャフツベリも「Tablature（これに対して、絵という一般的な名前以外、英語ではこれにあたる語はまだない）」という名前を「われわれはその作品が現実に単一の作品でひと目で了解され、単一の知的理解、意味、あるいはデザインにしたがって形成されているばあいに、その特定の作品にあたえる。こうした作品は、その部分の相互的で必然的な関係によって真の全体を構成するが、それは自然の肉体における四肢のばあいと同様である」（Earl of Shaftesbury, A Notion of the Historical Draught or Hercules (1711), in: *Second Characters, or the Language of Forms*, ed. by Benjamin Rand, Bristol, 1999, p. 32）という。

190 *Supplément à l'Encyclopédie*, tome II, 1776, p. 703. Reprint: vol. V, p. 422.

191 Du Bos, op. cit., p. 54.

192 *Diderot Salons*, III, p. 228.

193 Ibid., p. 235.

194 Diderot, *Correspondance*, tome IV, recueillie, établie et annotée par Georges Roth, Paris, 1958, p. 57. ディドロは一七六七年のサロンに出品されたジョラン（Nicolas-René Jollain, 1732-1804）の絵《ベリサリウス》について酷評しているが、とくにそこに描かれたひとりの兵士が大げさに腕をのばして驚きの表情をしている点について、これを「沈鬱な沈黙」のうちに「見つめ思念する」(*Diderot Salons*, III, p. 286) ヴァン・ダイクの兵士と比較して非難している。

195 Fried, op. cit., p. 150. フリードによれば、ダヴィッドが一七八一年のサロンに出品した《ひとりの女が施しをした瞬間に、かつてかれに仕えていた兵士によって、それと気づかれたベリサリウス》の絵において、ダヴィッドは遠近法の消失点を絵の中心にでなく、画面左の後ろに立つ兵士の頭の位置に設定することで、観者を絵画の一方のはしに、ベリサリウスの姿からはなれてたつ兵士の正面に立たせることを意図した。つまりダヴィッドは、ディドロがヴァン・ダイクの絵に感じたのと「等価な効果」(p. 157) を、そのような絵画的構図によって実現しようとしたというのである。だがこのばあいでも、フリードにとってこの兵士は、観者が絵の前に現前しているという事実を無化するための装置として、タブローと観者の仲介者である。またすでにふれたフラゴナールの《コレジュス》の絵についても、ディドロがあたかもその場に居あわせて目撃したように語る記述は、観者であるディドロがこの絵の場面に物理肉体的にはいりこむというのではなく、あくまでも絵に示唆されたディドロの幻視であり、ここでも観者であるディドロ自身は絵の場面から排除されているという (p. 145)。フリードはまた、フリードリヒや北方の画家たちに特徴的に見られる、風景を見つめる後ろむきの人物のモチーフを、ドイツ観念論的な反省的、自己意識的「自己」の表現と見て、これをフランス絵画における没入のモチーフとそれがもたらす「あらたな〈主観〉」(p. 104) とは異質なものとするが、これもにわかには理解できない。眼前にはるかにひろがる風景を前にして、前景に後ろむきに描かれた人物のモチーフもまた、たんにできごとに対して第三者的な目撃者ではなく、その風景のただなかにたたずみ、これを自己の内面を透過した世界経験として受けとめる、近代の「あらたな主観」のひとつの端緒を示しているのである。

196 Braider, op. cit., p. 263.

197 *Diderot Salons*, II, p. 144.

198 ジェフリー・マイヤーズ『絵画と文学』、松岡和子訳、白水社、一九八〇年、二〇五〜二〇六ページ。

199 *Diderot Salons*, II, De la poésie dramatique, p. 332.

200 Bryson, *Word and Image*, p. 115.

201 Ibid., p. 117f. バクサンドールがシャルダンの《お茶を飲む婦人》(1735) について、「シャルダンは、十八世紀のもっとも偉大な物語画家のひとりである。……われわれが《お茶を飲む婦人》のなかに見るものは、そこで演じられる注視というふるまいの記録 (an enacted record of attention) であり、それをわれわれもみずから、その描写の明瞭さや他の諸特徴にみちびかれて即座に再演する (re-enact) のであり、そしてこの注視の物語は、内容がきわめて密である」(Michael Baxandall, *Patterns of Intention: On the Historical Explanation of Pictures*, New Haven, 1985, p. 102) といい、あるいはブレイダーが、シャルダンの絵にわれわれが見るのはテーブルにすわって一杯の紅茶を用意している婦人という対象ではなく、「ひとりの婦人がテーブルについて、お茶を飲んでいるのを見ること (seeing) のうちにふくまれるもの」であり、それは「視覚 (vision) のある種のドラマ、まさに絵を見るドラマ」(Braider, op. cit., p. 258) だというとき、これら「注視の物語」や「絵を見るドラマ」は画家あるいは観者の視線のドラマとして記述されているが、画中の婦人が自分の世界を見る内面のドラマとして把握されてはいない。しかしこの絵でもやはり主題は、この婦人の内面のフィルターを通してみられた彼女の私的な世界というべきである。なおブレイダーもフリードと同様、この「視覚」と「視点」の区別に意識的ではなく、結果として、そこに描かれた「婦人は彼女自身のうちに（in）没入しており、そのかぎりで……観者からは身をひきはなすものとして提示される」（p. 260）ということで、フリードとおなじパラドックスにつきあたることになる。

202 ブーシェが一七六五年にサロンに出品した四枚の牧人画のうちの一枚《愛の泉》でも、画面右手のふたりの少女のうち、ひとりは右端にすわって、こちらに背中を見せて手紙を読んでおり、もうひとりはその左手奥に立って、右手の少女を見つめている。それゆえここにも、奥行き次元にむかう視線のドラマの端緒を見ることはできる。ところがこの右手の少女についてディドロは、この少女は「わたしのほうに背中を見せている。これはよくない。というのもこれでは、この少女がどういう状態にあるのかについて、これに表情をあたえることが容易にできないからである」（*Diderot Salons*, II, 80）という。この点でも、ディドロ自身なお過渡期にあるというべきだろう。

203 Braider, op. cit., p. 264.

204 ピーター・ブルックス、前掲書、七八ページ。

205 同上、一二四ページ。

206 同上、三六ページ。

207 Meisel, op. cit., p. 10.

208 Diderot, De la poésie dramatique, p. 390. ここで「ブルジョワの家庭悲劇（tragique domestique et bourgeois）」、「真面目な喜劇（comique sérieux）」の本性（p. 143）をなす「情況」とは、具体的には個人の性格に対置された、社会のなかで当人が位置する「身分（les conditions）」である。「ひとはこれまで筋（l'intrigue）の全体を性格から引きだしてきた。……しかし作品の基礎となるべきは、身分であり、それが宿す義務（devoirs）、その有利さ（avantages）、またその困難（embarras）である」（Entretiens sur le fils naturel, p.14）。

209 Ibid., p. 385.

210 Diderot, Entretiens sur le fils naturel, p. 93.

211 Meisel, op. cit., p. 41.

212 Edward Mayhew, *Stage Effect: or, The Principles which Command Dramatic Success in the Theatre*, London, 1840, p. 43f.

213 Meisel, op. cit., p. 75.

214 Ibid., p. 8.

215 アルバート・ボイムによれば、十七世紀以来のフランス・アカデミーの伝統では、明暗法はたんに個々の対象の明暗法によるモデリングに関与するものであったのが、十八世紀後半から十九世紀には、画面全体にわたる「総体的な絵画効果」（『アカデミーとフランス近代絵画』、森雅彦・阿部成樹・荒木康子訳、三元社、二〇〇五年、p. 325）を規定するものへと変化する。

216 ディドロ『絵画論』、三九ページ。

217 Diderot, Pensées détachées sur la peinture, la sculpture, l'architecture et la poésie, in: *Œuvres complètes*, tome XII, p. 363.

218 ディドロ『絵画論』、一四四ページ。一方でディドロは、「だが、すべての光をただひとつの対象に集中し、画面の他の部分を暗闇に放置するというあの気取りは何であろう。こうした芸術家は、小さな穴を通してしかものを見たことがないかのようだ」（p. 184）といい、これを明暗法にかんするマニエールとして批判している。

また『百科全書』第五巻の「効果（絵画の術語）」の項目では、カラヴァッジョは明暗法の効果によって注目を喚起しようとして、自然にはほとんどありえないやり方で強い照明をモデルにあてるとして、これを批判している（*Encyclopédie*, tome V., 1775, p. 406f. Reprint: vol. I, p. 1098）。

219 Alpers, Describe or Narrate?, p. 25. 注150参照。

220 Fried, op. cit., p. 139. フリードは、観者はこの絵のなかにはいりこむように誘われるという理由で、これをディドロにおける「牧歌的」な絵画に連なるものとするのだが（p. 138）、これもいかにも奇妙である。

221 Meisel, op. cit., p. 87.

222 Ibid., p. 73.

223 Ibid., p. 74f.

224 Ibid., p. 76.

225 Ibid., p. 22.

226 ブライソンはティツィアーノの《バッコスとアリアドネ》(1522-23)について、この「絵画を根拠づける知覚の冷たく、共時的で、全知のまなざし（gaze）」に言及し、また「このイメージのモードは、とりわけアオリスト的である」（*Vision and Painting*, p. 95）ともいうが、これはわれわれのいいかたでいえば、ルネサンス絵画に支配的な「超越論的な〈全知〉の視点」の語りである。

■第七章

1 Wolfgang Kemp, *Der Anteil des Betrachters*, München, 1983, S. 44.

2 Heinrich Schwarz, Before 1839: Symptoms and Trends (1964), in: *Art and Photography*, ed. by W. E. Parker, Chicago, 1985, p. 105.

3 アルパース『描写の芸術』、三七二ページ。

4 同上、九三ページ。

5 Kemp, *Der Anteil des Betrachters*, S. 48.

6 ヘルベルト・フォン・アイネム『風景画家フリードリヒ』、藤縄千艸訳、高科書店、一九九一年、一一三ページ。

7 Fried, op. cit., p. 134.

8 Ibid., p. 134.

9 Bryson, *Vision and Painting*, p. 107. ここでのブライソンの関心事は、東洋の水墨画において筆の動きを追う目の身体性にもとづく東洋的な「瞥視（glance）の絵画」に対する、西洋の、画家も観者も特定の一点から描かれた世界を固定してとらえ見つめるルネサンス以後の「凝視（gaze）の絵画」の展開である。ブライソンによれば、遠近法にもとづく「凝視」の最終形態は、たとえばフェルメールである。ここでは、観者はもはやアルベルティ的絵画におけるように目撃者として想定されてはおらず、それゆえ遠近法の消失点の位置に物理肉体的に立つことも要請されてはいない。フェルメールの観者の「凝視の位置」は、主体から肉体を剥奪した概念的な「点（punctum）」としてのみ存在する「超越的な視点（a transcendent point of vision）」（p. 107）だという。だがこれは、フェルメールのリアリズムとつきあわせてみるとき、いかにも奇妙な議論である。ブライソンのこうした主張も、「視角」と「視点」の区別がないことに由来している。ブライソンのいうアルベルティ的絵画とは、遠近法の「視角」に物語世界を経験する「視点」を重ねあわせることで観者を物語世界に引きこもうとする、近代のナラトロジーからいえばなお初歩的な戦略である。これに対してフェルメールのリアリズムとは、まさに絵画世界の内部に位置して、そこからこの世界を眺望する観者の「視点」をいわば描きこむのである。それは現実の世界と絵画世界をつなげたりせず、自立的で完結した絵画世界に没入しこれを美的に見るための視点であり、われわれのことばでいえば〈情況〉の視点である。

10 Kemp, *Der Anteil des Betrachters*, S. 49.

11 Ibid., S. 49f.

12 Ibid., S. 50.

13 オットー・ルートヴィヒ『天と地の間』、黒川武敏訳、岩波文庫、一九四九年、三ページ。

14 *Otto Ludwigs gesammelte Schriften*, 6 Bde., hrsg. von Adolf Stern, Leipzig, 1891, Bd. VI, S. 202ff.

15 ゲーテ『ヴィルヘルム・マイスターの修業時代　上』、山崎章甫訳、岩波文庫、二〇〇〇年、七〜八ページ。

16 Richard Brinckmann, *Wirklichkeit und Illusion*, Tübingen, 1957, S. 149.

17 Ibid., p. 163.

18 Ibid., S. 149.

19 *Otto Ludwigs gesammelte Schriften*, S. 206.

20 ルートヴィヒ、前掲書、一二〜一四ページ。

21 ただしルートヴィヒではまだ、「作者＝語り手」がみずから「ついうっかりしていたが、このいきさつについては讀者は何も知らない筈であった。つまりそのいきさつこそ私が次に物語ろうとするところである」（前掲書、p. 10）と姿をあらわして直接読者に呼びかけたり、自分のコメンタリーをしきりにさしはさむ。この点でルートヴィヒでは、近代小説における〈ともにある〉視点の語りはなお未熟であり、そこにブリンクマンは、「作者＝語り手」の倫理観や世界観を押しつけるというルートヴィヒの限界を見ている（Brinckmann, op. cit., p. 215）。

22 W. Wordsworth, A Guide through the District of the Lakes (1835), in: *The Prose Works of William Wordsworth*, vol. II, ed. by A. B. Grosart, London, 1876, p. 235f.

23 Kemp, *Der Anteil des Betrachters*, S. 49.

24 Ibid., S. 50.

25 ジュネット『物語のディスクール』、一八八ページ。

26 Prud'hon, Aperçu du tableau destiné pour la salle du tribunal criminel au Palais du Justice, in: *Gazette des Beaux-Arts*, tome 6, 1860, p. 310ff.

27 Wolfgang Kemp, Verständlichleit und Spannung. Über Leerstellen in der Malerei des 19. Jahrhunderts, in: W. Kemp (Hrsg.), *Der Betrachter ist im Bild*, S. 321.

28 Ibid., S. 326.

29 Jules Grangedor, Le Salon de 1868, in: *Gazette des Beaux-Arts*, tome 25, 1868, p. 18.

30 C. Moreau-Vauthier, *Gérôme, peintre et sculpteur, L'homme et l'artiste, d'après sa correspondance, ses notes, Les souvenirs de ses élèves et de ses amis*, Paris, 1906, p. 254.

31 Kemp, Verständlichleit und Spannung, S. 320.

32 Ibid., S. 321.

33 Ibid., S. 324.

34 Iser, *Der Akt des Lesens*, S. 297f.

35 Kemp, Verständlichleit und Spannung, S. 327.

36 Ibid., S. 326.

37 Kemp, Kunstwissenschaft und Rezeptionsästhetik, S. 20.

38　Alois Riegl, *Das Holländische Gruppenporträt*, Wien, 1997, S. 280.

39　Max Imdahl, Sprechen und Hören als szenische Einheit. Bemerkungen im Hinblick auf Rembrandts »Anatomie des Dr. Tulp« (1984), in: *Gesammelte Schriften*, Bd. 2, hrsg. von Gundolf Winter, Frankfurt a. M., 1996, S. 468.

40　Iser, *Der Akt des Lesens*, S. 62.

41　Wolfgang Kemp, *Die Räume der Maler. Zur Bilderzählung seit Giotto*, München, 1996, S. 186.

42　Ibid., S. 196. ケンプは、メンツェルのリトグラフ《熊の檻》（1851）にかんして、ここでは観者の視覚は熊の位置におかれており、これによって「観者はこの情況を動物の視界（Sicht）から知覚する」（*Der Anteil des Betrachters*, S. 63）という。ケンプはまた、このような「観者のとる遠近法はできごとに、物語に奉仕している」といい、メンツェルはこれによって「この動物がどのように存在しているかを、観者を動物の環境におきいれる（in ihre Umgebung hineinstellt）ことによって示そうとした」（S. 66）ともいう。だがここでも問題になっているのは、画面の遠近法の消失点の位置に熊の視角と絵の前に立つ観者の視角とが重ねあわされているという事態である。観者がとるべき遠近法つまりは「語りの視点」は画面構成上の遠近法の「視覚」と区別されないままであり、それゆえ観者はやはり、たとえ熊の環境におかれるとしても目撃者にとどまる。それゆえケンプは、このように「観者を熊と関係づけることは、しかしいかなる同一化をも意味しない」（S. 64）とつけ加えるのである。

43　Kemp, Verständlichleit und Spannung, S. 328.

44　Kemp, *Der Anteil des Betrachters*, S. 24.

45　Frorence Warden, Lady Anne's Trustee, in: *The Windsor Magazine; An Illustrated Monthly for Men and Women*, vol. XXII, November, 1905, p. 655.

46　Stuart Sillars, *Visualization in Popular Fiction 1860-1960*, London / New York, 1995, p. 113.

47　ここでのテクストと絵の関係についてケンプは、娘たちが嘆いているのは、父親が死んでふたりきりになってしまったからだというのはテクストからしかわからず、この点でテクストは絵に対して「中継」の関係に立つという。一方でテクストには欠けている情報、子どもたちが娘でありふたりであること、また母親には不義の子があることなどは、絵によって「描写」されている（Wolfgang Kemp, Ellipsen, Analepsen, Gleichzeitigkeiten. Schwierige Aufgaben für die Bilderzählung, in: Kemp (Hrsg.), *Der Text des Bildes*, S. 86）。なおエッグのこの絵については、マイセル（Meisel, op. cit., pp. 24-28）も参照のこと。

48　Stefan Germer, In Search of a Beholder: On the Relation between Art, Audiences, and Social Spheres in Post-Thermidor France, in: *Art Bulletin*, Vol. 124, No. 1, 1992, p. 29.

49　Ibid., p. 34.

50　バンヴェニスト「フランス語動詞における時称の関係」、前掲書、二二五ページ。

51　A. Kurlander, S. S. Wolohojian, Ch. S. Wood, Das erzählte Drama in Bildern: Adolph von Menzel und Max Klinger, in: Kemp (Hrsg.), *Der Text des Bildes*, S. 49.

52　Max Klinger, *Malerei und Zeichnung*, 3. Aufl., Leipzig, 1899, S. 25.

53　Ibid., S. 32.

54　アルバート・ボイム、前掲書、一六ページ。

55　Cf. de Piles, *Cour de peinture par principes*, p. 202.; Sir Joshua Reynolds,

Discourses on Art, ed. by Robert R. Wark, New Haven, 1997, Discourse VIII, p. 164.; *Diderot Salons*, II, p. 154.

56 Bryson, *Word and Image*, p. 102.

57 Diderot, *Salons*, II, p. 154.

58 Paillot de Montabert, *Traité complet de la peinture*, Paris, 1829, tome I, p. 153.

59 Fried, op. cit., p. 195.

60 一九一六年三月一日付マックス・レールス宛の手紙。Cf. Gisela Scheffler, Dramen, Opus IX, in: Jo-Anne Birnie Danzler und Tilman Falk (Hrsg.), *Max Klinger: Zeichnungen・Zustandsdrucke・Zyklen*, Prestel, 1996, S. 118.

61 Kurlander, Wolohojian, Wood, op. cit., S. 49.

■第八章

1 David Bland, *A History of Book Illustration. The Illuminated Manuscript and the Printed Book*, 2nd edition, London, 1969, p. 156.

2 Alain-Marie Bassy, Du texte à l'illustration: Pour une sémiologie des étapes, in: *Semiotica*, 11, 1974, p. 302.

3 もっともアルチャーティの意図からすれば事態は逆で、かれが当初考えていたのはルネサンスに発見され、十六世紀には流布していたホルス・アポッロあるいはホラポッロの『ヒエログリフ集』であり、それは格言めいた「エピグラフ（寸鉄詩）の小書」（アンドレア・アルチャーティ『エンブレム集』、伊藤博明訳、ありな書房、二〇〇〇年、p. 150）、つまりテクストである。伊藤博明によれば、「一五三一年にアルチャーティの許可なしに刊行された『エンブレム集』初版は、彼の意図を正確に反映していたとは言いがたい」（p. 154）ものである。だが、かれ自身が関与した一五三四年版ではよりテクストに忠実な図像がつけられ、ここではアルチャーティ自身が自分のエンブレムを、ことばが表示する事物のイメージがヒエログリフ的な象徴的意味をひびかせるもの、したがって「図像化しうるエピグラム」（p. 152）と考えていたという。なお『エンブレム集』に先立つ『貧者の聖書』や、『エンブレム集』と同時期の『旧約聖書物語図解』等に見られるジャンル上の共通性については、伊藤博明『綺想の表象学』、ありな書房、二〇〇七年、一五七〜一九九ページを参照。

4 Bassy, op. cit., p. 303.

5 Bland, op. cit., p. 152.

6 おなじく一五三八年に出版された『死の舞踏』（*Les Simulachres et historiees faces de la mort*, Lyon）にも、ホルバインは挿絵を描いているが、最初の天地創造、堕罪、楽園追放の場面は、『旧約聖書物語図解』のそれとおなじものを使っている。

7 Bland, op. cit., p. 164.

8 マリエット・ヴェステルマン『岩波世界の美術　レンブラント』、高橋達史訳、岩波書店、二〇〇五年、二八〇ページ。

9 Bland, op. cit., p. 156.

10 W. Moelwyn Merchant, *Shakespeare and the Artist*, London, 1959, p. 43.

11 Ibid., p. 46.

12 フラゴナールには『ナポリとシシリー、ピトレスクな旅』（*Voyage pittoresque de Naples et de Sicile*, Paris, 1781-86）におけるように、スケッチの美学を見せる挿絵がある。

13 Bland, op. cit., p. 219.

14 Michel Melot, *The Art of Illustration*, Geneva, 1984, p. 122.

15 アンソニー・バートンによれば、この小説は一六八〇年に挿絵入りででた『天路歴程』（*Pilgrim's Progress*）と同様、出版当時はなお「イギリス古典小説の地位を得ていなかった」（Anthony Burton, Cruikshank as an Illustrator of Fiction, in: *Princeton University Library Chronicle*, 35, 1973-74, p. 104）のであり、だからこそ初版から挿絵入りででたのだという。

16 Bassy, op. cit., p. 305.

17 クロード・ラブロスによれば、われわれがすでに見ておいた「タブロー」の時代にあって、当時の文芸批評に造形芸術にかんするボキャブラリーをもちいることはふつうのことであり、じっさい『新エロイーズ』についてふれた雑誌もしばしば、「タブロー、シーン、絵画、色彩、色合い（coloris）といった用語を用い、また画家の名前（テニェール、カラヴァッジョ……）すらあげている」（Claude Labrosse, Le rôle des estampes de Gravelot dans la lecture de la Nouvelle Héloïse, in: *Die Buchillustration im 18. Jahrhundert: Colloquium der Arbeitsstelle 18. Jahrhundert*, Gesamthochschüle Wuppertal, Universität Münster, Heidelberg, 1980, S. 131f.）という。

18 『ルソー全集　第十巻』、松本勤・戸部松実訳、白水社、一九八一年、二〇一～二〇二ページ。

19 J.-J. Rouseau, Sujets d'estampes, in: *La Nouvelle Héloïse*, nouvelle édition d'après les manuscrits et les éditions originales avec des variantes, une introductions, des notices et des notes par Daniel Mornet, Paris, 1925, tome IV, p. 378-80.

20 Bassy, op. cit., p. 311.

21 Ibid., p. 311f.

22 Diderot, Pensèes détachées sur la peinture, la sculpture, l'architecture et la poésie, p. 357.

23 Bassy, op. cit., p. 313.

24 Ibid., p. 316.

25 Ibid., p. 321.

26 Rousseau, op. cit., p. 373f.

27 Labrosse, op. cit., S. 141.

28 *Censeur Hebdomadaire*, 30, Novembre 1761, p.71-72. Cf. Labrosse, op. cit., S. 141.

29 Labrosse, op. cit., S. 143.

30 Ibid., p. 143. Cf. *Correspondance complète* (Leigh) VII, No. 1331.

31 John Harthan, *The History of the Illustrated Book*, London, 1981, p. 151.

32 Wolfgang Baumgart, Der Leser als Zuschauer. Zu Chodowieckis Stichen zur *Minna von Barnhelm*, in: *Die Buchillustration im 18. Jahrhundert*, S. 17.

33 Ibid., S. 22.

34 Ibid., S. 21.

35 Ibid., S. 24.

36 イギリスではすでにこの種の雑誌として、たとえば一七六〇年に創刊された月刊誌『ブリティッシュ・マガジン』（*The British Magazine; or Monthly Repository for Gentlemen and Ladies*, ed. by Tobias George Smollett, assisted by Oliver Goldsmith, vol. 1-8, 1760-67, London）があるが、挿絵はなお地誌的な風景、鳥や象の図、有名人の肖像など、また楽譜といった情報的な稚拙な絵であり、複数月にわたる連続もののランスロットの物語でも、挿絵は第二巻（1761）二月号のタイトルページに「ランスロットと従者グラブショー」の肖像的な図があるのみである。

37 デイヴィッド・ブルーエット『「ロビンソン・クルーソー」挿絵物語』、ダニエル・デフォー研究会訳、関西大学出版部、一九九八年、一九ページ。

38 ルソー『エミール 上』、今野一雄訳、岩波文庫、一九六二年、三二六ページ。

39 ブルーエット、前掲書、五二ページ。Burton, op. cit., p. 99f.

40 Hans Hammelmann, *Book Illustrators in Eighteenth-Century England*, edited and completed by T. S. Boase, New Haven, 1975, p. 8.

41 ブルーエット、前掲書、四二～三ページ。

42 木版は十八世紀をつうじてほとんど使われず、わずかに十七世紀以降さかんに出版されるようになる大衆向けのいわゆる「チャップ・ブックス（呼び売り本）」、つまり俗謡、英雄譚、聖書物語、教訓的物語、説話、詩、童話、童謡、特別ニュース、子ども向け学習記事などに木版画がそえられた小型の廉価本に命脈を保っていた。『ロビンソン・クルーソー』も十九世紀初めには、挿絵入りチャップ・ブックの定番となった。十八世紀末にはドイツのゼネフェルダーによってリトグラフも実用化され、一八〇七年の『ウェストミンスターの古跡』（J. T. Smith, *Antiquities of Westminster*, London, 1807）の挿絵をはじめ、鉄道旅行記などの挿絵に用いられた。ドラクロワも一八二八年の仏訳『ファウスト』（*Faust. Tragédie*, Paris）にリトグラフの挿絵を提供している。しかし一般にリトグラフは、本の挿絵としてはあまり普及しなかった。

43 ブルーエット、前掲書、六三ページ。

44 同上、六〇ページ。

45 Burton, op. cit., p. 122.

46 Ibid., p. 111.

47 Ibid., p. 112.

48 W. M. Thackeray, George Cruikshank, in: *The Westminster Review*, vol. 34, No. LXVI, June 1840, p. 57. サッカレー自身も『虚栄の市』（*Vanity Fair*, London, 1848）に自作の挿絵（鋼版画、木版画）をいれたが、クルックシャンクの風刺画的な作風の模倣に終わっている。サッカレーは、『フィリップの冒険』（*The Adventures of Philip on his Way through the World*, London, 1862）では途中から自分で描くのをやめて若い画家フレデリック・ウォーカー（Frederic Walker, 1840-75）にまかせるようになるが、その際自分は大まかな指示のための素描を描いて画家にわたした。サッカレーの挿絵の素描と、これにもとづいたウォーカーの完成稿をくらべると、すでに見たルソーによることばの記述や、次章でみる逍遙の素描のばあいと同様、作家は芝居のト書き的なイメージをもつのに対して、画家ウォーカーはこれを奥行きの次元と陰影による焦点化によって、〈ともにある〉視点をもつドラマとして絵画化している。

49 Burton, op. cit., p. 102.

50 クルックシャンクの挿絵には、たとえばクルーソーが足跡を発見した場面で四肢を緊張させてひるむというように、ストザードには見られない「大衆劇、特に身振りによるパントマイム」（Burton, op. cit., p. 66）の特徴も見られる。これはひとつには、かれがホガース的な伝統に立つ風刺画家でもあったことによるだろう。そのような特徴は、『ロビンソン・クルーソー』とおなじく一八三一年に出版された『トム・ジョウンズ』（London）や、最初にディケンズと組んだ『ボズのスケッチ集』（*The Sketch Book. By 'Bos'*, London, 1836）、また『オリヴァー・ツイスト』（London, 1838）の挿絵にもいえることである。かれの挿絵がもつ演劇性という点で、ブルーエットはもうひとつの理由として、『ロビンソン・クルーソー』のパントマイム劇が一七八〇年頃から十九世紀をつうじて、クリスマスの催しとして毎年おこなわれていたという事実をあげ、クルックシャンクはこうした舞台での俳優のパントマイムの身振りをとりいれたのだろうと推測している (p. 66)。

51 Thackeray, op. cit., p. 57.

52 Meisel, op. cit., p. 250f.

53 Ibid., p. 262.

54 Sillars, op. cit., p. 37.

55 Jeffrey Kittay, op. cit., p. 239. これについては、本書第六章、注4参照。

56 Iser, *Der Akt des Lesens*, S. 297.

57 Burton, op. cit., p. 111. Cf. Meisel, op. cit., p. 53.『オリヴァー・ツイスト』は月刊誌『Bentley's Miscellany』に掲載された最初の挿絵入り連載小説であった。クルックシャンクは毎回二枚のエッチングの挿絵をこれに寄せた。

58 ブルーエット、前掲書、四ページ。

59 挿絵には C. F. Daubigny (1817-78), de Beaumont, de Rudder, J. Lecurieux, Laisné, de Lemud, L. Boulanger, Burdet, J. L. E. Meissonnier (1815-91) ら、複数の画家の署名が見られる。

60 しかしこの時期の挿絵本の流行に対して、ワーズワス自身は「挿し絵入りの本と新聞 (Illustrated Books and Newspapers)」(1846) と題したソネットで、「ことば (discourse) こそひとのもっとも高貴な持ち物」であるが、いまや「散文も韻文も地に落ち、かつて知的であったこの国の趣味に、いまやもっともかなうべきは物いわぬ術 (a dumb Art)、その下僕たらざるをえない」となげき、「原始の洞穴生活の未開の境涯へ」の退化である挿絵に対して、「去れ、この恥ずべき悪習、絵に溢れるページよ」(*The Poems of William Wordsworth*, 3 vols, ed. by N. Ch. Smith, London, 1908, vol. II, p. 343f.) と批判している。

61 Jonathan Bate, Pictorial Shakespeare: Text, Stage, Illustration, in: Cahterine J. Golden (ed.), *Book Illustrated. Text, Image, and Culture 1770-1930*, New Castle, Del., 2000, p. 55.

62 Ibid., p. 46.

63 平田家就『イギリス挿絵史』、研究社出版、一九九五年、一〇六ページ。清水一嘉『挿絵画家の時代』、大修館書店、二〇〇一年、二五三ページ参照。

64 Sillars, op. cit., p. 32.

65 Ibid., p. 31.

66 Charles Dickens, Book Illustrations, in: *All the Year Round. A Weekly Journal*, conducted by Charles Dickens, No. 433, Sat. August 10, 1867, p. 151f. ディケンズは、こうしたミレイたちの挿絵の対極に立つ、現代のもうひとつの傾向の代表例としてフランスの挿絵画家ギュスターヴ・ドレ (Gustave Doré, 1832-83) をあげている。ドレの挿絵は、たとえば『ドン・キホーテ』(*L'Ingénieux hidalgo Don Quichotte de la Manche*, Paris, 1863) の挿絵のように、画家が原作からはなれて自分のファンタジーを自由にひろげて描くという点でミレイたちの自然な画風の対極にあるが、しかも自分の能力を誇示しようとする点で、やはり批判の対象とされる。ディケンズはまた、「劇的絵画」と「演劇的絵画」とを区別して、前者では「観者をはっきり意識しない」のに対して、後者では「観者を意識している」といい、それはイギリス人の趣味ではないという。しかしかれ自身は、じっさいには「演劇的効果」を多用している。

67 Edward Hodnett, *Five Centuries of English Book Illustration*, Aldershot, 1988, p. 166.

68 Bland, op. cit. p. 267.

69 John Ruskin, The Cestus of Aglaia (1866), in: *The Works of John Ruskin*, vol. 19, ed. by E. T. Cook and A. Wedderburn, London, 1905, p. 139. ラスキンはまた、あまりに挿絵の数がふえることに対しても批判的である。読者はたえずあたらしい挿絵と興奮を望むようになり、「際限のない逸脱と分断によって注意力が散漫になる」(p. 140)というのである。

70 Charles Dickens, *The Posthumous Papers of the Pickwick Club* (1837), London, 1979, p. viii-ix. J・ヒリス・ミラーはこの、「物語が付随するイラストレーションを支配しているのだというディケンズの自信」とは裏腹に、挿絵画家「フィズがディケンズの検閲をかいくぐり、ディケンズのテクストから離れ、ときにはそれを壊すような意味さえ勝ち得た」(『イラストレーション』、尾崎彰宏・加藤雅之訳、法政大学出版局、一九九六年、p. 155)という点に注意をうながしている。ミラーはたとえば、フィズの挿絵が多くのばあいピクウィックを中心にしてそれをとりかこむ見物人という構成をとるが、その際ピクウィックのフォールスタフばりの豊満につきでた腹が光り輝いていて、その「光はピクウィックの腹から四方八方に飛び出し、しばしば暗く閉鎖された室内にいるものや人々を明るみにだす」(p. 145)といい、それゆえこの腹はこの中心からすべてを照射する「光源を提供している」という。ミラーがここで言及しているのは、マイセルやバシィにも見られた「光の遠近法」の一例といえるだろう。

71 Anthony Trollope, *An Autobiography*, New York, 1883, p. 110.

■第九章

1 坪内逍遙「新旧過渡期の回想」(大正十四年)、『逍遙選集』第十二巻、第一書房、一九七七年、三一九ページ。

2 同上、三二四ページ。

3 市島春城「明治文学初期の追憶」(大正十四年)、十川信介編『明治文学回想集 上』、岩波文庫、一九九八年、一八二ページ。

4 高田早苗「西洋小説の読始めと『書生気質』の材料」(昭和二年)、十川信介編『明治文学回想集 上』、一七六ページ。

5 坪内逍遙『小説神髄』(明治十八年)、稲垣達郎編『明治文學全集16』、筑摩書房、一九六九年、四ページ。

6 菊池大麓訳『修辞及華文』(William and Robert Chambers (eds.), *Chambers's Information for the People*, new and improved edition, Philadelphia, 1867, vol. II, Rhetoric and Belles-Lettres)(明治十二年)、土方定一編『明治文學全集 79』、筑摩書房、一九七五年、三一ページ。

7 滝沢(曲亭)馬琴「本朝水滸傳を讀む並批評」『曲亭遺稿』、図書刊行会、明治四四年、三一九ページ。

8 坪内逍遙『小説神髄』、一六ページ。

9 Henry Norman, Theories and Practice of Modern Fiction, in: *The Fortnightly Review*, December, 1883, p.873. 菅谷広美「『小説神髄』とその材源」、『比較文学年誌』第九号、一九七三年参照。

10 坪内逍遙『小説神髄』、一八ページ。

11 柄谷行人『日本近代文学の起源』、講談社、一九八〇年。

12　坪内逍遙「柿の帯」（昭和四〜五年）、『逍遙選集　別冊第四』、第一書房、一九七七年、四〇七ページ。

13　福地桜痴「文論」（『東京日々新聞』、明治八年八月二九日）、柳田泉編『明治文學全集　11』、筑摩書房、一九六六年、三四五ページ。福地はここで文体の種類を「記事」「尺牘」「論文」にわけた上で、とくに「論文」の鵺文的なありかたを強調している。「尺牘」とは書簡の文体である。「論文」は西洋の修辞学では「議論」にあたるだろうし、「記事」とは漢文の修辞論にいう「記」と「叙」、つまり西洋の修辞学でいう「記述・描写」と「物語・叙述」をともにふくむ概念である（山田俊治「〈現実感（リアリティー）〉の修辞的背景――明治初期新聞雑報の文体――」、『日本近代文学』第45集、一九九一年参照）。福地は記事の文を代表するものとして馬琴、種彦、一九、春水をあげ、これらは「徒ラニ漢文ノ高調ニ倣フテ、虚喝ヲ施スコトヲ嫌ヒ、勉メテ俗間ノ用語ニ従ヒ、文章ヲ成ス」ことで「皆ヨク細微ノ情意ヲ寫シ盡シテ餘薀ナク、讀者ヲシテ喜怒憂楽ノ感ヲ發セシム」として、逍遙を先取りするように、これをあるべき文体の基礎と考えているようである。

14　本田康雄『新聞小説の誕生』、平凡社、一九九八年、二七ページ。

15　坪内逍遙『小説神髄』、三五ページ。

16　柄谷行人、前掲書、二七ページ。

17　『柳北全集』、文藝倶楽部第三巻第九編臨時増刊、博文館、明治三〇年七月、一四五〜一四六ページ。

18　杉山康彦「長谷川二葉亭における言文一致」、『文学』vol. 36、一九六八年九月、四一ページ。

19　山田俊治、前掲書、十九ページ。

20　同上、二五ページ。

21　菊池訳、前掲書、十七ページ。

22　William and Robert Chambers, op. cit., p. 742.

23　高田早苗『美辞学』、金港堂、明治二二年、後編（散文・記事文）、一二ページ。

24　Edward Bluwer-Lytton, *Earnest Maltravers*, London, 1860, p. 24. 小森は、ここの叙述は一人称（our）で統一されており、それゆえ「この表現主体の主観」をとおしてのみ読者は作品世界を享受することができると指摘する。しかし一方で、この表現主体に「場面に実在する人間の視覚」を割りあてることはできないともいう。ここから小森は、「この表現主体のあり方は、いわば「作者の全知的な視点」ともいうべきものである」（小森陽一『構造としての語り』、新曜社、一九八八年、p. 220）とするのである。だがわれわれの立場からすれば、これは視点をこの庭のただなかに据えて、そこから見える情景をつぶさに描写しようとする〈情況〉の視点の語りというべきである。

25　木村毅編『明治文學全集　7』、筑摩書房、一九七二年、一五ページ。じっさいには丹羽の翻訳には『*Earnest Maltravers*』だけではなく、その続編である『*Alice, or The Mysteries*』からの訳もそうとことわらずにふくまれている。

26　坪内逍遙『当世書生気質』（明治十八年）、稲垣達郎編『明治文學全集　16』、筑摩書房、一九六九年、五九ページ。

27　亀井秀雄『感性の覚醒』、講談社、一九八三年、六三ページ。亀井は逍遙の翻訳『慨世士伝』前編（明治一八年、ロード・リットン『リエンジー』）第七套の、初更に那以那（ないな）姫が莉莚児（りえんじい）を待っている庭の情景描写についても、これは「場面に内在的な語り手の眼が、風情あり趣ある園生の情景を描き」（p. 62）だしているという。そもそも亀井は、成島柳北や服部撫松の漢文体の影響のもとにあると思われる松本万年の漢文体の風俗誌『東京新橋雑記』第一編（明治十一年八月）では、「まず場所を選び、見る位置を定めて、その景況を叙す、という方法」が見られるといい、ここに語り手も読者も、登場人物と「おなじ状況を生きる、生きざるをえないという意識」の「自然発生的な芽生え」（p. 19）を認めている。そしてここに、のちに『当世書生気質』や二葉亭『浮雲』の冒頭にある「場面（とそれを見る視線）の方法がすでに準備されていた」という。だが『東京新橋雑記』の描写はなお、杉山康彦が成島柳北『航薇日記』に見た描写方式に近いものであり、それはわれわれのいう〈情況〉の視点の描写としてはまだほとんど意識されてはいない。

28 坪内逍遙『当世書生気質』、一六三ページ。

29 稲垣達郎「解題」、『明治文學全集 16』、三九五ページ。

30 坪内逍遙『小説神髄』、五七ページ。

31 亀井秀雄『感性の覚醒』、八三ページ。

32 亀井秀雄『小説論――小説神髄と近代』、岩波書店、一九九九年、一四一ページ。

33 淡島寒月「明治十年前後」（大正十四年）、十川信介編『明治文学回想集 上』、六七〜六八ページ。

34 幸田露伴「明治二十年前後の二文星」（大正十四年）、十川信介編『明治文学回想集 上』、二七五ページ。

35 高田早苗「當世書生氣質の批評」（明治十九年）、土方定一編『明治文學全集 79』、筑摩書房、一九七五年、一二八ページ。

36 同上、一三〇ページ。

37 二葉亭四迷「小説總論」（明治十九年）、中村光夫編『明治文學全集 17』、筑摩書房、一九七一年、一〇五ページ。

38 二葉亭四迷「余が半生の懺悔」（明治四一年）、中村光夫編『明治文學全集 17』、一一三ページ。

39 石橋忍月「浮雲の褒貶」（明治二十年）、福田清人編『明治文學全集 23』、筑摩書房、一九七一年、二六一ページ。

40 野口武彦『近代小説の言語空間』、福武書店、一九八五年、三一〜三二ページ。

41 小森、前掲書、一七四ページ。

42 同上、一一七ページ。

43 同上、三三ページ。小森が『浮雲』の三人称の語りによる心理描写を、ツルゲーネフの「あひゞき」や「めぐりあひ」の翻訳の過程で形成された「視線・まなざしの劇（ドラマ）」、「外界や自然を見ている作中人物自身の感性や心理の「動き方の物語」」（p. 33）としての「視点描写」の実現と考えるのは、やはりいいすぎである。

44 山田美妙「新編浮雲」（明治二一年）、中島健蔵・吉田精一編『現代文學論体系 第一巻』、河出書房、一九五四年、五九ページ。

45 磯貝英夫「文章語としての『言文一致』」、『文学論と文体論』、明治書院、一九八〇年、一五七ページ。

46 二葉亭四迷「余が言文一致の由来」（明治三九年）、中村光夫編『明治文學全集 17』、一一一ページ。

47 坪内逍遙「言文一致について」（明治三九年）、『逍遙選集 別冊第四』、五七八ページ。

48 坪内逍遙『小説神髄』、三四ページ。

49 前田愛『前田愛著作集 第2巻 近代読者の成立』、筑摩書房、一九八九年、一二五ページ以下。

50 丸岡九華「硯友社の文学運動」（大正十四年）、十川信介編『明治文学回想集 下』、岩波文庫、一九九九年、三五ページ。

51 磯貝、前掲書、一五九ページ。
52 ここでは「である」と「なり」がなお混在しており、またしばしば、句点を「……する」と現在形で止めるかたちが見られる（これは明治二七年の『紫』などでも変わらない）。現在形の多用はおそらく、逍遙が言及した体言止めと同様、文語か口語かという問題を宙づりにする方策として採用されたのだろう。物語自体は人情本的なもので、三人称の〈全知〉の語りである。一方で、明治二八年になっても、『不言不語』や『鷹料理』などは文語体を用いている。二九年の『多情多恨』でも現在形を多用した口語体であり、心理描写もなお古典的で要約的なものにとどまる。広津柳浪も明治二九年の『今戸心中』や『河内屋』で口語体を用いており、ここにもなお現在形が見られるものの、全体として紅葉よりも「……した」という落ち着いた語りが見られる。
53 磯貝、前掲書、一四八ページ。
54 絓秀実『日本近代文学の〈誕生〉』、太田出版、一九九五年、四六ページ。
55 柄谷行人「「日本近代文学の起源」再考　II」、『批評空間』、第二号、一九九一年、六三ページ。
56 絓、前掲書、五五ページ。
57 前田、前掲書、三六六ページ。
58 坪内逍遙「新作十二番のうち既発四番合評」（明治二三年）、のち「小説三派」と改題、中島健蔵・吉田精一編『現代文學論体系　第一巻』、九八ページ。
59 坪内逍遙「我が国の史劇」（明治二六〜七年）、稲垣達郎編『明治文學全集　16』、二九〇ページ。
60 坪内逍遙「没理想の由来」、『逍遙選集　別冊第三』、第一書房、一九七七年、二八九ページ。
61 磯貝、前掲書、一九六ページ。
62 同上、一八九ページ。
63 亀井『感性の覚醒』、八五ページ。
64 磯貝、前掲書、一九〇ページ。
65 森田思軒「鷗外の『文つかひ』三昧の『桂姫』並ひに西鶴の『約束は雪の朝食』」、『郵便報知新聞』（明治二四年二月十日）。
66 鷗外は明治二二年に『しがらみ草紙』や『読売新聞』に「洪水」などの「である」体の言文一致の精密訳を発表し、これらをのちに『水沫集』にまとめている。しかし一方でおなじ二二年の「戦僧」などは文語である。また明治二二年の「独逸文学の隆運」（『国民之友』）では「ます」調の言文一致体で書いているが、明治二四年の改稿（「再び平仄に就きて」、『しがらみ草紙』）、さらに二九年の改稿（『月草』）では文語文に変えてしまっている。
67 斉藤緑雨「鷗外氏の新作」（明治三十年）、『斉藤緑雨全集　巻二』、筑摩書房、一九九四年、二三九ページ。
68 二葉亭四迷「余が翻訳の標準」（明治三九年）、中村光夫編『明治文學全集　17』、一〇九ページ。
69 蒲原有明「『あひびき』について」、『飛雲抄』（書物展望社、一九三八年）、日本図書センター、一九八九年、二二〇ページ。
70 二葉亭四迷「落葉のはきよせ　二籠め」、中村光夫編『明治文學全集　17』、一三九ページ。
71 小森、前掲書、二五〇ページ。
72 同上、二三二ページ。
73 二葉亭四迷「くち葉集　ひとかごめ」（明治二一年）、中村光夫編『明治文學全集　17』、一一七ページ。

74 坪内逍遙「實傳論(バイヲグラヒー)」、『教育雑誌』二一号、明治二〇年一月、二ページ。

75 森田思軒「小説の自叙躰記述躰」（明治二十年）、稲垣達郎編『明治文學全集 26』、筑摩書房、一九八一年、二二八ページ。

76 同上、二二九ページ。じっさいには、ディケンズの一人称を三人称に変えても、いずれも〈ともにある〉視点としてさほど決定的な変化はない。つまり思軒は、一人称は〈ともにある〉視点の自叙躰、三人称は全知の記述躰と認識しているのだが、これは、かれをはじめとして当時の日本人にはまだ三人称の〈ともにある〉視点についての理解がないことを示している。

77 小森、前掲書、三二三ページ。

78 同上、三〇六〜三〇七ページ。

79 前田、前掲書、一四九ページ。

80 絓、前掲書、一五〇ページ。

81 杉井和子「小説における語りの方法——明治の翻訳小説における一人称」、『茨城大学人文学部紀要 人文学科論集』第三三号、二〇〇〇年、五〇ページ。

82 これは、なお「かれ」や「彼女」といった三人称の代名詞が定着しておらず、ために日本語の特性にしたがって主語をしばしば表記しないこと、また「自分が」というような一人称と三人称が重なるような指示語や、「おつかさん」や「お祖父様」といった二人称的な表現が用いられることからくるのだろう。純然たる三人称〈全知〉の視点の語りの部分では「侯爵殿」も用いられるが、いずれのばあいでもしばしば「……とお祖父様がお咎めになりました」というように、対面の語りにおける「待遇感情」をになう敬語が用いられており、この点にも、訳文が一人称〈全知〉の視点の部分では「作者＝語り手」、〈ともにある〉視点の部分ではセドリック）の語りをひびかせる原因がある。

83 中村哲也「若松賤子訳『小公子』の〈語り〉と文体」、『国文学 解釈と鑑賞』第六四巻七号、一九九九年、三〇ページ。

84 同上、二八ページ。

85 前田、前掲書、一四九ページ。

86 同上、三九〇ページ。

87 小森、前掲書、三一一ページ。

88 同上、三二ページ。

89 同上、一七四ページ。

90 亀井『感性の覚醒』、一六ページ。こうした語りは、美妙『武蔵野』の「是でわかッたこの二人ハ新田方だと。……二人とも間違無く新田義興の隊の者だらう」、あるいは『胡蝶』の「それから何を話して居るか元より秘密にしたことゝ見えて次の間へ行つて聞いてもよくは聞こえませんが……」などにも見うけられる。ここで亀井は、伝統的な〈全知〉の「語り手＝作者」から「無人称の語り手」、さらに「自己意識をもった一人称の語り手」、そして樋口一葉に見られる三人称の「癒着的半話者」という展開を想定しているが、すでに見たように、この時代の一人称の語りはなお懺悔録風であって、〈ともにある〉視点の語りへと踏み込んでいるわけではない。また「語り手」や「半話者」を想定する亀井にも、語りの叙法（「視点」）と語りの態（「語り手」）との混乱が見られる。亀井が、一葉における「癒着的半話者」は「明瞭な自己意識の一貫性を欠いている」点で、一葉にさきだって流行した「一人称の記述者」からすれば「一歩後退である」（p. 138）といわざるをえなかったのは、〈ともにある〉視点の「語り」を、ひとりの自己意識をもった「語り手（話者）」

の問題と見誤ったからである。

91 同上、一三七ページ。

92 白石実三「自然主義勃興時代の諸作家」(昭和二年)、十川信介編『明治文学回想集　下』、二一二ページ。

93 正宗白鳥「国木田独歩論」、『趣味』第二巻第四号、明治四〇年、一〇四ページ。亀井は、独歩の『忘れえぬ人々』(明治三一年四月)について、「ここには、まだ誰と名前を指すことのできない、いわば無人称の表現主体が潜在している」(『感性の覚醒』、p. 295) という。だが、ここにあるのは描写の視点の問題であり、どのような語り手も想定する必要はない。

94 磯貝、前掲書、一九九ページ。磯貝はまた、「明治の言文一致は、まず論文からはじまり、ついで小説に移る」が、「普及段階においては、小説がまっさきに全部言文一致化し、論文類のそれは、かなりおくれる」といい、「小説全体の言文一致化は、自然主義の文壇制覇にともなっている。そして、それを側面から助けるようなかたちになっているのが、写生文運動である。……その両者に共通するものは、リアリズムの要求である」(p. 160) という。

95 江戸時代の挿絵については、『水谷不倒著作集　第五巻　古版小説挿畫史』、中央公論社、一九七三年、参照。

96 武者小路穣『絵巻の歴史』(吉川弘文館、一九九〇年、一四ページ)によれば、じっさいに絵解きがおこなわれたことの記録は、十一世紀までは見られない。

97 武者小路によれば、絵巻とくらべて奈良絵では「視点が自由に移動され、独特の構図をとることがある」。また、「まったくおなじ場所でも建築の構造や道具立ては、場面場面で適当に変わること」があるが、これは「絵画よりもことば(文字)による語りのほうに重点が移っているために、語られているその場の空気を表現するのにもっともつごうのよい場面設定をしているからであろう」(前掲書、p. 248) という。

98 小峯和明「宇治拾遺物語と絵巻」、『説話文学研究』第二一号、一九八六年、一ページ。

99 佐野みどり「説話画の文法——信貴山縁起絵巻にみる叙述の論理」、山根有三先生古希記念会編『日本絵画史の研究』、吉川弘文館、一九八九年、八ページ。

100 同上、一〇ページ。

101 同上、一五ページ。

102 同上、一八ページ。

103 同上、一三ページ。

104 瀧尾貴美子「絵巻における場面と景」、『美術史』一一一号、一九八一年、一五〜一六ページ。

105 原口志津子「絵巻物の空間構成——『石山寺縁起絵』第一、第二、第三および第五巻を指標として」、『京都大学文学部美学美術史学研究室紀要』八号、一九八七年、一一〇ページ。

106 同上。

107 佐野、前掲書、二八ページ。

108 佐藤至子『江戸の絵入小説』、ぺりかん社、二〇〇一年、六一ページ。

109 前田、前掲書、三三六ページ。

110 成瀬不二雄『江戸時代洋風画史』、中央公論美術出版、二〇〇二年、七ページ。

111 岸文和『江戸の遠近法』、勁草書房、一九九四年、一五ページ。

112 同上、二三二ページ。

113 同上、三八ページ。

114 成瀬、前掲書、四一ページ。成瀬によれば、こうした傾向は、北斎の初期の錦絵《たかはしのふじ》にも認められる。

115 成瀬によれば、江漢は源内の所蔵する洋書の挿絵を見ていたという（同上、p. 210）。また秋田蘭画では浮絵と反対に、遠景は厳密な遠近法がとられるが、近景にはしばしば東洋画・漢画の伝統に由来する花鳥や花木――これらは西洋風の陰影による立体表現をもつ――を大きく配する構図が見られ、これによって一種超現実的な印象をあたえる（p. 166）。秋田蘭画では、これは「水平方向の遠近感を表すため」であったが、亜欧堂田善になると、純粋に近景のモチーフの大きさをあらわすという芸術的効果のためにこの構図が使われ、これが北斎や広重の風景版画における奇抜な構図に影響をおよぼした（p. 299）。

116 同上、三五九ページ。

117 鈴木朱雀「挿画の変遷」、『衆文』、昭和九年五月、特集「挿画の変遷と思ひ出話」、六五ページ。

118 西村貞『日本銅版画志』（書物展望社、一九三九年）、藤森書店、一九八二年、三八六ページ。

119 岩切信一郎「キョッソーネと同時代の日本の版画・印刷」、明治美術学会・財団法人印刷局朝陽会編『お雇い外国人キョッソーネ研究』、中央公論美術出版、一九九九年、一六一ページ。

120 匠秀夫『日本の近代美術と幕末』、沖積舎、一九九四年、一六三ページ。後年、清親の浮世絵は伝統に後退する。また清親の挿絵は終始、ポンチ絵を脱しなかった。

121 小野忠重編著『明治の石版画』（岩崎美術社、一九七八年、一六ページ）は、渡辺幽香のビゴーとの接触も示唆している。

122 同上、五ページ。

123 高木健夫『新聞小説史・明治篇』、国書刊行会、一九七四年、三〇～三一ページ。

124 坪内逍遙「作者餘談」（大正十五年）、『当世書生氣質』、東京堂、一九四九年、三三六～三三七ページ。

125 本田康雄によれば、『東京絵入新聞』に挿絵が登場したときもっとも効果を発揮したのが、草双紙の絵解きの文体であったという（前掲書、p. 39）。

126 同上、一四四ページ。

127 鏑木清方によれば、「これは、事件も人物もそのままには示さずに、篇中因むところある風物を、側面から抽き出して描く、専ら情景を助けることが覘（ねら）いなのである」（『こしかたの記』、中公文庫、一九七六年、pp. 163-64）。当時版下仲間では、こういう画柄を「留守もよう」といいならわしていたという。

128 饗庭篁村「文人逸話」（枯冬）、『文藝倶楽部』第一巻第一編、明治二八年一月二五日、二〇六ページ。

129 それゆえすでに見たように、前田愛が逍遙の『妹と背かゞみ』に見られる「立ち聞き」の趣向を近代小説への「転回点」とするのは誤りである。

130 『鏑木清方文集 二』、白鳳社、一九七九年、二二〇ページ。

131 同上、二五六～二五七ページ。

132 依田百川（学海）「俗畫師歌川貞秀の言を記す」、『洋々社談』第七二号、明治十四年二月十九日、二丁裏～三丁表。

133 じっさいには芳年にしても、挿絵本や錦絵でしばしば『前賢故実』にある人物像をほぼ忠実に転用している（これについては、菅原真弓「『前賢故実』の波紋――月岡芳年を中心に」、『菊池容斎と明治の美術』、練馬区立美術館、一九九九年参照）。しかし芳年の手にかかると、容斎のリアルで自在な線は、とたんに浮世絵的なねばったものになり、その点で容斎派の画家たちとことなっている。なお『前賢故実』には後ろむきにたたずんだり矢を射たりする人物も見られる。容斎派の画家たちは、こうした当時としては斬新なポーズを自作に転用していくのである。

134　鏑木清方「挿畫の興起」、『美術新論』第七巻第六号、一九三二年、六三ページ。

135　もっとも庄司淳一にしたがえば、大西の「自然」はいわゆるリアリズムではなく、むしろ西欧におけるロマン主義的な「自然観」としての傾向が強く、しかもそこにはまだ東洋伝来の「おのずから然ること」に発する「自然（じねん）」主義が色濃くのこっているという（「美術と自然――大村西崖の「自然」思想」、『日本の美学』十号、vol. 3、一九八七年）。自然主義を奉じた无声会にしても、明治三三年三月二八日『読売新聞』の評では、「自然趣味」が「何となく一種の俳味を絵にしたやうな感もある」とされている。庄司はここに、无声会の画家たちにおける「自然」の意味の二重性、つまり「自然（じねん）」や気韻生動、俳味・俳趣といった東洋絵画の伝統と、他方で西洋的な「自然」主義の二重性を見ている（「无声会再考――明治30年代の「自然主義」[1]」、『宮城県美術館研究紀要』第一号、一九八六年）。

136　『早稲田文學』第五号、明治三一年二月、一三七〜一四一ページ。

137　『美術評論』第八号、明治三一年二月二十日、五一ページ。

138　大村西崖「写実論」、『京都美術協会雑誌』第五四号、明治二九年十一月、二ページ。

139　『美術評論』第八号、五二ページ。

140　『美術評論』第三号、明治三十年十二月、二八ページ。『読売新聞』（明治三十年十一月二八日）紙上でも局外生・西崖は、「この作者が「ことごとしき」くせハ、この図にも見へざるに非で、人物が何んとなくわざとらしき理屈ありげに見えて、なだらかなる自然のさまハ大に損ねられたれど」と批判している。じっさい、明治三十年七月の『新小説』に象堂の口絵「天女」が掲載されているが、これなどもなお演劇的である。

141　『美術評論』第十一号、明治三一年七月二一日、三三ページ。

142　同上、三四〜三五ページ。

143　『象堂遺芳』、大村西崖編、明治三二年七月二三日、六丁裏。

144　「无聲會第二回繪畫展覧會漫評」、『絵画叢誌』第一六五巻、明治三三年十月二五日、四ページ。

145　結城素明「无聲會時代の平福君」、『中央美術』四巻一号、大正七年一月、六三ページ。

146　河北倫明「明治美術と自然主義――无聲會の運動」、『明治大正文学研究』第四号、一九五〇年、六三ページ。

147　太田桃介「平福百穂の芸術」、『三彩』第九一号、一九五七年九月、六〜七ページ。もっとも結城素明は「この自然主義は後年に起こった小説の自然主義とは全然関係のないもの」（前掲書、p. 63）だともいうから、西洋的な写実にむかう当時の文学や美術全体の雰囲気はともかく、文学との直接的な関係はなかったのだろう。

148　小高根太郎「无聲會の自然主義運動」、『美術研究』第一八四号、一九五六年三月、八七ページ。

149　平福百穂「忘れ得ぬ人々」、『中央美術』第六巻九号、一九二〇年、七八〜七九ページ。

150　石井柏亭『柏亭自傳　文展以前』、教育美術振興会、一九四三年、一二八～一二九ページ。

151 吉田千鶴子「小坂象堂」、『近代画説　1』、二〇〇二年、六七ページ。

152 庄司、前掲書、五ページ。

153 同上、四ページ。ワーズワスを自然主義とする考えは、たとえば夏目漱石「英国詩人の天地山川に対する観念」(『漱石全集第十三巻』、岩波書店、一九九五年）にもみられる。

154 庄司、前掲書、六ページ。

155 同上、七ページ。素明や百穂の師であった日本画家川端玉章(1842-1913）も高橋由一に学び、写生を重んじて「和洋折衷の画風」(p. 9）を描くようになったが、しかし玉章にとって写生はあくまでも、ちょうどヨーロッパのアカデミズムがそうであったように、本制作に仕上げるための材料であった。なお、明治三三年三月二六～二八日の『読売新聞』での无声会第一回展の批評（牛門生）は、无声会を「邦画の白馬会」と評している。また黒田清輝自身も自分を「ナチュラリスト」と考えていたようである（貝塚健「自然主義と黒田清輝――白馬会の主題」、ブリヂストン美術館・京都国立近代美術館・石橋美術館編集『白馬会――明治洋画の新風』、日本経済新聞社、一九九六年、一三三～一三六ページ)。

156 庄司、前掲書、一一～一二ページ。

157 鏑木清方『こしかたの記』、一一六～一一七ページ。

158 橋秀文「喜ばしき近代挿絵」、酒井忠康・橋秀文『描かれたものがたり――美術と文学の共演』、岩波書店、一九九七年、五四ページ。

159 菊屋吉生「自然主義から非自然主義へ――明治後期日本画の新様相」、『明治日本画の新情景』、山口県立美術館、一九九六年、八六ページ。

160 鈴木朱雀、前掲書、六六ページ。

161 林田春潮「新聞挿画の変遷」、『新小説』第七年第十巻、明治三五年十月一日、一四六ページ。

162 添田達嶺『半古と楓湖』、睦月社、一九五五年、四三ページ。

163 安田靫彦「梶田半古先生を懐ふ」、『美の国』第十一巻三号、一九三五年三月、五一ページ。

164 鏑木清方『こしかたの記』、一五四～一五五ページ。

165 鏑木清方「梶田先生」、『中央美術』第三巻五号、大正六年、一一ページ。

166 安田、前掲書、五一ページ。

167 細野正信「梶田半古の芸術」、『梶田半古の世界展』、そごう美術館、一九九四年、一四ページ。

168 同上、一五ページ。

169 鏑木清方『こしかたの記』、一五五ページ。

170 安田、前掲書、五二ページ。

171 この記事については、富田章「梶田半古　春宵怨」、『国華』第一二三四号、一九九八年八月を参照。

172 鏑木清方「梶田先生」、八ページ。

173 添田、前掲書、三八ページ。ほかにも初期の単行本挿絵としては、明治三〇年の大和田建樹『日本歴史譚』、村井弦斎『飛乗太郎』、『芙蓉峯』、『日の出島　三・高砂の巻』、三一年の村井弦斎『鎧の嵐』、戸川残花『少年読本　第三編・河井継之助』、三二年の泉鏡花『湯島詣』、また三一年以降の雑誌『少年世界』における口絵や挿絵などがある。

174 明治三二年六月の『新小説』の桂舟による口絵「物おもひ」などは

内省・没入のモチーフは示すが、なお演劇的である。またこの絵はちがうが、明治三一～三三年頃の口絵では、内面の思いを描写するのに分割画面を用いることが流行している。

175　『鏑木清方文集　二』、二三一ページ。清方はこのかんの事情について、永洗の「病中か或は没後か」半古が代わって描いたが、すぐに寺崎広業に代わったとしている（「梶田先生」、p. 9）。しかし、永洗は明治三八年八月三日没（四二歳）であるから、おそらく病気だったのかもしれない。また半古に代わったのは広業ではなく、明治二九年六月二四日の「総角助六」に永洗の弟子「洗耳」の署名がある。洗耳は『都新聞』に明治二九年三月に入社しており、同年三月二十日の「探偵實話　侠藝者」の挿絵が洗耳の署名入りの最初である。なお、明治二九年十一月二七日には「小春日和」に広業の署名入りの挿絵がある。洗耳はおもに『都新聞』の呼び物であった三面の探偵実話ものの挿絵を描いたが、一面を担当する永洗にしても、弟子の井川洗崖の証言によると、晩年は「顔は先生が筆を執るが、体は弟子どもがやるといふ風で」（土方正巳『都新聞史』、日本図書センター、一九九一年、p. 26）あったという。

176　『鏑木清方文集　二』、二二三ページ。

177　明治二一年十一月十七日『都新聞』の「大和撫子」（海鶴仙史）の芳宗による挿絵には、この時期としてはめずらしくふたりの切り返しショット的な構図が見られるが、ふたりともやはり芝居をしており、図柄もなお古い。

178　『鏑木清方文集　二』、二二三ページ。

179　同上、二二三～二二四ページ。

180　山中古洞『挿絵節用』、芸草堂、一九四一年、二一三ページ。

181　三十年十月十日の「應文一雅傳」（円朝口演）では、顔を見せずに手紙を読む女のモチーフにあたらしさもあるが、従来も手紙を読むモチーフは時に見られ、それらはたいていの場合横向きでほんのすこし顔が見える程度に描くのがならいとなっている。

182　明治三三年六月『新小説』の古洞「槿花」、十月「別離」、また明治三二年一月『文藝倶楽部』の「古今時粧」における雅邦、鞆音、広業、弧月、観山、大観、春草の美人画。『新小説』口絵では、三四年十一月の暁舟「袖屏風」、二月の年峯「袖まくら」、五月の年方「さめたる女」、十月の洗耳「あぐり」など。これにくらべて十二月の半古「錦木」はすでにあたらしい。三四年十二月『文藝倶楽部』の古洞「片時雨」、三六年一月になっても年方「美人観梅」は古い。桂舟は明治三二年頃まで『文藝倶楽部』に口絵を描くが、いずれもふるいものである。

183　川合玉堂「逝ける梶田半古氏」、『中央美術』三巻五号、大正六年五月号、特集記事「噫、梶田半古氏逝く」、八ページ。この時期の半古の口絵としては、明治三三年二月『新小説』の泉鏡花「高野聖」の口絵、七月二五日「下士官」の口絵、また同年七月『文藝倶楽部』の口絵「唐櫃山」などがあるが、これらもなお古いモチーフを残しながらも、当時の挿絵の一般をぬきでるようなあたらしい線や自然でリアルな没入の構図を見せている。明治三四年十一月の『文藝倶楽部』口絵「無題」や、九月の単行本『夢の夢』（柳川春菜）の口絵などはさらに古い要素をそぎ落として、半古のあたらしい挿絵がよりはっきりしたものとなっている（『梶田半古の世界展』参照）。

184　もっとも、半古の挿絵がつけられたこれらの小説がかならずしも〈ともにある〉視点の語りを実現していたわけではない。すでに言及した新聞小説について概観すれば、たとえば『都新聞』の「総角助六」（欠伸、明治二九年）などは文語体の講談調の語りであるし、「人鬼」（渡都乙羽、明治二七年）や「娘義太夫」（明治二八年）、「五寸釘寅吉」（明治三二年）、また『東京朝日新聞』の「玉藻の床」（桃水、明治三十年）、「新婚旅行」（桃水、明治三一年）にしても、ほとんどの部分は会話や独白で、これらをみじかい文語体の地の文によってつなげる人情本的な語りである。『読売新聞』の紅葉による「笛吹川」（紅葉・花袋、明治二八年）や「金色夜叉」（明治三十年〜）にしても文語体（紅葉のいわゆる「雅俗折衷文」）の〈全知〉の視点、「西洋娘形気」（明治三十年）は「ます」調、「多情多恨」（明治二九年）や「寒牡丹」（秋涛・紅葉訳、明治三三年）は「である」調で、なかに微細な心理描写もあるがプイヨンのいう「古典的心理学」の分析に終わっており、基本は〈全知〉の視点である。『二六新報』の「二人みなしご」（天外、明治三五年）や『読売新聞』明治三六年の広津柳浪「形見の笄」や「魔風戀風」にしてもなお、会話や独白的心理描写を基本にした「である」調の〈全知〉の語りである。「密航婦」（中村春雨、明治三五年）は、「している」「する」といった現在形と体言どめを多用する〈全知〉の語りである。それも当然で、この時代の新聞や雑誌の小説の主流はなお、紅葉を中心とする硯友社にあったからである。しかし一方で、『読売新聞』の「青ぶどう」（紅葉、明治二八年）や「戀衣」（鴎水生訳、明治三十年）は一人称の語りで〈ともにある〉視点が見られるし、「暗潮」（眉山、明治二八年）や「雲のゆくへ」（徳田秋声、明治三三年）、「八まん橋」（齋藤渓舟、明治三六年）、『毎日新聞』の「復活」（トルストイ、明治三六年）は「である」調で、三人称の〈ともにある〉視点や〈情況〉の視点を見ることができるだろう。要するにこの時代には、挿絵とパラレルに小説においても、消滅しつつある戯作・人情本的な語りと、あたらしい西洋近代小説の語りの萌芽が共時的に存在していたのである。

185 『明星』誌上での西洋画の紹介の詳細については、栗田聡子「『明星』に紹介された西洋美術について」、青木茂監修、町田市立国際版画美術館編輯『近代日本版画の諸相』、中央公論美術出版、一九九八年、を参照。ロセッティ、バーン＝ジョーンズらラファエル前派については、明治二九年以降、上田敏によって『文學界』誌上で、かれらの図版や詩の紹介がなされている。匠秀夫によれば、上田敏は明治三十年代「文學界のラファエル前派熱の種まく人」（『日本近代美術と文学』、沖積社、一九八七年、p.66）であった。

186 ここにいう『毎日新聞』は、明治三年に創刊されたわが国最初の鉛活字による活版洋式印刷の日刊紙である『横浜毎日新聞』が明治十二年に『東京横浜毎日新聞』となり、明治十九年に『毎日新聞』、明治三九年に『東京毎日新聞』と名を変えたもので、今日の『毎日新聞』、つまり『東京日々新聞』（明治五年創刊）と『大阪毎日新聞』（明治二一年創刊）とが明治四四年に合併してできたものとはことなる。明治二九年頃まで前者の『毎日新聞』に小説の挿絵はなく、挿絵は雑報にあったが画家は不明。なお、「トルストイ」の挿絵にはⓀの落款がつけられている。明治三七年の「火の柱」（木下尚江）にはおなじくアール・ヌーボー風の挿絵がつけられているが、その落款は「オカ」や「丘青葉」である。おそらく同一人物と思われるが、詳細は不明である。

187 梶田半古「小説の挿畫及口繪に就て」、『早稲田文学』、明治四十年六月、一三六ページ。

188 鏑木清方「挿畫の興起」、六二ページ。

189 鏑木清方『こしかたの記』、一六一ページ。

190 同時期の『読売新聞』紙上に掲載された小説「八まん橋」(渓舟)や「新しき家」(痴人)、「想夫憐」(黒法師)の挿絵を描いていた山崎年信(1857-86)などにも、絵自体はなお芳年の弟子らしい古さを残しているものの、そうしたモチーフや構図は見てとれる。

191 北野恒富「梶田先生を想ふ」、『美之国』第十一巻四号、昭和十年四月、八三ページ。

192 安田靫彦、前掲書、五二ページ。

193 鏑木清方『こしかたの記』、一四七～一四八ページ。清方はすでに三四年九月二一日の無署名の小説「墨絵富士」第三回の挿絵も描いている。

194 ちなみに自転車に乗る女学生の画題は、のちに明治三六年二月二五日の「魔風戀風」第一回の半古による挿絵の画題であり、両者はよく似ているが、相互関係は不明である。

195 『鏑木清方文集　二』、二三一ページ。

196 添田、前掲書、四六ページ。

197 鏑木清方『こしかたの記』、二二三ページ。

198 松本品子『挿絵画家英朋』、スカイドア、二〇〇一年、一〇一ページ参照。

199 茂木博「鏑木清方と西洋美術」、『造形学研究』十二号、東京造形大学、一九九三年、二七ページ。おそらく清方が受容したのは、たんに「モティーフや構図の形式的源泉」だけではなく、当人がかならずしも意識しないまでも、こうしたモチーフや構図がになっている没入・内省や〈ともにある〉視点といった、あたらしい「語りの叙法」であったろう。

200 同上、二七ページ。

201 同上、四五ページ。茂木はまた、ラファエロの《アルバの聖母》(c.1510) はフォイエルバッハ《花の乙女》(1854) の、そしてあるいはこれを見た清方の《春雨》(明治三一年ごろ) の手本になったのではないかともいう (p. 45)。

202 鏑木清方「私の経歴」、『鏑木清方文集　一』、白鳳社、一九七九年、一四ページ。

203 鏑木清方「肖像畫」、『鏑木清方文集　一』、一二八ページ。

204 松本、前掲書、四六ページ。なお松本は、明治三八年にでた泉鏡花『続風流線』につけた英朋の口絵にも、清方の《宮の死》とおなじく、ミレイの《オフィーリア》の着想を見ている(p. 100)。しかし、水の流線にからだを浸すこうしたモチーフは、すでに洗耳の新聞挿絵(『都新聞』明治二九年五月十四日、「探偵實話　俠藝者」など)にも見られるものである。

205 茂木、前掲書、二七ページ。

206 松本、前掲書、五九ページ。

207 鏑木清方『こしかたの記』、一一四～一一五ページ。

208 同上、一一二ページ。当時雑誌に掲載された樋口一葉の小説につけられた挿絵としては、『太陽』(明治二八年五月)の「ゆく雲」(年方の挿絵)、『文藝倶楽部』の「たけくらべ」(明治二九年四月、森川蕉亭の挿絵)、「われから」(明治二九年五月、三島蕉窓の口絵)などがある。なかでは「にごりえ」(明治二八年九月)につけられた中江ときの挿絵にあたらしさが感じられる。

209 『鏑木清方文集　二』、二四三ページ。

210 同上、二五三～二五四ページ。ここにいう「木村氏」とは、大正・昭和の挿絵画家木村荘八(1893-1958)である。清方は、物語のあたらしいメディアとしての映画経験についても、「明治の末に映畫が日本へ入つて来て、自分などは、挿繪の描寫に参考にしたものである。明暗、白と黒の光源の配列にかなり役立つてゐる」（鏑木清方「挿繪の興起」、p. 60）と述べている。

211 中村岳陵「挿畫雑感」、『美術新論』第七巻六号、昭和七年六月、三八ページ。

212 木村荘八『木村荘八全集　第二巻』、講談社、一九八二年、五〇ページ。

213 同上、一二九ページ。

214 戦後日本の漫画の語りに革新をもたらしたとされる手塚治虫について、しばしばその「映画的手法」が言及される。手塚自身自分の漫画について、「従来の漫画は、「のらくろ」にしてもなんにしても、だいたい平面図的な視点で、舞台劇的に描かれたものがほとんどだった。ステージの上で、上手下手から役者が出てきてやりとりするのを、客席の目から見た構図であった。これでは、迫力も心理的描写も生みだせないと悟ったので、映画的手法を構図に採りいれることにした」（『ぼくは漫画家』、大和書房、一九七九年、p. 76）という。この「映画的手法」については、それはすでに手塚以前、戦前の漫画にもあったとする主張もふくめて、これまではおおむねコマ割りの多様性、スピーディーなコマはこび、クロース・アップの多用に注目して議論されてきた。これに対して竹内オサムは、手塚のいう「構図」や「心理的描写」の内実を、多様なコマ割りによる視点の変化とクロース・アップ表現をくみあわせる映画的なモンタージュによって、「読者の読みの側」（「手塚マンガの映画的手法」、竹内オサム・村上知彦編『マンガ批評体系　第3巻』、平凡社、一九八九年、p. 53）の「同一化効果」を生む点に見ている。竹内があげるのはおもに「マンガ中の登場人物と読者の眼が完全に重なる同一化技法」（p. 56）、つまりいわゆる「視覚視点ショット」ないし「主観カメラ」の視点であり、かれが「深い構図による三人称視点的同一化技法」（p. 66）に言及するばあいでも、それはいわゆる切り返しショット的なものにかぎられているが、ともあれ竹内のこの指摘は、これまでわれわれが歴史画や挿絵、映画について述べてきたことが、現代の物語る絵の代表的なジャンルであるマンガにも引き継がれていることを示しているだろう。

あとがき

発端は、十年前にさかのぼる。畏敬すべき先輩から、美学会の秋の大会でなにか発表するようにと仰せつかったわたしは、はたと困ってしまった。わたしは、それまでかかえていた仕事が一段落した直後に機会をえて赴いたニューヨークでの在外研究からもどったばかりで、まだあれこれとつぎのテーマを模索していたときだったからである。もっとも、ぼんやりとではあるけれども、ことばとイメージの関係については以前から関心をもっていたので、ニューヨークにいるあいだも、関連する論文を読んだり集めたりはしていた。そこで、とりあえず学会では「読書とイメージ」について考えてみようと思い立ったのである。

あらかじめ予想はついたものの、やはり手強い。事は、「ことばの意味とはなにか」というきわめて原理的な問題にかかわる。結局わたしが引きだした結論は「ことばの意味はかならずしもイメージではない」し、「心的イメージは視覚的イメージ（画像）ではない」といういささか平凡なものだが、しかしそのおかげで、ことばとイメージの問題にかかわる従来の議論の混乱の多くは、ことばの意味をイメージと同一視する伝統に由来していることもわかってきた。「読書とイメージ」を考えるなかから、当然のように「視覚的隠喩」に対する疑念はでてきたし、また「小説の映画化」や「「物語る絵」の語り」、「小説と挿絵」への展開も、わたしにとってはごく自然な流れであった。

というわけでこれまでのわたしの本と同様、この本も、最初から一貫してひとつのテーマを軸に書きつがれてきたものである。とはいえ今回は、十年をついやした。本書の相当部分は、映画や、とりわけ絵画、挿絵といった、わたしがこれまであまり扱ってこなかった領域にかかわっている。本文でもことわっているように、たとえば美術史のこれまでの研究の蓄積を参照するにしても、わたしのここでのもくろみはけっしてあらたな美術史を書くことではないし、それはわたしの能力をこえている。「ことばとイメージ」というテーマにかかわる美学の専門家として、わたしはあくまでもナラトロジーや受容美学というアプローチでこれらの対象領域にむきあうのである。それにしてもこうした、わたしにとって専門外の領域を相手にするには、資料の調査や収集もふくめて、やはりそれなりの時間を必要としたし、多様な論点に応じる原稿の量もかさんだ。ともあれいまは、ながいあいだの荷をやっと下ろせたという思いで、ほっとしている。

本書を書きつぐなかで、そのいくつかの部分は機会をえて、論文のかたちにまとめて発表されている。ここに、初出一覧を掲げる。

「読書とイメージ」、『美学』(美学会)一九六号、一九九九年三月、一〜十二ページ

「視覚的隠喩は可能か」、『美学』(美学会)二一二号、二〇〇三年三月、一〜十四ページ

Is Visual Metaphor Possible?, in: *JTLA* (*Journal of the Faculty of Letters. The University of Tokyo. Aesthetics*), vol.29/30, 2004/2005, pp. 61-71

「坪内逍遙における「小説の改良」」、佐々木健一編『日本の近代美学(明治・大正期)』(平成十二年度—平成十五年度科学研究費補助金基盤研究(A)(1)研究成果報告書)、二〇〇四年三月、八五〜九五ページ

「小説の「改良」と挿絵」、西村清和・高橋文博編『近代日本の成立——西洋経験と伝統』、ナカニシヤ出版、二〇〇五年一月、一二〇〜一五二ページ

「物語る絵のナラトロジー」、『美学芸術学研究』(東京大学　美学芸術学研究室)二三号、二〇〇五年三月、一〜二八ページ

「挿絵のナラトロジー」、『美術フォーラム21』、十二巻、醍醐書房、二〇〇五年九月、五十〜五七ページ

「近代絵画における語りの視点」、『美学』(美学会)二二四号、二〇〇六年三月、一〜十四ページ

The Narrative Modes of Modern Paintings, in: *JTLA*, vol. 31, 2006, pp. 27-37
「詩と絵画のパラゴーネ」、『美学芸術学研究』（東京大学　美学芸術学研究室）二四号、二〇〇六年三月、一〜三三ページ
「小説の映画化——描写の物語」、『美学芸術学研究』（東京大学　美学芸術学研究室）二五号、二〇〇七年三月、一〇五〜一三四ページ
On the Adaptation of Novels into Films — A Lessing–Problem of Our Times, in: *Selected Papers of the 15th International Congress of Aesthetics*, 2003, pp. 261-266

本書は、本文と注、図版をふくめて、当初予定していたよりははるかに嵩だかなものになった。わたしとしては、一貫したテーマに連なるものとして、なんとかその全体をそのまま一冊の本にしたかった。しかし現在の学術書の出版事情を考えればそれはなかなか難しく困惑していたところ、三元社から、わたしの希望するかたちで出版を引きうけてもよいという返事をいただいた。そういう次第であるから、わたしのもちこんだいささかやっかいな相談を真摯に受けとめていただき、また出版に際してさまざまな点でお世話になった編集の東大路道恵さんには、わたしとしてはここに、心からの感謝の気もちを申し述べたいと思う。

二〇〇九年　涼秋

著者

事項索引

か……………

さ……………

た……………

な……………

は……………

人名索引

あ……………

た……………

な……………

は

ま……………

や……………

ら……………

わ……………

参考文献

❖外国の著者についてはアルファベット順、日本の著者については50音順に並べた。

Addison, Joseph, *Spectator*, No. 416., 1712.

アルベルティ , L. B.『絵画論』, 三輪福松訳, 中央公論美術出版, 1971.

Alderson, Simon, *Ut pictura poesis* and Its Discontents in Late Seventeenth- and Eary Eighteenth-Century England and France, in: *Word and Image*, vol. 11, No. 3, 1995, pp. 256-63.

オルドリッチ , ヴァージル・C「視覚的隠喩」, 松尾大訳 , 佐々木健一編『創造のレトリック』, 勁草書房, 1986, pp. 162-86.

アラン『諸芸術の体系』, 桑原武夫訳, 岩波書店, 1978.

Alpers, Svetlana Leontief, Ekphrasis and Aesthetic Attitudes in Vasari's *Lives*, in: *Journal of the Warburg and Courtawld Institute*s, 23, 1960, pp. 190-215.

—, Describe or Narrate? A Problem in Realistic Representation, in: *New Literary History*, 8, 1976, pp. 15-41.

—,『描写の芸術』, 幸福輝訳, ありな書房, 1993.

Arasse, Daniel, Les Salons de Diderot: le philosophe critique d'art, in: D. Diderot, *Œuvres Complètes*, édition chronologique, introductions de Roger Lewinter, Paris, 1970, tome VII, pp. I-XVIII.

Arnheim, Rudolph, *Film als Kunst* (1932), Frankfurt a. M., 2002.

アウエルバッハ, E.『ミメーシス　下』, 篠田一士・川村二郎訳, 筑摩書房, 1967.

オーモン, ジャック「視点」, 岩本憲児・武田潔・斉藤綾子編『新映画理論集成　2』, フィルムアート社, 1999, pp. 328-54.

オースティン, ジェーン『自負と偏見』, 中野好夫訳, 新潮文庫, 1997.

Baron, A., *De la Rhétorique, ou de la composition oratoire et littéraire* (1848), 6e édition, Brussels, 1891.

Barthes, Roland, Introduction à l'analyse structural des récits (1966), in: *Œuvres complètes*, Tome II, édition établie et présentée par Éric Mary, Paris, 1994, pp. 74-103.（「物語の構造分析序説」,『物語の構造分析』, 花輪光訳, みすず書房, 1979.）

—, *L'obvie et l'obtue*, Paris, 1982.（『第三の意味』, 沢崎浩平訳 , みすず書房 , 1984.『美術論集』, 沢崎浩平訳, みすず書房, 1986.）

バザン, アンドレ『映画とは何か　IV』, 小海永二訳, 美術出版社, 1977.

Bassy, Alain-Marie, Du texte à l'illustration: Pour une sémiologie des étapes, in: *Semiotica*, 11, 1974, pp. 295-334.

Bätchmann, Oskar, *Einführung in die kunstgeschichtliche Hermeneutik,* Darmstadt, 1984, 4. aktualisierte Aufl., 1992.

—, Pygmalion als Betrachter. Die Rezeption von Plastik und Malerei in der zweiten Hälfte des 18. Jahrhunderts, in: Wolfgang Kemp (Hrsg.), *Der Betrachter ist im Bild*, Berlin, 1992, S. 237-78.

—,「ジョヴァン・ピエトロ・ベッローリの絵画記述」(1995), 平川佳世訳,『西洋美術研究』No. 1, 三元社, 1999, pp. 83-99.

Bate, Jonathan, Pictorial Shakespeare: Text, Stage, Illustration, in: Cahterine J. Golden (ed.), *Book Illustrated. Text, Image, and Culture 1770-1930*, New Castle, Del., 2000, pp. 31-59.

Baumgart, Wolfgang, Der Leser als Zuschauer. Zu Chodowieckis Stichen zur *Minna von Barnhelm*, in: *Die Buchillustration im 18. Jahrhundert: Colloquium der Arbeitsstelle 18. Jahrhundert*, Gesamthochschule Wuppertal, Universität Münster, Heidelberg, 1980, S. 13-25.

Baxandall, Michael, *Giotto and the Orators. Humanist Observers of Painting in Italy and the Discovery of Pictorial Composition*, Oxford / Tokyo, 1971.

—, *Patterns of Intention: On the Historical Explanation of Pictures*, New Haven, 1985.

—,『ルネサンス絵画の社会史』(1988), 篠塚二三男他訳, 平凡社, 1989.

バージャー , ジョン『イメージ――Ways of Seeing』, 伊藤俊治訳, PARCO出版, 1986.

Beardsley, M. C., *Aesthetics*, New York, 1958.

—,「隠喩のひねり」, 相澤照明訳, 佐々木健一編『創造のレトリック』, 勁草書房, 1986, pp. 30-53.

Belting, Hans, The New Role of Narrative in Public Painting of the Trecento: *Historia* and Allegory, in: H. L. Kessler and M. S. Simpson (eds.), *Pictorial Narrative in Antiquity and the Middle Ages*, Washington, 1986, pp. 151-68.

バンヴェニスト, エミール『一般言語学の諸問題』, 岸本通夫監訳, みすず書房, 1983.

Birnie, Jo-Anne (ed.), *Max Klinger. Zeichnungen・Zustandsdrucke・Zyklen*, Danzler und Tilman Falk, bearbeitet von Gisela Scheffler, München / New York, 1996.

Black, Max, Metaphor (1954), in: *Models and Metaphor*, Ithaca, 1962, pp. 25-47.

—, How Metaphors Work: A Reply to Donald Davidson, in: Sheldon Sacks (ed.), *On Metaphor*, Chicago, 1979, pp. 181-92.

—, More about Metaphor (1979), in: Andrew Ortony (ed.), *Metaphor and Thought* (1979), 2nd edition, Cambridge / New York, 1993, pp. 19-41.

Bland, David, *A History of Book Illustration. The Illuminated Manuscript and the Printed Book*, 2nd edition, London, 1969.

ブルーエット, デイヴィッド『「ロビンソン・クルーソー」挿絵物語』, ダニエル・デフォー研究会訳, 関西大学出版部, 1998.

Block, Ned, Introduction—What Is the Issue?, in: Ned Block (ed.), *Imagery*, Cambridge, Mass., 1981, pp. 1-18.

Bluestone, George, *Novels into Film*, Baltimore, 1957.

Bluwer-Lytton, Edward, *Earnest Maltravers*, London, 1860.（丹羽純一郎訳『花柳春話』, 明治 11 ～ 12 年, 木村毅編『明治文學全集　7』, 筑摩書房, 1972）

Boehm, Gottfried, Zu einer Hermeneutik des Bildes, in: Hans-Georg Gadamer und Gottfried Boehm (Hrsg.), *Die Hermeneutik und die Wissenschaften*, Frankfurt a. M. 1978, S. 444-71.

Boggs, Joseph M., and Dennis W. Petrie, *The Art of Watching Films* (1978), 5th edition, Mountain View, Calif., 2000.

Boileau, D. N., L'art poétique, in: *Œuvres de Boileau Despréaux, avec nouveau commentaire par M. Amar*, 4 tomes, Paris, 1821, tome II., pp. 167-310.

ボイム , アルバート『アカデミーとフランス近代絵画』, 森雅彦・阿部成樹・荒木康子訳 , 三元社 , 2005.

Booth, Wayne C., Metaphor as Rhetoric: The Problem of Evaluation, in: Sheldon Sacks (ed.), *On Metaphor*, Chicago, 1979, pp. 47-70.

Bordwell, David, *Narration in the Fiction Film*, Madison, Wis., 1985.

Boudard, Jean-Baptiste, *Iconologie tirée de divers auteurs. Ouvrage utile aux Gens de Lettres, aux Poëtes, aux Artistes, & généralement à tous les Amateurs des Beaux-Arts*, 3bde., Vienne, 1766, tome I.

Boydell, John, Preface of *A Catalogue of the Pictures in the Shakespeare Gallery*, London, 1789, pp. v-xvi.

Boyum, Joy Gould, *Double Exposure. Fiction into Film*, New York, 1985.

Braider, Christopher, *Refiguring the Real. Picture and Modernity in Word and Image 1400-1700*, Princeton, N.J., 1993.

ブルトン, アンドレ,「シュルレアリスム宣言」(1924),『シュルレアリスム宣言集』, 江原順訳, 白水社, 1983, pp. 11-102.

—,『通底器』(1932), 足立和浩訳, 現代思潮社, 1978.

—,「上昇記号」(1947),『アンドレ・ブルトン集成　7』, 滝口修三監修, 人文書院, 1971, pp. 171-77.

Brinckmann, Richard, *Wirklichkeit und Illusion*, Tübingen, 1957.

Brooks, Cleanth, and Robert Penn Warren, *Understanding Fiction*, New York, 1943.

ブルックス, ピーター『メロドラマ的想像力』, 四方田犬彦・木村慧子訳, 産業図書, 2002.

Bryson, Norman, *Word and Image*, Cambridge / New York, 1981.

—, *Vision and Painting*, New Haven, 1983.

Bukdahl, Else Marie, *Diderot, critique d'art*, I, traduit du danois par Jean-Paul Faucher, Copenhague, 1980.

Burke, Edmund, *A Philosophical Enquiry into the Origin of our Ideas of the Sublime and Beautiful* (1757), ed. by James T. Boulton, Oxford, 1987.

Burton, Anthony, Cruikshank as an Illustrator of Fiction, in: *Princeton University Library Chronicle*, 35, 1973-74, pp. 93-128.

ビュトール, ミシェル『絵画のなかの言葉』, 清水徹訳, 新潮社, 1975.

Camille, Michael, The Book of Signs: Writing and Visual Difference in Gothic Manuscript Illumination, in: *Word and Image*, 2, 1985, pp. 133-48.

Carroll, Noël, Language and Cinema: Preliminary Notes for a Theory of Verbal Images, in: *Millennium Film Journal*, No.7/8/9, 1981, pp. 186-217.

—, Visual Metaphor, in: Jaakko Hintikka (ed.), *Aspects of Metaphor*, Boston, 1994, pp. 189-218.

Casey, Edward S., *Imagining: A Phenomenological Study*, Bloomington, 1976.

チャンドラー , レイモンド『大いなる眠り』, 双葉十三郎訳, 創元推理文庫, 1959.

Chambers, William and Robert Chambers (eds.), *Chambers's Information for the People*, new and improved edition, Philadelphia, 1867, vol. II.

Chatman, Seymour, *Story and Discourse*, Ithaca, 1978.

—,「小説にできること、映画にできないこと」(1981) , W. J. T. ミッチェル『物語について』, 海老根宏・原田大介・新妻昭彦・野崎次郎・林完枝・虎岩直子訳, 1987, pp. 191-217.

—,『小説と映画の修辞学』(1990), 田中秀人訳, 水声社, 1998.
Cohen, L. Jonathan, The Semantics of Metaphor, in: Andrew Ortony (ed.), *Metaphor and Thought* (1979), 2nd edition, Cambridge / New York, 1993, pp. 58-70.
Cohen, Ted, Metaphor and the Cultivation of Intimacy, in: Sheldon Sacks (ed.), *On Metaphor*, Chicago, 1979, pp. 1-10.
Coleridge, Samuel T., Appendix C of The Statesman's Manual, in: *The Collected Works of Samuel Taylor Coleridge*, vol. 6, ed. by R. J. White, Princeton, 1972, pp. 59-93.
Collins, Christopher, *The Poetics of the Mind's Eye*, Philadelphia, 1991.
Colman, G., and D. Garrick, *The Clandestine Marriage* (1766), London, 1792.
Crow, Thomas, Diderot's Salons. Public Art and the Mind of the Private Critic, in: *Diderot on Art*, ed. and trans. by John Goodman, New Haven, 1995, vol. 1, pp. ix-xix.
クルツィウス, E. R.『ヨーロッパ文学とラテン中世』, 南大路振一他訳, みすず書房, 1971.
ダンテ『神曲』, 山内丙三郎訳, 岩波文庫, 1953.
Danto, Arthur C., *The Transfiguration of the Commonplace*, Cambridge, Mass., 1981.
ドービニャック『演劇作法』(1657), 戸張智雄訳, 中央大学出版部, 1997.
Davidson, Donald, What Metaphors Mean, in: *Inquiries into Truth and Interpretation*, Oxford, 1984, pp. 245-64.(「隠喩の意味するもの」,『真理と解釈』, 野本和幸・植木哲也・金子洋之・高橋要訳, 勁草書房, 1991.)
—, A Nice Derangement of Epitaphs, in: *Truth and Interpretation: Perspectives on the Philosophy of Donald Davidson*, ed. by Ernest LePore, Oxford / New York, 1986, pp. 432-46.
Davies, Cicely, Ut Pictura Poesis, in: *The Modern Language Review*, vol. XXX, 1935, pp. 159-69.
デフォー, ダニエル『ロビンソン・クルーソー (上)』, 平井正穂訳, 岩波文庫, 1967.
De Jaucourt, Louis, 'Description (Belles-Lettres.)', in: *Encyclopédie ou Dictionnaire raisonné des sciences, des arts et des métiers*, 17 tomes, éd. par Diderot & D'Alembert, Paris, 1751-65, tome IV, 1754, pp. 878-79. Reprint: Readex Microprint Corporation, New York, 1969, vol. I, p. 934.
—, 'Tableau (Peinture.)' 'Tableau (Litérat.)', in: *Encyclopédie ou Dictionnaire raisonné des sciences, des arts et des métiers*, tome XV, 1765, pp. 804-06. Reprint: Readex Microprint Corporation, New York, 1969, vol. III, pp. 687-88.
Deleuze, Gilles, *Cinéma 2. L'image-temps*, Paris, 1985.
De Montabert, Paillot, *Traité complet de la peinture*, Paris, 1829, tome I.
ドゥニ, ミシェル『イメージの心理学』, 寺内礼監訳, 勁草書房, 1989.
Dennett, Daniel C., The Nature of Images and the Introspective Trap, in: Ned Block (ed.), *Imagery*, Cambridge, Mass., 1981, pp. 51-75.
De Piles, Roger, *Abregé de la vie des peintres, Avec des reflexions sur leurs Ouvrages, Et un Traité du Peintre parfait, de la connoissance des Desseins, et de l'utilité des Estampes* (1699), Hildesheim, 1969.
—, *Cours de peinture par principes* (1708), préface de Jacques Thuillier, Paris, 1989.
Dickens, Charles, *The Posthumous Papers of the Pickwick Club* (1837), London, 1979.
—, *Dombey and Son* (1846-48), ed. by Alan Horsman, Oxford, 1974.
—,『リトル・ドリット I』(1855-57),『世界文学全集 33』, 小池滋訳, 集英社, 1980.
—,『大いなる遺産 上巻』(1860-61), 山西英一訳, 新潮社, 1997.

—, Book Illustrations, in: *All the Year Round. A Weekly Journal*, conducted by Charles Dickens, No. 433, Sat. August 10, 1867, pp. 151-55.

Diderot, D., Lettre sur les sourds et muets (1751), in: *Œuvres complètes*, tome IV, édition critique et annotée présentée par Y. Belaval, R. Niklaus, J. Chouillet, R. Trousson et J. S. Spink, Paris, 1978, pp. 109-243.

—, 'Effet, terme de Peinture.', in: *Encyclopédie ou Dictionnaire raisonné des sciences, des arts et des métiers*, tome V, Paris, 1755, pp. 406-07. Reprint: Readex Microprint Corporation, New York, 1969, vol. I, p. 1098.

—, Entretien sur le fils naturel (1757), in: *Œuvres complètes*, tome X, édition critique et annotée présentée par Jacques Chouillet et Anne-Marie Chouillet, Paris, 1980, pp. 83-162.

—, De la poésie dramatique (1758), in: *Œuvres complètes*, tome X, édition critique et annotée présentée par Jacques Chouillet et Anne-Marie Chouillet, Paris, 1980, pp. 323-427. (『ディドロ著作集　第9巻　演劇論』, 本田喜代治・杉捷夫・小場瀬卓三・平岡昇監修, 八雲書店, 1948.)

—, *Diderot Salons* (1759-67), vol. 1-III, text établi et présenté par Jean Seznec et Jean Adhémar, Oxford, 1959-63.

—, Éloge de Richardson (1761), in: *Œuvres complètes*, tome XIII, édition critique et annotée, présentée par Jean Varloot, Paris, 1980, pp. 181-208. (「リチャードソン頌」, 小場瀬卓三訳, 『世界大思想全集　哲学・文芸思想篇　21』, 河出書房新社, 1960, pp. 187-99.)

—, *Correspondance*, recueillie, établie et annotée par Georges Roth, Paris, 1958, tome IV.

—, 『絵画について』(1767), 佐々木健一訳, 岩波文庫, 2005.

—, Pensèes détachées sur la peinture, la sculpture, l'architecture et la poésie (1777), in: D. Diderot, *Œuvres complètes*, édition chronologique, introductions de Roger Lewinter, tome XII, Paris, 1971, pp. 332-405.

Dryden, John, The Authors Apology for Heroic Poetry and Poetic License (1677), in: *The Works of John Dryden*, vol. XII, ed. by V. A. Dearing, pp. 86-97.

—, De Arte Graphica: Preface of the Translator, With a Parallel, of Poesy and Painting (1695), in: *The Works of John Dryden*, vol. XX, ed. by A. Roper, Berkeley, 1989, pp. 38-77.

Du Bos, Jean-Baptiste, Réflexions critiques sur la poesie et sur la peinture (1719), 7e édition, première partie, Paris, 1770. (『詩画論　I, II』, 木幡瑞枝訳, 玉川大学出版部, 1985.)

Dubois, Jacques and Francis Edeline, Jean-Marie Klinlenberg, Philippe Minguet, «LA CHAFETIÈRE EST SUR LA TABLE…», in: *Communications et Langage*, 29, 1976, pp. 37-49.

アイネム, ヘルベルト・フォン『風景画家フリードリヒ』, 藤縄千艸訳, 高科書店, 1991.

エイゼンシュテイン, セルゲイ「ディケンズ、グリフィス、そして私たち」(1944), 田中ひろし訳, 『エイゼンシュテイン全集　第6巻』, 山田和夫監修, キネマ旬報社, 1980, pp. 163-218.

—, 『エイゼンシュテイン全集　第7巻　モンタージュ』, 山田和夫監修, キネマ旬報社, 1981.

Eliot, T. S., 「河馬」(1920), 深瀬基寛訳, 『エリオット全集　I』, 中央公論社, 1960, pp. 77-80.

—, Dante (1929), in: *Selected Prose of T. S. Eliot*, ed. with an introduction by Frank Kermode, London, 1975. (「ダンテ」, 吉田健一訳, 『エリオット全集　IV　詩人論』, 中央公論社, 1960.)

フォークナー「村」, 『フォークナー全集　15』, 田中久夫訳, 富山房, 1983.

Favart, Charle-Simon, *Memoires et correspondance littéraires, dramatiques et anecdotiques de C.-S.*

Favart, publiés par A.-P.-C. Favart, 3 vols., Paris, 1808, vol. 1.

Félibien André, *Conférences de l'Académie Royale de Peinture et de Sculpture pendant l'année 1667*, Paris, 1668.

Feyder, Jacques, Feyder nous écrit: «Je crois au film parlant», in: *Pour Vous*, l'Intran, l'hebdomadaire du cinéma, Paris, 20, 06, 1929.

フィールディング『ジョウゼフ・アンドルーズ』(1742), 朱牟田夏雄訳,『世界文学全集　古典篇 第 22 巻』, 河出書房, 1954.

—,『トム・ジョウンズ　(一)』(1749), 朱牟田夏雄訳, 岩波文庫, 1951.

フローベール『ボヴァリー夫人』, 生島遼一訳, 新潮文庫, 1965.

Fodor, Jerry A., Imagistic Representation, in: Ned Block (ed.), *Imagery*, Cambridge, Mass., 1981, pp. 63-86.

Forceville, Charles, The Case for Pictorial Metaphor: René Magritte and Other Surrealists, in: A. Erjavec (ed.), *Vestnik IMS 9*,1, Institut za Marksisticne Studije, Ljubljana, 1988, pp. 150-60.

—, *Pictorial Metaphor in Advertising*, London / New York, 1996.

Fort, Bernadette, Ekphrasis as Art criticism: Diderot and Fragonard's "Coresus and Callirhoe", in: Peter Wagner (ed.), *Icons-Texts-Iconotexts*, Berlin / New York, 1996, pp. 58-77.

Forster, John, *The Life of Charles Dickens*, 3vols., London, 1873, vol. 2.

フーコー, ミシェル『言葉と物』, 渡辺一民・佐々木明訳, 新潮社, 1974.

Francastel, Pierre, *La figure et le lieu*, Paris, 1967.

Frazer, Ray, The Origin of the Term "Image", in: *ELH*, vol. 27, No. 1, 1960, pp. 149-61.

Fried, Michael, *Absorption and Theatricality: Painting and Beholder in the Age of Diderot*, Chicago, 1980.

Friedman, Norman, Point of View in Fiction: The Development of a Critical Concert, in: *Publications of the Modern Language Association of America*, vol. LXX, No. 5, 1955, pp. 1160-84.

Gadamer, Hans-Georg, Hermeneutik und bildende Kunst, in: *Neue Zürcher Zeitung*, Nr. 220, 22./23. Sept. 1979, S. 65-66.

Gandelman, Claude, *Reading Pictures, Viewing Texts*, Bloomington, 1991.

ガラード, チャールズ『ジョン・ファウルズの小説と映画』, 江藤茂博監訳, 松柏社, 2002.

Garcins, Laurent, *Traité du mélo-drame, ou réflexions sur la musique dramatique*, Paris, 1772.

ジュネット, ジェラール『フィギュール　II』(1969), 花輪光監訳, 書肆風の薔薇, 1989.

—,『物語のディスクール』(1972), 花輪光・和泉涼一訳, 書肆風の薔薇, 1985.

—,『フィギュール　III』(1972), 花輪光監修, 天野利彦・矢橋透訳, 書肆風の薔薇, 1987.

Germer, Stefan, In Search of a Beholder: On the Relation between Art, Audiences, and Social Spheres in Post-Thermidor France, in: *Art Bulletin*, Vol. 124, No. 1, 1992, pp. 19-36.

Gildon, Charles, *The Complete Art of Poetry* (1718), New York, 1970.

Gilot, Françoise and Carlton Lake, *Life with Picasso*, Harmondsworth, 1966.

Glucksberg, Sam and Boaz Keysar, How metaphors work, in: Andrew Ortony (ed.), *Metaphor and Thought*, 2nd edition, Cambridge / New York, 1993, pp. 401-24.

ゲーテ『ウィルヘルム・マイスターの修業時代　上』, 山崎章甫訳, 岩波文庫, 2000.

ゴンブリッチ, E. H.『芸術と幻影』(1960), 瀬戸慶久訳, 岩崎美術社, 1979.

—,『棒馬考』(1963), 二見史朗・谷川渥・横山勝彦訳, 勁草書房, 1994.

Goodman, Nelson, *Languages of Art*, Indianapolis, 1976.

—,『世界制作の方法』(1978), 菅野盾樹・中村雅之訳, みすず書房, 1987.

—, Metaphor as Moonlighting, in: Sheldon Sacks (ed.), *On Metaphor*, Chicago, 1979, pp. 175-80.

—,「見えない光景」(1987)、ネルソン・グッドマン & C. Z.エルギン『記号主義』、菅野盾樹訳、みすず書房、2001, pp. 116-29.

Grangedor, Jules, Le Salon de 1868, in: *Gazette des Beaux-Arts*, tome 25, 1868, pp. 5-30.

Greene, Graham, The Cinema: Song of Ceylon, in: *The Spectator*, No. 5597, October 4, 1935, p. 506.

Griffith, D. W. (Linda Arvidson), *When the Movies were Young*, New York, 1969.

グループμ『一般修辞学』, 佐々木健一・樋口桂子訳, 大修館書店, 1981.

Gueulette, Thomas-Simon, *Notes et souvenirs sur le Théâtre-Italien au XVIII*[e] *siècle*, éd. par J.-E. Gueulette, Bibliothèque de la Société des Historiens du Théâtre, no.13, Paris, 1938.

Haak, Susan, "Dry Truth and Real Knowledge": Epistemologies of Metaphor and Metaphors of Epistemology, in: Jaakko Hintikka (ed.), *Aspects of Metaphor*, Dordrecht / Boston, 1994, pp. 1-22.

Hammelmann, Hans, *Book Illustrators in Eighteenth-Century England*, ed. and completed by T. S. Boase, New Haven, 1975.

ハメット, ダシール『ガラスの鍵』, 大久保康雄訳, 東京創元社, 1960.

Hamon, Philippe, Rhetorical Status of the Descriptive, in: *Yale French Studies*, 61, 1981, pp. 1-26.

Harthan, John, *The History of the Illustrated Book*, London, 1981.

Hausman, Carl R., *Metaphor and Art*, Cambridge / New York, 1989.

Henle, Paul, Metaphor, in: Paul Henle (ed.), *Language, Thought and Culture*, Ann Arbor, 1958, pp. 173-95.

ヒリス・ミラー, J.『イラストレーション』, 尾崎彰宏・加藤雅之訳, 法政大学出版局, 1996.

Hobbes, Thomas, *Leviathan* (1651), introduction by K. R. Minogue, London, 1914. (『リヴァイアサン』, 水田洋訳, 岩波文庫, 1954.)

Hobson, Marian, *The Object of Art*, Cambridge / New York, 1982.

Hodnett, Edward, *Five Centuries of English Book Illustration*, Aldershot, 1988.

ホメーロス『イーリアス　上』, 呉茂一訳, 岩波文庫, 1953.

Hughes, John, On Descriptions in Poetry (1735), in: *The Poetical Works of John Hughes*, 2 vols., Edinburg, 1779, vol. 1, pp. xxxv-xl.

ヒューム, T. E.『ヒューマニズムと芸術の哲学』, 長谷川鑛平訳, 法政大学出版局, 1970.

Imdahl, Max, Über einige narrative Strukturen in den Arenafresken Giottos, in: Reinhart Koselleck und Wolf-Dieter Stempel (Hrsg.), *Geschichte — Ereignis und Erzählung*, (Poetik und Hermeneutik, Bd.5), München, 1973, S. 159-73.

—, Giotto. Zur Frage der ikonischen Sinnstruktur (1979), in: *Reflexion Theorie Methode*, Gesammelte Schriften, Bd. 3, hrsg. von Gottfried Boehm, Frankfurt a. M., 1996, S. 424-63.

—, *Giotto. Arenafresken*, München, 1980.

—, Sprechen und Hören als szenische Einheit. Bemerkungen im Hinblick auf Rembrandts »Anatomie des Dr. Tulp« (1984), in: *Gesammelte Schriften*, Bd. 2, hrsg. von Gundolf Winter, Frankfurt a. M., 1996, S. 457-74.

インガルデン, R.『文学的芸術作品』, 瀧内槇雄・細井雄介訳, 勁草書房, 1982.

Iser, Wolfgang, *The Implied Reader*, Baltimore, 1974.

—, *Der Akt des Lesens*, 1976, 2. Aufl., München, 1984. (The Act of Reading, Baltimore, 1978.『行為としての読書』, 轡田収訳, 岩波現代選書, 1982.)

ヤコブソン, ローマン『一般言語学』, 川本茂雄監修, みすず書房, 1973.

James, Henry, The Lesson of Balzac (1905), in: *Literary Criticism*, ed. by L. Edel, vol. 2, New York, 1984, pp. 115-139.（「バルザックの教訓」,『ヘンリー・ジェイムズ作品集 8』, 青木次生編, 行方昭夫訳, 国書刊行会, 1984.）

James, Liz, and Ruth Webb, 'To Understand Ultimate Things and Enter Secret Places': Ekphrasis and Art in Byzantium, in: *Art History*, vol. 14, No. 1, 1991, pp. 1-17.

Jay, Martin, Scopic Regimes of Modernity, in: Hal Foster (ed.), *Vision and Visuality*, Seattle, 1988, pp. 3-27.（『視覚論』, 榑沼範久訳, 平凡社, 2000.）

Jeffrey, Francis, *Contributions to the Edinburgh Review*, New York, 1881.

Kemp, Wolfgang, *Der Anteil des Betrachters*, München, 1983.

—, Kunstwissenschaft und Rezeptionsästhetik (1985), in: W. Kemp (Hrsg.), *Der Betrachter ist im Bild*, Berlin, 1992, S. 7-27.

—, Verständlichleit und Spannung. Über Leerstellen in der Malerei des 19. Jahrhunderts (1985), in: W. Kemp (Hrsg.), *Der Betrachter ist im Bild*, Berlin, 1992, S. 307-32.

—, *Sermo Corporeus: Die Erzählung der mittelalterlichen Glasfenster*, München, 1987.

—, Ellipsen, Analepsen, Gleichzeitigkeiten. Schwierige Aufgaben für die Bilderzählung, in: W. Kemp (Hrsg.), *Der Text des Bildes*, München, 1989, S. 62-88.

—, *Die Räume der Maler. Zur Bilderzählung seit Giotto*, München, 1996.

Kerbrat-Orecchioni, Catherine, L'image dans l'image, in: *Revue d'Esthétique*, no. 1-2, 1979, pp. 193-233.

カーノードル, ジョージ『ルネサンス劇場の誕生』(1944), 佐藤正起訳, 晶文社, 1990.

Kittay, Eva Feder, Metaphor as Rearranging the Furniture of the Mind: A Reply to Davidson's "What Metaphors Mean", in: Zdravko Radman (ed.), *From a Metaphorical Point of View. A Multidisciplinary Approach to the Cognitive Content of Metaphor*, Berlin / New York, 1995, pp. 73-116.

Kittay, Jeffrey, Descriptive Limits, in: *Yale French Studies*, 61, 1981, pp. 225-43.

Kivy, Peter, Reading and Representation, in: *Philosophies of Arts*, Cambridge, 1997, pp. 55-83.

Klinger, Max, *Malerei und Zeichnung*, 3. Aufl., Leipzig, 1899.

Kogan, Nathan, and Kathleen Conner, Augusta Gross, Donald Fava, *Understanding Visual Metaphor: Developmental and Individual Differences*, (Monographs of the Society for Research in Child Development, Serial No. 183, vol. 45, No. 1), Chicago, 1980.

Kosslyn, Stephen Michael, *Image and Mind*, Cambridge, Mass., 1980.

Kracauer, Siegfried, *Theory of Film: The Redemption of Physical Reality*, New York / London, 1960.

Kuhn, Thomas, Metaphor in Science, in: Andrew Ortony (ed.), *Metaphor and Thought* (1979), 2nd edition, Cambridge / New York, 1993, pp. 533-42.

Kurlander, A., and S. S. Wolohojian, Ch. S. Wood, Das erzählte Drama in Bildern: Adolph von Menzel und Max Klinger, in: W. Kemp (Hrsg.), *Der Text des Bildes*, München, 1989, S. 35-61.

Labrosse, Claude, Le rôle des estampes de Gravelot dans la lecture de la Nouvelle Héloïse, in: *Die Buchillustration im 18. Jahrhundert: Colloquium der Arbeitsstelle 18. Jahrhundert*, Gesamthochschüle Wuppertal, Universität Münster, Heidelberg, 1980, S. 131-44.

ラファイエット夫人『クレーヴの奥方』, 生島遼一訳, 岩波文庫, 1937.

Lakoff, George, The Contemporary Theory of Metaphor, in: Andrew Ortony (ed.), *Metaphor and Thought* (1979), 2nd edition, Cambridge / New York, 1993, pp. 202-51.

Lamy, Bernard, *La rhétorique ou l'art de parler* (1688), édition critique avec introduction et notes par Christine Noille-Clauzade, Paris, 1998.

Land, Norman E., *The Viewer as Poet. The Renaissance Response to Art*, University Park, Pa., 1994.

Larousse, Pierre, *Grand Dictionnaire universel du XIXe siècle*, réimpression de l'édition de 1866-1876, Lacour, 1990, tome 8.

Laugier, Abbé Marc-Antoine, *Jugement d'un amateur sur l'exposition des tableaux. Lettre à M. le marquis de V----*, Vence, 1753.

リー, リーレンサレアー・W「詩は絵のごとく――人文主義絵画論――」, 森田義之・篠塚二三男訳, 中森義宗編『絵画と文学――詩は絵のごとく――』, 中央大学出版部, 1984, pp. 193-362.

Leezenberg, Michiel, *Contexts of Metapor*, Elsevier, 2001.

レオナルド・ダ・ヴィンチ『レオナルド・ダ・ヴィンチの手記　上』, 杉浦明平訳, 岩波文庫, 1954.

レオンダー, バーバラ「隠喩と幼児の認識」, 長野順子訳, 佐々木健一編『創造のレトリック』, 勁草書房, 1986, pp. 234-53.

Lessing, Gotthold Ephraim, Laokoon, in: *Gotthold Ephraim Lessing Werke und Briefe*, in zwölf Bänden, hrsg. von Wilfried Barner, Frankfurt a. M., Band 5/2, 1990. (『ラオコオン』, 斎藤栄治訳, 岩波文庫, 1970.)

Levin, Samuel R., Language, Concepts and Worlds: Three Domains of Metaphor, in: Andrew Ortony (ed.), *Metaphor and Thought* (1979), 2nd edition, Cambridge / New York, 1993, pp. 112-23.

Locke, John, *An Essay Concerning Human Understanding* (1690), collated and annotated, with prolegomena, biographical, critical, and historical by Alexander Campbell Fraser, 2 vols, Oxford, 1894.

Lotman, Iouri, et Boris Gasparov, La rhétorique du non-verbal (Ire partie), in: *Revue d'Esthétique*, no. 1-2, 1979, pp. 75-95.

Lucian, *Lucian in Eight Volumes*, vol. IV, The Loeb Classical Library, with an English translation by A. M. Harmon, Cambridge, Maas., 1969.

Ludwig, Otto, *Otto Ludwigs gesammelte Schriften*, 6 Bde., hrsg. von Adolf Stern, Leipzig, 1891, Bd. VI.

—, 『天と地の間』, 黒川武敏訳, 岩波文庫, 1949.

Lukàcs, Georg, Erzählen oder Beschreiben?, in: *Probleme des Realismus*, Berlin, 1955, S. 103-45. (「物語か記述か」, 『ルカーチ著作集　8』, 佐々木基一・浦野春樹・池田浩士・菅谷規久雄・好村富士彦訳, 白水社, 1969.)

マニー, C=E, 『アメリカ小説時代』(1944), 三輪秀彦訳, フィルムアート社, 1983.

Marin, Louis, The Inscription of the King's Memory: On the Metallic History of Louis XIV, trans. by Mark Franko, in: *Yale French Studies*, No. 59, 1980, pp. 17-36.

Marmontel, Jean-François, 'Description (Belles-Lettres.)' in: *Supplément à l'encyclopédie*, ou

dictionnaire raisonné des sciences, des arts et des métiers, par une société de gens de lettres, A Neufchastel, chez Samuel Fanlche et Compagnie, Paris, 1776, tome II, pp. 703-05. Reprint: Readex Microprint Corporation, New York, 1969, vol. V, pp. 422-23.

—, 'Epopée (Belles-Lettres.)' in: *Encyclopédie ou dictionnaire raisonné des sciences, des arts et des métiers*, tome V, Paris, 1755, pp. 825-31. Reprint: Readex Microprint Corporation, New York, 1969, pp. 1207-08.

モーパッサン「野遊び」, 青柳瑞穂訳,『モーパッサン全集 2』, 春陽堂書店, 1965, pp. 141-49.

Mayhew, Edward, *Stage Effect: or, The Principles which Command Dramatic Success in the Theatre*, London, 1840.

McFarlane, Brian, *Novel to Film*, Oxford, 1996.

Meisel, Martin, *Realizations: Narrative, Pictorial, and Theatrical Arts in Nineteenth-Century England*, Princeton, 1983.

Melot, Michel, *The Art of Illustration*, Geneva, 1984.

Mendelssohn, Moses, Von der Herrschaft über die Neigungen (1756), in: *Gesammelte Schriften*, Jubiläumsausgabe, Faksimile-Neudruck der Ausgabe Berlin 1931, Stuttgart-Bad Cannstatt, Bd. 2, 1972, S. 147-55.

—, Betrachtungen über die Quellen und die Verbindungen der schönen Künste und Wissenschaften (1757), in: *Gesammelte Schriften*, Bd. 1, 1971, S. 165-90.

Merchant, W. Moelwyn, *Shakespeare and the Artist*, London, 1959.

Mesarites, Nikolaos, Description of the Church of the Holy Apostles at Constantinople, Greek Text Edited with Translation, Commentary, and Introduction by G. Downey, in: *Translations of the American Philosophical Society*, New Series, vol. 47, part 6, Philadelphia, 1957.

Metz, Christian, Le cinéma: langue ou langage? (1964), in: *Essais sur la signification au cinéma*, Paris, 1978, tome 1., pp. 39-93. (「映画——言語体系(ラング)か、言語活動(ランガージュ)か？」, 森岡祥倫訳, 岩本憲児・波田野哲朗編『映画理論集成』, フィルムアート社, 1982.)

—, *Le signifiant imaginaire. Psychanalyse et cinéma*, Paris, 1977.

—,『映画記号学の諸問題』, 浅沼圭司監訳, 書肆風の薔薇, 1987.

マイヤーズ, ジェフリー『絵画と文学』, 松岡和子訳, 白水社, 1980.

Micha, René, La Verité cinématographique, in: *Cahiers du cinéma*, V. 3, No. 29, 1953, pp. 16-30.

Miller, George A., Images and Models, Similes and Metaphors, in: Andrew Ortony (ed.), *Metaphor and Thought* (1979), 2nd edition, Cambridge / New York, 1993, pp. 357-400.

Miller, Jonathan, *Subsequent Performances*, London, 1986.

ミルトン『失楽園 上』, 平井正穂訳, 岩波文庫, 1981.

Minguet, Philippe, Métaphores de la peinture et la peinture de la métaphore, in: *Journal of the Faculty of Letters*, The University of Tokyo (Aesthetics), vol. 3, 1978, pp. 71-82.

ミッチェル, W. J. T.『イコノロジー』, 鈴木聡・藤巻明訳, 勁草書房, 1992.

Mitry, Jean, *Esthétique et psychologie du cinéma*, 2 tomes, Paris, 1965.

Moreau-Vauthier, C., *Gérôme, peintre et sculpteur, L'homme et l'artiste, d'après sa correspondance, ses notes, Les souvenirs de ses élèves et de ses amis*, Paris, 1906.

Morgan, Jerry L., Observations on the Pragmatics of Metaphor, in: Andrew Ortony (ed.), *Metaphor and Thought* (1979), 2nd edition, Cambridge / New York, 1993, pp. 124-34.

Moritz, Karl Philipp, Versuch einer Vereinigung aller schönen Künste und Wissenschaften unter

dem Begriff des in sich selbst Vollendeten (1785), in: Moritz, *Schriften zur Ästhetik und Poetik*, hrsg. von H. J. Schrimpf, Tübingen, 1962, S. 3-9.

Morrissette, Bruce, *Novel and Film: Essays in Two Genres*, Chicago, 1985.

Nash, Mark, *Vampyr* and the Fantastic, in: *Screen; the Journal of the Society for Education in Film and Television*, vol. 17, No. 3, 1979, pp. 29-67.

Norman, Henry, Theories and Practice of Modern Fiction, in: *The Fortnightly Review*, No. CCIV, New Series, December 1, 1883, pp. 870-86.

Ortony, Andrew, The Role of Similarity in Similes and Metaphors, in: Andrew Ortony (ed.), *Metaphor and Thought* (1979), 2nd edition, Cambridge / New York, 1993, pp. 342-56.

ウダール, ジャン=ピエール「縫合」, 武田潔訳, 岩本憲児・武田潔・斉藤綾子編『新映画理論集成 2』, フィルムアート社, 1999, pp. 14-31.

Paivio, Allan, A Theoretical Analysis of the Role of Imagery in Learning and Memory, in: P. W. Sheehan (ed.), *The Function and Nature of Imagery*, New York, 1972, pp. 253-79.

Paivio, Allan and Mary Walsh, Psychological Processes in Metaphor Comprehension and Memory, in: Andrew Ortony (ed.), *Metaphor and Thought* (1979), 2nd edition, Cambridge / New York, 1993, pp. 307-28.

Panofsky, Erwin, Zum Problem der Beschreibung und Inhaltsdeutung von Werken der bildenden Kunst (1932), in: *Aufsätze zu Grundfragen der Kunstwissenschaft*, hesg. von H. Oberer und E. Verheyen, Berlin, 1964, S. 85-97.

パリス, ジャン『空間と視線――西欧絵画史の原理』, 岩崎力訳, 美術公論社, 1979.

Parshall, Peter, Lucas van Leyden's Narrative Style, in: *Nederlands Kunsthistorisch Jaarboek*, 29, 1978, pp. 185-237.

Philostratus the Elder, *Imagines*, with an English translation by Arthur Fairbanks, The Loeb Classical Library, Cambridge / London, 1931. Reprint, 1979.

Pope, Alexander, A Poetical Index to Homer's Illiad, in: *The Poems of Alexander Pope*, vol. VIII, The Translation of the Iliad of Homer, ed. by Maynard Mack, New Haven, 1967, pp. 591-608.

Pouillon, Jean, *Temps et roman*, Paris, 1946.（『現象学的文学論』, 小島輝正訳, ぺりかん社, 1966.）

Prud'hon, Pierre-Paul, Aperçu du tableau destiné pour la salle du tribunal criminel au Palais du Justice, in: *Gazette des Beaux-Arts*, tome 6, 1860, pp. 310-12.

Pryluck, Calvin, The Film Metaphor: The Use of Language-Based Models in Film Study, in: *Literature/Film Quarterly*, vol. 3, 1975, pp. 117-23.

Putnam, Hilary, *Mind, Language and Reality. Philosophical Papers*, vol. 2, Cambridge, 1975.（『精神と世界に関する方法』, 藤川吉美編訳, 紀伊國屋書店, 1975.）

Quine, W. V., A Postscript on Metaphor, in: Sheldon Sacks (ed.), *On Metaphor*, Chicago, 1979, pp. 159-60.

Quintilian, *The Institutio Oratoria of Quintilian*, with an english translation by H. E. Butler, The Loeb Classcal Library, London / New York, 1921, vol. III.

ラシーヌ「アンドロマック」, 渡辺守章訳,『ラシーヌ戯曲全集　I』, 伊吹武彦・佐藤朔編集, 人文書院, 1964, pp. 145-218.

Read, Herbert, *A Coat of Many Colours* (1945), 3rd edition, London, 1947.（『芸術論集』, 増野正衛・飯沼馨・森清氏訳, みすず書房, 1957.）

Reynolds, Sir Joshua, *Discourses on Art*, ed. by Robert R. Wark, New Haven, 1997, Discourse VIII.

Richards, I. A., *The Philosophy of Rhetoric* (1936), London, 1965.

Richardson, Jonathan, The Essay on the Theory of Painting (1715), in: *The Works of Mr. Jonathan Richardson* (1773), Hildesheim, 1969, pp. 1-157.

—, A Discouse on the Science of a Connoisseur, in: *The Works of Mr. Jonathan Richardson* (1773), Hildesheim, 1969, pp. 239-346.

Richardson, Samuel, Preface of *Clarissa or, The History of a Young Lady*, Oxford, 1930, vol. 1, pp. xii-xvii.

—, Postscript of *Clarissa or, The History of a Young Lady*, Oxford, 1930, vol. 8, pp. 306-30.

Ricoeur, Paul, *La métaphore vive*, Paris, 1975.（『生きた隠喩』久米博訳, 岩波現代選書, 1984.）

Riechmann, Paul F. and Ellen L. Coste, Mental Imagery and the Comprehension of Figurative Language: Is There a Relationship?, in: R. P. Honeck and R. R. Hoffman (eds.), *Cognition and Figurative Language*, Hillsdale, N. J., 1980, pp. 183-99.

Riegl, Alois, *Das Holländische Gruppenporträt* (1931), Wien, 1997.

Ringbom, Sixten, *Icon and Narrative. The Rise of the Dramatic Close-up in Fifteenth-Century Devotional Painting* (1965), 2nd edition, Doornspijk, 1984.

—, Some Pictorial Conventions for the Recounting of Thoughts and Experiences in Late Medieval Art, in: F. Andersen (ed.), *Medieval Iconography and Narrative*, Odense, 1980, pp. 38-69.

Robbe-Grillet, Alain,『去年マリエンバートで・不滅の女』（1961 / 63）, 天沢退二郎・蓮見重彦訳, 筑摩書房, 1969.

—, Brèves réflexions sur le fait de décrire une scène de cinéma, in: *Revue d'Esthétique*, no. 2-3, 1967, pp. 131-38.

—, For a Voluptuous Tomorrow, in: *Saturday Review*, 20 May 1972, pp. 44-46.

ローティ, リチャード『哲学と自然の鏡』, 野家啓一監訳, 産業図書, 1993.

Rosand, David, Ekphrasis and the Generation of Images, in: *Arion. A Journal of Humanities and the Classics*, 3rd series, vol. 1, No. 1, 1990, pp. 61-105.

Rothenberg, Albert, Visual Metaphor and Contemporary Art, in: *Program of XVIth International Congress of Aesthetics*, Rio de Janeiro, 2004, p. 93.

Rouseau, J.-J., Sujets d'estampes, in: *La Nouvelle Héloïse*, nouvelle édition d'après les manuscrits et les éditions originales avec des variantes, une introductions, des notices et des notes par Daniel Mornet, Paris, 1925, tome IV, pp. 367-84.

—,『新エロイーズ』（1761),『ルソー全集　第 10 巻』, 松本勤・戸部松実訳, 白水社, 1981.

—,『エミール　上』（1762), 今野一雄訳, 岩波文庫, 1962.

Rousset, Jean, *Forme et signification* (1962), 6. tirage, Paris, 1973.

—,「『ホヴァリー夫人』または小説らしからぬ小説」（1962）, 加藤晴久訳,『フローベール全集　別巻』, 筑摩書房, 1968, pp. 258-80.

—,「『クレーヴの奥方』」（1962), 山田爵訳,『世界批評体系　7』, 筑摩書房, 1975, pp. 360-81.

Ruskin, John, The Cestus of Aglaia (1866), in: *The Works of John Ruskin*, vol. 19, ed. by E. T. Cook and A. Wedderburn, London, 1905, pp. 41-157.

ライル, ギルバート『心の概念』, 坂本百大・宮下治子・服部祐幸訳, みすず書房, 1987.

Sadock, Jerrold M., Figurative Speech and Linguistics, in: Andrew Ortony (ed.), *Metaphor and Thought* (1979), 2nd edition, Cambridge / New York, 1993, pp. 42-57.

Sahas, Daniel J., *Icon and Logos: Sources on Eighth-Century Iconoclasm*, Toronto / London, 1986.

Saint-Lambert, Charles-François de, *Les Saisons* (1769), nouvelle édition, Paris, 1823.

Sartre, Jean-Paul, *L'imaginaire. Psychologie phénoménologique de l'imagination* (1940), 11e édition, Paris, 1948. (『想像力の問題』, 平井啓之訳, 人文書院, 1955.)

Scheffler, Gisela, Dramen, Opus IX, in: Jo-Anne Birnie Danzler und Tilman Falk (Hrsg.), *Max Klinger. Zeichnungen · Zustandsdrucke · Zyklen*, Prestel, 1996, pp. 118-19.

Schlosser, Julius von, *Schriftquellen zur Geschichte der karolingischen Kunst* (1892), Hildesheim / New York, 1974.

Schwarz, Heinrich, *Art and Photography*, ed. by W. E. Parker, Chiacago, 1985.

Searl, John R., Metaphor, in: Andrew Ortony (ed.), *Metaphor and Thought*, 2nd edition, Cambridge / New York, 1993, pp. 83-111.

—,『言語行為』, 坂本百大・土屋俊訳, 勁草書房, 1986.

Sellars, Wilfrid, *Science, Perception and Reality*, London, 1963.

Shaftesbury, Earl of, A Notion of the Historical Draught or Hercules (1711), in: *Second Characters, or the Language of Forms*, ed. by Benjamin Rand, Bristol, 1999, pp. 29-61.

シェイクスピア『ハムレット』, 野島秀勝訳, 岩波文庫, 2002.

Sillars, Stuart, *Visualization in Popular Fiction 1860-1960*, London / New York, 1995.

Sojcher, Jacques, La métaphore généralisée, in: *Revue internationale de philosophie*, no. 87, 1969, pp. 58-68.

Spence, Joseph, *An Essay on Mr. Pope's Odyssey*, Part 1: 1726, Part 2: 1727, Hildesheim, 1968.

Stambovsky, Phillip, *The Depictive Image: Metaphor and Literary Experience*, Amherst, 1988.

Stanford, W. Bedell, *Greek Metaphor: Studies in Theory and Practice*, Oxford, 1936.

スタロバンスキー , ジャン『絵画を見るディドロ』, 小西嘉幸訳, 法政大学出版局, 1995.

Steinhart, Eric, and Eva Kittay, Generating Metaphors from Networks: A Formal Interpretation of the Semantic Field Theory of Metaphors, in: Jaakko Hintikka (ed.), *Aspects of Metaphor*, Boston, 1994, pp. 41-94.

スタンダール『パルムの僧院』, 滝田文彦訳,『集英社版世界文学全集　20』, 1981.

Sternberg, Meir, Ordering the Unordered: Time, Space, and Descriptive Coherence, in: *Yale French Studies*, 61, 1981, pp. 60-88.

Sulzer, Johann Georg, *Allgemeine Theorie der schönen Künste*, Leipzig, 1777.

Thackeray, W. M., George Cruikshank, in: *The Westminster Review*, vol. 34, No. LXVI, June 1840, pp. 4-60.

テオドロス , ストゥディオス「聖画像破壊論者への第一の駁論」, 大森正樹編訳・監修『中世思想原典集成　3』, 平凡社, 1994, pp. 721-44.

Thuillier, Jacques, Temps et tableau: la theorie des «peripeties» dans la peinture française du XVIIe siecle, in: *Stil und Überlieferung*, Akten Bonn 1964, Berlin, 1967, vol. III, pp. 191-206.

Thürlemann, Felix, Geschichtsdarstellung als Geschichtsdeutung: Eine Analyse der Kreuztragung (fol. 19) aus dem Pariser Zeichnungsband des Jacopo Bellini, in: Wolfgang Kemp (Hrsg.), *Der Text des Bildes: Möglichkeiten und Mittel eigenständiger Bilderzählung*, München, 1989, S. 89-115.

—, Betrachterperspektiven im Konflikt — Zur Überlieferungsgeschichte der »vecchiarella« -Anekdote, in: Wolfgang Kemp (Hrsg.), *Der Betrachter ist im Bild*, Berlin, 1992, S. 169-207.

トドロフ, T.『小説の記号学』, 菅野昭正・保苅瑞穂訳, 大修館書店, 1974.

トルストイ『戦争と平和　第1巻』, 藤沼貴訳, 岩波文庫, 2006.

トゥーサン, ジャン=フィリップ『カメラ』, 野崎歓訳, 集英社文庫, 1996.

Trapp, Joseph, *Lectures on Poetry* (1711), trans. by E. Bowyer, London, 1742, with a new introduction by John Valdimir Price, London, 1994.

Trollope, Anthony, *An Autobiography*, New York, 1883.

ウスペンスキー, ボリス『構成の詩学』(1970), 川崎浹・大石雅彦訳, 法政大学出版局, 1986.

—,『イコンの記号学』(1971), 北岡誠司訳, 新時代社, 1983.

ヴァザーリ『ルネサンス画人伝』, 平川祐弘・小谷年司・田中英道訳, 白水社, 1982.

Verbrugge, R. R., Resemblances in Language and Perception, in: R. Shaw and J. Bransford (eds.), *Perceiving, Acting, and Knowing: Toward an Echological Psychology*, Hillsdale, N. J., 1977, pp. 365-89.

ウェルギリウス『アエネーイス』, 岡道夫・高橋宏幸訳, 京都大学学術出版会, 2001.

Virolle, Roland, Diderot: la critique d'art comme création romanesque, in: *La critique artistique, un genre littéraire*, Paris, 1983, pp. 151-68.

Warden, Frorence, Lady Anne's Trustee, in: *The Windsor Magazine; An Illustrated Monthly for Men and Women*, vol. XXII, November, 1905, pp. 653-67.

Warton, Thomas, in: *Adventurer*, Oct. 23, 1753, p. 183, reprinted from the original edition of 1754, London, 1968, vol. 2, pp. 181-86.

ワット, イアン『小説の勃興』(1957), 藤田永祐訳, 南雲堂, 1999.

Wecter, Dixon, Burke's Theory of Words, Images, and Emotion, in: *Publication of the Modern Language Association of America*, vol. 1, LV, 1940, pp. 167-81.

ヴァインリヒ, ハラルド「隠喩の意味論」, 川上明孝訳, 佐々木健一編『創造のレトリック』, 勁草書房, 1986, pp. 59-79.

Weitzmann, Kurt, *Illustrations in Roll and Codex. A Study of the Origin and Method of Text Illustration* (1942), Princeton, 1970.

ヴェステルマン, マリエット『岩波世界の美術　レンブラント』, 高橋達史訳, 岩波書店, 2005.

Wey, Francis, *Remarques sur la langue française au dixneuvième siècle, sur le style et la composition littéraire*, Firmin-Didot frères, Paris, 1845.

White, R. W., *The Structure of Metaphor*, Oxford, 1996.

Whittock, Trevor, *Metaphor and Film*, Cambridge / New York, 1990.

Wickhoff, Franz, *Römische Kunst (Die Wiener Genesis)*, Berlin, 1912.

Wittgenstein, Ludwig, Philosophische Untersuchungen (1953), in: *Schriften I*, Frankfurt a. M., 1969. (『ウィトゲンシュタイン全集　8　哲学探求』, 藤本隆志訳, 大修館書店, 1976.)

—, The Blue Book, in: *The Blue and The Brown Books* (1958), Oxford, 2nd edition, 1969. (『ウィトゲンシュタイン全集　6　青色本・茶色本他』, 大森荘蔵訳, 大修館書店, 1975.)

Wolf, Werner, Narrative and Narrativity: a Narratological Reconceptualization and its Applicability to the Visual Arts, in: *Word and Image*, vol. 19, No. 3, 2003, pp. 180-97.

Wollheim, Richard, *Painting as an Art*, Princeton, 1987.

Woolf, Virginia, The Cinema (1925), in: *The Captain's Death Bed and Other Essays*, London, 1950, pp. 166-71.

Wordsworth, W., A Guide through the District of the Lakes (1835), in: *The Prose Works of William Wordsworth*, vol. II, ed. by A. B. Grosart, London, 1876, pp. 215-319.

—, Illustrated Books and Newspapers (1846), in: *The Poems of William Wordsworth*, 3 vols, ed. by N. Ch. Smith, London, 1908, vol. II, pp. 343-44.

Ziff, Paul, Reasons in Art Criticism, in: I. Scheffler (ed.), *Philosophy and Education*, Boston, 1958, pp. 219-36.

饗庭篁村「文人逸話」(枯冬),『文藝倶楽部』第 1 巻第 1 編, 明治 28 年 1 月 25 日, p. 206.

浅沼圭司「映画の基本的意味構造」, 岩本憲児・波田野哲朗編『映画理論集成』, フィルムアート社, 1982, pp. 342-59.

有定稔雄『イメージ化の読み』, 明治図書出版, 1976.

淡島寒月「明治十年前後」(大正 14 年), 十川信介編『明治文学回想集　上』, 岩波文庫, 1998, pp. 65-73.

石井柏亭(鳥瞰生)「当代画家論(38)結城素明氏」,『読売新聞』明治 42 年 1 月 12 日.

—,『柏亭自傳　文展以前』, 教育美術振興会, 1943.

石橋忍月「浮雲の褒貶」(明治 20 年), 福田清人編『明治文學全集　23』, 筑摩書房, 1971, pp. 259-65.

—,「小公子を読みて」,『国民之友』142 号, 明治 25 年 1 月 13 日, pp. 90-91.

伊藤博明「解題——アルチャーティとエンブレム・ブックの成立」, アンドレア・アルチャーティ『エンブレム集』, 伊藤博明訳, ありな書房, 2000, pp. 147-69.

—,『綺想の表象学』, ありな書房, 2007.

伊原青々園「故永洗氏の事」,『都新聞』明治 38 年 8 月 18 日.

磯貝英夫『文学論と文体論』, 明治書院, 1980.

市島春城「明治文学初期の追憶」(大正 14 年), 十川信介編『明治文学回想集　上』, 岩波文庫, 1998, pp. 182-208.

稲垣達郎「解題」, 稲垣達郎編『明治文學全集　16』, 筑摩書房, 1969, pp. 388-400.

岩切信一郎「キヨッソーネと同時代の日本の版画・印刷」, 明治美術学会・財団法人印刷局朝陽会編『お雇い外国人キヨッソーネ研究』, 中央公論美術出版, 1999, pp. 145-67.

太田桃介「平福百穂の芸術」,『三彩』第 91 号, 1957 年 9 月, pp. 5-9.

大村西崖「写実論」,『京都美術協会雑誌』第 54 号, 明治 29 年 11 月, pp. 1-8.

—, 西崖(岳南)・森鷗外・久米桂一郎・岩村透「批評　無扉門」,『美術評論』第 3 号, 明治 30 年 12 月, pp. 28-30.

—, 西崖(無記庵)・晩香園・潮音軒「雑感」,『美術評論』第 8 号, 明治 31 年 2 月 20 日, pp. 50-58.

—, 西崖(局外生)・森鷗外(烏有生)「繪畫共進會評判(1)」,『読売新聞』明治 31 年 4 月 25 日

—,「批評　無扉門」,『美術評論』第 12 号, 明治 31 年 7 月 21 日, pp. 29-41.

—,(編)『象堂遺芳』, 明治 32 年 7 月 23 日.

小野忠重『本の美術史』, 河出書房新社, 1978.

—,(編著)『明治の石版画』, 岩崎美術社, 1978.

貝塚健「自然主義と黒田清輝——白馬会の主題」, ブリヂストン美術館・京都国立美術館・石橋美術館編集『白馬会——明治洋画の新風』, 日本経済新聞社, 1996.

梶田半古(「白王」)「第十二回繪畫共進會漫評」,『読売新聞』明治 35 年 3 月 22 日.

—,「小説の挿畫及口繪に就て」,『早稲田文學』明治 40 年 6 月, pp. 135-38.

加藤瓢乎「新聞紙の小説」,『読売新聞』明治 18 年 12 月 27 日.
鏑木清方「梶田先生」,『中央美術』第 3 巻 5 号 , 特集記事「噫、梶田半古氏逝く」, 大正 6 年 5 月 , pp. 8-12.
—,「挿畫の興起」,『美術新論』第 7 巻第 6 号, 1932, pp. 60-64.
—,『こしかたの記』, 中公文庫, 1976.
—,『鏑木清方文集　1, 2』, 白鳳社, 1979.
亀井秀雄『感性の覚醒』, 講談社, 1983.
—,『小説論——小説神髄と近代』, 岩波書店, 1999.
川合玉堂「逝ける梶田半古氏」,『中央美術』第 3 巻 5 号 , 特集記事「噫、梶田半古氏逝く」, 大正 6 年 5 月, pp. 5-8.
河北倫明「明治美術と自然主義——无聲會の運動」,『明治大正文学研究』第 4 号, 1950, pp. 60-66.
柄谷行人『日本近代文学の起源』, 講談社, 1980.
—,「「日本近代文学の起源」再考　II」,『批評空間』第 2 号, 1991, pp. 59-79.
蒲原有明「『あひびき』について」,『飛雲抄』(書物展望社 , 1938), 日本図書センター , 1989, pp. 219-24.
桔梗之助・北川金嶙「无聲會第 2 回繪畫展覧會漫評」,『絵画叢誌』第 165 巻, 明治 33 年 10 月 25 日, pp. 3-5.
菊池大麓訳『修辞及華文』(明治 12 年 , William and Robert Chambers (eds.), *Chambers's Information for the People*, vol. II, 'Rhetoric and Belles-Lettres', London, 1867.), 土方定一編『明治文學全集　79』, 筑摩書房, 1975, pp. 8-35.
菊屋吉生「自然主義から非自然主義へ——明治後期日本画の新様相」,『明治日本画の新情景』, 山口県立美術館, 1996, pp. 72-87.
岸文和『江戸の遠近法』, 勁草書房, 1994.
北野恒富「梶田先生を想ふ」,『美之国』第 11 巻 4 号, 昭和 10 年 4 月, pp. 83-84.
木俣元一「*Pro lectione pictura est?*　グレゴリウス 1 世、イメージ、テキスト」,『西洋美術研究』, No.1, 三元社, 1999, pp. 155-63.
木村荘八『木村荘八全集　第 2 巻』, 講談社, 1982.
小高根太郎「无聲會の自然主義運動」,『美術研究』第 184 号, 1956 年 3 月, pp. 80-87.
小峯和明「宇治拾遺物語と絵巻」,『説話文学研究』第 21 号, 1986, pp. 1-15.
小森陽一『構造としての語り』, 新曜社, 1988.
久米桂一郎(暁鴉)「無扉門」,『美術評論』第 12 号, 明治 31 年 7 月 21 日, pp. 34-35.
栗田聡子「『明星』に紹介された西洋美術について」, 青木茂監修, 町田市立国際版画美術館編輯『近代日本版画の諸相』, 中央公論美術出版, 1998, pp. 381-401.
幸田露伴「明治二十年前後の二文星」(大正 14 年), 十川信介編『明治文学回想集　上』, 岩波文庫, 1998, pp. 271-80.
越宏一『挿絵の芸術——古代末期写本画の世界へ』, 朝日新聞社, 1989.
斉藤緑雨「鴎外氏の新作」(明治 30 年),『斉藤緑雨全集　巻 2』, 筑摩書房, 1994, pp. 239-40.
佐々木健一『フランスを中心とする 18 世紀美学史の研究』, 岩波書店, 1999.
佐藤至子『江戸の絵入小説』, ぺりかん社, 2001.
佐野みどり「説話画の文法——信貴山縁起絵巻にみる叙述の論理」, 山根有三先生古希記念会編『日本絵画史の研究』, 吉川弘文館, 1989, pp. 1-31.
島本浣「アントワーヌ・ヴァトーの「ジェルサンの看板」について」,『美学』126 号 , 1981,

pp. 39-51.
—,「十八世紀フランスにおけるフランドル趣味とレンブラント」,『芸術論究』第 22 編, 帝塚山学院大学美学美術史研究室, 1995, pp. 53-63.
—,『美術カタログ論』, 三元社, 2005.
清水一嘉『挿絵画家の時代』, 大修館書店, 2001.
庄司淳一「无声会再考――明治 30 年代の「自然主義」［1］」,『宮城県美術館研究紀要』第 1 号, 1986, pp. 1-20.
—,「美術と自然――大村西崖の「自然」思想」,『日本の美学』10 号, vol. 3, 1987, pp. 82-97.
白石実三「自然主義勃興時代の諸作家」(昭和 2 年), 十川信介編『明治文学回想集　下』, 岩波文庫, 1999, pp. 203-27.
絓秀美『日本近代文学の〈誕生〉』, 太田出版, 1995.
菅谷広美「『小説神髄』とその材源」,『比較文学年誌』第 9 号, 1973, pp. 25-49.
菅原真弓「『前賢故実』の波紋――月岡芳年を中心に」、『菊池容斎と明治の美術』、練馬区立美術館、1999.
杉井和子「小説における語りの方法――明治の翻訳小説における一人称」,『茨城大学人文学部紀要　人文学科論集』第 33 号, 2000, pp. 39-53.
杉山康彦「長谷川二葉亭における言文一致」,『文学』vol. 36, 1968 年 9 月, pp. 34-51.
鈴木朱雀「挿画の変遷」,『衆文』昭和 9 年 5 月, 特集「挿画の変遷と思ひ出話」, pp. 62-67.
添田達嶺『半古と楓湖』, 睦月社, 1955.
高木健夫『新聞小説史・明治篇』, 国書刊行会, 1974.
高田早苗「當世書生氣質の批評」(明治 19 年), 土方定一編『明治文學全集　79』, 筑摩書房, 1975, pp. 126-32.
—,『美辞学』, 金港堂, 1889.
—,「西洋小説の読始めと『書生気質』の材料」(昭和 2 年), 十川信介編『明治文学回想集　上』, 岩波文庫, 1998, pp. 175-81.
瀧尾貴美子「絵巻における場面と景」,『美術史』111 号, 1981, pp. 15-25.
滝沢(曲亭)馬琴「本朝水滸傳を讀む並批評」(天保 4 年, 1833),『曲亭遺稿』, 図書刊行会, 明治 44 年, pp. 318-34.
匠秀夫『日本の近代美術と文学』, 沖積舎, 1987.
—,『日本の近代美術と幕末』, 沖積舎, 1994.
竹内オサム「手塚マンガの映画的手法」, 竹内オサム・村上知彦編『マンガ批評体系　第 3 巻』, 平凡社, 1989, pp. 51-67.
辻佐保子『中世写本の彩飾と挿絵』, 岩波書店, 1995.
坪内逍遙『小説神髄』(明治 18 年), 稲垣達郎編『明治文學全集　16』, 筑摩書房, 1969, pp. 3-58.
—,『当世書生気質』(明治 18 年), 稲垣達郎編『明治文學全集　16』, 筑摩書房, 1969, pp. 59-163.
—,「實傳論(バイヲグラヒー)」,『教育雑誌』21 号, 明治 20 年 1 月 1 日, p. 2, および 22 号, 明治 20 年 1 月 15 日, pp. 17-18.
—,「新作十二番のうち既発四番合評」(明治23年, のち「小説三派」と改題), 中島健蔵・吉田精一編『現代文學論体系　第 1 巻』, 河出書房, 1954, pp. 96-102.
—,「没理想の由来」(明治 25 年),『逍遙選集　別冊第 3』, 第一書房, 1977, pp. 283-304.
—,「我が国の史劇」(明治 26 ～ 27 年), 稲垣達郎編『明治文學全集　16』, 筑摩書房, 1969, pp. 287-315.

—,「言文一致について」(明治 39 年),『逍遙選集　別冊第 4』, 第一書房, 1977, pp. 575-79.
—,「新旧過渡期の回想」(大正 14 年),『逍遙選集　第 12 巻』, 第一書房, 1977, pp. 319-339.
—,「作者餘談」(大正 15 年),『当世書生氣質』, 東京堂, 1949, pp. 336-40.
—,「柿の帯」(昭和 4 〜 5 年),『逍遙選集　別冊第 4』, 第一書房, 1977, pp. 395-522.
手塚治虫『ぼくは漫画家』, 大和書房, 1979.
富田章「梶田半古　春宵怨」,『国華』第 1234 号, 1998 年 8 月, pp. 37-38.
中田皓清訳「自然に対するスケッチに就て　上・下」(著者不明),『美術新報』第 6 巻第 22 号, 明治 41 年 2 月 5 日, p. 3, および第 24 号, 3 月 5 日, p. 4.
中村岳陵「挿畫雑感」,『美術新論』第 7 巻 6 号, 昭和 7 年 6 月, pp. 32-40.
中村俊春『ルーベンス――絵画と政治のあいだで』, 三元社, 2006.
中村哲也「若松賤子訳『小公子』の〈語り〉と文体」,『国文学　解釈と鑑賞』第 64 巻 7 号 , 1999, pp. 23-31.
夏目漱石「英国詩人の天地山川に対する観念」,『漱石全集　第 13 巻』, 岩波書店, 1995, pp. 163-205.
成島柳北『航薇日記』(明治 12 年〜 14 年),『柳北全集』, 文藝倶楽部第 3 巻第 9 編臨時増刊, 博文館, 明治 30 年 7 月.
成瀬不二雄『江戸時代洋風画史』, 中央公論美術出版, 2002.
西村清和『遊びの現象学』, 勁草書房, 1989.
—,『フィクションの美学』, 勁草書房, 1993.
—,「笑いの零度(デグレ・ゼロ)――ほほえみの現象学」, 西村清和・松枝至共著『笑う人間／笑いの現在』, ポーラ文化研究所, 1994, pp. 9-74.
—,「笑いのシミュレーション――ＣＭ・キッチュ・ポップ」, 西村清和・松枝至共著『笑う人間／笑いの現在』, ポーラ文化研究所, pp. 169-242.
—,『現代アートの哲学』, 産業図書, 1995.
西村貞『日本銅版画志』(書物展望社, 1939 年), 藤森書店, 1982.
野口武彦『近代小説の言語空間』, 福武書店, 1985.
橋秀文「喜ばしき近代挿絵」, 酒井忠康・橋秀文『描かれたものがたり――美術と文学の共演』, 岩波書店, 1997, pp. 47-77.
林田春潮「新聞挿画の変遷」,『新小説』第 7 年第 10 巻, 明治 35 年 10 月 1 日, pp. 141-50.
原口志津子「絵巻物の空間構成――『石山寺縁起絵』第一、第二、第三および第五巻を指標として――」,『京都大学文学部美学美術史学研究室紀要』8 号, 1987, pp. 85-120.
土方正巳『都新聞史』, 日本図書センター , 1991.
平田家就『イギリス挿絵史』, 研究社出版, 1995.
平福百穂「忘れ得ぬ人々」,『中央美術』第 6 巻 9 号, 1920, pp. 77-81.
福地桜痴「文論」(『東京日々新聞』明治 8 年 8 月 29 日), 柳田泉編『明治文學全集　11』, 筑摩書房, 1966, pp. 344-45.
二葉亭四迷「小説總論」(明治 19 年), 中村光夫編『明治文學全集　17』, 筑摩書房, 1971, pp. 105-07.
—,「くち葉集　ひとかごめ」(明治 21 年), 中村光夫編『明治文學全集　17』, 筑摩書房, 1971, pp. 117-34.
—,「余が飜訳の標準」(明治 39 年), 中村光夫編『明治文學全集　17』, 筑摩書房, 1971, pp. 108-10.
—,「余が言文一致の由来」(明治 39 年), 中村光夫編『明治文學全集　17』, 筑摩書房 , 1971, pp. 110-11.
—,「余が半生の懺悔」(明治 41 年), 中村光夫編『明治文學全集　17』, 筑摩書房, 1971, pp. 112-16.

—,「落葉のはきよせ　二籠め」, 中村光夫編『明治文學全集　17』, 筑摩書房, 1971, pp. 134-66.
細野正信「梶田半古の芸術」,『梶田半古の世界展』, そごう美術館, 1994, pp. 9-16.
堀紫山「若松志づ子の「小公子」を読む」(『読売新聞』明治 24 年 11 月 15 日),『女學雑誌』第 292 号, 明治 24 年 11 月.
本田康雄『新聞小説の誕生』, 平凡社, 1998.
前田愛『前田愛著作集第 2 巻　近代読者の成立』, 筑摩書房, 1989.
正宗白鳥「国木田獨歩論」,『趣味』第 2 巻第 4 号, 明治 40 年, pp. 104-05.
益田朋幸『描かれた時間』, 論創社, 2001.
松本品子『挿絵画家英朋』, スカイドア, 2001,
丸岡九華「硯友社の文学運動」(大正 14 年), 十川信介編『明治文学回想集　下』, 岩波文庫 , 1999, pp. 11-104.
水谷不倒『水谷不倒著作集　第五巻　古版小説挿畫史』, 中央公論社, 1973.
武者小路穣『絵巻の歴史』, 吉川弘文館, 1990.
茂木博「鏑木清方と西洋美術」,『造形学研究』12 号, 東京造形大学, 1993, pp. 27-80.
森田思軒「小説の自叙躰記述躰」(明治 20 年), 稲垣達郎編『明治文學全集　26』, 筑摩書房 , 1981, pp. 228-30.
—,「鴎外の『文つかひ』三昧の『桂姫』並ひに西鶴の『約束は雪の朝食』」,『郵便報知新聞』明治 24 年 2 月 10 日.
矢崎鎮四郎(嵯峨の舎おむろ)「小公子の評」,『女學雑誌』第 292 号, 明治 24 年 11 月.
安田靫彦「梶田半古先生を懐ふ」,『美の国』第 11 巻 3 号, 1935 年 3 月, pp. 50-53.
山中古洞『挿絵節用』, 芸草堂, 1941.
山田俊治「〈現実感(リアリティー)〉の修辞的背景――明治初期新聞雑報の文体」,『日本近代文学』第 45 集, 1991, pp. 17-30.
山田奈々子『木版口絵総覧』, 文生書院, 2005.
山田美妙「新編浮雲」(明治 21 年), 中島健蔵・吉田精一編『現代文學論体系　第 1 巻』, 河出書房, 1954, pp. 57-61.
結城素明「无聲會時代の平福君」,『中央美術』4 巻 1 号, 大正 7 年 1 月, pp. 62-64.
横山大観・下村観山・菱田春草「畫界新彩」,『早稲田文學』第 5 号, 明治 31 年 2 月, pp. 137-41.
吉田千鶴子「小坂象堂」,『近代画説　1』, 2002, pp. 66-70.
依田百川(学海)「俗畫師歌川貞秀の言を記す」,『洋々社談』第 72 号 , 明治 14 年 2 月 19 日 , 2 丁裏-3 丁表
若松しづ子「雑録　閨秀小説家答」,『女學雑誌』第 207 号, 明治 23 年 4 月 5 日, pp. 13-90.

西村清和
[にしむら・きよかず]

1948年京都府生まれ。
東京大学文学部美学芸術学科卒業、同大学院修了。
國學院大学文学部教授（東京大学名誉教授）。

著 書

『遊びの現象学』（勁草書房、サントリー学芸賞）、『フィクションの美学』（勁草書房）、『現代アートの哲学』（産業図書）、『笑う人間／笑いの現在』（共著、ポーラ文化研究所）、『視線の物語・写真の哲学』（講談社）、『電脳遊戯の少年少女たち』（講談社）、『近代日本の成立』（共編著、ナカニシヤ出版）、『プラスチックの木でなにが悪いのか』（勁草書房）、『日常性の環境美学』（編著、勁草書房）

訳 書

ゾルガー『美学講義』（玉川大学出版部）、シェリング『シェリング著作集3 同一哲学と芸術哲学』（共編訳、燈影舎）、『分析美学基本論文集』（編・監訳、勁草書房）

［新装版］
イメージの修辞学

著者
西村清和

発行日
二〇〇九年一一月一五日　初版第一刷発行
二〇一七年五月二五日　新装版第一刷発行

発行所
株式会社三元社
東京都文京区本郷一―二八―三六 鳳明ビル一階
電話　〇三―五八〇三―四一五五
ファックス　〇三―五八〇三―四一五六
郵便振替　〇〇一八〇―二―一一九八四〇

印刷・製本
モリモト印刷株式会社

コード　ISBN978-4-88303-441-3